山东统计年鉴

SHANDONG STATISTICAL YEARBOOK

2023

（总第35期 No. 35）

山　东　省　统　计　局
国家统计局山东调查总队　编

Compiled by

Shandong Provincial Bureau of Statistics

Survey Office of the National Bureau of Statistics in Shandong

中国统计出版社
China Statistics Press

图书在版编目（CIP）数据

山东统计年鉴. 2023 = Shandong Statistical Yearbook 2023 : 汉英对照 / 山东省统计局，国家统计局山东调查总队编. -- 北京 : 中国统计出版社，2023.11
ISBN 978-7-5230-0357-2

Ⅰ. ①山… Ⅱ. ①山… ②国… Ⅲ. ①统计资料—山东—2023—年鉴—汉、英 Ⅳ. ①C832.52-54

中国国家版本馆 CIP 数据核字(2023)第 226774 号

山东统计年鉴 2023

作　　者/ 山东省统计局　国家统计局山东调查总队
责任编辑/ 周小睿
执行编辑/ 刘　琛
装帧设计/ 张文华
出版发行/ 中国统计出版社有限公司
地　　址/ 北京市丰台区西三环南路甲 6 号
邮政编码/ 100073
电　　话/ 邮购（010）63376909　书店（010）68783171
网　　址/ http://www.zgtjcbs.com
印　　刷/ 山东麦德森文化传媒有限公司
经　　销/ 新华书店
开　　本/ 890mm×1240mm　1/16
字　　数/ 1280 千字
印　　张/ 40.25
版　　别/ 2023 年 11 月第 1 版
版　　次/ 2023 年 11 月第 1 次印刷
定　　价/ 460.00 元　Price:460.00 yuan (RMB)

本书附同版本 CD-ROM 一张，光盘内容以书面文字为准。
如有印装差错，由本社发行部调换。

《山东统计年鉴 2023》
编辑委员会

Shandong Statistical Yearbook 2023

EDITORIAL BOARD AND STAFF

编辑说明

一、《山东统计年鉴》是一部全面反映山东省国民经济和社会发展情况的资料性年刊，是认识和研究山东省情、制定政策、指导国民经济发展的重要资料和历史性工具书。

二、《山东统计年鉴2023》共包括统计表和附录两大部分。

统计表部分收录了2022年度山东省国民经济和社会发展方面的统计数据，共有二十二篇：第一篇，综合；第二篇，国民经济核算；第三篇，人口；第四篇，就业、工资和社会保障；第五篇，固定资产投资；第六篇，对外经济和旅游；第七篇，能源；第八篇，财政和金融；第九篇，价格指数；第十篇，居民生活；第十一篇，城市建设；第十二篇，资源和环境；第十三篇，农业；第十四篇，工业；第十五篇，建筑业；第十六篇，服务业；第十七篇，运输和邮电；第十八篇，批发和零售业、住宿和餐饮业；第十九篇，教育和科技；第二十篇，文化、体育和卫生；第二十一篇，公共管理和社会服务；第二十二篇，各县（市、区）主要经济指标。

各篇章插页后附有简要说明，概括介绍各篇主要内容和资料来源；各篇章最后附有主要统计指标解释，简要介绍指标的概念、统计方法、统计口径和统计范围。

附录部分包括全国各省（市、自治区）主要经济指标、部分国际统计资料、统计公报和统计工作等，统计工作包括综述和山东省统计局工作大事记。

三、本年鉴所列各项指标，《统计公报》使用的数字为快报数或初步统计数；其他各部分为正式年报数据。凡与本年鉴数字不符的一律以本年鉴为准。

四、本年鉴的编辑，已根据现行国家统计制度，对统计指标概念、口径、范围、计算方法、计算价格等，作了统一调整，并分别在各部分的主要指标解释或表末加以注释；各表中价值量指标，凡未加说明的，均按当年价格计算。部分数据合计数或相对数由于单位取舍不同而产生的计算误差均未作机械调整。

五、《山东统计年鉴》公开出版以来，受到了广大读者的关心与支持，对此深表谢意。本年鉴编辑中难免存在不足之处，恳请广大读者提出宝贵意见，以便改进、提高。

PREFACE

I. *Shandong Statistical Yearbook* is an annual publication, which covers very comprehensive data and reflects various aspects of Shandong's social and economic development. It can also work as an important and historical reference book which will play a great role in comprehending and studying the basic conditions of Shandong, making policies, and guiding the development of society and economy.

II. The yearbook contains the following two parts: part one statistical tables and part two appendixes.

Statistical tables contain the following twenty-two chapters, 1. General Survey; 2. National Accounts; 3. Population; 4. Employment, Wages and Social Security ; 5. Investment in Fixed Assets; 6. Foreign Trade and Tourism; 7. Energy; 8. Government Finance and Banking; 9. Price Indices; 10. People's Livelihood; 11. City Construction; 12. Natural Resources and Environment; 13. Agriculture; 14. Industry; 15. Construction; 16.Service Enterprise; 17. Transport, Post and Telecommunication Services; 18. Wholesale, Retail, Hotels and Catering Services; 19. Education, Science and Technology; 20. Culture, Sports and Health;21.Public Management and Social Services;22. Main Indicators of Counties (Cities and Districts at County Level).

In brief introduction at the beginning of each chapter, main coverage of this chapter, data sources and statistical coverage are concerned. In addition, explanatory notes on main statistical indicators are provided at the end of each chapter, giving a brief explanation of statistical indicators, such as definition, statistical methods, statistical coverage and statistical scope.

Appendixes contain the main economic indicators of some other provinces (municipality), international statistics, Shandong Statistics Communique and Shandong Statistical Undertaking. Shandong Statistical Undertaking contains Summary and Events of Shandong Provincial Bureau of Statistics.

III. Data used in Shandong Statistics Communiqué are preliminary statistics. Data in other chapters is official annual data. Data in *Shandong Statistical Yearbook* are all verified and should be based on this standard.

IV. In *Shandong Statistical Yearbook*, statistical definitions, statistical coverage, statistical methods and prices are adjusted according to the current state statistical standards, and all changes have been noted at the end of the table or in the explanatory notes. Data in value terms are calculated at current prices if there are no notes. Statistical discrepancies on totals and relative figures due to rounding are not adjusted.

V. After this yearbook was published, it has received lots of concerns and support from readers whom we should thank. Because of our ability, it is inevitable that there are shortcomings in this book, so we welcome all candid comments and criticism from our readers to perfect this book and to offer readers better service.

目 录

Contents

第一篇 综 合
CHAPTER 1 General Survey

第二篇　国民经济核算
CHAPTER 2 National Accounts

第三篇　人　口
CHAPTER 3 Population

第四篇 就业、工资和社会保障

CHAPTER 4 Employment , Wages and Social Security

第五篇 固定资产投资
CHAPTER 5 Investment in Fixed Assets

第六篇 对外经济和旅游
CHAPTER 6 Foreign Trade and Tourism

第七篇 能　源
CHAPTER 7 Energy

第八篇 财政和金融
CHAPTER 8 Government Finance and Banking

第九篇 价格指数
CHAPTER 9 Price Indices

第十篇 居民生活
CHAPTER 10 People's Livelihood

第十一篇 城市建设
CHAPTER 11 City Construction

第十二篇 资源和环境
CHARPTER 12 Natural Resources and Environment

第十三篇 农 业
CHAPTER 13 Agriculture

第十四篇 工　业
CHAPTER 14 Industry

第十五篇 建筑业
CHAPTER 15 Construction

第十六篇 服务业
CHAPTER 16 Service Enterprises

第十七篇 运输和邮电
CHAPTER 17 Transport, Post and Telecommunication Services

第十八篇 批发和零售业、住宿和餐饮业
CHAPTER 18 Wholesale, Retail, Hotels and Catering Services

第十九篇　教育和科技
CHAPTER　19　Education, Science and Technology

第二十篇 文化、体育和卫生
CHAPTER 20 Culture, Sports and Health

第二十一篇　公共管理和社会服务
CHAPTER 21 Public Management and Social Services

第二十二篇 各县（市、区）主要经济指标
CHAPTER 22 Main Indicators of Counties (Cities and Districts at County Level)

附 录
APPENDICES

第1篇

综　合

General Survey

简 要 说 明

一、本篇资料的主要内容

本篇资料是对全省乡镇以上行政区划、分行业法人单位数和国民经济、社会发展的综合反映，主要包括行政区划、法人单位数和平均每天社会经济活动、国民经济主要比例关系、国民经济和社会发展主要指标占全国的比重、国民经济和社会发展主要指标及其增长速度等资料。

二、本篇资料的来源

1."行政区划一览表"主要包括2022年底各（地级）市、各县（市、区）和乡镇级的行政区划资料，数据来源于省民政厅。

2.法人单位情况由省统计局普查中心整理提供。

3.国民经济和社会发展综合部分来源于本年鉴各篇章中的资料，由省统计局综合处加工整理。

Brief Introduction

I. Main Content

Data in this chapter cover the main indicators on divisions of administrative areas, corporate units and national economy and social development, including divisions of administrative areas, number of corporate units and average daily social and economic activities, ratio, and percentage of main indicators of Shandong to the whole nation and growth rate.

II. Source of Data

(1) Data on divisions of administrative areas are provided by Shandong Provincial Department of Civil Affairs.

(2) Data on corporate units situation are provided and compiled by the Census Center of Shandong Provincial Bureau of Statistics.

(3) Data on general survey of economy and society are based on those of different chapters and compiled by the Division of Comprehensive Statistics of Shandong Provincial Bureau of Statistics.

1-1 行政区划(2022年底)
Divisions of Administrative Areas (Year-end of 2022)

单位:个 (unit)

地区	Region	县级单位数 Numbers of Counties	市辖区 Districts under the Jurisdiction of Cities	县级市 Cities at County Level	县 County	乡镇级单位数 Numbers of Towns	街道办事处 Street Communities	乡 Townships	镇 Towns
全省	**Total**	**136**	**58**	**26**	**52**	**1825**	**696**	**57**	**1072**
济南市	Jinan	12	10		2	161	132		29
青岛市	Qingdao	10	7	3		144	108		36
淄博市	Zibo	8	5		3	88	31		57
枣庄市	Zaozhuang	6	5	1		65	21		44
东营市	Dongying	5	3		2	40	15	2	23
烟台市	Yantai	11	5	6		153	65	6	82
潍坊市	Weifang	12	4	6	2	120	61		59
济宁市	Jining	11	2	2	7	156	49	4	103
泰安市	Tai'an	6	2	2	2	88	20	6	62
威海市	Weihai	4	2	2		72	24		48
日照市	Rizhao	4	2		2	55	16	4	35
临沂市	Linyi	12	3		9	156	30	6	120
德州市	Dezhou	11	2	2	7	134	29	14	91
聊城市	Liaocheng	8	2	1	5	135	32	5	98
滨州市	Binzhou	7	2	1	4	91	29	4	58
菏泽市	Heze	9	2		7	167	34	6	127

1-2 国民经济和社会发展主要指标

类　别		Category		2000	2010
一、人　口		**Population**			
年末常住人口	(万人)	Total Population at the Year-end	(10 000 persons)	8997	9579
按性别分		**By Sexual**			
男	(万人)	Male	(10 000 persons)	(4562)	(4839)
女	(万人)	Female	(10 000 persons)	(4413)	(4697)
按农村城镇分		**Agricultural and Non-agricultural Population**			
农村人口	(万人)	Agricultural Population	(10 000 persons)	5564	4817
城镇人口	(万人)	Non-agricultural Population	(10 000 persons)	3433	4762
人口密度	(人/平方公里)	Population Density	(persons/sq.km)	574	610
二、就业人员和劳动工资		**Employment and Wages**			
年末就业人员	(万人)	Year-end Employed Persons	(10 000 persons)	5387	5940
第一产业	(万人)	Primary Industry	(10 000 persons)	2807	2257
第二产业	(万人)	Secondary Industry	(10 000 persons)	1293	1853
第三产业	(万人)	Tertiary Industry	(10 000 persons)	1287	1830
乡村就业人员	(万人)	Rural Employed Persons	(10 000 persons)	3394	3166
城镇就业人员	(万人)	Urban Employed Persons	(10 000 persons)	1993	2774
在岗职工年末人数	(万人)	Number of Staff and Workers at the Year-end	(10 000 persons)	790.1	919.9
#国有单位	(万人)	State-owned Units	(10 000 persons)	542.1	422.4
城镇集体单位	(万人)	Urban Collective-owned Units	(10 000 persons)	103.9	54.6
就业人员工资总额		Total Wages Bill	(100 million yuan)	695.1	3166.7
#国有单位	(亿元)	State-owned Units	(100 million yuan)	524.4	1683.5
城镇集体单位	(亿元)	Urban Collective-owned Units	(100 million yuan)	58.8	147.1
就业人员平均工资	(元)	Average Wage	(yuan)	8772	33321
#国有单位	(元)	State-owned Units	(yuan)	9655	38490
城镇集体单位	(元)	Urban Collective-owned Units	(yuan)	5585	25626
三、国民经济核算		**National Accounting**			
地区生产总值	(亿元)	Gross Domestic Product	(100 million yuan)	8278.06	33922.49
第一产业	(亿元)	Primary Industry	(100 million yuan)	1252.08	3411.34
第二产业	(亿元)	Secondary Industry	(100 million yuan)	4120.19	17733.08
第三产业	(亿元)	Tertiary Industry	(100 million yuan)	2905.79	12778.07
人均地区生产总值	(元)	Per Capita GDP	(yuan)	9260	35599
四、固定资产投资		**Investment in Fixed Assets**			
全社会固定资产投资额	(亿元)	Total Investment in Fixed Assets	(100 million yuan)	2542.65	23276.69
国有经济	(亿元)	State-Owned Units	(100 million yuan)	1153.65	3648.45
集体经济	(亿元)	Collective-Owned Units	(100 million yuan)	679.48	2627.32
个体经济	(亿元)	Individuals Economy	(100 million yuan)	353.93	6505.00
其他经济	(亿元)	Others	(100 million yuan)	355.59	10495.92
房地产开发投资	(亿元)	Investment in Real Development	(100 million yuan)	223.29	3249.37

注：1.2000和2010年年末常住人口为人口普查数，2020年为根据第七次人口普查数据推算数，其余年份均为人口抽样调查数，括号内为公安户籍人口数。
2.根据第七次人口普查结果，对全省2011—2019年年末总人口及相关指标、人均地区生产总值数据进行了修订。
3.根据第七次人口普查结果，对全省2000—2019年年末就业人员及相关指标数据进行了修订。
4.2010年起，职工年末人数、就业人员工资总额、就业人员平均工资数据为城镇非私营单位口径。
5.根据第四次经济普查结果，对全省2000—2018年生产总值及相关数据进行了修订。

Main Indicators on National Economic and Social Development

2011	2012	2013	2014	2015	2016	2017	2018	2019	2020	2021	2022
9665	9708	9746	9808	9866	9973	10033	10077	10106	10165	10170	10163
(4870)	(4868)	(4883)	(4960)	(4999)	(5049)	(5089)	(5130)	(5153)	(5162)	(5169)	(5160)
(4721)	(4712)	(4729)	(4787)	(4823)	(4872)	(4919)	(4966)	(4995)	(5011)	(5023)	(5019)
4749	4657	4536	4436	4245	4076	3934	3884	3854	3756	3667	3603
4916	5051	5210	5372	5621	5897	6099	6193	6252	6409	6503	6559
613	616	619	620	624	630	634	636	637	643	644	643
5915	5892	5840	5798	5773	5728	5693	5621	5561	5510	5475	5338
2165	2068	1974	1879	1795	1707	1623	1535	1446	1372	1316	1284
1881	1915	1916	1919	1922	1907	1907	1877	1852	1840	1850	1804
1869	1909	1951	2000	2055	2114	2163	2209	2263	2298	2309	2250
3076	2981	2873	2771	2656	2538	2437	2338	2258	2165	2089	2041
2839	2911	2967	3027	3117	3191	3256	3283	3303	3345	3386	3297
1006.0	1060.2	1237.6	1210.0	1178.0	1155.5	1130.3	1065.4	1000.1	1027.8	1039.1	1022.7
424.4	431.8	397.6	386.2	374.6	372.1	369.6	345.4	330.6	360.8	367.3	368.2
58.4	60.5	55.5	48.3	44.5	44.2	38.9	26.7	17.5	17.6	17.2	14.2
3956.1	4628.2	6098.9	6545.4	7054.6	7531.7	8059.3	8260.5	8688.9	9597.4	10457.7	11046.3
1885.8	2125.1	2184.5	2334.1	2677.1	2940.3	3191.7	3212.7	3378.2	3952.3	4291.5	4718.6
182.1	216.3	247.7	232.8	235.4	242.3	234.4	164.9	104.7	112.4	118.5	106.9
37618	41904	46998	51825	57270	62539	68081	73593	81446	87749	94768	102247
43469	47894	52811	58485	69050	76903	83845	89598	98587	106784	113670	125235
29683	34001	41416	45015	50191	53790	58002	57237	56301	61845	67351	72515
39064.93	42957.31	47344.33	50774.84	55288.79	58762.46	63012.10	66648.87	70540.48	72798.17	82875.17	87435.13
3768.55	4047.06	4454.11	4662.81	4902.82	4830.25	4832.71	4950.52	5116.99	5364.35	6029.03	6298.62
19926.11	21275.89	22615.89	23588.02	24814.88	25565.04	26925.59	27523.67	28171.78	28456.66	32834.49	35014.18
15370.27	17634.36	20274.33	22524.01	25571.09	28367.17	31253.80	34174.68	37251.71	38977.16	44011.65	46122.33
40581	44348	48673	51933	56205	59239	62993	66284	69901	71825	81510	86003
26769.73	31255.96	36789.07	42495.55	48312.46	53322.49	55202.73					
3783.31	3949.65	4757.31	5455.94	6304.58	7497.32	9568.25					
2715.00	3129.27	3113.17	3380.39	3125.74	1545.38	1496.62					
8234.50	9879.75	12827.66	16215.47	20268.78	22191.42	22328.55					
12036.92	14297.30	16090.93	17443.75	18613.36	22088.37	21809.31					
4106.75	4708.31	5444.53	5817.95	5892.16	6323.38	6637.25	7552.97	8614.89	9450.49	9819.75	9225.91

a) Data of 2000 and 2010 are based on the national census,that of 2020 are calculated according to the data of the Seventh National Census,and others are based on the sample surveys.Data in the brackets are taken from the annual of the Public Security Departments.
b) According to the Seventh National Census,the data of Total population,GDP per capita from 2011 to 2019 of Shandong Province have been revised.
c) According to the Seventh National Census,the data of Employed Persons from 2000 to 2019 of Shandong Province have been revised.
d) Since 2010, data of number of Staff and Workers,Total Wages Bill,Average Wage refer to the range of employed persons on the job of Urban Non.
e) According to the Fourth National Economic Census, the data of GDP from 2000 to 2018 have been revised.

1-2 续表 1

类　　别		Category		2000	2010
五、能　源		**Energy**			
一次能源生产总量	(万吨标煤)	Total Primary Energy Output	(10 000 tons of SCE)	9648.75	16055.71
原　煤		Coal		5741.96	11913.14
原　油		Crude Oil		3822.49	3980.08
天然气		Natural Gas		83.54	129.01
一次电力		Primary Electricity		0.76	33.48
六、财　政		**Government Finance**			
一般公共预算收入	(亿元)	General Public Budget Revenue	(100 million yuan)	463.68	2749.38
#税收收入		Tax Revenue		392.90	2149.90
#增值税		Value Added Tax		89.69	378.23
营业税		Business Tax		87.66	631.51
企业所得税		Company Income Tax		81.87	293.31
个人所得税		Personal Income Tax		24.75	81.01
资源税		Resource Tax		6.22	33.29
城市维护建设税		Urban Maintenance and Development Tax		27.62	130.74
房产税		Tax on Real Estates		15.56	64.65
城镇土地使用税		Urban Land Using Tax		8.82	137.69
土地增值税		Land Value-added Tax		0.74	66.19
车船税		Tax on Vehicle and License		3.19	23.27
行政事业性收费收入		Income from Administrative Work Fees		30.57	203.02
一般公共预算支出	(亿元)	Expenditure for General Public Budget	(100 million yuan)	613.08	4145.03
#一般公共服务支出		Expenditure for General Public Service Expenditure			544.31
教育支出		Expenditure for Education			770.45
社会保障和就业支出		Expenditure for Social Security and Employment			416.77
卫生健康支出		Expenditure for Health			250.77
农林水支出		Expenditure for Farming、Forestry and Irrigation Affairs			465.98
七、金　融		**Financial Intermediation**			
金融机构人民币存款余额	(亿元)	RMB Deposits	(100 million yuan)	7471.20	41104.96
#住户存款		Household Deposits		4466.72	19648.21
金融机构人民币贷款余额	(亿元)	RMB Loans	(100 million yuan)	6209.05	30722.64
八、价格指数		**Price Indices**			
居民消费价格总指数	(上年=100)	Consumer Price Index	(preceding year=100)	100.2	102.9
商品零售价格总指数	(上年=100)	Retail Price Index	(preceding year=100)	98.6	102.7
工业生产者出厂价格指数	(上年=100)	Producer Price Indices for Industrial Products	(preceding year=100)	105.9	107.2
工业生产者购进价格指数	(上年=100)	Industrial Producer Purchasing Price Indices	(preceding year=100)	104.7	109.3
九、居民生活		**People's Livelihood**			
全体居民生活		**All Households Livelihood**			
年末人均住房建筑面积	(平方米)	Per Capita Space of Living House at Year-end	(sq.m)		
人均可支配收入	(元)	Annual Per Capita Disposable Income of All Households	(yuan)	4095	12922
人均消费支出	(元)	Annual Per Capita Consumption Expenditure of All Households	(yuan)	2982	8560
农村居民生活		**Rural's Livelihood**			
年末人均住房建筑面积	(平方米)	Per Capita Space of Living House at Year-end	(sq.m)	23.6	34.7
人均可支配收入	(元)	Annual Per Capita Disposable Income of Rural Households	(yuan)	2663	7034
人均消费支出	(元)	Annual Per Capita Consumption Expenditure of Rural Households	(yuan)	1743	4472

注：1.2009年开始，一次电力包含水电、风电、核电、生物质发电和太阳能光伏发电，2000年数据为水电。
2.2014年及以前住户存款数据为储蓄存款口径数据。
3.从2013年起，全省实施城乡住户调查一体化改革，根据国家统一规定，2018年，按照新指标口径对居民收支调查历史数据进行修正。

continued

2011	2012	2013	2014	2015	2016	2017	2018	2019	2020	2021	2022
15997.81	16973.80	15165.08	15220.40	14693.06	13616.76	13710.27	13102.01	12539.10	12205.72	11543.68	11804.52
11585.87	12528.16	10722.56	10699.80	10277.40	9404.96	9623.27	8827.54	7820.68	7422.75	6322.85	6026.26
3973.65	3963.94	3894.94	3876.09	3751.91	3301.96	3192.79	3203.20	3177.70	3170.31	3158.22	3143.33
64.33	75.71	65.11	62.89	57.70	56.23	49.72	52.80	56.10	63.43	68.42	87.69
53.35	79.19	116.19	133.13	161.90	229.07	305.89	484.11	742.71	817.13	1142.09	1366.66
3455.93	4059.43	4559.95	5026.83	5529.33	5860.18	6098.63	6485.40	6526.71	6559.93	7284.46	7104.10
2603.13	3050.20	3533.49	3965.76	4203.12	4212.59	4419.40	4897.92	4849.29	4757.62	5475.99	4795.52
413.82	438.12	489.56	596.96	594.98	1129.75	1705.96	1902.12	1958.67	1814.47	2030.31	1436.36
765.72	896.64	1068.33	1135.92	1252.40	650.45						
398.56	441.64	445.95	483.01	498.72	503.24	620.30	677.38	696.20	686.55	867.43	839.56
96.58	95.11	104.59	115.18	143.12	143.15	186.73	215.30	147.47	182.06	243.40	265.47
38.36	91.11	92.62	119.57	103.81	95.18	99.56	119.75	119.98	108.27	126.15	158.04
179.60	198.88	217.84	231.33	243.71	250.83	261.82	306.46	290.13	283.97	324.72	311.01
74.02	100.83	111.75	122.49	133.86	143.36	157.81	168.25	166.73	165.57	188.96	213.81
158.46	211.69	229.16	264.69	358.75	393.74	398.18	396.84	337.27	299.89	302.53	315.51
105.67	145.21	205.91	257.74	259.51	293.15	367.18	390.79	404.28	433.38	487.11	494.59
29.72	35.86	40.26	46.65	53.31	61.00	69.37	75.85	78.10	82.30	94.43	99.09
278.82	305.29	284.12	302.20	296.74	328.25	320.28	303.52	307.22	308.32	336.99	337.75
5002.07	5904.52	6688.80	7177.31	8250.01	8755.21	9258.40	10100.96	10739.76	11233.52	11713.16	12128.63
618.48	705.51	749.96	725.33	738.11	783.56	857.51	943.35	1061.95	1118.07	1136.11	1209.32
1047.90	1311.80	1399.67	1461.05	1690.62	1825.99	1890.00	2006.50	2156.14	2283.84	2411.09	2626.48
501.54	596.48	681.98	763.53	904.64	992.66	1131.96	1253.99	1444.63	1657.53	1863.39	1964.44
360.36	422.91	485.86	605.67	701.43	790.19	829.27	885.15	912.07	1045.50	1092.72	1234.10
564.00	673.82	748.14	772.84	964.42	943.44	953.59	998.50	1075.98	1065.29	1026.95	1118.86
46345.41	54301.53	62077.88	67498.29	74524.16	83414.88	88531.71	94298.18	102676.38	116155.37	127871.85	143590.55
22173.27	26343.31	29796.08	33178.56	37320.02	41350.93	44035.84	48434.98	55232.15	64258.40	72255.34	84665.25
35179.00	40021.49	44761.26	50058.64	55437.00	61726.88	67575.96	74879.40	83702.97	95411.56	108436.77	121533.28
105.0	102.1	102.2	101.9	101.2	102.1	101.5	102.5	103.2	102.8	101.2	101.7
104.7	101.6	101.4	101.0	100.2	101.3	100.8	102.2	102.2	102.0	101.4	102.3
106.0	98.4	98.4	98.4	95.2	98.5	105.5	103.7	99.7	98.1	110.3	105.1
109.2	99.2	98.4	98.2	95.0	98.0	107.3	103.6	99.2	97.5	109.5	105.8
		37.9	38.7	38.5	39.6	39.9	39.6	39.9	40.0	41.3	41.7
15077	17127	19008	20864	22703	24685	26930	29205	31597	32886	35705	37560
9853	10902	11897	13329	14578	15926	17281	18780	20427	20940	22821	22640
36.3	38.4	39.6	40.3	40.9	42.1	42.5	43.2	43.5	43.4	44.0	44.6
8395	9506	10687	11882	12930	13954	15118	16297	17775	18753	20794	22110
5489	6304	6877	7962	8748	9519	10342	11270	12309	12660	14299	14687

a) Since 2009, Primary Electricity includes that generated by hydro power, wind power, nuclear power, bio-energy and solar PV power. Data of 2000 refer to hydro power.

b) Data of Household Deposits before 2014 refers to Urban and Rural Household Savings Deposits .

c)An integrated household survey programme has been implemented since 2013,instead of the two separate urban and rural household surveys.In 2018 according to national uniform regulation,the historical data of residents' income and expenditure are revised according to the new survey programme.

1-2 续表 2

类别	Category	2000	2010
城镇居民生活	**Urban's Livelihood**		
年末人均住房建筑面积 (平方米)	Per Capita Space of Living House at Year-end (sq.m)	13.8	32.1
人均可支配收入 (元)	Annual Per Capita Disposable Income of Urban Households (yuan)	6417	18971
人均消费支出 (元)	Annual Per Capita Consumption Expenditure of Urban Households (yuan)	4991	12761
十、农林牧渔业	**Farming,Forestry,Animal Husbandry and Fishery**		
农林牧渔业总产值 (亿元)	Gross Output Value of Farming Forestry, Animal Husbandry and Fishery (100 million yuan)	2294.35	6573.77
农 业	Farming	1300.44	3588.42
林 业	Forestry	47.62	86.53
牧 业	Animal Husbandry	599.17	1796.52
渔 业	Fishery	347.12	829.77
农林牧渔专业及辅助性活动	Output Value of Farming,Forestry,Animal Husbandry and Fishery professions and auxiliary activities		272.52
农业生产情况	**Farming**		
粮食总产量 (万吨)	Total Output of Grain (10 000 tons)	3837.7	4502.8
粮食单产 (千克/公顷)	Grain (kilogram/hectare)	4938	6043
棉花总产量 (万吨)	Total Output of Cotton (10 000 tons)	59.0	59.0
棉花单产 (千克/公顷)	Cotton (kilogram/hectare)	1085	945
油料总产量 (万吨)	Total Output of Oil-bearing Crops (10 000 tons)	356.9	347.7
油料单产 (千克/公顷)	Oil-bearing Crops (kilogram/hectare)	3730	4317
肉类总产量 (万吨)	Total Output of Grain (10 000 tons)	500.0	754.0
猪存栏 (万头)	Number of Pigs (10 000 heads)	2401.8	2871.6
牛存栏 (万头)	Number of Cattles (10 000 heads)	779.9	440.3
羊存栏 (万只)	Number of Sheep and Goats (10 000 heads)	2260.1	1926.9
家禽存栏 (万只)	Number of Poultry (10 000 heads)	47789.9	58214.0
猪出栏 (万头)	Slaughtered Pigs (10 000 heads)	3213.2	4425.5
牛出栏 (万头)	Slaughtered Cattle (10 000 heads)	322.2	413.0
羊出栏 (万只)	Slaughtered Sheep (10 000 heads)	2375.7	2707.4
家禽出栏 (万只)	Slaughtered Poultry (10 000 heads)	91195.0	169549.8
禽蛋产量 (万吨)	Poultry Eggs (10 000 tons)	301.0	384.8
奶类产量 (万吨)	Milk (10 000 tons)	62.7	231.0
水产品总产量 (吨)	Total Aquatic Products (tons)	6306551	7838259
海水产品 (吨)	Seawater Aquatic Products (tons)	5375169	6463345
海洋捕捞 (吨)	Catching in Ocean (tons)	2780483	2350888
海水养殖 (吨)	Seawater Aquiculture (tons)	2594685	3962643
淡水产品产量 (吨)	Freshwater Aquatic Products (tons)	931382	1374914
捕捞量 (吨)	Catching (tons)	81214	130896
养殖量 (吨)	Freshwater Aquiculture (tons)	850168	1244018
水产品养殖面积 (万亩)	Aquiculture Area (10 000 mu)	788.4	1136.5
海 水 (万亩)	Seawater Aquiculture Area (10 000 mu)	420.7	751.4
淡 水 (万亩)	Freshwater Aquiculture Area (10 000 mu)	367.6	385.1
十一、工 业	**Industry**		
全部工业增加值 (亿元)	Value Added of Industry Enterprises (100 million yuan)	3620.06	15449.95
十二、建筑业	**Industry**		
建筑业增加值 (亿元)	Value Added of Construction Enterprises (100 million yuan)	500.13	2283.13

continued

2011	2012	2013	2014	2015	2016	2017	2018	2019	2020	2021	2022
33.2	33.4	36.4	37.3	36.4	37.5	37.6	36.8	37.1	37.3	39.3	39.5
21678	24496	26882	29222	31545	34012	36789	39549	42329	43726	47066	49050
14164	15349	16646	18323	19854	21495	23072	24798	26731	27291	29314	28555
7311.11	7817.84	8577.06	8988.18	9283.92	9075.60	9140.36	9397.39	9671.67	10190.58	11468.01	12130.71
3737.04	3829.19	4335.77	4556.10	4662.61	4387.51	4403.23	4678.26	4914.43	5168.36	5814.56	6206.54
99.96	107.01	120.30	131.53	139.92	147.48	165.09	181.63	197.70	214.20	219.94	227.29
2205.73	2328.69	2410.56	2478.81	2602.08	2620.29	2501.37	2432.67	2412.06	2571.87	2904.24	3003.54
973.24	1227.81	1347.03	1420.85	1447.28	1409.65	1475.96	1425.91	1397.42	1432.08	1652.60	1729.65
295.14	325.14	363.40	400.90	432.03	510.66	594.70	678.92	750.06	804.06	876.68	963.69
4701.3	4815.8	4883.4	5038.3	5147.4	5332.3	5374.3	5319.5	5357.0	5446.8	5500.7	5543.8
6172	6214	6099	6087	6123	6261	6356	6329	6444	6577	6584	6622
60.8	51.4	43.4	44.2	33.9	32.9	20.7	21.7	19.6	18.3	14.0	14.5
1043	1012	923	1122	1042	1179	1185	1184	1158	1281	1273	1278
343.7	341.8	341.6	329.6	318.7	317.1	318.3	310.9	289.0	290.9	285.9	274.0
4367	4404	4386	4355	4302	4310	4389	4370	4236	4366	4420	4390
763.1	822.6	838.2	836.8	845.5	837.1	866.0	854.7	704.0	728.0	819.3	844.5
2998.2	3101.2	3167.0	3179.5	3147.3	3086.8	3040.3	2985.6	2176.5	2933.9	3151.0	3005.4
438.3	433.7	424.3	410.5	407.6	391.9	401.5	380.6	364.2	278.7	279.8	283.3
1887.9	1850.3	1797.9	1765.0	1767.9	1693.1	1754.0	1801.4	1837.4	1501.7	1466.4	1459.1
63790.2	70959.8	70261.3	69911.9	71816.0	78056.1	76604.5	75614.9	78864.3	83642.4	84578.1	81838.0
4387.8	4800.8	5043.0	5245.7	5156.4	5093.2	5180.7	5082.3	3176.4	3344.8	4401.7	4528.4
390.0	385.3	382.6	372.4	370.2	360.8	361.6	363.4	345.9	275.7	280.0	275.6
2546.5	2493.4	2472.1	2530.6	2527.1	2540.8	2629.8	2682.4	2701.1	2491.6	2373.4	2376.8
181519.0	199140.7	195931.9	182274.9	192052.0	214261.0	220423.3	217200.2	231299.1	252670.8	263535.7	271178.2
401.6	402.4	396.6	388.4	424.3	441.1	445.1	447.4	450.6	482.2	456.6	439.3
235.8	248.6	237.7	244.7	240.7	233.8	231.3	232.5	234.5	241.6	288.4	304.5
8138280	7885248	8084522	8464587	8722448	8899622	8680030	8614032	8232724	8286092	8544248	8812740
6647212	6524046	6654179	7085761	7352063	7541952	7371727	7360685	7062086	7180937	7403008	7622454
2512437	2161603	2087829	2286654	2356409	2414112	2180891	2149830	2091101	2039543	2029166	2061660
4134775	4362443	4566350	4799107	4995654	5127840	5190836	5210855	4970985	5141394	5373842	5560794
1491068	1361202	1430344	1378826	1370385	1357670	1308303	1253347	1170638	1105155	1141240	1190286
135378	112783	115167	90661	83086	93900	83730	82821	89290	95634	95733	99912
1355690	1248419	1315177	1288165	1287299	1263770	1224573	1170526	1081348	1009521	1045507	1090374
1174.4	1205.2	1240.4	1252.7	1269.2	1259.3	1250.4	1173.4	1138.3	1116.9	1147.8	1158.5
768.2	785.6	820.2	822.7	844.8	907.2	915.6	856.3	842.3	870.5	912.6	926.2
406.2	419.6	420.1	429.9	424.4	352.1	334.8	317.1	296.1	246.4	235.3	232.3
17280.78	18421.90	19475.30	20178.23	21156.50	21695.98	22515.81	22613.01	22755.13	22986.45	26894.08	28738.98
2645.33	2853.99	3188.60	3476.06	3731.63	3909.44	4441.01	5024.90	5532.77	5574.19	6068.10	6424.48

1-2 续表 3

类 别	Category	2000	2010
十三、交通运输邮电	**Transport,Posts and Telecommunications**		
铁路通车里程 (公里)	Length of Railways (km)	2672	3833
公路通车里程 (公里)	Length of Highways (km)	70686	229858
#晴雨通车 (公里)	Length of Highways Operating under All Weathers (km)	70038	228906
内河通航里程 (公里)	Length of Navigable Inland Waterways (km)	1476	1150
客运量 (万人)	Passenger Traffic (10 000 persons)	66128	248720
铁 路	Railways	3840	6041
公 路	Highways	61466	240044
水 路	Waterways	822	2635
客运周转量 (百万人公里)	Passenger Turnover (million passenger-km)	54873	164471
铁 路	Railways	22180	42135
公 路	Highways	32358	121151
水 路	Waterways	335	1185
货运量 (万吨)	Freight Traffic (10 000 tons)	92483	298055
铁 路	Railways	11253	18056
公 路	Highways	76778	264366
水 路	Waterways	4452	15633
货运周转量 (百万吨公里)	Freight Turnover (million ton-km)	403315	1174705
铁 路	Railways	79964	144775
公 路	Highways	40575	621680
水 路	Waterways	282776	408250
沿海主要港口货物吞吐量 (万吨)	Volume of Freight Handled in Major Coastal Ports (10 000 tons)	16025	86421
邮政局总计 (处)	Number of Post & Telecommunications Offices (unit)	3011	2840
函 件 (万件)	Number of Letters (10 000 pcs)	32878	53963
电信业务总量 (亿元)	Business Volume of Telecommunication Services (100 million yuan)	186.5	1920.9
邮政业务总量 (亿元)	Business Volume of Post Services (100 million yuan)	74.2	52.5
互联网宽带接入用户 (万户)	Number of Mobile Telephone (10 000 subscribers)		
移动电话用户 (万户)	Number of Mobile Telephone (10 000 subscribers)	501.0	6190.4
民用汽车拥有量 (万辆)	Number of Private Vehicles (10 000 subscribers)	112.3	842.7
十四、国内贸易	**Domestic Trade**		
社会消费品零售总额 (亿元)	Total Retail Sales of Consumer Goods (100 million yuan)	2988.30	12028.30
商品零售	Retail Sales		10829.15
餐饮收入	Catering Income		1199.15
十五、对外贸易和旅游	**Foreign Economy and Trade,Tourism**		
对外贸易	Foreign Economy and Trade		
海关进出口总值 (万美元)	Total Value of Imports and Exports (10 000 USD)	2498998	18895085
海关出口总值 (万美元)	Total Exports (10 000 USD)	1552905	10424695
#一般贸易	General Trade	746563	4973019
来料加工装配贸易	Processing and Assembling with Customer's Materials	293008	750340
进料加工贸易	Processing and Assembling with Import Materials	507050	4230872
海关进口总值 (万美元)	Total Imports (10 000 USD)	946093	8470390

注：1.交通运输部2014年修订了公路、水运运输量统计试行方案，统计口径发生了变化。
2.表中2000年邮电业务总量按1990年不变价格计算，2010年按2000年不变价格计算。2011—2015年邮电业务总量按2010年价格计算；2016—2020年，按2015年价格计算；自2021年起，按上年不变价格计算。2012年起，邮政业务量由山东邮政管理局提供，包括快递业务量，2012年以前数据由山东省邮政公司提供。
3.2019年起，公路货运量采用全国公路货运量专项调查数据。与往年数据不可比。
4.2020年起，铁路客货运量、周转量为济南局、北京局、郑州局在山东省内数据，口径为国家铁路；铁路通车里程含地方铁路。

continued

2011	2012	2013	2014	2015	2016	2017	2018	2019	2020	2021	2022
4177	4306	4397	4546	4863	4882	5115	5676	5972	6881	7198	7327
233189	244586	252785	259514	263447	265720	270590	275642	280325	286814	288143	291759
232264	243779	252066	259031	262986	265265	270150	275344	280186	286741	283469	288228
1150	1150	1150	1150	1150	1150	1150	1150	1150	1117	1117	1117
250469	264935	269391	73582	59625	62727	64536	66613	67317	30096	28350	16386
6609	7650	8484	9508	10666	11904	13388	14525	15722	9797	12164	7321
241457	254711	258327	62052	46960	48823	49111	50044	49581	19475	15139	8247
2403	2574	2580	2022	1999	2000	2037	2044	2014	824	1047	818
172751	183196	189285	114056	112745	116882	122676	126935	127981	59517	70560	41481
45872	50951	54995	61734	64444	68442	73365	76302	77287	43191	52392	31333
125691	130995	133137	51141	47137	47240	48104	49357	49256	15931	17783	9829
1188	1250	1153	1181	1164	1200	1207	1276	1439	395	385	319
314962	330270	344401	260983	258444	281557	322564	349481	304732	308627	333420	322708
19711	19814	19043	16792	15786	16745	17853	18710	20850	23189	22895	24717
279380	296752	311812	230018	227934	249752	288052	312807	266124	267230	291196	276906
15871	13704	13546	14172	14724	15060	16659	17964	17758	18208	19329	21085
1258364	1099119	1026088	817690	833415	879552	962225	995988	1007631	1034063	1200214	1420835
152606	149384	138910	123808	107728	113668	121363	126468	143456	156609	168212	183155
662435	705922	749888	571138	587699	607143	665022	685968	674620	678440	751761	791263
443323	243813	137290	122744	137988	158741	175840	183552	189555	199014	280241	446417
96188	106655	118137	128593	134218	142856	151571	161512	161064	168881	178158	189036
2851	2856	2861	2870	2870	2878	2880	2873	2889	3005	2979	2903
46014	45663	42389	29233	18787	10328	6978	6369	6263	4341	3796	3212
723.6	797.6	863.7	1067.8	1253.1	863.4	1494.8	3651.9	5786.6	7200.1	1002.0	1104.4
47.6	94.1	117.4	145.8	205.5	301.6	392.9	528.4	718.0	993.7	642.8	669.3
1154.1	1364.1	1465.1	1523.9	1625.7	2366.5	2588.7	2884.8	3186.1	3445.6	3863.7	4264.7
7118.0	7588.9	8333.4	8664.1	9413.8	9594.5	9943.9	10569.6	10785.5	10907.1	11248.5	11700.4
968.6	1122.3	1277.4	1407.2	1553.6	1750.5	1952.9	2148.3	2351.0	2537.1	2736.8	2897.0
13939.83	15785.25	17703.85	19706.36	21550.95	23482.07	25527.94	27480.28	29251.18	29248.05	33714.54	33236.16
12506.44	14181.87	15926.53	17744.99	19346.19	20996.37	22794.81	24421.00	25895.16	26118.91	29886.32	29608.48
1433.39	1603.38	1777.32	1961.37	2204.76	2485.70	2733.13	3059.28	3356.02	3129.14	3828.22	3627.68
23599191	24554487	26715854	27711549	24174867	23420733	26305670	29239097	29628464	31844703	45386886	48883358
12578809	12873171	13450998	14474545	14406069	13715826	14710207	16013984	16143995	18903512	27184375	29433695
6466907	6875045	7603996	8373918	9042024	8653875	9428956	11047764	11256710	13853845	19567326	21352628
842878	867657	866031	802064	739933	716557	651868	601424	605165	497612	553192	671165
4737751	4566215	4392892	4734553	4183875	3904404	4151643	3918203	3496008	3466764	4257732	4915554
11020382	11681316	13264856	13237004	9768798	9704906	11595464	13225113	13484469	12941191	18202512	19449663

a)The pilot statistical investigation program on passenger highway and turnover was revised in 2014,and the statistical scope was adjusted.

b) Business volume of postal service and telecommunication service of 2000 was calculated at 1990 constant prices, and that of 2010 was calculated at 2000 constant prices,and that from 2011 to 2015 was calculated at 2010 constant prices,and that from 2016 to 2020 was calculated at 2015 constant prices, and since 2021, that was calculated at last year constant prices. The data of business volume of postal service before 2012 come from Shan-dong Post Company, since 2012, they are from Shandong Post Bureau, including business volume of courier companies above designated size.

c) The road freight volume adopts the special survey data of national road freight volume since 2019,and not comparable with the previous.

d) Since2020, the railway passenger and freight volume and turnover refer to the data of Jinan Bureau,Beijing Bureau and Zhengzhou Bureau in Shan-dong Province,the caliber is national railway,and the data of railways length includes the local railways.

1-2 续表 4

类别		Category		2000	2010
利用外资		**Utilization of Foreign Capital**			
新设外商直接投资企业数	(个)	Number of newly established Companies by foreign direct investment	(unit)	2728	1632
实际使用外商直接投资	(万美元)	Direct Foreign Investments	(10 000 USD)	297119	916833
对外承包工程和劳务合作		**Foreign Contracted Projects Labor Cooperation**			
合同个数	(个)	Number of Contracts	(unit)	1250	3075
合同金额	(万美元)	Contracted Value	(10 000 USD)	61601	1092504
营业额	(万美元)	Value of Business	(10 000 USD)	45229	602415
年末在外人数	(人)	Population in Foreign Countries and Regions	(person)	35028	102149
旅　游		**Tourism**			
接待海外旅游人数	(万人次)	International Tourists	(10 000 person-times)	72.3	366.8
外国人		Foreigners		48.0	277.9
港澳台胞		Compatriots from Hong Kong Macao and Taiwan		24.3	88.9
旅游外汇收入	(万元)	Foreign Exchange Earnings	(10 000 yuan)	260839	1458866
旅游外汇收入	(万美元)	Foreign Exchange Earnings	(10 000 USD)	31513	215506
人民币对主要外币年平均汇价(中间价)		**Average Exchange Rate of RMB Yuan Against Main Convertible Currencies (Middle Rate)**			
100美元	(人民币元)	100 US Dollars	(RMB yuan)	827.84	676.95
100日元	(人民币元)	100 Japanese Yen	(RMB yuan)	7.69	7.73
100港元	(人民币元)	100 Hong Kong Dollars	(RMB yuan)	106.18	87.13
100欧元	(人民币元)	100Euros	(RMB yuan)		897.25
十六、教　育		**Education**			
普通高等学校		**Regular Institutions of Higher Education**			
学校数	(所)	Number of Schools	(unit)	58	133
招生数	(人)	New Enrollment	(person)	124817	495722
在校学生数	(人)	Total Enrollment	(person)	303826	1631373
毕业生数	(人)	Graduates	(person)	49687	444003
教职工数	(人)	Teachers and Staff	(person)	54910	139100
专任教师数	(人)	Full-time Teachers	(person)	24764	91413
中等专业学校基本情况		**Secondary Professional Schools**			
学校数	(所)	Number of Schools	(unit)	243	640
招生数	(人)	New Enrollment	(person)	93493	426954
毕业生数	(人)	Graduates	(person)	103629	439337
在校学生数	(人)	Total Enrollment	(person)	333184	1131621
教职工数	(人)	Teachers and Staff	(person)	37241	78769
专任教师数	(人)	Full-time Teachers	(person)	20409	55465
普通中学基本情况		**Regular Senior Secondary Schools**			
学校数	(所)	Number of Schools	(unit)	4575	3645
招生数	(万人)	New Enrollment	(10 000 persons)	234.18	164.12
毕业生数	(万人)	Graduates	(10 000 persons)	167.96	156.89
在校学生数	(万人)	Total Enrollment	(10 000 persons)	678.60	501.07
教职工数	(人)	Teachers and Staff	(person)	430754	438787
专任教师数	(人)	Full-time Teachers	(person)	350353	372082
技工学校基本情况		**Technical Schools**			
学校数	(所)	Number of Schools	(unit)	279	209
招生数	(人)	New Enrollment	(person)	48008	136995
毕业生数	(人)	Graduates	(person)	66546	133615
在校学生数	(人)	Total Enrollment	(person)	137718	397719
教职工数	(人)	Teachers and Staff	(person)	24484	18183
专任教师	(人)	Full-time Teachers	(person)	14066	14962

注:1.2004年起实行新的外商投资统计制度,取消对外借款部分,外商直接投资数据为商务部反馈数。2008年实际使用外资采用全口径统计方式。2019年起，实际使用外资采用商务部通报口径，不包含股东贷款、投资性公司投资，合同外资不再统计。
2.2010年起，中等专业学校数据改为中等职业学校口径。
3.因疫情管控影响，2021—2022年暂停入境旅游数据核算。

continued

2011	2012	2013	2014	2015	2016	2017	2018	2019	2020	2021	2022
1433	1333	1405	1352	1509	1477	1479	2156	2517	3060	3064	2329
1116022	1235267	1405315	1519511	1630090	1682556	1785731	2051636	1468933	1764763	2151578	2287422
948287	988209	1078349	1237694	1344383	1355479	1393003	1548846	1364140	1051092	1181608	1101849
819857	898864	940828	1021544	1120799	1195427	1278651	1314181	1256300	1030379	1016257	987405
108662	103736	98988	115328	116100	119655	130384	125224	133849	89162	71218	60808
424.2	469.9	452.7	445.7	460.8	485.5	494.4	513.1	521.3	52.8		
312.3	342.2	327.4	325.7	335.9	352.7	353.1	366.1	370.9	44.2		
111.9	127.7	125.3	120.0	124.9	132.8	141.3	147.0	150.4	8.6		
1647486	1845554	1691487	1667300	1804062	2034836	2143055	2226223	2354552	144162		
255076	292365	273120	271424	289651	306345	317405	336420	341314	20900		
645.88	631.25	619.32	614.28	622.84	664.23	675.18	661.74	689.85	689.76	645.15	672.61
8.11	7.90	6.33	5.82	5.15	6.12	6.02	5.99	6.33	6.46	5.87	5.13
82.97	81.38	79.85	79.22	80.34	85.58	86.64	84.43	88.05	88.93	83.00	85.89
900.11	810.67	822.19	816.51	691.41	734.26	763.03	780.16	772.55	787.55	762.93	707.21
139	137	140	142	143	144	145	145	146	152	153	153
497292	498621	527539	580763	595646	624408	612660	629065	741661	729927	780954	853325
1645589	1658490	1698545	1796665	1900612	1995880	2015345	2040793	2183944	2291481	2429912	2527073
472882	474266	475858	464076	474195	509142	571220	585871	577980	605379	617855	734267
142698	142370	142240	143939	147035	150345	154311	158526	164932	172041	177805	182225
94621	96058	98685	101380	104724	107748	110807	112717	117609	124215	129888	135492
591	560	525	460	435	428	401	398	391	397	400	414
444703	404670	363547	319143	294033	288180	261190	245355	267223	297527	293603	299584
386564	380451	378626	354032	320353	286687	248347	250210	259891	233426	221047	253917
1177130	1147012	1031585	948167	857264	809826	793357	750142	730464	777416	839144	880975
74232	71449	66810	64488	62319	60613	60408	59304	58249	58824	60026	62874
53569	52430	50243	49274	48926	48244	48659	48269	48099	49169	53576	56263
3569	3522	3464	3461	3446	3504	3560	3671	3791	3920	4019	4055
161.83	159.88	158.53	153.58	151.12	160.35	164.39	164.26	176.10	187.62	187.58	192.21
157.80	153.20	156.04	153.73	156.01	157.62	151.42	148.46	157.56	166.72	163.43	172.84
501.58	492.64	488.48	486.06	479.93	482.41	494.85	509.93	528.13	548.68	570.76	587.63
462765	464942	466088	471653	475798	484579	502004	515123	536931	558935	586421	590836
376760	376819	382340	386923	390059	397471	410339	419903	435808	453428	471988	478343
208	213	207	203	194	194	194	181	181	181	194	207
149407	154546	144165	128007	131550	133600	129109	135184	151122	173803	169851	172380
123404	113066	121782	108046	98154	89629	103815	96351	91679	95962	104221	127154
381503	401207	369922	329473	318182	335348	332634	329897	355409	405418	442034	455069
24379	29909	30860	29404	29228	29133	29294	29388	29438	29943	32647	33658
21050	21451	23977	23000	22613	22908	22565	22525	22294	23573	26284	26793

a) Since 2004,foreign loads is canceled according to the new statistical system on foreign investments, data of foreign direct investments come from the Ministry of Commerce.In 2008 the foreign capital actually utilized is changed to the actual received foreign capital.From 2019,Actual use of foreign capital uses Bulletin of the Ministry of Commerce,does not contain shareholder loan and the investment from investment companies,and contract foreign investment is no longer counted.

b) Data of secondary professional schools refer to the caliber of secondary vocational school since 2010 .

c) The accounting of inbound tourism data of 2021-2022 has been suspended due to the impact of COVID-19.

1-2 续表 5

类　别		Category		2000	2010
小学基本情况		**Regular Primary Schools**			
学校数	(所)	Number of Schools	(unit)	26017	12405
招生数	(万人)	New Enrollment	(10 000 persons)	104.5	111.3
毕业生数	(万人)	Graduates	(10 000 persons)	195.1	110.3
在校学生数	(万人)	Total Enrollment	(10 000 persons)	774.9	629.3
教职工数	(人)	Teachers and Staff	(person)	440161	417504
专任教师	(人)	Full-time Teachers	(person)	408200	387453
成人高等学校基本情况		**Adult Institutions of Higher Education**			
学校数	(所)	Number of Schools	(unit)	40	18
招生数	(人)	New Enrollment	(person)	82423	133191
毕业生数	(人)	Graduates	(person)	70810	110347
在校学生数	(人)	Total Enrollment	(person)	219977	388741
教职工数	(人)	Teachers and Staff	(person)	14090	4225
专任教师	(人)	Full-time Teachers	(person)	7084	2946
十七、科　技		**Science**			
重要科技成果		**Major Scientific Achievements**			
成果数量	(项)	Number of Achievements	(unit)	3728	2367
#农　业	(项)	Agricultural	(unit)	575	391
工　业	(项)	Industry	(unit)	1289	751
国际领先先进水平	(项)	Internationally Advanced	(unit)	599	676
国内领先先进水平	(项)	Nationally Advanced	(unit)	2861	1316
专利情况		**Patent Applications**			
申请量	(件)	Number of Patent Applications Examined	(unit)	10019	80856
授权量	(件)	Number of Patent Applications Granted	(unit)	6962	51490
#发明专利	(件)	Inventions	(unit)		4106
十八、卫生、文化事业基本情况		**Public Health and Culture**			
卫生机构数	(个)	Number of Health Institutions	(unit)	17118	16496
#医院(卫生院)	(个)	Hospitals and Township Hospitals	(unit)	3150	3099
卫生机构床位数	(万张)	Number of Beds in Health Institutions	(10 000 units)	21.5	38.2
卫生技术人员数	(万人)	Medical Technical Personnel	(10 000 persons)	31.5	44.1
#执业(助理)医师	(万人)	Licensed (Assistant) Doctors	(10 000 persons)	14.5	17.8
注册护士	(万人)	Registered Nurse	(10 000 persons)	9.2	15.6
文化(艺术)馆		**Cultural(Arts) Centers**			
机构数	(个)	Number of Institutions	(unit)	159	158
人　数	(人)	Number of Employed Persons	(person)	3055	3055
文化站		**Cultural Stations**			
机构数	(个)	Number of Institutions	(unit)	2422	1855
人　数	(人)	Number of Employed Persons	(person)	3304	4543
艺术表演团体		**Arts Performance Troupes**			
机构数	(个)	Number of Institutions	(unit)	118	119
人　数	(人)	Number of Employed Persons	(person)	5943	6268
剧场(院)		**Theaters and Music Halls**			
机构数	(个)	Number of Institutions	(unit)	105	91
人　数	(人)	Number of Employed Persons	(person)	2473	1904
图书馆		**Libraries**			
机构数	(个)	Number of Institutions	(unit)	133	149
人　数	(人)	Number of Employed Persons	(person)	2506	2680
博物馆		**Museums**			
机构数	(个)	Number of Institutions	(unit)	59	114
人　数	(人)	Number of Employed Persons	(person)	1633	2456

注：1.自2011年，医疗卫生机构数含村卫生室，自2013年，含部分计划生育技术服务机构。
2.2017年以前，专利申请量是指国家知识产权局受理的专利申请数量；从2017年开始，是指国家知识产权局受理的按规定缴足申请费、符合进入初步审查阶段条件的专利申请数量。

continued

2011	2012	2013	2014	2015	2016	2017	2018	2019	2020	2021	2022
12047	11573	11151	10770	10404	10027	9738	9674	9646	9619	9458	9063
119.4	109.6	115.7	124.7	124.4	123.9	127.0	129.6	127.9	129.6	137.9	130.6
106.8	106.2	103.3	101.0	98.9	107.2	111.0	111.5	117.8	125.2	125.7	125.4
644.1	627.7	626.0	648.5	674.6	691.3	708.5	726.0	738.6	743.3	755.8	760.6
393612	387203	383692	378886	379239	386405	391838	392333	396465	400114	410021	410354
386280	382562	387312	389080	396368	408856	421877	430702	442729	454285	468276	467563
17	17	11	11	11	11	11	11	11	11	11	11
147677	166515	165522	178737	163012	179199	157559	233966	292911	414972	451062	529350
144703	120404	128297	147592	161377	167440	279185	181058	158662	223507	280241	397487
386481	428180	459803	485274	484493	502274	375102	426995	556026	742379	906118	1032978
3951	4286	2843	2259	2200	1604	1580	1479	1257	1248	1140	1262
2731	2917	1982	1544	1493	1082	1048	970	785	777	702	764
2379	2393	2332	2955	3011	3016	2537	1791	2552	2342	2908	3075
305	338	297	440	385	421	363	232	316	338	329	346
723	853	866	1095	1019	919	796	451	807	673	754	820
647	609	681	817	967	762	610	416	735	485	638	730
1296	1349	1067	1146	1212	1095	973	682	957	988	1002	1066
109599	128614	155170	158619	193220	212911	204861	238795	263407	369349	369470	408136
58843	75522	76976	72818	98101	98093	100522	132382	146481	238778	329838	342290
5856	7454	8913	10538	16881	19404	19090	20338	20652	26745	36345	48696
68275	68840	75475	77066	77435	77050	79099	81512	83661	84870	85716	86024
3135	3188	3426	3491	3556	3643	4108	4219	4203	4202	4194	4191
41.6	47.3	49.0	50.0	51.9	54.3	58.5	60.8	63.0	64.7	67.4	69.4
48.2	53.0	59.8	60.4	61.9	64.3	68.9	73.9	78.3	81.4	85.3	87.6
18.6	20.0	23.2	23.1	23.7	24.5	26.5	29.0	31.5	32.9	34.3	35.0
17.1	19.2	24.0	24.6	25.4	26.9	29.4	32.3	34.1	35.6	37.6	38.7
160	158	159	158	157	157	157	157	157	158	158	158
3086	3033	3062	3047	3034	3006	2978	2950	2864	2887	2974	2993
1828	1821	1807	1811	1814	1816	1815	1819	1815	1821	1821	1823
4643	4987	4915	5181	5534	5262	5334	5329	5581	5628	6194	6129
116	104	103	104	104	103	105	105	104	103	101	101
6163	5722	5557	5728	5368	5651	5689	5539	5665	5381	5237	4987
93	93	93	93	92	93	100	106	93	87	82	77
2134	2083	1719	1734	1632	1602	1821	1902	1732	1712	1618	1459
150	150	153	153	154	154	154	154	154	154	153	153
2697	2647	2760	2730	2750	2828	2877	2843	2816	2904	2995	3182
120	178	194	243	312	393	485	517	541	577	629	665
2787	4353	4748	5369	6310	7152	7976	8059	8319	8871	10114	10391

a) Since 2011,the number of health institutions includes village clinics, and since 2013, it includes family planning technical services institutions.

b) Before 2017, the amount of patent application refers to the number of patent applications accepted by the State Intellectual Property Office; from 2017, it refers to the amount of application fees paid by the State Intellectual Property Office and the number of patent applications that have entered the preliminary examination stage.

1-3 国民经济和社会发展主要指标增长速度

单位:%

类 别	Category	2000	2010	2011
一、人 口	**Population**			
年末总人口	Population at the Year-end	1.29	1.24	0.90
按性别分	**By Sexual**			
男	Male	(0.55)	(0.98)	(0.63)
女	Female	(0.64)	(0.85)	(0.51)
按农村城镇分	**Agricultural and Non-agricultural Population**			
农村人口	Agricultural Population		-1.65	-1.35
城镇人口	Non-agricultural Population		4.16	3.16
人口密度	Population Density	1.23	1.16	0.55
二、就业人员和劳动工资	**Employment and Wages**			
年末就业人员	Year-end Employed Persons	1.4	1.6	-0.4
第一产业	Primary Industry	-0.2	-2.0	-4.1
第二产业	Secondary Industry	3.8	4.0	1.5
第三产业	Tertiary Industry	2.4	4.0	2.2
乡村就业人员	Rural Employed Persons	-6.9	-0.4	-2.8
城镇就业人员	Urban Employed Persons	19.4	4.1	2.4
在岗职工年末人数	Number of Staff and Workers at the Year-end	-2.4	3.4	5.4
#国有单位	State-owned Units	-4.3	2.2	-3.0
城镇集体单位	Urban Collective-owned Units	-12.8	0.4	3.5
就业人员工资总额	Total Wages Bill	12.1	17.3	24.9
#国有单位	State-owned Units	10.2	15.2	12.0
城镇集体单位	Urban Collective-owned Units	-2.2	20.3	23.8
就业人员平均工资	Average Wage	14.6	13.3	12.9
#国有单位	State-owned Units	15.1	11.5	12.9
城镇集体单位	Urban Collective-owned Units	12.0	15.5	15.8
三、国民经济核算	**National Accounting**			
地区生产总值	Gross Domestic Product	9.5	10.4	10.7
第一产业	Primary Industry	2.4	3.1	3.7
第二产业	Secondary Industry	10.8	11.7	11.5
第三产业	Tertiary Industry	10.6	10.3	11.5
人均地区生产总值	Per Capita GDP	8.5	9.4	9.6
四、固定资产投资	**Investment in Fixed Assets**			
全社会固定资产投资额	Total Investment in Fixed Assets	14.4	22.3	21.8
国有经济	State-Owned Units	10.6	18.2	3.7
集体经济	Collective-Owned Units	6.9	13.8	3.3
个体经济	Individuals Economy	13.9	24.3	26.6
其他经济	Others	52.7	24.9	14.7
房地产开发投资	Investment in Real Development	28.6	33.8	26.4

注：1.年末总人口及农村、城镇人口2011—2019年增速根据第七次人口普查修订数计算；括号内为根据公安户籍人口数计算。
2.就业人员及相关指标2005—2019年增速根据第七次人口普查修订数计算。
3.2010年起，职工年末人数、就业人员工资总额、就业人员平均工资数据为城镇非私营单位就业人员口径。
4.根据第四次经济普查结果，对全省2000—2018年生产总值及相关数据进行了修订。

Growth Rates of Main Indicators on National Economic and Social Development

(%)

2012	2013	2014	2015	2016	2017	2018	2019	2020	2021	2022
0.44	0.39	0.64	0.59	1.08	0.60	0.44	0.29	0.58	0.05	-0.07
-(0.04)	(0.31)	(1.57)	(0.79)	(1.00)	(0.79)	(0.80)	(0.45)	(0.16)	(0.14)	-(0.18)
-(0.20)	(0.36)	(1.22)	(0.75)	(1.02)	(0.96)	(0.95)	(0.58)	(0.32)	(0.24)	-(0.08)
-1.94	-2.60	-2.20	-4.31	-3.98	-3.48	-1.27	-0.77	-2.55	-2.36	-1.74
2.75	3.15	3.11	4.64	4.91	3.43	1.54	0.95	2.51	1.47	0.87
0.49	0.50	0.16	0.65	0.96	0.63	0.32	0.16	0.94	0.16	-0.16
-0.4	-0.9	-0.7	-0.4	-0.8	-0.6	-1.3	-1.1	-0.9	-0.6	-2.5
-4.5	-4.6	-4.8	-4.4	-4.9	-4.9	-5.4	-5.8	-5.1	-4.1	-2.4
1.8	0.03	0.2	0.2	-0.8	-0.01	-1.6	-1.4	-0.6	0.5	-2.5
2.1	2.2	2.5	2.7	2.8	2.4	2.1	2.5	1.5	0.5	-2.6
-3.1	-3.6	-3.5	-4.2	-4.4	-4.0	-4.0	-3.4	-4.1	-3.5	-2.3
2.5	1.9	2.0	3.0	2.3	2.1	0.8	0.6	1.3	1.2	-2.6
5.4	16.7	-2.2	-2.6	-1.9	-2.2	-5.7	-6.1	2.8	1.1	-1.6
1.7	-7.9	-2.9	-3.0	-0.7	-0.7	-2.6	-4.3	9.1	1.8	0.2
3.6	-8.3	-13.0	-7.9	-0.7	-12.0	-25.4	-34.5	0.6	-2.3	-17.4
17.0	31.8	7.3	7.8	6.8	7.0	2.5	5.2	10.5	9.0	5.6
12.7	2.8	6.8	14.7	9.8	8.5	0.7	5.2	17.0	8.6	10.0
18.8	14.5	-6.0	1.1	2.9	-3.3	-29.7	-36.5	7.3	5.5	-9.8
11.4	12.2	10.3	10.5	9.2	8.9	8.1	10.7	7.7	8.0	7.9
10.2	10.3	10.7	18.1	11.4	9.0	6.9	10.0	8.3	6.4	10.2
14.5	21.8	8.7	11.5	7.2	7.8	-1.3	-1.6	9.8	8.9	7.7
9.7	9.4	8.5	7.8	7.4	7.3	6.3	5.3	3.5	8.3	3.9
4.5	3.5	3.8	4.2	3.8	3.6	2.7	1.1	2.7	7.5	4.3
10.3	9.8	8.8	7.1	6.2	6.0	4.1	2.6	3.2	6.3	4.2
10.1	10.3	9.2	9.6	9.3	9.3	8.9	8.2	3.8	9.8	3.6
9.0	8.9	7.9	7.1	6.5	6.4	5.8	4.9	3.0	7.9	3.9
20.2	17.7	15.5	13.7	10.4	7.2	4.1	-8.3	3.3	5.1	5.5
12.0	21.8	14.7	15.6	18.9	30.8	3.1	8.4	-12.4	2.7	14.0
21.6	0.7	8.6	-7.5	-50.6	-2.1	-37.0	-16.8	-54.2	2.2	15.4
25.8	31.1	26.4	25.0	9.5	4.9	16.7	-29.8	4.0	13.6	0.6
50.1	13.7	8.4	6.7	18.7	-1.3	-4.2	4.9	12.4	0.9	5.3
14.6	15.6	6.9	1.3	7.3	5.0	13.8	14.1	9.7	3.9	-6.0

a) The growth rate on Total population,ural and urban population from 2011 to 2019 are calculated according to the data of the Seventh National Census.Data in the brackets are based on the data from the are based on the sample surveys.
b) The growth rate of employed persons and related indicators from 2005 to 2019 is calculated according to the data of the Seventh National Census.
c) Since 2010, data of number of Staff and Workers,Total Wages Bill,Average Wage refer to the range of employed persons on the job of Urban Non.
d) According to the Fourth National Economic Census, the data of GDP from 2000 to 2018 have been revised.

1-3 续表 1

单位:%

类别	Category	2000	2010	2011
五、能　源	**Energy**			
能源生产总量	Total Energy Production	-6.5	10.0	-0.4
原　煤	Coal	-10.6	14.3	-2.7
原　油	Crude Oil	0.4	-1.5	-0.2
天然气	Natural Gas	-6.2	7.5	-50.1
一次电力	Primary Electricity		113.8	59.4
六、财　政	**Government Finance**			
一般公共预算收入	General Public Budget Revenue	14.6	25.0	25.7
#税收收入	Tax Revenue	14.6	25.0	21.1
#增值税	Value Added Tax	14.7	16.6	9.4
营业税	Business Tax	11.0	34.2	21.3
企业所得税	Company Income Tax	29.6	33.1	35.9
个人所得税	Personal Income Tax	31.9	25.3	19.2
资源税	Resource Tax	4.1	1.5	15.2
城市维护建设税	Urban Maintenance and Development Tax	16.0	19.9	37.4
房产税	Tax on Real Estates	15.4	11.7	14.5
城镇土地使用税	Urban Land Using Tax	22.8	13.9	15.1
土地增值税	Land Value-added Tax	111.9	51.0	59.6
车船税	Tax on Vehicle and License	64.2	31.5	27.7
行政事业性收费收入	Income from Administrative Fees	43.9	18.3	37.3
一般公共预算支出	General Public Budget Expenditure	11.5	26.8	20.7
#一般公共服务支出	Expenditure for General Public Services		11.1	13.6
教育支出	Expenditure for Education		25.6	36.0
社会保障和就业支出	Expenditure for Social Safety Net and Employment Effort		21.6	20.3
卫生健康支出	Expenditure for Health Care		32.5	43.7
农林水支出	Expenditure for Agriculture, Forestry and Water Conservancy		26.2	21.0
七、金　融	**Financial Intermediation**			
金融机构人民币存款余额	RMB Deposits	13.8	18.5	12.7
#住户存款	Household Deposits	8.7	15.0	12.9
金融机构人民币贷款余额	RMB Loans	9.3	18.3	14.5
八、价格	**Price Indices**			
居民消费价格	Consumer Price	0.2	2.9	5.0
商品零售价格	Retail Price	-1.4	2.7	4.7
工业生产者出厂价格	Producer Price for Industrial Products	5.9	7.2	6.0
工业生产者购进价格	Industrial Producer Purchasing Price	4.7	9.3	9.2
九、居民生活	**People's Livelihood**			
全体居民生活	**All Households Livelihood**			
年末人均住房建筑面积	Per Capita Space of Living House at Year-end			
人均可支配收入	Annual Per Capita Disposable Income of All Households		13.4	16.7
人均消费支出	Annual Per Capita Consumption Expenditure of All Households		9.8	15.1
农村居民生活	**Rural's Livelihood**			
年末人均住房建筑面积	Per Capita Space of Living House at Year-end	-5.8	1.4	4.6
人均可支配收入	Annual Per Capita Disposable Income of Rural Households	4.3	14.3	19.3
人均消费支出	Annual Per Capita Consumption Expenditure of Rural Households	4.9	8.2	22.7

注：1.2009年开始，一次电力包含水电、风电、核电、生物质发电和太阳能光伏发电，2000年数据为水电。
2.2014年及以前住户存款数据为储蓄存款口径数据。
3.从2013年起，全省实施城乡住户调查一体化改革，根据国家统一规定，2018年，按照新指标口径对居民收支调查历史数据进行修正。

continued

(%)

2012	2013	2014	2015	2016	2017	2018	2019	2020	2021	2022
6.1	-10.7	0.4	-3.5	-7.3	0.7	-4.4	-4.3	-2.7	-5.4	2.3
8.1	-14.4	-0.2	-3.9	-8.5	2.3	-8.3	-11.4	-5.1	-14.8	-4.7
-0.2	-1.7	-0.5	-3.2	-12.0	-3.3	0.3	-0.8	-0.2	-0.4	-0.5
17.7	-14.0	-3.4	-8.2	-2.5	-11.6	6.2	6.3	13.1	7.9	28.2
48.4	46.7	14.6	21.6	41.5	33.5	58.3	53.4	10.0	39.8	19.7
17.5	12.3	10.2	10.0	8.5	6.6	6.3	0.6	0.5	11.0	-2.5
17.2	15.8	12.2	6.0	4.6	9.1	10.8	-1.0	-1.9	15.1	-12.4
5.9	11.7	21.9	-0.3	32.8	5.4	11.5	3.0	-7.4	11.9	-29.3
17.1	19.1	6.3	10.3	-20.9						
10.8	1.0	8.3	3.3	0.9	23.3	9.2	2.8	-1.4	26.3	-3.2
-1.5	10.0	10.1	24.3	持平	30.4	15.3	-31.5	23.5	33.7	9.1
137.5	1.7	29.1	-13.2	-8.3	4.6	20.3	0.2	-9.8	16.5	25.3
10.7	9.5	6.2	5.4	2.9	4.4	17.1	-5.3	-2.1	14.4	-4.2
36.2	10.8	9.6	9.3	7.1	10.1	6.6	-0.9	-0.7	14.1	13.2
33.6	8.3	15.5	35.5	9.8	1.1	-0.3	-15.0	-11.1	0.9	4.3
37.4	41.8	25.2	0.7	13.0	25.3	6.4	3.5	7.2	12.4	1.5
20.6	12.3	15.9	14.3	14.4	13.7	9.3	3.0	5.4	14.7	4.9
9.5	-6.9	6.4	-1.8	10.6	-2.4	-5.2	1.2	0.4	9.3	0.2
18.0	13.3	7.3	14.9	6.1	5.2	9.1	6.3	4.6	4.3	3.5
14.1	6.3	-3.3	1.8	6.3	9.4	9.9	12.6	5.3	1.6	6.4
25.2	6.7	4.4	15.7	7.4	3.5	6.1	7.5	5.9	5.6	8.9
18.9	14.3	12.0	18.5	9.9	14.0	10.9	15.2	14.7	12.4	5.4
17.4	14.9	24.7	15.8	12.7	4.9	6.5	3.0	14.6	4.5	12.9
19.5	11.0	3.3	24.8	-2.3	1.1	4.5	7.8	-1.0	-3.6	9.0
17.2	14.3	8.7	9.4	11.9	6.1	6.2	8.9	13.1	10.1	12.3
18.8	13.1	11.4	8.9	10.8	6.5	9.9	14.0	16.3	12.4	17.2
21.9	4.3	11.8	10.7	11.3	9.5	10.4	11.8	14.0	13.7	12.1
2.1	2.2	1.9	1.2	2.1	1.5	2.5	3.2	2.8	1.2	1.7
1.6	1.4	1.0	0.2	1.3	0.8	2.2	2.2	2.0	1.4	2.3
-1.6	-1.6	-1.6	-4.8	-1.5	5.5	3.7	-0.3	-1.9	10.3	5.1
-0.8	-1.6	-1.8	-5.0	-2.0	7.3	3.6	-0.8	-2.5	9.5	5.8
		2.1	-0.5	2.9	0.5	-0.6	0.9		3.4	0.9
13.6	11.0	9.8	8.8	8.7	9.1	8.4	8.2	4.1	8.6	5.2
10.6	9.1	12.0	9.4	9.2	8.5	8.7	8.8	2.5	9.0	-0.8
5.8	2.9	1.7	1.6	2.9	1.0	1.6	0.8	-0.3	1.5	1.3
13.2	12.4	11.2	8.8	7.9	8.3	7.8	9.1	5.5	10.9	6.3
14.8	9.1	15.8	9.9	8.8	8.6	9.0	9.2	2.9	12.9	2.7

a) Since 2009, Primary Electricity includes that generated by hydro power, wind power, nuclear power, bio-energy and solar PV power. Data of 2000 refer to hydro power.

b) Data of Household Deposits before 2014 refers to Urban and Rural Household Savings Deposits .

c)An integrated household survey programme has been implemented since 2013,instead of the two separate urban and rural household surveys.In 2018, according to national uniform regulation,the historical data of residents' income and expenditure are revised according to the new survey programme.

1-3 续表 2

单位:%

类　　别	Category	2000	2010	2011
城镇居民生活	**Urban's Livelihood**			
年末人均住房建筑面积	Per Capita Construction Area of Buildings	5.0	0.9	3.4
人均可支配收入	Annual Per Capita Disposable Income of Urban Households	11.3	11.6	14.3
人均消费支出	Annual Per Capita Consumption Expenditure of Urban Households	11.0	9.0	11.0
十、农林牧渔业	**Farming,Forestry,Animal Husbandry and Fishery**			
农林牧渔业总产值	**Gross Output Value of Farming Forestry,Animal Husbandry and Fishery**	**3.9**	**3.6**	**3.8**
农　业	Farming	4.0	2.5	3.9
林　业	Forestry	6.2	9.9	9.3
牧　业	Animal Husbandry	5.4	3.9	2.5
渔　业	Fishery	0.5	4.9	4.4
农林牧渔专业及辅助性活动	Output Value of Farming,Forestry,Animal Husbandry and Fishery professions and auxiliary activities		9.9	7.2
农业生产情况	**Farming**			
粮食总产量	Total Output of Grain	-10.1	1.4	4.4
粮食单产	Grain	-6.3	-0.7	2.1
棉花总产量	Total Output of Cotton	50.5	-25.3	3.0
棉花单产	Cotton	1.2	-17.9	10.3
油料总产量	Total Output of Oil-bearing Crops	11.4	-0.4	-1.1
油料单产	Oil-bearing Crops	3.2	-0.7	1.1
肉类总产量	Total Output of Grain	-4.7	3.2	1.2
猪存栏	Number of Pigs	-6.2	0.9	4.4
牛存栏	Number of Cattles	-20.2	-2.7	-0.5
羊存栏	Number of Sheep and Goats	-10.9	-0.6	-2.0
家禽存栏	Number of Poultry	-10.4	6.3	9.6
猪出栏	Slaughtered Pigs	-1.1	4.2	-0.9
牛出栏	Slaughtered Cattle	-17.6	-3.2	-5.6
羊出栏	Slaughtered Sheep	-16.3	-4.2	-5.9
家禽出栏	Slaughtered Poultry	-9.0	5.2	7.1
禽蛋产量	Poultry Eggs	-13.8	2.0	4.4
奶类产量	Milk	2.3	4.9	2.1
水产品总产量	Total Aquatic Products	0.5	4.0	3.8
海水产品	Seawater Aquatic Products	-1.2	3.2	2.8
海洋捕捞	Catching in Ocean	-7.4	-4.0	6.9
海水养殖	Seawater Aquiculture	6.5	3.9	4.3
淡水产品产量	Freshwater Aquatic Products	11.2	8.1	8.4
捕捞量	Catching	1.5	2.0	3.4
养殖量	Freshwater Aquiculture	12.2	8.8	9.0
水产品养殖面积	Aquiculture Area	9.1	10.4	3.3
海　水	Seawater Aquiculture Area	25.2	13.5	2.2
淡　水	Freshwater Aquiculture Area	-4.9	4.9	5.5
十一、工　业	**Industry**			
全部工业增加值	Value Added of Industry Enterprises	10.9	11.6	12.2
十二、建筑业	**Industry**			
建筑业增加值	Value Added of Construction Enterprises	10.1	11.9	6.4

continued

(%)

2012	2013	2014	2015	2016	2017	2018	2019	2020	2021	2022
0.8	8.8	2.5	-2.5	3.2	0.3	-2.2	0.9	0.5	5.2	0.6
13.0	9.7	8.7	8.0	7.8	8.2	7.5	7.0	3.3	7.6	4.2
8.4	8.5	10.1	8.4	8.3	7.3	7.5	7.8	2.1	7.4	-2.6
4.7	**3.8**	**4.0**	**4.3**	**4.4**	**4.0**	**3.0**	**0.8**	**3.0**	**8.6**	**4.8**
2.5	4.4	4.6	4.7	5.0	4.4	3.9	3.1	3.4	4.3	4.7
3.4	9.0	9.7	8.1	9.5	9.9	9.3	9.2	6.3	1.7	8.5
7.7	2.1	2.4	3.1	2.6	3.7	-0.1	-4.6	2.3	19.2	3.5
4.1	3.3	2.7	3.2	2.0	-0.5	0.8	-2.5	1.3	5.9	4.4
7.7	9.5	9.3	8.5	15.8	12.5	13.5	9.3	5.3	8.2	9.1
2.4	1.4	3.2	2.2	3.6	0.8	-1.0	0.7	1.7	1.0	0.8
0.7	-1.9	-0.2	0.6	2.2	1.5	-0.4	1.8	2.1	0.1	0.6
-15.4	-15.5	1.8	-23.3	-3.0	-37.1	4.8	-9.7	-6.6	-23.4	3.3
-2.9	-8.8	21.5	-7.1	13.1	0.6	-0.1	-2.2	10.6	-0.6	0.4
-0.6	-0.1	-3.5	-3.3	-0.5	0.4	-2.3	-7.1	0.7	-1.7	-4.2
0.9	-0.4	-0.7	-1.2	0.2	1.8	-0.4	-3.1	3.1	1.2	-0.7
7.8	1.9	-0.2	1.0	-1.0	3.5	-1.3	-17.6	3.4	12.5	3.1
3.4	2.1	0.4	-1.0	-1.9	-1.5	-1.8	-27.1	34.8	7.4	-4.6
-1.1	-2.2	-3.2	-0.7	-3.9	2.4	-5.2	-4.3	-23.5	0.4	1.3
-2.0	-2.8	-1.8	0.2	-4.2	3.6	2.7	2.0	-18.3	-2.4	-0.5
11.2	-1.0	-0.5	2.7	8.7	-1.9	-1.3	4.3	6.1	1.1	-3.2
9.4	5.0	4.0	-1.7	-1.2	1.7	-1.9	-37.5	5.3	31.6	2.9
-1.2	-0.7	-2.7	-0.6	-2.5	0.2	0.5	-4.8	-20.3	1.6	-1.6
-2.1	-0.9	2.4	-0.1	0.5	3.5	2.0	0.7	-7.8	-4.7	0.1
9.7	-1.6	-7.0	5.4	11.6	2.9	-1.5	6.5	9.2	4.3	2.9
0.2	-1.4	-2.1	9.2	4.0	0.9	0.5	0.7	7.0	-5.3	-3.8
5.4	-4.4	3.0	-1.6	-2.9	-1.0	0.5	0.8	3.0	19.4	5.6
-3.1	2.5	4.7	3.0	2.0	-2.5	-0.8	-4.4	0.6	3.1	3.1
-1.9	2.0	6.5	3.8	2.6	-2.3	-0.1	-4.1	1.7	3.1	3.0
-14.0	-3.4	9.5	3.1	2.4	-9.7	-1.4	-2.7	-2.5	-0.5	1.6
5.5	4.7	5.1	4.1	2.6	1.2	0.4	-4.6	3.4	4.5	3.5
-8.7	5.1	-3.6	-0.6	-0.9	-3.6	-4.2	-6.6	-5.6	3.3	4.3
-16.7	2.1	-21.3	-8.4	13.0	-10.8	-1.1	7.8	7.1	0.1	4.4
-7.9	5.3	-2.1	-0.1	-1.8	-3.1	-4.4	-7.6	-6.6	3.6	4.3
2.6	2.9	1.0	1.3	-0.8	-0.7	-6.2	-3.0	-1.9	2.8	0.9
2.3	4.4	0.3	2.7	7.4	0.9	-6.5	-1.6	3.4	4.8	1.5
3.3	0.1	2.3	-1.3	-17.1	-4.9	-5.3	-6.6	-16.8	-4.5	-1.3
10.8	10.1	8.8	6.9	6.1	6.2	4.5	2.0	3.4	7.5	4.4
7.0	9.6	9.2	8.1	6.0	4.4	4.2	6.5	1.5	1.4	3.3

1-3 续表 3

单位:%

类别	Category	2000	2010	2011
十三、交通运输邮电	**Transport,Posts and Telecommunications**			
铁路通车里程	Length of Railways	持平	5.9	9.0
公路通车里程	Length of Highways	4.2	1.4	1.4
#晴雨通车	Length of Highways Operating under All Weathers	4.5	1.6	1.5
内河通航里程	Length of Navigable Inland Waterways	持平	13.6	持平
客运量	Passenger Traffic	11.4	6.2	0.7
铁　路	Railways	4.6	4.0	9.4
公　路	Highways	12.1	6.2	0.6
水　路	Waterways	-4.8	14.9	-8.8
客运周转量	Passenger Turnover	5.9	3.6	5.0
铁　路	Railways	7.8	10.9	8.9
公　路	Highways	12.2	1.2	3.7
水　路	Waterways	-19.1	18.9	0.3
货运量	Freight Traffic	15.3	4.8	5.7
铁　路	Railways	6.6	-7.9	9.2
公　路	Highways	13.4	5.1	5.7
水　路	Waterways	14.1	17.7	1.5
货运周转量	Freight Turnover	26.7	7.2	7.1
铁　路	Railways	8.7	7.9	5.4
公　路	Highways	14.8	2.8	6.6
水　路	Waterways	70.9	14.4	8.6
沿海主要港口货物吞吐量	Volume of Freight Handled in Major Coastal Ports	15.2	18.3	11.3
邮政局总计	Number of Post & Telecommunications Offices	-31.8	-0.8	0.4
函　件	Number of Letters	-6.4	3.6	-14.7
电信业务总量	Business Volume of Telecommunication Services	32.1	21.1	14.8
邮政业务总量	Business Volume of Post Services			
互联网宽带接入用户	Number of Mobile Telephone			
年末移动电话用户	Number of Mobile Telephone	101.2	15.9	15.0
民用汽车拥有量	Number of Private Vehicles	14.4	18.7	14.9
十四、国内贸易	**Domestic Trade**			
社会消费品零售总额	**Total Retail Sales of Consumer Goods**	**12.4**	**16.9**	**15.9**
商品零售	Retail Sales			15.5
餐饮收入	Catering Income			19.5
十五、对外贸易和旅游	**Foreign Economy and Trade,Tourism**			
对外贸易	Foreign Economy and Trade			
海关进出口总值	Total Value of Imports and Exports	36.8	36.3	24.9
海关出口总值	Total Exports	34.1	31.0	20.7
#一般贸易	General Trade	37.9	36.7	30.0
来料加工装配贸易	Processing and Assembling with Customer's Materials	34.0	7.5	12.3
进料加工贸易	Processing and Assembling with Import Materials	28.4	28.4	12.0
海关进口总值	Total Imports	41.4	43.5	30.1

注：1.交通运输部2014年修订了公路、水运运输量统计试行方案，统计口径发生了变化。
2.表中2000年邮电业务总量按1990年不变价格计算，2010年按2000年不变价格计算。2011—2015年邮电业务总量按2010年价格计算；2016—2020年，按2015年价格计算；自2021年起，按上年不变价格计算。2012年起，邮政业务量由山东邮政管理局提供，包括快递业务量，2012年以前数据由山东省邮政公司提供。
3.2019年起，公路货运量采用全国公路货运量专项调查数据。与往年数据不可比。
4.2020年起，铁路客货运量、周转量为济南局、北京局、郑州局在山东省内数据，口径为国家铁路；铁路通车里程含地方铁路。

continued

(%)

2012	2013	2014	2015	2016	2017	2018	2019	2020	2021	2022
3.1	2.1	3.4	7.0	0.4	4.8	11.0	5.2		4.6	1.8
4.9	3.4	2.7	1.5	0.9	1.8	1.9	1.7	2.3	0.5	1.3
5.0	3.4	2.8	1.5	0.9	1.8	1.9	1.8	2.3	-1.1	1.7
持平	持平	持平	持平	持平	持平	持平	持平	-2.9	持平	持平
5.8	1.7	-1.0	-19.0	5.2	2.9	3.2	1.1	-55.9	-5.8	-42.2
15.7	10.9	12.1	12.2	11.6	12.5	8.5	8.2	-41.0	24.2	-39.8
5.5	1.4	-3.1	-24.3	4.0	0.6	1.9	-0.9	-60.7	-22.3	-45.5
7.1	0.2	11.8	-1.1	0.1	1.8	0.3	-1.5	-59.1	27.1	-21.9
6.0	3.3	5.5	-1.1	3.7	5.0	3.5	0.8	-55.4	18.6	-41.2
11.1	7.9	12.3	4.4	6.2	7.2	4.0	1.3	-47.9	21.3	-40.2
4.2	1.6	-1.7	-7.8	0.2	1.8	2.6	-0.2	-67.7	11.6	-44.7
5.2	-7.8	7.3	-1.5	3.1	0.6	5.7	12.7	-72.5	-2.5	-17.1
4.9	4.3	0.1	-1.0	8.9	14.6	8.3		1.2	8.0	-3.2
0.5	-3.9	-11.8	-6.0	6.1	6.6	4.8	11.4	10.2	-1.3	8.0
6.2	5.1	1.0	-0.9	9.6	15.3	8.6		0.4	9.0	-4.9
3.5	-1.2	2.7	3.9	2.3	10.6	7.8	-1.1	2.5	6.2	9.1
-12.7	-6.6	0.9	1.9	5.6	9.4	3.5	1.2	1.9	16.1	18.4
-2.1	-7.0	-10.9	-13.0	6.0	6.8	4.2	13.4	3.9	7.4	8.9
6.6	6.2	3.9	2.9	3.3	9.5	3.1	-1.7	0.6	10.8	5.3
5.5	2.1	1.3	12.4	15.0	10.8	4.4	3.3	5.0	40.8	59.3
10.9	10.8	8.9	4.4	6.4	6.1	6.6	-0.3	4.9	5.5	6.1
0.2	0.2	0.3	持平	0.3	0.1	-0.2	0.6	4.0	-0.9	-2.6
-0.8	-7.2	-31.0	-35.7	-45.0	-32.4	-8.7	-1.7	-30.7	-12.6	-15.4
10.2	8.3	23.6	17.3	49.3	73.1	144.3	58.5	24.4	30.1	29.6
15.6	24.8	24.2	41.0	46.7	30.3	34.5	35.9	38.4	30.3	4.1
18.2	7.4	4.0	6.7	45.6	9.4	11.4	10.4	8.1	12.1	10.4
6.6	9.8	4.0	8.7	1.9	3.6	6.3	2.0	1.1	3.1	4.0
15.9	13.8	10.2	10.4	12.7	11.6	10.0	9.4	7.9	7.9	5.9
13.2	**12.2**	**11.3**	**9.4**	**9.0**	**8.7**	**7.6**	**6.4**	**持平**	**15.3**	**-1.4**
13.4	12.3	11.4	9.0	8.5	8.6	7.1	6.0	0.8	14.4	-0.9
11.9	10.8	10.4	12.4	12.7	10.0	11.9	9.7	-6.2	22.4	-5.2
4.1	8.8	3.7	-12.8	-3.1	12.3	11.2	1.3	7.5	42.5	7.7
2.4	4.5	7.6	-0.5	-4.8	7.2	8.9	0.8	17.1	43.8	8.3
6.3	10.6	10.1	8.0	-4.3	9.0	17.2	1.9	23.1	41.2	9.1
2.9	-0.2	-7.4	-7.7	-3.2	-9.0	-7.7	0.6	-17.8	11.2	21.3
-3.6	-3.8	7.8	-11.6	-6.7	6.3	-5.6	-10.8	-0.8	22.8	15.5
6.0	13.6	-0.2	-26.2	-0.7	19.5	14.1	2.0	-4.0	40.7	6.9

a) The pilot statistical investigation program on passenger highway and turnover was revised in 2014,and the statistical scope was adjusted.

b) Business volume of postal service and telecommunication service of 2000 was calculated at 1990 constant prices, and that of 2010 was calculated at 2000 constant prices,and that from 2011 to 2015 was calculated at 2010 constant prices,and that from 2016 to 2020 was calculated at 2015 constant prices, and since 2021, that was calculated at last year constant prices. The data of business volume of postal service before 2012 come from Shandong Post Company, since 2012, they are from Shandong Post Bureau, including business volume of courier companies above designated size.

c) The road freight volume adopts the special survey data of national road freight volume since 2019,and not comparable with the previous .

d) Since2020, the railway passenger and freight volume and turnover refer to the data of Jinan Bureau,Beijing Bureau and Zhengzhou Bureau in Shandong Province,the caliber is national railway,and the data of railways length includes the local railways.

1-3 续表 4

单位:%

类　　别	Category	2000	2010	2011
利用外资	**Utilization of Foreign Capital**			
新设外商直接投资企业数	Number of newly established Companies by foreign direct investment	58.9	11.2	-12.2
实际利用外商直接投资	Direct Foreign Investments	20.4	14.5	21.7
对外承包工程和劳务合作	**Foreign Contracted Projects Labor Cooperation**			
合同个数	Number of Contracts (unit)	12.0	28.3	
合同金额	Contracted Value	-9.0	17.2	-13.2
营业额	Value of Business	-28.9	18.3	36.1
年末在外人数	Population in Foreign Countries and Regions	13.1	5.9	6.4
旅　游	**Tourism**			
接待海外旅游人数	International Tourists	16.3	18.3	15.7
外国人	Foreigners	14.9	15.2	12.4
港澳台胞	Compatriots from Hong Kong Macao and Taiwan	23.5	29.1	25.8
旅游外汇收入(人民币)	Foreign Exchange Earnings(RMB)	18.8	21.0	12.9
旅游外汇收入(美元)	Foreign Exchange Earnings(USD)	18.8	22.1	18.4
人民币对主要外币年平均汇价（中间价）	**Average Exchange Rate of RMB Yuan Against Main Convertible Currencies (Middle Rate)**			
100美元	100 US Dollars	-0.03	-0.9	-4.6
100日元	100 Japanese Yen	-8.5	5.9	4.9
100港元	100 Hong Kong Dollars	-0.4	-1.1	-4.8
100欧元	100Euros		-5.8	0.3
十六、教　育	**Education**			
普通高等学校	**Regular Institutions of Higher Education**			
学校数	Number of Schools	11.5	3.9	4.5
招生数	New Enrollment	51.5	-1.1	0.3
毕业生数	Graduates	0.2	2.9	6.5
在校学生数	Total Enrollment	42.2	2.4	0.9
教职工数	Teachers and Staff	10.7	1.7	2.6
专任教师	Full-time Teachers	16.5	1.9	3.5
中等专业学校	**Secondary Professional Schools**			
学校数	Number of Schools	-3.2		-7.7
招生数	New Enrollment	-23.6		4.2
毕业生数	Graduates	-2.9		-12.0
在校学生数	Total Enrollment	-3.2		4.0
教职工数	Teachers and Staff	-5.2		-5.8
专任教师	Full-time Teachers	-4.2		-3.4
普通中学	**Regular Senior Secondary Schools**			
学校数	Number of Schools	-0.2	-2.8	-2.1
招生数	New Enrollment	5.4	2.4	-1.4
毕业生数	Graduates	1.9	-1.1	0.6
在校学生数	Total Enrollment	9.4	0.3	0.1
教职工数	Teachers and Staff	3.9	-0.8	5.5
专任教师	Full-time Teachers	4.9	-0.1	1.3
技工学校	**Technical Schools**			
学校数	Number of Schools	-7.6	6.6	-0.5
招生数	New Enrollment	-5.7	-6.8	9.1
毕业生数	Graduates	-6.9	-4.8	-7.6
在校学生数	Total Enrollment	-14.7	0.4	-4.1
教职工数	Teachers and Staff	-15.2	-27.2	34.1
专任教师	Full-time Teachers	-3.2	-22.8	40.7

注:1.2004年起实行新的外商投资统计制度,取消对外借款部分,外商直接投资数据为商务部反馈数。2008年实际使用外资采用全口径统计方式。2019年起，实际使用外资采用商务部通报口径，不包含股东贷款、投资性公司投资，合同外资不再统计。
2.2010年起，中等专业学校数据改为中等职业学校口径。
3.因疫情管控影响，2021—2022年暂停入境旅游数据核算。

continued

(%)

2012	2013	2014	2015	2016	2017	2018	2019	2020	2021	2022
-7.0	5.4	-3.8	11.6	-2.1	0.1	45.8	16.7	21.6	0.1	-24.0
10.7	13.8	8.1	7.3	3.2	6.1	14.9	18.6	20.1	21.9	6.3
4.2	12.1	14.8	8.6	0.8	2.8	11.2	-11.9	-22.9	12.4	-6.8
9.6	4.5	8.6	9.7	6.7	7.0	2.8	-4.4	-18.0	-1.4	-2.8
-4.5	2.3	16.5	0.7	3.1	9.0	-4.0	6.9	-33.4	-20.1	-14.6
10.8	-3.7	-1.6	3.4	5.4	1.8	3.8	1.6	-89.9		
9.6	-4.3	-0.5	3.1	5.0	0.1	3.7	1.3	-88.1		
14.1	-1.8	-4.3	4.1	6.3	6.4	4.0	2.3	-94.3		
12.0	-8.3	-1.4	8.2	12.8	5.3	3.9	5.8	-93.9		
14.6	-6.6	-0.6	6.7	5.8	3.6	6.0	1.5	-93.9		
-2.3	-1.9	-0.8	1.4	6.6	1.6	-2.0	4.2	-0.01	-6.5	4.3
-2.5	-19.9	-8.1	-11.4	18.8	-1.6	-0.6	5.8	2.0	-9.1	-12.7
-1.9	-1.9	-0.8	1.4	6.5	1.2	-2.6	4.3	1.0	-6.7	3.5
-9.9	1.4	-0.7	-15.3	6.2	3.9	2.2	-1.0	1.9	-3.1	-7.3
-1.4	2.2	1.4	0.7	0.7	0.7	持平	0.7	4.1	0.7	持平
0.3	5.8	10.1	2.6	4.8	-1.9	2.7	17.9	-1.6	7.0	9.3
0.3	0.3	-2.5	2.2	7.4	12.2	2.6	-1.3	4.7	2.1	18.8
0.8	2.4	5.8	5.8	5.0	1.0	1.3	7.0	4.9	6.0	4.0
-0.2	-0.1	1.2	2.2	2.3	2.6	2.7	4.0	4.3	3.4	2.5
1.5	2.7	2.7	3.3	2.9	2.8	1.7	4.3	5.6	4.6	4.3
-5.2	-6.3	-12.4	-5.4	-1.6	-6.3	-0.7	-1.8	1.5	0.8	3.5
-9.0	-10.2	-12.2	-7.9	-2.0	-9.4	-6.1	8.9	11.3	-1.3	2.0
-1.6	-0.5	-6.5	-9.5	-10.5	-13.4	0.8	3.9	-10.2	-5.3	14.9
-2.6	-10.1	-8.1	-9.6	-5.5	-2.0	-5.4	-2.6	6.4	7.9	5.0
-3.7	-6.5	-3.5	-3.4	-2.7	-0.3	-1.8	-1.8	1.0	2.0	4.7
-2.1	-4.2	-1.9	-0.7	-1.4	0.9	-0.8	-0.4	2.2	9.0	5.0
-1.3	-1.6	-0.1	-0.4	1.7	1.6	3.1	3.3	3.4	2.5	0.9
-1.2	-0.8	-3.1	-1.6	6.1	2.5	-0.1	7.2	6.5	持平	2.5
-2.9	1.9	-1.5	1.5	1.0	-3.9	-2.0	6.1	5.8	-2.0	5.8
-1.8	-0.8	-0.5	-1.3	0.5	2.6	3.0	3.6	3.9	4.0	3.0
0.5	0.2	1.2	0.9	1.8	3.6	2.6	4.2	4.1	4.9	0.8
0.02	1.5	1.2	0.8	1.9	3.2	2.3	3.8	4.0	4.1	1.3
2.4	-2.8	-1.9	-4.4	持平	持平	-6.7	持平	持平	7.2	6.7
3.4	-6.7	-11.2	2.8	1.6	-3.4	4.7	11.8	15.0	-2.3	1.5
-8.4	7.7	-11.3	-9.2	-8.7	15.8	-7.2	-4.8	4.7	8.6	22.0
5.2	-7.8	-10.9	-3.4	5.4	-0.8	-0.8	7.7	14.1	9.0	2.9
22.7	3.2	-4.7	-0.6	-0.3	0.6	0.3	0.2	1.7	9.0	3.1
1.9	11.8	-4.1	-1.7	1.3	-1.5	-0.2	-1.0	5.7	11.5	1.9

a) Since 2004,foreign loads is canceled according to the new statistical regulations on foreign investments, data of foreign direct investments come from the Ministry of Commerce.In 2008 the foreign capital actually utilized is changed to the actual received foreign capital.From 2019,Actual use of foreign capital uses Bulletin of the Ministry of Commerce,does not contain shareholder loan and the investment from investment companies,and contract foreign investment is no longer counted.

b) Data of secondary professional schools refer to the caliber of secondary vocational school since 2010 .

c) The accounting of inbound tourism data of 2021-2022 has been suspended due to the impact of COVID-19.

1-3 续表 5

单位:%

类别	Category	2000	2010	2011
小　学	Regular Primary Schools			
学校数	Number of Schools	-11.7	-3.5	-2.9
招生数	New Enrollment	-10.0	9.4	7.3
毕业生数	Graduates	1.9	0.7	-3.1
在校学生数	Total Enrollment	-11.0	0.4	2.4
教职工数	Teachers and Staff	-2.4	-0.8	-5.7
专任教师	Full-time Teachers	-2.5	-0.6	-0.3
成人高等学校	Adult Institutions of Higher Education			
学校数	Number of Schools	持平	-14.3	-5.6
招生数	New Enrollment	-5.4	-2.1	10.9
毕业生数	Graduates	14.9	5.0	31.1
在校学生数	Total Enrollment	-0.5	3.0	-0.6
教职工数	Teachers and Staff	-1.7	-32.3	-6.5
专任教师	Full-time Teachers	-0.7	-28.9	-7.3
十七、科　技	Science			
重要科技成果	Major Scientific Achievements			
成果数量	Number of Achievements	1.1	0.1	0.5
#农　业	Agricultural	3.2	27.8	-22.0
工　业	Industry	1.5	-11.5	-3.7
国际领先先进水平	Internationally Advanced	-19.5	-10.0	-4.3
国内领先先进水平	Nationally Advanced	4.5	-6.8	-1.5
专利情况	Patent Applications			
申请量	Number of Patent Applications Examined	16.7	20.9	35.5
授权量	Number of Patent Applications Granted	6.5	49.2	14.3
#发明专利	Inventions		43.3	42.6
十八、卫生、文化事业	Public Health and Culture			
卫生机构数	Number of Health Institutions	17.2	9.3	
#医院(卫生院)	Hospitals and Township Hospitals	持平	2.5	1.2
卫生机构床位数	Number of Beds in Health Institutions	0.7	10.1	8.9
卫生技术人员数	Medical Technical Personnel	2.3	8.6	9.2
#执业(助理)医师	Licensed (Assistant) Doctors	4.3	5.3	4.5
注册护士	Registered Nurse	2.3	12.5	9.8
文化(艺术)馆	Cultural (Arts) Centers			
机构数	Number of Institutions	0.6	持平	1.3
人　数	Number of Employed Persons	-4.4	-1.9	1.0
文化站	Cultural Stations			
机构数	Number of Institutions	-2.8	-0.6	-1.5
人　数	Number of Employed Persons	0.3	-1.1	2.2
艺术表演团体	Arts Performance Troupes			
机构数	Number of Institutions	0.9	0.8	-2.5
人　数	Number of Employed Persons	-2.2	-0.2	-1.7
剧场(院)	Theaters and Music Halls			
机构数	Number of Institutions	-1.9	11.0	2.2
人　数	Number of Employed Persons	-2.8	16.1	12.1
图书馆	Libraries			
机构数	Number of Institutions	持平	-0.7	0.7
人　数	Number of Employed Persons	-1.9	0.4	0.6
博物馆	Museums			
机构数	Number of Institutions	3.5	2.7	5.3
人　数	Number of Employed Persons	-1.8	6.5	13.5

注：1.自2011年，医疗卫生机构数含村卫生室，自2013年，含部分计划生育技术服务机构。
2.2017年以前，专利申请量是指国家知识产权局受理的专利申请数量；从2017年开始，是指国家知识产权局受理的按规定缴足申请费、符合进入初步审查阶段条件的专利申请数量。

continued

(%)

2012	2013	2014	2015	2016	2017	2018	2019	2020	2021	2022
-3.9	-3.6	-3.4	-3.4	-3.6	-2.9	-0.7	-0.3	-0.3	-1.7	-4.2
-8.2	5.6	7.8	-0.2	-0.4	2.5	2.1	-1.4	1.4	6.4	-5.3
-0.6	-2.7	-2.2	-2.1	8.3	3.6	0.5	5.6	6.3	0.5	-0.2
-2.5	-0.3	3.6	4.0	2.5	2.5	2.5	1.7	0.6	1.7	0.6
-1.6	-0.9	-1.3	0.1	1.9	1.4	0.1	1.1	0.9	2.5	0.1
-1.0	1.2	0.5	1.9	3.2	3.2	2.1	2.8	2.6	3.1	-0.2
持平	-35.3	持平	持平	持平	持平	持平	持平	持平	持平	持平
12.8	-0.6	8.0	-8.8	9.9	-12.1	48.5	25.2	41.7	8.7	17.4
-16.8	6.6	15.0	9.3	3.8	66.7	-35.1	-12.4	40.9	25.4	41.8
10.8	7.4	5.5	-0.2	3.7	-25.3	13.8	30.2	33.5	22.1	14.0
8.5	-33.7	-20.5	-2.6	-27.1	-1.5	-6.4	-15.0	-0.7	-8.7	10.7
6.8	-32.1	-22.1	-3.3	-27.5	-3.1	-7.4	-19.1	-1.0	-9.7	8.8
0.6	-2.5	26.7	1.9	0.2	-15.9	-29.4	42.5	-8.2	24.2	5.7
10.8	-12.1	48.1	-12.5	9.4	-13.8	-36.1	36.2	7.0	-2.7	5.2
18.0	1.5	26.4	-6.9	-9.8	-13.4	-43.3	78.9	-16.6	12.0	8.8
-5.9	11.8	20.0	18.4	-21.2	-19.9	-31.8	76.7	-34.0	31.5	14.4
4.1	-20.9	7.4	5.8	-9.7	-11.1	-29.9	40.3	3.2	1.4	6.4
17.3	20.6	2.2	21.8	10.2		16.6	10.3	40.2	0.0	10.5
28.3	1.9	-5.4	34.7	持平	2.5	31.7	10.7	63.0	38.1	3.8
27.3	19.6	18.2	60.2	14.9	-1.6	6.5	1.5	29.5	35.9	34.0
0.8	9.6	2.1	0.5	-0.5	2.7	3.1	2.6	1.4	1.0	0.4
1.7	7.5	1.9	1.9	2.4	12.8	2.7	-0.4	持平	-0.2	-0.1
13.8	3.4	2.1	3.8	4.5	7.8	4.0	3.5	2.7	4.2	2.9
10.0	12.8	1.0	2.5	3.9	7.2	7.1	6.0	4.0	4.8	2.7
7.8	15.7	-0.4	2.6	3.4	8.0	9.6	8.7	4.5	4.1	2.1
12.1	25.3	2.3	3.4	5.8	9.2	9.9	5.8	4.2	5.8	2.8
-1.3	0.6	-0.6	-0.6	持平	持平	持平	持平	0.6	持平	持平
-1.7	1.0	-0.5	-0.4	-0.9	-0.9	-0.9	-2.9	0.8	3.0	0.6
-0.4	-0.8	0.2	0.2	0.1	-0.1	0.2	-0.2	0.3	持平	0.1
7.4	-1.4	5.4	6.8	-4.9	1.4	-0.1	4.7	0.8	10.1	-1.0
-10.3	-1.0	1.0	持平	-1.0	1.9	持平	-1.0	-1.0	-1.9	持平
-7.2	-2.9	3.1	-6.3	5.3	0.7	-2.6	2.3	-5.0	-2.7	-4.8
持平	持平	持平	-1.1	1.1	7.5	6.0	-12.3	-6.5	-5.7	-6.1
-2.4	-17.5	0.9	-5.9	-1.8	13.7	4.4	-8.9	-1.2	-5.5	-9.8
持平	2.0	持平	0.7	持平	持平	持平	持平	持平	-0.6	持平
-1.9	4.3	-1.1	0.7	2.8	1.7	-1.2	-0.9	3.1	3.1	6.2
48.3	9.0	25.3	28.4	26.0	23.4	6.6	4.6	6.7	9.0	5.7
56.2	9.1	13.1	17.5	13.3	11.5	1.0	3.2	6.6	14.0	2.7

a) Since 2011,the number of health institutions includes village clinics,and since 2013 ,it includes family planning technical services institutions.

b) Before 2017, the amount of patent application refers to the number of patent applications accepted by the State Intellectual Property Office; from 2017,it refers to the amount of application fees paid by the State Intellectual Property Office and the number of patent applications that have entered the preliminary examination stage.

1-4 全省经济和社会发展结构指标
Composition Indicators on National Economic and Social Development

单位:% (%)

项　　目	Item	2015	2017	2018	2019	2020	2021	2022
一、地区生产总值比例	**Structure of Gross Domestic Product**							
第一产业	Primary Industry	8.9	7.7	7.4	7.3	7.4	7.3	7.2
第二产业	Secondary Industry	44.9	42.7	41.3	39.9	39.1	39.6	40.0
第三产业	Tertiary Industry	46.2	49.6	51.3	52.8	53.5	53.1	52.8
二、常住人口比例	**Structure of Population**							
按性别分	Sexual Structure							
男	Male	50.5	50.7	50.2	49.8	50.7	50.8	50.7
女	Female	49.5	49.3	49.8	50.2	49.3	49.2	49.3
按年龄分	Age							
0-14岁	Aged 0-14	16.6	17.2	18.1	18.0	18.8	18.4	17.9
15-64岁	Aged 15-64	71.2	68.8	66.9	66.2	66.1	65.7	65.4
65岁及以上	Aged 65 and Over	12.2	14.0	15.0	15.8	15.1	15.9	16.7
按农村城镇分	Agricultural and Non-agricultural Structure							
农村人口	Agricultural Structure	43.03	39.21	38.54	38.14	36.95	36.06	35.46
城镇人口	Non-agricultural Structure	56.97	60.79	61.46	61.86	63.05	63.94	64.54
三、社会就业人员比例	**Structure of Employment**							
第一产业	Primary Industry	31.1	28.5	27.3	26.0	24.9	24.0	24.1
第二产业	Secondary Industry	33.3	33.5	33.4	33.3	33.4	33.8	33.8
第三产业	Tertiary Industry	35.6	38.0	39.3	40.7	41.7	42.2	42.2
四、农林牧渔业总产值比例	**Structure of Gross Output Value of Agriculture**							
农　业	Farming	50.2	48.2	49.8	50.8	50.7	50.7	51.2
林　业	Forestry	1.5	1.8	1.9	2.0	2.1	1.9	1.9
牧　业	Animal Husbandry	28.0	27.4	25.9	24.9	25.2	25.3	24.8
渔　业	Fishery	15.6	16.1	15.2	14.4	14.1	14.4	14.3
农林牧渔专业及辅助性活动	Farming,Forestry,Animal Husbandry and Fishery professions and auxiliary activities	4.7	6.5	7.2	7.8	7.9	7.6	7.9
五、全社会固定资产投资比例	**Structure of Investment in Fixed Assets**							
国有经济	State-owned Units	13.0	17.3	20.1	23.8	20.2	19.7	21.3
集体经济	Collective-owned Units	6.5	2.7	1.2	1.1	0.5	0.5	0.5
个体经济	Self-employed Units	42.0	40.4	39.1	29.9	30.1	32.5	31.0
其他经济	Others	38.5	39.5	39.6	45.2	49.3	47.3	47.2
六、社会消费品零售总额比例	**Structure of Total Retail Sales of Consumer Goods**							
城镇	Urban	79.9	79.7	79.5	79.4	82.2	83.3	84.1
乡村	Rural	20.1	20.3	20.5	20.6	17.8	16.7	15.9
七、人民生活	**People's Living Conditions**							
城乡居民收入比(农村居民收入为1)	Urban and Rural Income Ratio(Rural Income as 1)	2.44	2.43	2.43	2.38	2.33	2.26	2.22
城镇居民人均消费支出	Of Per Capita Consumption Expenditure of Urban Households							
食品烟酒	Food, Tobacco and Liquor	27.8	26.8	26.3	26.1	26.8	26.2	27.0
交通通信	Transport and Communications	13.8	14.2	14.5	14.1	13.5	14.7	13.9
教育文化娱乐	Education, Cultural and Recreation	10.8	11.4	11.7	11.9	11.7	12.5	11.7
医疗保健	Health Care and Medical Services	7.1	7.7	7.9	8.2	8.4	8.2	8.2
农村居民人均消费支出	Of Per Capita Consumption Expenditure of Rural Households							
食品烟酒	Food, Tobacco and Liquor	30.4	28.6	28.1	27.8	29.4	29.6	29.5
交通通信	Transport and Communications	15.9	16.5	16.6	16.2	16.7	17.0	17.3
教育文化娱乐	Education, Cultural and Recreation	10.4	11.0	11.2	11.6	10.2	10.5	10.5
医疗保健	Health Care and Medical Services	10.5	10.9	10.7	10.9	11.2	10.5	10.7

注：表中2015-2019年常住人口比例、就业人员比例根据第七次人口普查结果进行了修订。

a)According to the Seventh National Census, the data of Structure of Population and Employment between 2015 to 2019 have been revised.

1-4 续表 continued

单位:% (%)

项 目	Item	2015	2017	2018	2019	2020	2021	2022
八、一般公共预算收入与地区生产总值之比	**Proportion of General Public Budget Revenue to GDP**	**10.0**	**9.7**	**9.7**	**9.3**	**9.0**	**8.8**	**8.1**
九、一般公共预算收入比例	**Of General Public Budget Revenue**							
税收收入	Tax Revenue	76.0	72.5	75.5	74.3	72.5	75.2	67.5
#国内增值税	Domestic Value-added Tax	10.8	28.0	29.3	30.0	27.7	27.9	20.2
企业所得税	Corporate Income Tax	9.0	10.2	10.4	10.7	10.5	11.9	11.8
个人所得税	Individual Income Tax	2.6	3.1	3.3	2.3	2.8	3.3	3.7
十、一般公共预算支出比例	**Of of General Public Budget Expenditure**							
一般公共服务支出	Expenditure for General Public Service	8.9	9.3	9.3	9.9	10.0	9.7	10.0
科学技术支出	Expenditure for Science and Technology	1.9	2.1	2.3	2.8	2.7	3.2	2.6
教育支出	Expenditure for Education	20.5	20.4	19.9	20.1	20.3	20.6	21.7
社会保障和就业支出	Expenditure for Social Safety Net and Employment Effort	11.0	12.2	12.4	13.5	14.8	15.9	16.2
十一、交通运输	**Structure of Transport**							
货运量比例	Structure of Freight Traffic							
铁路	Railways	6.1	5.5	5.4	6.8	7.5	6.9	7.7
公路	Highways	88.2	89.3	89.5	87.3	86.6	87.3	85.8
水运	Waterways	5.7	5.2	5.1	5.8	5.9	5.8	6.5
铁路网密度(公里/万平方公里)	Railway Density (km/10 000 sq.km)	308	324	359	378	436	456	464
公路网密度(公里/万平方公里)	Highway Density (km/10 000 sq.km)	16683	17130	17450	17746	18157	18241	18470
十二、邮电通信业	**Postal and Telecommunication Services**							
电话普及率(含移动电话)(部/百人)	Popularization Rate of Telephone (Include Mobile Telephone) (set/100 persons)	106.7	107.9	113.3	118.5	118.4	121.5	126.3
移动电话普及率(部/百人)	Popularization Rate of Mobile Telephone (set/100 persons)	95.4	99.1	104.9	106.7	107.3	110.6	115.1
十三、R&D经费支出比例	**Structure of R&D Expenditure**							
#基础研究	Basic Research	2.1	2.3	3.0	3.8	3.0	3.8	4.1
应用研究	Applied Research	5.4	5.7	6.8	6.6	6.6	6.1	7.5
试验发展	Experimental Development	92.5	92.0	90.3	89.5	90.4	90.1	88.4
#政府资金	Government Funds	7.8	7.0	8.3	9.8	8.6	8.9	8.5
企业资金	Enterprises Funds	90.2	91.1	88.9	88.7	90.3	90.0	90.1
十四、卫生	**Public Health**							
卫生技术人员	**Structure of Medical Technical Personnel**							
#执业(助理)医师	Licensed (Assistant) Doctors	38.3	38.4	39.3	40.3	40.5	40.2	39.9
注册护士	Registered Nurses	41.1	42.6	43.7	43.6	43.7	44.1	44.2
每万人口执业(助理)医师数 (人)	Number of Licensed (Assistant) Doctors per 10 000 Population (person)	24.0	26.4	28.8	31.2	32.4	33.7	34.4
每万人口医疗卫生机构床位数 (张)	Number of Beds of Hospitals and Health Centers per 10 000 Population (bed)	52.6	58.3	60.4	62.3	63.7	66.3	68.3

1-5 平均每天社会经济活动
Selected Indicators on Average Daily Social and Economic Activities

指标名称	Item	2017	2018	2019	2020	2021	2022
一、全省每天创造的财富	**Daily Production**						
地区生产总值 (万元)	Gross Domestic Product (10 000 yuan)	1726359	1825996	1932616	1994470	2270553	2395483
农林牧渔业总产值 (万元)	Gross Output Value of Farming, Forestry, Animal Husbandry and Fishery (10 000 yuan)	250421	257463	264977	279194	314192	332348
建筑业总产值 (万元)	Gross Output Value of Construction (10 000 yuan)	314460	353378	390939	409515	449645	481086
一般公共预算收入 (万元)	General Public Budget Revenue (10 000 yuan)	167086	177682	178814	179724	199574	194633
原　盐 (吨)	Salt (ton)	38556	30652	29364	24611	20351	20827
布 (万米)	Cloth (10 000 m)	3318	1841	1216	1126	1148	1126
发电量 (万千瓦时)	Electricity (10 000 kW·h)	156911	161155	161568	159080	170146	169961
原　油 (万吨)	Crude Oil (10 000 tons)	6.12	6.14	6.13	6.08	6.06	6.03
粗　钢 (吨)	Steel (ton)	195833	196636	174164	219000	209570	208227
汽　车 (辆)	Motor Vehicles (unit)	3844	3734	3113	3173	2940	3277
二、全省每天消费量	**Daily Consumption**						
社会消费品零售额 (万元)	Total Retail Sails of Consumer Goods (10 000 yuan)	699396	752884	801402	801316	923686	910580
三、其他经济活动	**Other Daily Economic Activities**						
铁路、公路和水路客运人数 (万人)	Passenger Traffic (10 000 persons)	176.8	182.5	184.4	82.5	77.7	44.9
铁路、公路和水路货运量 (万吨)	Freight Traffic (10 000 tons)	883.7	957.5	834.9	845.6	913.5	884.1
住宅竣工面积 (平方米)	Floor Space of Residential Buildings Completed (sq.m)	175519	220742	211908	196508	235526	134516
四、全省人口变动和婚姻	**Daily Population Changes and Marriages**						
出生人口 (人)	Birth (person)	4795	3644	3233	2384	2056	1869
死亡人口 (人)	Death (person)	2027	1973	2055	2027	2050	2128
结婚对数 (对)	Marriages (couples)	1718	1645	1464	1337	1268	1153
离婚对数 (对)	Divorces (couples)	747	752	780	711	513	507

注:1.2020年起，铁路客货运量、周转量为济南局、北京局、郑州局在山东省内数据，口径为国家铁路。
2.平均每天出生人口和死亡人口数按常住人口计算。

a) The railway passenger and freight volume and turnover refer to the data of Jinan Bureau, Beijing Bureau and Zhengzhou Bureau in Shandong Province,the caliber is national railway.

b) Data on average daily births and deaths refers to permanent resident population.

1-6 国民经济和社会发展主要指标占全国的比重(2022年)
Proportion of Main Economic and Social Indicators to the Whole Country(2022)

指标名称		Item		山东 Shandong	全国 China	山东占全国比重(%) Proportion of Shandong to China (%)
一、人口与就业		**Population and Employment**				
年末总人口	(万人)	Population at the Year-end	(10 000 persons)	10163	141175	7.2
就业人员	(万人)	Employment	(10 000 persons)	5338	73351	7.3
二、生产总值	**(亿元)**	**Gross Domestic Product**	**(100 million yuan)**	**87435.1**	**1210207.2**	**7.2**
第一产业	(亿元)	Primary Industry	(100 million yuan)	6298.6	88345.1	7.1
第二产业	(亿元)	Secondary Industry	(100 million yuan)	35014.2	483164.5	7.2
第三产业	(亿元)	Tertiary Industry	(100 million yuan)	46122.3	638697.6	7.2
三、人均地区生产总值	**(元)**	**Per Capita Gross Domestic Product**	**(yuan)**	**86003**	**85698**	
四、农林牧渔业总产值	**(亿元)**	**Gross Output Value of Farming, Forestry, Animal Husbandry and Fishery**	**(100 million yuan)**	**12130.7**	**156065.9**	**7.8**
五、主要工农业产品产量		**Output of Major Farm and Industrial Products**				
粮　食	(万吨)	Grain	(10 000 tons)	5543.8	68652.8	8.1
棉　花	(万吨)	Cotton	(10 000 tons)	14.5	598.0	2.4
油　料	(万吨)	Oil-bearing Crops	(10 000 tons)	274.0	3654.2	7.5
肉　类	(万吨)	Meat	(10 000 tons)	844.5	9328.4	9.1
水产品	(万吨)	Aquatic products	(10 000 tons)	881.3	6868.8	12.8
禽　蛋	(万吨)	Poultry Eggs	(10 001 tons)	439.3	3456.4	12.7
原　油	(万吨)	Crude Oil	(10 000 tons)	2200.3	20472.2	10.7
原　盐	(万吨)	Salt	(10 000 tons)	760.2	5359.9	14.2
纱	(万吨)	Yarn	(10 000 tons)	348.3	2719.1	12.8
布	(亿米)	Cloth	(100 million m)	41.1	467.5	8.8
农用化肥(折纯)	(万吨)	Chemical Fertilizer	(10 000 tons)	425.3	5573.3	7.6
水　泥	(万吨)	Cement	(10 000 tons)	13405.1	212951.3	6.3
平板玻璃	(万重量箱)	Plate Glass	(10 000 weight cases)	8271.5	101620.8	8.1
粗　钢	(万吨)	Steel	(10 000 tons)	7600.3	101795.9	7.5
汽　车	(万辆)	Motor Vehicles	(10 000 units)	119.6	2718.0	4.4
家用电冰箱	(万台)	Household Refrigerators	(10 000 units)	832.1	8664.4	9.6
彩色电视机	(万台)	Color Television Sets	(10 000 units)	2545.6	19578.3	13.0
六、房地产开发投资	**(亿元)**	**Investment in Real Estate Development**	**(100 million yuan)**	**9225.9**	**132895.4**	**6.9**
七、财政金融		**Finance and Financial Intermediation**				
地方一般公共预算收入	(亿元)	General Public Budget Revenue	(100 million yuan)	7104.1	108818.5	6.5
地方一般公共预算支出	(亿元)	General Public Budget Expenditure	(100 million yuan)	12128.6	225039.3	5.4
住户本外币存款余额	(亿元)	RMB Savings and Deposit of Urban and Rural Households at the Year-end	(100 million yuan)	85033.3	1212110.0	7.0
八、国内贸易		**Domestic Trade**				
社会消费品零售总额	(亿元)	Total Retail Sales of Consumer Goods	(100 million yuan)	33236.2	439732.5	7.6
九、外贸外经旅游		**Foreign Trade and Tourism**				
进出口总额	(亿美元)	Total Value of Imports and Exports	(100 million USD)	4888.3	63096.0	7.7
出口总额	(亿美元)	Exports	(100 million USD)	2943.4	35936.0	8.2
十、价格指数		**Price Indices**				
商品零售价格指数	(上年=100)	Retail Price Indices	(preceding year=100)	102.3	102.7	
居民消费价格指数	(上年=100)	Consumer Price Indices	(preceding year=100)	101.7	102.0	
工业生产者出厂价格指数	(上年=100)	Producer Price Indices for Industrial Products	(preceding year=100)	105.1	104.1	
十一、人民生活		**People's Livelihood**				
城镇单位就业人员平均工资	(元)	Average Wage of Employed Persons in Urban Units	(yuan)	102247	114029	
全体居民人均可支配收入	(元)	Disposable Income of All Households	(yuan)	37560	36883	
城镇居民人均可支配收入	(元)	Disposable Income of Urban Households	(yuan)	49050	49283	
农村居民人均可支配收入	(元)	Disposable Income of Rural Households	(yuan)	22110	20133	
十二、教育、卫生		**Education and Health Care**				
研究生在校生数	(万人)	Total Enrollment of Institutions of Higher Education	(10 000 persons)	16.5	365.4	4.5
医院床位数	(万张)	Number of Hospital Beds	(10 000 beds)	53.8	766.3	7.0
卫生技术人员数	(万人)	Number of Medical Technical Personnel	(10 000 persons)	87.6	1165.8	7.5

1-7 按行业分法人单位数
Number of Corporate Units by Sector

单位：个 (unit)

行业	Sector	2019	2020	2021	2022
总计	**Total**	**2309350**	**2842426**	**3261425**	**3546905**
农、林、牧、渔业	Agriculture,Forestry,Animal Husbandry and Fishing	125306	160524	176239	186582
采矿业	Mining	2558	2795	2759	2817
制造业	Manufacturing	354724	416009	454353	473971
电力、燃气及水的生产和供应业	Production and Supply of Electric Power and Heat Power	6939	7884	9284	10700
建筑业	Construction	185126	245179	299765	337283
批发和零售业	Wholesale and Retail Trade	728791	906404	1063075	1168922
交通运输、仓储和邮政业	Traffic,Transport,Storage and Post	66140	82583	94666	101311
住宿和餐饮业	Hotels and Catering Services	34177	41439	49281	54539
信息传输、软件和信息技术服务业	Information Transfer, Software and Information Technology Services	81022	105443	130317	146362
金融业	Financial Intermediation	8144	9842	11655	13055
房地产业	Real Estate	62011	73834	84202	87970
租赁和商务服务业	Leasing and Business Services	232003	297319	356897	391014
科学研究和技术服务业	Scientific Research and Technical Service	119160	153680	188504	214342
水利、环境和公共设施管理业	Management of Water Conservancy,Environment and Public Facilities	14663	20713	26329	29965
居民服务、修理和其他服务业	Households Services, Repair and Other Services	39141	47685	54892	58525
教育	Education	52077	63276	65006	68579
卫生和社会工作	Health and Social Work	20243	22428	20417	23184
文化、体育和娱乐业	Culture,Sports and Entertainment	43350	50216	55878	58476
公共管理、社会保障和社会组织	Public management,Social Security and Social Organization	133775	135173	117906	119308
国际组织	International Organization				

1-8 按机构类型分法人单位数
Number of Corporate Units by Status of Organization

单位：个 (unit)

机构类型	Organization Status	2015	2016	2017	2018	2019	2020	2021	2022
合 计	**Total**	**1269917**	**1652065**	**2014790**	**1801301**	**2309350**	**2842426**	**3261425**	**3546905**
企 业	Enterprises	1048470	1344176	1675975	1547260	1982468	2483474	2928948	3202941
事业单位	Institutions	40919	44903	48350	50681	47378	47480	39744	40425
机 关	Agencies & Organizations	12411	12826	12304	12465	12213	12417	10835	11087
社会团体	Social Groups	15919	18819	20929	13337	17384	18876	14015	16478
民办非企业单位	Private Non-enterprise Units	16098	19740	24624	28723	34781	39907	34220	40781
基金会	Foundation	81	99	115	116	153	185	195	239
居委会	Neighborhood Committee	7507	7323	7048	7307	7463	7424	6905	6924
村委会	Village Committee	73947	73909	73453	71411	73870	73589	67156	65294
农民专业合作社	Professional Farmers Cooperatives		110936	136031	58750	122477	148883	151584	154682
其他组织机构	Others	54565	19334	15961	11251	11163	10191	7823	8054

1-9 按地区分法人单位数
Number of Corporate Units by Region

单位：个 (unit)

地 区	Region	2015	2016	2017	2018	2019	2020	2021	2022
全省总计	**Total**	**1269917**	**1652065**	**2014790**	**1801301**	**2309350**	**2842426**	**3261425**	**3546905**
济南市	Jinan	119575	144859	162066	200414	285944	363089	421843	459615
青岛市	Qingdao	230230	302471	345793	359226	427061	504379	553871	589565
淄博市	Zibo	68198	89514	115280	97597	114573	134612	150309	161377
枣庄市	Zaozhuang	37887	47322	60639	38717	62031	79353	91359	102009
东营市	Dongying	28465	39590	49073	39374	51023	63279	75052	85250
烟台市	Yantai	118699	151831	168440	182515	200567	231694	257964	278651
潍坊市	Weifang	115593	154860	194938	174232	229327	276417	304145	326280
济宁市	Jining	101533	123715	153557	130348	177396	214475	248556	268358
泰安市	Tai'an	56600	69235	79894	65349	72766	92032	115482	128856
威海市	Weihai	51595	69610	86039	64510	78757	92520	106762	115539
日照市	Rizhao	29516	37205	48228	52880	69645	86002	95960	107728
莱芜市	Laiwu	17200	22005	28270	29883				
临沂市	Linyi	92164	121410	167916	109478	178389	241088	294325	329282
德州市	Dezhou	51189	64949	83694	70831	91383	111800	120371	131061
聊城市	Liaocheng	46442	59745	80289	60844	90489	123109	152017	162040
滨州市	Binzhou	44869	61010	76260	58839	85354	110797	128797	141328
菏泽市	Heze	60162	92734	114414	66264	94645	117780	144612	159966

注：根据行政区划调整，2019年起，莱芜市并入济南市，以下表同。
a)According to administrative division adjustment,Laiwu City merged into Jinan City from 2019.The same applies to tables following.

主要统计指标解释

行政区划 指国家对行政区域的划分。根据宪法规定，我国的行政区域划分如下：(1)全国分为省、自治区、直辖市；(2)省、自治区分为自治州、县、自治县、市；(3)自治州分为县、自治县、市；(4)县、自治县分为乡、民族乡、镇；(5)直辖市和较大的市分为区、县；(6)国家在必要时设立的特别行政区。

国民经济行业分类 自2017年年报和2018年定期报表开始使用新的《国民经济行业分类》(GB/T4754-2017)。该分类是由国家统计局组织修订，原国家质量监督检验检疫总局和中国国家标准化管理委员会于2017年6月30日发布。这次修订是在2011年分类标准的基础上，结合我国经济活动特点，参照联合国《全部经济活动的国际标准产业分类》（ISIC/Rev.4）进行的。修订后的《国民经济行业分类》（GB/T4754-2017）共有门类20个，大类97个，中类473个，小类1382个。

企业登记注册类型 是以在市场监管部门登记注册的各类企业为划分对象，以市场监管部门对企业登记注册的类型为依据，将企业登记注册类型分为内资企业、港澳台商投资企业和外商投资企业三大类。内资企业包括国有企业、集体企业、股份合作企业、联营企业、有限责任公司、股份有限公司、私营企业和其他企业；港澳台商投资企业和外商投资企业分别包括合资经营企业、合作经营企业、独资经营企业和股份有限公司等。

国有企业 指企业全部资产归国家所有，并按《中华人民共和国企业法人登记管理条例》规定登记注册的非公司制的经济组织。不包括有限责任公司中的国有独资公司。

集体企业 指企业资产归集体所有，并按《中华人民共和国企业法人登记管理条例》规定登记注册的经济组织。

股份合作企业 指以合作制为基础，由企业职工共同出资入股，吸收一定比例的社会资产投资组建，实行自主经营，自负盈亏，共同劳动，民主管理，按劳分配与按股分红相结合的一种集体经济组织。

联营企业 指两个及两个以上相同或不同所有制性质的企业法人或事业单位法人，按自愿、平等、互利的原则，共同投资组成的经济组织。联营企业包括国有联营企业、集体联营企业、国有与集体联营企业和其他联营企业。

有限责任公司 指根据《中华人民共和国公司登记管理条例》规定登记注册，由两个以上、五十个以下的股东共同出资，每个股东以其所认缴的出资额对公司承担有限责任，公司以其全部资产对其债务承担责任的经济组织。有限责任公司包括国有独资公司以及其他有限责任公司。

股份有限公司 指根据《中华人民共和国公司登记管理条例》规定登记注册，其全部注册资本由等额股份构成并通过发行股票筹集资本，股东以其认购的股份对公司承担有限责任，公司以其全部资产对其债务承担责任的经济组织。

私营企业 指由自然人投资设立或由自然人控股，以雇佣劳动为基础的营利性经济组织。包括按照《公司法》、《合伙企业法》以及《个人独资企业法》规定登记注册的私营独资企业、私营合伙企业、私营有限责任公司、私营股份有限公司和个人独资企业。

其他企业 指上述企业之外的其他内资经济组织。

与港澳台商合资经营企业 指港澳台地区投资者与内地企业依照《中华人民共和国外商投资法》及有关法律的规定，按合同规定的比例投资设立，分享利润、分担风险和亏损的企业。

与港澳台商合作经营企业 指港澳台地区投资者与内地企业依照《中华人民共和国外商投资法》及有关法律的规定，依照合作合同的约定进行投资或提供条件设立，分配利润、分担风险和亏损的企业。

港澳台商独资经营企业 指依照《中华人民共和国外商投资法》及有关法律的规定，在内地由港澳台地区投资者全额投资设立的企业。

港澳台商投资股份有限公司 指根据国家有关规定，经商务部（原外经贸部）批准设立，并且其中港、澳、台商的股本占公司注册资本的比例达25%以上的股份有限公司。凡其中港、澳、台商的股本占公司注册资本的比例小于25%的，属于内资中的股份有限公司。

其他港澳台商投资企业 指在中国境内参照原《外国企业或个人在中国境内设立合伙企业管理办法》和《外商投资合伙企业登记管理规定》，依法设立的港、澳、台商投资合伙企业等。

中外合资经营企业 指外国企业或外国人与中国内地企业依照《中华人民共和国外商投资法》及有关法律的规定，按合同规定的比例投资设立，分享利润和分担风险和亏损的企业。

中外合作经营企业 指外国企业或外国人与中国内地企业依照《中华人民共和国外商投资法》及有关法律的规定，依照合作合同的约定进行投资或提供条件设立，分配利润、分担风险和亏损的企业。

外资企业 指依照《中华人民共和国外商投资法》及有关法律的规定，在中国内地由外国投资者全额投资设立的企业。

外商投资股份有限公司　指根据国家有关规定，经商务部（原外经贸部）批准设立，并且其中外资的股本占公司注册资本的比例达25%以上的股份有限公司。凡其中外资股本占公司注册资本的比例小于25%的，属于内资企业中的股份有限公司。

其他外商投资企业　指在中国境内依照原《外国企业或个人在中国境内设立合伙企业管理办法》和《外商投资合伙企业登记管理规定》，依法设立的外商投资合伙企业等。

Explanatory Notes on Main Statistical Indicators

Divisions of Administrative Areas refers to the division of administrative areas by the state. The Constitution of the People Republic of China stipulates that the administrative areas in China are divided as: 1) The whole country is divided into provinces, autonomous regions and municipalities directly under the central government; 2) Provinces and autonomous regions are divided into autonomous prefectures, counties, autonomous counties and cities; 3) Autonomous prefectures are divided into counties, autonomous counties and cities; 4) Counties and autonomous counties are divided into townships, nationality townships and towns; 5) Municipalities and large cities are divided into districts and counties, 6) The state shall, when necessary, establish special administrative regions.

Industrial Classification of the National Economy The new *Industrial Classification of the National Economy* (GB/T 4754-2017) is introduced starting from the compilation of 2017 annual statistics and 2018 monthly or quarterly statistics. The revision, based on the 2011 classification, was organized by the National Bureau of Statistics taking into consideration of the characteristics of economic activities in China and the *International Standards of the Industrial Classification of All Economic Activities* (ISIC/Rev.4) of the United Nations. The new *Classification* was promulgated by the former National Administration of Quality Supervision, Inspection and Quarantine and the Standardization Administration of the People's Republic of China on June 30, 2017. The revised version of the *Industrial Classification of the National Economy* (GB/T 4754-2017) is composed of 20 sections, 97 divisions, 473 groups and 1382 classes.

Registration Status of Enterprises (units) Enterprises are classified into 3 categories, namely enterprises with domestic investment, enterprises with investment from Hong Kong, Macao and Taiwan, and enterprises with foreign investment, according to the registration status of an enterprise in market supervision administration. Domestic-invested enterprises include state-owned enterprises, collective-owned enterprises, cooperative enterprises, joint ownership enterprises, limited liability corporations, share-holding corporations Ltd., private enterprises and other enterprises. Included in the enterprises with investment from Hong Kong, Macao and Taiwan and enterprises with foreign investment are joint-venture enterprises, cooperative enterprises, sole-proprietorship enterprises and share-holding corporations Ltd.

State-owned Enterprises refer to non-corporation economic units where the entire assets are owned by the state and which have been registered in accordance with the *Regulation of the People's Republic of China on the Management of Registration of Corporate Enterprises*. Not included from this category are state sole-proprietorship corporations in the limited liability corporations.

Collective-owned Enterprises refer to economic units where the assets are owned collectively and which have been registered in accordance with the *Regulation of the People's Republic of China on the Management of Registration of Corporate Enterprises*.

Cooperative Enterprises refer to a form of collective economic units (enterprises) where capitals come mainly from employees as their shares, with certain proportion of capital from the outside, where production is organized on the basis of independent operation, independent accounting for profits and losses, joint work, democratic management, and a distribution system that integrates remuneration according to work with dividend according to capital share.

Joint Ownership Enterprises refer to economic units established by two or more corporate enterprises or corporate institutions of the same or different ownership, through joint investment on the basis of voluntary participation, equality, and mutual benefits. They include state joint ownership enterprises; collective joint ownership enterprises; joint state-collective enterprises; and other joint ownership enterprises.

Limited Liability Corporations refer to economic units established with investment from 2-50 investors and registered in accordance with the *Regulation of the People's Republic of China on the Management of Registration of Corporations*, each investor bearing limited liability to the corporation depending on its share of investment, and the corporation bearing liability to its debt to the maximum of its total assets. Limited liability corporations include state sole-proprietorship corporations and other limited liability corporations.

Share-holding Corporations Ltd. refer to economic units registered in accordance with the *Regulation of the People's Republic of China on the Management of Registration of Corporations*, with total registered capital divided into equal shares and additional capitals raised through issuing stocks. Each investor bears limited liability to the corporation depending on the holding of shares, and the corporation bears liability to its debt to the maximum of its total assets.

Private Enterprises refer to profit-making economic units invested and established by natural persons, or controlled by natural persons, using employed labour. Included in this category are private sole-proprietorship enterprise, private partnership enterprise, private limited liability companies, private limited-liability company by shares and individual sole-proprietorship enterprise registered in accordance with the *Company Law, the Law on Partnership Business* and *the Law on Individual Proprietorship Enterprises*.

Other Domestic-Invested Enterprises refer to domestic-invested economic units other than those mentioned above.

Joint Venture Enterprises with Hong Kong, Macao and Taiwan are enterprises jointly established by investors from Hong Kong, Macao and Taiwan with enterprises in the mainland of China in accordance with the former *Foreign Investment Law of the People's Republic of China* and other relevant laws, where the establishment of the investment and the sharing of profits, taking risks and loss are stipulated in joint venture contracts.

Cooperative Enterprises with Hong Kong, Macao and Taiwan established by investors from Hong Kong, Macao and Taiwan with enterprises in the mainland of China in accordance with the former *Foreign Investment Law of the People's Republic of China* and other relevant laws, where the investment or provision of facilities and the sharing of profits and risks are stipulated under cooperative contracts.

Sole-proprietorship Enterprises with Investment from Hong Kong, Macao and Taiwan refer to enterprises established in the mainland of China with exclusive investment from investors from Hong Kong, Macao and Taiwan in accordance with the former *Foreign Investment Law of the People's Republic of China* and other relevant laws.

Share-holding Corporations Ltd. with Investment from Hong Kong, Macao and Taiwan refer to share-holding corporations Ltd. established with the approval from the Ministry of Commerce (the former Ministry of Foreign Trade and Economic Relations) in line with relevant state regulations, where the share of investment from Hong Kong, Macao or Taiwan businessmen exceeds 25% of the total registered capital of the corporation. In case the share of investment from Hong Kong, Macao or Taiwan is less than 25% of the total registered capital, the enterprise is to be classified as domestic-invested share-holding corporation Ltd.

Other Enterprises with Funds From Hong Kong, Macao and Taiwan refer to partnership enterprises with investments from Hong Kong, Macao and Taiwan established within the territory of China in accordance with former *Administrative Measures on the Establishment of Partnership Enterprises in China by Foreign Enterprises or Foreign Individuals* and *Regulations for the Administration of the Registration of Foreign-invested Partnership Enterprises*.

Joint Venture Enterprises with Foreign Investment refer to enterprises jointly established by foreign enterprises or foreigners with enterprises in the mainland of China in accordance with the former *Foreign Investment Law of the People's Republic of China* and other relevant laws, where the sharing of investment, profits and risks and loss are stipulated in contracts.

Cooperative Enterprises with Foreign Investment refer to enterprises jointly established by foreign enterprises or foreigners with enterprises in the mainland of China in accordance with the former *Foreign Investment Law of the People's Republic of China* and other relevant laws, where the investment or provision of facilities and the sharing of profits and taking risks and loss are stipulated in cooperative contracts.

Sole-proprietorship Enterprises with Foreign Investment refer to enterprises established in the mainland of China with exclusive investment from foreign investors in accordance with the former *Foreign Investment Law of the People's Republic of China* and other relevant laws.

Share-holding Corporations Ltd. with Foreign Investment refer to share-holding corporations Ltd. Established with the approval from the Ministry of Commerce (the former Ministry of Foreign Trade and Economic Relations) in line with relevant state regulations, where the share of investment from foreign investors exceeds 25% of the total registered capital of the corporation. In case the share of foreign investment is less than 25% of the total registered capital, the enterprise is to be classified as domestic-invested share-holding corporation Ltd.

Other Enterprises with Foreign Funds refer to partnership enterprises established within the territory of China in accordance with former *Administrative Measures on the Establishment of Partnership Enterprises in China by Foreign Enterprises or Foreign Individuals* and *Regulations for the Administration of the Registration of Foreign-invested Partnership Enterprises*.

第
2
篇

国民经济核算

National Accounts

简　要　说　明

一、本篇资料的主要内容

本篇资料从宏观上反映了经济发展的总体状况和发展水平，主要包括地区生产总值及其增长、结构、三次产业对经济增长的贡献等方面的资料。

根据国家统计局统一要求，支出法地区生产总值历史数据修订工作正在进行中，故暂时无法提供按支出法计算的地区生产总值及居民消费水平等数据。

二、本篇资料的来源

本篇资料来源于国民经济核算统计报表，由省统计局核算处整理提供。

Brief Introduction

I. Main Content

Data in the chapter reflect the overall situation and development of economy on the macro level, including growth rate and components of GDP, share of the three industries to the increase of GDP and household consumption expenditure.

According to the unified work arrangement of the National Bureau of Statistics, the work of revising the historical data of GDP by Expenditure Approach is in progress, so data of GDP by Expenditure Approach and the Resident Consumption Level can't be provided temporarily.

II. Source of Data

Data in this chapter are prepared according to the data of national accounts and compiled by the Division of National Accounts of Shandong Provincial Bureau of Statistics.

2-1 主要年份地区生产总值
Gross Domestic Product in Major Years

单位:亿元 (100 million yuan)

年份 Year	地区生产总值 Gross Domestic Product	第一产业 Primary Industry	第二产业 Secondary Industry	第三产业 Tertiary Industry	#工业 Industry	#建筑业 Construction	人均地区生产总值(元) Per Capita GDP (yuan)
1952	43.81	29.55	7.27	6.99	6.82	0.45	91
1955	57.78	35.52	11.42	10.84	10.81	0.61	113
1957	61.39	31.95	17.59	11.85	16.62	0.97	116
1962	64.38	30.42	16.91	17.05	15.90	1.01	120
1965	86.25	42.24	28.96	15.05	25.99	2.97	152
1970	126.31	52.23	53.71	20.37	50.16	3.55	199
1975	166.19	65.54	75.31	25.34	69.76	5.55	240
1978	225.45	75.06	119.35	31.04	108.53	10.82	316
1979	251.60	91.12	127.68	32.80	114.67	13.01	350
1980	292.13	106.43	146.11	39.59	130.55	15.56	402
1981	346.57	132.21	155.41	58.95	138.09	17.32	472
1982	395.38	154.07	166.05	75.26	147.10	18.95	531
1983	459.83	185.57	178.75	95.51	159.15	19.60	611
1984	581.56	222.13	239.27	120.16	214.20	25.07	765
1985	680.46	235.96	293.07	151.43	259.42	33.65	887
1986	742.05	252.73	313.21	176.11	274.80	38.41	956
1987	892.29	287.31	384.57	220.41	341.31	43.26	1131
1988	1117.66	331.94	497.10	288.62	435.51	61.59	1395
1989	1293.94	359.14	579.65	355.15	513.97	65.68	1595
1990	1511.19	425.29	635.98	449.92	568.25	67.73	1815
1991	1810.54	521.85	745.90	542.79	663.90	82.00	2122
1992	2196.53	534.62	999.11	662.80	889.59	109.52	2557
1993	2770.37	596.63	1355.71	818.03	1201.67	154.04	3212
1994	3844.50	775.03	1891.43	1178.04	1692.10	199.33	4441
1995	4953.35	1010.13	2355.78	1587.44	2098.06	257.73	5701
1996	5883.80	1200.17	2784.09	1899.54	2475.99	308.10	6746
1997	6537.07	1195.00	3147.37	2194.70	2796.02	351.35	7461
1998	7021.35	1215.81	3408.06	2397.49	3008.45	399.61	7968
1999	7493.84	1221.00	3644.32	2628.52	3197.16	447.16	8483
2000	8278.06	1252.08	4120.19	2905.79	3620.06	500.13	9260
2001	9076.22	1340.46	4466.74	3269.02	3911.03	555.71	10063
2002	10076.52	1369.15	5037.63	3669.74	4364.37	673.26	11120
2003	10903.23	1456.98	5720.01	3726.24	4995.68	724.33	11977
2004	13308.08	1748.22	7327.61	4232.25	6497.70	829.91	14540
2005	15947.51	1928.17	8841.13	5178.21	7875.58	965.55	17308
2006	18967.80	2098.26	10568.49	6301.05	9467.48	1101.01	20443
2007	22718.06	2451.01	12529.41	7737.64	11233.13	1296.28	24329
2008	27106.22	2876.20	14911.50	9318.52	13310.80	1600.70	28861
2009	29540.80	3076.19	15919.67	10544.94	13998.52	1921.15	31282
2010	33922.49	3411.34	17733.08	12778.07	15449.95	2283.13	35599
2011	39064.93	3768.55	19926.11	15370.27	17280.78	2645.33	40581
2012	42957.31	4047.06	21275.89	17634.36	18421.90	2853.99	44348
2013	47344.33	4454.11	22615.89	20274.33	19475.30	3188.60	48673
2014	50774.84	4662.81	23588.02	22524.01	20178.23	3476.06	51933
2015	55288.79	4902.82	24814.88	25571.09	21156.50	3731.63	56205
2016	58762.46	4830.25	25565.04	28367.17	21695.98	3909.44	59239
2017	63012.10	4832.71	26925.59	31253.80	22515.81	4441.01	62993
2018	66648.87	4950.52	27523.67	34174.68	22613.01	5024.90	66284
2019	70540.48	5116.99	28171.78	37251.71	22755.13	5532.77	69901
2020	72798.17	5364.35	28456.66	38977.16	22986.45	5574.19	71825
2021	82875.17	6029.03	32834.49	44011.65	26894.08	6068.10	81510
2022	87435.13	6298.62	35014.18	46122.33	28738.98	6424.48	86003

注:1．本表按当年价格计算。
2．根据第四次经济普查结果，对全省2000—2018年生产总值进行了修订。
3．2022年数据为初步核算数(以下相关表同)。
4．根据第七次人口普查结果，对全省2011—2019年人均生产总值进行了修订(以下相关表同)。

a) Data in this table are calculated at current prices.
b) According to the Fourth National Economic Census, the data of GDP from 2000 to 2018 of Shandong have been revised.
c) The data of 2022 come form the number of preliminary accounting(the same as in the following tables).
d)According to the Seventh National Census,the data of GDP per capita from 2011 to 2019 of Shandong have been revised(the same as in the following tables).

2-2 主要年份地区生产总值指数
Indices of Gross Domestic Product in Major Years

(以1952年为100) (1952=100)

年 份 Year	地 区 生产总值 Gross Domestic Product	第一产业 Primary Industry	第二产业 Secondary Industry	第三产业 Tertiary Industry	#工 业 Industry	#建筑业 Construction
1952	100.0	100.0	100.0	100.0	100.0	100.0
1955	127.4	115.6	155.2	147.0	157.1	127.3
1957	137.4	101.6	261.9	154.6	264.5	222.5
1962	113.4	69.6	214.8	184.4	213.0	238.4
1965	171.1	107.1	404.7	197.9	385.5	679.0
1970	251.6	129.1	752.8	261.0	747.3	825.5
1975	361.5	154.4	1364.7	310.7	1372.4	1222.2
1978	466.1	174.3	1945.2	379.7	1904.6	2547.8
1979	496.9	188.7	2067.8	395.2	2001.7	3066.1
1980	557.7	207.2	2315.5	470.1	2230.1	3612.1
1981	589.9	220.6	2388.6	524.9	2326.7	3369.6
1982	656.3	244.3	2522.3	667.6	2440.2	3786.0
1983	747.4	283.3	2712.8	825.9	2644.2	3803.4
1984	877.3	335.1	3191.5	951.8	3085.0	4824.9
1985	977.4	342.3	3780.2	1094.0	3612.6	6280.4
1986	1038.4	340.0	4184.8	1189.3	4029.1	6546.0
1987	1182.0	365.0	4898.3	1391.9	4786.5	6703.9
1988	1330.2	364.1	6007.7	1526.1	5850.6	8493.7
1989	1383.0	361.7	6431.1	1568.0	6348.5	7929.7
1990	1455.6	381.0	6890.7	1578.2	6856.4	7761.3
1991	1668.4	435.0	7852.0	1830.7	7881.5	8192.2
1992	1950.5	435.6	10095.2	2129.1	10201.7	9881.3
1993	2347.5	462.2	12928.1	2553.8	13124.4	12085.4
1994	2728.7	495.9	15178.6	3081.3	15432.8	13962.6
1995	3110.0	540.3	17316.2	3604.3	17555.3	16412.5
1996	3484.8	575.9	19711.9	4053.9	19965.0	18865.3
1997	3871.4	578.6	22218.1	4639.7	22500.5	21290.6
1998	4287.6	611.3	24899.0	5159.4	25218.7	23828.6
1999	4717.3	640.1	27902.2	5639.3	28300.6	26321.9
2000	5164.9	655.1	30913.4	6235.7	31374.3	28976.9
2001	5650.4	679.9	34004.5	6920.0	34524.3	31789.3
2002	6272.0	696.5	38736.5	7636.1	39113.1	37653.9
2003	6949.4	734.4	43967.8	8314.1	44593.1	41416.4
2004	7818.0	784.7	50992.2	9086.7	52513.4	42711.3
2005	8803.1	821.9	58393.5	10205.3	60374.9	47310.5
2006	9885.9	862.4	66431.1	11485.2	68961.9	52054.1
2007	11062.3	895.8	75125.0	12936.9	78460.7	55838.7
2008	12135.4	938.2	82158.3	14473.5	86163.7	58781.6
2009	13324.6	976.1	91377.0	15793.2	94658.2	72879.4
2010	14710.4	1006.3	102047.6	17417.1	105682.9	81575.7
2011	16284.4	1044.0	113741.2	19420.7	118589.2	86765.1
2012	17864.0	1091.4	125476.1	21387.1	131379.7	92815.2
2013	19543.2	1129.5	137729.1	23587.1	144601.3	101726.2
2014	21204.4	1172.2	149816.6	25748.1	157319.4	111049.5
2015	22858.3	1220.9	160408.1	28212.8	168215.0	120084.1
2016	24554.6	1267.8	170359.5	30833.1	178426.6	127264.4
2017	26352.1	1312.9	180536.8	33693.5	189478.4	132822.5
2018	28013.0	1347.8	188000.6	36697.4	197929.8	138455.7
2019	29483.7	1362.1	192953.8	39713.3	201840.0	147443.8
2020	30500.9	1398.3	199064.2	41224.4	208778.9	149686.1
2021	33018.0	1502.5	211563.7	45265.6	224336.1	151738.8
2022	34290.9	1566.4	220346.7	46891.7	234199.6	156677.6

注：本表按可比价格计算。
a) Data in this table are calculated at constant prices.

2-2 续表 continued

(以上年为100) (preceding year=100)

年 份 Year	地 区 生产总值 Gross Domestic Product	第一产业 Primary Industry	第二产业 Secondary Industry	第三产业 Tertiary Industry	#工 业 Industry	#建筑业 Construction	人均地区 生产总值 Per Capita GDP
1955	109.5	110.4	104.5	112.2	104.7	101.6	107.0
1957	96.5	87.5	110.8	101.9	112.9	83.0	95.2
1962	97.4	106.8	79.8	108.2	80.7	70.7	95.1
1965	122.0	126.6	130.0	102.5	125.7	180.2	120.4
1970	115.7	103.5	126.1	117.4	127.1	114.9	112.6
1975	129.2	110.6	159.8	104.7	163.6	113.1	127.8
1978	110.1	94.0	125.4	100.8	123.5	152.1	109.1
1979	106.6	108.2	106.3	104.1	105.1	120.3	105.8
1980	112.2	109.8	112.0	118.9	111.4	117.8	111.0
1981	105.8	106.5	103.2	111.7	104.3	93.3	104.7
1982	111.3	110.8	105.6	127.2	104.9	112.4	109.7
1983	113.9	116.0	107.6	123.7	108.4	100.5	112.7
1984	117.4	118.3	117.6	115.3	116.7	126.9	116.2
1985	111.4	102.1	118.4	114.9	117.1	130.2	110.4
1986	106.2	99.3	110.7	108.7	111.5	104.2	105.0
1987	113.8	107.3	117.0	117.0	118.8	102.4	112.0
1988	112.5	99.7	122.6	109.6	122.2	126.7	110.8
1989	104.0	99.3	107.0	102.7	108.5	93.4	102.7
1990	105.3	105.3	107.1	100.6	108.0	97.9	102.6
1991	114.6	114.2	114.0	116.0	115.0	105.6	111.8
1992	116.9	100.2	128.6	116.3	129.4	120.6	116.1
1993	120.4	106.1	128.1	120.0	128.6	122.3	119.9
1994	116.2	107.3	117.4	120.7	117.6	115.5	115.8
1995	114.0	108.9	114.1	117.0	113.8	117.5	113.6
1996	112.1	106.6	113.8	112.5	113.7	114.9	111.6
1997	111.1	100.5	112.7	114.4	112.7	112.9	110.6
1998	110.8	105.7	112.1	111.2	112.1	111.9	110.1
1999	110.0	104.7	112.1	109.3	112.2	110.5	109.4
2000	109.5	102.4	110.8	110.6	110.9	110.1	108.5
2001	109.4	103.8	110.0	111.0	110.0	109.7	108.4
2002	111.0	102.5	113.9	110.3	113.3	118.4	110.5
2003	110.8	105.4	113.5	108.9	114.0	110.0	110.3
2004	112.5	106.8	116.0	109.3	117.8	103.1	111.9
2005	112.6	104.7	114.5	112.3	115.0	110.8	111.8
2006	112.3	104.9	113.8	112.5	114.2	110.0	111.5
2007	111.9	103.9	113.1	112.6	113.8	107.3	111.2
2008	109.7	104.7	109.4	111.9	109.8	105.3	109.1
2009	109.8	104.0	111.2	109.1	109.9	124.0	109.2
2010	110.4	103.1	111.7	110.3	111.6	111.9	109.4
2011	110.7	103.7	111.5	111.5	112.2	106.4	109.6
2012	109.7	104.5	110.3	110.1	110.8	107.0	109.0
2013	109.4	103.5	109.8	110.3	110.1	109.6	108.9
2014	108.5	103.8	108.8	109.2	108.8	109.2	107.9
2015	107.8	104.2	107.1	109.6	106.9	108.1	107.1
2016	107.4	103.8	106.2	109.3	106.1	106.0	106.5
2017	107.3	103.6	106.0	109.3	106.2	104.4	106.4
2018	106.3	102.7	104.1	108.9	104.5	104.2	105.8
2019	105.3	101.1	102.6	108.2	102.0	106.5	104.9
2020	103.5	102.7	103.2	103.8	103.4	101.5	103.0
2021	108.3	107.5	106.3	109.8	107.5	101.4	107.9
2022	103.9	104.3	104.2	103.6	104.4	103.3	103.9

2-3 主要年份地区生产总值构成
Composition of Gross Domestic Product in Major Years

单位:% (%)

年份 Year	地区生产总值 Gross Domestic Product	第一产业 Primary Industry	第二产业 Secondary Industry	第三产业 Tertiary Industry	#工业 Industry	#建筑业 Construction
1952	100	67.4	16.6	16.0	15.6	1.0
1955	100	61.5	19.7	18.8	18.7	1.0
1957	100	52.0	28.7	19.3	27.1	1.6
1962	100	47.2	26.3	26.5	24.7	1.6
1965	100	49.0	33.5	17.5	30.1	3.4
1970	100	41.4	42.5	16.1	39.7	2.8
1975	100	39.4	45.3	15.3	42.0	3.3
1978	100	33.3	52.9	13.8	48.1	4.8
1979	100	36.2	50.8	13.0	45.6	5.2
1980	100	36.4	50.0	13.6	44.7	5.3
1981	100	38.2	44.8	17.0	39.8	5.0
1982	100	39.0	42.0	19.0	37.2	4.8
1983	100	40.3	38.9	20.8	34.6	4.3
1984	100	38.2	41.1	20.7	36.8	4.3
1985	100	34.7	43.0	22.3	38.1	4.9
1986	100	34.1	42.2	23.7	37.0	5.2
1987	100	32.2	43.1	24.7	38.3	4.8
1988	100	29.7	44.5	25.8	39.0	5.5
1989	100	27.8	44.8	27.4	39.7	5.1
1990	100	28.1	42.1	29.8	37.6	4.5
1991	100	28.8	41.2	30.0	36.7	4.5
1992	100	24.3	45.5	30.2	40.5	5.0
1993	100	21.5	49.0	29.5	43.4	5.6
1994	100	20.2	49.2	30.6	44.0	5.2
1995	100	20.4	47.6	32.0	42.4	5.2
1996	100	20.4	47.3	32.3	42.1	5.2
1997	100	18.3	48.1	33.6	42.7	5.4
1998	100	17.3	48.5	34.2	42.8	5.7
1999	100	16.3	48.6	35.1	42.6	6.0
2000	100	15.1	49.8	35.1	43.7	6.0
2001	100	14.8	49.2	36.0	43.1	6.1
2002	100	13.6	50.0	36.4	43.3	6.7
2003	100	13.4	52.4	34.2	45.8	6.6
2004	100	13.1	55.1	31.8	48.8	6.2
2005	100	12.1	55.4	32.5	49.4	6.1
2006	100	11.1	55.7	33.2	49.9	5.8
2007	100	10.8	55.1	34.1	49.4	5.7
2008	100	10.6	55.0	34.4	49.1	5.9
2009	100	10.4	53.9	35.7	47.4	6.5
2010	100	10.1	52.2	37.7	45.5	6.7
2011	100	9.6	51.1	39.3	44.2	6.8
2012	100	9.4	49.5	41.1	42.9	6.6
2013	100	9.4	47.8	42.8	41.1	6.7
2014	100	9.2	46.4	44.4	39.7	6.8
2015	100	8.9	44.9	46.2	38.3	6.7
2016	100	8.2	43.5	48.3	36.9	6.7
2017	100	7.7	42.7	49.6	35.7	7.0
2018	100	7.4	41.3	51.3	33.9	7.5
2019	100	7.3	39.9	52.8	32.3	7.8
2020	100	7.4	39.1	53.5	31.6	7.7
2021	100	7.3	39.6	53.1	32.5	7.3
2022	100	7.2	40.0	52.8	32.9	7.3

注:本表按当年价格计算。
a)Data in this table are calculated at current prices.

2-4 地区生产总值

Gross Domestic Product

单位:亿元 (100 million yuan)

分　组	Sector	2021	2022	2021年为2020年% 2020=100	2022年为2021年% 2021=100
地区生产总值	**Gross Domestic Product**	**82875.17**	**87435.13**	**108.3**	**103.9**
第一产业	Primary Industry	6029.03	6298.62	107.5	104.3
第二产业	Secondary Industry	32834.49	35014.18	106.3	104.2
第三产业	Tertiary Industry	44011.65	46122.33	109.8	103.6
农林牧渔业	Agriculture, Forestry, Animal Husbandry and Fishery	6449.47	6769.02	107.5	104.7
工　业	Industry	26894.08	28738.98	107.5	104.4
建筑业	Construction	6068.10	6424.48	101.4	103.3
批发和零售业	Wholesale and Retail Trades	11537.11	11819.11	113.7	101.7
交通运输、仓储和邮政业	Transport, Storage and Postal Services	4344.65	4911.01	113.0	106.2
住宿和餐饮业	Hotels and Catering Services	1283.02	1276.20	116.7	100.3
信息传输、软件和信息技术服务业	Information Transmission, Software and Information Technology	2005.33	2224.54	115.2	114.2
金融业	Financial Intermediation	4857.27	5203.05	104.8	106.0
房地产业	Real Estate	4588.15	4406.65	107.0	95.8
租赁和商务服务业	Leasing and Business Services	2255.04	2366.68	109.7	104.5
科学研究和技术服务业	Scientific Research and Technical Services	1654.75	1789.39	111.3	104.3
水利、环境和公共设施管理业	Management of Water Conservancy, Environment and Public Facilities	365.17	349.85	97.3	103.1
居民服务、修理和其他服务业	Service to Households, Repair and Other Services	1388.45	1421.75	112.9	102.7
教　育	Education	2911.66	3229.14	108.9	106.2
卫生和社会工作	Financial Intermediation	1762.75	1928.53	109.7	106.1
文化、体育和娱乐业	Culture, Sports and Recreation	510.68	511.94	113.5	99.3
公共管理、社会保障和社会组织	Public Management,Social Security and Social Organization	3999.49	4064.81	101.6	104.0
人均地区生产总值　(元)	**Per Capita GDP　(yuan)**	**81510**	**86003**	**107.9**	**103.9**

注:本表绝对数按当年价格计算,指数按可比价格计算。
a)Absolute figure in this table are calculated at current prices.Indices are calculated at constant prices.

2-5 三次产业对经济增长的贡献率及拉动百分点
Share and Contribution of the Three Industries to the Increase of GDP

单位:% (%)

年份 Year	贡献率 Share			地区生产总值增长率 Increase Rate of Gross Domestic Product	拉动百分点(个) Contribution (unit)		
	第一产业 Primary Industry	第二产业 Secondary Industry	第三产业 Tertiary Industry		第一产业 Primary Industry	第二产业 Secondary Industry	第三产业 Tertiary Industry
1980	25.6	53.4	21.0	12.2	3.1	6.5	2.6
1981	42.0	25.2	32.8	5.8	2.4	1.5	1.9
1982	36.2	22.4	41.4	11.3	4.1	2.5	4.7
1983	43.3	23.3	33.4	13.9	6.0	3.2	4.7
1984	40.3	41.0	18.7	17.4	7.0	7.1	3.3
1985	7.3	65.4	27.3	11.4	0.8	7.5	3.1
1986	-3.7	73.7	30.0	6.2	-0.2	4.6	1.8
1987	17.6	55.3	27.1	13.8	2.4	7.6	3.8
1988	-0.6	83.2	17.4	12.5	-0.1	10.4	2.2
1989	-4.6	89.3	15.3	4.0	-0.2	3.6	0.6
1990	27.0	70.3	2.7	5.3	1.4	3.7	0.2
1991	27.2	40.2	32.6	14.6	4.0	5.9	4.7
1992	0.3	70.7	29.0	16.9		12.0	4.9
1993	7.2	63.4	29.4	20.4	1.5	12.9	6.0
1994	9.5	52.5	38.0	16.2	1.5	8.5	6.2
1995	12.5	49.8	37.7	14.0	1.7	7.0	5.3
1996	10.2	56.8	33.0	12.1	1.2	6.9	4.0
1997	0.8	57.6	41.6	11.1	0.1	6.4	4.6
1998	8.4	57.3	34.3	10.8	0.9	6.2	3.7
1999	7.2	62.1	30.7	10.0	0.7	6.2	3.1
2000	3.6	59.8	36.6	9.5	0.3	5.7	3.5
2001	6.1	52.9	41.0	9.4	0.6	4.9	3.9
2002	3.2	63.3	33.5	11.0	0.4	6.9	3.7
2003	6.7	64.2	29.1	10.8	0.7	7.0	3.1
2004	6.9	67.2	25.9	12.5	0.9	8.4	3.2
2005	4.5	62.5	33.0	12.6	0.6	7.8	4.2
2006	4.9	62.0	33.1	12.3	0.6	7.6	4.1
2007	3.7	61.7	34.6	11.9	0.4	7.4	4.1
2008	5.1	54.8	40.1	9.7	0.5	5.3	3.9
2009	4.1	64.8	31.1	9.8	0.4	6.4	3.0
2010	2.8	64.4	32.8	10.4	0.3	6.7	3.4
2011	3.5	56.0	40.5	10.7	0.4	6.0	4.3
2012	4.4	56.0	39.6	9.7	0.4	5.5	3.8
2013	3.3	55.0	41.7	9.4	0.3	5.2	3.9
2014	3.8	54.8	41.4	8.5	0.3	4.7	3.5
2015	4.3	48.3	47.4	7.8	0.3	3.8	3.7
2016	4.6	37.5	57.9	7.4	0.3	2.8	4.3
2017	4.2	36.2	59.6	7.3	0.3	2.7	4.3
2018	3.5	28.7	67.8	6.3	0.2	1.8	4.3
2019	1.6	21.5	76.9	5.3	0.1	1.1	4.1
2020	5.9	38.4	55.7	3.5	0.2	1.3	2.0
2021	6.7	29.7	63.6	8.3	0.5	2.6	5.2
2022	8.1	41.3	50.6	3.9	0.3	1.6	2.0

注:本表按可比价格计算。
a) Data in this table are calculated at constant prices.

2-6 各市地区生产总值
Gross Domestic Product by Region

单位:亿元 (100 million yuan)

地区	Region	地区生产总值 Gross Domestic Product 2021	2021年为2020年% 2020=100	2022	2022年为2021年% 2021=100	第一产业增加值 Value-added of Primary Industry 2021	2021年为2020年% 2020=100	2022	2022年为2021年% 2021=100
全省	**Total**	**82875.17**	**108.3**	**87435.13**	**103.9**	**6029.03**	**107.5**	**6298.62**	**104.3**
济南市	Jinan	11413.51	107.2	12027.46	103.1	408.77	107.1	420.52	103.1
青岛市	Qingdao	14136.46	108.3	14920.75	103.9	470.06	106.7	478.05	102.2
淄博市	Zibo	4169.18	109.4	4402.59	104.7	180.58	107.3	188.62	105.0
枣庄市	Zaozhuang	1931.32	108.3	2039.04	104.5	185.83	107.8	194.32	104.7
东营市	Dongying	3407.22	108.5	3620.74	104.3	181.88	108.2	191.62	105.4
烟台市	Yantai	8711.75	108.0	9515.86	105.1	626.14	107.5	662.53	105.1
潍坊市	Weifang	7010.60	109.7	7306.45	103.7	628.36	107.6	646.98	102.5
济宁市	Jining	5042.44	108.5	5316.88	104.4	583.79	107.6	610.94	105.0
泰安市	Tai'an	2996.66	106.1	3198.13	104.3	327.35	107.1	350.89	104.7
威海市	Weihai	3359.75	107.4	3408.18	101.5	349.17	107.4	354.75	103.0
日照市	Rizhao	2211.96	106.8	2306.77	103.8	194.68	107.4	208.00	103.8
临沂市	Linyi	5518.11	108.7	5778.52	104.2	484.14	107.1	510.99	104.9
德州市	Dezhou	3448.80	108.3	3633.07	104.4	366.92	107.7	370.41	102.5
聊城市	Liaocheng	2642.52	108.4	2779.85	104.3	374.21	107.5	400.11	105.5
滨州市	Binzhou	2872.11	108.3	2975.15	103.9	279.30	108.1	296.79	104.5
菏泽市	Heze	3976.67	108.8	4205.34	104.2	390.92	107.7	413.06	105.0

注:本表绝对额按当年价格计算,指数按可比价格计算。
a)Absolute figure in this table are calculated at current prices while indices at constant prices.

2-6 续表 1 continued

单位:亿元 (100 million yuan)

地区	Region	第二产业增加值 Value-added of Primary Industry 2021	2021年为2020年% 2020=100	2022	2022年为2021年% 2021=100	第三产业增加值 Value-added of Primary Industry 2021	2021年为2020年% 2020=100	2022	2022年为2021年% 2021=100
全省	**Total**	**32834.49**	**106.3**	**35014.18**	**104.2**	**44011.65**	**109.8**	**46122.33**	**103.6**
济南市	Jinan	3946.10	103.2	4180.24	103.2	7058.64	109.4	7426.70	103.0
青岛市	Qingdao	4945.04	104.3	5197.34	102.8	8721.36	110.7	9245.36	104.5
淄博市	Zibo	2044.07	109.4	2193.65	104.9	1944.53	109.5	2020.32	104.4
枣庄市	Zaozhuang	753.60	103.2	804.05	104.4	991.89	112.4	1040.67	104.4
东营市	Dongying	1957.55	109.6	2092.12	105.1	1267.79	107.0	1337.00	103.0
烟台市	Yantai	3600.17	106.8	4022.24	106.5	4485.44	108.9	4831.09	104.0
潍坊市	Weifang	2900.12	112.4	3066.61	104.2	3482.12	107.9	3592.86	103.4
济宁市	Jining	1979.85	106.7	2068.13	104.6	2478.80	110.1	2637.81	104.1
泰安市	Tai'an	1172.02	102.5	1285.96	106.8	1497.29	108.6	1561.28	102.3
威海市	Weihai	1304.52	105.4	1313.65	99.7	1706.06	108.8	1739.78	102.4
日照市	Rizhao	894.54	99.8	938.79	103.8	1122.74	112.5	1159.98	103.7
临沂市	Linyi	2141.56	109.2	2294.36	105.1	2892.41	108.6	2973.17	103.4
德州市	Dezhou	1404.87	106.4	1509.18	104.3	1677.01	109.9	1753.48	104.8
聊城市	Liaocheng	967.86	109.4	1044.48	104.9	1300.45	107.9	1335.26	103.5
滨州市	Binzhou	1212.73	108.0	1266.69	103.0	1380.08	108.6	1411.67	104.4
菏泽市	Heze	1616.74	106.4	1736.64	105.1	1969.01	110.9	2055.64	103.3

2-6 续表 2 continued

单位:亿元 (100 million yuan)

地 区	Region	工业增加值 Value-added of Industry 2021	2021年为2020年% 2020=100	2022	2022年为2021年% 2021=100	人均地区生产总值(元) Per Capita GDP (yuan) 2021	2021年为2020年% 2020=100	2022	2022年为2021年% 2021=100
全 省	**Total**	**26894.08**	**107.5**	**28738.98**	**104.4**	**81510**	**107.9**	**86003**	**103.9**
济南市	Jinan	2706.06	104.4	2869.00	102.4	122873	105.7	128287	102.1
青岛市	Qingdao	3752.88	105.1	3966.45	102.7	138849	106.5	144870	102.7
淄博市	Zibo	1745.10	109.8	1852.30	103.7	88570	109.3	93526	104.7
枣庄市	Zaozhuang	605.79	103.9	644.47	104.2	50088	108.3	53081	104.8
东营市	Dongying	1882.85	109.7	2018.25	105.0	155279	108.1	164430	103.9
烟台市	Yantai	3092.60	107.3	3481.35	106.8	122818	107.9	134581	105.4
潍坊市	Weifang	2424.67	114.1	2576.57	104.3	74606	109.6	77655	103.5
济宁市	Jining	1696.14	107.5	1808.78	106.7	60399	108.7	63954	104.8
泰安市	Tai'an	787.59	107.5	850.73	105.5	54917	106.6	59029	105.0
威海市	Weihai	1122.02	106.6	1144.65	100.7	115348	106.9	116871	101.3
日照市	Rizhao	719.31	99.2	761.82	104.0	74434	106.4	77669	103.8
临沂市	Linyi	1788.88	110.8	1911.99	104.1	50062	108.0	52502	104.3
德州市	Dezhou	1253.88	107.0	1346.13	104.2	61511	108.7	65022	104.7
聊城市	Liaocheng	835.41	109.9	899.65	104.6	44485	108.6	46995	104.7
滨州市	Binzhou	1093.77	108.2	1150.48	102.4	73078	108.1	75813	104.0
菏泽市	Heze	1378.91	106.5	1471.44	104.4	45366	108.8	48294	104.8

2-7 各市地区生产总值构成
Composition of Gross Domestic Product by Region

单位:% (%)

地 区	Region	地区生产总值 Gross Domestic Product 2021	2022	第一产业 Primary Industry 2021	2022	第二产业 Secondary Industry 2021	2022	第三产业 Tertiary Industry 2021	2022
全 省	**Total**	**100.0**	**100.0**	**7.3**	**7.2**	**39.6**	**40.0**	**53.1**	**52.8**
济南市	Jinan	100.0	100.0	3.6	3.5	34.6	34.8	61.8	61.7
青岛市	Qingdao	100.0	100.0	3.3	3.2	35.0	34.8	61.7	62.0
淄博市	Zibo	100.0	100.0	4.3	4.3	49.0	49.8	46.7	45.9
枣庄市	Zaozhuang	100.0	100.0	9.6	9.5	39.0	39.4	51.4	51.1
东营市	Dongying	100.0	100.0	5.3	5.3	57.5	57.8	37.2	36.9
烟台市	Yantai	100.0	100.0	7.2	6.9	41.3	42.3	51.5	50.8
潍坊市	Weifang	100.0	100.0	8.9	8.8	41.4	42.0	49.7	49.2
济宁市	Jining	100.0	100.0	11.6	11.5	39.2	38.9	49.2	49.6
泰安市	Tai'an	100.0	100.0	10.9	11.0	39.1	40.2	50.0	48.8
威海市	Weihai	100.0	100.0	10.4	10.4	38.8	38.5	50.8	51.1
日照市	Rizhao	100.0	100.0	8.8	9.0	40.4	40.7	50.8	50.3
临沂市	Linyi	100.0	100.0	8.8	8.8	38.8	39.7	52.4	51.5
德州市	Dezhou	100.0	100.0	10.7	10.2	40.7	41.5	48.6	48.3
聊城市	Liaocheng	100.0	100.0	14.2	14.4	36.6	37.6	49.2	48.0
滨州市	Binzhou	100.0	100.0	9.7	10.0	42.2	42.6	48.1	47.4
菏泽市	Heze	100.0	100.0	9.8	9.8	40.7	41.3	49.5	48.9

注：本表按当年价格计算。
a)Data in this table are calculated at current prices.

2-8　三次产业对经济增长的贡献率及拉动百分点(2022年)

Share and Contribution of the Three Industries to the Increase of GDP by Region(2022)

单位:%　　(%)

地　区	Region	贡献率 Share 第一产业 Primary Industry	贡献率 Share 第二产业 Secondary Industry	贡献率 Share 第三产业 Tertiary Industry	地区生产总值增长率 Increase Rate of Gross Domestic Product	拉动百分点(个) Contribution (unit) 第一产业 Primary Industry	拉动百分点(个) Contribution (unit) 第二产业 Secondary Industry	拉动百分点(个) Contribution (unit) 第三产业 Tertiary Industry
全　省	**Total**	**8.1**	**41.3**	**50.6**	**3.9**	**0.3**	**1.6**	**2.0**
济南市	Jinan	3.6	35.5	60.9	3.1	0.1	1.1	1.9
青岛市	Qingdao	1.9	24.3	73.8	3.9	0.1	0.9	2.9
淄博市	Zibo	4.6	50.5	44.9	4.7	0.2	2.4	2.1
枣庄市	Zaozhuang	10.2	37.9	51.9	4.5	0.5	1.7	2.3
东营市	Dongying	6.8	66.1	27.1	4.3	0.3	2.8	1.2
烟台市	Yantai	7.4	51.0	41.6	5.1	0.4	2.6	2.1
潍坊市	Weifang	6.1	46.6	47.3	3.7	0.2	1.7	1.8
济宁市	Jining	13.4	39.5	47.1	4.4	0.6	1.7	2.1
泰安市	Tai'an	12.1	60.7	27.2	4.3	0.5	2.6	1.2
威海市	Weihai	20.8	-8.6	87.8	1.5	0.3	-0.1	1.3
日照市	Rizhao	8.7	39.2	52.1	3.8	0.3	1.5	2.0
临沂市	Linyi	10.6	46.0	43.4	4.2	0.4	1.9	1.9
德州市	Dezhou	6.1	38.8	55.1	4.4	0.3	1.7	2.4
聊城市	Liaocheng	18.2	40.9	40.9	4.3	0.8	1.8	1.7
滨州市	Binzhou	11.3	31.9	56.8	3.9	0.4	1.3	2.2
菏泽市	Heze	11.9	48.1	40.0	4.2	0.5	2.0	1.7

注:本表按可比价计算。
a)Data in this table are calculated at constant prices.

主要统计指标解释

国内生产总值（GDP） 指一个国家（或地区）所有常住单位在一定时期内生产活动的最终成果。

国内生产总值有三种表现形态，即价值形态、收入形态和产品形态。

从价值形态看，它是所有常住单位在一定时期内生产的全部货物和服务价值超过同期中间投入的全部非固定资产货物和服务价值的差额，即所有常住单位的增加值之和；

从收入形态看，它是所有常住单位在一定时期内创造并分配给常住单位和非常住单位的初次收入分配之和；

从产品形态看，它是所有常住单位在一定时期内最终使用的货物和服务价值与货物和服务净出口价值之和。

在实际核算中，国内生产总值有三种计算方法，即生产法、收入法和支出法。三种方法分别从不同的方面反映国内生产总值及其构成。

①生产法 是从生产过程中生产的货物和服务总产品价值入手，剔除生产过程中投入的中间产品的价值，得到增加价值的一种方法，公式为：

增加值＝总产出－中间投入

总产出 是一定时期内一个国家（或地区）常住单位生产的所有货物和服务的价值。既包括新增价值，也包括转移价值。

中间投入 是常住单位在生产或提供货物与服务过程中，消耗和使用的所有非固定资产货物和服务的价值。中间投入也称为中间消耗。

增加值 是指常住单位生产过程创造的新增价值和固定资产的转移价值。按生产法计算它等于总产出减去中间投入。

②收入法 收入法也称分配法，按收入法计算国内生产总值是从生产过程创造收入的角度，对常住单位的生产活动成果进行核算。按照这种计算方法，增加值由劳动者报酬、生产税净额、固定资产折旧和营业盈余四个部分组成。

用公式表示为：

增加值＝劳动者报酬+生产税净额+固定资产折旧+营业盈余

国民经济各部门的增加值之和等于国内生产总值。

劳动者报酬 指劳动者因从事生产活动所获得的全部报酬。它包括劳动者获得的各种形式工资、奖金和津贴，既包括货币形式的，也包括实物形式的，它还包括劳动者所享受的公费医疗和医疗卫生费、上下班交通补贴和单位直接支付的社会保险费等。

生产税净额 生产税减生产补贴后的差额。

生产税指政府对生产单位生产、销售和从事经营活动以及因从事生产活动使用某些生产要素，如固定资产、土地、劳动力所征收的各种税、附加费和规费。具体包括销售税金及附加、增值税、管理费中开支的各种税、应交纳的养路费、排污费和水电费附加、烟酒专卖上缴政府的专项收入等。

生产补贴与生产税相反，是政府对生产单位的单方面收入转移，因此视为负生产税处理，包括政策亏损补贴、粮食系统价格补贴、外贸企业出口退税收入等。

固定资产折旧 指一定时期内为弥补固定资产损耗按照核定的固定资产折旧率提取的固定资产折旧，或按国民经济核算统一规定的折旧率虚拟计算的固定资产折旧。它反映了固定资产在当期生产中的转移价值。各种类型企业和企业化管理的事业单位的固定资产折旧指实际计提并计入成本费用中的折旧费；不计提折旧的单位，如政府机关、非企业化管理的事业单位和居民住房的固定资产折旧则是按照统一规定的折旧率和固定资产原值计算的虚拟折旧。

营业盈余 是指常住单位创造的增加值扣除劳动者报酬、生产税净额和固定资产折旧后的余额。它相当于企业的营业利润加上生产补贴，但要扣除从利润中开支的工资和福利等。

③支出法 支出法是从最终使用角度来反映国内生产总值最终去向的一种方法。最终使用包括货物和服务的最终消费支出、资本形成总额、货物和服务净出口三部分。

最终消费 指常住单位在一定时期内对于货物和服务的全部最终消费支出，也就是常住单位为满足物质、文化和精神生活的需要，从本国经济领土和国外购买的货物和服务的支出；不包括非常住单位在本国经济领土内的消费支出。最终消费分为居民消费和政府消费。

居民消费 指常住住户对货物和服务的全部最终消费支出。居民消费按市场价格计算，即按居民支付的购买者价格计算。购买者价格是购买者取得货物所支付的价值，包括购买者支付的运输和商业费用。

居民消费除了直接以货币形式购买货物和服务的消费之外，还包括以其他方式获得的货物和服务的消费支出，即所谓的虚拟消费支出。居民虚拟消费支出包括以下几种类型：单位以实物报酬及实物转移的形式提供给劳动者的货物和服务；住户生产并由本住户消费的货物和服务，其中的服务仅指住户的自有住房服务；金融机构提供的金融媒介服务；保险公司提供的保险服务。

政府消费 指政府部门为全社会提供公共服务的消费支出和免费或以较低价格向住户提供的货物和服务的净支出。前者等于政府服务的产出价值减去政府单位所获得的经营收入的价值，政府服务的产出价值等于它的经常性业务支出加上固定资产折旧；后者等于政府部门免费或以较低价格向住户提供的货物和服务的市场价值减去向住户收取的价值。

资本形成总额 指常住单位在一定时期内获得减去处置的固定资产和存货的净额，包括固定资本形成总额和存货增加两部分。

固定资本形成总额 指常住单位购置、转入和自产自用的固定资产价值，扣除销售和转出的价值，包括有形固定资产形成总额和无形固定资产形成总额。有形固定资产形成总额包括一定时期内完成的建筑工程、安装工程和设备工器具购置（减处置）价值，商品房销售增值，土地改良形成的固定资产，新增役、种、奶、毛、娱乐用牲畜和新增经济林木价值。无形固定资产形成总额包括矿藏勘探、计算机软件、娱乐和文学艺术品原件等获得减处置的价值。

存货增加 指常住单位存货实物量变动的市场价值，即期末价值减期初价值的差额。存货增加可以是正值，也可以是负值；正值表示存货上升，负值表示存货下降。它包括生产单位购进的原材料、燃料和储备物资等存货，以及生产单位生产的产成品、在制品等存货等。

货物和服务净出口 指货物和服务出口减货物和服务进口的差额。出口包括常住单位向非常住单位出售或无偿转让的各种货物和服务的价值；进口包括常住单位从非常住单位购买或无偿得到的各种货物和服务的价值。由于服务活动的提供与使用同时发生，因此服务的进出口业务并不发生出入境现象，一般把常住单位从国外得到的服务作为进口，非常住单位从本国得到的服务作为出口。货物的出口和进口都按离岸价格计算。

三次产业 三次产业的划分是世界上较为常用的产业结构分类，但各国的划分不尽一致。根据《国民经济行业分类》（GB/T 4754—2017）和《三次产业划分规定》，我国的三次产业划分是：

第一产业 指农、林、牧、渔业（不含农、林、牧、渔专业及辅助性活动）。

第二产业 指采矿业（不含开采专业及辅助性活动），制造业（不含金属制品、机械和设备修理业），电力、热力、燃气及水生产和供应业，建筑业。

第三产业 即服务业，是指除第一产业、第二产业以外的其他行业。

当年价格 指报告期的实际价格，如工业品的出厂价格，农产品的收购价格，商业的零售价格等。按当年价格计算，是指一些以货币表现的物量指标，如工农业总产值、国内生产总值等，按照当年的实际价格来计算总量。使用当年价格计算的数字，是为了使国民经济各项指标互相衔接，便于考察当年社会经济效益，便于对生产流通、生产和分配、生产和消费进行经济核算和综合平衡。

按当年价格计算的价值指标，在不同年份之间进行对比时，因为包含有各年间价格变动的因素，不能确切地反映实物量的增减变动。必须消除价格变动因素后，才能真实反映经济发展动态。因此，在计算增长速度时都使用按可比价格计算的数字。

可比价格 指计算各种总量指标所采用的扣除了价格变动因素的价格，可进行不同时期总量指标的对比。按可比价格计算总量指标有两种方法：一种是直接用产品产量乘某一年的不变价格计算；另一种是用价格指数进行换算。

不变价格 指以同类产品某一时期的平均价格作为固定价格，用于计算各时期的产品价值。按不变价格计算的产品价值消除了价格变动因素，不同时期对比可以反映生产的发展速度。新中国成立后，随着工农业产品价格水平的变化，国家统计局先后八次制定了全国统一的工业产品不变价格和农业产品不变价格。从 1949 年到 1957 年使用 1952 年工（农）业产品不变价格，从 1957 年到 1971 年使用 1957 年不变价格，从 1971 年到 1981 年使用 1970 年不变价格，从 1981 年到 1990 年使用 1980 年不变价格，从 1991 年到 2000 年使用 1990 年不变价格，从 2001 年到 2005 年使用 2000 年不变价格，从 2006 年开始使用 2005 年不变价格，从 2011 年开始使用 2010 年不变价格，从 2016 年开始使用 2015 年不变价格，从 2021 年开始使用 2020 年不变价格。

Explanatory Notes on Main Statistical Indicators

Gross Domestic Product refers to the final products at market prices produced by all residents in a country (or a region) during a certain period of time.

Gross domestic product is expressed in three different forms, i.e. value, income, and products respectively.

GDP in its value form refers to the total value of all goods and services produced by all resident units during a certain period of time, minus the total value of input of goods of non-fixed assets and services; in other term, it is the sum of the value-added of all resident units.

GDP in the form of income includes the income created by all resident units and distributed to resident and non-resident units.

GDP in the form of products refers to the value of all goods and services for final consumption by all resident units minus the net exports of goods and services during a given period of time.

In the practice of national accounting, gross domestic product is calculated with three approaches, i.e. production approach, income approach and expenditure approach, which reflect gross domestic product and its composition from different aspects.

Production Approach focuses on the total value of goods and services produced in production activities. GDP by Production Approach equals the value of total output minus that of input consumed in production process.

GDP by Production Approach = gross output − intermediate input

Gross Output refers to the total value of goods and service produced by all residents in a given period,including newly-produced goods and service, and intermediate input.

Intermediate Input refers to non-fixed assets and paid service consumed during production process when goods and service are produced. Intermediate input is also called intermediate consumption.

Value-added refers to the value of newly-produced goods and service and that of consumed fixed assets. By production approach, it equals gross output minus intermediate input.

Income Approach (also known as distribution approach): refers to the method measuring the final results of production activities o from the perspective of income made by all residents. GDP of income approach includes laborers' remuneration,net taxed on production, depreciation of fixed assets and operating surplus.

GDP by income approach = laborers' remuneration+ net taxed on production+depreciation of fixed assets+operating surplus.

The sum of value added made by different industries is GDP.

Laborers' Remuneration refers to the whole payment of various forms earned by the laborers' from the productive activities they are engaged in. It includes wages, bonuses and allowances the laborers' earned in monetary form and in kind. It also includes the free medical services provided to the laborers' and the medicine expenses, traffic subsidies and social insurance, housing fund paid by the employers.

Net Taxes on Production refers to the difference of the taxes on production minus the subsidies on production.

Taxes on production refers to the various taxes, extra charges and fees levied on the production units on their production, sale and business activities as well as on the use of some factors of production, such as fixed assets, land and labor force in the production activities they are engaged in.

In contrast to the taxes on production, the subsidies on production refer to the unilateral government transfer to the production units and are therefore regarded as negative taxes on production.They include subsidies on the loss due to implementation of government policies, price subsidies, etc.

Depreciation of Fixed Assets refers to the depreciation of fixed assets of a given period, drawn in accordance with the stipulated depreciation rate for the purpose of compensating the wear loss of the fixed assets or the depreciation of fixed assets calculated in a fictitious way in accordance with the stipulated unified depreciation rate in the national economic accounting system. It reflects the value of transfer of the fixed assets in the production of the current period. The depreciation of fixed assets in various enterprises and institutions managed as enterprises refers to the depreciation expenses actually drawn. In government agencies and institutions not managed as enterprises which do not draw the depreciation expenses, as well as for the houses of residents, the depreciation of fixed assets is the imputed depreciation, which is calculated in accordance with the stipulated unified depreciation rate. In principle, the depreciation of fixed assets should be calculated on the basis of the re-purchased value of the fixed assets.

Operating Surplus refers to the balance of the value added created by the resident units deducting the laborers' remuneration, net taxes on production and the depreciation of fixed assets. It is equivalent to the business profit of the enterprises plus subsidies on production, but the wages and welfare expenses paid from the profits should be deducted.

GDP by Expenditure Approach refers to the method of measuring the final results of production activities of a country (region) during a given period from the perspective of final use. It includes final consumption expenditure, total capital formation and net export of goods and services.

Final Consumption Expenditure refers to the total expenditure on goods and services in a given period, which means the total expenditure of resident units for purchases of goods and services from domestic economic territory and abroad to meet the requirements of material, cultural and spiritual life. It excludes the expenditure of non-resident units on consumption in the economic territory of the country. The final consumption expenditure is broken down into household consumption expenditure and government consumption expenditure.

Household consumption refers to the consumption expenditure made by household on goods and services. It is calculated at market price which is the purchasers'price. Purchasers'price means the money the purchasers paid for goods, including transportation fees and operating fees.

In addition to the consumption of goods and services bought by the households directly with money, the households consumption expenditure also includes expenditure on goods and services obtained by the households in other ways, i.e. the so-called imputed consumption expenditure, which includes the following: (a) the goods and services provided to the households by the employer in the form of payment in kind and transfer in kind; (b) goods and services produced and consumed by the households themselves, in which the services refer only to the owner-occupied housing and domestic and individual services provided by the paid household workers; (c) financial intermediate services provided by financial institutions; (d) insurance services provided by insurance companies.

Government Consumption Expenditure refers to the expenditure on the consumption of the public services provided by the government to the whole society and the net expenditure on the goods and services provided by the government to the households free of charge or at low prices. The former equals to the output value of the government services minus the value of operating income obtained by the government departments. The latter equals to the market value of the goods and services provided by the government free of charge or at low prices to the households minus the value received by the government from the households.

Total Capital Formation refers to the fixed assets acquired minus those disposed of and the net value of inventory, including the total fixed capital formation and the increase in inventory.

Total Fixed Capital Formation refers to the value of fixed assets acquired minus those disposed of during a given period. Fixed assets are the assets produced through production activities with specified unit value which could be used for over one year, excluding natural assets. Total fixed capital formation can be categorized into total tangible capital formation and total intangible capital formation. The total tangible capital formation include the value of the construction projects, installation projects completed and the equipment,apparatus and instruments purchased as well as the value of land improved, the value of draught animals, breeding stock, animals for milk, wool and for recreational purpose, and the newly increased forest with economic value during a given period. The total intangible capital formation includes the prospecting of minerals, the acquisition of computer software, artistic works artistic minus the disposal of them.

Increase in Inventory refers to the market value of the change in inventory of resident units during a given period, i.e. the difference of value between the beginning and the end of the period minus the current gains due to the change in prices. The increase in inventory can be positive or negative. A positive value indicates the increase in inventory while a negative value indicates the decrease in stock. The inventory includes the raw materials, fuels and reserve materials purchased by the production units as well as the inventory of finished products, semi-finished products, work-in-progress, etc.

Net Export of Goods and Services refers to the difference of the exports of goods and services minus the imports of goods and services. The imports include the value of various goods and services sold or gratuitously transferred by the resident units to the non-resident units. The imports include the value of various goods and services purchased or gratuitously acquired by the resident units from the non-resident units. Because the provision of services and the use of them happen simultaneously, the acquisition of services by the resident units from abroad is usually treated as import while the acquisition of services by non-resident units in this country is usually treated as export. The export and import of goods are calculated at FOB.

Three Strata of Industry Classification of economic activities into three strata of industries is a common practice in the world, although the grouping varies to some extent from country to country. In China, according to Industrial Classification for National Economic Activities (GB/T 4754—2017) and Rules on Division of Three Strata of Industries, economic activities are categorized into the following three strata of industries:

Primary industry refers to agriculture, forestry, animal husbandry and fishery industries (not including services in support of agriculture, forestry, animal husbandry and fishery industries).

Secondary industry refers to mining and quarrying (not including support activities for mining), manufacturing (not including repair service of metal products, machinery and equipment), production and supply of electricity, heat, gas and water, and construction.

Tertiary industry refers to all other economic activities not included in the primary or secondary industries.

Current Price refers to the actual price during the reporting period, such as Ex-factory Price of Industrial Products, purchasing price of agricultural produces and retail price. Some indicators calculated Sat current price are volume indicators in the value form, such as total value of output of industrial and agricultural industries and GDP, etc. Data calculated at current price are useful when it comes to evaluating the economic development and analyzing different aspects of economy, such as production, circulation,distribution and consumption.

When the different indicators calculated at current price are compared, it is in evitable that price changes will affect the comparison. Therefore, the change in volume cannot be showed. In order to eliminate the effect of price and reflect economic development, growth rate is calculated at current price.

Constant Price refers to the price without the effect of price change. By using constant price, total amount indices of different periods can be compared. There are two methods in which total amount indices are obtained, one using current price of some year to multiply the physical volume of certain products and the other using price index.

Fixed Price refers to the average price of similar products in a given period, with which the product value of different period can be calculated. The product value calculated at fixed price can show the growth rate of production in different period. Since 1949, NBS has framed the united industrial and agricultural fixed price 8 times, including the fixed price of 1952 used from 1949 to 1957, the fixed price of 1957 used from 1957 to 1971, the fixed price of 1970 used from 1971 to 1981, the fixed price of 1980 used from 1981 to 1990, the fixed price of 1990 used from 1991 to 2000, the fixed price of 2000 used from 2001 to 2005， the fixed price of 2005 used from 2006， the fixed price of 2010 used from 2011,the fixed price of 2015 used from 2016, and the fixed price of 2020 used from 2021.

第3篇 人口

Population

简 要 说 明

一、本篇资料的主要内容

本篇资料主要反映了全省人口方面的基本情况，包括全省 16 个市的主要人口统计数据、历年人口数、农村和城镇人口数、人口出生率、死亡率、自然增长率。另外，还对中华人民共和国成立以来开展的 7 次人口普查主要数据进行了比较。

二、本篇资料的来源

本篇资料分别来源于国家开展的人口普查、人口抽样调查和省公安厅的户籍登记资料，由省统计局人口处（社科处）整理提供。

Brief Introduction

I. Main Content

Data in this chapter show the basic condition of population, such as the basic condition of 16 cities, population, rural and urban population, birth rate, death rate and natural growth rate. Furthermore, relevant figures obtained from seven national population censuses have been compared.

II. Source of Data

Data in this chapter are from national population censuses, national sample survey. Some are derived from household registration provided by Shandong Provincial Department of Public Security. The data above are compiled by the Division of Urbanization,Population and Employment Statistics（by the Division of Social,Science and Culture Industry Employment Statistics）of Shandong Provincial Bureau of Statistics.

3-1 主要年份总人口
Population in Major Years

单位:万人 (10 000 persons)

年 份 Year	总人口 Total	按性别分 Grouped by Sexual		按农村、城镇分 Grouped by Rural and Urban		人口密度 (人/平方公里) Density of Population (Person/sq.km)
		男 Male	女 Female	农村人口 Rural Population	城镇人口 Urban Population	
1949	(4549)	(2199)	(2350)	(4289)	(260)	290
1952	(4827)	(2392)	(2435)	(4538)	(289)	308
1955	(5174)	(2587)	(2587)	(4796)	(378)	330
1957	(5373)	(2694)	(2679)	(4936)	(437)	343
1962	(5426)	(2718)	(2708)	(5015)	(411)	346
1965	(5711)	(2866)	(2845)	(5258)	(453)	364
1970	(6441)	(3241)	(3200)	(5966)	(475)	411
1975	(6971)	(3524)	(3447)	(6408)	(563)	445
1976	(7038)	(3561)	(3477)	(6455)	(583)	449
1977	(7099)	(3592)	(3507)	(6507)	(592)	453
1978	(7160)	(3624)	(3536)	(6533)	(627)	457
1979	(7232)	(3660)	(3572)	(6570)	(661)	462
1980	(7296)	(3694)	(3602)	(6605)	(691)	466
1981	(7395)	(3750)	(3645)	(6659)	(736)	472
1982	(7494)	(3806)	(3688)	(6720)	(774)	478
1983	(7564)	(3847)	(3717)	(6753)	(811)	483
1984	(7637)	(3887)	(3750)	(6701)	(936)	487
1985	7711(7695)	(3922)	(3773)	(6676)	(1017)	492
1986	7818(7776)	(3967)	(3810)	(6797)	(979)	499
1987	7958(7889)	(4029)	(3860)	(6844)	(1045)	508
1988	8061(8009)	(4092)	(3917)	(6702)	(1307)	514
1989	8160(8181)	(4181)	(4000)	(6698)	(1483)	521
1990	8493(8424)	(4299)	(4125)	(6846)	(1578)	542
1991	8570(8534)	(4352)	(4182)	(6884)	(1650)	547
1992	8610(8580)	(4373)	(4207)	(6819)	(1761)	549
1993	8642(8620)	(4392)	(4228)	(6724)	(1896)	551
1994	8671(8653)	(4407)	(4246)	(6574)	(2079)	553
1995	8705(8701)	(4429)	(4272)	(6531)	(2170)	556
1996	8738(8747)	(4452)	(4295)	(6484)	(2263)	558
1997	8785(8810)	(4483)	(4327)	(6500)	(2310)	561
1998	8838(8872)	(4513)	(4359)	(6575)	(2296)	564
1999	8883(8922)	(4537)	(4385)	(6600)	(2322)	567
2000	8997(8975)	(4562)	(4413)	(6566)	(2409)	574
2001	9041(9024)	(4584)	(4440)	(6507)	(2517)	577
2002	9082(9069)	(4607)	(4463)	(6435)	(2634)	580
2003	9125(9108)	(4624)	(4484)	(6275)	(2833)	582
2004	9180(9163)	(4652)	(4512)	(6212)	(2951)	586
2005	9248(9212)	(4676)	(4537)	(6066)	(3147)	589
2006	9309(9282)	(4707)	(4575)	(6055)	(3228)	592
2007	9367(9346)	(4739)	(4606)	(5909)	(3436)	596
2008	9417(9392)	(4761)	(4632)	(5860)	(3532)	599
2009	9470(9449)	(4792)	(4658)	(5902)	(3548)	603
2010	9579(9536)	(4839)	(4697)	(5698)	(3839)	610
2011	9665(9591)	(4870)	(4721)	(5646)	(3945)	613
2012	9708(9580)	(4868)	(4712)	(5559)	(4021)	616
2013	9746(9612)	(4883)	(4729)	(5482)	(4130)	619
2014	9808(9747)	(4960)	(4787)	(5462)	(4285)	620
2015	9866(9822)	(4999)	(4823)	(5120)	(4702)	624
2016	9973(9921)	(5049)	(4872)	(5056)	(4865)	630
2017	10033(10009)	(5089)	(4919)	(4984)	(5024)	634
2018	10077(10096)	(5130)	(4966)	(4953)	(5143)	636
2019	10106(10148)	(5153)	(4995)	(5080)	(5068)	637
2020	10165(10172)	(5162)	(5011)	(5047)	(5125)	643
2021	10170(10191)	5162(5169)	5008(5023)	3667	6503	644
2022	10163(10178)	5153(5160)	5010(5019)	3603	6559	643

注:1.1990、2000和2010年为人口普查数,其余年份均为人口抽样调查数,括号内为公安户籍人口数。2006年之前的农村、城镇人口分别为公安户籍统计的农业、非农业人口。

2.根据第七次人口普查结果,对全省2011—2019年年末总人口进行了修订。

3.2020年为根据第七次人口普查数据推算年末人口数。

a) Data of 1990、2000 and 2010 are based on the national population census,and others are based on the sample surveys.Data in the brackets are take from the annual reports of the Public Security Departments.Before 2006,the rural and urban population are changed to the agriculture and non-agricultural population from the Public Security Departments.

b) According to the Seventh National Census, the data of total population from 2011 to 2019 of Shandong have been revised.

c) Data of 2020 are calculated according to the data of the Seventh National Census.

3-2 主要年份人口出生率、死亡率、自然增长率
Birth Rate,Death Rate and Natural Growth Rate of Population in Major Years

年 份 Year	出生率(‰) Birth Rate (‰)	死亡率(‰) Death Rate (‰)	自然增长率(‰) Natural Growth Rate (‰)	出生人口数(万人) Population of Birth (10 000 persons)	死亡人口数(万人) Population of Death (10 000 persons)	自然增长人数(万人) Population of Natural Growth (10 000 persons)
1949	(28.10)	(12.20)	(15.90)			
1952	(31.50)	(12.20)	(19.30)			
1955	(37.30)	(13.70)	(23.60)	(191)	(70)	(121)
1957	(35.80)	(12.10)	(23.70)	(190)	(64)	(126)
1962	(38.10)	(12.40)	(25.70)	(204)	(66)	(138)
1965	(35.50)	(10.20)	(25.30)	(201)	(58)	(143)
1970	(33.89)	(7.34)	(26.55)	(215)	(47)	(168)
1975	(21.56)	(7.53)	(14.03)	(149)	(52)	(97)
1976	(18.46)	(7.63)	(10.83)	(129)	(53)	(76)
1977	(16.96)	(7.24)	(9.72)	(120)	(51)	(69)
1978	(16.80)	(6.50)	(10.30)	(119)	(46)	(73)
1979	(16.94)	(6.15)	(10.79)	(122)	(44)	(78)
1980	(13.91)	(6.40)	(7.51)	(101)	(47)	(54)
1981	(16.48)	(6.41)	(10.07)	(121)	(47)	(74)
1982	(17.05)	(6.10)	(10.95)	(127)	(45)	(82)
1983	15.10(12.76)	6.73(5.87)	8.37(6.89)	114(96)	51(44)	63(52)
1984	13.80(12.99)	5.80(6.03)	8.00(6.96)	104(99)	44(46)	60(53)
1985	15.12(11.75)	6.64(5.90)	8.48(5.85)	116(90)	51(45)	65(45)
1986	19.90(14.71)	7.28(5.86)	12.62(8.85)	156(114)	57(46)	99(68)
1987	23.35(17.43)	7.07(5.64)	16.28(11.79)	184(137)	56(44)	128(93)
1988	17.54(17.95)	6.04(5.95)	11.50(12.00)	140(143)	48(47)	92(96)
1989	16.88(18.87)	5.70(5.51)	11.18(13.36)	137(153)	46(45)	91(108)
1990	18.21(26.10)	6.96(6.02)	11.25(20.08)	152(217)	58(50)	94(167)
1991	15.40(16.39)	6.54(5.73)	8.86(10.66)	131(139)	56(49)	75(90)
1992	11.43(10.95)	6.88(6.02)	4.55(4.93)	98(94)	59(52)	39(42)
1993	10.49(9.47)	6.76(5.84)	3.73(3.63)	90(81)	58(50)	32(31)
1994	9.69(9.31)	6.67(5.99)	3.02(3.32)	84(80)	58(52)	26(28)
1995	9.82(9.66)	6.47(5.83)	3.35(3.83)	85(84)	56(51)	29(33)
1996	10.60(10.33)	6.76(6.04)	3.84(4.29)	92(90)	59(53)	33(37)
1997	11.28(10.84)	6.65(5.90)	4.63(4.94)	99(95)	58(52)	41(43)
1998	11.58(11.52)	6.12(5.95)	5.46(5.57)	102(102)	54(53)	48(49)
1999	11.08(10.23)	6.27(5.72)	4.81(4.51)	98(91)	55(51)	43(40)
2000	10.75(11.38)	6.29(6.70)	4.46(4.68)	97(102)	56(60)	40(42)
2001	11.12(9.93)	6.24(5.46)	4.88(4.47)	100(89)	56(49)	44(40)
2002	11.17(10.20)	6.62(5.86)	4.55(4.34)	101(92)	60(53)	41(39)
2003	11.42(9.31)	6.64(6.07)	4.78(3.24)	104(85)	61(55)	43(30)
2004	12.50(10.59)	6.49(5.60)	6.01(4.99)	114(97)	59(51)	55(46)
2005	12.14(10.17)	6.31(5.85)	5.83(4.32)	112(94)	58(54)	54(40)
2006	11.60(9.59)	6.10(5.62)	5.50(3.97)	108(89)	57(52)	51(37)
2007	11.11(10.05)	6.11(6.47)	5.00(3.58)	104(94)	57(60)	47(33)
2008	11.25(10.13)	6.16(6.81)	5.09(3.32)	106((95)	58(64)	48(31)
2009	11.70(10.96)	6.08(6.11)	5.62(4.86)	110(103)	57(58)	53(46)
2010	11.65(15.82)	6.26(8.58)	5.39(7.24)	111(150)	60(81)	51(69)
2011	11.50(11.97)	6.10(7.07)	5.40(4.90)	110(114)	59(68)	51(47)
2012	11.90(11.74)	6.95(8.33)	4.95(3.40)	115(113)	67(80)	48(33)
2013	11.41(12.19)	6.40(6.23)	5.01(5.95)	111(117)	59(60)	52(57)
2014	14.23(22.74)	6.84(6.39)	7.39(16.35)	139(220)	67(62)	72(158)
2015	12.55(14.59)	6.67(6.16)	5.88(8.43)	124(143)	66(60)	58(83)
2016	17.89(15.56)	7.05(5.41)	10.84(10.15)	177(154)	70(53)	107(101)
2017	17.54(20.59)	7.40(11.88)	10.14(8.71)	175(205)	74(118)	101(87)
2018	13.26(14.93)	7.18(6.46)	6.08(8.47)	133(150)	72(65)	61(85)
2019	11.77(12.13)	7.50(6.46)	4.27(5.67)	118(123)	75(65)	43(58)
2020	8.56(9.87)	7.25(7.12)	1.31(2.75)	87(100)	74(72)	13(28)
2021	7.38	7.36	0.02	75.04	74.83	0.20
2022	6.71	7.64	-0.93	68.22	77.67	-9.45

注:1990、2000年为普查数,2010年、2020年为人口普查推算数据,其余年份均为人口抽样调查数,括号内为当年前往公安机关申报登记数。

a)Data of 1990 and 2000 are based on the national population census,data of 2010 and 2020 are calculated according to the national population census, others are based on the sample surveys. Data in the brackets are registration data of the public security department.

3-3 人口年龄结构、抚养比和性别比
Age Composition and Dependency Ratio of Population

单位：% (%)

年份 Year	总人口性别比(以女性为100) Sexual Ratio of Total Population (female=100)	各年龄段所占比重 The Proportion of Total Population By Age 0-14岁 Aged 0-14	15-64岁 Aged 15-64	65岁及以上 Aged 65 and Over	总抚养比 Gross Dependency Ratio	少儿抚养比 Children Dependency Ratio	老年抚养比 Old Dependency Ratio
1982	102.9	31.0	63.4	5.6	57.7	48.9	8.8
1990	103.5	26.6	67.2	6.2	48.8	39.6	9.2
1995	103.7	24.6	68.0	7.4	47.1	36.2	10.9
2000	102.5	20.8	71.1	8.1	40.6	29.3	11.4
2001	102.7	20.4	71.4	8.2	40.1	28.6	11.5
2002	102.4	18.8	72.7	8.5	37.6	25.9	11.7
2003	100.4	18.4	72.6	9.1	37.8	25.3	12.5
2004	100.7	17.1	73.7	9.2	35.8	23.2	12.5
2005	102.0	15.9	74.1	9.9	34.9	21.5	13.4
2006	100.8	15.3	74.7	10.0	33.9	20.5	13.4
2007	101.4	15.0	74.8	10.2	33.7	20.1	13.6
2008	100.2	15.6	74.1	10.3	34.9	21.0	13.8
2009	102.3	15.7	73.9	10.4	35.4	21.2	14.1
2010	102.3	15.7	74.4	9.9	34.4	21.1	13.3
2011	102.0	15.7	74.3	10.0	34.6	21.1	13.5
2012	101.4	16.1	73.5	10.4	36.0	21.8	14.2
2013	101.2	16.1	72.9	11.0	37.1	22.1	15.0
2014	101.1	16.4	72.0	11.6	38.9	22.8	16.1
2015	102.1	16.6	71.2	12.2	40.4	23.3	17.1
2016	102.8	16.4	70.4	13.2	42.0	23.3	18.8
2017	102.7	17.2	68.8	14.0	45.3	25.0	20.3
2018	100.8	18.1	66.9	15.0	49.5	27.0	22.5
2019	99.2	18.0	66.2	15.8	51.1	27.2	23.9
2020	102.7	18.8	66.1	15.1	51.3	28.4	22.9
2021	103.1	18.4	65.7	15.9	52.3	28.1	24.2
2022	102.9	17.9	65.4	16.7	52.9	27.4	25.5

注：1982、1990、2000、2010和2020年数据为人口普查数据；2001—2004年为抽样调查样本数据；其他年份为抽样调查估算数据。

a)Data of 1982、1990、2000、2010 and 2020 are taken from the national population census.Data of 2001-2004 are taken from Population Sample Survey. Others are estimated on population sample survey.

3-4 各市人口数和总户数(2022年)
Population and Households by Region (2022)

地区	Region	年末总人口(万人) Total year-end Population (10 000 persons)	按性别分(万人) Grouped by Sexual (10 000 persons) 男 Male	女 Female	按农村、城镇分(万人) Grouped by Rural and Urban (10 000persons) 农村人口 Rural Population	城镇人口 Urban Population	平均家庭户规模(人/户) Average Family Size(person/household)
全省总计	**Total**	**10162.79(10178.27)**	**(5159.69)**	**(5018.58)**	**3603.31**	**6559.48**	**2.70**
济南市	Jinan	941.47(822.53)	(406.38)	(416.15)	241.69	699.78	2.88
青岛市	Qingdao	1034.21(853.99)	(419.90)	(434.09)	234.56	799.65	2.52
淄博市	Zibo	470.59(432.17)	(214.18)	(217.99)	118.22	352.37	2.56
枣庄市	Zaozhuang	382.97(423.47)	(221.31)	(202.16)	150.47	232.50	2.86
东营市	Dongying	220.90(198.41)	(98.39)	(100.02)	62.27	158.63	2.66
烟台市	Yantai	705.87(646.76)	(320.39)	(326.37)	224.25	481.62	2.35
潍坊市	Weifang	941.77(920.11)	(463.33)	(456.78)	323.40	618.37	2.74
济宁市	Jining	829.06(891.19)	(459.49)	(431.70)	315.21	513.85	2.81
泰安市	Tai'an	540.10(566.37)	(285.64)	(280.73)	186.60	353.50	2.63
威海市	Weihai	291.78(256.08)	(126.28)	(129.80)	82.40	209.38	2.32
日照市	Rizhao	296.83(308.89)	(156.97)	(151.92)	111.16	185.67	2.57
临沂市	Linyi	1099.31(1200.27)	(620.43)	(579.84)	473.47	625.84	2.72
德州市	Dezhou	557.49(593.64)	(300.91)	(292.73)	249.42	308.07	2.77
聊城市	Liaocheng	590.26(644.33)	(331.29)	(313.04)	266.56	323.70	2.80
滨州市	Binzhou	391.86(395.88)	(199.71)	(196.17)	153.18	238.68	2.76
菏泽市	Heze	868.32(1024.18)	(535.09)	(489.09)	410.45	457.87	2.80

注：年末总人口根据人口抽样调查数据推算，括号内为公安户籍统计数字。

a) Data on total year-end population are estimated on the basis of the annual national sample survey of population.Data in the brackets are taken from the annual reports of public security departments.

3-5 七次人口普查主要数据
Major Data of All Previous Provincial Population Census

指标	Item	第一次人口普查 The First (1953.7.1)	第二次人口普查 The Second (1964.7.1)	第三次人口普查 The Third (1982.7.1)	第四次人口普查 The Fourth (1990.7.1)
一、总人口 (万人)	**Total (10 000 persons)**	**4887.65**	**5549.62**	**7441.91**	**8439.21**
按性别分	By Sexual				
男	Male	2431.14	2790.45	3773.74	4291.32
女	Female	2456.52	2759.17	3668.16	4147.89
二、总户数 (万户)	**Total Households (10 000 units)**	**1109.77**	**1277.08**	**1739.04**	**2197.56**
家庭户 (万户)	Households (10 000 units)			1733.55	2187.44
平均家庭户规模(人)	Average Household Size (person)			4.20	3.75
三、民族	**Nationalities**				
民族个数 (个)	The number of Nationalities (unit)	17	32	39	54
汉族人口 (万人)	Total Population of Han Nationality (10 000 persons)	4862.40	5520.04	7401.14	8388.62
少数民族人口(万人)	Total Population of Minority Nationalities (10 000 persons)	25.24	29.55	40.74	50.59
四、市镇人口 (万人)	**Population of City and Town (10 000 persons)**	**357.92**	**717.57**	**1419.05**	**2307.67**
五、平均预期寿命(岁)	**Life Expectancy (year old)**			**69.2**	**70.6**
六、各种文化程度人口	**Population by Education**				
大学 (万人)	University and Above (10 000 persons)			26.32	82.29
高中 (万人)	Senior Middle Schools (10 000 persons)			438.72	603.36
初中 (万人)	Junior Middle Schools (10 000 persons)			1316.97	2125.47
小学 (万人)	Primary Schools (10 000 persons)			2510.81	3061.20
文盲半文盲 (万人)	Illiterate or Semiliterate (10 000 persons)			2045.72	1425.61
七、6岁及以上人口平均受教育年限 (年)	**Years of education of Population Aged 6 and Over (year)**			**4.9**	**6.2**
八、就业人口 (万人)	**Economically Active Population(10 000 persons)**			**4009.79**	**5077.21**

3-5 续表 continued

指标	Item	第五次人口普查 The Fifth (2000.11.1)	第六次人口普查 The Sixth (2010.11.1)	第七次人口普查 The Seventh (2020.11.1)
一、总人口 (万人)	**Total (10 000 persons)**	**8997.18**	**9579.27**	**10152.75**
按性别分	By Sexual			
男	Male	4554.21	4844.69	5143.29
女	Female	4442.97	4734.58	5009.45
二、总户数 (万户)	**Total Households (10 000 units)**	**2732.04**	**3079.47**	**3704.55**
家庭户 (万户)	Households (10 000 units)	2670.93	3010.55	3518.42
平均家庭户规模(人)	Average Household Size (person)	3.22	2.98	2.70
三、民族	**Nationalities**			
民族个数 (个)	The number of Nationalities (unit)	56	56	56
汉族人口 (万人)	Total Population of Han Nationality (10 000 persons)	8933.90	9506.68	10062.25
少数民族人口(万人)	Total Population of Minority Nationalities (10 000 persons)	63.27	72.59	90.50
四、市镇人口 (万人)	**Population of City and Town (10 000 persons)**	**3432.59**	**4762.07**	**6401.43**
五、平均预期寿命(岁)	**Life Expectancy (year old)**	**73.92**	**76.46**	**79.18**
六、各种文化程度人口	**Population by Education**			
大学 (万人)	University and Above (10 000 persons)	300.08	832.87	1460.35
高中 (万人)	Senior Middle Schools (10 000 persons)	994.64	1332.26	1455.28
初中 (万人)	Junior Middle Schools (10 000 persons)	3297.35	3846.80	3632.42
小学 (万人)	Primary Schools (10 000 persons)	2946.97	2391.22	2405.46
文盲半文盲 (万人)	Illiterate or Semiliterate (10 000 persons)	765.43	475.73	330.83
七、6岁及以上人口平均受教育年限 (年)	**Years of education of Population Aged 6 and Over (year)**	**7.5**	**8.8**	**9.4**
八、就业人口 (万人)	**Economically Active Population(10 000 persons)**	**5477.41**	**5902.34**	**5510.00**

主要统计指标解释

人口数 指一定时点、一定地区范围内有生命的个人总和。

城镇人口和乡村人口 普查的城镇人口是指居住在城镇范围内的全部常住人口；乡村人口是除上述人口以外的全部人口。公安机关登记的城镇人口是指户口登记在城镇的人口，其统计口径是以居民常住户口所在地的城乡性质划分的。

出生率(又称粗出生率) 指在一定时期内(通常为一年)一定地区的出生人数与同期内平均人数(或期中人数)之比，用千分率表示。本资料中的出生率指年出生率，其计算公式为：

$$出生率=\frac{年出生人数}{年平均人数}\times 1000‰$$

式中：出生人数指活产婴儿，即胎儿脱离母体时(不管怀孕月数)，有过呼吸或其他生命现象。年平均人数指年初、年底人口数的平均数，也可用年中人口数代替。

死亡率(又称粗死亡率) 指在一定时期内(通常为一年)一定地区的死亡人数与同期内平均人数(或期中人数)之比，用千分率表示。本资料中的死亡率指年死亡率，其计算公式为：

$$死亡率=\frac{年死亡人数}{年平均人数}\times 1000‰$$

人口自然增长率 指在一定时期内(通常为一年)人口自然增加数(出生人数减死亡人数)与该时期内平均人数(或期中人数)之比，用千分率表示。计算公式为：

$$人口自然增长率=\frac{本年出生人数-本年死亡人数}{年平均人数}\times 1000‰$$

$$=人口出生率-人口死亡率$$

总抚养比 也称总负担系数。是指人口总体中非劳动年龄人口数与劳动年龄人口数之比。通常用百分比表示。说明每 100 名劳动年龄人口要负担多少名非劳动年龄人口。用于从人口角度反映人口与经济发展的基本关系。

计算公式为：

$$GDR=\frac{P_{0\sim14}+P_{65+}}{P_{15\sim64}}\times 100\%$$

其中：GDR 为总抚养比；

$P_{0\sim14}$ 为0~14岁少年儿童人口数；

P_{65+} 为65 岁及以上的老年人口数；

$P_{15\sim64}$ 为15~64 岁劳动年龄人口数。

老年人口抚养比 也称老年人口抚养系数。是指某人口总体中老年人口数与劳动年龄人口数之比。通常用百分比表示。用以表明每100名劳动年龄人口要负担多少名老年人。老年人口抚养比是从经济角度反映人口老化社会后果的指标之一。

计算公式为：

$$ODR=\frac{P_{65+}}{P_{15\sim64}}\times 100\%$$

其中：ODR 为老年人口抚养比；

P_{65+} 为65岁及以上的老年人口数；

$P_{15\sim64}$ 为15~64岁的劳动年龄人口数。

少年儿童抚养比 也称少年儿童抚养系数。是指某人口总体中少年儿童人口与劳动年龄人口数之比。通常用百分比表示。用以反映每100名劳动年龄人口要负担多少名少年儿童。

计算公式为：

$$CDR=\frac{P_{0\sim14}}{P_{15\sim64}}\times 100\%$$

其中：CDR 为少年儿童抚养比；

$P_{0\sim14}$ 为0~14岁少年儿童人口数；

$P_{15\sim64}$ 为15~64岁劳动年龄人口数。

Explanatory Notes on Main Statistical Indicators

Total Population refers to the total number of people alive at a certain point of time within a given area.

Urban Population and Rural Population Urban population refer to all people residing in cities and towns, while rural population refer to population other than urban population. Urban population data of public security department only include persons whose household registration in urban.

Birth Rate (or Crude Birth Rate) refers to the ratio of the number of births to the average population (or mid period population) during a certain period of time (usually a year), expressed in ‰. Birth rate in the chapter refers to annual birth rate. The following formula is used:

$$\text{Birth Rate} = \frac{\text{Number of Births}}{\text{Annual Average Population}} \times 1000‰$$

Number of births in the formula refers to live births, i.e. when a baby has breathed or showed any vital phenomena regardless of the length of pregnancy.

Annual average number of population is the average of the number of population at the beginning of the year and that at the end of the year. Sometimes it is substituted by the mid year population.

Death Rate (or Crude Death Rate) refers to the ratio of the number of deaths to the average population (or mid period population) during a certain period of time (usually a year), expressed in ‰. Death rate in the chapter refers to annual death rate. The following formula is used:

$$\text{Death Rate} = \frac{\text{Number of Deaths}}{\text{Annual Average Population}} \times 1000‰$$

Natural Growth Rate of Population refers to the ratio of natural increase in population (number of births minus number of deaths) in a certain period of time (usually a year) to the average population (or mid period population) of the same period, expressed in ‰. The following formula is applied:

$$\text{Natural Growth Rate of Population} = \frac{\text{Number of Births} - \text{Number of Deaths}}{\text{Annual Average Population}} \times 1000‰$$

Natural Growth Rate of Population = Birth Rate − Death

Gross Dependency Ratio also called gross dependency coefficient, refers to the ratio of non-working-age population to the working-age population ,express in %. Describing in general the number of non-working-age population that every 100 people at working ages will take care of, this indicator reflects the basic relation between population and economic development from the demographic perspective. The gross dependency ratio is calculated with the following formula:

$$GDR = \frac{P_{0\sim14} + P_{65+}}{P_{15\sim64}} \times 100\%$$

Where: GDR is the gross dependency ratio,

$P_{0\sim14}$ is the population of children aged 0-14;

P_{65+} is the elderly population aged 65 and over ;

$P_{15\sim64}$ is the working –age population aged 15-64.

Old Dependency Ratio also called old dependency coefficient,refers to the ratio of the elderly population to the working-age population, express in %.It describes the number of the elderly population that every 100 people at working ages will take care of. Old dependency ratio is one of the indicators reflecting the social implication of population aging from the economic perspective. The old dependency ratio is calculated with the following formula:

$$ODR = \frac{P_{65+}}{P_{15\sim64}} \times 100\%$$

Where: ODR is the old dependency ratio,

P_{65+} is the elderly population aged 65 and over;

$P_{15\sim64}$ is the working –age population aged 15-64.

Children Dependency Ratio also called children dependency coefficient, refers to the ratio of the children population to the working-age population ,express in %.It describes the number of children population that every 100 people at working ages will take care of. The children dependency ratio is calculated with the following formula:

$$CDR = \frac{P_{0\sim14}}{P_{15\sim64}} \times 100\%$$

Where:CDR is the children dependency ratio;

$P_{0\sim14}$ is the children population aged 0-14;

$P_{15\sim64}$ is the working-age population aged 15-64.

第
4
篇

就业、工资和社会保障

Employment, Wages and Social Security

简 要 说 明

一、本篇资料的主要内容

本篇资料反映全省劳动经济方面的基本情况，包括就业人员及职工人数，城镇登记失业人数，就业人员工资总额，平均工资等。

二、本篇资料的来源

1.就业基本情况及分组资料、工资总额、平均工资等资料取自《劳动工资统计报表制度》。

2.城镇登记失业人员及失业率、社会保障等资料由省人力资源社会保障厅、省医疗保障局根据其相关统计制度整理提供。

3.本篇资料由省统计局人口处（社科处）整理提供。

Brief Introduction

I. Main Content

Data in this chapter show the basic conditions of Shandong's labor economy, including number of employed persons, number of registered unemployed persons in urban areas, total wage bills and average wages of employed persons, etc.

II. Source of Data

(1) Data on basic conditions of employment,data by groups, total wage bills and average wages of employed persons are collected and compiled through The Reporting Form System on Labour Wage Statistics.

(2) Data on registered unemployed persons in urban areas and unemployment rate and social securities are provided by Shandong Provincial Department of Human Resource and Social Security,Medical Insurance Bureau.

(3) Data in this chapter are prepared and compiled by the Division of Urbanization,Population and Employment Statistics （by the Division of Social,Science and Culture Industry Employment Statistics） of Shandong Provincial Bureau of Statistics.

4-1 就业基本情况
Employment

类别	Category	2018	2019	2020	2021	2022
就业人员合计 （万人）	**Total Number of Employed Persons (10 000 persons)**	**5621**	**5561**	**5510**	**5475**	**5338**
第一产业	Primary Industry	1534.5	1445.9	1372.0	1316.0	1284.0
第二产业	Secondary Industry	1877.4	1851.8	1840.3	1850.0	1804.0
第三产业	Tertiary Industry	2209.1	2263.3	2297.7	2309.0	2250.0
就业人员构成 （合计=100）	**Composition of Employed Persons (total=100)**					
第一产业	Primary Industry	27.3	26.0	24.9	24.0	24.1
第二产业	Secondary Industry	33.4	33.3	33.4	33.8	33.8
第三产业	Tertiary Industry	39.3	40.7	41.7	42.2	42.2
按城乡分就业人员	**Number of Employed Persons by Urban and Rural Areas**					
城镇就业人员 （万人）	Urban Employed Persons (10 000 persons)	3282.7	3303.2	3344.6	3386.0	3297.0
#国有单位	State-owned Units	359.9	345.4	372.8	381.4	379.4
城镇集体单位	Urban Collective-owned Units	29.0	18.7	18.6	17.9	14.8
股份合作单位	Cooperative Units	4.6	1.8	2.5	1.9	1.9
联营单位	Joint Ownership Units	0.5	0.5	0.8	0.9	1.2
有限责任公司	Limited Liability Corporations	461.6	424.2	420.9	426.0	415.6
股份有限公司	Share-holding Corporations Ltd.	148.1	147.3	153.6	149.9	141.0
港澳台投资单位	Units with Funds from Hong Kong,Macao & Taiwan	33.4	31.9	33.4	39.7	41.9
外商投资单位	Foreign Funded Units	77.5	76.2	73.9	67.2	63.6
乡村就业人员 （万人）	Rural Employed Persons (10 000 persons)	2338.3	2257.8	2165.4	2089.0	2041.0
城镇非私营单位在岗职工人数（万人）	**Number of Staff and Workers on the job of Urban Non private units (10 000 persons)**	**1065.4**	**1000.1**	**1027.8**	**1039.1**	**1022.7**
国有单位	State-owned Units	345.4	330.6	360.8	367.3	368.2
城镇集体单位	Urban Collective-owned Units	26.7	17.5	17.6	17.2	14.2
其他单位	Units of Other Types of Ownership	693.2	652.0	649.4	654.6	640.4
城镇非私营单位女性就业人员（万人）	**Urban Employed Female Persons of Urban Non private units (10 000 persons)**	**410.6**	**406.7**	**426.8**	**435.3**	**425.4**
城镇累计新增就业人数 （万人）	**Number of Newly Employed Persons in Urban Areas (10 000 persons)**	**136.8**	**138.3**	**122.7**	**124.2**	**120.2**
就业转失业人员再就业 （万人）	**Number of reemployed Persons (10 000 persons)**	**54.5**	**51.7**	**48.0**	**45.1**	**53.9**
#困难群体再就业	Reemployed Persons in Difficult Groups	10.1	11.6	7.5	8.9	10.3
城镇登记失业人数 （万人）	**Number of Registered Unemployed Persons in Urban Areas (10 000 persons)**	**46.5**	**44.2**	**46.7**	**42.3**	**20.4**
城镇登记失业率 （%）	**Registered Unemployment Rate in Urban Areas (%)**	**3.4**	**3.3**	**3.1**	**2.9**	

注：1.2000—2019年就业人员相关数据根据第七次全国人口普查修订(以下相关表同)。
2.2022年起，城镇登记失业率指标已取消(以下相关表同)。

a)According to the Seventh National Census, the data of Employed Persons from 2000 to 2019 of Shandong have been revised(the same as in the following tables).

b)The index of Registered Urban Unemployment Rate has been abolished since 2022 (The same applies to tables following).

4-2 按三次产业分的年底就业人员数

Number of Employed Persons at the Year-end by Three Industries

年 份 Year	就业人员 (万人) Total Employed Persons (10 000 Persons)				构成(合计=100) Composition in Percentage(Total=100)		
		第一产业 Primary Industry	第二产业 Secondary Industry	第三产业 Tertiary Industry	第一产业 Primary Industry	第二产业 Secondary Industry	第三产业 Tertiary Industry
1949	1859.3						
1952	1897.2						
1955	1959.7						
1957	2150.4						
1962	1981.2						
1965	2146.0						
1970	2606.0						
1975	2925.0						
1978	2969.8	2350.9	366.6	252.3	79.2	12.3	8.5
1980	3117.5	2458.1	382.5	276.9	78.9	12.3	8.9
1981	3192.4	2508.2	389.0	295.2	78.6	12.2	9.3
1982	3270.0	2520.8	442.2	307.0	77.1	13.5	9.4
1983	3795.1	2950.8	465.8	378.5	77.8	12.3	10.0
1984	3563.7	2509.1	528.8	525.8	70.4	14.8	14.8
1985	3561.1	2438.6	705.3	417.2	68.5	19.8	11.7
1986	3651.2	2431.1	776.0	444.1	66.6	21.3	12.2
1987	3765.7	2422.6	848.2	494.9	64.3	22.5	13.1
1988	3887.1	2474.5	905.1	507.5	63.7	23.3	13.1
1989	3940.3	2527.6	902.6	510.1	64.2	22.9	13.0
1990	4043.2	2585.7	922.5	535.0	64.0	22.8	13.2
1991	4219.3	2708.0	958.7	552.6	64.2	22.7	13.1
1992	4302.6	2705.1	1000.8	596.7	62.9	23.3	13.9
1993	4379.3	2689.9	1070.4	619.0	61.4	24.4	14.1
1994	4382.1	2541.6	1098.0	742.5	58.0	25.1	16.9
1995	5207.4	2832.3	1305.5	1069.6	54.4	25.1	20.5
1996	5227.4	2788.0	1286.1	1153.3	53.3	24.6	22.1
1997	5256.0	2812.5	1311.9	1131.6	53.5	25.0	21.5
1998	5287.6	2837.3	1245.8	1204.5	53.7	23.6	22.8
1999	5314.7	2811.7	1245.7	1257.3	52.9	23.4	23.7
2000	5386.7	2806.5	1292.8	1287.4	52.1	24.0	23.9
2001	5430.9	2791.5	1336.0	1303.4	51.4	24.6	24.0
2002	5510.2	2755.1	1394.1	1361.0	50.0	25.3	24.7
2003	5541.0	2687.4	1446.2	1407.4	48.5	26.1	25.4
2004	5622.4	2642.5	1529.3	1450.6	47.0	27.2	25.8
2005	5689.2	2582.9	1587.3	1519.0	45.4	27.9	26.7
2006	5756.3	2527.0	1640.5	1588.7	43.9	28.5	27.6
2007	5803.6	2460.7	1688.9	1654.0	42.4	29.1	28.5
2008	5815.1	2378.4	1732.9	1703.8	40.9	29.8	29.3
2009	5844.7	2302.8	1782.6	1759.3	39.4	30.5	30.1
2010	5940.0	2257.2	1853.3	1829.5	38.0	31.2	30.8
2011	5915.0	2164.9	1881.0	1869.1	36.6	31.8	31.6
2012	5892.0	2068.1	1914.9	1909.0	35.1	32.5	32.4
2013	5840.0	1973.9	1915.5	1950.6	33.8	32.8	33.4
2014	5798.0	1878.6	1919.1	2000.3	32.4	33.1	34.5
2015	5773.0	1795.4	1922.4	2055.2	31.1	33.3	35.6
2016	5728.0	1706.9	1907.4	2113.6	29.8	33.3	36.9
2017	5693.0	1622.5	1907.2	2163.3	28.5	33.5	38.0
2018	5621.0	1534.5	1877.4	2209.1	27.3	33.4	39.3
2019	5561.0	1445.9	1851.8	2263.3	26.0	33.3	40.7
2020	5510.0	1372.0	1840.3	2297.7	24.9	33.4	41.7
2021	5475.0	1316.0	1850.0	2309.0	24.0	33.8	42.2
2022	5338.0	1284.0	1804.0	2250.0	24.1	33.8	42.2

4-3 按登记注册类型和行业分城镇非私营单位就业人员数(2022年底)

Number of Employed Persons in Urban Non-private units at the Year-end by Status of Registration and Sector(2022)

单位:万人 (10 000 persons)

类别	Category	总计 Total	在岗职工 Staff and Workers	国有单位 State -owned Units	城镇集体单位 Urban Collective -owned Units
总计	**Total**	**1081.5**	**1022.7**	**379.4**	**14.8**
按企、事业和机关分	**Grouped by Enterprises,institutions and Agencies**				
企业	Enterprises	743.0	694.2	60.8	9.1
政府	Government	324.8	315.3	316.9	4.8
民间非营利组织	Civil Nonprofit Organization	13.5	13.1	1.6	0.9
其他	Others	0.1	0.1		
按国民经济行业分	**Grouped by Sector**				
农、林、牧、渔业	Agriculture,Forestry,Animal Husbandry and Fishing	1.1	1.1	0.3	0.1
采矿业	Mining	25.1	24.3	1.2	
制造业	Manufacturing	273.6	270.7	4.7	0.9
电力、热力、燃气及水的生产和供应业	Production and Supply of Electric, Heat, Gas and Water	27.9	27.6	12.5	0.1
建筑业	Construction	128.8	115.6	7.9	5.2
批发和零售业	Wholesale and Retail Trade	43.4	42.7	1.8	0.5
交通运输、仓储和邮政业	Traffic,Transport,Storage and Post	45.3	44.5	6.7	0.1
住宿和餐饮业	Hotels and Catering Services	11.9	11.4	2.0	0.1
信息传输、软件和信息技术服务业	Information Transfer, Software and Information Technology Services	19.7	19.6	1.6	
金融业	Financial Intermediation	57.7	33.8	6.2	
房地产业	Real Estate	28.7	27.7	1.7	0.5
租赁和商务服务业	Leasing and Business Services	25.8	24.3	4.7	0.3
科学研究和技术服务业	Scientific Research and Technical Service	23.1	22.5	7.1	0.3
水利、环境和公共设施管理业	Management of Water Conservancy,Environment and Public Facilities	15.7	13.4	5.0	0.1
居民服务、修理和其他服务业	Households Services, Repair and Other Services	3.5	3.2	0.8	0.1
教育	Education	129.2	126.6	108.8	3.8
卫生和社会工作	Health and Social Work	77.3	74.5	66.3	2.2
文化、体育和娱乐业	Culture,Sports and Entertainment	7.9	7.6	5.0	0.1
公共管理、社会保障和社会组织	Public management,Social Security and Social Organization	135.9	131.4	135.2	0.3
国际组织	International Organization				

4-4 各市年底就业人员数(2022年底)
Number of Employed Persons at the Year-end by Region(2022)

单位:万人 (10 000 persons)

地 区	Region	总 计 Total	城镇非私营单位 Urban Non-private Units	农、林、牧、渔业 Agriculture, Forestry, Animal Husbandry and Fishing	采矿业 Mining	制造业 Manufacturing	电力、热力、燃气及水的生产和供应业 Production and Supply of Electric Heat, Gas and Water	建筑业 Construction	批发和零售业 Wholesale and Retail Trade
全省合计	**Total**	**5338.0**	**1081.5**	**1.1**	**25.1**	**273.6**	**27.9**	**128.8**	**43.4**
济南市	Jinan	469.0	154.3	0.1	1.2	26.1	1.8	27.2	9.0
青岛市	Qingdao	528.0	144.4	0.1		44.1	2.1	11.9	8.6
淄博市	Zibo	221.8	67.8		0.3	15.9	1.1	19.1	1.7
枣庄市	Zaozhuang	192.8	32.2		2.1	5.6	0.5	4.5	0.7
东营市	Dongying	120.9	36.7	0.1	8.1	8.2	0.5	2.8	1.3
烟台市	Yantai	413.7	84.1	0.1	1.4	32.0	1.7	6.2	3.5
潍坊市	Weifang	515.3	93.5	0.1	0.1	34.3	1.3	6.0	3.7
济宁市	Jining	409.7	73.4		8.1	13.0	1.3	6.0	2.4
泰安市	Tai'an	290.4	56.0		2.3	10.0	0.9	19.2	1.6
威海市	Weihai	164.4	47.3	0.2		20.9	1.0	2.3	2.2
日照市	Rizhao	159.2	30.4	0.1		9.1	0.5	2.8	1.4
临沂市	Linyi	590.9	71.9	0.1	0.2	15.2	1.0	8.5	3.3
德州市	Dezhou	312.9	42.0		0.1	11.0	0.8	2.7	1.2
聊城市	Liaocheng	278.7	39.5	0.2		7.4	0.6	3.1	0.8
滨州市	Binzhou	207.0	42.3		0.1	15.6	1.9	2.3	1.1
菏泽市	Heze	463.2	46.7		1.0	4.9	0.5	4.2	0.8

4-4 续表 1 continued

单位:万人 (10 000 persons)

地区	Region	交通运输、仓储和邮政业 Traffic, Transport, Storage and Post	住宿和餐饮业 Hotels and Catering Services	信息传输、软件和信息技术服务业 Information Transfer, Software and Information Technology Services	金融业 Financial Intermediation	房地产业 Real Estate	租赁和商务服务业 Leasing and Business Services	科学研究和技术服务业 Scientific Research and Technical Service
全省总计	**Total**	**45.3**	**11.9**	**19.7**	**57.7**	**28.7**	**25.8**	**23.1**
济南市	Jinan	7.0	2.4	8.0	9.1	6.8	5.4	7.4
青岛市	Qingdao	9.3	3.0	3.0	8.8	4.9	3.5	5.4
淄博市	Zibo	1.0	0.3	1.4	3.6	0.9	1.7	0.9
枣庄市	Zaozhuang	0.7	0.4	0.4	2.2	0.6	0.7	0.4
东营市	Dongying	0.9	0.3	0.5	1.4	0.6	2.8	1.2
烟台市	Yantai	3.5	1.0	0.8	4.1	2.2	1.7	1.5
潍坊市	Weifang	1.8	0.8	1.2	2.8	2.3	2.1	1.1
济宁市	Jining	1.8	0.8	0.6	4.5	1.7	1.7	0.9
泰安市	Tai'an	1.0	0.3	1.2	3.0	1.2	0.8	0.5
威海市	Weihai	1.5	0.9	0.4	2.3	2.1	1.1	0.5
日照市	Rizhao	2.8	0.2	0.3	0.9	0.6	1.0	0.4
临沂市	Linyi	1.6	0.6	0.5	4.8	1.8	1.0	0.8
德州市	Dezhou	1.1	0.3	0.5	3.5	0.9	1.2	0.4
聊城市	Liaocheng	1.0	0.2	0.3	2.9	0.6	0.3	0.5
滨州市	Binzhou	1.1	0.2	0.4	1.5	0.8	0.5	0.4
菏泽市	Heze	1.1	0.2	0.3	2.3	0.7	0.5	0.6

4-4 续表 2 continued

单位:万人 (10 000 persons)

地区	Region	水利、环境和公共设施管理业 Management of Water Conservancy, Environment and Public Facilities	居民服务、修理和其他服务业 Households Services, Repair and Other Services	教育 Education	卫生和社会工作 Health and Social Work	文化、体育和娱乐业 Culture,Sports and Entertainment	公共管理、社会保障和社会组织 Public management, Social Security and Social Organization	国际组织 International Organization
全省总计	**Total**	**15.7**	**3.5**	**129.2**	**77.3**	**7.9**	**135.9**	
济南市	Jinan	1.7	0.7	15.5	10.5	2.1	12.0	
青岛市	Qingdao	2.3	0.5	13.2	8.9	1.2	13.4	
淄博市	Zibo	1.1	0.1	6.2	4.7	0.4	7.4	
枣庄市	Zaozhuang	0.4	0.1	4.5	2.2	0.2	5.9	
东营市	Dongying	0.4	0.1	2.4	1.6	0.2	3.5	
烟台市	Yantai	0.8	0.2	8.0	5.5	0.6	9.5	
潍坊市	Weifang	2.5	0.4	12.9	7.0	0.4	12.6	
济宁市	Jining	1.0	0.2	11.1	6.5	0.5	11.5	
泰安市	Tai'an	0.8	0.1	5.4	4.0	0.3	3.5	
威海市	Weihai	0.5	0.2	3.7	2.7	0.3	4.5	
日照市	Rizhao	0.4	0.1	3.3	2.0	0.2	4.4	
临沂市	Linyi	1.2	0.3	13.5	6.0	0.4	11.3	
德州市	Dezhou	0.6	0.2	6.1	3.3	0.4	7.6	
聊城市	Liaocheng	0.7	0.1	8.9	4.5	0.2	7.4	
滨州市	Binzhou	0.3	0.2	5.1	2.3	0.1	8.5	
菏泽市	Heze	1.0	0.1	9.5	5.6	0.4	12.9	

4−5 按登记注册类型和行业分城镇非私营单位就业人员工资总额(2022年)
Total Wages Bill of Employed Persons in Urban Non-private units by Status of Registration and Sector(2022)

单位:万元 (10 000 yuan)

类　别	Category	总　计 Total	在岗职工 Staff and Workers	国有单位 State -owned Units	城镇集体单位 Urban Collective -owned Units
总　计	**Total**	**110463069**	**107284781**	**47186023**	**1069457**
按企、事业和机关分	**Grouped by Enterprises,institutions and Agencies**				
企　业	Enterprises	68833441	66102017	7170487	509326
政　府	Government	40811893	40390125	39909342	510019
民间非营利组织	Civil Nonprofit Organization	810007	784949	106149	50112
其　他	Others	7729	7689	45	
按国民经济行业分	**Grouped by Sector**				
农、林、牧、渔业	Agriculture,Forestry,Animal Husbandry and Fishing	80785	79574	24711	4562
采矿业	Mining	3239232	3190749	126311	305
制造业	Manufacturing	23800559	23570755	420064	72774
电力、热力、燃气及水的生产和供应业	Production and Supply of Electric, Heat, Gas and Water	3645712	3634696	1884387	3339
建筑业	Construction	10243872	9371856	769992	252594
批发和零售业	Wholesale and Retail Trade	3516262	3465551	183661	25819
交通运输、仓储和邮政业	Traffic,Transport,Storage and Post	5033652	4985318	764403	6240
住宿和餐饮业	Hotels and Catering Services	634720	620153	117696	4479
信息传输、软件和信息技术服务业	Information Transfer, Software and Information Technology Services	2645805	2638782	234033	986
金融业	Financial Intermediation	6755151	5531028	940970	661
房地产业	Real Estate	2271602	2237980	142238	24152
租赁和商务服务业	Leasing and Business Services	2132564	2080942	407639	21133
科学研究和技术服务业	Scientific Research and Technical Service	2933710	2876320	1009669	23064
水利、环境和公共设施管理业	Management of Water Conservancy,Environment and Public Facilities	886982	833948	430417	11074
居民服务、修理和其他服务业	Households Services, Repair and Other Services	200409	191576	71024	6444
教　育	Education	16202190	16085970	14683460	387702
卫生和社会工作	Health and Social Work	9575759	9397127	8658327	176528
文化、体育和娱乐业	Culture,Sports and Entertainment	859850	849629	593136	8870
公共管理、社会保障和社会组织	Public management,Social Security and Social Organization	15804252	15642825	15723884	38728
国际组织	International Organization				

4-6 各市按行业分城镇非私营单位就业人员工资总额(2022年)
Total Wages Bill of Employed Persons in Urban Non-private units by Sector and Region (2022)

单位:万元 (10 000 yuan)

地区	Region	总计 Total	农、林、牧、渔业 Agriculture, Forestry, Animal Husbandry and Fishing	采矿业 Mining	制造业 Manufacturing	电力、热力、燃气及水的生产和供应业 Production and Supply of Electric Heat, Gas and Water	建筑业 Construction	批发和零售业 Wholesale and Retail Trade
全省合计	**Total**	**110463069**	**80785**	**3239232**	**23800559**	**3645712**	**10243872**	**3516262**
济南市	Jinan	19250769	6867	126292	2732648	227272	2825913	844114
青岛市	Qingdao	17999671	4990	1568	4373802	255730	1156631	877819
淄博市	Zibo	6304796	3672	25741	1504785	122847	1448335	116983
枣庄市	Zaozhuang	2749613	1144	246668	394443	48815	256361	49992
东营市	Dongying	4457611	5445	1350049	749581	52469	207284	101823
烟台市	Yantai	8677797	4147	190240	2912770	238437	393200	276956
潍坊市	Weifang	8587721	4121	7301	2851395	119095	582650	268972
济宁市	Jining	6772322	2062	929179	990759	146424	406646	152110
泰安市	Tai'an	4479368	1822	190324	728418	98185	1303505	97795
威海市	Weihai	4184038	14763		1570038	106305	153896	153292
日照市	Rizhao	2855480	3747	1386	733433	63828	205656	93661
临沂市	Linyi	6428326	5087	15626	1129247	100681	507516	206924
德州市	Dezhou	3610631	1497	11849	929864	91678	187153	73735
聊城市	Liaocheng	3530607	15985		493436	50852	238188	56065
滨州市	Binzhou	3796651	4006	10912	1253007	180454	155525	73192
菏泽市	Heze	3765247	1430	132098	309996	39080	215411	72832

4-6 续表 1 continued

单位:万元 (10 000 yuan)

地 区	Region	交通运输、仓储和邮政业 Traffic, Transport, Storage and Post	住宿和餐饮业 Hotels and Catering Services	信息传输、软件和信息技术服务业 Information Transfer,Software and Information Technology Services	金融业 Financial Intermediation	房地产业 Real Estate	租赁和商务服务业 Leasing and Business Services	科学研究和技术服务业 Scientific Research and Technical Service
全省合计	**Total**	**5033652**	**634720**	**2645805**	**6755151**	**2271602**	**2132564**	**2933710**
济南市	Jinan	842014	137654	1192881	1466979	524122	546245	1045298
青岛市	Qingdao	1128023	195437	492631	1366021	574141	334107	817288
淄博市	Zibo	86863	14642	163061	334260	55245	92724	96576
枣庄市	Zaozhuang	43641	9729	37373	155781	43174	36232	35742
东营市	Dongying	92149	15625	48714	150987	44942	376440	135509
烟台市	Yantai	438738	50648	103015	428706	176161	135445	198246
潍坊市	Weifang	140995	38336	98708	374033	163219	136782	102632
济宁市	Jining	126192	34965	63117	407272	110359	87562	86182
泰安市	Tai'an	71317	16632	118924	312039	78632	41740	57925
威海市	Weihai	124044	40956	47905	230235	117760	70912	46499
日照市	Rizhao	275740	8574	31685	84359	45368	55034	48648
临沂市	Linyi	142084	26284	71085	415300	126464	69694	78980
德州市	Dezhou	91830	15214	45882	331012	70128	54880	40211
聊城市	Liaocheng	82405	9782	35970	354234	41230	33456	56602
滨州市	Binzhou	89179	11474	50511	157493	50076	36555	42499
菏泽市	Heze	92513	8766	44344	186440	50582	24758	44872

4-6 续表 2 continued

单位:万元 (10 000 yuan)

地 区	Region	水利、环境和公共设施管理业 Management of Water Conservancy, Environment and Public Facilities	居民服务、修理和其他服务业 Households Services, Repair and Other Services	教 育 Education	卫生和社会工作 Health and Social Work	文化、体育和娱乐业 Culture, Sports and Entertainment	公共管理、社会保障和社会组织 Public management, Social Security and Social Organization	国际组织 International Organization
全省合计	**Total**	**886982**	**200409**	**16202190**	**9575759**	**859850**	**15804252**	
济南市	Jinan	145897	46346	2424512	1801363	291342	2023010	
青岛市	Qingdao	170462	44592	2348359	1494572	167445	2196052	
淄博市	Zibo	36175	6058	791456	508622	37364	859386	
枣庄市	Zaozhuang	20864	4185	464296	229892	15123	656157	
东营市	Dongying	25744	4968	332970	214446	17758	530710	
烟台市	Yantai	58341	10902	1095014	618092	50359	1298384	
潍坊市	Weifang	79755	11250	1441974	806322	34839	1325341	
济宁市	Jining	61609	13037	1239040	743507	43244	1129056	
泰安市	Tai'an	45629	4853	571701	379254	21668	339005	
威海市	Weihai	37603	8720	520931	377252	30090	532838	
日照市	Rizhao	28889	4556	428795	228869	20983	492268	
临沂市	Linyi	46770	12055	1570946	609774	36353	1257456	
德州市	Dezhou	25776	8172	615790	323322	31854	660782	
聊城市	Liaocheng	42398	5182	871818	506796	17940	618270	
滨州市	Binzhou	18111	11708	595709	230426	16894	808919	
菏泽市	Heze	42960	3825	888880	503249	26594	1076617	

4-7 按登记注册类型和行业分城镇非私营单位就业人员平均工资(2022年)

Average Earning of Employed Persons in Urban Non-private units by Status of Registration and Sector(2022)

单位:元 (yuan)

类　别	Category	总计 Total	在岗职工 Staff and Workers	国有单位 State-owned Units	城镇集体单位 Urban Collective-owned Units
总　计	**Total**	**102247**	**105264**	**125235**	**72515**
按企、事业和机关分	**Grouped by Enterprises,institutions and Agencies**				
企　业	Enterprises	92457	95394	118174	56039
政　府	Government	126597	128934	126884	106922
民间非营利组织	Civil Nonprofit Organization	60562	60909	67719	56346
其　他	Others	70363	71010	45100	
按国民经济行业分	**Grouped by Sector**				
农、林、牧、渔业	Agriculture,Forestry,Animal Husbandry and Fishing	71784	73005	82743	66356
采矿业	Mining	129358	131586	87443	52160
制造业	Manufacturing	86610	86688	93461	70234
电力、热力、燃气及水的生产和供应业	Production and Supply of Electric, Heat, Gas and Water	131243	131929	150271	64372
建筑业	Construction	80825	82687	97498	49515
批发和零售业	Wholesale and Retail Trade	80753	81169	103625	50319
交通运输、仓储和邮政业	Traffic,Transport,Storage and Post	111139	112076	114359	44440
住宿和餐饮业	Hotels and Catering Services	53957	55264	59565	41992
信息传输、软件和信息技术服务业	Information Transfer, Software and Information Technology Services	134080	134525	152358	100653
金融业	Financial Intermediation	112868	163606	153581	146978
房地产业	Real Estate	77815	79386	82710	52009
租赁和商务服务业	Leasing and Business Services	82895	85767	87737	62432
科学研究和技术服务业	Scientific Research and Technical Service	127958	128726	143683	88028
水利、环境和公共设施管理业	Management of Water Conservancy,Environment and Public Facilities	55525	61626	84836	79962
居民服务、修理和其他服务业	Households Services, Repair and Other Services	58982	60285	87180	54497
教　育	Education	126203	127859	135711	101581
卫生和社会工作	Health and Social Work	125386	127691	132155	82534
文化、体育和娱乐业	Culture,Sports and Entertainment	108177	110641	119353	80999
公共管理、社会保障和社会组织	Public management,Social Security and Social Organization	117273	119732	117304	119915
国际组织	International Organization				

4-8 各市按行业分城镇非私营单位就业人员平均工资(2022年)
Average Earning of Employed Persons in Urban Non-private units by Sector and Region (2022)

单位：元 (yuan)

地 区	Region	总 计 Total	农、林、牧、渔业 Agriculture, Forestry, Animal Husbandry and Fishing	采矿业 Mining	制造业 Manufacturing	电力、热力、燃气及水的生产和供应业 Production and Supply of Electric Heat, Gas and Water	建筑业 Construction	批发和零售业 Wholesale and Retail Trade
全省合计	**Total**	**102247**	**71784**	**129358**	**86610**	**131243**	**80825**	**80753**
济南市	Jinan	123902	94976	105486	104664	125494	101986	93270
青岛市	Qingdao	124061	95806	94447	98175	122696	97981	100518
淄博市	Zibo	94613	82601	98870	94177	109775	81088	69835
枣庄市	Zaozhuang	85455	41681	115945	70338	87246	55948	69810
东营市	Dongying	121602	62554	164468	91083	110968	75900	79063
烟台市	Yantai	102825	71265	113690	91288	145002	64958	78680
潍坊市	Weifang	90746	68740	60958	81785	98251	82982	72766
济宁市	Jining	92631	59252	119262	76034	110218	67131	62372
泰安市	Tai'an	82466	55999	83982	72979	104512	74350	61637
威海市	Weihai	88848	62710		75758	109953	67684	70708
日照市	Rizhao	93314	69810	105562	80377	126959	76798	65583
临沂市	Linyi	90302	68512	96183	74744	103682	61864	62068
德州市	Dezhou	86665	61349	154551	85018	120224	70943	61229
聊城市	Liaocheng	88066	84602		64953	84576	72527	69605
滨州市	Binzhou	90464	76194	82539	79683	95584	67944	70235
菏泽市	Heze	81412	52353	132664	64370	74584	53552	84923

4-8 续表 1 continued

单位：元 (yuan)

地 区	Region	交通运输、仓储和邮政业 Traffic, Transport, Storage and Post	住宿和餐饮业 Hotels and Catering Services	信息传输、软件和信息技术服务业 Information Transfer,Software and Information Technology Services	金融业 Financial Intermediation	房地产业 Real Estate	租赁和商务服务业 Leasing and Business Services	科学研究和技术服务业 Scientific Research and Technical Service
全省合计	**Total**	**111139**	**53957**	**134080**	**112868**	**77815**	**82895**	**127958**
济南市	Jinan	117989	55493	146945	154329	76434	100343	141595
青岛市	Qingdao	122701	64056	169403	147522	112716	95417	152647
淄博市	Zibo	88139	50479	111372	89332	63566	55558	109205
枣庄市	Zaozhuang	60811	41199	105160	69242	69725	54663	92969
东营市	Dongying	97568	52066	114125	110338	72435	133849	115377
烟台市	Yantai	123726	49688	122782	102299	76693	77471	132149
潍坊市	Weifang	76433	49404	86193	127848	67839	67371	88763
济宁市	Jining	74051	44784	108036	88006	66468	52542	92320
泰安市	Tai'an	74683	46206	95473	99711	65069	57247	111825
威海市	Weihai	80117	49312	120712	94948	55900	64057	95076
日照市	Rizhao	99092	50535	111947	80474	67811	57560	109312
临沂市	Linyi	91123	50032	155221	86162	69947	63852	94760
德州市	Dezhou	87927	51302	94008	91914	79729	47819	93528
聊城市	Liaocheng	83318	45193	140598	119005	74378	116131	116220
滨州市	Binzhou	84191	51184	114706	99609	60379	82477	108239
菏泽市	Heze	86765	42372	136613	77720	70829	57732	79802

4-8 续表 2 continued

单位:元 (yuan)

地 区	Region	水利、环境和公共设施管理业 Management of Water Conservancy, Environment and Public Facilities	居民服务、修理和其他服务业 Households Services, Repair and Other Services	教 育 Education	卫生和社会工作 Health and Social Work	文化、体育和娱乐业 Culture, Sports and Entertainment	公共管理、社会保障和社会组织 Public management, Social Security and Social Organization	国际组织 International Organization
全省合计	**Total**	**55525**	**58982**	**126203**	**125386**	**108177**	**117273**	
济南市	Jinan	73482	60333	156893	174365	135450	171289	
青岛市	Qingdao	69085	81913	179110	169151	138352	164933	
淄博市	Zibo	32025	55149	127812	109015	105631	117022	
枣庄市	Zaozhuang	53406	41145	104391	104238	68208	110040	
东营市	Dongying	69523	76044	137794	138973	109796	154444	
烟台市	Yantai	73097	68821	138301	112756	91261	136830	
潍坊市	Weifang	32462	44907	113526	116178	76809	105408	
济宁市	Jining	63387	65302	112185	116468	86111	99300	
泰安市	Tai'an	63834	56024	107741	96654	74681	96505	
威海市	Weihai	69415	47894	144648	137541	96458	119997	
日照市	Rizhao	72618	59535	129221	112660	101495	111490	
临沂市	Linyi	41926	42219	116935	105599	86661	112189	
德州市	Dezhou	46576	38847	100529	98587	78436	87450	
聊城市	Liaocheng	53897	53272	97931	114109	86972	83407	
滨州市	Binzhou	62151	64149	119011	103556	119031	100822	
菏泽市	Heze	42847	48503	94526	90436	73890	83491	

4-9 各市按行业分城镇私营单位就业人员平均工资(2022年)
Average Wage of Staff and Workers in Urban Non-private units by Sector and Region(2022)

单位:元 (yuan)

地 区	Region	总 计 Total	农、林、牧、渔业 Agriculture, Forestry, Animal Husbandry and Fishing	采矿业 Mining	制造业 Manufacturing	电力、热力、燃气及水的生产和供应业 Production and Supply of Electric, heat, gas and water	建筑业 Construction	批发和零售业 Wholesale and Retail Trade
全省合计	**Total**	**57231**	**50472**	**73875**	**59556**	**68497**	**60129**	**53789**
济南市	Jinan	61538	49128	69702	59887	67148	68280	58620
青岛市	Qingdao	64349	49435	57464	66486	71513	67000	59169
淄博市	Zibo	56772	58987	69036	59867	74670	64498	51381
枣庄市	Zaozhuang	51335	46686	39535	55443	55945	56803	48761
东营市	Dongying	64525	51916	59071	71262	80177	50598	63289
烟台市	Yantai	57438	59454	55783	60874	65887	56399	55083
潍坊市	Weifang	57128	44894	57436	62222	65839	57080	51217
济宁市	Jining	52505	40434	71745	55985	75413	59260	46282
泰安市	Tai'an	56096	41995	94325	54376	59131	68501	47881
威海市	Weihai	55917	63334	46907	57995	58240	53750	55799
日照市	Rizhao	56922	44713	72832	66195	80629	56627	44337
临沂市	Linyi	56656	49438	57327	58702	63132	55980	53573
德州市	Dezhou	53426	47280		58214	66995	52916	49275
聊城市	Liaocheng	50155	60844		52818	64545	52441	46034
滨州市	Binzhou	56567	45764	62688	61638	74122	49955	54151
菏泽市	Heze	50625	45745	45943	51269	64218	51803	52413

4-9 续表 1 continued

单位:元 (yuan)

地 区	Region	交通运输、仓储和邮政业 Traffic, Transport, Storage and Post	住宿和餐饮业 Hotels and Catering Services	信息传输、软件和信息技术服务业 Information Transfer, Software and Information Technology Services	金融业 Financial Intermediation	房地产业 Real Estate	租赁和商务服务业 Leasing and Business Services	科学研究和技术服务业 Scientific Research and Technical Service
全省合计	**Total**	**61257**	**44496**	**70045**	**72096**	**50787**	**54051**	**66530**
济 南 市	Jinan	62508	47723	83476	80408	52318	58404	72000
青 岛 市	Qingdao	69860	42987	85395	89969	59653	65746	72783
淄 博 市	Zibo	58700	41324	65137	79842	49171	53475	69017
枣 庄 市	Zaozhuang	45401	36044	48832	57647	43256	43476	61040
东 营 市	Dongying	67569	44560	67815	48749	51018	74056	63165
烟 台 市	Yantai	67365	47233	60605	55953	55184	51780	69056
潍 坊 市	Weifang	64688	43781	52939	89866	45583	48851	56418
济 宁 市	Jining	55061	52045	73457	89681	46705	46986	60153
泰 安 市	Tai'an	52301	36590	52397	63532	37814	39958	65747
威 海 市	Weihai	60671	42286	58322	59056	50033	57586	67964
日 照 市	Rizhao	63161	43586	60482	60418	44815	59988	73824
临 沂 市	Linyi	57768	47515	48273	91899	55207	55111	62846
德 州 市	Dezhou	55646	40188	55765	49355	58075	43412	57576
聊 城 市	Liaocheng	51741	41054	35064	88462	53598	47307	56908
滨 州 市	Binzhou	55838	40647	35554	57431	47723	42243	58607
菏 泽 市	Heze	51355	43041	47953	38009	50019	44825	49677

4-9 续表 2 continued

单位:元 (yuan)

地 区	Region	水利、环境和公共设施管理业 Management of Water Conservancy, Environment and Public Facilities	居民服务、修理和其他服务业 Households Services, Repair and Other Services	教 育 Education	卫生和社会工作 Health and Social Work	文化、体育和娱乐业 Culture, Sports and Entertainment	公共管理、社会保障和社会组织 Public management, Social Security and Social Organization	国际组织 International Organization
全省合计	**Total**	**36650**	**42053**	**49502**	**62240**	**48748**		
济 南 市	Jinan	45218	41780	56620	67143	58270		
青 岛 市	Qingdao	42308	48178	64751	74837	59404		
淄 博 市	Zibo	27469	35756	36572	45626	41955		
枣 庄 市	Zaozhuang	30519	40298	35585	50761	45723		
东 营 市	Dongying	39953	41535	48159	53370	45666		
烟 台 市	Yantai	29513	46127	52616	74634	47142		
潍 坊 市	Weifang	25957	35312	45253	66062	44251		
济 宁 市	Jining	39765	42579	43414	50396	47618		
泰 安 市	Tai'an	35239	37252	40068	60456	41034		
威 海 市	Weihai	46531	57952	50902	49951	45964		
日 照 市	Rizhao	50021	41771	48441	51092	40064		
临 沂 市	Linyi	45762	49629	45225	68470	47931		
德 州 市	Dezhou	52007	32947	43528	57420	38843		
聊 城 市	Liaocheng	27264	29384	49162	45517	36173		
滨 州 市	Binzhou	40907	40200	44924	59841	54121		
菏 泽 市	Heze	38344	40153	50204	56025	38021		

4-10 各市城镇登记失业人员及失业率
Registered Urban Unemployed Persons and Unemployment Rate by Region

地区	Region	失业人员(万人) Unemployment(10 000 persons)								登记失业率(%) Unemployment Rate(%)						
		2015	2016	2017	2018	2019	2020	2021	2022	2015	2016	2017	2018	2019	2020	2021
全省总计	**Total**	**43.7**	**45.8**	**45.7**	**46.5**	**44.2**	**46.7**	**42.3**	**20.4**	**3.4**	**3.5**	**3.4**	**3.4**	**3.3**	**3.1**	**2.9**
济南市	Jinan	3.2	3.4	3.2	3.5	3.5	3.6	3.5	3.5	2.0	2.2	2.1	2.1	2.0	2.0	2.0
青岛市	Qingdao	7.5	8.0	7.8	7.4	8.3	8.7	7.8	4.5	3.0	3.2	3.1	2.9	3.0	3.0	2.7
淄博市	Zibo	3.0	3.2	3.4	3.4	2.8	3.0	3.2	1.8	2.8	2.7	2.9	2.4	2.2	2.3	2.8
枣庄市	Zaozhuang	1.9	1.9	1.9	2.6	2.0	2.2	1.9	0.3	2.3	2.4	2.4	3.0	2.2	2.3	2.1
东营市	Dongying	1.0	1.2	1.3	1.4	1.4	1.4	1.0	0.5	2.2	2.4	2.5	2.5	2.6	2.7	1.9
烟台市	Yantai	5.4	5.7	5.5	5.0	4.4	4.8	4.4	2.0	3.2	3.2	3.3	2.9	2.2	2.5	2.4
潍坊市	Weifang	3.9	3.9	3.9	4.0	3.8	3.5	3.3	2.1	2.9	2.9	2.9	2.9	2.7	2.5	2.3
济宁市	Jining	3.1	3.3	3.3	3.1	3.3	3.0	2.2	0.8	3.0	3.1	3.1	3.0	3.1	2.3	1.8
泰安市	Tai'an	2.1	2.6	2.5	2.4	2.2	2.3	2.0	0.4	2.1	2.5	2.4	2.2	2.0	2.1	1.9
威海市	Weihai	0.8	0.8	1.0	1.0	0.9	1.2	1.4	0.5	1.5	1.5	1.7	1.8	1.8	2.4	2.3
日照市	Rizhao	1.1	1.2	1.3	1.6	1.0	1.1	0.9	0.6	2.0	2.2	2.2	2.3	1.7	2.0	1.6
莱芜市	Laiwu	0.7	0.7	0.7	0.7					2.5	2.6	2.6	2.7			
临沂市	Linyi	2.6	2.6	2.7	2.8	3.0	3.4	3.2	0.9	2.4	2.3	2.3	2.3	2.2	2.4	2.2
德州市	Dezhou	1.9	1.8	1.7	2.0	1.9	2.0	1.8	0.3	2.8	2.6	2.5	2.4	2.4	2.5	2.2
聊城市	Liaocheng	2.6	2.6	2.5	2.6	2.3	2.5	2.3	0.4	3.0	3.1	3.0	3.1	2.7	3.0	2.7
滨州市	Binzhou	1.2	1.2	1.2	1.5	1.3	1.7	1.6	0.7	2.2	2.1	2.1	2.6	1.8	2.5	2.3
菏泽市	Heze	1.8	1.7	1.7	1.8	2.2	2.2	1.7	1.0	3.2	3.1	3.1	2.7	3.1	2.8	2.5

注：根据行政区划调整，2019年起，莱芜市并入济南市，以下表同。
a)According to administrative division adjustment,Laiwu City merged into Jinan City from 2019.The same applies to tables following.

4-11 主要年份年末离休、退休、退职人员人数
Numbers of Retired and Resigned Persons at Year-end in Major Years

单位：人 (person)

年份 Year	总计 Total	离休人员 Retired Veterans	退休人员 Retired Persons	领取定期生活费的退职人员 Resigned Persons
2000	1803820	144063	1592549	67208
2001	1880547	141761	1684005	54781
2002	2005227	130318	1830820	44089
2003	2121128	124002	1948428	48698
2004	2244567	118302	2077937	48328
2005	2487619	114650	2372969	
2006	2617076	104437	2512563	
2007	2821703	99016	2722687	
2008	3050455	93560	2956895	
2009	3260326	88574	3171752	
2010	3450734	79974	3370760	
2011	3730537	71844	3623657	35036
2012	4163329	68132	4058431	36766
2013	4591639	62261	4492295	37083
2014	5115111	56939	5020415	37757
2015	5543745	49531	5454932	39282
2016	6073980	28093	6008374	37513
2017	6387821	20093	6330627	37101
2018	6771167	17504	6715388	38275
2019	7111822	14915	7060702	36205
2020	7541440	12804	7486120	42516
2021	7889902	10804	7830758	48340
2022	8226247	8951	8217296	

注：1.本表不包括民政部门支付离休、退休、退职费的人数。2.自2022年起不再区分退休和退职人员。
a)Data in this table exclude the number of retired or resigned people whose pensions are paid by civil affair departments.
b)Since 2022, data in this table has no longer distinguished between retired persons and resigned persons.

4−12　离休、退休人员数(2022年底)
Numbers of Retired and Resigned Persons at Year-end(2022)

单位:人　(person)

类　别	Category	离休、退休退职人员 Retired and Resigned Persons	离休人员 Retired Veterans	退休人员 Retired Persons
总　计	**Total**	**8226247**	**8951**	**8217296**
一、执行企业养老保险制度	**According to the Enterprise Pension** Insurance System	**6826480**	**8951**	**6817529**
(一)企业	Enterprise	4274638	8931	4265707
(二)事业	Institutions	8722	5	8717
(三)机关	Government Agencies	3440	1	3439
(四)其他人员	Others	2539680	14	2539666
二、执行机关事业单位养老保险制度	**According to the Government Agencies and Institutions Pension Insurance System**	**1399767**		**1399767**
(一)机关	Government Agencies	337967		337967
(二)事业	Institutions	1061800		1061800
(三)其他单位	Others			

注：1.自2022年起，不再区分内资企业、国有企业、集体企业、其他企业、港澳台及外资企业。
2.退休人员包含退职人员。

a)Since 2022, data in this table has no longer distinguished between Domestic Funded Enterprises, State-owned Enterprises, Other Enterprises, and Enterprises with Investment from Hong Kong, Macao and Taiwan.

b)Data of Retired Persons includes resigned persons.

4−13　各市离休、退休人员数(2022年底)
Numbers of Retired and Resigned Persons at Year-end by Region(2022)

单位:人　(person)

地　区	Region	离休、退休退职人员 Retired and Resigned Persons	离休人员 Retired Veterans	退休人员 Retired Persons
全省总计	**Total**	**8226247**	**8951**	**8217296**
济 南 市	Jinan	791182	1177	790005
青 岛 市	Qingdao	1210295	963	1209332
淄 博 市	Zibo	516389	500	515889
枣 庄 市	Zaozhuang	219327	164	219163
东 营 市	Dongying	78333	54	78279
烟 台 市	Yantai	831096	841	830255
潍 坊 市	Weifang	650814	596	650218
济 宁 市	Jining	435405	390	435015
泰 安 市	Tai'an	365665	267	365398
威 海 市	Weihai	499453	214	499239
日 照 市	Rizhao	251291	98	251193
临 沂 市	Linyi	458925	361	458564
德 州 市	Dezhou	270522	225	270297
聊 城 市	Liaocheng	267849	189	267660
滨 州 市	Binzhou	234117	185	233932
菏 泽 市	Heze	299169	231	298938

注：各市数据不包括省直管企业参保离退休人数，退休人员含退职人员。

a)Municipal data exclude the number of retired and resigned persons in provincial enterprises,Data of Retired Persons includes resigned persons.

4-14 离休、退休人员保险福利费用(2022年)
Social Insurance and Welfare Funds for Retired Persons(2022)

单位:万元 (10 000 yuan)

类 别	Category	总 计 Total	离休金 Pensions for Retired Veterans	退休金 Pensions for Retired Persons
总 计	**Total**	**35265528**	**114906**	**34165385**
一、执行企业养老保险制度	**According to the Enterprise Pension Insurance System**	**25381697**	**114906**	**24281667**
(一)企业	Enterprise from Hong Kong, Macao and Taiwan	18342913	114486	17652908
(二)事业	Institutions	26012	89	24230
(三)机关	Government Agencies	12557	10	11907
(四)其他人员	Others	7000215	320	6592622
二、执行机关事业单位养老保险制度	**According to the Government Agencies and Institutions Pension Insurance System**	**9883831**		**9883718**
(一)机关	Government Agencies	2487155		2487150
(二)事业	Institutions	7396675		7396567
(三)其他单位	Others			

注：自2022年起不再区分内资企业、国有企业、集体企业、其他企业、港澳台及外资企业。
a)Since 2022, data in this table has no longer distinguished between Domestic Funded Enterprises, State-owned Enterprises, Other Enterprises, and Enterprises with Investment from Hong Kong, Macao and Taiwan.

4-15 各市离休、退休保险福利费用(2022年)
Social Insurance and Welfare Funds for Retired Persons by Region(2022)

单位:万元 (10 000 yuan)

地 区	Region	总 计 Total	离休金 Pensions for Retired Veterans	退休金 Pensions for Retired Persons
全省总计	**Total**	**35265528**	**114906**	**34165385**
济 南 市	Jinan	3571404	13751	3442593
青 岛 市	Qingdao	5115051	17111	4906152
淄 博 市	Zibo	2092636	6853	1994624
枣 庄 市	Zaozhuang	950091	2364	943308
东 营 市	Dongying	350638	512	341227
烟 台 市	Yantai	3350575	9545	3218434
潍 坊 市	Weifang	2675257	7310	2582714
济 宁 市	Jining	1940115	6951	1874705
泰 安 市	Tai'an	1415746	3320	1412426
威 海 市	Weihai	1643155	2156	1590326
日 照 市	Rizhao	815463	1248	777893
临 沂 市	Linyi	1772326	6489	1765838
德 州 市	Dezhou	1118944	3222	1083587
聊 城 市	Liaocheng	1101173	2238	1065520
滨 州 市	Binzhou	844439	2550	810107
菏 泽 市	Heze	1197724	2435	1195290

注：各市数据不包括省直管企业离退休费用。
a)Municipal data exclude the costs of retired and resigned persons in provincial enterprises.

4-16 社会保险基金收支及累计结余
Revenue, Expenses and Balance of Social Insurance Fund

单位：亿元 (100 million yuan)

年份 Year	合计 Total	基本养老保险 Basic Pension Insurance	失业保险 Unemployment Insurance	基本医疗保险 Basic Medical Care Insurance	工伤保险 Work Injury Insurance	生育保险 Maternity Insurance
基金收入 Revenue						
2005	474.9	360.5	23.5	82.1	5.0	3.8
2006	592.9	441.1	31.3	108.2	7.3	5.0
2007	782.9	591.8	36.5	137.7	10.4	6.5
2008	938.4	687.5	45.5	183.0	13.3	9.1
2009	1109.4	825.7	41.8	215.4	16.8	9.7
2010	1283.0	943.5	43.1	264.2	20.5	11.7
2011	1645.9	1191.1	65.5	343.1	28.4	17.8
2012	1883.4	1316.6	83.2	425.8	34.7	23.1
2013	2114.7	1489.0	57.3	500.3	40.0	28.1
2014	2589.5	1672.7	68.6	770.5	45.1	32.6
2015	3206.9	2105.6	71.6	942.7	51.0	36.0
2016	3502.4	2242.5	92.4	1081.5	50.2	35.8
2017	3663.7	2289.3	67.6	1195.2	58.9	52.7
2018	4460.9	2728.1	74.1	1530.5	64.1	64.1
2019	4579.2	2784.7	82.1	1582.7	56.9	72.8
2020	4164.5	2491.2	58.3	1585.1	29.9	
2021	5541.2	3454.3	104.3	1921.5	61.1	
2022	5881.2	3597.5	108.9	2102.0	72.8	
基金支出 Expenses						
2005	379.0	296.2	14.0	63.2	3.3	2.3
2006	450.9	352.1	13.3	77.7	4.8	3.0
2007	571.1	443.9	13.6	102.0	7.3	4.3
2008	690.7	530.5	14.7	131.2	8.7	5.6
2009	840.5	622.7	22.4	177.0	11.7	6.7
2010	1027.1	749.3	31.4	222.2	15.1	9.1
2011	1223.9	886.9	25.9	279.3	20.1	11.7
2012	1475.6	1059.0	35.3	336.0	28.0	17.3
2013	1783.9	1270.5	46.3	413.5	31.3	22.3
2014	2365.8	1557.7	49.3	692.3	35.0	31.5
2015	2791.4	1845.2	57.3	820.4	38.4	30.1
2016	3202.3	2090.3	70.0	956.7	39.4	45.9
2017	3622.9	2358.7	65.2	1094.6	42.2	62.2
2018	4081.1	2656.5	64.5	1253.7	47.8	58.6
2019	4512.4	2954.7	77.7	1362.6	53.8	63.6
2020	4879.7	3232.8	134.0	1457.1	55.8	
2021	5539.5	3544.4	102.4	1827.6	65.1	
2022	5640.9	3662.3	104.9	1810.1	63.6	
累计结余 Balance at Year-end						
2005	410.0	293.7	40.2	64.1	6.3	5.7
2006	552.2	382.7	58.3	94.6	8.8	7.8
2007	756.9	523.4	81.3	130.4	11.8	10.0
2008	1004.6	680.4	112.1	182.2	16.4	13.5
2009	1273.4	883.4	131.5	220.6	21.4	16.5
2010	1529.2	1077.6	143.2	262.5	26.9	19.0
2011	1951.4	1381.9	182.9	326.3	35.2	25.1
2012	2359.8	1639.5	230.7	416.7	41.9	31.0
2013	2693.3	1857.9	241.7	506.3	50.6	36.8
2014	2959.3	1973.0	261.0	626.8	60.6	37.9
2015	3378.0	2233.4	275.3	752.4	73.1	43.8
2016	3678.8	2385.7	297.8	877.6	83.9	33.8
2017	3718.8	2315.7	300.1	979.2	100.6	23.2
2018	4098.7	2387.2	309.8	1256.1	116.9	28.7
2019	4126.8	2217.2	252.2	1492.7	119.7	45.0
2020	3411.7	1475.7	176.5	1665.7	93.8	
2021	3413.1	1385.6	178.4	1759.2	89.9	
2022	3653.5	1320.9	182.4	2051.1	99.1	

注：基本养老保险不包含居民养老保险；自2014年起，基本医疗保险包括职工基本医疗保险和居民基本医疗保险。自2020年起，生育保险和职工基本医疗保险合并实施，基金合并运行。

a)Basic Pension Insurance doesn't include that for residents. Since 2014, Basic Medical Care Insurance includes employee and residents medical care insurance. Since 2020, maternity insurance and basic medical insurance for employees will be implemented together, and the fund will be operated together.

4-17 主要年份年末社会保险参保人数

Number of Persons Participated in Social Insurance in Major Years

单位:万人 (10 000 persons)

年份 Year	职工基本养老保险 Urban Basic Pension Insurance	企业基本养老保险 Enterprise's Pension Insurance	机关事业养老保险 Institution and Government Agency's Pension Insurance	医疗保险 Medical Care Insurance	失业保险 Unemployment Insurance	工伤保险 Work Injury Insurance	生育保险 Maternity Insurance
2000	972.2	757.6	214.6	255.5	715.0	279.4	325.5
2001	1022.2	793.9	228.3	490.2	700.2	285.5	331.8
2002	1043.0	805.0	238.0	625.6	701.2	278.2	323.2
2003	1135.9	883.5	252.4	691.1	719.1	281.8	336.5
2004	1218.7	958.1	260.6	771.9	747.5	476.7	390.8
2005	1302.5	1027.4	275.1	861.5	771.1	578.7	461.2
2006	1368.0	1086.2	281.8	996.1	789.7	647.3	488.8
2007	1455.7	1165.4	291.6	1115.9	814.9	745.0	563.3
2008	1565.8	1266.1	299.7	1266.2	864.1	865.0	638.0
2009	1661.0	1352.1	308.9	2540.2	899.5	1064.6	703.0
2010	1773.0	1459.5	313.5	2770.6	931.2	1211.2	774.1
2011	1907.1	1589.4	317.6	2947.8	964.9	1276.1	857.8
2012	2063.2	1739.8	323.4	3101.2	1009.8	1339.6	919.0
2013	2259.6	1931.7	327.8	3647.9	1089.6	1371.9	974.4
2014	2370.2	2037.5	332.7	3988.0	1154.3	1421.5	1046.5
2015	2477.5	2138.5	339.0	9235.8	1203.8	1473.5	1111.3
2016	2576.4	2224.2	352.2	9188.8	1222.9	1510.9	1139.1
2017	2660.9	2303.4	357.6	9295.7	1268.3	1569.1	1186.6
2018	2762.7	2399.5	363.2	9437.1	1318.5	1633.0	1235.4
2019	2868.0	2494.0	374.1	9569.6	1366.0	1710.7	1298.8
2020	3046.3	2655.3	391.0	9697.8	1466.1	1822.1	1534.3
2021	3226.7	2823.1	403.6	9732.4	1542.7	1921.9	1607.5
2022	3333.6	2921.2	412.4	9633.1	1593.5	2020.8	1646.9

注：城镇职工社会基本养老保险参保人数包含离退休人数；2009年起，医疗保险参保人数包含城镇居民医疗保险。2015年起，医疗保险参保人数中含新农合并入人员。

a) Number of persons participated in urban basic pension insurance include retirees.Since 2009,number of persons participated in medical care insurance include urban residents participated in medical care insurance. Since 2015,number or persons participated in medical care insurance included the new rural co-operative medical system incorporated into the personnel.

4-18 各市社会保险参保人数(2022年底)

Number of Persons Participated in Social Insurance at Year-end by Region(2022)

单位:万人 (10 000 persons)

地区	Region	职工基本养老保险 Urban Basic Pension Insurance	企业基本养老保险 Enterprise's Pension Insurance	机关事业养老保险 Institution and Government Agency's Pension Insurance	医疗保险 Medical Care Insurance	失业保险 Unemployment Insurance	工伤保险 Work Injury Insurance	生育保险 Maternity Insurance
全省总计	**Total**	**3333.6**	**2921.2**	**412.4**	**9633.1**	**1593.5**	**2020.8**	**1646.9**
济南市	Jinan	488.6	457.2	31.4	854.7	235.4	307.4	245.6
青岛市	Qingdao	537.0	497.0	40.0	914.1	281.4	329.9	323.0
淄博市	Zibo	199.0	179.6	19.3	424.7	107.2	136.2	90.9
枣庄市	Zaozhuang	90.8	76.1	14.7	370.4	44.0	46.9	41.6
东营市	Dongying	71.4	61.9	9.5	176.3	37.5	73.6	33.6
烟台市	Yantai	304.5	274.4	30.0	638.1	135.6	166.6	138.8
潍坊市	Weifang	256.5	222.0	34.5	898.3	127.9	201.0	136.1
济宁市	Jining	190.0	158.0	32.1	808.8	95.3	111.1	100.3
泰安市	Tai'an	143.1	123.9	19.2	519.0	72.6	94.7	63.3
威海市	Weihai	147.9	136.0	11.9	254.2	65.6	70.1	77.8
日照市	Rizhao	85.4	75.0	10.4	286.0	32.8	52.0	44.2
临沂市	Linyi	199.2	164.4	34.8	1052.4	86.0	121.2	108.4
德州市	Dezhou	114.6	92.2	22.4	522.5	54.9	74.2	58.0
聊城市	Liaocheng	98.8	75.6	23.2	572.6	49.0	68.8	51.4
滨州市	Binzhou	103.9	89.3	14.6	374.7	49.6	76.2	43.9
菏泽市	Heze	138.6	102.6	36.0	906.9	50.0	80.2	52.7

注：各市养老、失业保险人数不包括省直管企业人数；各市医疗保险、生育保险参保人数中不包括省本级和胜利油田职工参保人数，全省合计包括。

a)Municipal data on pension insurance exclude the staff and workers of provincial enterprise.Number of persons participated in Basic Medical Care Insurance and Maternity Insurance of the whole province include the staff of provincial-level and Shengli Oilfield. Municipal data exclude the staff of provincial-level and Shengli Oilfield.

4-19 职工养老保险基本情况
Basic Statistics on Pension Insurance in Urban Areas

类别	Category	2017	2018	2019	2020	2021	2022
一、年末参保人数 (万人)	**Number of People Insured (10 000 persons)**	**2660.9**	**2762.7**	**2868.0**	**3046.3**	**3226.7**	**3333.6**
职　工 (万人)	Employed People (10 000 persons)	2022.2	2085.6	2156.8	2292.1	2437.7	2511.0
#企　业 (万人)	Enterprises (10 000 persons)	1775.3	1838.7	1904.9	2031.0	2168.8	2238.6
离休、退休、退职人数 (万人)	Retired and Resigned Persons (10 000 persons)	638.8	677.1	711.2	754.1	789.0	822.6
二、基金收支情况	**Revenue and Expenses**						
基金收入 (亿元)	Revenue (100 million yuan)	2289.3	2728.1	2784.7	2491.2	3454.3	3597.5
基金支出 (亿元)	Expenses (100 million yuan)	2358.7	2656.5	2954.7	3232.8	3544.4	3662.3
三、企业养老金社会化发放人情况	**Payment of Pension Insurance**						
养老金实发人数 (万人)	People Receiving Pension Insurance (10 000 persons)	528.1	560.7	589.0	624.3	654.3	682.6
#社会化发放人数 (万人)	People Receiving Socialized Pension Insurance (10 000 persons)	528.1	560.7	589.0	624.3	654.3	682.6
社会化发放率 (%)	Rate of Socialized Pension Insurance (%)	100.0	100.0	100.0	100.0	100.0	100.0

4-20 各市居民基本养老保险情况(2022年)
Statistics on Residents Old-age Insurance by Region(2022)

地区	Region	参保人数(人) Contributors at Year-end (person)	达到领取待遇年龄参保人数 Number of Participants Who Have Reached the Prescribed Age of Benefit Entitlement	基金收支情况(亿元) Revenue and Expense(100 million yuan)		
				基金收入 Revenue	基金支出 Expenses	累计结余 Balance at Year-end
全省总计	**Total**	**46361835**	**16285499**	**560.6**	**409.9**	**1656.4**
济南市	Jinan	3148955	1075366	45.9	32.2	151.2
青岛市	Qingdao	2750154	1061155	53.9	45.6	114.7
淄博市	Zibo	1455011	661629	20.5	16.0	61.6
枣庄市	Zaozhuang	1963905	606282	24.3	14.9	56.8
东营市	Dongying	744687	284077	13.4	9.3	49.5
烟台市	Yantai	3198424	1276695	64.0	41.1	231.6
潍坊市	Weifang	4745522	1690764	57.8	41.5	205.1
济宁市	Jining	4495498	1445103	56.6	32.5	151.1
泰安市	Tai'an	2740568	1006686	24.7	21.3	53.7
威海市	Weihai	910004	388426	16.1	11.5	52.9
日照市	Rizhao	1391627	509264	11.3	11.8	54.7
临沂市	Linyi	5575354	2009867	48.1	41.4	132.0
德州市	Dezhou	3090105	995163	26.6	20.4	73.1
聊城市	Liaocheng	3073915	1007046	31.2	23.0	104.3
滨州市	Binzhou	2216631	680534	25.6	15.9	60.3
菏泽市	Heze	4861475	1587442	40.6	31.5	103.8

主要统计指标解释

就业人员 指在16周岁及以上，从事一定社会劳动并取得劳动报酬或经营收入的人员。这一指标反映了一定时期内全部劳动力资源的实际利用情况，是研究我国基本国情国力的重要指标。

单位就业人员 指在各级国家机关、政党机关、社会团体及企业、事业单位中工作，取得工资或其他形式的劳动报酬的全部人员。包括在岗职工、再就业的离退休人员、民办教师以及在各单位中工作的外方人员和港澳台方人员、兼职人员、借用的外单位人员和第二职业者。不包括离开本单位仍保留劳动关系的职工。单位就业人员反映了各单位实际参加生产或工作的全部劳动力。

城镇登记失业人员 指报告期末，公共就业和人才交流服务机构登记在册的城镇失业人员总数。期末领取失业保险金的城镇户籍人员，应全部统计为登记失业人员。

城镇登记失业率 指报告期末，城镇登记失业人员期末实有人数占期末从业人员总数与城镇登记失业人员期末实有人数之和的比重。其中，期末从业人员总数，是指截至报告期末，辖区内城镇劳动年龄人口中就业人员及离岗职工总数，不包括聘用的离退休人员，台、港、澳和外籍人员及使用的农村劳动力。计算公式为：

$$\text{城镇登记失业率}=\frac{\text{城镇登记失业人员期末实有人数}}{\text{期末从业人员总数}+\text{城镇登记失业人员期末实有人数}}\times100\%$$

国有单位 指资产归国家所有的经济组织。包括按《中华人民共和国企业法人登记管理条例》规定登记注册的非公司制的经济组织，以及中央、地方各级国家机关、事业单位和社会团体。

集体单位 指生产资料归集体所有，并按《中华人民共和国企业法人登记管理条例》规定登记注册的经济组织。

其他单位 包括股份合作单位、联营单位、有限责任公司、股份有限公司、港澳台商投资单位以及外商投资单位等其他登记注册类型单位。

在岗职工 指在本单位工作并由单位支付工资的人员，以及有工作岗位，但由于学习、病伤产假等原因暂未工作，仍由单位支付工资的人员。

工资总额 指各单位在一定时期内直接支付给本单位全部职工的劳动报酬总额。工资总额的计算原则应以直接支付给职工的全部劳动报酬为根据。各单位支付给职工的劳动报酬以及其他根据有关规定支付的工资，不论是计入成本的还是不计入成本的，不论是按国家规定列入计征奖金税项目的，还是未列入计征奖金税项目的，不论是以货币形式支付的还是以实物形式支付的，均包括在工资总额内。

平均工资 指企业、事业、机关单位的职工在一定时期内平均每人所得的货币工资额。它表明一定时期职工工资收入的高低程度，是反映职工工资水平的主要指标。计算公式为：

$$\text{平均工资}=\frac{\text{报告期实际支付的全部职工工资总额}}{\text{报告期全部职工平均人数}}$$

基本养老保险

1.（参保）职工人数：指报告期末按照国家法律、法规和有关政策规定参加基本养老保险并在社保经办机构已建立缴费记录档案的职工人数，包括中断缴费但未终止养老保险关系的职工人数，不包括只登记未建立缴费记录档案的人数。

2.（参保）离退休人员人数：指报告期末参加基本养老保险的离休、退休和退职人员的人数。

3.基本养老保险基金收入：指根据国家有关规定，由纳入基本养老保险范围的缴费单位和个人按国家规定的缴费基数和缴费比例缴纳的养老保险基金，以及通过其他方式取得的形成基金来源的收入。包括单位和职工个人缴纳的基本养老保险费、基本养老保险基金利息收入、上级补助收入、下级上解收入、转移收入、财政补贴和其他收入。

4.基本养老保险基金支出：指按照国家政策规定的开支范围和开支标准从养老保险基金中支付给参加基本养老保险的离休、退休、退职人员个人的养老金、丧葬抚恤补助，以及由于保险关系转移、上下级之间调剂资金等原因而发生的支出。包括离休金、退休金、退职金、各种补贴、医疗费、死亡丧葬补助费、抚恤救济费、社会保险经办机构管理费、补助下级支出、上解上级支出、转移支出、其他支出等。

5.基本养老保险基金累计结余：指截至报告期末基本养老保险基金收支相抵后的累计余额。

离休、退休、退职人员 指正式办理了离休、退休、退职手续，并享受相应的离休、退休、退职待遇的人员。

基本医疗保险

1.参保人数：指报告期末按国家有关规定参加基本医疗保险的人数。包括参加职工基本医疗保险和城乡居民基本医疗保险人数。

2.基金收入：指根据国家有关规定，由纳入基本医疗保险范围的缴费单位和个人，按国家规定的缴费基数和缴费比例缴纳的基金，以及通过其他方式取得的形成基金来源的款项，包括：单位缴纳的社会统筹基金收入、个人缴纳的个人账户基金收入、财政补贴收入、利息收入、其他收入。

3.基金支出：指按照国家政策规定的开支范围和开支标准从社会统筹基金中支付给参加基本医疗保险的职工和退休人员的医疗保险待遇支出，和从个人账户基金中支付给参加基本医疗保险的职工和退休人员的医疗费用支出，以及其他支出。包括：住院医疗费用支出、门急诊医疗费用支出、个人账户基金支出、其他支出。

4.基金累计结余：指截至报告期末基本医疗保险的社会统筹和个人账户基金累计结余金额。包括银行存款、财政专户、债券投资和其他。

失业保险

1.参保人数：指报告期末按照国家法律、法规和有关政策规定参加了失业保险的城镇企业事业单位的职工及地方政府规定参加失业保险的其他人员的人数。

2.失业保险基金收入：指按照规定从企业、事业及其他单位筹集的失业保险费及其他并入失业保险基金收入的总额。包括单位和个人缴纳的失业保险费、失业保险基金利息收入、上级补助收入、下级上解收入、转移收入、财政补贴和其他收入。

3.失业保险基金支出：指报告期内为保障失业人员和下岗职工基本生活、促进其再就业等支出的基金总额。包括失业救济金、医疗费、死亡丧葬补助费、抚恤救济费、转业训练费支出、失业保险经办机构管理费、补助下级支出、上解上级支出、转移支出和其他支出。

4.基金累计结余：指截至报告期末失业保险基金收支相抵后的累计余额。

工伤保险

1.参加保险人数:指报告期末依据国家有关规定参加工伤保险的职工人数。

2.享受保险待遇人数:指劳动者因工负伤致残、死亡或因患职业病致残，根据有关规定享受工伤保险待遇职工或供养直系亲属人数。包括伤残人数、职业病人数、因工死亡人数、供养直系亲属人数。

3.基金收入：指根据国家有关规定，由参加工伤保险的单位按国家规定的缴费基数和缴费比例缴纳的工伤保险基金，以及通过其他形式取得的形成基金来源的款项。包括：单位缴纳的社会统筹基金收入、财政补贴收入、利息收入、其他收入。

4.基金支出：指按照国家政策规定的开支范围和开支标准从工伤保险基金中支付给参加工伤保险的人员及供养直系亲属工伤保险待遇支出及其他支出。包括工伤医疗费、伤残补助金、工亡补助金、护理费、丧葬补助费、工伤预防费用、职业康复费用和其他支出。

5.基金累计结余：指截至报告期末工伤保险基金累计结余金额。包括银行存款、财政专户、债券投资和其他。

生育保险

1.参保人数：指报告期末依据有关规定参加生育保险的职工人数。

2.基金收入：指根据国家有关规定，由参加生育保险的单位按照国家规定的缴费基数和缴费比例缴纳的生育保险基金，以及通过其他方式取得的形成基金来源的款项，包括：单位缴纳的基金收入、利息收入和其他收入。

3.基金支出：指按照国家政策规定的开支范围和开支标准，从生育保险基金中支付给参加生育保险的职工，因妊娠、分娩和计划生育手术而享受的待遇及其他支出。包括：生育津贴、医疗费用支出及其他支出。

4.基金累计结余：指截至报告期末生育保险基金累计结余金额。包括银行存款、财政专户、债券投资和其他。

离休、退休、退职人员保险福利费用 指离休、退休、退职人员实际得到的生活费用总额，包括从社会保险经办机构和单位得到的费用。

1.离休金：指按规定支付给离休人员的生活费用。

2.退休金：指按规定支付给退休人员的生活费用。

3.退职生活费：指按规定支付给退职人员的生活费用。

4.医疗卫生费：指单位直接支付给离休、退休、退职人员的医疗费、住院费以及住院伙食补助等费用。

5.其他：指离休金、退休金、退职生活费和医疗卫生费以外的其他保险福利费用，如丧葬抚恤救济费、生活补贴、物价补贴、冬季取暖补贴等。

Explanatory Notes on Main Statistical Indicators

Employed Persons refer to the persons aged 16 and over who are engaged in social working and receive remuneration payment or earn business income. This indicator reflects the actual utilization of total labour force during a certain period of time and is often used for the research on China' s economic situation and national power.

Persons Employed in Units refer to all the persons working in government agencies of various levels, political and party organizations, social organizations, enterprises and institutions, and receiving wages or other forms of payment. They include fully employed staff and workers, re employed retirees, teachers in schools run by the local people, foreigners and Chinese compatriots from Hong Kong, Macao, and Taiwan working in various units, part time employees, employees of other units working temporarily at current posts, and employees holding the second job, but exclude staff and workers who have left their working units while keeping their labour contract (employment relation) unchanged. This indicator reflects the total number of laborers actually engaged in production or other operations in various units.

Registered Urban Unemployed Persons refer to the total number of urban unemployed registered by public employment and personnel exchange service agencies at the end of the reporting period. The urban household registration personnel who receive unemployment insurance compensation at the end of the reporting period shall be all counted as registered unemployed persons.

Registered Urban Unemployment Rate refers to the ratio of the actual number of registered urban unemployed persons to the total number of employees and the total number of registered urban unemployed persons at the end of the period. Total number of employees refers to the number of persons employed and laid-off workers in the working-age population in urban units at the end of the reporting period(minus the rural labor force, retirees, and Hong Kong, Macao, Taiwan or foreign employees they employ). The formula is as follows:

Registered urban unemployment rate=number of registered urban unemployed persons÷(number of employees in urban units + number of registered urban unemployed persons) ×100%.

State owned Units refer to economic units whose assets are owned by the state. Included are non corporation units registered according to Regulation of the People Republic of China on the Registration of Enterprises and Corporations,state organs, institutions and social organizations at the central and local levels.

Collective Owned Units refer to economic units registered according to Regulation of the People Republic of China on the Registration of Enterprises and Corporations where the means of production are collectively owned.

Units of Other Types of Ownership refer to units registered with other types of ownership, including cooperative units, joint ownership units, limited companies, share holding corporations, units invested by entrepreneurs from Hong Kong, Macao, and Taiwan, and foreign invested units.

Fully Employed Staff and Workers refer to persons who work in, and receive wages from their working units, as well as persons who have their work posts, but are temporarily absent from work for reasons of study or on sick, injury or maternal leave and still receive wages from their working units.

Total Wages Bill refer to the total remuneration payment to staff and workers in various units during a certain period of time. The calculation of total wages is based on the total remuneration payment to the staff and workers. Therefore, all the wages and salaries and other payments to staff and workers are included in the total wages regardless of their sources, category, and forms (in kind or cash). (Total wages of staff and workers in this yearbook include only total wages of fully employed staff and workers, excluding the living allowances distributed to those who have left their working units while keeping their labour contract/employment relation unchanged).

Average Wage refers to the average wage in money terms per person during a certain period of time for staff and workers in enterprises, institutions, and government agencies, which reflects the general level of wage income during a certain period of time and is calculated as follows:

Average Wage=Total Wages of Staff and Workers at Reference Time/Average Number of Staff and Workers at Reference Time.

Basic Pension Insurance

1.Number of staff and workers covered refer to staff and workers participating in basic pension insurance programme in line with national laws, regulations and related policies by the end of reference period, who have already had payment records in social security management agencies, including those who interrupt payment without terminating the insurance programme. Those who have registered in the programme with no payment records are not included.

2. Number of retirees participating in basic pension insurance programme refer to number of retirees participating in basic pension insurance programme by the end of reference period.

3. Revenue of basic pension insurance refer to payments made by employers and individuals participating in pension insurance programs in accordance with the basis and proportion stipulated in state regulations, and income from other sources that become source of pension insurance fund, including the premium paid by employers and staff and works, interest income, subsidies from higher level agencies, income as transfer from subordinate agencies, transferred income, government financial subsidies and other income.

4. Expenses of basic pension insurance refer to payment made to those retired and resigned people covered in pension insurance program in terms of pension or compensation within the scope and standards of expenditure according to related national policies, and expenditure occurred due to shift of the insurance relationship or adjustment of funds among agencies, including pension for resigned people, pension for retired people, pension for people quitting jobs, various subsidies, medical fees, funeral subsidies, compensation pension, management fees for social security agencies, expenses on subsidies to lower subordinates, expenses as transfer to agencies at higher level, transferred expenditure and other expenditure.

5. Balance of basic pension insurance refers to the balance of basic pension insurance at the end of the reference period after deducting expenses from revenue.

Retired or Resigned Personnel refers to people who have formally completed formalities for their retirement or quitting work and enjoy the corresponding retirement treatments.

Basic Medical Care Insurance

1. Number of participants refers to people participating in the basic medical care insurance programme according to related regulations by the end of reference period, including the number of people participating in the basic medical care insurance for staff and workers and the number of people participating in the basic medical care insurance for urban and rural residents.

2. Revenue of insurance programme refer to payments made by employers and individuals participating in medical care insurance programs in accordance with the basis and proportion stipulated in state regulations, and income from other sources that become source of medical insurance fund, including income of social comprehensive funds paid by employers, income from individual accounts, government financial subsidies, interest income and other income.

3. Expenses of insurance programme refer to payment made from social comprehensive funds to those retired and resigned people covered in basic medical care insurance within the scope and standards of expenditure according to related national policies, and medical care payment made from individual accounts to staff and workers and retirees, and other expenses, including medical expenses of hospital inpatients, medical expenses for outpatients and emergency patients, payment from individual accounts and other expenditure.

4. Balance of basic medical care insurance refer to the balance of medical care insurance of social comprehensive funds and individual accounts at the end of the reference period, including bank savings, special fiscal accounts, investment in bonds and others.

Unemployment Insurance

1. Number of people covered refers to staff and workers in urban enterprises or institutions who have participated in unemployment insurance programme in line relevant policies and regulations, and other people who have participated according to local government regulations, by the end of reference period.

2. Revenue of unemployment insurance refer to payments made by employers and individuals participating in unemployment insurance programme in accordance with relevant regulations and other income contributed to this programme, including unemployment insurance premium made by employers and individuals, interest income, subsidies from higher level agencies, income as transfer from subordinate agencies, transferred income, government financial subsidies and other income.

3. Expenses of unemployment insurance refer to total expenses during the reference period to guarantee the basic livelihood of unemployed people and laid off staff and workers and to encourage their re employment. Included are unemployment relief, medical fees, funeral subsidies, compensation pension, training expenses, management fees for unemployment insurance agencies, subsidies to lower level agencies, expenses as transfer to higher level agencies, transferred expenditure and other expenditure.

4. Balance of unemployment insurance refer to the balance of unemployment revenue deducting unemployment expenses at the end of the reference period.

Work Injury Insurance

1. Number of people covered refers to staff and workers who have participated in work injury insurance programme in line with relevant national regulations.

2. Number of beneficiaries refers to staff and workers and their direct dependents who can, in line with relevant regulations, benefit from work injury insurance, as a result of work injury leading to disability or death of the staff/worker, or occupational disease leading to disability. Included in this category are number of injured and disabled people, number of people with occupational diseases, number of deaths at work places, and number of direct dependents.

3. Revenue of work injury insurance refer to payments made by employers participating in work injury insurance programs in accordance with the basis and proportion stipulated in state regulations, and income from other sources that become source of work injury insurance fund, including income of social comprehensive funds paid by employers, government financial subsidies, interest income and other income.

4. Expenses of work injury insurance refer to payments made from work injury insurance funds to those who participated in the work injury insurance programme and their direct dependents within the scope and standards of expenditure according to related national policies, and other expenditure, including medical fees for work injury, injury and disability subsidies, death subsidies, nursing fees, funeral subsidies, injury prevention fees, rehabilitation fees for occupational diseases and other expenditure.

5. Balance of work injury insurance refer to the balance of the work injury funds at the end of the reference period, including bank savings, special fiscal account, investment in bonds and others.

Maternity Insurance

1. Number of people covered refers to staff and workers who have participated in maternity insurance programme according to relevant regulation at the end of the reporting period.

2. Revenue of maternity insurance refers to payments made by employers participating in maternity insurance programs in accordance with the basis and proportion stipulated in state regulations, and income from other sources that become source of maternity insurance fund, including income of funds paid by employers, interest income and other income.

3. Expenses of maternity insurance refer to payments made from maternity insurance funds to staff and workers who participated in maternity insurance programme within the scope and standards of expenditure according to related national policies, expenses paid for pregnancy, child delivery or surgeries related to family planning, and other expenditure, including allowance for child bearing, medical fees and other expenditure.

4. Balance of the maternity insurance refers to the balance of the maternity insurance funds at the end of reference period, including bank savings, special fiscal account, investment in funds and others.

Insurance and Welfare Funds for Retirees refer to the total payment for living expenses actually received by retirees, including payment received from social insurance management agencies and units.

1. Pensions for retired veteran cadres refer to living expenses paid to retired veteran cadres according to related regulations.

2. Pensions for retirement refer to living expenses paid to retired staff and workers according to related regulations.

3. Living allowances for resigned staff and workers refer to living expenses paid to resigned staff and workers according to related regulation.

4. Medical care expenses refer to medical fees, hospitalization cost and per diem subsidies during hospitalizations paid by employers directly to retirees.

5. Others refer to insurance and welfare payments other than the above mentioned payments, including funeral subsidies, living allowances, price subsidies and heating subsidies during winter.

第5篇

固定资产投资

Investment in Fixed Assets

简 要 说 明

一、本篇资料的主要内容

本篇资料主要反映了全省固定资产投资方面的情况，主要包括固定资产投资的规模、结构、资金来源和投资的效果等方面的资料。2011 年，固定资产投资项目统计起点由 50 万元提高到 500 万元，名称统一规范为“固定资产投资”，其中包括城镇、非农户 500 万元及以上项目投资、房地产开发投资；“全社会固定资产投资”包括“固定资产投资加农户固定资产投资”。

二、本篇资料的来源

本篇资料来源于固定资产投资统计年报，由省统计局投资处整理提供。

三、内容修订

为进一步贯彻新发展理念，更好地反映经济结构和质量的变化，反映投资对优化供给结构的关键性作用。本篇资料对固定资产投资表式进行了改版，内容以各分组固定资产投资比上年增长速度为主，通过速度变化反映固定资产投资形势及政策效应。

Brief Introduction

I. Main Content

Data in this chapter show the basic conditions of investment in fixed assets of Shandong Province, mainly including the total investment in fixed assets, the structure of investment, the resources of investment and the results of investment, etc.Since 2011, the statistical criteria of fixed assets investment projects had been increased from 500 thousand to 5 million yuan. Investment in fixed assets include urban area and non-farmers 5 million and above project investments, real estate development investment; the total investment include investment in fixed assets and farmer investment in fixed assets.

II. Source of Data

Data in this chapter are based on the yearly report on investment in fixed assets and provided by the Division of Investment and Construction Statistics of Shandong Provincial Bureau of Statistics.

III. Revision of Content

In order to further implement the New Development Principles, better reflect the changes in economic structure and quality, and reflect the key role of investment in optimizing the supply structure. This chapter revises the fixed assets investment form. The content is mainly about the growth rate of fixed assets investment in each group compared with the preceding year, reflecting the situation of fixed assets investment and policy effects through the change of speed.

5-1 1978-2017年全社会固定资产投资总额
Total Investments in Fixed Assets from 1978 to 2017

单位:亿元 (100 million yuan)

年 份 Year	全社会固定资产投资额 Total Investment	国有经济 State-owned Units	集体经济 Collective-owned Units	#城 镇 Urban	个体经济 Self-employed Units	#农 村 Rural	其他经济 Others
1978	41.87	29.27	8.42	1.78	4.18	3.98	
1979	61.35	31.62	18.97	1.55	10.76	10.41	
1980	69.97	35.83	22.24	3.12	11.90	11.47	
1981	79.60	29.63	32.08	3.27	17.89	17.28	
1982	85.00	43.29	23.38	4.38	18.33	17.46	
1983	96.46	49.11	19.19	3.76	28.16	26.48	
1984	140.15	67.09	25.29	5.01	47.77	44.43	
1985	194.33	100.42	30.21	8.64	63.70	58.51	
1986	223.08	121.95	43.09	11.95	58.04	52.32	
1987	297.77	155.65	78.75	17.84	63.37	56.05	
1988	369.82	192.20	100.97	35.46	76.65	64.83	
1989	305.54	162.30	69.68	19.68	73.56	62.00	
1990	335.66	185.44	71.51	18.63	78.71	67.47	
1991	439.82	234.04	104.73	25.06	101.05	85.73	
1992	601.50	343.17	186.43	42.27	71.90	54.19	
1993	892.48	476.26	245.90	49.90	105.44	83.05	64.88
1994	1108.00	537.59	318.42	56.42	118.45	92.30	133.54
1995	1320.97	611.92	383.97	51.62	140.54	113.13	184.55
1996	1558.01	691.76	484.79	79.79	202.65	166.14	178.81
1997	1792.22	773.30	569.70	60.15	241.76	198.68	207.46
1998	2056.97	938.73	610.20	66.70	274.20	227.00	233.84
1999	2222.17	1043.13	635.55	82.72	310.64	228.43	232.85
2000	2542.65	1153.65	679.48	108.63	353.93	254.11	355.59
2001	2807.79	1157.44	688.61	134.92	384.06	263.35	577.68
2002	3509.29	1237.16	812.65	196.78	487.31	285.64	972.17
2003	5328.44	1615.57	1177.00	321.79	733.64	296.03	1802.23
2004	7629.04	1762.29	2455.86	383.83	772.28	116.36	2638.61
2005	10541.87	1853.29	1042.41	620.23	2736.61	1491.55	4909.56
2006	11136.06	1855.41	1063.61	713.49	3096.56	1186.20	5120.48
2007	12537.02	1838.55	1269.64	857.34	3566.49	1141.34	5862.34
2008	15435.93	2431.54	1811.23	1333.23	4360.90	1304.02	6832.27
2009	19030.97	3086.82	2308.54	1717.74	5235.29	1586.71	8400.32
2010	23276.69	3648.45	2627.32	1841.40	6505.00	1822.99	10495.92
2011	26769.73	3783.31	2715.00		8234.50		12036.92
2012	31255.96	3949.65	3129.27		9879.75		14297.30
2013	36789.07	4757.31	3113.17		12827.66		16090.93
2014	42495.55	5455.94	3380.39		16215.47		17443.75
2015	48312.46	6304.58	3125.74		20268.78		18613.36
2016	53322.49	7497.32	1545.38		22191.42		22088.37
2017	55202.73	9568.25	1496.62		22328.55		21809.31

注:1.2011年起，集体经济和个体经济不再细分城镇和农村(下表同)。
2.2011年起，固定资产投资项目统计起点由50万元提高到500万元，名称统一规范为“固定资产投资”，其中包括城镇、非农户500万元及以上项目投资和房地产开发投资；“全社会固定资产投资”包括“固定资产投资加农户固定资产投资”(下表同)。

a)Collective-owned Units and Self-employed Units had no longer divided into urban and rural unit since 2011.(The same applies to tables following).
b)Since 2011, the statistical criteria of fixed assets investment projects had been increased from 500 thousand to 5 million yuan. Investment in fixed assets include urban area and non-farmers 5 million and above project investments, real estate development and investment.Total investment include investment in fixed assets and farmer investment in fixed assets.(The same applies to tables following).

5-2 1978-2022年全社会固定资产投资构成
Composition of Total Investments in Fixed Assets from 1978 to 2022

单位:% (%)

年份 Year	全社会固定资产投资额 Total Investment	国有经济 State-owned Units	集体经济 Collective-owned Units	#城镇 Urban	个体经济 Self-employed Units	#农村 Rural	其他经济 Others
1978	100.0	69.9	20.1	4.2	10.0	9.5	
1979	100.0	51.5	30.9	2.5	17.6	17.0	
1980	100.0	51.2	31.8	4.5	17.0	16.4	
1981	100.0	37.2	40.3	4.1	22.5	21.7	
1982	100.0	50.9	27.5	5.1	21.6	20.5	
1983	100.0	50.9	19.9	3.9	29.2	27.5	
1984	100.0	47.9	18.0	3.6	34.1	31.7	
1985	100.0	51.7	15.5	4.5	32.8	30.1	
1986	100.0	54.7	19.3	5.4	26.0	23.5	
1987	100.0	52.3	26.4	6.0	21.3	18.8	
1988	100.0	52.0	27.3	9.6	20.7	17.5	
1989	100.0	53.1	22.8	6.4	24.1	20.3	
1990	100.0	55.2	21.3	5.6	23.5	20.1	
1991	100.0	53.2	23.8	5.7	23.0	19.5	
1992	100.0	57.1	31.0	7.0	11.9	9.0	
1993	100.0	53.4	27.6	5.6	11.8	9.3	7.2
1994	100.0	48.5	28.7	5.1	10.7	8.3	12.1
1995	100.0	46.3	29.1	3.9	10.6	8.6	14.0
1996	100.0	44.4	31.1	5.1	13.0	10.7	11.5
1997	100.0	43.1	31.8	3.4	13.5	11.1	11.6
1998	100.0	45.6	29.7	3.3	13.3	11.0	11.4
1999	100.0	46.9	28.6	3.7	14.0	10.3	10.5
2000	100.0	45.4	26.7	4.3	13.9	10.0	14.0
2001	100.0	41.2	24.5	4.8	13.7	9.4	20.6
2002	100.0	35.3	23.1	5.6	13.9	8.1	27.7
2003	100.0	30.3	22.1	6.0	13.8	5.6	33.8
2004	100.0	23.1	32.2	5.0	10.1	1.5	34.6
2005	100.0	17.6	9.9	5.9	25.9	14.1	46.6
2006	100.0	16.7	9.5	6.4	27.8	10.7	46.0
2007	100.0	14.7	10.1	6.8	28.4	9.1	46.8
2008	100.0	15.8	11.7	8.6	28.3	8.4	44.3
2009	100.0	16.2	12.1	9.0	27.5	8.3	44.1
2010	100.0	15.7	11.3	7.9	27.9	7.8	45.1
2011	100.0	14.1	10.1		30.8		45.0
2012	100.0	12.6	10.0		31.6		45.7
2013	100.0	12.9	8.5		34.9		43.7
2014	100.0	12.8	8.0		38.2		41.0
2015	100.0	13.0	6.5		42.0		38.5
2016	100.0	14.1	2.9		41.6		41.4
2017	100.0	17.3	2.7		40.4		39.5
2018	100.0	20.1	1.2		39.1		39.6
2019	100.0	23.8	1.1		29.9		45.2
2020	100.0	20.2	0.5		30.1		49.3
2021	100.0	19.7	0.5		32.5		47.3
2022	100.0	21.3	0.5		31.0		47.2

5-3 按产业分固定资产投资总额
Total Investment in Fixed Assets by Three Strata of Industry

单位:亿元 (100 million yuan)

年 份 Year	固定资产投资额 Investment in Fixed Assets	按产业分 Grouped by Three Strata of Industry			构成(%) Grouped by Structure		
		第一产业 Primary Industry	第二产业 Secondary Industry	第三产业 Tertiary Industry	第一产业 Primary Industry	第二产业 Secondary Industry	第三产业 Tertiary Industry
2000	2542.7	77.1	1176.7	1288.8	3.0	46.3	50.7
2001	2807.8	95.0	1289.8	1423.1	3.4	45.9	50.7
2002	3509.3	131.7	1650.6	1727.0	3.8	47.0	49.2
2003	5328.4	167.5	2799.5	2361.5	3.1	52.5	44.3
2004	7629.0	249.7	4577.1	2802.3	3.3	60.0	36.7
2005	10541.9	308.4	6653.5	3579.6	2.9	63.1	34.0
2006	11136.1	291.7	6908.7	3935.6	2.6	62.0	35.3
2007	12537.0	360.4	7508.2	4668.4	2.9	59.9	37.2
2008	15435.9	563.2	8182.1	6690.6	3.6	53.0	43.3
2009	19031.0	614.8	9615.4	8800.8	3.2	50.5	46.2
2010	23276.7	551.8	11332.4	11392.5	2.4	48.7	48.9
2011	25927.1	533.3	12425.3	12968.5	2.1	47.9	50.0
2012	30319.8	679.6	14432.3	15207.9	2.2	47.6	50.2
2013	35875.9	644.8	17204.1	18027.0	1.8	48.0	50.2
2014	41599.1	705.3	21287.7	19606.1	1.7	51.2	47.1
2015	47381.5	898.3	24092.7	22390.4	1.9	50.8	47.3
2016	52364.5	973.6	27425.7	23965.1	1.9	52.4	45.8
2017	54236.0	1029.6	26876.3	26330.1	1.9	49.6	48.5
2018					1.7	39.5	58.8
2019					1.7	30.1	68.2
2020					2.3	31.3	66.4
2021					1.9	32.4	65.7
2022					1.7	34.4	63.9

注：2000—2010年数据为全社会固定资产投资口径，2011年起数据为固定资产投资口径(不含农户固定资产投资)。

a) Caliber of 2000-2010 data are total fixed investment, from 2011 data are fixed asset investment(excluding rural households).

5-4 固定资产投资(2022年)
Total Investments in Fixed Assets (2022)

单位:% (%)

类 别	Category	增长速度 The growth		构成 Grouped by Structure	
		固定资产投资 Investment in Fixed Assets	#房地产开发投资 Investment in Real Estate Development	固定资产投资 Investment in Fixed Assets	#房地产开发投资 Investment in Real Estate Development
总 计	**Total**	**6.1**	**-6.0**	**100.0**	**100.0**
按登记注册类型分	**Registration Status**				
内 资	Domestic Fund	6.3	-5.5	94.4	93.2
国 有	State-owned	14.5	185.2	12.8	3.1
集 体	Collective-owned	17.1	73.4	0.5	0.8
股份合作	Cooperative	156.3	1672.8	0.1	0.1
联 营	Joint Ownership Units	50.0			
有限责任	Limited Liability	9.8	-2.0	45.9	56.0
股份有限	Share-holding Corporations Ltd.	12.3	6.1	2.7	1.0
私营	Private	-2.0	-16.3	30.5	32.0
其 他	Others	5.7	-88.8	1.9	0.1
港澳台商投资	Fund from Hong Kong,Macao and Taiwan	4.9	-13.7	3.2	5.3
合资经营	Joint Venture	2.9	-16.3	1.8	2.9
合作经营	Collaborative Operation	103.2	48.8	0.1	0.2
独 资	Solely Foreign-owned	2.8	-11.3	1.0	1.7
股 份	Share-holding	37.3	25.7	0.3	0.3
其 他	Others	-35.6	-59.0	0.1	0.1
外商投资	Fund from Overseas	0.9	-10.6	2.4	1.5
合资经营	Joint Venture	-5.4	-19.7	1.2	0.8
合作经营	Collaborative Operation	-15.0	97.2		
外 资	Foreign Funded	16.0	1.6	0.7	0.5
股 份	Share-holding	-3.3	-65.7	0.5	
其 他	Others	57.1			0.1
个体经营	Self-employed	-10.8			
按建设性质分	**Investment by Type of Construction**				
新 建	New Construction	13.1		66.9	
扩 建	Expansion	2.0		10.2	
改建和技术改造	Reconstruction and Technical Transformation	9.2		20.8	
单纯建造生活设施	Housing	25.7		0.1	
迁 建	Removal and Reconstruction	0.2		1.4	
恢 复	Resumption	-44.1		0.1	
单纯购置	Purchase only	24.8		0.6	

注：本表固定资产投资不含农户投资，下表同。
a)Data in this table of investment in fixed asset does not include farmers investment.The same applies to tables following.

5-5 固定资产投资项目情况(2022年)
Investment Projects in Fixed Assets(2022)

单位：%　　(%)

类　别	Category	增长速度 The growth 总计 Total	增长速度 The growth 地方项目 Local Investment	构成 Grouped by Structure 总计 Total	构成 Grouped by Structure 地方项目 Local Investment
计划总投资	**Total planned investment**	**6.2**	**5.6**		
自开始建设累计完成投资	**Completed Investment from Beginning**	**13.5**	**13.1**		
本年完成投资	**Investment Completed This Year**	**10.8**	**10.2**	**100.0**	**100.0**
#住宅投资	Residential Buildings	-3.1	-4.9	3.0	3.0
按构成分	**Investment by Structure**				
建筑安装工程	Construction and Installation	12.9	11.8	74.8	74.9
设备工器具购置	Purchase of Equipment and Instruments	9.2	11.1	14.5	14.3
#购置旧设备	Purchase of Second-hand Equipment	-96.2	-96.2		
其他费用	Others	0.1	-0.8	10.7	10.8
#旧建筑物购置费	Purchase of Used Buildings	-91.6	-90.5		
#建设用地费	Cost of Construction Land	2.3	2.0	7.4	7.6
本年新增固定资产	**Newly Increased Real Estate**	**6.1**	**6.4**		
施工项目个数	**Number of Projects Under Construction**	**2.5**	**2.0**	**100.0**	**100.0**
#本年新开工	Started This Year	-4.7	-5.4	46.5	46.3
本年投产项目个数	**Number of Projects Put into Use**	**-2.4**	**-3.1**		
本年资金来源合计	**Total Fund of Different Sources**	**18.3**	**18.3**		
上年末结余资金	Fund Left Last Year	12.1	11.1		
本年资金来源小计	Total Fund of This Year	18.6	18.6	100.0	100.0
国家预算内资金	State Budgetary Appropriations	66.0	67.6	9.8	9.9
国内贷款	Domestic Loans	14.8	14.6	8.2	7.5
债　券	Stock	97.8	97.8	0.4	0.4
利用外资	Overseas Funds	-33.7	-34.7	0.2	0.2
自筹资金	Self-raised Fund	17.1	17.1	75.3	75.8
其他资金来源	Others	-5.2	-6.0	6.1	6.2
本年各项应付款合计	**Total of Account Payable**	**-71.4**	**-71.6**	**100.0**	**100.0**
#工程款	for Projects	-62.0	-62.1	57.7	58.1

注：本表固定资产投资不含房地产开发投资和农户投资。
a)Data in this table of investment in fixed asset does not include investment in real estate development and farmers investment.

5-6 按行业分的固定资产投资增长速度(2022年)
The growth of Investments in Fixed Assets by Sector(2022)

单位:% (%)

类别	Category	固定资产投资额 Investments in Fixed Assets	计划总投资 Total planned investment	施工项目 Number of Project under Cons -truction	新开工项目 Started This Year
总计	**Provincial Total**	**6.1**	**6.2**	**2.5**	**-4.7**
(一)农、林、牧、渔业	**Farming, Forestry, Animal Husbandry and Fishery**	**-2.1**	**-5.6**	**-12.2**	**-16.0**
农业	Farming	13.0	-1.2	-0.8	2.3
林业	Forestry	54.3	19.4	12.7	-3.2
畜牧业	Animal Husbandry	-23.2	-20.1	-33.1	-51.0
渔业	Fishery	-0.5	6.1	-11.5	-28.8
农林牧渔业及辅助性活动	Services for Farming, Forestry, Animal Husbandry and Fishery	6.2	0.4	0.5	8.0
(二)采矿业	**Mining**	**22.7**	**17.2**	**-8.3**	**-6.1**
煤炭开采和洗选业	Mining and Washing of Coal	90.2	-8.0	16.0	25.0
石油和天然气开采业	Extraction of Petroleum and Natural Gas	29.5	7.6	-55.6	-66.7
黑色金属矿采选业	Mining and Dressing of Ferrous Metal Ores	-17.6	-0.9	-21.9	-47.8
有色金属矿采选业	Mining and Dressing of Nonferrous Metals Ores	-14.9	145.9	-25.5	36.4
非金属矿采选业	Mining and Dressing of Nonmetal Ores	-19.5	11.0	8.1	
开采专业及辅助性活动	Mining Specialties and Auxiliary Activities	122.6	64.8	42.9	100.0
其他采矿业	Mining and Dressing of Other Ores	-98.5	-18.0	-50.0	
(三)制造业	**Manufacture**	**11.2**	**8.0**	**3.1**	**-7.9**
农副食品加工业	Processing of Farm and Sideline Food	19.1	12.4	10.7	4.9
食品制造业	Manufacture of Food	3.2	6.5	-3.0	-19.6
酒、饮料和精制茶制造业	Manufacture of Wine, Drinks and Refined Tea	18.2	34.9	11.0	3.6
烟草制品业	Tobacco Products	52.8	19.2	8.3	20.0
纺织业	Textile Industry	10.2	1.5		-17.8
纺织服装、服饰业	Manufacture of Textile Wearing Apparel and Finery	18.8	0.5	15.7	5.5
皮革、毛皮、羽毛及其制品和制鞋业	Manufacture of Leather, Fur, Feather & Its Products and Footwear	10.7	-11.9	-4.7	-34.9
木材加工及木、竹、藤、棕、草制品业	Timber Processing, Bamboo, Cane, Palm Fiber & Straw Products	14.6	18.3	13.9	6.4
家具制造业	Manufacture of Furniture	39.0	14.5	20.5	7.2
造纸及纸制品业	Papermaking and Paper Products	15.1	-21.2	4.2	7.3
印刷和记录媒介复制业	Printing, Reproduction of Recording Media	25.3	14.0	-11.5	-34.9
文教、工美、体育和娱乐用品制造业	Manufacture of Culture, Education,Arts and crafts, Sport and Entertainment Goods	10.6	-18.7	0.4	-24.5
石油、煤炭及其他燃料加工业	Processing of Oil, Coal and Other Fuel	-26.7	-9.5	10.2	25.3
化学原料和化学制品制造业	Manufacture of Raw Chemical Materials	11.8	12.4	15.1	12.6
医药制造业	Manufacture of Medicines	9.0	14.7	13.6	-5.3
化学纤维制造业	Manufacture of Chemical Fibers	27.6	21.6	-0.8	-25.7
橡胶和塑料制品业	Manufacture of Rubber and Plastic	4.8	6.4	4.6	-1.6
非金属矿物制品业	Nonmetal Mineral Products	-3.9	-2.1	-7.2	-11.3
黑色金属冶炼及压延加工业	Smelting and Pressing of Ferrous Metals	-32.9	0.8	-2.1	-3.2
有色金属冶炼及压延加工业	Smelting and Pressing of Nonferrous Metals	12.9	4.8	-8.3	-26.5
金属制品业	Manufacture of Metal Products	5.4	12.7	-0.6	-12.4

注:计划总投资、施工及新开工项目个数等指标不含房地产企业开发数据(下表同)。

a) Data of total planned investment , number of project under construction and new started exclude those developed by real estate companies.(The same applies to tables following).

5-6 续表 1 continued

单位:% (%)

类别	Category	固定资产投资 Investments in Fixed Assets	计划总投资 Total planned investment	施工项目 Number of Project under Cons-truction	新开工项目 Started This Year
通用设备制造业	Manufacture of General Purpose Machinery	8.5	2.3	-4.2	-19.6
专用设备制造业	Manufacture of Special Purpose Machinery	-2.6	2.3	-7.4	-20.7
汽车制造业	Manufacture of Automotive	9.8	2.1	4.9	-20.7
铁路、船舶、航空航天和其他运输设备制造业	Manufacture of Railroad,Marine,Aerospace and Other Transportation Equipment	5.0	7.1	-1.5	1.9
电气机械及器材制造业	Manufacture of Electrical Machinery & Equipment	20.5	-1.7	-0.7	-20.1
计算机、通信和其他电子设备制造业	Manufacture of Computer, Communications and Other Electronic Equipment	61.9	21.1	25.0	20.1
仪器仪表制造业	Manufacture of Measuring Instrument	85.0	79.7	53.5	56.9
其他制造业	Other Manufacture	-35.0	2.0	-23.6	-53.8
废弃资源综合利用业	Comprehensive Utilization of Waste	48.3	11.7	13.8	12.2
金属制品、机械和设备修理业	Metal Products, Machinery and Equipment Repair Industry	-10.3	7.6	-18.5	-41.2
(四)电力、热力、燃气及水的生产和供应业	**Production and Supply of Electric, Heat, Gas and Water**	**21.1**	**16.9**	**19.3**	**18.2**
电力、热力生产和供应业	Production and Supply of Electric Power and Heating Power	19.6	15.0	25.0	24.3
燃气生产和供应业	Production and Supply of Gas	22.0	2.4	-6.3	-10.6
水的生产和供应业	Production and Supply of Tap Water	25.4	30.6	12.7	8.2
(五)建筑业	**Construction**	**292.4**	**353.0**	**400.0**	**600.0**
房屋建筑业	Building Construction	581.1	2155.0	500.0	
土木工程建筑业	Civil Engineering Construction	225.9	227.8	266.7	250.0
建筑安装业	Construction Installment				
建筑装饰和其他建筑业	Construction Decoration and Others				
(六)批发和零售业	**Wholesale and Retail Trade**	**-13.7**	**-13.8**	**-11.2**	**-7.9**
批发业	Wholesale	-8.0	-27.7	-23.2	-24.2
零售业	Retail Trade	-17.5	-5.9	-1.6	3.1
(七)交通运输、仓储和邮政业	**Transport, Storage and Postal Services**	**3.9**	**5.5**	**-5.8**	**-12.5**
铁路运输业	Railway Transport	-13.3	1.3	19.4	16.7
道路运输业	Road Transport	2.9	-0.1	-14.3	-17.1
水上运输业	Waterway Transport	14.8	21.3	11.0	-6.7
航空运输业	Air Transport	54.9	65.7	-19.4	-28.6
管道运输业	Pipeline Transport	-23.8	-27.1	-15.4	-22.2
多式联运和运输代理业	Multimodal transport and Transportation agency	-5.3	5.8	-11.1	-30.8
装卸搬运和仓储业	Loading and Unloading and Storage	25.1	18.2	10.3	-3.2
邮政业	Postal Services	-24.4	-17.3	-7.7	-42.9
(八)住宿和餐饮业	**Accommodations and Catering Services**	**-17.5**	**-9.8**	**-14.1**	**-30.7**
住宿业	Accommodations	-13.8	-10.6	-15.3	-32.0
餐饮业	Catering Services	-34.5	-2.7	-9.8	-27.0
(九)信息传输、软件和信息技术服务业	**Information Transmission, Computer Services and Software**	**7.8**	**4.9**	**11.0**	**10.5**
电信、广播电视和卫星传输服务	Telecommunications, Radio and Television and Satellite Transmission Services	10.0	14.9	28.8	46.4
互联网和相关服务	Internet and related Services	31.3	25.3	10.2	-8.3
软件和信息技术服务业	Software and Information Technology Services	-15.1	-17.2	1.6	5.1
(十)金融业	**Finance**	**21.8**	**12.4**	**10.2**	**30.0**
货币金融服务	Monetary and Financial Services	9.0	69.2	9.4	25.0
资本市场服务	Capital Market Services	-56.9	-37.0		

5-6 续表 2 continued

单位:% (%)

类 别	Category	固定资产投资 Investments in Fixed Assets	计 划 总投资 Total planned investment	施工项目 Number of Project under Cons -truction	新开工 项 目 Started This Year
保险业	Insurance	37.2	201.0	300.0	100.0
其他金融业	Others	39.9	2.8	-9.1	100.0
(十一)房地产业	**Real Estate**	**-4.6**	**2.9**	**-4.1**	**-36.3**
(十二)租赁和商务服务业	**Leasing and Business Services**	**18.2**	**11.5**	**5.7**	**-12.8**
租赁业	Leasing Services	-63.0	-87.1	-66.7	-80.0
商务服务业	Business Services	18.9	12.4	6.6	-12.1
(十三)科学研究和技术服务	**Scientific Research and Technical Services**	**6.9**	**6.3**	**12.8**	**28.9**
研究与试验发展	Research and Experimental Development	-20.7	-9.8	11.3	30.8
专业技术服务业	Special Technical Services	10.9	-8.5	-0.5	-4.0
科技推广和应用服务业	Science and Technology Promotion and Application Services	44.6	31.5	22.7	55.5
(十四)水利、环境和公共设施管理业	**Management of Water Conservancy, Environment and Public Facilities**	**17.4**	**4.1**	**7.3**	**10.7**
水利管理业	Management of Water Conservancy	8.8	-1.1	7.3	39.4
生态保护和环境治理业	Ecological Protection and Environmental Management	25.0	19.8	28.8	30.8
公共设施管理业	Management of Public Facilities	17.0	2.2	4.7	4.5
土地管理业	Management of Land	111.5	53.2	-11.3	4.2
(十五)居民服务、修理和其他服务业	**Households services, Repair and Other Services**	**22.3**	**-5.4**	**-14.4**	**-30.5**
居民服务业	Services to Households	12.4	-5.3	-9.5	-25.0
机动车、电子产品和日用产品修理业	Motor Vehicles, Electronics and Household Products Repair	115.9	-9.3	-8.3	-50.0
其他服务业	Other Services	45.8	-5.4	-44.0	-50.0
(十六)教 育	**Education**	**18.0**	**5.1**	**-3.6**	**-16.1**
教 育	Education	18.0	5.1	-3.6	-16.1
(十七)卫生和社会工作	**Health and Social Work**	**52.4**	**15.6**	**25.5**	**52.1**
卫 生	Health Care	54.9	20.2	35.5	76.6
社会工作	Social Work	41.4	2.7	-1.3	-6.5
(十八)文化、体育和娱乐业	**Culture, Sports and Recreation**	**-7.9**	**-11.2**	**-13.6**	**-28.3**
新闻和出版业	News and Publication	-58.5	18.3	-25.0	
广播、电视、电影和影视录音制作业	Radio, Television, Film and Video Recording Production	-51.5	-25.9	-33.3	-66.7
文化艺术业	Culture and Arts	13.9	5.7	-7.5	-27.5
体 育	Sports	26.2	19.0	-4.1	-10.2
娱乐业	Recreation	-21.0	-20.1	-16.8	-31.4
(十九)公共管理、社会保障和社会组织	**Public Management,Social Security and Social Organizations**	**-5.0**	**-7.5**	**-7.3**	**15.4**
中国共产党机关	CPC Agencies	-74.7	-64.0	-50.0	-100.0
国家机构	Government Agencies	-1.0	-7.6	-4.1	20.4
人民政协、民主党派	CPPCC and Democratic Parties	-100.0	-100.0	-100.0	
社会保障	Social Security	445.7	-0.2		
群众团体、社会团体和其他成员组织	Mass Organizations, Social Organizations and Other Organizations	-36.6	109.8		-25.0
基层群众自治组织	Self-governing Mass Organizations at the Grass-roots Level	-36.0	-5.4	-26.7	-14.3
(二十)国际组织	**International Organizations**				
国际组织	International Organizations				

5-7 按行业分的固定资产投资构成(2022年)
Composition of Investments in Fixed Assets by Sector(2022)

单位:% (%)

类别	Category	固定资产投资 Investments in Fixed Assets	计划总投资 Total planned investment	施工项目 Number of Project under Cons-truction	新开工项目 Started This Year
总计	**Provincial Total**	**100.0**	**100.0**	**100.0**	**100.0**
(一)农、林、牧、渔业	**Farming, Forestry, Animal Husbandry and Fishery**	**2.1**	**2.6**	**5.0**	**5.5**
农业	Farming	0.8	0.9	2.1	2.7
林业	Forestry	0.1	0.1	0.2	0.2
畜牧业	Animal Husbandry	0.6	0.7	1.3	1.0
渔业	Fishery	0.2	0.4	0.3	0.3
农林牧渔业及辅助性活动	Services for Farming, Forestry, Animal Husbandry and Fishery	0.5	0.5	1.1	1.3
(二)采矿业	**Mining**	**1.0**	**0.5**	**0.5**	**0.6**
煤炭开采和洗选业	Mining and Washing of Coal	0.1	0.1	0.2	0.2
石油和天然气开采业	Extraction of Petroleum and Natural Gas	0.7	0.2		
黑色金属矿采选业	Mining and Dressing of Ferrous Metal Ores			0.1	0.1
有色金属矿采选业	Mining and Dressing of Nonferrous Metals Ores	0.1	0.1	0.1	0.1
非金属矿采选业	Mining and Dressing of Nonmetal Ores		0.1	0.1	0.1
开采专业及辅助性活动	Mining Specialties and Auxiliary Activities				
其他采矿业	Mining and Dressing of Other Ores				
(三)制造业	**Manufacture**	**28.9**	**34.5**	**48.1**	**50.0**
农副食品加工业	Processing of Farm and Sideline Food	1.3	1.2	3.0	3.9
食品制造业	Manufacture of Food	0.9	1.1	2.2	2.2
酒、饮料和精制茶制造业	Manufacture of Wine, Drinks and Refined Tea	0.2	0.2	0.5	0.5
烟草制品业	Tobacco Products				
纺织业	Textile Industry	0.5	0.5	1.5	1.6
纺织服装、服饰业	Manufacture of Textile Wearing Apparel and Finery	0.2	0.1	0.5	0.7
皮革、毛皮、羽毛及其制品和制鞋业	Manufacture of Leather, Fur, Feather & Its Products and Footwear	0.1	0.1	0.2	0.2
木材加工及木、竹、藤、棕、草制品业	Timber Processing, Bamboo, Cane, Palm Fiber & Straw Products	0.4	0.3	0.9	1.2
家具制造业	Manufacture of Furniture	0.3	0.2	0.6	0.7
造纸及纸制品业	Papermaking and Paper Products	0.3	0.4	0.7	0.8
印刷和记录媒介复制业	Printing, Reproduction of Recording Media	0.1	0.2	0.4	0.4
文教、工美、体育和娱乐用品制造业	Manufacture of Culture, Education,Arts and crafts , Sport and Entertainment Goods	0.3	0.2	0.7	0.7
石油、煤炭及其他核燃料加工业	Processing of Oil, Coal and Other Fuel	0.3	0.5	0.5	0.7
化学原料和化学制品制造业	Manufacture of Raw Chemical Materials and Chemica Products	5.3	7.0	4.8	4.8
医药制造业	Manufacture of Medicines	1.8	2.4	2.7	2.4
化学纤维制造业	Manufacture of Chemical Fibers	0.3	0.4	0.4	0.3
橡胶和塑料制品业	Manufacture of Rubber and Plastic	0.9	0.9	2.2	2.7
非金属矿物制品业	Nonmetal Mineral Products	2.0	2.3	4.8	5.2
黑色金属冶炼及压延加工业	Smelting and Pressing of Ferrous Metals	0.5	1.2	0.5	0.5
有色金属冶炼及压延加工业	Smelting and Pressing of Nonferrous Metals	0.6	0.8	0.8	0.7
金属制品业	Manufacture of Metal Products	1.2	1.5	2.8	3.1

注：计划总投资、施工及新开工项目个数等指标不含房地产企业开发数据(下表同)。

a) Data of total planned investment, number of project under construction and new started exclude those developed by real estate companies.(The same applies to tables following).

5-7 续表 1 continued

单位:% (%)

类 别	Category	固定资产投资额 Investments in Fixed Assets	计 划 总投资 Total planned investment	施工项目 Number of Project under Cons -truction	新开工项 目 Started This Year
通用设备制造业	Manufacture of General Purpose Machinery	2.3	2.5	4.8	4.5
专用设备制造业	Manufacture of Special Purpose Machinery	2.1	2.5	4.1	3.9
汽车制造业	Manufacture of Automotive	1.2	1.3	1.8	1.7
铁路、船舶、航空航天和其他运输设备制造业	Manufacture of Railroad,Marine,Aerospace and Other Transportation Equipment	0.7	0.8	0.7	0.7
电气机械及器材制造业	Manufacture of Electrical Machinery & Equipment	1.2	1.6	1.9	1.8
计算机、通信和其他电子设备制造业	Manufacture of Computer, Communications and Other Electronic Equipment	2.9	3.3	2.4	2.4
仪器仪表制造业	Manufacture of Measuring Instrument	0.4	0.6	0.8	1.0
其他制造业	Other Manufacture		0.1	0.1	0.1
废弃资源综合利用业	Comprehensive Utilization of Waste	0.3	0.3	0.6	0.7
金属制品、机械和设备修理业	Metal Products, Machinery and Equipment Repair Industry			0.1	0.1
(四)电力、热力、燃气及水的生产和供应业	**Production and Supply of Electric, Heat, Gas and Water**	**4.7**	**6.4**	**6.7**	**7.7**
电力、热力生产和供应业	Production and Supply of Electric Power and Heating Power	3.2	4.8	4.5	5.6
燃气生产和供应业	Production and Supply of Gas	0.3	0.4	0.4	0.4
水的生产和供应业	Production and Supply of Tap Water	1.1	1.3	1.8	1.7
(五)建筑业	**Construction**			**0.1**	**0.1**
房屋建筑业	Building Construction				
土木工程建筑业	Civil Engineering Construction				
建筑安装业	Construction Installment				
建筑装饰和其他建筑业	Construction Decoration and Others				
(六)批发和零售业	**Wholesale and Retail Trade**	**0.4**	**0.4**	**0.8**	**0.9**
批发业	Wholesale	0.2	0.1	0.3	0.3
零售业	Retail Trade	0.2	0.3	0.5	0.6
(七)交通运输、仓储和邮政业	**Transport, Storage and Postal Services**	**8.6**	**13.8**	**5.2**	**4.7**
铁路运输业	Railway Transport	1.4	2.1	0.2	0.1
道路运输业	Road Transport	4.8	8.1	2.9	2.6
水上运输业	Waterway Transport	0.7	1.0	0.3	0.2
航空运输业	Air Transport	0.3	0.9	0.1	
管道运输业	Pipeline Transport	0.1	0.1	0.1	0.1
多式联运和运输代理业	Multimodal transport and Transportation agency	0.1	0.3	0.1	0.1
装卸搬运和仓储业	Loading and Unloading and Storage	1.2	1.3	1.5	1.6
邮政业	Postal Services				
(八)住宿和餐饮业	**Accommodations and Catering Services**	**0.4**	**0.5**	**0.7**	**0.6**
住宿业	Accommodations	0.3	0.4	0.5	0.4
餐饮业	Catering Services	0.1	0.1	0.2	0.2
(九)信息传输、软件和信息技术服务业	**Information Transmission, Computer Services and Software**	**1.2**	**1.9**	**1.6**	**1.7**
电信、广播电视和卫星传输服务	Telecommunications, Radio and Television and Satellite Transmission Services	0.2	0.2	0.4	0.6
互联网和相关服务	Internet and related Services	0.6	1.0	0.7	0.6
软件和信息技术服务业	Software and Information Technology Services	0.4	0.7	0.5	0.5
(十)金融业	**Finance**	**0.2**	**0.3**	**0.2**	**0.2**
货币金融服务	Monetary and Financial Services			0.1	0.1
资本市场服务	Capital Market Services				

5-7 续表 2 continued

单位:% (%)

类 别	Category	固定资产投资额 Investments in Fixed Assets	计 划 总投资 Total planned investment	施工项目 Number of Project under Cons -truction	新开工 项 目 Started This Year
保险业	Insurance				
其他金融业	Others	0.1	0.2		
(十一)房地产业	**Real Estate**	**31.5**	**10.1**	**4.9**	**2.1**
(十二)租赁和商务服务业	**Leasing and Business Services**	**4.1**	**7.0**	**3.0**	**2.4**
租赁业	Leasing Services				
商务服务业	Business Services	4.1	7.0	3.0	2.4
(十三)科学研究和技术服务	**Scientific Research and Technical Services**	**2.2**	**3.1**	**2.2**	**2.2**
研究与试验发展	Research and Experimental Development	0.8	1.2	0.6	0.5
专业技术服务业	Special Technical Services	0.4	0.4	0.6	0.6
科技推广和应用服务业	Science and Technology Promotion and Application Services	1.0	1.5	1.1	1.1
(十四)水利、环境和公共设施管理业	**Management of Water Conservancy, Environment and Public Facilities**	**7.3**	**8.9**	**11.1**	**13.0**
水利管理业	Management of Water Conservancy	0.8	1.0	1.4	1.7
生态保护和环境治理业	Ecological Protection and Environmental Management	0.8	1.1	1.4	1.6
公共设施管理业	Management of Public Facilities	5.6	6.7	8.2	9.6
土地管理业	Management of Land	0.1	0.1	0.1	0.2
(十五)居民服务、修理和其他服务业	**Households services, Repair and Other Services**	**0.2**	**0.4**	**0.4**	**0.3**
居民服务业	Services to Households	0.2	0.3	0.3	0.3
机动车、电子产品和日用产品修理业	Motor Vehicles, Electronics and Household Products Repair				
其他服务业	Other Services		0.1		
(十六)教 育	**Education**	**2.9**	**2.7**	**3.9**	**3.0**
教 育	Education	2.9	2.7	3.9	3.0
(十七)卫生和社会工作	**Health and Social Work**	**2.7**	**3.5**	**2.9**	**2.9**
卫 生	Health Care	2.2	2.7	2.3	2.4
社会工作	Social Work	0.5	0.8	0.6	0.5
(十八)文化、体育和娱乐业	**Culture, Sports and Recreation**	**1.5**	**3.0**	**1.9**	**1.3**
新闻和出版业	News and Publication				
广播、电视、电影和影视录音制作业	Radio, Television, Film and Video Recording Production			0.1	
文化艺术业	Culture and Arts	0.4	0.7	0.5	0.3
体 育	Sports	0.3	0.4	0.3	0.3
娱乐业	Recreation	0.8	1.9	1.1	0.7
(十九)公共管理、社会保障和社会组织	**Public Management,Social Security and Social Organizations**	**0.3**	**0.3**	**0.7**	**0.8**
中国共产党机关	CPC Agencies				
国家机构	Government Agencies	0.3	0.2	0.7	0.7
人民政协、民主党派	CPPCC and Democratic Parties				
社会保障	Social Security				
群众团体、社会团体和其他成员组织	Mass Organizations, Social Organizations and Other Organizations				
基层群众自治组织	Self-governing Mass Organizations at the Grass-roots Level			0.1	0.1
(二十)国际组织	**International Organizations**				
国际组织	International Organizations				

5-8 各市固定资产投资增长速度
The growth of Total Investments in Fixed Assets by Region

单位:% (%)

地 区	Region	2018	2019	2020	2021	2022
全省总计	**Total**	**4.1**	**-8.4**	**3.6**	**6.0**	**6.1**
济 南 市	Jinan	9.6	12.6	4.0	11.5	3.8
青 岛 市	Qingdao	7.9	21.6	3.2	4.1	4.5
淄 博 市	Zibo	6.6	-44.6	7.5	22.1	18.1
枣 庄 市	Zaozhuang	-19.8	-15.8	3.2	6.5	10.1
东 营 市	Dongying	-10.0	-32.6	8.9	12.5	12.4
烟 台 市	Yantai	6.0	5.0	2.9	0.2	8.5
潍 坊 市	Weifang	4.4	-23.2	4.5	16.0	12.7
济 宁 市	Jining	7.1	-3.6	3.2	12.4	-16.1
泰 安 市	Tai'an	5.8	-23.3	2.9	-29.4	17.4
威 海 市	Weihai	7.5	-15.0	2.9	6.0	-18.9
日 照 市	Rizhao	6.3	-16.5	3.2	3.0	3.1
莱 芜 市	Laiwu	7.2				
临 沂 市	Linyi	7.8	-23.5	4.0	11.4	12.3
德 州 市	Dezhou	7.3	-13.6	-2.9	-19.6	18.5
聊 城 市	Liaocheng	-4.3	-41.2	6.8	12.9	16.3
滨 州 市	Binzhou	-16.8	-23.5	7.8	15.3	14.1
菏 泽 市	Heze	8.0	8.1	7.5	15.8	18.3

注：根据行政区划调整，2019年起，莱芜市并入济南市，以下表同。
a)According to administrative division adjustment,Laiwu City merged into Jinan City from 2019.The same applies to tables following.

5-9 各市民间固定资产投资增长速度
The growth of Non-government Investments in Fixed Assets by Region

单位:% (%)

地 区	Region	2018	2019	2020	2021	2022
全省总计	**Total**	**4.1**	**-18.0**	**6.9**	**8.2**	**1.3**
济 南 市	Jinan	8.5	-10.9	3.9	24.9	-0.6
青 岛 市	Qingdao	21.8	20.9	13.0	8.3	2.3
淄 博 市	Zibo	15.8	-45.3	7.8	24.1	-2.6
枣 庄 市	Zaozhuang	-21.3	-32.3	2.7	-2.2	9.1
东 营 市	Dongying	-9.6	-45.7	7.0	26.6	-9.8
烟 台 市	Yantai	2.9	6.4	3.6	0.8	1.4
潍 坊 市	Weifang	8.9	-31.8	11.8	12.7	10.1
济 宁 市	Jining	2.6	-8.8	10.3	10.2	-14.5
泰 安 市	Tai'an	-6.4	-33.0	-4.1	-21.6	17.4
威 海 市	Weihai	7.1	-21.9	-5.9	8.9	-17.0
日 照 市	Rizhao	-3.6	-13.7	26.6	6.1	-15.4
莱 芜 市	Laiwu	5.9				
临 沂 市	Linyi	9.5	-36.9	8.3	17.2	3.6
德 州 市	Dezhou	12.3	-18.8	-2.9	-15.6	13.1
聊 城 市	Liaocheng	-5.7	-47.2	0.9	5.0	12.2
滨 州 市	Binzhou	-21.5	-29.9	7.2	10.7	5.6
菏 泽 市	Heze	4.5	-5.2	15.5	6.5	19.9

5-10 各市房地产开发投资和销售情况(2022年)

General Scale of Investment Actually Completed by Enterprises for Real Estate Development and Floor Space of Commercialized Buildings Sold(2022)

地区	Region	本年完成投资(万元) Investment Completed This Year (10 000 yuan)	#住宅 Residential Buildings	商品房销售面积(平方米) Floor Space of Commercialized Buildings Sold(sq.m)	#住宅 Residential Buildings	商品房销售额(万元) Total Sale of Commercialized Buildings Sold(10 000 yuan)	#住宅 Residential Buildings
全省总计	**Total**	**92259118**	**72116410**	**116855624**	**98216794**	**98077044**	**84812844**
济南市	Jinan	18308037	12476265	12419469	9070928	15145712	12217238
青岛市	Qingdao	17891221	13162138	15637283	12640756	21808245	18252662
淄博市	Zibo	3566261	2861888	3803842	3217511	3114519	2705209
枣庄市	Zaozhuang	3347774	2570144	3845568	3490365	2983698	2728497
东营市	Dongying	2007437	1736869	2650358	2277788	1958170	1704183
烟台市	Yantai	7015760	6044212	9300089	8575174	7286142	6764537
潍坊市	Weifang	7780705	6423982	11257954	9856832	7132539	6547942
济宁市	Jining	5066119	4453475	10950414	9778392	7477373	6754999
泰安市	Tai'an	2634938	2222994	4372487	4163240	3157428	3032411
威海市	Weihai	2561247	2134704	3817669	3240786	2929039	2556556
日照市	Rizhao	2293987	1667782	2049558	1480534	1757608	1323017
临沂市	Linyi	7044466	5672918	12248784	9089550	8662178	7003649
德州市	Dezhou	3520595	3045023	6829268	6239977	4467707	4149883
聊城市	Liaocheng	3559388	2819008	6018038	4485218	3965060	3349884
滨州市	Binzhou	1904275	1634351	3837823	3393121	2216677	2032914
菏泽市	Heze	3756908	3190657	7817020	7216622	4014949	3689263

5-11 按登记注册类型分的房地产开发投资情况(2022年)

类别		Category		总计 Total	内资企业 Domestic Funded	国有企业 State-owned Enterprises
计划总投资	**(万元)**	**Intended Investment**	**(10 000 yuan)**	**691866973**	**653193768**	**20380135**
自开始建设累计完成投资	**(万元)**	**Cumulative Investment**	**(10 000 yuan)**	**400513124**	**378357368**	**11598651**
本年完成投资	**(万元)**	**Investment Completed in Current Year**	**(10 000 yuan)**	**92259118**	**86007272**	**2852675**
按构成分		**Grouped by Use of Funds**				
建筑工程	(万元)	Account Payable	(10 000 yuan)	57910559	54043555	1472520
安装工程	(万元)	Installation	(10 000 yuan)	4783073	4494132	76162
设备工器具购置	(万元)	Purchase of Equipment and Instruments	(10 000 yuan)	772375	718747	9322
其他费用	(万元)	Others	(10 000 yuan)	28793111	26750838	1294671
#旧建筑物购置费	(万元)	Purchase of Used Building	(10 000 yuan)	49013	48887	
土地购置费	(万元)	Purchase of Land	(10 000 yuan)	25070542	23227020	1225026
按工程用途分		**Grouped by Use of Buildings**				
住宅	(万元)	Residential Buildings	(10 000 yuan)	72116410	67239820	2143943
#90平方米以下住宅	(万元)	Residential Buildings below 90sq.m	(10 000 yuan)	5520642	4990583	240663
144平方米以上住宅	(万元)	Residential Buildings above 144sq.m	(10 000 yuan)	16013837	15360702	397366
办公楼	(万元)	Office Buildings	(10 000 yuan)	4110623	3775586	106089
商业营业用房	(万元)	Buildings for Business	(10 000 yuan)	6320699	5818248	131851
其他	(万元)	Others	(10 000 yuan)	9711386	9173618	470792
本年新增固定资产	**(万元)**	**Newly Increased Fixed Assets**	**(10 000 yuan)**	**29400297**	**27615471**	**340306**
到位资金情况		**Funds in Place**				
上年末结余资金	(万元)	Fund Left from Last Year	(10 000 yuan)	45176499	40953121	1078754
本年实际到位资金	(万元)	Actual Funds Available for Investment in the Year	(10 000 yuan)	99535248	92603159	2564348
国内贷款	(万元)	Domestic Loans	(10 000 yuan)	9274196	8752557	410870
#银行贷款	(万元)	from Banks	(10 000 yuan)	8110293	7607453	395450
非银行金融机构贷款	(万元)	from Other Financial Departments	(10 000 yuan)	1163903	1145104	15420
利用外资	(万元)	Foreign Investment	(10 000 yuan)	5396	2728	
自筹资金	(万元)	Self-Raising Funds	(10 000 yuan)	34755523	31883719	841601
定金及预付款	(万元)	Earnest Money and Advance Charge	(10 000 yuan)	35116196	32696305	778203
个人按揭贷款	(万元)	Mortgage Loans	(10 000 yuan)	15796222	14880194	335893
其他到位资金	(万元)	Others	(10 000 yuan)	4587715	4387656	197781
本年各项应付款合计	(万元)	Account Payable	(10 000 yuan)	32498719	30222057	685274
#工程款	(万元)	Payment for Construction	(10 000 yuan)	18343174	16966268	228912
待开发土地面积	**(平方米)**	**Space of Land to be Developed**	**(sq.m)**	**45874069**	**43957035**	**913789**

Investment in Real Development by Registration Status(2022)

集体企业 Collective-owned Enterprises	股份合作企业 Cooperative Enterprises	联营企业 Joint-owned Enterprises	有限责任公司 Limited Liability Corporations	股份有限公司 Share-holding Corporations Limited	私营企业 Private Enterprises	其他企业 Other Enterprises	港澳台商投资企业 Enterprises with Funds from Hong Kong, Macao and Taiwan	外商投资企业 Foreign Funded Enterprises
3576906	**1083679**	**344269**	**379382947**	**7984089**	**239824722**	**617021**	**29255785**	**9417420**
2051295	**447576**	**70535**	**222975975**	**4547521**	**136504196**	**161619**	**16969960**	**5185796**
773876	**94987**	**50484**	**51683877**	**950639**	**29529008**	**71726**	**4853491**	**1398355**
453486	58434	31740	31722799	638789	19612176	53611	3025668	841336
7400	4506	7360	2419186	43998	1926403	9117	185664	103277
456			368791	8729	331264	185	39837	13791
312534	32047	11384	17173101	259123	7659165	8813	1602322	439951
			27972		20415	500	126	
268462	32047	5008	14897566	197249	6595432	6230	1451368	392154
479598	92910	47078	39475756	812635	24141548	46352	3737374	1139216
26553			3180196	117280	1425771	120	320783	209276
315908	8725	7490	9373761	140590	5116862		469871	183264
52601	707		2924351	9414	682424		296061	38976
13662	1369	1037	3516698	60007	2089810	3814	378092	124359
228015	1	2369	5767072	68583	2615226	21560	441964	95804
582548			**17174404**	**352799**	**9165414**		**1334225**	**450601**
715930	50242	11689	26482108	628189	11981209	5000	3383509	839869
563481	42567	122860	55577944	931236	32733997	66726	5229719	1702370
102150	12000		6186029	42324	1999184		379941	141698
102150	12000		5379292	38600	1679961		364142	138698
			806737	3724	319223		15799	3000
			148		2580		2668	
79389		70710	18247668	428890	12183750	31711	2193322	678482
244822	22017	42749	19533980	281283	11758236	35015	1832266	587625
136590	7594	6441	8474385	153567	5765724		670525	245503
530	956	2960	3135734	25172	1024523		150997	49062
88422	52607	57424	18121689	524884	10691757		1722237	554425
34785	52607	24250	10310368	247112	6068234		1008040	368866
41386	**242710**		**24061433**	**806864**	**17890853**		**1367443**	**549591**

5-12 按登记注册类型分的房地产开发财务情况(2022年)

单位:万元

类别	Category	总计 Total	内资企业 Domestic Funded	国有企业 State-owned Enterprises
一、期初存货	**Initial Inventory**	**377365218**	**357732736**	**10797450**
二、期末资产负债	**Property debt at the End**			
流动资产合计	Total Liquid Liabilities	660155759	624903298	21003765
#应收账款	Accounts receivable	19725041	18915851	540104
存　货	Inventory	382151287	363274128	12848232
固定资产原价	Fixed Asset Value	20323103	19161738	359859
累计折旧	Accumulated Depreciation	4208109	3879962	57599
#本年折旧	in Current Year	802355	765867	17003
资产总计	Assets	797221860	758286106	26418640
负债合计	Liabilities	653360200	627939436	20099886
所有者权益合计	Owners' Equity	143861660	130346671	6318754
#实收资本	Paid-up Capital	77012535	65148341	1957234
三、损益及分配	**Net Income or Loss and Distribution**			
营业收入	Revenues from Business	103707929	97494685	2142772
#主营业务收入	Revenues from Principal Business	95929245	90154800	1896026
土地转让收入	Revenues from Land Transfer	355133	355133	9805
商品房屋销售收入	Revenues from Commercial Housing Sales	91280591	86132694	1797314
自持物业收入	Self Holding Property Income	1021895	886143	69045
#房屋出租收入	Housing Rental Income	621340	537836	1834
其他收入	Others	3271627	2780831	19863
营业成本	Business Cost	85600947	80469139	1781799
#主营业务成本	Main Business Cost	80661594	75995971	1537644
营业税金及附加	Business Tax and Extra Charges	4348133	4120682	125541
其他业务利润	Other Operating Profits	208805	206121	123
销售费用	Sales Expenses	3138211	2907765	53085
管理费用	Management Expenses	3248492	3095984	60548
财务费用	Financial Expenses	2442683	2410408	97734
营业利润	Business Profits	5974872	5468503	30360
营业外收入	Non-operating Income	627964	618559	112311
营业外支出	Non-operating Expenses	725965	713181	9383
利润总额	Total Profits	5822569	5324234	138606
所得税费用	Income Tax Payable	1777538	1671155	45005
应交增值税	Value-added Tax Payable	4811746	4431267	87560
四、人工成本及增值税	**Labor costs and Value-added Tax**			
本年应付职工薪酬	Payroll Payable in Current Year	2392341	2207647	47105

Financial Indicators of Real Estate Development by Registration Status(2022)

(10 000 yuan)

集体企业 Collective-owned Enterprises	股份合作企业 Cooperative Enterprises	联营企业 Joint-owned Enterprises	有限责任公司 Limited Liability Corporations	股份有限公司 Share-holding Corporations Limited	私营企业 Private Enterprises	其他企业 Other Enterprises	港澳台商投资企业 Enterprises with Funds from Hong Kong, Macao and Taiwan	外商投资企业 Foreign Funded Enterprises
2741012	**612466**	**265312**	**227611127**	**3764791**	**111800287**	**140292**	**15254954**	**4377527**
2816530	857481	356584	405761397	8559116	185163649	384778	27787947	7464514
57432	236	1313	11549905	234075	6532183	603	759540	49650
1868992	562895	305550	232644669	3798434	111137402	107953	14688087	4189073
94903	724	293	14201337	254435	4248566	1622	1127724	33642
43574	546	228	2122262	87617	1566799	1337	312620	15527
4723	222	23	482215	10965	250404	310	34521	1967
3013005	878620	361641	511549898	11178550	204482001	403751	30873376	8062377
2993021	834472	283461	411922265	9180651	182380636	245045	19583054	5837710
19985	44148	78180	99627633	1997899	22101365	158706	11290322	2224668
58575	73700	12800	46199418	807253	16012058	27303	9875322	1988872
1973968	95356	295	58915985	1338017	32895917	132376	4888020	1325223
1942298	95356	295	54445502	1319028	30326231	130065	4525330	1249115
			170927	719	173681			
1931876	95198	295	51412172	1255191	29512188	128459	3905426	1242472
8491			494828	41739	271641	400	133898	1854
7724			270387	32641	224850	400	82156	1348
1930	158		2367575	21378	368721	1205	486007	4790
1617896	98178	248	48333794	1062568	27499046	75610	3950523	1181285
1617845	98178	248	45514452	1035230	26119843	72530	3588943	1076681
58291	1280	542	2781038	56514	1094268	3209	201188	26263
43			98138	9055	98762		1336	1348
37067	2225	625	1674998	36385	1101955	1426	181313	49133
47652	2160	282	1641644	68790	1272781	2128	118539	33969
3872	-283	331	1715836	31801	561334	-216	23089	9186
225718	-7978	356	3346124	118224	1705471	50229	497145	9224
1559	9	6	382150	8880	113623	22	7466	1938
20220	49	135	500188	5592	177515	100	10741	2043
207059	-8416	227	3201979	119399	1615230	50150	493481	4853
26256	-821		1079941	5231	515542		89141	17242
92765	775	140	2729410	47826	1469442	3351	292000	88479
7478	2055	525	1235879	50521	861676	2407	146015	38680

5-13 房地产开发企业(单位)施工、销售和待售情况(2022年)

类 别		Category		合 计 Total
房屋施工面积	**(平方米)**	**Floor Space Under Construction**	**(sq.m)**	**757985828**
#新开工面积	(平方米)	Recently-started Projects	(sq.m)	105205753
房屋竣工面积	**(平方米)**	**Floor Space Completed**	**(sq.m)**	**66860196**
#不可销售面积	(平方米)	Space of Floor not Ready for Sale	(sq.m)	2284945
商品住宅竣工套数	**(套)**	**Number of Commercial Buildings Completed**	**(unit)**	
竣工房屋价值	**(万元)**	**Value of Buildings Completed**	**(10 000 yuan)**	**23113805**
出租房屋面积	**(平方米)**	**Floor Space of Buildings to Lease**	**(sq.m)**	**611968**
商品房销售面积	**(平方米)**	**Floor Space of Commercial Buildings Sold**	**(sq.m)**	**116855624**
#现房销售面积	(平方米)	Floor Space of Complete Departments	(sq.m)	17976427
期房销售面积	(平方米)	Floor Space of Forward Delivery Housing	(sq.m)	98879197
商品房销售额	**(万元)**	**Total Sale of Commercial Building**	**(10 000 yuan)**	**98077044**
#现房销售额	(万元)	Sale of Complete Departments	(10 000 yuan)	13690121
期房销售额	(万元)	Sale of Forward Delivery Housing	(10 000 yuan)	84386923
商品住宅销售套数	**(套)**	**Number of Commercial Buildings Sold**	**(unit)**	
#现房销售套数	(套)	Complete Departments	(unit)	
期房销售套数	(套)	Forward Delivery Housing	(unit)	
待售面积	**(平方米)**	**Floor Space of Waiting For Sale**	**(sq.m)**	**30148566**
#待售1-3年(含1年)	(平方米)	1 to 3 years	(sq.m)	17420296
待售3年以上(含3年)	(平方米)	more than 3 years	(sq.m)	4240242

Construction and Sale of Buildings Made by Real Estate Enterprises(2022)

住 宅 Residential Buildings	按户型面积分 #90平方米及以下住宅 Below or Equal 90 sq.m	144平方米以上住宅 Above 144 sq.m	办公楼 Office Buildings	商业营业用房 Buildings for Business	其 他 Others
553187827			**28109984**	**58244840**	**118443177**
77657390			3078038	6449077	18021248
49098289			**1625838**	**5403222**	**10732847**
968590			10093	115906	1190356
392006					
17756475			**603905**	**1929875**	**2823550**
107085			**114516**	**276613**	**113754**
98216794	**4129598**	**15827590**	**3796086**	**6939906**	**7902838**
13220877			738502	2254827	1762221
84995917			3057584	4685079	6140617
84812844	**3176807**	**17995065**	**4193124**	**6232883**	**2838193**
10406861			819805	1827743	635712
74405983			3373319	4405140	2202481
794187					
112403					
681784					
18197160			**1761464**	**5874986**	**4314956**
11396791			893905	2728788	2400812
1472852			367033	1931706	468651

主要统计指标解释

全社会固定资产投资 是以货币形式表现的在一定时期内全社会建造和购置固定资产的工作量以及与此有关的费用的总称。该指标是反映固定资产投资规模、结构和发展速度的综合性指标,又是观察工程进度和考核投资效果的重要依据。全社会固定资产投资按登记注册类型可分为国有、集体、个体、联营、股份制、外商、港澳台商、其他等。

房地产开发投资 指各种登记注册类型的房地产开发公司、商品房建设公司及其他房地产开发法人单位和附属于其他法人单位实际从事房地产开发或经营活动的单位统一开发的包括统代建、拆迁还建的住宅、厂房、仓库、饭店、宾馆、度假村、写字楼、办公楼等房屋建筑物和配套的服务设施,土地开发工程(如道路、给水、排水、供电、供热、通讯、平整场地等基础设施工程)的投资;不包括单纯的土地交易活动。

计划总投资 是指在建的建设工程按照总体设计(或按设计概算或预算)规定的内容全部建成计划需要的总投资。

固定资产投资的资金来源 根据固定资产投资的资金来源不同,分为国家预算内资金、国内贷款、利用外资、自筹资金和其他资金。

(1)国家预算内资金:分为财政拨款和财政安排的贷款两部分。包括中央财政的基本建设基金(分经营性基金和非经营性基金两部分)、专项支出(如煤代油专项等)、收回再贷、贴息资金,财政安排的挖潜改造和新产品试制支出、城建支出、商业部门简易建筑支出、不发达地区发展基金等资金中用于固定资产投资的资金;地方财政中由国家统筹安排的资金等。

(2)国内贷款:指报告期固定资产投资单位向银行及非银行金融机构借入的用于固定资产投资的各种国内借款,包括银行利用自有资金及吸收的存款发放的贷款、上级主管部门拨入的国内贷款、国家专项贷款(包括煤代油贷款、劳改煤矿专项贷款等)、地方财政专项资金安排的贷款、国内储备贷款、周转贷款等。

(3)利用外资:指报告期收到的用于固定资产建造和购置的国外资金(包括设备、材料、技术在内)。包括对外借款(外国政府、国际金融组织贷款、出口信贷、外国银行商业贷款、对外发行债券和股票)、外商直接投资及外商其他投资。不包括我国自有外汇资金(国家外汇、地方外汇、留成外汇、调剂外汇和中国银行自有资金发行的外汇贷款等)。计算利用外资时,需要折算成人民币,折算中所使用的外汇汇率按现汇计算,即按使用外汇时的汇率计算。

(4)自筹资金:指固定资产投资单位报告期收到的,由各地区、各部门及企、事业单位筹集用于固定资产投资的预算外资金,包括中央各部门、各级地方和企、事业单位的自筹资金。

(5)其他资金:指在报告期收到的除以上各种资金之外其他用于固定资产投资的资金,包括企业或金融机构通过发行各种债券筹集到的资金、群众集资、个人资金、无偿捐赠的资金及其他单位拨入的资金等。

固定资产投资按国民经济行业分 根据建设项目建成投产后的主要产品或主要用途及社会经济活动性质来确定国民经济行业。一般情况下,一个建设项目或一个企业、事业单位只能属于一种国民经济行业。

固定资产投资按建设性质分 根据整个建设项目情况来确定。建设项目的性质一般分为新建、扩建、改建和技术改造、迁建、恢复。房地产开发单位投资不划分建设性质。

(1)新建:一般指从无到有"平地起家"开始建设的企业、事业和行政单位或建设项目。现有企业、事业、行政单位一般不属于新建。但如有的单位原有基础很小,经过建设后新增的固定资产价值超过该企、事业、行政单位原有固定资产价值(原值)三倍以上的也应作为新建。

(2)扩建:指在厂内或其他地点,为扩大原有产品的生产能力(或效益)或增加新的产品生产能力,而增建主要的生产车间(或主要工程)、分厂、独立的生产线。行政、事业单位在原单位增建业务用房(如学校增建教学用房、医院增建门诊部、病房等)也作为扩建。

现有企、事业单位为扩大原有主要产品生产能力或增加新的产品生产能力,增建一个或几个主要生产车间(或主要工程)、分厂,同时进行一些更新改造工程的,也应作为扩建。

(3)改建和技术改造:指现有企业、事业单位,对原有设施进行技术改造或更新(包括相应配套的辅助性生产、生活福利设施)的建设项目。现有企业、事业单位为适应市场变化的需要,而改变企业的主要产品种类(如军工企业转产民用品等)的建设项目,应作为改建。原有产品生产作业线由于各工序(车间)之间能力不平衡,为填平补齐充分发挥原有生产能力而增建不增加本企业主要产品设计能力的车间,也应作为改建。技术改造是指企业、事业单位在现有基础上,用先进的技术代替落后的技术,用先进的工艺和装备代替落后的工艺和装备,以改变企业落后的技术经济面貌,实现以内涵为主的扩大再生产,达到提高产品质量、促进产品更新换代、节约能源、降低消耗、扩大生产规模、全面提高社会经济效益的目的。技术改造具体包括以下内容:机器设备和工具的更新改造;生产工艺改革、节约能源和原材料的改造;厂房建筑和公共设施的改造;劳动条件和生产环境的改造等。

固定资产投资按构成分 固定资产投资活动按其工作内容和实现方式分为建筑安装工程,设备、工具、器具购置,其他费用三个部分。

(1)建筑安装工程(建筑安装工作量):指各种房屋、建筑物的建造工程和各种设备、装置的安装工程。包括各种房屋建造工程;各种用途设备基础和各种工业窑炉的砌筑工程及金属结构工程;为施工而进行的各种准备工作和临时工程以及完工后的清理工作等；铁路、道路的铺设，矿井的开凿及石油管道的架设等；水利工程；防空地下建筑等特殊工程；列入房屋工程预算内的暖气、卫生、通风、照明、煤气等设备的价值及装设油饰工程；列入建筑工程预算内的各种管道(蒸汽、压缩空气、石油、给排水等管道)、电力、电讯电缆导线等的敷设工程；以及各种机械设备的安装工程；为测定安装工程质量，对设备进行的试运工作；房地产开发单位进行的商品房屋开发建设工程、土地开发工程。

在安装工程中，不包括被安装设备本身的价值。

(2)设备、工具、器具购置：指建设单位或企、事业单位购置或自制的，达到固定资产标准的设备、工具、器具的价值。新建单位及扩建单位的新建车间，按照设计或计划要求购置或自制的全部设备、工具、器具，不论是否达到固定资产标准均计入“设备、工具、器具购置”中。

(3)其他费用：指在固定资产建造和购置过程中发生的，除上述几项内容以外的各种应分摊计入固定资产的费用。

施工项目　指报告期内进行过建筑或安装施工活动的项目。凡是报告期内施过工的建设项目，不论施工时间长短，均作为施工项目统计。施工项目个数可以反映一定时期固定资产投资的实际规模，与同期全部建成投产项目个数相比，可以从建设速度的角度反映固定资产投资的效果。根据建设项目施工活动的不同性质，施工项目又分为：本年正式施工项目、本年收尾项目和以前年度全部停缓建项目。

全部建成投产项目　工业项目指设计文件规定形成生产能力的主体工程及其相应配套的辅助设施全部建成，经负荷试运转，证明具备生产设计规定合格产品的条件，并经过验收鉴定合格或达到竣工验收标准，与生产性工程配套的生活福利设施可以满足近期正常生产的需要，正式移交生产的建设项目。非工业项目指设计文件规定的主体工程和相应的配套工程全部建成，能够发挥设计规定的全部效益，经验收鉴定合格或达到竣工验收标准，正式移交使用的建设项目。

新增固定资产　指报告期内已经完成建造和购置过程，并已交付生产或使用单位的固定资产价值。该指标是表示固定资产投资成果的价值指标，也是反映建设进度，计算固定资产投资效果的重要指标。

商品房销售面积　指报告期内出售商品房屋的合同总面积(即双方签署的正式买卖合同中所确定的建筑面积)。由现房销售建筑面积和期房销售建筑面积两部分组成。

商品房销售额　指报告期内出售商品房屋的合同总价款(即双方签署的正式买卖合同中所确定的合同总价)。该指标与商品房销售面积同口径，由现房销售额和期房销售额两部分组成。

Explanatory Notes on Main Statistical Indicators

Total Investment in Fixed Assets in the Whole Country refers to the volume of activities in construction and purchases of fixed assets and related fees, expressed in monetary terms. It is a comprehensive indicator which shows the size, structure and growth of the investment in fixed assets, providing basis for observing the progress of construction projects and evaluating results of investment. Total investment in fixed assets in the whole country includes, by type of ownership, the investment by the state owned units, collective units, individuals, joint ownership units, share holding units, as well as investment by businessmen from foreign countries and from Hong Kong, Macao and Taiwan, and by other units.

Investment in Real Estate Development refers to the investment by the real estate development companies, commercial buildings construction companies and other real estate development units of various types of ownership in the construction of house buildings, such as residential buildings, factory buildings, warehouses, hotels, guesthouses, holiday villages, office buildings, and the complementary service facilities and land development projects, such as roads, water supply, water drainage, power supply, heating, telecommunications, land leveling and other projects of infrastructure. It excludes the activities in pure land transactions.

Total planned investment refers to total investment needed to complete all the items of a project under construction as laid out in the overall design (or the budget estimate or budget of the design).

Sources of Funds for Investment in Fixed Assets include fund from state budget, domestic loans, foreign investment, self raised funds, and others depending on the source of investment.

(1) Fund from state budget consists of budgetary appropriation and loans from state budget. More specifically, it includes, from the budget of the central government, capital construction fund (operation fund and non-operational fund), special expenses (e.g. expenses on substituting petroleum with coal), loans from repayment, discount fund, expenses on innovation and trial production of new products, expenses on urban construction, expenses on temporary construction by trade departments, development fund for less developed areas, as well as local budgetary fund transferred from the central budget.

(2) Domestic loans refer to loans of various forms borrowed by investing units from banks and non-bank financial institutions during the reference period for the purpose of investment in fixed assets, including loans issued by banks from their self owned funds and deposit, loans appropriated by higher responsible authorities, special loans by government (including loan for substituting petroleum with coal, special loan for reform through labour coal mines), loans arranged by local government from special funds, domestic reserve loan, and working loan, etc.

(3) Foreign Investment refers to foreign funds received during the reference period for the construction and purchase of investment in fixed assets (covering equipment, materials and technology), including foreign borrowings (loans from foreign governments and international financial institutions, export credit, commercial loans from foreign banks, issue of bonds and stocks overseas), foreign direct investment and other foreign investment. Excluded in this category are capitals in foreign exchanges owned by China (foreign exchanges owned by the central and local governments, foreign exchanges retained by enterprises, foreign exchanges by enterprises through regulating mechanism, loans in foreign exchanges issued by the Bank of China with its own fund, etc.). In calculating the utilization of foreign capitals, foreign currencies are converted into Chinese Renminbi applying the current exchange rate when the foreign capitals are actually used.

(4) Self-raised funds refer to extra budgetary funds for investment in fixed assets received by investing units from central government ministries, local governments, enterprises and institutions, including their self raised funds.

(5) Others refer to funds for investment in fixed assets received from the sources other than those listed above, including capitals raised through issuing bonds by enterprises or financial institutions, funds raised from individuals and through donations, and funds transferred from other units.

Investment in Fixed Assets by Sector The classification of construction projects by sector is determined by the major products or the purpose of the projects when they are put into production or use, and by the nature of their social economic activities. In general, one project or one enterprise or institution can only be classified into one sector.

Investment in Fixed Assets by Type of Construction The construction projects in general can be classified, by the type of construction, into new construction, expansion, reconstruction and technical transformation, moving and restoration. However, investment by type of construction is not applied to investment by real estate development units.

(1) New construction in general refers to newly constructed enterprises, institutions, administrative agencies or independent projects from scratch. Construction in the existing enterprises, institutions or agencies is not considered as new construction. In case the assets of the existing unit is quite small, and the value of newly added fixed assets exceeds the original value of assets by three times, the expansion will be considered as new construction.

(2) Expansion refers to construction of new major production workshop, branch factory or independent production line within a factory or in other locations, for the purpose of increasing the production capacity (or improving efficiency) of the original products. Newly constructed houses for the operation of institutions and administrative organizations (such as the newly constructed buildings for teaching in schools, buildings for clinics or wards in hospitals, etc.) are also

classified as expansion.

Also included in the expansion are investments by existing enterprises or institutions in building major production line(s) or branch factory(ies) along with some work on innovation, for the purpose of expending the production capacity of original products or producing new products.

(3) Reconstruction refers to construction projects by existing enterprises or institutions in innovation or technical transformation of the old facilities (including auxiliary production equipment and welfare facilities).Also considered as reconstruction is the construction of new workshops by the existing enterprises or institutions to change the variety of products to meet the market demand (such as the production of civil products by defence industries), or to bring the designed production capacity into full play through a more balanced production process on production lines. Technical transformation refers to replacement of old technology or equipment by new technology or equipment, in order to expand the reproduction through improvement of technology contents in production, to improve product quality, to promote new products, to save energy and reduce consumption and to improve overall social economic efficiency. Contents of technical transformation include: updating of machinery, equipment and tools; reforming production process by using energy or materials saving technology; construction of factory workshops and transformation of public facilities; improvement of working conditions and environment, etc.

Investment in Fixed Assets by Structure By their contents, investment activities are classified into 3 categories, i.e. construction and installation, purchase of equipment and instrument, and other expenses.

(1) Construction and installation (work volume of construction and installation) refers to the construction of various houses and buildings and installation of various kinds of equipment and instruments. They include construction of various houses; equipment foundations, industrial kilns and stoves, and metal structure work; preparation works for project construction, and clearing up works post project construction; pavement of railways and roads, drilling of mines and putting up of oil pipes; construction of projects of water conservancy; construction of underground air raid shelters and construction of other special projects; value of equipment for heating, sanitation, ventilation, lighting, gas, painting, etc. that are covered by the budget of housing projects; laying out of various pipelines (for steam, compressed air, petroleum, tap water and sewage) and lines for electric power and for communications; installation of various machinery equipment, testing operation for pre testing the quality of installation projects, and land and other development work conducted by real estate developers for commercial housing. The value of equipment installed is not included in the value of installation projects.

(2) Purchase of equipment and instruments refers to the total value of equipment, tools, and instruments purchased or self produced which come up to standards for fixed assets by the construction units or investing enterprises or institutions. Equipment, tools and instruments purchased or self produced for new workshops by newly established or expanded units are categorized as “purchase of equipment and instruments” no matter whether they come up to the standards for fixed assets.

(3)Other expenses refer to expenses occurring during the construction or purchase of fixed assets other than those mentioned above.

Projects under Construction refer to projects with construction and installation activities undertaken in the reference period. All projects that have construction activities undertaken during the reference period are reported as projects under construction irrespective of the length of construction work. The number of projects under construction can reflect the actual size of investment in fixed assets during a given period, and when compared with the number of projects completed and put into use during the same period, it demonstrates the results of investment in fixed assets. Depending on the nature of construction activities, projects under construction can also be classified into projects under construction in current year, winding up projects in current year and stopped or suspended projects in previous years (with preservation work in current year).

Projects Completed and Put into Use Industrial projects refer to the major projects and accessory facilities completed which result in forming production capacity and have been checked and accepted while the living and welfare facilities have been completed and can ensure normal production and formally put into production. Non industrial projects refer to the major projects and accessory facilities completed which possess the designed capacity and have been checked, accepted and formally put into production.

Newly Increased Fixed Assets refer to the newly increased value of fixed assets, constructed or purchased, that have been transferred to the investors. This is an indicator that demonstrates the results of investment in fixed assets in monetary terms, and an important indicator to reflect the speed of construction and to calculate the efficiency of investment.

Area of Commercial Housing Sold refers to total contracted area of commercial housing (i.e. area of floor space as designated in the formal contracts signed by both sides) during the reference time. It constitutes floor space of completed housing and floor space of future housing.

Value of Commercial Housing Sold refer to total value of contracts (i.e. value of sales/purchase for selling/purchase of commercial housing as designated in the contracts signed by both sides) during the reference time. It has the same coverage as the area of commercial housing sold, constituting completed housing and floor space of future housing.

第
6
篇

对外经济和旅游

Foreign Trade and Tourism

简 要 说 明

一、本篇资料的主要内容

本篇资料反映了全省外经外贸和旅游的基本情况，主要包括进出口、利用外资、境外投资、对外承包工程和劳务合作、旅游业基本情况等方面的内容。

二、本篇资料的来源

1.进出口数据来源于海关统计，进出口商品价值，出口按离岸价（FOB）、进口按到岸价（CIF）统计。

2.利用外资、对外承包工程和劳务合作、境外投资等资料来源于省商务厅。

3.旅游资料来源于省文化和旅游厅财务处。

本篇资料由省统计局贸易处整理提供。

Brief Introduction

I. Content

Data in this chapter show the basic conditions of foreign trade and tourism, mainly including imports and exports, utilization of foreign capitals, overseas direct investments, contracted projects, labor services cooperation, and tourism, etc.

II. Source of Data

(1) Data on foreign trade are based on the statements made by the Administration of Customs. Exports are calculated at FOB, imports at CIF.

(2) Data on utilization of foreign capitals, contracted projects and labor services cooperation are provided by the Bureau of Commerce of Shandong Province.

(3) Data on tourism are provided by the Division of Finance of the Culture and Tourism of Shandong Province.

Data in this chapter are prepared and compiled by the Division of Trade and External Economic Relations Statistics of Shandong Provincial Bureau of Statistics.

6-1 1984-2022年海关进出口情况

Basic Statistics on Imports and Exports from 1984 to 2022

年份 Year	进出口总值(万美元) Total Value of Imports and Exports (10 000 USD)	出口总值 Total Value of Exports	一般贸易 General Trade	来料加工装配贸易 Processing and Assembling Trade with Sent Materials	进料加工贸易 Processing Trade with Imported Materials	其他贸易 Other Trades	进口总值 Total Value of Imports	进出口总值(万元) Total Value of Imports and Exports (10 000yuan)	出口总值 Total Value of Exports	进口总值 Total Value of Imports
1984	352012	207786					144226			
1985	414448	234652					179796			
1986	382840	191926					190914			
1987	355294	289938	264633	2566	19232	3507	65356			
1988	573361	309773	261451	3796	40458	4068	263588			
1989	616511	327015	266337	6274	49047	5357	289496			
1990	428522	341719	274898	8660	53152	5009	86803			
1991	483200	375230	293951	13681	63430	4168	107970			
1992	778140	433752	330729	18598	79452	4973	344388			
1993	728586	420360	292058	23834	96748	7720	308226			
1994	962927	587011	371013	40640	168470	6888	375916			
1995	1395007	816101	460278	77503	270177	8143	578906			
1996	1616394	918298	449683	130565	331035	6339	698096			
1997	1753631	1085888	483895	185156	410664	6173	667743			
1998	1661740	1034705	458607	172262	396013	7823	627035			
1999	1827094	1157909	541405	218625	394880	2999	669185			
2000	2498998	1552905	746563	293008	507050	6284	946093			
2001	2896313	1812899	913253	310013	579125	10508	1083414			
2002	3394175	2111511	1089063	341530	669958	10960	1282664			
2003	4465752	2657285	1400709	392861	845249	18466	1808467			
2004	6078136	3587286	1799792	483369	1252126	51999	2490850			
2005	7688876	4625113	2310122	594991	1668351	51649	3063763			
2006	9528817	5864717	3013461	655916	2083042	112298	3664100			
2007	12261798	7524374	3800924	679014	2863332	181104	4737424			
2008	15814480	9317486	4739880	722044	3573434	282128	6496994			
2009	13860378	7956530	3637582	697915	3296132	324901	5903848			
2010	18895085	10424695	4973019	750340	4230872	470464	8470390			
2011	23599191	12578809	6466907	842878	4737751	531273	11020382			
2012	24554487	12873171	6875045	867657	4566215	564254	11681316			
2013	26715854	13450998	7603966	866031	4392892	588109	13264856			
2014	27711549	14474545	8373918	802064	4734553	564010	13237004	170087932	88887448	81200484
2015	24174867	14406069	9042024	739933	4183875	440237	9768798	149479758	89447127	60032631
2016	23420733	13715826	8653875	716557	3904404	440990	9704906	154765718	90479435	64286283
2017	26305670	14710207	9428956	651868	4151643	477739	11595464	179218608	99595830	79622779
2018	29239097	16013984	11047764	601424	3918203	446592	13225113	193029198	105679507	87349691
2019	29628464	16143995	11256710	605165	3496008	786112	13484469	204710221	111303704	93406517
2020	31844703	18903512	13853845	497612	3466764	1085291	12941191	221303206	130470685	90832521
2021	45386886	27184375	19567326	553192	4257732	2806124	18202512	282959900	166171752	116788148
2022	48883358	29433695	21352628	671165	4915554	2494348	19449663	326061595	196458369	129603226

6-2　进出口主要分类情况
Imports and Exports by Category

单位:亿美元　　　　(100 million USD)

类　别	Category	2010	2015	2017	2018	2019	2020	2021	2022
一、进出口总值	**Total Value of Imports and Exports**	**1889.5**	**2417.5**	**2630.6**	**2923.9**	**2962.8**	**3184.5**	**4538.7**	**4888.3**
出口额	Exports	1042.5	1440.6	1471.0	1601.4	1614.4	1890.4	2718.4	2943.4
进口额	Imports	847.0	976.9	1159.5	1322.5	1348.4	1294.1	1820.3	1945.0
二、出口商品	**Exported Goods**								
初级产品	Primary Goods	138.5	159.7	179.6	189.6	194.9	195.8	229.1	253.9
工业制品	Manufactured Goods	903.6	1279.6	1290.7	1412.3	1419.5	1693.5	2489.3	2689.5
三、进口商品	**Imported Goods**								
初级产品	Primary Goods	360.6	508.0	757.1	904.4	967.4	896.1	1257.6	1407.2
工业制品	Manufactured Goods	434.9	458.8	418.0	418.4	387.8	416.1	562.7	537.8
四、纺织服装进出口总值	**Total Value of Imports and Exports of Textile Apparel**	**188.5**	**228.8**	**227.0**	**243.8**	**231.3**	**274.2**	**329.3**	**321.6**
出口额	Exports	173.3	212.5	213.2	230.4	219.7	264.3	318.0	312.7
进口额	Imports	15.2	16.3	13.8	13.4	11.6	9.9	11.3	8.9
五、农产品进出口总值	**Total Value of Imports and Exports of Agricultural Products(By-products)**	**250.6**	**313.7**	**310.9**	**323.5**	**334.7**	**352.5**	**410.6**	**444.2**
出口额	Exports	127.0	153.1	170.1	174.2	178.9	181.7	191.7	208.3
进口额	Imports	123.6	160.7	140.8	149.3	155.8	170.8	219.0	235.9
六、机电产品进出口总值	**Total Value of Imports and Exports of Mechanical and Electrical Products**	**725.0**	**871.8**	**835.6**	**867.6**	**846.5**	**1076.3**	**1535.0**	**1621.9**
出口额	Exports	450.7	576.3	572.4	602.6	603.6	809.5	1172.2	1278.9
进口额	Imports	274.3	295.6	263.1	265.0	242.9	266.8	362.8	343.0
七、高新技术产品进出口总值	**Total Value of Imports and Exports of High and New-tech Products**	**329.1**	**352.8**	**293.0**	**300.0**	**266.7**	**316.1**	**440.0**	**442.0**
出口额	Exports	175.8	177.1	146.2	153.6	133.3	153.6	202.4	201.9
进口额	Imports	153.3	175.8	146.9	146.3	133.4	162.5	237.6	240.1
八、外商投资企业进出口总值	**Total Value of Imports and Exports of**	**962.8**	**926.2**	**841.6**	**857.7**	**749.1**	**707.6**	**908.0**	**894.2**
出口额	Exports	565.7	561.3	508.1	515.8	456.8	438.0	581.9	586.4
进口额	Imports	397.1	364.9	333.5	341.9	292.3	269.6	326.1	307.8
九、一般贸易进出口总值	**Total Value of Imports and Exports under General Trades**	**974.4**	**1493.7**	**1717.3**	**1972.1**	**1989.1**	**2180.9**	**3020.7**	**3180.0**
出口额	Exports	497.3	904.2	942.9	1104.8	1125.7	1385.4	1956.7	2135.3
进口额	Imports	477.0	589.5	774.4	867.4	863.4	795.5	1064.0	1044.7
十、加工贸易进出口总值	**Total Value of Imports and Exports under Processing Trades**	**756.4**	**744.7**	**699.2**	**657.3**	**573.3**	**555.2**	**700.6**	**756.2**
出口额	Exports	498.1	492.4	480.4	452.0	410.1	396.4	481.1	558.7
进口额	Imports	258.3	252.3	218.9	205.4	163.2	158.7	219.5	197.6
来料加工贸易进出口总值	Total Value of Imports and Exports under Processing Trades with Sent Materials	118.3	113.2	101.0	95.2	94.0	79.0	94.9	111.9
出口额	Exports	75.0	74.0	65.2	60.1	60.5	49.8	55.3	67.1
进口额	Imports	43.3	39.2	35.9	35.0	33.5	29.2	39.6	44.8
进料加工贸易进出口总值	Total Value of Imports and Exports under Processing Trades with Imported Materials	638.1	631.5	598.2	562.2	479.3	476.2	605.6	644.3
出口额	Exports	423.1	418.4	415.2	391.8	349.6	346.7	425.8	491.6
进口额	Imports	215.0	213.1	183.0	170.4	129.7	129.5	179.9	152.7

6-3 按主要国家(地区)分海关进出口商品总值(2022年)
Total Value of Import and Export Commodities by Countries or Regions(2022)

单位:万美元 (10 000 USD)

国别(地区)	Country(Region)	进出口总值 Total Value of Imports and Exports	出口总值 Total Value of Exports	进口总值 Total Value of Imports
合　计	**Total**	**48883358**	**29433695**	**19449663**
亚　洲	**Asia**	**23877159**	**14245725**	**9631434**
东　盟	Asean	9496474	4805886	4690589
中国香港	Hong kong	697333	689419	7914
日　本	Japan	2853749	2287261	566488
韩　国	Republic of Korea	4127389	2743701	1383688
中国台湾	Taiwan	965541	255407	710134
马来西亚	Malaysia	4021020	880744	3140276
印度尼西亚	Indonesia	1060335	642803	417532
新加坡	Singapore	950940	819244	131696
印　度	India	987670	856418	131252
泰　国	Thailand	1074191	624469	449723
非　洲	**Africa**	**2973937**	**1782992**	**1190945**
南　非	South Africa	279736	217164	62572
欧　洲	**Europe**	**8754559**	**5263842**	**3490717**
欧　盟	EU	4356099	3530748	825350
德　国	Germany	959535	684990	274545
法　国	France	346665	265291	81374
意大利	Italy	426405	337947	88458
荷　兰	Netherlands	862201	816809	45392
西班牙	Spain	354847	296045	58802
瑞　典	Sweden	116936	81675	35261
瑞　士	Switzerland	59940	27079	32861
俄罗斯	Russia	3028181	844112	2184069
比利时	Belgium	240583	221816	18767
拉丁美洲	**Latin America**	**4826889**	**2263566**	**2563323**
阿根廷	Argentina	213837	105961	107876
巴　西	Brazil	2165700	511057	1654643
智　利	Chile	491139	176981	314159
墨西哥	Mexico	769906	722098	47809
巴拿马	Panama	90399	81436	8963
北美洲	**North America**	**6245897**	**4945877**	**1300020**
美　国	United States	5310643	4279261	1031381
加拿大	Canada	918314	666368	251945
大洋洲	**Oceanic**	**2203284**	**931693**	**1271591**
澳大利亚	Australia	1915308	804339	1110969
新西兰	New Zealand	239334	85720	153614

注:进口国别指原产国,出口国别指最终消费国。
a)The importing country refers to country of origin and the exporting country refers to country of final consumption.

6-4 海关进出口商品分类金额(2022年)
Imports and Exports Value by Category of Commodities(2022)

单位:万美元 (10 000 USD)

商品类别	Category	出口 Export	进口 Import
总计	**Total**	**29433695**	**19449663**
一、活动物;动物产品	Live Animals & Animal Products	412631	979074
二、植物产品	Plant Products	673902	961832
三、动植物油脂、蜡及分解产品;食用油	Animal and Vegetable Oils; Fats and Wax; Edible Oils and Fats	19776	75043
四、食品饮料酒醋;烟草及代用品	Food; Beverages; Liquor and Vinegar; Tobacco and Tobacco Substitutes	887134	176344
五、矿产品	Minerals	492344	10509373
六、化学工业及其相关工业产品	Chemicals and Related Products	2992558	628428
七、塑料及其制品;橡胶及其制品	Plastics and Related Products; Rubber and Related Products	2874537	934686
八、皮及皮制品;旅行用品;动物肠线	Leather and Leather Products; Travel Articles; Animal Casing	394210	43317
九、木及软木制品、编结材料制品	Wood and Wooden Products; Plaited Products	448984	329302
十、木浆及纤维状纤维素浆;废纸纸板及制品	Paper Pulp and Cellulose Pulp; Paper and Waste Paper; Paperboard and Related Products	387280	498083
十一、纺织原料及纺织制品	Textile Materials and Products	3036932	253133
十二、鞋帽伞杖鞭及零件;羽毛人发制品	Footwear; Headgear; Umbrellas; Canes; Whips; Feather and Wigs and Related Products	627347	25972
十三、石料膏泥棉云母及制品;陶瓷玻璃	Gypsum; Cement; Asbestos; Mica; Ceramic Glass	869925	25180
十四、珍珠宝石贵金属及制品;仿首饰	Pearls and Precious Stones; Precious Metal and Related Products; Artificial Jewelry	183994	60256
十五、贱金属及制品	Base Metals and Related Products	3134117	582790
十六、机械、电气设备、电视机及音响设备	Machinery; Electric Equipment; TV Sets and Audio	6163171	2977424
十七、车辆,航空器,船舶及运输设备	Locomotives; Vehicles; Aircraft; Ship and Related Transportation Equipment	2085016	74092
十八、照相计量医疗精密仪器及设备,零附件	Photographic, Measuring and Medical Instruments and Equipment; Related Parts and Accessories	336252	279736
十九、武器弹药及其零件、附件	Weapons and Ammunition; Related Parts and Accessories	1002	
二十、杂项制品	Miscellaneous Products	3222615	28684
二十一、艺术品,收藏品及古物	Works of Art, Collectibles and Antiques	444	284
二十二、特殊交易品及未分类商品	Special Transactions Goods and Products Not Otherwise Classified	132274	6629

6－5　各市进口总值
Import Value by Region

地　区	Region	万美元 (10 000 USD)					万元 (10 000 yuan)				
		2018	2019	2020	2021	2022	2018	2019	2020	2021	2022
全省总计	**Total**	**13225113**	**13484469**	**12941191**	**18202512**	**19449663**	**87349691**	**93406517**	**90832521**	**116788148**	**129603226**
济 南 市	Jinan	522702	695984	904029	1184182	1157632	3443463	4801154	6335469	7438970	7662888
青 岛 市	Qingdao	3250313	3649250	3659830	5529787	5630109	21502208	25130455	25428879	35513495	37595293
淄 博 市	Zibo	807562	672788	574169	731713	757297	5323414	4699077	4035111	4729388	5049697
枣 庄 市	Zaozhuang	10649	10544	20531	36591	50359	70578	72945	128012	235344	334930
东 营 市	Dongying	1905102	1866571	1281659	2319009	2933184	12703023	13175240	9396563	14944580	19565477
烟 台 市	Yantai	1942911	1702423	1813701	2578564	2700163	12800161	11731087	12567628	16640384	17965823
潍 坊 市	Weifang	890728	952781	993774	1243063	1418610	5825813	6623077	6903650	7756631	9434898
济 宁 市	Jining	311351	256535	229387	299040	309419	2051908	1765572	1588945	1931466	2069149
泰 安 市	Tai'an	50248	54662	96445	151491	80314	332656	376143	663566	950508	536838
威 海 市	Weihai	724569	698916	648185	833309	792947	4777156	4825370	4513058	5375532	5290289
日 照 市	Rizhao	743880	937008	982816	1171661	1277842	4895281	6472172	7065030	7578954	8503165
临 沂 市	Linyi	215443	224314	253860	272864	238631	1413923	1555352	1753057	1762467	1592203
德 州 市	Dezhou	157768	205904	203171	276119	197756	1056187	1424769	1453215	1789182	1323165
聊 城 市	Liaocheng	368833	292517	254647	254284	310372	2438098	2018965	1824730	1612545	2084303
滨 州 市	Binzhou	778990	814833	708364	877287	1081658	5118437	5642748	4950258	5664343	7185945
菏 泽 市	Heze	544064	449439	316623	443547	513370	3597384	3092392	2225351	2864359	3409164

6－6　各市出口总值
Export Value by Region

地　区	Region	万美元 (10 000 USD)					万元 (10 000 RMB)				
		2018	2019	2020	2021	2022	2018	2019	2020	2021	2022
全省总计	**Total**	**16013984**	**16143995**	**18903512**	**27184375**	**29433695**	**105679507**	**111303704**	**130470685**	**166171752**	**196458369**
济 南 市	Jinan	964063	934788	1089566	1818852	2112951	6366673	6444968	7544723	10907292	14154275
青 岛 市	Qingdao	4795545	4943258	5608922	7613630	7072218	31662476	34098702	38753489	46830274	47107906
淄 博 市	Zibo	632460	605733	710361	1121684	1093938	4167597	4169229	4891011	6908319	7314421
枣 庄 市	Zaozhuang	149161	200853	364322	431650	593448	984682	1391263	2497210	2362663	3972199
东 营 市	Dongying	558417	497315	663184	859141	1015287	3681824	3422819	4518330	4889343	6738793
烟 台 市	Yantai	2675220	2510602	2842338	3788619	4123594	17669074	17307362	19629248	23845954	27464277
潍 坊 市	Weifang	1570247	1637051	1757251	2882746	3723158	10361318	11279298	12154540	17564398	24768100
济 宁 市	Jining	331002	410928	561337	752084	928453	2185586	2841179	3859513	4154839	6204486
泰 安 市	Tai'an	188253	191794	211879	299116	523084	1242483	1321787	1459005	1834511	3523160
威 海 市	Weihai	1382187	1336251	1686362	2312664	2347016	9116066	9208183	11649543	13469099	15619811
日 照 市	Rizhao	615483	590263	496514	622842	815041	4056631	4064035	3433511	4008941	5441818
临 沂 市	Linyi	806213	982973	1440346	2445332	2528170	5323037	6785888	9918660	15471729	17039875
德 州 市	Dezhou	284894	295105	358361	516721	723394	1875961	2032601	2471867	3331592	4855535
聊 城 市	Liaocheng	369527	300099	328837	567329	608910	2431586	2064495	2273980	3334578	4082190
滨 州 市	Binzhou	461493	452084	473651	715575	760213	3038692	3114241	3273827	4487865	5061035
菏 泽 市	Heze	229820	254895	310280	436390	464820	1515821	1757655	2142227	2770354	3110485

6-7 各市外商投资企业进口总值
Import Value of Foreign-funded Enterprises by Region

单位:万美元 (10 000 USD)

地 区	Region	2010	2012	2015	2016	2017	2018	2019	2020	2021	2022
济南市	Jinan	98172	85119	59933	71494	78449	87785	79017	94474	151190	108738
青岛市	Qingdao	946037	941800	839443	737077	817862	937447	947372	852617	1026872	890174
淄博市	Zibo	73952	88517	54431	50150	52439	51745	52905	36709	42736	33211
枣庄市	Zaozhuang	9145	6859	7476	6962	6447	1924	2964	6647	14482	20852
东营市	Dongying	225175	259554	156487	193733	228643	156866	90661	36951	50840	61025
烟台市	Yantai	1523651	1408391	1481398	1220765	1215986	1082135	718017	778277	940833	794035
潍坊市	Weifang	119937	139381	135743	138059	116589	128191	101739	98588	115730	125195
济宁市	Jining	182080	134841	124541	90107	104127	121811	92426	66528	74558	58630
泰安市	Tai'an	3546	4938	8807	5891	5378	4383	8082	12163	39678	30248
威海市	Weihai	356285	353942	270964	245756	255345	248512	248222	236627	316854	314731
日照市	Rizhao	200410	462024	309894	280355	235303	275238	223917	165105	202274	280929
莱芜市	Laiwu	4746	703	5872	6743	6945	6309				
临沂市	Linyi	81620	141203	53095	28245	31840	25895	32560	56064	49889	25685
德州市	Dezhou	8884	11957	9985	24016	32370	41173	46482	52431	71011	61296
聊城市	Liaocheng	41743	43793	29577	21758	46088	31927	39541	27252	35888	44423
滨州市	Binzhou	83601	42249	89302	67496	89019	205538	222045	159863	114960	211826
菏泽市	Heze	17199	22938	12258	9354	12206	12273	14775	15436	13371	16534

6-8 各市外商投资企业出口总值
Export Value of Foreign-funded Enterprises by Region

单位:万美元 (10 000 USD)

地 区	Region	2010	2012	2015	2016	2017	2018	2019	2020	2021	2022
济南市	Jinan	131488	152160	175359	159112	202975	218474	248186	259217	424111	478062
青岛市	Qingdao	1676534	1764622	1623387	1414566	1463348	1532797	1351204	1274682	1656008	1450063
淄博市	Zibo	212442	261842	218869	199297	209282	228176	206778	199979	223702	195221
枣庄市	Zaozhuang	22546	30954	37026	29547	28975	29809	30150	32151	47156	69420
东营市	Dongying	62815	60123	28559	22994	24500	25899	28463	35406	59756	62123
烟台市	Yantai	2170903	2077348	1938415	1793586	1741082	1713560	1366005	1314798	1729801	1794359
潍坊市	Weifang	301865	381763	381747	378298	357239	364546	328763	313047	418144	613800
济宁市	Jining	81702	125593	112577	82944	79997	81521	73227	66960	101834	126217
泰安市	Tai'an	22570	23355	20907	23017	20971	16956	15921	13819	24537	12784
威海市	Weihai	566264	607243	523011	454534	475067	462686	453624	407412	481934	497777
日照市	Rizhao	108232	235944	237924	176171	135927	154932	177644	153215	212654	144869
莱芜市	Laiwu	15125	8037	12661	11381	9091	7824				
临沂市	Linyi	123593	157795	141064	133516	132507	124813	104141	120611	172618	154801
德州市	Dezhou	38784	49103	41164	46288	56796	64002	76540	85473	127715	120259
聊城市	Liaocheng	27318	21974	20572	21007	28798	30939	27631	28732	44817	50067
滨州市	Binzhou	61757	51299	40845	41792	41611	45778	34979	35055	42514	41006
菏泽市	Heze	32385	39775	58844	60196	73012	54866	44569	39354	51950	53360

6-9 1979-2022年利用外资情况
Statistics on Utilization of Foreign Capitals from 1979 to 2022

单位:万美元 (10 000 USD)

年份 Year	新设企业数(个) Number of Newly Established Companies	#外商直接投资 Foreign Direct Investments	合同外资金额 Total Amount of Contracted Foreign Capital	#外商直接投资 Foreign Direct Investments	实际使用外资金额 Total Amount of Foreign Capital Actually Utilized	#外商直接投资 Foreign Direct Investments
1979	49		1278		1276	
1980	46		1254		1245	
1981	40	1	1296	10	1296	10
1982	60		1348		1327	
1983	51		2010		1831	
1984	100	16	15283	10470	1642	40
1985	232	32	10994	4925	6375	559
1986	109	37	13377	5927	11743	1939
1987	151	53	30520	3890	10219	2381
1988	458	203	59553	26020	14231	3908
1989	485	240	55272	17855	31498	13132
1990	674	366	55164	23283	31123	15084
1991	1187	801	102358	65481	46789	17950
1992	4651	4109	471994	391961	137684	97335
1993	8012	7229	754863	705116	226068	184319
1994	4747	3650	624570	526217	340137	253566
1995	5035	2709	532980	462521	326698	260719
1996	2223	2175	633894	539797	339426	259041
1997	1681	1597	454145	328037	358447	250044
1998	1434	1366	367072	221866	361036	222262
1999	1745	1717	421333	311087	374464	246878
2000	2733	2728	561066	507435	381243	297119
2001	3058	3047	715880	672040	424886	362093
2002	4072	4065	1186072	1130680	652124	558603
2003	5305	5305	1989296	1341413	1125985	709371
2004	5890	5890	2144647	2028958	982105	870064
2005	6415	6415	2884398	2749510	1101441	897072
2006	4030	4030	1645089	1624175	1020966	1000069
2007		2717		1173880		1101159
2008		1527		1014959		820246
2009		1468		871045		801007
2010		1632		1363381		916833
2011		1433		1579081		1116022
2012		1333		1655717		1235267
2013		1405		1770879		1405315
2014		1352		1595327		1519511
2015		1509		2004467		1630090
2016		1477		2115351		1682556
2017		1479		2740567		1785731
2018		2156		2850735		2051636
2019		2517				1468933
2020		3060				1764763
2021		3064				2151578
2022		2329				2287422

注:2003年实际利用外资金额是全口径数据包括对外借款，合同外资个数和合同外资金额不包括对外借款部分。2004年起实行新的外商投资统计制度,取消对外借款部分,外商直接投资数据为商务部反馈数。2008年起实际使用外资采用全口径统计方式。2019年起，实际使用外资采用商务部通报口径，不包含股东贷款、投资性公司投资，合同外资不再统计。

a)In 2003,data of total amount of foreign capital actually utilized are including foreign loads.And Data of projects for contracted foreign capital and total amount of contracted foreign capital are excluding foreign loads.Since 2004,foreign loads is canceled according to the new statistical system on foreign investments.Data of foreign direct investments come from the Ministry of Commerce.In 2008 the foreign capital actually utilized is received foreign capital.From 2019,Actual use of foreign capital uses Bulletin of the Ministry of Commerce, does not contain shareholder loan,the changed to the actual investment of investment company,and contract foreign investment is no longer counted.

6-10　按主要国家(地区)分外商直接投资
Foreign Direct Investment by Countries or Regions

单位:万美元　(10 000 USD)

国家(地区)	Country(Region)	新设企业数(个) Number of Newly Established Companies (unit) 2021	2022	实际使用外商投资金额 Total Amount of Foreign Capital Actually Utilized 2021	2022
总计	**Total**	**3064**	**2329**	**2151578**	**2287422**
韩国	Republic of Korea	635	430	70646	213758
中国香港	Hong Kong	1338	913	1624833	1520424
美国	United States	92	78	9583	11868
日本	Japan	194	241	111206	190141
中国台湾	Taiwan	158	108	11071	3431
英属维尔京群岛	Virgin Islands	20	9	48678	49496
新加坡	Singapore	120	98	149059	149027
英国	United Kingdom	40	111	16090	30181
加拿大	Canada	56	29	4552	4631
澳大利亚	Australia	32	18	7463	2408
法国	France	16	11	3650	10029
德国	Germany	33	14	7704	16947
毛里求斯	Mauritius		1	808	
马来西亚	Malaysia	11	11	433	3917
萨摩亚	Samoa	1	3	1256	11381
意大利	Italy	6	6	7371	1270
荷兰	Netherlands	8	10	1888	6225
开曼群岛	Cayman Islands	7	3	27735	26940
泰国	Thailand	5	7	5408	1439
中国澳门	Macao	20	13	13882	2968
瑞士	Switzerland	5	6	631	335
巴拿马	Panama	1			1005
百慕大	Bermuda		1	1000	3108
俄罗斯	Russia	21		17	
菲律宾	Philippines	2	2		
丹麦	Denmark	1	1	254	299
印度尼西亚	Indonesia	4	3	1798	641
奥地利	Austria	3	3	876	1631
西班牙	Spain	2	13		6799
新西兰	New Zealand	4	3	151	126
卢森堡	Luxembourg		1	472	5
瑞典	Sweden	2	5	117	47
比利时	Belgium	2	3	200	6227
欧洲联盟	The European Union	91	81	35862	55930
东南亚联盟	Southeast Asian Union	146	124	157674	155274

6-11 按行业分外商直接投资(2022年)
Foreign Direct Investment by Sector(2022)

行 业	Sector	新设企业数(个) Number of Newly Established Companies(unit)		
		本年新增 Newly Added in the Year	比上年增长(%) Growth Rate (%)	2022年止累计 Accumulative number end to 2022
总 计	**Total**	**2329**	**-24.0**	**85212**
第一产业	**Primary Industry**	**13**	**-58.1**	**2579**
第二产业	**Secondary Industry**	**657**	**-38.9**	**57847**
采矿业	Mining	1	-75.0	247
制造业	Manufacturing	560	-39.1	55294
电力、热力、燃气及水的生产和供应业	Production and Supply of Electric, Heat, Gas and Water	71	-38.8	874
建筑业	Construction	29	-32.6	1451
第三产业	**Tertiary Industry**	**1659**	**-15.3**	**24786**
交通运输、仓储和邮政业	Transport, Storage and Post	38	-20.8	1028
信息传输、计算机服务和软件业	Information Transmission, Computer Services and Software	98	-22.8	1142
批发和零售业	Wholesale and Retail Trade	834	-0.6	9203
住宿和餐饮业	Hotels and Catering Services	30	-30.2	1752
金融业	Financial Intermediation	32	-3.0	752
房地产业	Real Estate	26	-51.9	2905
租赁和商务服务业	Leasing and Business Services	246	-36.1	3982
居民服务和其他服务业	Services to Households and Other Services	14	-22.2	341
科学研究和技术服务业	Scientific Research, Technical Service and Geologic Prospecting	283	-6.9	2152
水利、环境和公共设施管理业	Management of Water Conservancy, Environment and Public Facilities	13		238
教 育	Education	4	-79.0	213
文化、体育和娱乐业	Culture, Sports and Entertainment	26	-38.1	844
卫生和社会工作	Health, Social Work	7	-61.1	162
公共管理、社会保障和社会组织	Public Management,Social Security and Social Organizations		-100.0	5

6-11 续表 continued

行 业	Sector	实际使用外资金额 Total Amount of Foreign Capital Actually Utilized		
		本 年（万美元） This Year (10 000 USD)	比上年增长(%) Growth Rate (%)	2022年止累计（亿美元） Accumulative number end to 2022 (100 million USD)
总 计	**Total**	**2287422**	**6.3**	**3026.3**
第一产业	**Primary Industry**	**8829**	**174.7**	**67.8**
第二产业	**Secondary Industry**	**1147658**	**35.8**	**1816.5**
采矿业	Mining	892	-96.1	21.1
制造业	Manufacturing	977171	49.2	1633.4
电力、热力、燃气及水的生产和供应业	Production and Supply of Electric, Heat, Gas and Water	127879	15.7	120.5
建筑业	Construction	49031	-16.7	42.1
第三产业	**Tertiary Industry**	**1130935**	**-13.2**	**1142.1**
交通运输、仓储和邮政业	Transport, Storage and Post	42665	18.0	88.5
信息传输、计算机服务和软件业	Information Transmission, Computer Services and Software	56820	-44.2	48.8
批发和零售业	Wholesale and Retail Trade	445004	18.0	220.0
住宿和餐饮业	Hotels and Catering Services	2060	26.2	20.3
金融业	Financial Intermediation	46878	-32.5	89.2
房地产业	Real Estate	42849	-75.1	360.0
租赁和商务服务业	Leasing and Business Services	303644	-10.2	155.1
居民服务和其他服务业	Services to Households and Other Services	277	-96.9	6.8
科学研究和技术服务业	Scientific Research, Technical Service and Geologic Prospecting	151389	12.4	113.7
水利、环境和公共设施管理业	Management of Water Conservancy, Environment and Public Facilities	8023	-31.8	11.9
教 育	Education	2538	2186.5	2.4
文化、体育和娱乐业	Culture, Sports and Entertainment	10362	9.2	16.0
卫生和社会工作	Health, Social Work	708	-90.9	2.7
公共管理、社会保障和社会组织	Public Management,Social Security and Social Organizations	9025	-71.3	4.0

6-12 按方式分外商直接投资
Basic Statistics on Foreign Direct Investments by Form

单位:万美元 (10 000 USD)

类 别	Category	新设企业数(个) Number of Newly Established Companies(unit)					实际使用外资金额 Total Amount of Foreign Capital Actually Utilized				
		2018	2019	2020	2021	2022	2018	2019	2020	2021	2022
外商直接投资	**Foreign Direct Investments**	**2156**	**2517**	**3060**	**3064**	**2329**	**2051636**	**1468933**	**1764763**	**2151578**	**2287422**
合资经营企业	Sino-foreign Joint-ventures enterprises	771	1021				495124	551829			
合作经营企业	Sino-foreign Cooperative Operation enterprises	12	6				29364	1364			
外资企业	Foreign Investment Enterprises	1366	1472				1493011	770140			
外商投资股份制企业	Foreign Investment Share Enterprises	7	10				34137	143156			
合作开发	Cooperative Development							2000			
其他	Others		8					444			

注：2020年起，《外商投资法》实施，不再区分合资、合作、独资企业。
a)Since 2020, the foreign investment law has been implemented, and there will be no distinction between joint venture, cooperative and wholly-owned enterprises.

6-13 各市外商直接投资
Foreign Direct Investment by Region

单位:万美元 (10 000 USD)

地 区	Region	新设企业数(个) Number of Newly Established Companies (unit)		实际使用外资 Amount of Foreign Capital Actually Utilized	
		2021	2022	2021	2022
全省总计	**Total**	**3064**	**2329**	**2151578**	**2287422**
济南市	Jinan	330	251	265840	313738
青岛市	Qingdao	908	693	616898	551492
淄博市	Zibo	83	70	82044	103243
枣庄市	Zaozhuang	85	78	45236	67250
东营市	Dongying	60	44	64315	79710
烟台市	Yantai	386	243	264914	298323
潍坊市	Weifang	214	155	132349	129903
济宁市	Jining	152	133	112838	129192
泰安市	Tai'an	64	46	40696	56161
威海市	Weihai	343	222	144963	107716
日照市	Rizhao	58	68	51922	70350
临沂市	Linyi	162	84	137548	138819
德州市	Dezhou	46	45	45256	64103
聊城市	Liaocheng	78	52	45578	47900
滨州市	Binzhou	34	53	51418	67906
菏泽市	Heze	61	92	49763	61616

6–14 境外投资情况
Overseas Investment

类 别	Category	境外投资项目(个) Overseas Investment Projects (unit)		备案核准中方投资总额(万美元) Approved and Registered Total Amount of Chinese Investment (10 000 USD)	
		2022	2022年止累计 Accumulative number end to 2022	2022	2022年止累计 Accumulative number end to 2022
总 计	**Total**	**280**	**7341**	**707535**	**11401583**
贸易性企业	Trade Enterprises	139	3031	25523	1384113
非贸易性企业	Non-trade Enterprises	105	3477	682012	10017471
资源开发企业	Resource Development	8	488	460392	2200009

6–15 各市境外投资情况
Overseas Investment by Region

单位:万美元 (10 000 USD)

地 区	Region	企业数(个) Number of Enterprises(unit)		备案核准投资额 Approved and Registered Amount of Investment		对外实际投资额 Actual amount of Overseas Investment	
		2021	2022	2021	2022	2021	2022
全省总计	**Total**	**255**	**280**	**383988**	**707535**	**698331**	**811586**
济 南 市	Jinan	59	47	38902	10308	174208	174978
青 岛 市	Qingdao	67	69	134115	144257	116857	158849
淄 博 市	Zibo	17	15	14100	32840	25843	52499
枣 庄 市	Zaozhuang	2	2	110	15	165	124
东 营 市	Dongying	11	6	3770	7625	24951	19986
烟 台 市	Yantai	20	26	37836	7045	124129	152958
潍 坊 市	Weifang	19	36	20517	11754	80020	83817
济 宁 市	Jining	7	13	25270	314185	55224	75968
泰 安 市	Tai'an	7	3	10954	314	6837	5902
威 海 市	Weihai	16	29	9685	17263	34464	40651
日 照 市	Rizhao	3	4	32	3304	1166	3716
临 沂 市	Linyi	13	16	87149	14812	7557	15384
德 州 市	Dezhou	8	3	1725	35	16270	2196
聊 城 市	Liaocheng	2	3	152	363	750	1020
滨 州 市	Binzhou	3	7	55	143397	20154	19218
菏 泽 市	Heze	1	1	-385	20	9739	4319

6-16 按主要国别(地区)分境外投资情况

Overseas Investment by Countries or Regions

单位:万美元 (10 000 USD)

国别(地区)	Country(Region)	项目数(个) Number of Projects(unit)		备案核准中方投资额 Approved and Registered Amount of Chinese Investment	
		2021	2022	2021	2022
总计	**Total**	**255**	**280**	**383988**	**707535**
亚洲小计	**Subtotal of Asia**	**148**	**179**	**291987**	**132451**
阿富汗	Afghanistan				
阿联酋	UAE	3	7	30	275
中国澳门	Macao	1	2	1000	-369
巴基斯坦	Pakistan	4	1	702	
巴林	Bahrain		1		
朝鲜	Korea DPR				
东帝汶	East Timor				
菲律宾	Philippine		1		20
哈萨克斯坦	Kazakhstan	1	1		2
韩国	Republic of Korea	15	16	2099	507
吉尔吉斯斯坦	Kyrgyzstan				
柬埔寨	Cambodia	1	2	35225	21
卡塔尔	Qatar				
科威特	Kuwait	1			
老挝	Laos	1	4		2515
马来西亚	Malaysia	3	3	542	25373
蒙古	Mongolia	1		10	
孟加拉国	Bangladesh	3	4	115	905
缅甸	Myanmar		1		6
日本	Japan	6	9	3802	848
沙特阿拉伯	Saudi Arabia	3	3	6322	170
斯里兰卡	Sri Lanka	2		170	
塔吉克斯坦	Tajikistan				
中国台湾	Taiwan,China			1147	
泰国	Thailand	3	7	7629	7466
土库曼斯坦	Turkmenistan				
乌兹别克斯坦	Uzbekistan	1	1	14	
中国香港	Hong Kong	69	82	32179	16813
新加坡	Singapore	15	14	36174	7609
叙利亚	Syria				
也门	Yemen				
伊朗	Iran				
以色列	Israel	1			
印度	India	1	2		1090
印度尼西亚	Indonesia	3	4	81683	50782
约旦	Jordan				
越南	Vietnam	6	11	82877	17502
伊拉克	Iraq				
马尔代夫	Maldives	1		15	
阿曼	Oman				
格鲁吉亚	Georgia				
尼泊尔	Nepal	1	1	220	
土耳其	Turkey	2	2	32	915
非洲小计	**Subtotal of Africa**	**39**	**36**	**17459**	**172686**
阿尔及利亚	Algeria	1	1	98	
埃及	Egypt	1	1		10682
埃塞俄比亚	Ethiopia		1		3000
安哥拉	Angola		2		2
贝宁	Benin		1		
博茨瓦纳	Botswana	1	1	10	150

6-16 续表 1 continued

单位:万美元 (10 000 USD)

国别(地区)	Country(Region)	项目数(个) Number of Projects(unit)		备案核准中方投资额 Approved and Registered Amount of Chinese Investment	
		2021	2022	2021	2022
布基纳法索	Burkina Faso				
赤道几内亚	Eq.Guinea				
多哥	Togo	1		20	
厄立特里亚	Eritrea				
佛得角	Cape Verde				-25
冈比亚	Gambia				
刚果(布)	Congo Rep				
刚果(金)	Congo DR		1		692
几内亚	Guinea	5	2	3234	140000
几内亚(比绍)	Guinea-Bissau				
加纳	Ghana	4	1	9190	78
加蓬	Gabon		1		860
津巴布韦	Zimbabwe				
喀麦隆	Cameroon				
科特迪瓦	Cote D'Ivoire	1	1		
肯尼亚	Kenya	5	3	668	708
莱索托	Lesotho				
利比里亚	Liberia		1		1159
利比亚	Libya				
马里	Mali				
马达加斯加	Madagascar	2		3	
毛里求斯	Mauritius				
毛里塔尼亚	Mauritania				
摩洛哥	Morocco		2		300
马拉维	Malawi	1			
莫桑比克	Mozambique	2	2	62	3970
纳米比亚	Namibia				
南非	South Africa	2	2	43	46
南苏丹	South Sudan	1		770	
尼日利亚	Nigeria	1	4	2000	2709
尼日尔	Niger	2		100	
塞内加尔	Senegal		2		120
塞拉利昂	Sierra Leone				
塞浦路斯	Cyprus				
塞舌尔	Seychelles	1	1	5	10
苏丹	Sudan				
坦桑尼亚	Tanzania	4	4	193	6345
突尼斯	Tunisia		2		1880
乌干达	Uganda	1		1000	
赞比亚	Zambia	2		62	
中非	Central Africa				
乍得	Chad	1			
吉布提	Djibouti				
欧洲小计	**Subtotal of Europe**	**25**	**29**	**24205**	**67756**
阿塞拜疆	Azerbaijan				
奥地利	Austria				
白俄罗斯	Belorussia				
保加利亚	Bulgaria				
比利时	Belgium	1		46	
波黑	Bosnia and Herzegovina	3	1		
波兰	Poland			-398	
德国	Germany	2	4	-4599	3390
丹麦	Denmark				
俄罗斯	Russia	5	11	848	931
法国	France			305	
芬兰	Finland		1		2
荷兰	Netherlands	2	3	361	967
捷克	Czech				

6-16 续表 2 continued

单位:万美元 (10 000 USD)

国别(地区)	Country(Region)	项目数(个) Number of Projects(unit) 2021	2022	备案核准中方投资额 Approved and Registered Amount of Chinese Investment 2021	2022
拉脱维亚	Latvia				
立陶宛	Lithuania				
卢森堡	Luxembourg				
罗马尼亚	Romania				
挪威	Norway				
葡萄牙	Portugal				
瑞典	Sweden	1		-127	
瑞士	Switzerland	1		2283	1221
斯洛伐克	Slovakia				
塞浦路斯	Cyprus				
乌克兰	Ukraine				
西班牙	Spain		3		60723
希腊	Greece				
匈牙利	Hungary				
亚美尼亚	Armenia	1			
意大利	Italy	1	1	24358	523
英国	United Kingdom	4		7249	
塞尔维亚	Serbia	4	4	-6121	
爱尔兰	Ireland				
斯洛文尼亚	Slovenia				
黑山	Montenegro		1		
拉丁美洲小计	**Subtotal of Latin America**	**12**	**12**	**13422**	**17337**
阿根廷	Argentina			335	181
安提瓜和巴布达	Antigua and Barbuda				
巴巴多斯	Barbados				
巴拉圭	Paraguay				
巴拿马	Panama				
巴西	Brazil	2	1	112	153
玻利维亚	Bolivia		1		5
多米尼加	Dominican Rep.				
厄瓜多尔	Ecuador				
圭亚那	Guyana	1		15	
哥伦比亚	Colombia	2		600	
哥斯达黎加	Costa Rica				
古巴	Cuba				
秘鲁	Peru		2		
开曼群岛	Cayman Islands	1	2	2000	2720
苏里南	Surinam				
圣卢西亚	Saint Lucia				
特立尼达和多巴哥	Trinidad and Tobago				
危地马拉	Guatemala				
委内瑞拉	Venezuela				
乌拉圭	Uruguay				
英属安圭拉	Anguilla				
英属维尔京群岛	British Virgin Islands	3	2	5	6
智利	Chile				
牙买加	Jamaica				
墨西哥	Mexico	3	4	10355	14272
北美洲小计	**Subtotal of North America**	**27**	**19**	**26970**	**3999**
百慕大群岛	Bermuda	1		6200	
加拿大	Canada	10	2	5821	2264
美国	United States	16	17	14949	1735
大洋洲小计	**Subtotal of Oceanic**	**4**	**5**	**9945**	**313307**
澳大利亚	Australia	3	3	5350	313097
巴布亚新几内亚	Papua New Guinea				
斐济	Fiji				
新西兰	New Zealand	1	1	4595	160
所罗门	Solomon				
汤加	Tonga				
萨摩亚	Samoa		1		50

6-17　1982-2022年对外承包工程和劳务合作情况
Statistics on Contracted Projects and Labor Services Cooperation with Foreign Countries 1982 to 2022

年　份 Year	合同个数 (个) Number of Contracts (unit)	合同金额 (万美元) Contracted Value (10 000 USD)	营业额 (万美元) Turnover (10 000 USD)	年末在外人数 (人) Number of Persons outside the Country at Year-end (person)	派出人数 (人) Number of Persons Sent out(person)
1982	1	421	421		
1983	1	1286	40	408	
1984	1	451	664	783	
1985	4	645	852	1147	
1986	26	1099	876	1597	
1987	33	802	999	1239	
1988	34	502	987	865	
1989	69	1389	1000	1179	
1990	91	3377	1712	1462	
1991	123	5952	3017	2326	
1992	192	8747	3882	3571	
1993	299	20250	6959	7254	
1994	411	31882	12222	10288	
1995	672	38604	18274	16217	
1996	880	52005	28933	23355	
1997	966	57654	36315	26626	
1998	1296	73703	46508	29121	
1999	1116	67729	63615	30979	
2000	1250	61601	45229	35028	
2001	1580	104622	55913	36489	
2002	1380	134098	83133	43554	
2003	1322	124243	99213	52077	
2004	1879	146590	151568	62705	
2005	2171	164091	174518	71610	37797
2006	2513	392134	232293	83974	41369
2007	2642	540344	301928	93797	45212
2008	2880	754137	358867	90623	45269
2009	2397	932312	509083	96421	46296
2010	3075	1092504	602415	102149	47300
2011		948287	819857	108662	48836
2012		988209	898864	103736	51425
2013		1078349	940828	98988	52591
2014		1237694	1021544	115328	59941
2015		1344383	1120799	116100	60764
2016		1355479	1195427	119655	68673
2017		1393003	1278651	130384	71570
2018		1548846	1314181	125224	57878
2019		1364140	1256300	133849	62734
2020		1051092	1030379	89162	31484
2021		1181608	1016257	71218	31406
2022		1101849	987405	60808	26313

注：2011年起，商务部不再对外公布对外劳务合作合同数(下表同)。
a)The Commerce Department had no longer published data refer to Contracts of Labor Cooperation since 2011.The same applies to tables following.

6-18 对外承包工程和劳务合作情况

Statistics on Contracted Projects and Labour Cooperation with Foreign Countries or Regions

项　　目		Item		2017	2018	2019	2020	2021	2022
一、承包工程合同个数	**（个）**	**Number of Contracted Projects**	**(unit)**	**417**	**484**	**504**	**475**	**296**	**197**
二、合同金额	**（万美元）**	**Contracted Value**	**(10 000 USD)**	**1393003**	**1548846**	**1364140**	**1051092**	**1181608**	**1101849**
承包工程	（万美元）	Contracted Projects	(10 000 USD)	1295541	1439085	1269937	1010672	1122204	894464
劳务合作	（万美元）	Labor Cooperation	(10 000 USD)	97462	109761	94203	40420	59404	207386
三、营业额	**（万美元）**	**Turnover**	**(10 000 USD)**	**1278651**	**1314181**	**1256300**	**1030379**	**1016257**	**987405**
承包工程	（万美元）	Contracted Projects	(10 000 USD)	1175577	1219211	1147941	942980	931382	900231
劳务合作	（万美元）	Labor Cooperation	(10 000 USD)	103074	94970	108359	87399	84875	87174
四、年末在国外人数	**（人）**	**Number of Persons outside the Country at year end**	**(person)**	**130384**	**125224**	**133849**	**89162**	**71218**	**60808**
承包工程	（人）	Contracted Projects	(person)	35470	30885	33449	31177	23532	15233
劳务合作	（人）	Labor Cooperation	(person)	94914	94339	100400	57985	47686	45575
五、派出人数	**（人）**	**Number of Persons Sent out**	**(person)**	**71570**	**57878**	**62734**	**31484**	**31406**	**26313**
承包工程	（人）	Contracted Projects	(person)	25216	21618	21192	13663	12344	5034
劳务合作	（人）	Labor Cooperation	(person)	46354	36260	41542	17821	19062	21279

6-19 旅 游 业 情 况

Tourism

类　　别		Category		2020	2021	2022
旅行社总数	（个）	Total Number of Travel Agencies	(unit)	2685	2729	2857
星级饭店总数	（个）	Total Number of Star-rated Hotels	(unit)	539	492	482
A级旅游景区总数	（个）	The total number of A-grade scenic spot	(unit)	1227	1193	1205
接待入境游客	（万人次）	Number of International Tourists Arrival to China	(10 000 person-time)	52.8		
外国人	（万人次）	Foreigners	(10 000 person-time)	44.2		
港澳台胞	（万人次）	Hong Kong, Macao and Taiwan Compatriots	(10 000 person-time)	8.6		
港澳同胞	（万人次）	Compatriots from Hong Kong and Macao	(10 000 person-time)	4.8		
台湾同胞	（万人次）	Compatriots from Taiwan	(10 000 person-time)	3.8		
国内旅游人数	（万人次）	Number of Domestic Tourists	(10 000 person-time)	57669.6	73052.2	58808.7
旅游总收入	（亿元）	Total Tourism Consumption	(100 million yuan)	6019.7	8278.6	6026.3
入境旅游收入	（亿美元）	International Tourism Earnings	(100 million USD)	2.1		
国内旅游收入	（亿元）	Domestic Tourism Earnings	(100 million yuan)	6005.3	8278.6	6026.3

注：因疫情管控影响，2021–2022年暂停入境旅游数据核算(以下相关表同)。

a) The accounting of inbound tourism data of 2021-2022 has been suspended due to the impact of COVID-19(The same applies to following relevant tables).

6-20 1995-2022年国内旅游情况
Domestic Tourism 1995 to 2022

年 份 Year	国内游客人数 (万人次) Number of Domestic Tourists (10 000 person-time)	国内旅游收入 (亿元) Domestic tourism revenue (100 million yuan)	人均花费 (元) Per Capita Expenditure (yuan)
1995	4655	157.68	338.7
1996	5151	187.43	363.9
1997	5488	213.02	388.2
1998	5844	245.83	420.7
1999	6429	285.17	443.6
2000	7007	386.49	551.6
2001	8086	462.64	572.2
2002	9573	571.53	597.0
2003	8918	542.78	608.6
2004	11749	767.65	653.4
2005	14097	974.59	691.3
2006	16775	1214.82	724.2
2007	20343	1550.76	762.3
2008	24046	1908.53	793.7
2009	28882	2331.70	807.3
2010	34990	2915.80	833.3
2011	41696	3573.70	857.1
2012	48739	4335.03	889.4
2013	54262	5014.74	924.2
2014	59577	5711.20	958.6
2015	65045	6505.11	1000.1
2016	70716	7399.61	1046.4
2017	77966	8491.46	1089.1
2018	85899	9661.50	1124.7
2019	93288	10851.33	1163.2
2020	57670	6005.32	1041.3
2021	73052	8278.60	1133.2
2022	58809	6026.30	1024.7

6-21 按主要国家分接待外国旅游人数
Number of Foreigner Tourists by Country

单位：人 (person)

国 别	Country	2010	2015	2016	2017	2018	2019	2020
总 计	**Total**	**2778699**	**3358553**	**3525019**	**3530595**	**3661207**	**3708645**	**442477**
亚 洲	**Asia**	**2159102**	**2377625**	**2509292**	**2481664**	**2557490**	**2607694**	**298913**
印 度	India	23932	32543	32988	34063	35155	35409	2499
印度尼西亚	Indonesia	24835	29906	28879	31381	37032	37805	2999
日 本	Japan	566511	357727	375306	391238	409105	419598	55197
马来西亚	Malaysia	40230	62694	65075	68583	69984	89236	5502
蒙 古	Mongolia	7064	12356	11725	11697	12457	12563	120
菲律宾	Philippines	42487	34364	36647	37430	41513	41486	3803
新加坡	Singapore	70126	95077	99340	102910	108786	111907	8901
韩 国	Republic of Korea	1292880	1580582	1683278	1606678	1643098	1671997	201703
泰 国	Thailand	13387	22422	22939	27869	32471	33208	5798
非 洲	**Africa**	**15843**	**43580**	**42524**	**49292**	**56100**	**60647**	**8514**
欧 洲	**Europe**	**331858**	**484332**	**488489**	**516169**	**535336**	**532784**	**65092**
英 国	United Kingdom	62730	82032	88529	89610	93672	93170	12835
德 国	Germany	63694	80739	85920	88434	92920	92580	11408
法 国	France	40839	66841	71390	72451	75637	73500	5473
意大利	Italy	24532	34034	34587	37851	38082	37709	3065
荷 兰	Netherlands	6376	6190	5483	5778	5595	5201	6737
瑞 典	Sweden	8498	9018	9539	10361	10150	10287	2698
瑞 士	Switzerland	8358	11031	11913	12696	13089	12246	2072
俄罗斯	Russia	63036	102785	109069	121093	131870	134413	10202
美 洲	**America**	**191175**	**281514**	**296476**	**314376**	**323872**	**318799**	**48148**
加拿大	Canada	39869	54636	53104	56149	60628	62376	6618
美 国	United States	133305	196761	211042	221693	219419	207074	39721
大洋洲	**Oceanic**	**58310**	**93197**	**100238**	**104235**	**112397**	**111976**	**9748**
澳大利亚	Australia	40738	57523	62747	66456	69576	68795	7297
新西兰	New Zealand	12588	17359	19590	21362	25167	26870	2018
其 他	**Others**	**22411**	**78305**	**88000**	**64859**	**76012**	**76386**	**12062**

6-22 接待入境游客构成
Structure of Foreigner Tourists

单位:% (%)

指 标	Indicator	2010	2011	2012	2013	2014	2015	2016	2017	2018	2019
总 计	**Total**	**100.0**	**100.0**	**100.0**	**100.0**	**100.0**	**100.0**	**100.0**	**100.0**	**100.0**	**100.0**
按性别分	**by Sexual**	**100.0**	**100.0**	**100.0**	**100.0**	**100.0**	**100.0**	**100.0**	**100.0**	**100.0**	**100.0**
男	Male	67.8	68.7	69.9	67.7	68.9	70.4	68.2	67.8	68.0	68.1
女	Female	32.2	31.3	30.1	32.3	31.1	29.6	31.8	32.2	32.0	31.9
按年龄分	**by Age**	**100.0**	**100.0**	**100.0**	**100.0**	**100.0**	**100.0**	**100.0**	**100.0**	**100.0**	**100.0**
14岁以下	14 and under	1.6	1.5	2.2	1.9	1.8	2.2	2.5	2.6	2.7	2.6
15～24岁	15-24	9.1	9.6	10.0	9.3	9.2	10.5	10.5	10.1	10.2	10.3
25～44岁	25-44	51.5	50.3	51.6	46.8	48.3	49.7	49.4	49.5	49.6	49.5
45～64岁	45-64	31.8	32.1	29.8	36.1	35.2	32.0	31.9	31.7	31.5	31.4
65岁以上	65 and over	6.0	6.5	6.5	5.9	5.5	5.6	5.7	6.1	6.0	6.2
按来鲁目的分	**by Purpose of Coming to Shandong**	**100.0**	**100.0**	**100.0**	**100.0**	**100.0**	**100.0**	**100.0**	**100.0**	**100.0**	**100.0**
从事经济商务活动	Business	46.3	47.7	54.4	46.5	47.7	49.8	48.3	48.5	48.7	48.6
从事文化学术交流	Cultural and Academic Exchanges	7.7	6.3	8.2	7.9	8.1	6.1	6.9	6.7	6.8	6.9
探亲访友	Visiting relatives and Friends	4.4	4.5	6.2	6.4	5.9	5.2	6.6	6.2	6.0	6.1
旅游观光	Sightseeing	39.6	39.8	26.5	31.2	35.9	35.7	35.3	35.5	35.7	35.7
其 它	Others	2.1	1.8	4.6	8.1	2.4	3.2	2.9	3.1	2.8	2.7

注：因新冠肺炎疫情影响，2020—2022年未开展入境游客问卷调查，相关数据无法获取(以下相关表同)。
a) Because of COVID-19, survey by questionnaire of inbound tourists had not been carried out in 2020-2022, relevant data can't be obtained(The same applies to following relevant tables).

6-23 各市接待入境游客人数
Number of Foreigner Tourists by Region

单位:万人次 (10 000 person-time)

地 区	Region	2015	外国人 Foreigner	2016	外国人 Foreigner	2017	外国人 Foreigner	2018	外国人 Foreigner	2019	外国人 Foreigner	2020	外国人 Foreigner
全省总计	**Total**	**460.8**	**335.9**	**485.5**	**352.7**	**494.4**	**353.1**	**513.1**	**366.1**	**521.3**	**370.9**	**52.8**	**44.2**
济 南 市	Jinan	33.3	20.5	35.2	21.7	37.5	23.3	39.8	24.7	45.7	28.5	10.9	8.8
青 岛 市	Qingdao	133.8	99.6	141.0	104.2	144.4	105.7	153.6	111.9	170.3	125.8	18.8	15.7
淄 博 市	Zibo	19.6	11.3	20.3	11.6	21.0	11.7	21.5	11.8	20.0	11.2	0.5	0.5
枣 庄 市	Zaozhuang	3.1	1.4	3.4	1.4	3.4	1.5	3.6	1.7	4.4	2.4	0.3	0.1
东 营 市	Dongying	5.8	3.7	6.0	3.8	6.2	3.8	6.4	4.0	6.5	4.1	0.1	0.1
烟 台 市	Yantai	57.4	45.2	61.3	48.3	63.8	50.5	63.8	50.6	65.0	52.3	12.0	10.8
潍 坊 市	Weifang	33.4	27.2	34.8	28.3	34.8	28.0	36.7	29.4	26.6	17.4	2.2	1.2
济 宁 市	Jining	32.1	18.2	34.6	19.6	32.8	17.9	33.0	18.9	28.4	14.2	0.9	0.7
泰 安 市	Tai'an	37.0	19.0	38.5	19.7	39.5	16.9	40.1	16.4	40.0	17.0	0.8	0.4
威 海 市	Weihai	46.2	43.2	48.5	45.4	49.2	45.7	50.7	47.1	51.9	48.0	5.2	5.1
日 照 市	Rizhao	27.0	25.6	28.3	26.8	27.6	26.0	28.2	26.5	28.3	26.7	0.4	0.3
莱 芜 市	Laiwu	0.7	0.6	0.8	0.5	0.8	0.4	0.8	0.5				
临 沂 市	Linyi	17.5	9.8	18.2	10.2	18.7	10.3	19.3	10.7	18.4	11.3	0.3	0.3
德 州 市	Dezhou	2.3	1.1	2.1	1.0	2.2	1.1	2.5	1.2	2.7	1.6	0.1	0.04
聊 城 市	Liaocheng	5.5	4.7	5.8	5.0	5.8	5.0	5.9	5.0	6.0	4.9	0.04	0.03
滨 州 市	Binzhou	4.7	4.5	4.9	4.7	5.1	4.9	5.6	5.3	5.2	4.9	0.2	0.1
菏 泽 市	Heze	1.4	0.4	1.5	0.4	1.6	0.4	1.8	0.5	1.9	0.5	0.03	0.02

注：根据行政区划调整，2019年起，莱芜市并入济南市，以下表同。
a)According to administrative division adjustment,Laiwu City merged into Jinan City from 2019.The same applies to the relevant following tables .

6-24 各市入境旅游外汇收入
Foreign Exchange Earnings by Region

单位：万美元 (10 000 USD)

地区	Region	2005	2010	2014	2015	2016	2017	2018	2019	2020
全省总计	**Total**	**78023**	**215506**	**271424**	**289651**	**306345**	**317405**	**336420**	**341314**	**20900**
济南市	Jinan	4175	11354	17058	18419	19609	20841	22285	27493	3322
青岛市	Qingdao	41493	60104	82284	91798	98055	102074	116381	156772	12521
淄博市	Zibo	982	9206	9412	9565	9858	10135	10529	9117	97
枣庄市	Zaozhuang	113	824	816	720	810	823	767	630	31
东营市	Dongying	77	3128	5055	5188	5277	5489	5144	4559	44
烟台市	Yantai	13207	37707	47242	51859	55260	58512	61273	49217	2112
潍坊市	Weifang	1055	16238	21630	21976	22474	24419	25003	8570	303
济宁市	Jining	2603	17118	13508	14615	15247	15849	14821	8137	116
泰安市	Tai'an	3740	18380	22508	23559	24328	24174	24299	16896	124
威海市	Weihai	7086	19151	24221	25134	27207	27293	27668	30762	1756
日照市	Rizhao	1908	9795	12786	11808	12363	12018	11780	13070	262
莱芜市	Laiwu	25	314	475	482	654	674	670		
临沂市	Linyi	648	7717	9755	9807	10111	9944	10328	9580	78
德州市	Dezhou	446	1752	563	517	536	548	416	563	52
聊城市	Liaocheng	342	1580	2539	2516	2701	2582	2793	3336	11
滨州市	Binzhou	85	898	1289	1375	1491	1659	1897	2171	65
菏泽市	Heze	38	239	284	311	363	370	366	440	6

6-25 入境旅游外汇收入及构成
Foreign Exchange Earnings and Its Composition

单位：万美元 (10 000 USD)

类别	Category	2016		2017		2018		2019	
		数额 Value	比重(%) Proportion	数额 Value	比重(%) Proportion	数额 Value	比重(%) Proportion	数额 Value	比重(%) Proportion
总计	**Total**	**306345.1**	**100.0**	**317404.6**	**100.0**	**336419.6**	**100.0**	**341313.6**	**100.0**
长途交通	Long Distance Transportation	88104.9	28.8	91793.4	28.9	98200.9	29.2	100414.4	29.4
#民航	Civil Aviation	70735.1	23.1	73542.6	23.2	78890.4	23.5	80788.9	23.7
铁路	Railway	3706.8	1.2	3777.1	1.2	4003.4	1.2	4198.2	1.2
汽车	Highway	7873.1	2.6	8443.0	2.7	8545.1	2.5	8293.9	2.4
轮船	Waterway	5789.9	1.9	6030.7	1.9	6762.0	2.0	7133.5	2.1
游览	Visiting	27142.2	8.9	28058.5	8.8	28965.7	8.6	28602.1	8.4
住宿	Accommodation	37190.3	12.1	39136.0	12.3	41278.7	12.3	42288.8	12.4
餐饮	Food and Beverage	27417.9	9.0	27772.9	8.8	29571.3	8.8	30138.0	8.8
购物	Shopping	67794.2	22.1	71289.0	22.5	79361.4	23.6	83314.6	24.4
娱乐	Entertainment	20494.5	6.7	21234.4	6.7	22371.9	6.7	22117.1	6.5
邮电通讯	Post and Communication Services	11518.6	3.8	11870.9	3.7	12783.9	3.8	13243.0	3.9
市内交通	Local Transportation	9466.1	3.1	9776.1	3.1	10193.5	3.0	10410.1	3.1
其他服务	Other Services	17216.6	5.6	16473.3	5.2	13692.3	4.1	10785.5	3.2

注：因新冠肺炎疫情影响，2020—2022年未开展入境游客问卷调查，相关数据无法获取。

a) Because of COVID-19, survey by questionnaire of inbound tourists had not been carried out in 2020-2022, relevant data can't be obtained.

主要统计指标解释

进出口总额 指实际进出我国国境的货物总金额。包括对外贸易实际进出口货物，来料加工装配进出口货物，国家间、联合国及国际组织无偿援助物资和赠送品，华侨、港澳台同胞和外籍华人捐赠品，租赁期满归承租人所有的租赁货物，进料加工进出口货物，边境地方贸易及边境地区小额贸易进出口货物(边民互市贸易除外)，中外合资企业、中外合作经营企业、外商独资经营企业进出口货物和公用物品，到、离岸价格在规定限额以上的进出口货样和广告品(无商业价值、无使用价值和免费提供出口的除外)，从保税仓库提取在中国境内销售的进口货物，以及其他进出口货物。该指标可以观察一个国家在对外贸易方面的总规模。我国规定出口货物按离岸价格统计，进口货物按到岸价格统计。

商品经营单位所在地进、出口额 指所在地海关注册登记的有进出口经营权的企业实际进、出口额。

商品目的地进口额和商品货源地出口额 目的地进口额指进口货物的消费、使用或最终抵运地的实际进口额；货源地出口额指出口货物的产地或原始发货地的实际出口额。

利用外资 指我国各级政府、部门、企业和其他经济组织通过对外借款、吸收外商直接投资以及用其他方式筹措的境外现汇、设备、技术等。

对外借款 指通过对外正式签订借款协议，从境外筹措的资金，包括外国政府贷款、国际金融组织贷款、外国银行商业贷款、出口信贷以及对外发行债券等。1996年及以前还包括对外发行股票。该指标是我国利用外资的重要部分。

外商直接投资 指外国企业和经济组织或个人(包括华侨、港澳台胞以及我国在境外注册的企业)按我国有关政策、法规，用现汇、实物、技术等在我国境内开办外商独资企业、与我国境内的企业或经济组织共同举办中外合资经营企业、合作经营企业或合作开发资源的投资(包括外商投资收益的再投资)，以及经政府有关部门批准的项目投资总额内企业从境外借入的资金。

外商其他投资 指除对外借款和外商直接投资以外的各种利用外资的形式。包括企业在境内外股票市场公开发行的以外币计价的股票（目前主要是在香港证券市场发行的H股和在境内证券市场发行的B股）发行价总额，国际租赁进口设备的应付款，补偿贸易中外商提供的进口设备、技术、物料的价款，加工装配贸易中外商提供的进口设备、物料的价款。

对外直接投资 指我国国内投资者以现金、实物、无形资产等方式在国外及港澳台地区设立、购买国（境）外企业，并以控制该企业的经营管理权为核心的经济活动。

对外承包工程 指各对外承包公司以招标议标承包方式承揽的下列业务：(1)承包国(境)外工程项目；(2)承包我国对外经济援助项目；(3)承包我国驻外机构工程项目；(4)企业自带设备,以收取设备使用费、技术服务费等形式承揽和实施的国外及港澳台地区工程项目；(5)企业为实施承包工程项目出口的大型成套和机电设备,并负责安装和调试；(6)企业为境外投资建设项目提供咨询和管理服务,开展相关规划、咨询、勘察、设计、造价、监理、项目管理和运营维护等活动。对外承包工程的营业额是以货币表现的本期内完成的对外承包工程的工作量，包括以前年度签订的合同和本年度新签订的合同在报告期内完成的工作量。

对外劳务合作 对外劳务合作指组织劳务人员赴其他国家或地区为国外的企业或机构工作的经营性活动。劳务合作营业额按报告期内雇主提交的结算数(包括工资、加班费和奖金等)统计。

旅游总收入 是指相关方为游客支付的一切旅游费用。包括行、游、住、食、购、娱以及为亲友、家人购买纪念品、礼品等方面的支出，不包括商业目的而购买的房、地、车、船及贵重物品等资本性或交易性的投资、馈赠亲友的现金及给公共机构的捐赠。

旅游者人数

(1)入境国际旅游者人数：指来中国参观、访问、旅行、探亲、访友、休养、考察、参加会议和从事经济、科技、文化、教育、宗教等活动的外国人、华侨、港澳同胞和台湾同胞的人数。不包括外国在我国的常驻机构，如使领馆、通讯社、企业办事处的工作人员；来我国常住的外国专家、留学生以及在岸逗留不过夜人员。

(2)出境居民人数：指大陆居民因公务活动或私人事务短期出境的人数。公务活动出境居民人数包括在国际交通工具上的中国服务员工，因私出境居民人数不包括在国际交通工具上的中国服务员工。

(3)国内旅游者人数：指我国大陆居民和在我国常住1年以上的外国人、华侨、港澳台同胞离开常住地在境内其他地方的旅游设施内至少停留一夜，最长不超过6个月的人数。

国际旅游(外汇)收入 指入境旅游的外国人、华侨、港澳同胞和台湾同胞在中国大陆旅游过程中发生的一切旅游支出，其对于国家来说就是国际旅游(外汇)收入。

国际旅行社 指经营对外招徕并接待外国人、华侨、港澳同胞和台湾同胞来中国、归国或回内地旅游业务的旅行社。

国内旅行社 指负责经营招徕、组团、接待国内旅客的旅游业务，以及不对外招徕，负责经营接待国际旅行社或其它涉外部门组织的外国人、华侨、港澳同胞和台湾同胞来中国、归国或回内地的旅游业务的旅行社。

Explanatory Notes on Main Statistical Indicators

Total Imports and Exports at Customs refer to the real value of commodities imported into and exported from the boundary of China. They include the actual imports and exports through foreign trade, imported and exported goods under the processing and assembling trades and materials, supplies and gifts as aid given gratis between governments and by the United Nations and other international organizations, and contributions donated by overseas Chinese, compatriots in Hong Kong and Macao and Chinese with foreign citizenship, leasing commodities owned by tenant at the expiration of leasing period, the imported and exported commodities processed with imported materials, commodities trading in border areas (excluding mutual exchange goods), the imported and exported commodities and articles for public use of the Sino foreign joint ventures, cooperative enterprises and ventures exclusively with foreign own investment. Also included are import or export of samples and advertising goods for whose CIF or FOB value are beyond the permitted ceiling (excluding goods of no trading or use value and free commodities for export), imported goods sold in China from bonded warehouses and other imported or exported goods. The indicator of the total imports and exports at customs can be used to observe the total size of external trade in a country. In accordance with the stipulation of the Chinese government, imports are calculated at CIF, while exports are calculated at FOB.

Import and Export Value by Location of Foreign Trade Managing Units refers to actual value of imports and exports carried out by corporations which have been registered by the local customhouse and are vested with right to run import export business.

Import and Export Value of Commodities by Destination and Origin of goods in China: The former indicator refers to the value of import commodities of the places of their consumption, utilization or the places of their final destination. The latter indicator refers to the value of export commodities of the places of their origin or the places of the commodities dispatched.

Utilization of Foreign Capitals refers to remittance, equipment and technology financed from abroad, by loans, foreign direct investment and other forms undertaken by the Chinese governments at all levels, by various departments, enterprises and other economic units.

Foreign Borrowings refer to funds borrowed from abroad through formal signing of borrowing agreements with foreign institutions, including loans of foreign governments, loans of international financial institutions, commercial loans of foreign banks, export credit, and funds raised by Chinese bonds (and shares before 1996) issued abroad. It is an important part of China’s utilization of foreign capitals.

Foreign Direct Investment refers to the investments inside China by foreign enterprises and economic organizations or individuals (including overseas Chinese, compatriots from Hong Kong, Macao and Taiwan, and Chinese enterprises registered abroad), following the relevant policies and laws of China, for the establishment of ventures exclusively with foreign own investment, Sino foreign joint ventures and cooperative enterprises or for cooperative exploration of resources with enterprises or economic organizations in China. It includes the re investment of the foreign entrepreneurs with the profits gained from the investment and the funds that enterprises borrow from abroad in the total investment of projects which are approved by the relevant department of the government.

Other Investment by Foreign Entrepreneurs refers to all forms of utilization of foreign capitals other than foreign borrowings and foreign direct investment. It includes the total value of stock shares in foreign currencies issued by enterprises at domestic or foreign stock exchanges (now mainly consisting of H shares issued at Hong Kong Security Market and B shares issued at domestic security markets), rent payable for the imported equipment through international leasing arrangement, cost of imported equipment, technology and materials provided by foreign counterparts in compensation trade and processing and assembly trade.

Overseas Direct Investment refers to enterprises set up or bought by domestic investors in foreign countries and in Hong Kong, Macao and Taiwan, and the economic activities centering on operation and management of those enterprises are under the control of domestic investors. The statistical scope covers various corporation type enterprises and non-corporation type enterprises receiving direct investment from domestic investment entities.

Contracted Projects with Foreign Countries refer to the following business contracted by foreign contracting companies in the form of bidding and negotiation:(1) Contractor projects abroad; (2) to contract Chinese foreign economic aid projects; (3) to contract for domestic institutions; (4) Engineering projects contracted and implemented in foreign countries and Hong Kong, Macao and Taiwan regions by the enterprise's own equipment in the form of collecting equipment usage fee and technical service fee; (5) The enterprise shall be responsible for the installation and commissioning of large complete sets of mechanical and electrical equipment exported for the implementation of the contracted project; (6) The enterprise provides consulting and management services for overseas investment construction projects, and carries out related activities such as planning, consulting, investigation, design, cost, supervision, project management, operation and maintenance.The turnover of foreign contracted projects is the workload of foreign contracted projects completed in the current period expressed in currency, including the workload completed in the reporting period of contracts signed in the previous year and new contracts signed in the current year.

Service Cooperation with Foreign Countries refers to the economic activities of organizing labor personnel to go to other countries or regions to work for foreign enterprises or institutions. The business income of labour service cooperation is the income in the form of wages and salaries, overtime pay, bonuses and other remuneration received from the employers during the reference period.

Total Income form Tourism refers to all travel expenses paid by the relevant party for the tourists. Including transportation, sighting, accommodation, food, shopping, entertainment, and the purchase of souvenirs, gifts, etc. for relatives and friends, family, etc.Not including capital or transactional investments, cash for friends and relatives, and donations to public institutions for houses, land, cars, boats and valuables purchased for commercial purposes, etc.

Number of Tourists

(1) International tourists refer to foreigners, overseas Chinese, Chinese compatriots from Hong Kong, Macao and Taiwan coming to China for sight seeing, visits, tours, family reunions, vacations, study tours, conferences and other activities of a business, scientific and technological, cultural, educational and religious nature. It does not include representatives and employees of resident institutions of foreign countries in China such as embassies, consulates, news agencies and offices of foreign companies and organizations, nor does it include long-term foreign experts or students residing in China, or persons in transition without spending a night in China.

(2) Chinese residents going abroad refer to Chinese residents going abroad for short terms for either public business or private purposes. Chinese employees working on international transport carriers are included in those going abroad for public business purpose, not in those for private purpose.

(3) Domestic tourists refer to residents of the mainland of China who stay for one night at least but no more than 6 months at tourist facilities in other places than their permanent residence within the territory of the Chinese mainland, including foreigners, overseas Chinese and Chinese compatriots from Hong Kong, Macao and Taiwan who have resided in China for over one year.

Foreign Exchange Earnings from International Tourism refer to the total expenditures of foreigners, overseas Chinese, Chinese compatriots from Hong Kong, Macao and Taiwan during their stay in the mainland of China, which are earnings of foreign exchange from international tourism from the point of view from China.

International Travel Agencies refer to travel agencies engaged in the promotion, solicitation, organization and reception of tours to the mainland of China by foreigners, overseas Chinese, Chinese compatriots from Hong Kong, Macao and Taiwan.

Domestic Travel Agencies refer to travel agencies engaged in the promotion, solicitation, organization and reception of domestic tourists, and in the reception of foreigners, overseas Chinese, Chinese compatriots from Hong Kong, Macao and Taiwan organized by international travel agencies or other departments concerned, without their own promotion and solicitation programmes.

第7篇

能　源

Energy

简 要 说 明

一、本篇资料的主要内容

本篇资料反映了全省能源生产和消费状况，主要包括能源生产、消费及品种构成，能源生产和消费弹性系数，生活用能源消费量，综合能源平衡表和主要能源品种的单项平衡表，全省各市主要发展约束性指标，以及全省各市电力消费情况。

二、本篇资料的来源

本篇数据主要来源于全省能源平衡表，以及全省节能核算表和省电力部门，由省统计局能源处编制提供。

三、关于数据口径与计算的说明

1．一次能源生产量与能源产品产量统计数字一致。

2．能源生产与消费弹性系数分别以能源生产、消费增长速度与国内生产总值增长速度相比求得。GDP 按可比价格计算。

3．能源平衡表中，进口量和出口量采用海关统计数据。

4．电力折算成标准煤时，有当量、等价两种折标系数。电力折算标准煤的当量系数为 1.229 吨标准煤/万千瓦时，等价系数按平均发电煤耗计算。

5．煤炭包括原煤、洗精煤、其他洗煤和煤制品（即型煤），不包括焦炭。煤品包括煤炭、焦炭、焦炉煤气、高炉煤气、转炉煤气和其他焦化产品。

6．煤品占能耗总量的比重，不包括入鲁火电所占能耗总量的比重。

7．依据 2018 年第四次全国经济普查资料，对 2015 年至 2017 年能源历史数据进行了调整。

Brief Introduction

I. Main Content

Data in this chapter show the energy production and consumption of Shandong Province, including mainly energy production and consumption and their composition, the elasticity ratio of energy production and consumption, the consumption of energy for residential use, overall balance sheet of energy and balance sheets by different types of energy, main binding indicators on development of Shandong, and the energy consumption grouped by sector.

II. Source of Data

Data in this chapter are mainly based on the energy balance sheet of the whole province, provincial energy saving accounting table,and power sector. The data are provided by the Division of Energy Statistics of Shandong Provincial Bureau of Statistics.

III. Notes on Coverage and Calculation of Data

(1) The data on production of primary energy are the same as the corresponding data on output of energy products.

(2) The elasticity ratio of energy production is calculated as the quotient of the growth rate of energy production divided by the growth rate of GDP; and the elasticity ratio of energy consumption is calculated as the quotient of the growth rate of energy consumption divided by the growth rate of GDP.

(3) In the energy balance sheet, data on imports and exports are from Customs statistics. The refueling by Chinese ships and airplanes abroad is included in imports.

(4) The coefficient for conversion of electric power into the standard coal equivalent is calculated on the basis of heat value equivalent. the coefficient for the conversion of electric power into the standard coal equivalent is calculated on the basis of the heat value equivalent. One kilowatt is equal to 0.1229 kg SCE. The coefficient is calculated according to the average consumption of coal for generating electricity.

(5) Coal includes crude coal, fine washed coal, other washed coal and coal products, and it excludes coke. Coal products include coal, coke, coke oven gas, blast furnace gas, converter gas and other coking products.

(6) The proportion of coal consumption in total energy consumption includes the proportion of thermal power transmitted into Shandong Province.

(7) Based on the fourth national economic census data in 2018, some energy historical data from 2015 to 2017 are adjusted.

7-1 主要年份一次能源生产总量
Primary Energy Output in Major Years

单位:万吨标煤 (10 000 tons of SCE)

年 份 Year	能源生产总量 Total Energy Production	原 煤 Coal	原 油 Crude Oil	天然气 Natural Gas	一次电力 Primary Electricity
1949	120.79	120.79			
1952	258.58	258.58			
1955	342.73	342.73			
1956	386.58	386.58			
1957	440.37	440.37			
1962	1041.29	1041.17	0.01		0.11
1965	1362.94	1242.89	119.81		0.24
1970	2383.80	1716.18	667.59		0.03
1975	4555.04	2036.54	2388.62	128.62	1.26
1976	5013.70	2382.91	2500.65	128.88	1.26
1977	5387.37	2727.99	2502.71	155.88	0.79
1978	5901.83	2928.71	2781.49	190.46	1.17
1979	6075.07	3170.21	2697.14	205.49	2.23
1980	5873.37	3064.71	2616.94	189.00	2.72
1981	5392.54	2950.42	2301.75	138.72	1.65
1982	5505.80	3040.71	2335.21	129.41	0.47
1983	5898.00	3132.28	2625.00	139.79	0.93
1984	6696.54	3258.96	3288.36	148.17	1.05
1985	7531.89	3516.00	3861.74	151.89	2.26
1986	8046.80	3642.79	4215.52	185.94	2.55
1987	8511.34	3798.47	4514.38	197.24	1.25
1988	8918.29	3970.94	4757.61	188.73	1.01
1989	9038.69	4067.83	4765.07	205.35	0.44
1990	9262.21	4282.54	4786.70	191.39	1.58
1991	9269.98	4282.53	4793.22	191.25	2.98
1992	9508.88	4535.86	4780.24	191.92	0.86
1993	9875.38	4519.97	5171.83	182.08	1.50
1994	10624.66	5560.85	4887.14	173.78	2.89
1995	10757.67	6305.32	4294.76	156.04	1.55
1996	10697.72	6392.56	4159.57	144.62	0.97
1997	10620.51	6496.14	4002.01	121.67	0.69
1998	10436.05	6412.17	3901.51	122.09	0.28
1999	10322.39	6425.10	3807.55	89.01	0.73
2000	9648.75	5741.96	3822.49	83.54	0.76
2001	11550.26	7634.32	3811.52	103.34	1.08
2002	13241.75	9333.02	3816.52	91.07	1.14
2003	14384.08	10476.85	3808.65	98.36	0.22
2004	14394.61	10461.78	3820.50	111.84	0.49
2005	13995.62	10021.63	3849.36	123.03	1.60
2006	14083.40	10042.24	3935.89	103.46	1.82
2007	14616.67	10526.28	3990.22	99.22	0.95
2008	14615.32	10500.62	3998.91	113.05	2.74
2009	14600.08	10424.07	4040.38	119.97	15.66
2010	16055.71	11913.14	3980.08	129.01	33.48
2011	15997.81	11585.87	3973.65	64.33	53.35
2012	16973.80	12528.16	3963.94	75.71	79.19
2013	15165.08	10722.56	3894.94	65.11	116.19
2014	15220.40	10699.80	3876.09	62.89	133.13
2015	14693.06	10277.40	3751.91	57.70	161.90
2016	13616.76	9404.96	3301.96	56.23	229.07
2017	13710.27	9623.27	3192.79	49.72	305.89
2018	13102.01	8827.54	3203.20	52.80	484.11
2019	12539.10	7820.68	3177.70	56.10	742.71
2020	12205.72	7422.75	3170.31	63.43	817.13
2021	11543.68	6322.85	3158.22	68.42	1142.09
2022	11804.52	6026.26	3143.33	87.69	1366.66

注：1.本表使用当量折标系数折算标准煤。
2.2009年开始，一次电力包含水电、风电、核电、生物质发电和太阳能光伏发电,1949—2008年数据为水电。

a)Data of standard coal equivalent is calculated on the basis of heat value equivalent.

b)Since 2009, Primary Electricity includes that generated by hydro power, wind power, nuclear power, bio-energy and solar PV power, and data of 1949-2008 refer to hydro power.

7-2 1979-2022年能源生产、能源消费弹性系数
Elasticity Ratio of Energy Production and Energy Consumption from 1979 to 2022

年 份 Year	能源生产弹性系数 Elasticity Ratio of Energy Production				能源消费弹性系数 Elasticity Ratio of Energy Consumption			
	能源生产比上年增长(%) Growth Rate of Energy Production over Preceding Year (%)	电力生产比上年增长(%) Growth Rate of Electricity Production over Preceding Year (%)	能源生产弹性系数 Elasticity Ratio of Energy Production	电力生产弹性系数 Elasticity Ratio of Electricity Production	能源消费比上年增长(%) Growth Rate of Energy Consumption over Preceding Year (%)	电力消费比上年增长(%) Growth Rate of Electricity Consumption over Preceding Year (%)	能源消费弹性系数 Elasticity Ratio of Energy Consumption	电力消费弹性系数 Elasticity Ratio of Electricity Consumption
1979	1.69	9.68	0.15	0.84		11.03		0.95
1980	-3.33	8.78		0.55	0.62	5.96	0.03	0.40
1981	-8.17	4.58		0.25	-12.23	6.13		0.33
1982	2.12	4.62	0.15	0.33	21.98	6.06	1.56	0.43
1983	7.11	7.26	0.44	0.44	-13.50	7.43		0.46
1984	13.53	8.33	0.51	0.31	7.34	12.43	0.27	0.47
1985	12.46	10.83	0.73	0.63	-12.67	8.70		0.51
1986	6.83	14.46	0.75	1.59	7.34	11.02	0.81	1.22
1987	5.79	10.62	0.29	0.52	13.68	9.68	0.68	0.48
1988	4.78	14.41	0.19	0.57	5.73	8.04	0.23	0.32
1989	1.36	10.58	0.09	0.67	4.84	7.17	0.31	0.45
1990	2.46	6.33	0.15	0.38	3.46	9.76	0.21	0.58
1991	0.52	11.20	0.03	0.57	3.05	9.75	0.15	0.49
1992	2.14	14.06	0.16	0.66	1.92	13.92	0.09	0.65
1993	-0.14	7.85		0.30	-1.07	7.77		0.29
1994	8.27	10.95	0.21	0.28	13.09	10.50	0.33	0.29
1995	6.13	9.09	0.21	0.31	10.58	9.48	0.36	0.32
1996	-2.77	7.28		0.38	3.12	7.51	0.16	0.39
1997	1.52	7.68	0.13	0.66	-0.02	7.38		0.64
1998	-1.81	-7.09			12.70	-1.19	1.10	
1999	-1.01	14.84		0.58	0.22	14.57	0.87	0.53
2000	-6.52	9.91		0.55	-9.17	10.12		0.56
2001	1.71	9.86	0.17	0.98	10.41	10.94	1.03	1.09
2002	4.68	13.19	0.40	1.14	18.06	12.42	1.56	1.07
2003	8.49	11.75	0.62	0.86	18.74	13.47	1.36	0.98
2004	0.07	17.50	0.01	1.15	21.30	17.50	1.39	1.14
2005	-2.78	16.58		1.11	20.08	16.58	1.32	1.09
2006	0.64	15.24	0.04	1.04	10.96	15.24	0.74	1.04
2007	3.79	14.23	0.27	1.00	8.66	14.26	0.61	1.00
2008	-0.01	3.89		0.32	4.48	5.04	0.37	0.42
2009	-0.10	3.95		0.33	5.73	7.85	0.48	0.66
2010	9.97	6.29	0.80	0.50	7.54	12.15	0.60	0.97
2011	-0.36	2.64	-0.03	0.24	6.68	10.21	0.62	0.94
2012	6.10	4.20	0.63	0.43	4.73	4.38	0.48	0.45
2013	-10.66	8.82	-1.12	0.92	4.74	7.60	0.50	0.80
2014	0.36	3.90	0.04	0.45	3.29	3.44	0.38	0.40
2015	-3.86	5.48	-0.49	0.69	3.95	5.18	0.50	0.65
2016	-7.33	9.66	-0.99	1.30	2.05	9.34	0.28	1.26
2017	0.69	6.22	0.09	0.85	-0.10	6.37	-0.01	0.87
2018	-4.44	2.70	-0.70	0.43	1.20	4.51	0.19	0.72
2019	-4.30	0.26	-0.79	0.05	1.99	3.80	0.37	0.70
2020	-2.66	-1.54	-0.75	-0.43	1.79	1.96	0.30	0.55
2021	-5.42	6.96	-0.65	0.84	5.24	6.21	0.63	0.75
2022	2.26	-0.11	0.58	-0.03	4.86	1.68	1.25	0.43

注：本表2005年以来数据均依据能源平衡表，能源生产、消费增速分别采用当量值和等价值，电力生产量包括一次电力和火电，电力消费量指全省电力消费量。原料用能指标填报口径调整，2021年数据已修订。

a)The data of the table prior to 2005 are calculated according to Overall Energy Balance Sheet . Growth rate of energy production adopt heat equivalent value, and that of energy consumption adopt heat value equivalent.The production of electricity include primary electricity and thermal power.The consumption of electricity refers to the whole provincial consumption.The statistical scope of energy used as raw material was adjusted.Data of 2021 have been revised.

7-3 一次能源生产量及构成
Primary Energy Output and Composition

类 别	Category	2018	2019	2020	2021	2022
能源生产总量(折标准煤)	**Total Energy Production**	**13735.6**	**13499.5**	**13213.4**	**13030.9**	**13587.7**
(万吨标准煤)	**(10 000 tons of SCE)**					
构 成	Composition					
原 煤 (%)	Coal (%)	64.27	57.93	56.18	48.52	44.35
原 油 (%)	Crude Oil (%)	23.32	23.54	23.99	24.24	23.13
天然气 (%)	Natural Gas (%)	0.38	0.42	0.48	0.53	0.65
电 力 (%)	Electricity (%)	8.14	12.62	13.81	20.18	23.18
其 他 (%)	Others (%)	3.89	5.50	5.54	6.54	8.69

注：本表使用等价折标系数折算标准煤。
a)Data of standard coal equivalent are calculated on the basis of the consumed heat value equivalent.

7-4 能源消费量及构成
Total Consumption and Composition of Energy

类 别	Category	2018	2019	2020	2021	2022
能源消费量(折标准煤)	**Energy Consumption**	**40580.5**	**41390.0**	**43649.0**	**45935.1**	**48166.9**
(万吨标准煤)	**(10 000 tons of SCE)**					
构 成	Composition					
煤 品 (%)	Coal (%)	69.32	67.28	64.22	61.40	57.67
油 品 (%)	Crude Oil (%)	17.54	15.52	17.04	18.23	20.68
天然气 (%)	Natural Gas (%)	4.24	5.01	5.59	5.55	4.91
一次电力 (%)	Primary Electricity (%)	2.75	4.11	4.18	5.72	6.54
电力净调入(+) (%)	Net Input of Electricity (+) (%)	4.89	6.36	7.29	7.31	7.75
其 他 (%)	Others (%)	1.26	1.72	1.68	1.78	2.45

注：本表使用等价折标系数折算标准煤。原料用能指标填报口径调整，2020、2021年数据已修订。
a) Data of standard coal equivalent are calculated on the basis of the consumed heat value equivalent.The statistical scope of energy used as raw material was adjusted.The data from 2020 to 2021 have been revised.

7-5 按行业分能源消费量（2022年）

行 业	Sector	能源消费总量（万吨标准煤）Total Energy Consumption (10 000 sce)
消费总量	**Total Consumption**	**48166.9**
农、林、牧、渔业	**Agriculture, Forestry, Animal Husbandry and Fishery**	**625.7**
工业	**Industry**	**37050.7**
采矿业	**Mining**	**992.8**
煤炭开采和洗选业	Mining and Washing of Coal	391.3
石油和天然气开采业	Extraction of Petroleum and Natural Gas	343.8
黑色金属矿采选业	Mining and Processing of Ferrous Metal Ores	82.6
有色金属矿采选业	Mining and Processing of Non-Ferrous Metal Ores	67.0
非金属矿采选业	Mining and Processing of Nonmetal Ores	58.0
开采专业及辅助性活动	Professional and Support Activities for Mining	30.3
其他采矿业	Mining of Other Ores	19.7
制造业	**Manufacturing**	**32873.1**
农副食品加工业	Processing of Food from Agricultural Products	673.8
食品制造业	Manufacture of Foods	435.6
酒、饮料和精制茶制造业	Manufacture of Liquor, Beverages and Refined Tea	72.8
烟草制品业	Manufacture of Tobacco	8.5
纺织业	Manufacture of Textile	764.2
纺织服装、服饰业	Manufacture of Textile, Wearing Apparel and Accessories	41.5
皮革、毛皮、羽毛及其制品和制鞋业	Manufacture of Leather, Fur, Feather and Related Products and Footwear	30.0
木材加工和木、竹、藤、棕、草制品业	Processing of Timber, Manufacture of Wood, Bamboo, Rattan, Palm, and Straw Products	241.4
家具制造业	Manufacture of Furniture	29.1
造纸和纸制品业	Manufacture of Paper and Paper Products	1198.8
印刷和记录媒介复制业	Printing and Reproduction of Recording Media	31.4
文教、工美、体育和娱乐用品制造业	Manufacture of Articles for Culture, Education, Arts and Crafts, Sport and Entertainment Activities	26.2
石油、煤炭及其他燃料加工业	Processing of Petroleum, Coal and Other Fuels	4212.8
化学原料和化学制品制造业	Manufacture of Raw Chemical Materials and Chemical Products	9097.4
医药制造业	Manufacture of Medicines	339.5
化学纤维制造业	Manufacture of Chemical Fibers	108.6
橡胶和塑料制品业	Manufacture of Rubber and Plastics Products	741.8
非金属矿物制品业	Manufacture of Non-metallic Mineral Products	2833.7
黑色金属冶炼和压延加工业	Smelting and Pressing of Ferrous Metals	4791.8
有色金属冶炼和压延加工业	Smelting and Pressing of Non-ferrous Metals	4936.7
金属制品业	Manufacture of Metal Products	941.4
通用设备制造业	Manufacture of General Purpose Machinery	410.0
专用设备制造业	Manufacture of Special Purpose Machinery	107.0
汽车制造业	Manufacture of Automobiles	204.3
铁路、船舶、航空航天和其他运输设备制造业	Manufacture of Railway, Ship, Aerospace and Other Transport Equipments	81.8
电气机械和器材制造业	Manufacture of Electrical Machinery and Apparatus	146.9
计算机、通信和其他电子设备制造业	Manufacture of Computers, Communication and Other Electronic Equipment	168.5
仪器仪表制造业	Manufacture of Measuring Instruments and Machinery	10.1
其他制造业	Other Manufacture	112.0
废弃资源综合利用业	Utilization of Waste Resources	70.9
金属制品、机械和设备修理业	Repair Service of Metal Products, Machinery and Equipment	4.6
电力、热力、燃气及水生产和供应业	**Production and Supply of Electricity, Gas and Water**	**3184.8**
电力、热力生产和供应业	Production and Supply of Electric Power and Heat Power	3021.0
燃气生产和供应业	Production and Supply of Gas	15.1
水的生产和供应业	Production and Supply of Water	148.7
建筑业	**Construction**	**534.8**
交通运输、仓储和邮政业	**Transport, Storage and Post**	**2276.4**
批发和零售业、住宿和餐饮业	**Wholesale and Retail Trades, Hotels and Catering Services**	**1056.8**
其他	**Others**	**1715.5**
居民生活	**Household Consumption**	**4907.1**

Energy Consumption by Sector (2022)

煤炭 (万吨) Coal (10 000 tons)	焦炭 (万吨) Coke (10 000 tons)	原油 (万吨) Crude Oil (10 000 tons)	汽油 (万吨) Gasoline (10 000 tons)	煤油 (万吨) Kerosene (10 000 tons)	柴油 (万吨) Diesel Oil (10 000 tons)	燃料油 (万吨) Fuel Oil (10 000 tons)	天然气 (亿立方米) Natural Gas (100 million cu.m)	电力 (亿千瓦小时) Electricity (100 million kW·h)
39010.4	**3791.2**	**13486.1**	**854.2**	**57.7**	**1365.8**	**1840.5**	**213.4**	**7521.8**
18.0			**4.2**		**111.8**			**157.4**
38178.7	**3791.2**	**13486.1**	**183.5**	**0.1**	**272.4**	**1811.3**	**136.8**	**5563.1**
558.8	**25.4**	**323.9**	**0.9**		**20.5**		**4.3**	**185.5**
541.3					1.6		0.1	51.5
		323.9	0.6		2.3		4.1	64.4
7.0	24.5				2.5			17.6
	0.9				2.1			22.1
10.5					1.0			18.3
			0.2		11.0			4.6
								7.0
14931.0	**3720.7**	**13162.0**	**181.1**	**0.1**	**245.2**	**1810.6**	**125.4**	**4590.8**
216.6	0.1		0.2		1.1	0.3	6.1	119.8
141.3	9.2		0.1		0.2		3.1	68.0
16.6	3.1				0.1	0.4	0.9	13.2
							0.1	2.3
21.7	3.4		0.1		0.2		3.5	185.5
			0.1		0.1		0.4	11.3
0.5					0.1		0.2	9.0
					0.3		1.0	66.2
							0.1	9.9
494.3			0.1		1.4	0.2	3.8	173.9
6.4			0.1		0.1	0.1	0.2	8.7
0.2			0.1				0.5	6.2
3099.7	3.3	12237.4	172.7		193.5	1344.8	10.2	178.6
4054.8	294.7	924.6	4.5		19.7	456.9	22.7	802.8
97.0	0.1		0.1		0.1	0.2	3.0	62.0
8.3							0.6	23.4
58.0	2.8		0.4		0.7		2.0	189.7
1171.4	22.4		0.2		13.4	6.1	31.3	297.5
2685.4	3118.0				4.3		8.0	446.1
2752.9	109.3		0.1		2.6	1.5	10.7	1287.2
66.9	140.5		0.3		0.7		8.6	237.2
	9.0		0.5		1.5		1.3	134.8
2.7			0.5		1.0		1.3	28.0
23.9	2.1		0.3		1.5		2.8	53.8
			0.1		2.0	0.1	0.3	24.5
			0.2		0.2		1.1	46.0
3.0			0.1		0.1		1.4	48.2
			0.1					3.3
							0.1	37.8
9.1	2.7				0.2		0.1	14.3
					0.1			1.5
22689.0	**45.1**	**0.2**	**1.5**		**6.8**	**0.7**	**7.1**	**786.8**
22689.0	45.1	0.2	1.2		6.7	0.7	6.6	731.8
			0.1				0.5	4.0
			0.1					51.0
0.2			**13.2**		**61.0**	**2.2**	**0.2**	**74.6**
0.1			**184.0**	**57.6**	**869.0**	**27.0**	**10.1**	**158.5**
210.0			**17.0**		**25.0**		**13.2**	**217.1**
133.0			**20.0**		**13.0**		**8.6**	**459.1**
470.3			**432.3**		**13.6**		**44.5**	**891.9**

7-6 平均每天各种能源消费量
Average Daily Energy Consumption by Type of Energy

类别	Category	2018	2019	2020	2021	2022
合计（吨标准煤）	**Total (tons of SCE)**	**1111795**	**1133973**	**1192596**	**1258496**	**1319640**
煤炭（吨）	Coal (ton)	1159438	1181726	1059843	1080265	1068777
焦炭（吨）	Coke (ton)	96151	99163	130489	120213	103868
原油（吨）	Crude Oil (ton)	357136	373482	402326	407552	369482
燃料油（吨）	Fuel Oil (ton)	65107	57433	63427	49056	50425
汽油（吨）	Gasoline (ton)	18906	19371	18404	20229	23402
煤油（吨）	Kerosene (ton)	3295	3450	2754	2832	1582
柴油（吨）	Diesel Oil (ton)	34897	36601	35579	36120	37420
液化石油气（吨）	Liquefied Petroleum (ton)	5248	6057	19813	27884	31625
电力（万千瓦时）	Electricity (10 000 kW·h)	180302	187159	190303	202677	206077

注：1.本表使用等价折标系数折算标准煤。2.汽油、柴油、燃料油消费量含炼油再投入量。3.原料用能指标填报口径调整，2020、2021年数据已修订。

a) Data of standard coal equivalent is calculated on the basis of the consumed heat value equivalent.

b) Data on consumption of fuel oil include those for refining oil.

c) The statistical scope of energy used as raw material was adjusted.The data from 2020 to 2021 have been revised.

7-7 平均每人年生活用能源
Annual Per Capita Energy Consumption for Non-Production Purpose

类别	Category	2018	2019	2020	2021	2022
合计（千克标准煤）	**Total (kgce)**	**396.6**	**416.8**	**436.7**	**451.9**	**482.8**
煤炭（千克）	Coal (kg)	53.2	47.6	49.5	47.0	46.3
汽油（千克）	Gasoline (kg)	43.0	43.1	41.2	43.8	42.5
液化石油气（千克）	Liquefied Petroleum (kg)	5.5	5.5	5.3	5.7	5.0
电力（千瓦小时）	Electricity (kW·h)	666.3	694.1	714.4	768.0	877.6

注：本表使用等价折标系数折算标准煤。

a)Data of standard coal equivalent is calculated on the basis of the consumed heat value equivalent.

7-8 分品种生活能源年消费总量
Annual Energy Consumption for Non-Production Purpose by Category

类 别	Category	2018	2019	2020	2021	2022
合 计 （万吨标准煤）	**Total (10 000 tons of SCE)**	**3976.7**	**4192.4**	**4439.1**	**4595.1**	**4907.1**
煤 炭 (万吨)	Coal (10 000 tons)	533.1	478.7	503.5	478.3	470.3
汽 油 (万吨)	Gasoline (10 000 tons)	431.0	433.5	418.8	445.5	432.3
液化石油气 (万吨)	Liquefied Petroleum (10 000 tons)	54.7	55.1	53.4	57.7	51.0
电 力 (亿千瓦小时)	Electricity (100 million kW·h)	668.1	698.2	726.2	780.8	891.9

注：本表使用等价折标系数折算标准煤。
a)Data of standard coal equivalent is calculated on the basis of the consumed heat value equivalent.

7-9 综合能源平衡表
Overall Energy Balance Sheet

单位：万吠标准煤 (10 000 tons of SCE)

项 目	Item	2018	2019	2020	2021	2022
可供消费的能源总量	**Total Energy for Consumption**	**40580.5**	**41390.0**	**43649.0**	**45935.1**	**48166.9**
一次能源生产量	Primary Energy Output	13735.6	13499.5	13213.4	13030.9	13587.7
外省(区、市)调入量	Allocation from Other Provinces	31537.2	36082.7	31945.4	34226.9	31743.7
进口量	Imports	13118.8	14622.4	16554.2	14571.6	13935.0
本省(区、市)调出量(-)	Allocation to Other Provinces(-)	-16853.7	-22325.9	-18377.8	-14938.5	-11857.4
出口量(-)	Exports(-)	-253.1	-49.1	-2.6	-94.3	-258.5
年初年末库存差额	Stock Changes in the Year	-704.3	-439.7	316.5	-862.0	1016.4
能源消费总量	**Total Energy Consumption**	**40580.5**	**41390.0**	**43649.0**	**45935.1**	**48166.9**
在总量中：	Consumption by sector					
1.农林牧渔业	1.Agriculture,Forestry,Animal Husbandry and Fishery	550.1	599.7	574.6	583.1	625.7
2.工 业	2.Industry	31146.2	31293.7	33627.4	35353.4	37050.7
3.建筑业	3.Construction	437.3	481.4	500.6	535.3	534.8
4.交通运输、仓储和邮政业	4.Transport,Storage and Post	2188.3	2381.8	2037.9	2181.8	2276.4
5.批发、零售业和住宿、餐饮业	5.Wholesale and Retail Trades,Hotels and Catering Services	928.2	986.7	978.3	1073.3	1056.8
6.其他行业	6.Other Sectors	1353.6	1454.4	1491.2	1613.1	1715.5
7.生活消费	7.Household Consumption	3976.7	4192.4	4439.1	4595.1	4907.1
在总量中：	Consumption by Usage					
(一) 终端消费	(I)End-use Consumption	38243.9	40359.4	42981.6	45156.0	47313.6
#工业	Industry	28809.5	30263.1	32960.0	34574.3	36197.5
(二) 加工转换损失量	(II)Losses During the Process of Energy Conversion	2336.6	1030.6	667.4	779.1	853.2
炼焦	Coking	395.1	3.0	341.0	327.0	311.2
炼油	Petroleum Refining	2508.4	1622.5	923.3	1018.6	1061.6
(三) 损失量	(III)Energy Losses					
平衡差额	**Balance**					

注：本表使用等价折标系数折算标准煤。原料用能指标填报口径调整，2020、2021年数据已修订。
a) Data of standard coal equivalent are calculated on the basis of the consumed heat value equivalent.The statistical scope of energy used as raw material was adjusted.The data from 2020 to 2021 have been revised.

7-10 石油平衡表
Petroleum Balance Sheet

单位：万吨 (10 000 tons)

项　　目	Item	2018	2019	2020	2021	2022
一、可供量	**Total Energy Available for Consumption**	**4229.3**	**4102.8**	**5147.7**	**5793.0**	**6953.2**
原油产量	Crude Output	2242.1	2237.8	2219.2	2210.7	2200.3
外省(区、市)调入量	Allocation from Other Provinces	4508.4	3272.2	3284.9	3676.8	2771.1
进口量	Imports	8502.6	9558.2	11028.0	9741.5	9325.0
本省(区、市)调出量(－)	Allocation to Other Provinces(-)	-10776.8	-10771.9	-10965.1	-9601.9	-8035.7
出口量(－)	Exports(-)	-75.4		-1.8	-6.5	-12.4
年初年末库存差额	Stock Changes in the Year	-171.5	-193.5	-417.5	-228.0	704.8
年初库存量	Stock of early Year	1201.1	1372.6	1566.1	1983.6	2211.6
年末库存量(－)	Stock of Year end(-)	-1372.6	-1566.1	-1983.6	-2211.6	-1506.8
二、消费量	**Total Energy Consumption**	**4229.3**	**4102.8**	**5147.7**	**5793.0**	**6953.2**
在总量中：	Consumption by sector					
1.农林牧渔业	1.Agriculture,Forestry,Animal Husbandry and Fishery	134.3	134.8	108.9	114.3	116.7
2.工　业	2.Industry	1902.8	1744.4	3157.9	3698.8	4879.7
3.建筑业	3.Construction	200.6	206.8	212.1	213.4	225.1
4.交通运输、仓储和邮政业	4.Transport,Storage and Post	1340.1	1360.4	1041.6	1101.7	1139.1
5.批发、零售业和住宿、餐饮业	5.Wholesale and Retail Trades, Hotels and Catering Services	70.5	72.2	66.2	72.8	56.2
6.其他行业	6.Other Sectors	75.3	75.8	73.6	73.0	39.5
7.生活消费	7.Household Consumption	505.6	508.5	487.3	519.1	496.9
在总量中：	Consumption by Usage					
1.终端消费	1.End-use Consumption	3406.9	3410.7	4545.0	5109.1	6277.6
#工业	Industry	1080.4	1052.3	2555.3	3014.9	4204.2
2.加工转换损失	2.Losses During the Process of Energy Conversion	822.4	692.1	602.6	683.9	675.6
火力发电	Thermal Power	18.0	21.9	30.1	25.8	29.3
供　热	Heating	46.6	37.1	33.0	36.2	33.7
炼油损耗	Petroleum Refining	757.9	633.1	536.5	616.1	605.0
制　气	Gas Production			3.1	5.7	7.6
3.损失量	3.Other Losses					
三、平衡差额	**Balance**					

注：原料用能指标填报口径调整，2020、2021年数据已修订。
a)The statistical scope of energy used as raw material was adjusted.The data from 2020 to 2021 have been revised.

7-11 煤炭平衡表
Coal Balance Sheet

单位：万吨 (10 000 tons)

项 目	Item	2018	2019	2020	2021	2022
一、可供量	**Total Energy Available for Consumption**	**42319.5**	**43133.0**	**38790.3**	**39429.7**	**39010.4**
原煤生产量	Raw coal output	12556.5	11918.1	10944.6	9312.0	8753.1
外省(区、市)调入量	Allocation from Other Provinces	31339.3	38410.1	29785.1	32274.3	30708.6
进口量	Imports	1538.8	1244.8	1188.2	959.0	903.0
本省(区、市)调出量(－)	Allocation to Other Provinces(-)	-2435.3	-8073.7	-4532.7	-2188.8	-1134.9
出口量(－)	Exports(-)	-79.1	-99.9		-10.5	-182.3
年初年末库存差额	Stock Changes in the Year	-600.7	-266.5	1405.1	-916.3	-37.1
年初库存量	Stock of early Year	2926.2	3526.9	3793.3	2388.2	3304.5
年末库存量(－)	Stock of Year end(-)	-3526.9	-3793.3	-2388.2	-3304.5	-3341.6
二、消费量	**Total Energy Consumption**	**42319.5**	**43133.0**	**38790.3**	**39429.7**	**39010.4**
在总量中：	Consumption by sector					
1.农林牧渔业	1.Agriculture,Forestry,Animal Husbandry and Fishery	50.2	45.6	40.6	24.7	18.0
2.工　业	2.Industry	41251.3	42168.2	37858.7	38569.6	38178.7
3.建筑业	3.Construction	1.2			0.4	0.2
4.交通运输、仓储和邮政业	4.Transport,Storage and Post	16.1	15.0	12.0	0.2	0.1
5.批发、零售业和住宿、餐饮业	5.Wholesale and Retail Trades, Hotels and Catering Services	281.5	254.8	224.8	213.5	210.0
6.其他行业	6.Other Sectors	186.1	170.8	150.8	143.0	133.0
7.生活消费	7.Household Consumption	533.1	478.7	503.5	478.3	470.3
在总量中：	Consumption by Usage					
1.终端消费	1.End-use Consumption	6626.7	7083.9	6638.6	6496.0	6050.7
#工业	Industry	5558.5	6119.1	5706.9	5636.0	5219.0
2.用于加工转换	2.Energy Conversion	35692.8	36049.1	32151.7	32933.6	32959.7
火力发电	Thermal Power	21313.7	20515.8	18498.7	19361.8	19091.4
供　热	Heating	7119.8	8128.3	8243.6	8688.6	9143.2
洗煤损耗	Losses in Coal Washing and Dressing	991.4	468.0	732.2	360.1	343.6
炼　焦	Coking	6108.2	6762.9	4464.0	4324.3	3899.7
制　气	Gas Production	146.9	170.6	200.9	185.8	481.8
型煤加工损耗	Losses in briquette Processing	12.8	3.5	12.3	13.0	-0.1
3.损失量	3.Other Losses					
三、平衡差额	**Balance**					

7-12 电力平衡表
Electricity Balance Sheet

单位：亿千瓦小时 (100 million kwh)

项　目	Item	2018	2019	2020	2021	2022
一、可供量	**Total Energy Available for Consumption**	**6581.0**	**6831.3**	**6965.1**	**7397.7**	**7521.8**
生产量	Output	5882.1	5897.2	5806.4	6210.3	6203.6
火力发电	Hydropower	5488.2	5292.9	5141.6	5281.0	5091.6
水力发电、核发电、其他发电	Hydro,Nuclear and other Power	393.9	604.3	664.9	929.3	1112.0
外省(区、市)调入量	Allocation from Other Provinces	710.9	941.4	1165.7	1197.1	1319.9
进口量	Imports					
本省(区、市)调出量(−)	Allocation to Other Provinces(-)	-12.0	-7.3	-7.1	-9.7	-1.7
出　口　量(−)	Exports(-)					
二、消费量	**Total Energy Consumption**	**6581.0**	**6831.3**	**6965.1**	**7397.7**	**7521.8**
在总量中：	Consumption by sector					
1.农林牧渔业	1.Agriculture,Forestry,Animal Husbandry and Fishery	121.3	136.7	141.5	142.3	157.4
2.工　业	2.Industry	5145.6	5280.6	5352.2	5600.9	5563.1
3.建筑业	3.Construction	50.8	60.7	65.7	74.8	74.6
4.交通运输、仓储和邮政业	4.Transport,Storage and Post	109.9	123.3	135.2	154.3	158.5
5.批发、零售业和住宿、餐饮业	5.Wholesale and Retail Trades, Hotels and Catering Services	158.3	174.3	173.7	210.1	217.1
6.其他行业	6.Other Sectors	327.1	357.5	370.7	434.5	459.1
7.生活消费	7.Household Consumption	668.1	698.2	726.2	780.8	891.9
在总量中：	Consumption by Usage					
1. 终端消费	1.End-use Consumption	6581.0	6831.3	6965.1	7397.7	7521.8
#工业	Industry	5145.6	5280.6	5352.2	5600.9	5563.1
2. 输配电损失量	2.Losses in Transmission					
三、平衡差额	**Balance**					

7-13 各市万元GDP能耗
Energy Consumption per 10 000 yuan GDP by Region

地 区	Region	2018 比2017年上升或下降(±%) Increased or Decreased Compared with 2017	2019 比2018年上升或下降(±%) Increased or Decreased Compared with 2018	2020 比2019年上升或下降(±%) Increased or Decreased Compared with 2019	2021 比2020年上升或下降(±%) Increased or Decreased Compared with 2020	2022 比2021年上升或下降(±%) Increased or Decreased Compared with 2021
全省总计	**Total**	**-4.80**	**-3.09**	**-2.41**	**-6.20**	**-3.79**
济南市	Jinan	-8.87	-7.38	-4.75	-8.09	-6.59
青岛市	Qingdao	-2.58	-6.60	-4.66	-4.09	-0.60
淄博市	Zibo	-4.76	-5.83	-0.81	-6.94	-13.87
枣庄市	Zaozhuang	-2.87	-2.43	-4.75	-6.52	-5.80
东营市	Dongying	-2.48	-3.73	-5.32	-5.64	-4.56
烟台市	Yantai	-3.43	-3.16	4.53	-7.12	-4.09
潍坊市	Weifang	-3.96	3.49	-6.15	-6.44	-6.63
济宁市	Jining	-2.15	-4.39	-1.47	-7.12	-3.86
泰安市	Tai'an	-2.20	-4.62	-1.52	-6.20	-4.93
威海市	Weihai	-4.33	-7.03	-5.48	-4.07	-2.37
日照市	Rizhao	-3.91	-2.57	-3.25	-9.38	-1.56
临沂市	Linyi	-5.34	-4.30	-3.15	-5.13	-2.61
德州市	Dezhou	-3.52	-5.54	4.41	-9.46	-12.74
聊城市	Liaocheng	-10.59	8.48	-1.29	-7.02	-5.12
滨州市	Binzhou	-6.28	-9.25	-6.69	-8.81	-7.52
菏泽市	Heze	-3.92	-9.07	-2.42	-12.39	-5.48

注：1.本表使用等价折标系数折算标准煤。
2.按照《"十四五"节能减排综合工作方案》等文件通知要求，自2021年，计算本指标时扣除原料用能、可再生能源、单列项目能耗数据；2021年数据已修订。
3.根据行政区划调整，2019年起，莱芜市并入济南市，以下表同。

a) Data of standard coal equivalent is calculated on the basis of the consumed heat value equivalent.
b) According to the Comprehensive Work Plan for Energy Conservation and Emission Reduction for the "14th Five-Year Plan" Period, the involved energy consumption for the calculation of this index since 2021 has not included energy used as raw material, renewable energy and energy consumption used for projects listed separately. Data of 2021 has been revised.
c)According to administrative division adjustment,Laiwu City merged into Jinan City from 2019.The same applies to tables following.

7−14 各市规模以上工业万元增加值能耗

Energy Consumption per 10 000 yuan Value Added of Industrial Enterprises above the Designated Size by Region

地　区	Region	2018 比2017年上升或下降(±%) Increased or Decreased Compared with 2017	2019 比2018年上升或下降(±%) Increased or Decreased Compared with 2018	2020 比2019年上升或下降(±%) Increased or Decreased Compared with 2019	2021 比2020年上升或下降(±%) Increased or Decreased Compared with 2020	2022 比2021年上升或下降(±%) Increased or Decreased Compared with 2021
全省总计	**Total**	**-5.35**	**-1.16**	**-6.86**	**-8.30**	**-7.80**
济南市	Jinan	-21.37	-5.07	-9.63	-9.54	-9.65
青岛市	Qingdao	-2.59	-5.64	-8.82	-2.59	-0.10
淄博市	Zibo	-6.09	4.19	-4.41	-15.69	-19.72
枣庄市	Zaozhuang	-3.12	-0.45	-6.52	-7.13	-13.27
东营市	Dongying	-2.26	-2.11	-8.77	-8.73	-15.20
烟台市	Yantai	-4.17	-1.41	-4.65	-6.41	-5.32
潍坊市	Weifang	-4.76	9.92	-13.93	-10.31	-5.87
济宁市	Jining	-5.00	-9.42	-11.74	-9.46	-10.31
泰安市	Tai'an	-3.80	-3.66	-4.71	0.18	-9.91
威海市	Weihai	-5.83	-9.28	-10.95	-3.21	-3.72
日照市	Rizhao	5.78	2.51	-7.39	-4.49	2.65
莱芜市	Laiwu	-7.07				
临沂市	Linyi	-6.50	4.93	-3.49	-7.78	-8.50
德州市	Dezhou	-5.52	-3.85	-0.64	-8.26	-14.47
聊城市	Liaocheng	-10.86	-3.97	-3.77	-12.44	-11.89
滨州市	Binzhou	-3.33	-9.73	-10.23	-10.16	-7.57
菏泽市	Heze	-3.94	2.06	-9.09	-14.54	-10.36

注：2020年及之前年份，指标计算过程中使用当量折标系数折算标准煤；自2021年起，使用等价折标系数折算标准煤，并扣除原料用能；2021年数据已修订。

a) Data of standard coal equivalent before 2020 is calculated on the basis of the heat value equivalent. Data of standard coal equivalent from 2021 is calculated on the basis of the consumed heat value equivalent, and energy used as raw material should be deducted. Data of 2021 has been revised.

7-15 各市万元GDP电耗
Electricity Consumption per 10 000 yuan GDP by Region

地 区	Region	2018	2019	2020	2021	2022
		比2017年上升或下降(±%) Increased or Decreased Compared with 2017	比2018年上升或下降(±%) Increased or Decreased Compared with 2018	比2019年上升或下降(±%) Increased or Decreased Compared with 2019	比2020年上升或下降(±%) Increased or Decreased Compared with 2020	比2021年上升或下降(±%) Increased or Decreased Compared with 2021
全省总计	**Total**	**2.50**	**-3.07**	**-1.67**	**-1.77**	**-1.41**
济 南 市	Jinan	-2.90	-3.88	-0.45	2.18	2.03
青 岛 市	Qingdao	0.39	-0.39	-1.07	7.07	0.44
淄 博 市	Zibo	-1.66	-2.82	-1.20	-2.54	-6.46
枣 庄 市	Zaozhuang	9.25	-2.17	-1.90	-1.31	-0.58
东 营 市	Dongying	1.78	0.56	-3.17	-0.58	-1.63
烟 台 市	Yantai	1.99	-0.90	-2.93	-2.36	-2.14
潍 坊 市	Weifang	2.19	4.42	-0.25	-2.12	-2.36
济 宁 市	Jining	5.88	0.90	-1.63	-0.76	-0.99
泰 安 市	Tai'an	3.63	-2.95	1.73	7.18	2.43
威 海 市	Weihai	1.35	1.42	-1.98	2.73	0.12
日 照 市	Rizhao	8.14	3.94	1.29	-11.67	2.50
临 沂 市	Linyi	3.17	-2.39	-2.96	3.02	0.37
德 州 市	Dezhou	8.42	2.92	0.54	3.94	0.81
聊 城 市	Liaocheng	9.96	-1.61	-1.09	-7.15	-2.48
滨 州 市	Binzhou	3.18	-10.60	-3.92	-7.28	-4.85
菏 泽 市	Heze	6.81	-0.26	-1.35	0.11	-0.43

注：电力数据为国网山东电力公司数据。

a) The involved data of electricity energy for the calculation of the data in this table come from by Shandong Electric Power Corporation.

7-16 各市电力消费量(2022年)
Electricity Consumption by Region(2022)

单位:亿千瓦时 (100 million kW·h)

地区	Region	全社会用电量 Electricity Consumption	#第一产业 Primary Industry Electricity Consumption	第二产业 Secondary Industry Electricity Consumption	第三产业 Tertiary Industry Electricity Consumption	工业用电 Industrial Electricity Consumption	#城乡居民生活用电 Household Electricity Consumption
全省总计	**Total**	**7559.2**	**116.7**	**5673.6**	**877.0**	**5600.5**	**891.9**
济南市	Jinan	499.7	3.5	273.8	124.7	263.0	97.6
青岛市	Qingdao	576.5	9.4	314.3	148.8	302.1	103.9
淄博市	Zibo	416.3	2.4	337.4	35.3	334.3	41.2
枣庄市	Zaozhuang	193.6	1.6	133.0	26.3	131.0	32.7
东营市	Dongying	373.2	5.2	322.0	24.8	320.2	21.1
烟台市	Yantai	612.0	14.9	476.2	62.2	471.5	58.7
潍坊市	Weifang	698.8	17.4	526.3	77.1	519.3	78.0
济宁市	Jining	402.7	6.5	263.9	61.6	260.3	70.6
泰安市	Tai'an	261.6	3.7	183.7	34.6	181.4	39.6
威海市	Weihai	154.6	4.4	92.3	31.4	89.6	26.5
日照市	Rizhao	273.9	6.7	215.7	25.9	213.9	25.7
临沂市	Linyi	585.2	10.6	404.9	73.7	398.9	96.0
德州市	Dezhou	297.8	7.3	210.7	36.8	206.6	42.9
聊城市	Liaocheng	667.8	8.7	572.9	38.2	569.2	48.0
滨州市	Binzhou	1225.8	6.3	1157.5	27.1	1154.6	34.9
菏泽市	Heze	290.4	8.1	159.6	48.4	155.0	74.3

注：本表数据为国网山东电力公司数据。
a) Data in this table are provided by Shandong Electric Power Corporation.

主要统计指标解释

能源生产总量　指一定时期内，一个地区一次能源生产量的总和。该指标是观察一个地区能源生产水平、规模、构成和发展速度的总量指标。一次能源生产量包括原煤、原油、天然气、水电、核能及其他动力能(如风能、太阳能、生物质能、地热能等)发电量，不包括非商品类的低热值燃料生产量、生物质能、太阳能等的利用，以及由一次能源加工转换而成的二次能源产量。

能源消费总量　指一定时期内，一个地区物质生产部门、非物质生产部门和生活消费的各种能源的总和。该指标是观察能源消费水平、构成和增长速度的总量指标。能源消费总量包括煤品和油品、天然气、电力和其他能源，不包括非商品类的低热值燃料、生物质能和太阳能等的利用。能源消费总量分为终端能源消费量、能源加工转换损失量和能源损失量三部分。

(1)终端能源消费量：指一定时期内，一个地区生产和生活消费的各种能源在扣除了用于加工转换二次能源消费量和损失量以后的数量。

(2)能源加工转换损失量：指一定时期内，一个地区投入加工转换的各种能源数量之和与产出各种能源产品之和的差额。该指标是观察能源在加工转换过程中损失量变化的指标。

(3)能源损失量：指一定时期内，能源在输送、分配、储存过程中发生的损失和由客观原因造成的各种损失量，不包括各种气体能源放空、放散量。

能源生产弹性系数　是研究能源生产增长速度与国民经济增长速度之间关系的指标。计算公式：

$$\text{能源生产弹性系数}=\frac{\text{能源生产总量年平均增长速度}}{\text{国民经济年平均增长速度}}$$

国民经济年平均增长速度，可根据不同的目的或需要，用国民生产总值、国内生产总值等指标来计算，本年鉴是采用国内生产总值指标计算的。

电力生产弹性系数　是研究电力生产增长速度与国民经济增长速度之间关系的指标。一般来说，电力的发展应当快于国民经济的发展，也就是说电力应超前发展。计算公式为：

$$\text{电力生产弹性系数}=\frac{\text{电力生产量年平均增长速度}}{\text{国民经济年平均增长速度}}$$

能源消费弹性系数　反映能源消费增长速度与国民经济增长速度之间比例关系的指标。计算公式为：

$$\text{能源消费弹性系数}=\frac{\text{能源消费量年平均增长速度}}{\text{国民经济年平均增长速度}}$$

电力消费弹性系数　反映电力消费增长速度与国民经济增长速度之间比例关系的指标。计算公式为：

$$\text{电力消费弹性系数}=\frac{\text{电力消费量年平均增长速度}}{\text{国民经济年平均增长速度}}$$

Explanatory Notes on Main Statistical Indicators

Total Energy Production refers to the total production of primary energy by all energy producing enterprises in the region in a given period of time. It is a comprehensive indicator to show the capacity, scale, composition and development of energy production of the country. The production of primary energy includes that of coal, crude oil, natural gas, and electricity generated by hydropower, nuclear energy and other means such as wind power, solar power, bio-energy and geothermal power. However, it excludes the production of noncommercial fuels of low calorific value, bio-energy, solar energy and the secondary energy converted from the primary energy.

Total Domestic Energy Consumption refers to the total consumption of energy of various kinds by material production sectors, non material production sectors and households in the country in a given period of time. It is a comprehensive indicator to show the scale, composition and development of energy consumption. The total energy consumption includes that of coal, crude oil and their products, natural gas, electricity and other energy resources. However, it excludes the consumption of noncommercial fuel of low calorific value, bio-energy and solar energy. Total domestic energy consumption can be divided into three parts: final energy consumption, loss during the process of energy conversion, and energy loss.

(1)Final Energy Consumption: It refers to the total energy consumption by material production sectors, non material production sectors and households in the region in a given period of time, but excludes the consumption in conversion of the primary energy into the secondary energy and the loss in the process of energy conversion.

(2)Loss During the Process of Energy Conversion: It refers to the total input of various kinds of energy for conversion, minus the total output of various kinds of energy in the region in a given period of time. It is an indicator to show the loss that occurs during the process of energy conversion.

(3)Energy Loss: It refers to the total of the loss of energy during the course of energy transport, distribution and storage and the loss caused by any objective reason in a given period of time. The loss of various kinds of gas due to gas discharges and stocktaking is excluded.

Elasticity Ratio of Energy Production is an indicator to show the relationship between the growth rate of energy production and the growth rate of the national economy. The formula is:

$$\text{Elasticity Ratio of Energy Production} = \frac{\text{Average Annual Growth Rate of Energy Production}}{\text{Average Annual Growth Rate of National Economy}}$$

The average annual growth rate of the national economy can be shown by the gross national product, gross domestic product and other indicators, depending upon the purposes or needs. The gross domestic product is used in calculation of the ratio in this chapter.

Elasticity Ratio of Electricity Production is an indicator to show the relationship between the growth rate of electricity production and the growth rate of the national economy. Generally speaking, the growth rate of electricity production should be higher than that of the national economy. Its formula is:

$$\text{Elasticity Ratio of Electricity Production} = \frac{\text{Average Annual Growth Rate of Electricity Production}}{\text{Average Annual Growth Rate of National Economy}}$$

Elasticity Ratio of Energy Consumption is an indicator to show the relationship between the growth rate of energy consumption and the growth rate of the national economy. The formula is:

$$\text{Elasticity Ratio of Energy Consumption} = \frac{\text{Average Annual Growth Rate of Energy Consumption}}{\text{Average Annual Growth Rate of National Economy}}$$

Elasticity Ratio of Electricity Consumption is an indicator to show the relationship between the growth rate of electricity consumption and the growth rate of the national economy. The formula is:

$$\text{Elasticity Ratio of Electricity Consumption} = \frac{\text{Average Annual Growth Rate of Electricity Consumption}}{\text{Average Annual Growth Rate of National Economy}}$$

第8篇

财政和金融

Government Finance and Banking

简 要 说 明

一、本篇资料的主要内容

本篇资料反映了全省财政收支、金融和保险、证券方面的情况，主要包括财政收入、财政支出、人民币外汇牌价、金融机构存贷款、保险机构、保险业务开展和山东省辖区证券市场等方面的资料。

二、本篇资料的来源

1.财政部分的资料来源于省财政厅。根据财政部2019年《财政收支分类科目》，财政支出科目变动较大，与往年不可比。

2.历年人民币对主要外币的年平均汇价资料来源于国家外汇管理局，是根据当年国家外汇管理局提供的每日汇价进行加权平均计算而得出的当年年平均汇价。

3.金融方面的资料来源于中国人民银行山东省分行。

4.保险方面的资料来源于中国银保监会山东监管局。

5.证券方面的资料来源于中国证监会山东监管局。

6.本篇资料由省统计局综合处整理。

Brief Introduction

I. Main Content

Data in this chapter show the conditions of local government budgetary finance, banking and insurance,and securities, including government revenue and expenditure, exchange rate of RMB to other currencies， credit funds, cash income and expenses, statistics on insurance companies and basic situation of securities markets in Shandong province.

II. Source of Data

（1） Data on local government finance are provided by Shandong Provincial Department of Finance. Because of reform of Government Revenue and Expenditure Classification Items issued by the Ministry of Finance of China in 2019,data on items cannot be compared with those of preceding years.

（2） Average exchange rates of RMB yuan to other currencies over the years come from the State Administration of Exchange Control. The annual average exchange rate is calculated as the weighted mean of the daily exchange rates provided by the State Administration of Exchange Control.

（3） Data on banking are provided by People's Bank of China Shandong provincial Branch.

（4） Data on insurance are provided by China Bank and Insurance Regulatory Commission of Shandong Bureau.

（5） Data on securities are provided by China Securities Regulatory Commission of Shandong Bureau.

（6） Data in this chapter are prepared and compiled by the Division of Comprehensive Statistics of Shandong Provincial Bureau of Statistics.

8-1 主要年份一般公共预算收入

General Public Budget Revenue in Major Years

单位:万元 (10 000 yuan)

年份 Year	一般公共预算收入 General Public Budget Revenue	税收收入 Tax Revenue	增值税 Value Added Tax	营业税 Business Tax	企业所得税 Corporate Income Tax	个人所得税 Individual Income Tax	城市维护建设税 City Maintenance and Construction Tax	房产税 House Property Tax	印花税 Stamp Tax
1950	44253	35209							
1952	76284	62545							
1955	89333	79914							
1957	107262	92112							
1962	125506	96577							
1965	164766	100184							
1970	309438	167361							
1975	459668	233132							
1976	496749	270119							
1977	559590	313898							
1978	641286	327465							
1979	569948	322814							
1980	481097	335362							
1981	511850	368177	471			3			
1982	492888	416477	3001			5			
1983	504050	428911	12980			8			
1984	536022	484039	21457	13611		15			
1985	675316	638230	45950	101566		216	30811		
1986	621535	567351	86294	131137		498	37058	440	
1987	727901	652813	108184	159799		515	41417	10663	
1988	826814	825681	192216	216442		371	51037	11012	362
1989	1009416	973118	223717	274118		452	59324	14781	7451
1990	1091082	1058745	241241	291283	84831	687	63936	19110	5754
1991	1285184	1145170	264599	315116	89766	744	71381	26116	5994
1992	1393225	1287334	312552	367710	76817	980	77163	27263	6175
1993	1943978	1908554	545599	458562	85753	1566	90282	32420	6515
1994	1346611	1264642	363371	311355	163942	22983	117238	38577	7115
1995	1790025	1635139	416401	405456	256396	55930	140782	49773	9273
1996	2416742	2156333	518976	515829	365781	89493	172075	61064	10053
1997	3044232	2648693	617844	622148	484919	126801	202164	80812	13373
1998	3523912	3019024	701402	752239	468054	46780	131149	226211	107540
1999	4044829	3429430	782176	789669	631666	187585	238123	134879	19983
2000	4636788	3929022	896895	876638	818659	247492	276205	155591	22440
2001	5731793	4883422	1002918	926921	1491110	369925	290458	165321	26963
2002	6102242	4950266	1112319	1176414	783934	310934	307978	209770	37256
2003	7137877	5582820	1260824	1447077	664382	260262	444019	244706	46613
2004	8283306	6274331	1160390	1764502	860624	319637	549266	267768	62914
2005	10731250	8264612	1930040	2177928	1108282	388938	659514	327950	92515
2006	13562526	10357905	2428345	2717252	1482753	458361	784298	387000	123031
2007	16753980	13083516	2907862	3397121	1985020	568145	924642	443522	159005
2008	19570541	15335324	3337763	3960900	2299728	611251	1041367	472576	203026
2009	21986324	17203455	3244846	4706109	2203040	646665	1090776	578637	238728
2010	27493842	21498997	3782348	6315107	2933058	810098	1307440	646535	337443
2011	34559267	26031329	4138174	7657247	3985551	965805	1796032	740189	411070
2012	40594301	30502010	4381207	8966409	4416434	951065	1988839	1008346	465851
2013	45599463	35334906	4895590	10683275	4459540	1045930	2178411	1117476	528630
2014	50268273	39657605	5969647	11359162	4830098	1151842	2313253	1224873	605607
2015	55293253	42031178	5949766	12523983	4987224	1431225	2437121	1338572	594147
2016	58601836	42125903	11297486	6504453	5032373	1431522	2508344	1433639	612587
2017	60986324	44194025	17059602		6202953	1867335	2618202	1578095	747811
2018	64853959	48979231	19021182		6773754	2152981	3064603	1682525	809162
2019	65267095	48492909	19586652		6962049	1474723	2901252	1667267	743334
2020	65599306	47576242	18144737		6865544	1820627	2839694	1655720	836298
2021	72844608	54759900	20303130		8674330	2434028	3247197	1889612	1095060
2022	71041012	47955228	14363604		8395555	2654676	3110136	2138126	1110879

注:1.本表中1994年以来的财政收入及分组均系新口径数,与历史资料不可比。
2.2016开始，增值税和营业税均系新口径数，与历史资料不可比。

a)Data from 1994 are based on new grouping method,so they cannot compare with other data.

b)Since 2016,Data of Value-added Tax and business Tax are based on new method,so they cannot compare with other data.

8-2 1950-2006年地方财政支出
Total Local Government Budgetary Expenditure from 1950 to 2006

单位:万元 (10 000 yuan)

年 份 Year	地方财政支出 Expenditure of Local Government	#基本建设 Expenditure for Capital Construction	#城市维护费 Expenditure on City Maintenance	#支援农业支出 Expenditure for Agriculture	#文教科学卫生事业费 Expenditure for Culture, Education, Science and Health	#行政管理费 Expenditure for Government Administration
1950	10281	556	79	266		4704
1951	15965	3221	490	364		7357
1952	31886	8860	245	735		8332
1953	32272	5719	263	433		9548
1954	33657	6505	245	1447		9381
1955	31143	4023	209	1954		9868
1956	47155	13244	107	3484		12695
1957	49164	10522	201	4770		11790
1958	120740	75087	67	4468		12461
1959	158857	78459	22	16116		14162
1960	239314	98855	82	23717		14571
1961	135988	19073	69	27392		13612
1962	63594	6560	334	9526		11753
1963	79714	10271	1018	12029		13054
1964	89615	17557	1535	12620		13212
1965	95407	18711	1807	10048		13144
1966	104100	24115	1690	10425		13691
1967	102007	33442	1669	9728		12064
1968	88752	31016	1719	7476		12264
1969	113952	49590	1756	7683		12669
1970	142528	70447	1805	8389		14245
1971	159105	67943	1743	11247		17779
1972	188907	82551	1621	15603		19336
1973	194872	66635	2419	21980		18541
1974	191061	56996	2005	24284		18435
1975	212560	52389	2194	26906		21241
1976	214205	48383	2579	29119		22899
1977	226136	48648	2610	32399		24449
1978	319044	83503	3750	40221		26553
1979	316239	69982	9535	41812	77298	31908
1980	300736	46680	9484	38422	90951	39017
1981	255341	32150	13144	28754	94093	39200
1982	294482	32395	17044	37525	110039	45512
1983	324119	39875	18184	38058	122536	52391
1984	389763	51801	22063	39512	144038	69508
1985	512953	55562	39340	42453	174126	70091
1986	679384	63375	47595	49892	208135	79655
1987	752168	48880	48156	57550	219751	83423
1988	940725	59630	63024	78301	278458	114421
1989	1136714	55472	75062	102293	324427	98493
1990	1238530	78060	76532	111848	354574	107220
1991	1320610	73926	80209	116383	390775	121071
1992	1456988	85542	89276	141474	457972	158948
1993	1883646	115922	104912	163489	536522	208572
1994	2187683	100904	121656	176277	721820	269520
1995	2758656	179597	163339	224793	832336	315337
1996	3589836	248334	226014	276556	1032168	402325
1997	4233342	239629	281070	367611	1182892	456970
1998	4878175	318452	367382	377198	1325393	501269
1999	5500034	325120	351390	402651	1453237	544497
2000	6130774	295068	388802	411914	1677928	622058
2001	7537781	409608	485770	478933	1936046	743144
2002	8606484	440415	547982	557939	2290732	900217
2003	10106395	636760	685165	618116	2553316	1123337
2004	11893716	600330	885953	731073	3091148	1312928
2005	14662271	704835	1179667	895847	3751654	1629489
2006	18334400	821963	1470287	1083756	4542846	1929519

8-3 1979-2006年财政支出中用于文、教、科、卫的支出
Expense on Culture,Education,Science and Health from 1979 to 2006

单位:万元 (10 000 yuan)

年 份 Year	合 计 Total	文体广播事业费 Operating Expenses for Culture,Sports and Broadcast	教育事业费 Operating Expenses for Education	科学事业费 Operating Expenses for Science	卫生经费 Operating Expenses for Health	科技三项经费 Science and Technology Promotion Funds
1979	80348	9219	43077	4141	20098	3813
1980	93350	9974	53296	4060	23290	2730
1981	95577	9791	54453	4094	24965	2274
1982	111630	11702	62804	4335	29737	3052
1983	125430	14353	67656	5040	33667	4714
1984	145710	18779	77533	6738	37382	5278
1985	175562	22631	97565	6513	44117	4736
1986	209611	29869	114757	8056	50910	6019
1987	225197	30555	125465	7053	56678	5446
1988	284003	39108	161889	10205	67256	5545
1989	333489	43029	187894	10535	82969	9062
1990	363035	48165	202060	11646	92703	8461
1991	401036	54145	225118	12757	98755	10261
1992	470129	61127	271681	14629	110310	12382
1993	568801	70133	337052	16678	129131	15807
1994	738553	84780	464330	22340	150028	17075
1995	856648	112065	523754	22551	173966	24312
1996	1066333	124463	670721	27256	209728	34165
1997	1229252	154418	753374	34974	240126	46360
1998	1388027	150517	886208	35703	252965	62634
1999	1532952	159272	999902	35491	258572	79715
2000	1770387	175745	1181042	38543	282598	92459
2001	2051303	206502	1377529	45428	306587	115257
2002	2427593	274203	1627761	53056	335712	136861
2003	2693986	307350	1791484	58375	396107	140670
2004	3091148	366895	2048284	65970	452199	157800
2005	3751654	449415	2487484	76471	544085	194199
2006	4542846	519674	2922839	90544	733206	276583

8-4 一般公共预算收入
General Public Budget Revenue

单位:万元 (10 000 yuan)

类　　别	Category	2018	2019	2020	2021	2022
一般公共预算收入	**General Public Budget Revenue**	**64853959**	**65267095**	**65599306**	**72844608**	**71041012**
一、税收收入	**Tax Revenue**	**48979231**	**48492909**	**47576242**	**54759900**	**47955228**
增值税	Value Added Tax	19021182	19586652	18144737	20303130	14363604
企业所得税	Corporate Income Tax	6773754	6962049	6865544	8674330	8395555
个人所得税	Individual Income Tax	2152981	1474723	1820627	2434028	2654676
资源税	Resource Tax	1197478	1199824	1082741	1261539	1580404
城市维护建设税	City Maintenance and Construction Tax	3064603	2901252	2839694	3247197	3110136
房产税	House Property Tax	1682525	1667267	1655720	1889612	2138126
印花税	Stamp Tax	809162	743334	836298	1095060	1110879
城镇土地使用税	Urban land Use Tax	3968395	3372743	2998933	3025349	3155133
土地增值税	Land Appreciation Tax	3907890	4042826	4333819	4871132	4945894
车船税	Tax on vehicles and Boat Operation	758480	781048	822964	944339	990897
耕地占用税	Farm Land Occupation Tax	1192855	972500	976708	974605	911009
契　税	Deed Tax	4285778	4555154	5028331	5886643	4358522
烟叶税	Tobacco Leaf Tax	17077	21266	23489	23594	32806
环境保护税	Environmental Tax	147071	193865	134127	118411	194617
其他税收收入	Other Tax		18406	12510	10931	12970
二、非税收入	**Non-tax Revenue**	**15874728**	**16774186**	**18023064**	**18084708**	**23085784**
专项收入	Special Program Receipts	3519647	3474406	3601058	3789355	4531376
行政事业性收费收入	Charge of Administrative and Institutional Units	3035195	3072246	3083218	3369904	3377507
罚没收入	Penalty Receipts	1949593	2087842	2251619	2997949	2832043
国有资本经营收入	Operating Income from Government Capital	255264	713007	709745	373656	548125
国有资源(资产)有偿使用收入	Income from Use of State-owned Resources (Assets)	6480027	6435974	7435801	6191908	10154784
其他收入	Other Non-tax Receipts	635002	990711	941623	1361936	1641949

8-5 一般公共预算支出
General Public Budget Expenditure

单位：万元 (10 000 yuan)

类别	Category	2018	2019	2020	2021	2022
一般公共预算支出	**General Public Budget Expenditure**	**101009606**	**107397560**	**112335163**	**117131607**	**121286340**
一般公共服务支出	Expenditure for General Public Services	9433490	10619500	11180676	11361128	12093238
公共安全支出	Expenditure for Public Security	6449501	6332058	6316573	6351953	6328568
教育支出	Expenditure for Education	20065026	21561355	22838368	24110936	26264802
科学技术支出	Expenditure for Science and Technology	2327392	3057556	2986162	3723197	3132594
文化旅游体育与传媒支出	Expenditure for Culture, Tourism, Sport and Media	1535220	1895034	1701115	1803572	1674730
社会保障和就业支出	Expenditure for Social Safety Net and Employment Effort	12539881	14446327	16575296	18633891	19644355
卫生健康支出	Expenditure for Health	8851487	9120675	10455012	10927223	12341046
城乡社区支出	Expenditure for Urban and Rural Community Affairs	11097209	10702489	10538645	10873296	9923417
农林水支出	Expenditure for Agriculture, Forestry and Water Conservancy	9984950	10759789	10652864	10269455	11188638
交通运输支出	Expenditure for Transportation	4127928	3777587	3758935	3262570	3024850
资源勘探工业信息等支出	Expenditure for Affairs of Resource Exploration and Industrial Information	2268809	2161059	2594688	2589794	2555044
商业服务业等支出	Expenditure for Affairs of Commerce and Services	1021953	558267	742788	847941	895854
自然资源海洋气象等支出	Expenditure for Natural Ocean and Weather	1291748	1355145	1311128	1362818	1413708
住房保障支出	Expenditure for Affairs of Housing Security	3438172	2392927	2516290	2806846	3121092

注：2019年起，文化体育与传媒支出更名为文化旅游体育与传媒支出，医疗卫生与计划生育支出更名为卫生健康支出，国土海洋气象等支出更名为自然资源海洋气象等支出。

a)Since 2019,Expenditure for Culture, Sport and Media renames to Expenditure for Culture,Tourism,Sport and Media.Expenditure for Medical and Health Care,and Family Planning renames to Expenditure for Health.Expenditure for Affairs of Land,Ocean and Weather renames to Expenditure for Natural Ocean and Weather.

8-6 各市一般公共预算收入(2022年)
General Public Budget Revenue by Region (2022)

单位：万元 (10 000 yuan)

地区	Region	一般公共预算收入 General Public Budget Revenue	税收收入 Tax Revenue	增值税 Value Added Tax	企业所得税 Corporate Income Tax	个人所得税 Individual Income Tax	资源税 Resource Tax
全省总计	**Total**	**71041012**	**47955228**	**14363604**	**8395555**	**2654676**	**1580404**
济南市	Jinan	10011421	6931563	1987483	1153843	499513	66584
青岛市	Qingdao	12733096	8812976	2572486	1830525	726050	31045
淄博市	Zibo	3759048	2440777	944197	361986	149761	61016
枣庄市	Zaozhuang	1688828	1120774	342105	164890	37722	77017
东营市	Dongying	2654788	1754276	555893	194105	65513	24039
烟台市	Yantai	6354010	4262150	1022788	692816	408322	175326
潍坊市	Weifang	6080066	3748588	1150674	588776	149580	67907
济宁市	Jining	4476625	3016849	848286	566546	92762	274471
泰安市	Tai'an	2227397	1573627	591885	204840	70713	79547
威海市	Weihai	2252099	1584960	411312	238594	84392	10528
日照市	Rizhao	1855370	1354101	372506	301125	35592	30794
临沂市	Linyi	4201867	3207630	1021147	393707	109295	81976
德州市	Dezhou	2350446	1617661	540221	237428	77419	30483
聊城市	Liaocheng	2305982	1430005	406917	274552	54093	24618
滨州市	Binzhou	2756592	1782333	543788	470891	39501	27461
菏泽市	Heze	3006107	1984015	546828	307259	54448	103479

8-6 续表 1 continued

单位:万元 (10 000 yuan)

地 区	Region	城市维护建设税 City Maintenance and Construction Tax	房产税 House Property Tax	城镇土地使用税 Urban Land Use Tax	土地增值税 Land Appreciation Tax	耕地占用税 Farm Land Occupation Tax	契税 Contract Tax	其他各项税收收入 Other Tax Revenue
全省总计	**Total**	**3110136**	**2138126**	**3155133**	**4945894**	**911009**	**4358522**	**2342169**
济南市	Jinan	467446	323454	262878	1170577	51544	626154	322087
青岛市	Qingdao	587365	460393	302546	1116139	44049	783632	358746
淄博市	Zibo	197660	107235	150493	123017	50853	175033	119526
枣庄市	Zaozhuang	73788	34591	62833	74310	32501	172665	48352
东营市	Dongying	276174	70697	304752	41635	18102	91100	112266
烟台市	Yantai	221111	209483	385230	556126	93000	314101	183847
潍坊市	Weifang	273669	177365	353286	302715	79229	390388	214999
济宁市	Jining	149084	115684	184396	202064	206914	252538	124104
泰安市	Tai'an	106579	57413	88022	134380	43968	129569	66711
威海市	Weihai	83805	148340	222399	107707	22038	185030	70815
日照市	Rizhao	71292	60144	94508	74717	40437	148740	124246
临沂市	Linyi	156714	117483	202386	493482	61492	386755	183193
德州市	Dezhou	93066	61290	114622	153441	37523	189404	82764
聊城市	Liaocheng	81000	54010	86434	207183	14282	140937	85979
滨州市	Binzhou	139556	76855	171265	69051	20226	116708	107031
菏泽市	Heze	131757	63689	169083	119350	94851	255768	137503

8-6 续表 2 continued

单位:万元 (10 000 yuan)

地 区	Region	非税收入 Non-tax Revenue	专项收入 Special Program Receipts	行政事业性收费收入 Charge of Administrative and Institutional Units	罚没收入 Penalty Receipts	国有资本经营收入 Operating Income from Government Capital	国有资源(资产)有偿使用收入 Income from Use of State-owned Resources (Assets)	其他收入 Other Non-tax Receipts
全省总计	**Total**	**23085784**	**4531376**	**3377507**	**2832043**	**548125**	**10154784**	**1641949**
济南市	Jinan	3079858	1327923	458301	146554	12106	921390	213584
青岛市	Qingdao	3920120	961731	565322	248515	130643	1489335	524574
淄博市	Zibo	1318271	185503	123943	312077	6869	554016	135863
枣庄市	Zaozhuang	568054	60477	90645	199463	24124	172051	21294
东营市	Dongying	900512	244328	69396	79607	700	455171	51310
烟台市	Yantai	2091860	210290	171575	107136	7101	1554444	41314
潍坊市	Weifang	2331478	275060	385647	314087	94978	1203550	58156
济宁市	Jining	1459776	238842	196205	133891	7517	813463	69858
泰安市	Tai'an	653770	90526	150594	105578	1900	264315	40857
威海市	Weihai	667139	85133	99552	70393	113067	272584	26410
日照市	Rizhao	501269	72198	77850	117947	33614	179980	19680
临沂市	Linyi	994237	146397	191125	271133	321	339672	45589
德州市	Dezhou	732785	83709	68739	155313	115	389472	35437
聊城市	Liaocheng	875977	99033	165032	172295	30944	362003	46670
滨州市	Binzhou	974259	126444	238187	152489	35	398541	58563
菏泽市	Heze	1022092	255902	174176	157160	84091	312294	38469

8-7 各市一般公共预算支出(2022年)
General Public Budget Expenditure by Region (2022)

单位:万元 (10 000 yuan)

地 区	Region	一般公共预算支出 General Public Budget Expenditure	一般公共服务支出 Expenditure for General Public Service	公共安全支出 Expenditure for Public Security	教育支出 Expenditure for Education	科学技术支出 Expenditure for Science and Technology	文化旅游体育与传媒支出 Expenditure for Culture, Tourism, Sport and Media	社会保障和就业支出 Expenditure for Social Safety Net and Employment Effort	卫生健康支出 Expenditure for Health
全省总计	**Total**	**121286340**	**12093238**	**6328568**	**26264802**	**3132594**	**1674730**	**19644355**	**12341046**
济南市	Jinan	12255733	1326547	656407	2503700	282396	156170	1965637	1347575
青岛市	Qingdao	16961652	1828211	998752	3321126	494822	274867	2525402	1424188
淄博市	Zibo	5264290	615287	306829	1143585	73008	74769	858903	545086
枣庄市	Zaozhuang	3255090	320957	185769	733425	33309	36396	632344	449575
东营市	Dongying	3694792	516728	190356	852712	58095	45891	393334	333117
烟台市	Yantai	9234539	1043353	482567	1478643	320357	110780	1711936	954909
潍坊市	Weifang	8424650	712050	396029	2103042	164943	108864	1448835	833478
济宁市	Jining	7470324	869647	368375	1861570	77987	136243	1146725	881300
泰安市	Tai'an	4417489	400296	194627	1013368	49428	51549	864294	568451
威海市	Weihai	4173453	409138	214818	903185	77567	56827	635441	433306
日照市	Rizhao	2891046	308250	150901	686608	79975	46212	509889	333388
临沂市	Linyi	8747679	810770	410768	2173854	90445	95336	1586534	1160499
德州市	Dezhou	5732613	533027	284607	1043531	149240	74612	948358	598354
聊城市	Liaocheng	5124201	574197	219154	1049932	9714	63044	934318	647621
滨州市	Binzhou	4813092	465076	197251	822329	98567	44489	734363	529063
菏泽市	Heze	6921014	689461	240507	1464880	45005	54835	1467784	904709

8-7 续表 continued

单位:万元 (10 000 yuan)

地 区	Region	节能环保支出 Expenditure for Environment Protection	城乡社区支出 Expenditure for Urban and Rural Community Affairs	农林水支出 Expenditure for Agriculture, Forestry and Water Conservancy	交通运输支出 Expenditure for Transportation	资源勘探工业信息等支出 Expenditure for Affairs of Resource Exploration and Industrial Information	商业服务业等支出 Expenditure for Affairs of Commerce and Services	金融支出 Expenditure for Financial Affairs	自然资源海洋气象等支出 Expenditure for Natural, Ocean and Weather	住房保障支出 Expenditure for Affairs of Housing Security
全省总计	**Total**	**2180950**	**9923417**	**11188638**	**3024850**	**2555044**	**895854**	**940272**	**1413708**	**3121092**
济南市	Jinan	261387	1885898	683099	283131	143376	55178	69073	118407	230629
青岛市	Qingdao	320918	1853260	864015	375099	851376	256137	247390	149743	501007
淄博市	Zibo	121573	356228	403097	75777	165119	53362	35463	45530	161887
枣庄市	Zaozhuang	50171	168143	230679	87324	52748	13722	1296	23363	132019
东营市	Dongying	85516	384911	347327	135029	69138	34413	8732	49215	27055
烟台市	Yantai	147408	860156	675664	170327	306501	85110	182555	123304	202926
潍坊市	Weifang	185838	822978	810498	135289	108219	55570	18376	71377	111118
济宁市	Jining	130115	492404	773249	182427	60142	37269	13947	78090	98686
泰安市	Tai'an	97681	209907	478608	80270	50158	24814	860	34076	75208
威海市	Weihai	67311	326536	448324	104066	82108	32773	9078	71359	149676
日照市	Rizhao	45329	193649	195885	94564	18913	17617	9628	34265	77220
临沂市	Linyi	107524	343196	965201	194193	85019	37005	60168	169206	254119
德州市	Dezhou	125448	772691	515930	140719	42349	49631	13652	63694	203540
聊城市	Liaocheng	145974	335417	484570	113627	105763	25575	3078	36259	261219
滨州市	Binzhou	103148	640998	549493	111854	74979	35475	5417	70770	156370
菏泽市	Heze	93952	262038	819768	138941	145247	18524	1680	77094	337836

8-8 1978-2022年人民币对主要外币年平均汇价(中间价)
Average Exchange Rate of RMB Yuan Against Main Convertible Currencies from 1978 to 2022(Middle Rate)

单位:人民币元 (RMB yuan)

年 份 Year	100美元 100 US Dollars	100日元 100 Japanese Yen	100港元 100 Hong Kong Dollars	100欧元 100Euros
1978	168.36	0.81	36.16	
1979	155.49	0.71	31.35	
1980	149.84	0.66	30.15	
1981	170.51	0.77	30.41	
1982	189.26	0.76	31.15	
1983	197.57	0.83	27.36	
1984	232.70	0.98	29.71	
1985	293.67	1.25	37.57	
1986	345.28	2.07	44.22	
1987	372.21	2.58	47.74	
1988	372.21	2.91	47.70	
1989	376.51	2.74	48.28	
1990	478.32	3.32	61.39	
1991	532.33	3.96	68.45	
1992	551.46	4.36	71.24	
1993	576.20	5.20	74.41	
1994	861.87	8.44	111.53	
1995	835.10	8.92	107.96	
1996	831.42	7.64	107.51	
1997	828.98	6.86	107.09	
1998	827.91	6.35	106.88	
1999	827.83	7.29	106.66	
2000	827.84	7.69	106.18	
2001	827.70	6.81	106.08	
2002	827.70	6.62	106.07	800.58
2003	827.70	7.15	106.24	936.13
2004	827.68	7.66	106.23	1029.00
2005	819.17	7.45	105.30	1019.53
2006	797.18	6.86	102.62	1001.90
2007	760.40	6.46	97.46	1041.75
2008	694.51	6.74	89.19	1022.27
2009	683.10	7.30	88.12	952.70
2010	676.95	7.73	87.13	897.25
2011	645.88	8.11	82.97	900.11
2012	631.25	7.90	81.38	810.67
2013	619.32	6.33	79.85	822.19
2014	614.28	5.82	79.22	816.51
2015	622.84	5.15	80.34	691.41
2016	664.23	6.12	85.58	734.26
2017	675.18	6.02	86.64	763.03
2018	661.74	5.99	84.43	780.16
2019	689.85	6.33	88.05	772.55
2020	689.76	6.46	88.93	787.55
2021	645.15	5.87	83.00	762.93
2022	672.61	5.13	85.89	707.21

8-9 主要年份金融机构人民币存款余额
RMB Deposits of Financial Institutions in Major Years

单位:亿元 (100 million yuan)

年 份 Year	存款余额 Deposits	住户存款 Household Deposits	非金融企业存款 Non-financial Corporate Deposits	广义政府存款 General Government Deposits	非银行业金融机构存款 Non-bank Financial Intermediary Deposits
1952	2.8				
1955	6.7				
1957	6.7				
1962	14.8				
1965	17.4				
1970	54.0				
1975	72.2				
1976	76.5				
1977	78.2				
1978	90.0				
1979	65.6				
1980	87.9				
1981	113.6				
1982	123.1				
1983	155.5				
1984	233.3				
1985	278.8				
1986	351.6				
1987	470.2				
1988	591.3				
1989	724.7				
1990	934.1				
1991	1163.6				
1992	1448.3				
1993	1816.6				
1994	2522.5				
1995	3424.4				
1996	4293.8				
1997	4969.8				
1998	5755.5				
1999	6563.0				
2000	7471.2				
2001	8501.7				
2002	10247.8				
2003	12438.2				
2004	14514.3				
2005	17103.5				
2006	19634.0				
2007	22072.2				
2008	26930.2				
2009	34697.8				
2010	41105.0				
2011	46345.4				
2012	54301.5				
2013	62077.9				
2014	67498.3				
2015	74524.2	37320.0	22717.8	11470.9	2870.2
2016	83414.9	41350.9	26654.7	12672.0	2639.7
2017	88531.7	44035.8	27913.9	14356.5	2122.6
2018	94298.2	48435.0	28023.0	15777.7	1810.9
2019	102676.4	55232.1	30462.8	15106.9	1757.3
2020	116155.4	64258.4	34625.1	14800.8	2357.8
2021	127871.8	72255.3	37601.8	15129.3	2758.7
2022	143590.5	84665.3	40142.9	15171.2	3470.0

8-10 主要年份金融机构人民币贷款余额
RMB Loans of Financial Institutions in Major Years

单位:亿元 (100 million yuan)

年 份 Year	贷款余额 Loans	住户贷款 Household Loans	中长期贷款 Medium and Long-term Loans	企(事)业单位贷款 Loans to Non-financial Enterprises and Government Departments & Organizations	短期贷款 Short-term Loans	中长期贷款 Medium and Long-term Loans	非银行业金融机构贷款 Non-bank Financial Intermediary Loans
1952	1.6						
1955	14.0						
1957	16.9						
1962	41.5						
1965	39.0						
1970	66.9						
1975	91.8						
1976	102.9						
1977	120.9						
1978	133.7						
1979	124.9						
1980	180.2						
1981	206.4						
1982	235.4						
1983	265.0						
1984	366.7						
1985	446.5						
1986	554.9						
1987	667.8						
1988	803.1						
1989	941.3						
1990	1166.8						
1991	1428.0						
1992	1720.6						
1993	2079.1						
1994	2520.4						
1995	3128.9						
1996	3680.2						
1997	4456.7						
1998	5106.8						
1999	5679.9						
2000	6209.0						
2001	7017.7						
2002	8536.6						
2003	10467.1						
2004	11782.8						
2005	13381.7						
2006	15709.6						
2007	17545.1						
2008	20053.9						
2009	25961.3						
2010	30722.6						
2011	35179.0						
2012	40021.5						
2013	44761.3						
2014	50058.6						
2015	55437.0	13980.4	9798.3	41328.7	22592.3	15814.0	2.1
2016	61726.9	16496.6	12477.7	45096.4	22982.4	18282.5	7.1
2017	67576.0	20070.2	15656.9	47357.9	23349.6	21619.1	26.4
2018	74879.4	24226.3	19079.3	50507.6	22587.6	24333.5	5.0
2019	83703.0	29431.7	23048.9	54147.0	21850.1	27638.4	22.0
2020	95411.6	35015.0	27384.9	60298.6	23051.5	31910.2	
2021	108436.8	40300.8	31210.0	68019.5	24295.8	36975.6	
2022	121533.3	42793.9	32514.8	78537.3	26728.0	43272.6	4.0

注：自2020年起，"非金融企业及机关团体贷款"更名为"企(事)业单位贷款"。

a) Since 2020,"Non-financial Corporate and Institution Loans" was changed its name to "Loans to Non-financial Enterprises and Government Departments & Organizations".

8-11 金融机构本外币信贷收支情况(2022年)
RMB and Foreign Currencies Credit Funds Balance Sheet of Financial Institution (2022)

单位:亿元 (100 million yuan)

类　　别	Category	2022年末余额 2022 Year-end	比年初增减额 Increase/ Decrease from Year Beginning
各项存款	**Deposits in Various Forms**	**146076.0**	**15593.9**
境内存款	Domestic Deposits	145647.7	15629.5
住户存款	Household Deposits	85033.3	12423.3
活期存款	Demand Deposits	21540.1	2118.6
定期及其他存款	Fixed and Other Deposits	63493.2	10304.7
非金融企业存款	Non-financial Corporate Deposits	41964.9	2642.7
活期存款	Demand Deposits	15065.7	293.4
定期及其他存款	Fixed and Other Deposits	26899.3	2349.3
广义政府存款	General Government Deposits	15175.6	41.0
财政性存款	Fiscal Deposits	1201.0	-85.4
机关团体存款	Non-profit Institution Deposits	13974.6	126.4
非银行业金融机构存款	Non-bank Financial Intermediary Deposits	3473.9	522.5
境外存款	Overseas Deposits	428.3	-35.6
各项贷款	**Loans in Various Forms**	**123994.8**	**12959.4**
境内贷款	Domestic Loans	122433.0	12796.2
住户贷款	Household Loans	42795.5	2493.7
短期贷款	Short-term Loans	10280.7	1188.9
消费贷款	Consumption Loans	3367.1	189.9
经营贷款	Business Loans	6913.6	999.0
中长期贷款	Medium and Long-term Loans	32514.9	1304.8
消费贷款	Consumption Loans	28659.6	970.9
经营贷款	Business Loans	3855.2	334.0
企(事)业单位贷款	Loans to Non-financial Enterprises and Government Departments & Organizations	79633.4	10298.4
短期贷款	Short-term Loans	27623.9	2175.0
中长期贷款	Medium and Long-term Loans	43455.0	6317.4
票据融资	Bill Financing	7714.8	1666.6
融资租赁	Financial Leases	651.5	107.5
各项垫款	Advances	188.1	31.9
非银行业金融机构贷款	Non-bank Financial Intermediary Loans	4.0	4.0
境外贷款	Overseas Loans	1561.8	163.3

8-12 金融机构人民币信贷收支情况(2022年)
RMB Credit Funds Balance Sheet of Financial Institution (2022)

单位:亿元 (100 million yuan)

类　　别	Category	2022年末余额 2022 Year-end	比年初增减额 Increase/ Decrease from Year Beginning
各项存款	**Deposits in Various Forms**	**143590.5**	**15718.7**
境内存款	Domestic Deposits	143449.3	15704.2
住户存款	Household Deposits	84665.3	12409.7
活期存款	Demand Deposits	21328.5	2120.2
定期及其他存款	Fixed and Other Deposits	63336.8	10289.5
非金融企业存款	Non-financial Corporate Deposits	40142.9	2730.6
活期存款	Demand Deposits	13983.6	307.6
定期及其他存款	Fixed and Other Deposits	26159.3	2423.0
广义政府存款	General Government Deposits	15171.2	39.2
财政性存款	Fiscal Deposits	1201.0	-85.4
机关团体存款	Non-profit Institution Deposits	13970.1	124.6
非银行业金融机构存款	Non-bank Financial Intermediary Deposits	3470.0	524.6
境外存款	Overseas Deposits	141.2	14.5
各项贷款	**Loans in Various Forms**	**121533.3**	**13096.5**
境内贷款	Domestic Loans	121335.2	13015.0
住户贷款	Household Loans	42793.9	2493.2
短期贷款	Short-term Loans	10279.1	1188.3
消费贷款	Consumption Loans	3365.5	189.3
经营贷款	Business Loans	6913.6	999.0
中长期贷款	Medium and Long-term Loans	32514.8	1304.8
消费贷款	Consumption Loans	28659.6	970.9
经营贷款	Business Loans	3855.2	334.0
企(事)业单位贷款	Loans to Non-financial Enterprises and Government Departments & Organizations	78537.3	10517.8
短期贷款	Short-term Loans	26728.0	2430.9
中长期贷款	Medium and Long-term Loans	43272.6	6298.4
票据融资	Bill Financing	7714.8	1666.6
融资租赁	Financial Leases	651.5	107.5
各项垫款	Advances	170.2	14.5
非银行业金融机构贷款	Non-bank Financial Intermediary Loans	4.0	4.0
境外贷款	Overseas Loans	198.1	81.6

8-13 金融机构分行业本外币贷款情况(2022年)
Loans of RMB and Foreign Currencies of Financial institutions by sector (2022)

单位:亿元 (100 million yuan)

行业	Sector	2022年末余额 2022 Year-end	比年初增减额 Increase/Decrease from Year Beginning
贷款总计	**Total**	**116660.4**	**11377.8**
农、林、牧、渔业	Agriculture,Forestry,Animal Husbandry and Fishing	852.8	82.7
采矿业	Mining	2153.8	113.0
制造业	Manufacturing	15785.9	1131.8
电力、燃气及水的生产和供应业	Production and Supply of Electric Power and Heat Power	4578.4	712.8
建筑业	Construction	5626.3	991.4
批发和零售业	Wholesale and Retail Trade	7123.0	922.2
交通运输、仓储和邮政业	Traffic,Transport,Storage and Post	8542.6	1145.9
住宿和餐饮业	Hotels and Catering Services	299.2	13.3
信息传输、软件和信息技术服务业	Information Transfer, Software and Information Technology Services	457.8	123.1
金融业	Financial Intermediation	1399.1	272.0
房地产业	Real Estate	4267.7	33.8
租赁和商务服务业	Leasing and Business Services	10948.3	1760.7
科学研究和技术服务业	Scientific Research and Technical Service	489.5	140.0
水利、环境和公共设施管理业	Management of Water Conservancy,Environment and Public Facilities	8031.6	951.8
居民服务、修理和其他服务业	Households Services, Repair and Other Services	124.5	10.8
教　育	Education	574.1	90.3
卫生和社会工作	Health and Social Work	750.3	206.7
文化、体育和娱乐业	Culture,Sports and Entertainment	286.1	25.4
公共管理、社会保障和社会组织	Public management,Social Security and Social Organization	9.9	-8.7
国际组织	International Organization		

8-14 各市金融机构本外币存贷款余额(2022年)
RMB and Foreign Currencies Deposits and Loans of Financial Institutions by Region(2022)

单位:亿元 (100 million yuan)

地区	Region	各项存款 Total Deposits		#住户存款 Household Deposits		各项贷款 Total Loans	
		余额 Year-end	比年初增减 Increase/Decrease from Year Beginning	余额 Year-end	比年初增减 Increase/Decrease from Year Beginning	余额 Year-end	比年初增减 Increase/Decrease from Year Beginning
全省总计	**Total**	**146076.0**	**15593.9**	**85033.3**	**12423.3**	**123994.8**	**12959.4**
济南市	Jinan	25941.0	2504.0	10291.7	1671.2	26112.3	2799.0
青岛市	Qingdao	24992.7	2617.9	11081.7	1928.8	26782.5	2693.5
淄博市	Zibo	6868.7	701.0	4700.6	696.6	4716.7	428.9
枣庄市	Zaozhuang	2930.2	339.4	2126.4	294.5	2313.4	302.2
东营市	Dongying	5352.8	742.3	2899.7	448.1	3723.2	310.4
烟台市	Yantai	12344.8	1331.3	7538.1	1067.8	8097.9	620.8
潍坊市	Weifang	12352.2	1134.4	7987.6	1074.3	10007.2	1134.1
济宁市	Jining	8069.6	811.9	5597.8	759.8	6410.4	809.5
泰安市	Tai'an	5597.1	649.2	4036.1	557.4	3969.6	389.7
威海市	Weihai	5886.4	640.4	3813.6	539.4	4655.1	606.8
日照市	Rizhao	3720.4	414.4	2324.2	313.4	3785.6	420.1
临沂市	Linyi	9797.1	836.8	6792.1	897.4	9013.6	843.6
德州市	Dezhou	5409.5	632.5	4045.2	585.4	3303.2	400.2
聊城市	Liaocheng	5546.6	647.8	4015.1	530.9	3482.6	347.2
滨州市	Binzhou	4358.2	591.1	2651.9	378.5	3475.5	407.9
菏泽市	Heze	6413.9	794.2	5131.1	680.1	3943.5	486.3

8-15　1997-2022年保险费收入和赔款给付
Premium and Payment of Insurance Companies 1997 to 2022

年　份 Year	保险费收入 (万元) Premium (10 000 yuan)	赔款及给付支出 (万元) Settled Claim and Payment (10 000 yuan)	简单赔付率 (%) Simple Payment Rate (%)
1997	785298	317889	40.5
1998	837500	294648	35.2
1999	956496	365490	38.2
2000	1110622	402204	36.2
2001	1533204	409588	26.7
2002	2238236	456801	20.4
2003	2835306	561804	19.8
2004	3171584	656966	20.7
2005	3408050	766254	22.5
2006	3962203	1209078	30.5
2007	5017177	1717385	34.2
2008	6739812	1983902	29.4
2009	7928870	2283924	28.8
2010	10300687	2286398	22.2
2011	10360352	2712276	26.2
2012	11280360	3245582	28.8
2013	12804211	4416570	34.5
2014	14549297	5189703	35.7
2015	17876030	6221728	34.8
2016	23021888	7868526	34.2
2017	27380627	8312832	30.4
2018	29598304	9299333	31.4
2019	32388907	9034125	27.9
2020	34824927	10364798	29.8
2021	32783125	11403123	34.8
2022	34103114	11681374	34.3

注：2021、2022年末数据不含四家风险处置机构(以下相关表同)。
a)The data of 2021、2022 excludes four risk disposal institutions. The same applies to the relevant following tables.

8-16　人身保险公司主要业务指标(2022年)
Major Business Indicators of Life Insurance Companies (2022)

单位:万元　　(10 000 yuan)

类　别	Category	保费收入 Premium Income	赔款支出 Indemnity Expenditure	年金给付 Total Annuity Payment	满期给付 Total Mature Payment	死伤医疗给付 Payment for Death,Injury and Medical Treatment
总　计	**Total**	**23794361**	**1109992**	**835193**	**2006971**	**1138992**
一、人寿保险	**Life Insurance**	**17430749**		**835193**	**1901382**	**262550**
(一)非分红产品	Non-dividend Insurance	10873450		367602	279978	157522
定期寿险	Time Insurance	60765			13	15174
两全寿险	Endowment Insurance	1875682		76310	266963	46971
终身寿险	WLL	4784531			486	62180
年　金	Total Annuity Payment	4152471		291291	12516	33196
(二)分红产品	Dividend Insurance	6493177		467584	1615954	93618
定期寿险	Time Insurance					
两全寿险	Endowment Insurance	3808022		125737	1513907	53962
终身寿险	WLL	817464			8	19567
年　金	Total Annuity Payment	1867692		341847	102039	20089
(三)投资连接产品	Investment Link Insurance	1226			1809	245
(四)万能产品	Universal Life Insurance	62896		7	3641	11165
二、意外伤害保险	**Accident Injury Insurance**	**376277**	**111869**			
一年期以内	Within-One-year Period Business	40890	20323			
一年期及一年期以上	One-year Period and more Business	335387	91546			
三、健康保险	**Health Insurance**	**5987335**	**998123**		**105590**	**876442**
一年期(及一年期以内)	Within-One-year Period Business	1276425	998123			
一年期以上	One-year Period Business	4710910			105590	876442

8–17 财产保险公司主要业务指标(2022年)
Major Business Indicators of Insurance Companies(2022)

单位:万元 (10 000 yuan)

类 别	Category	保费收入 Premium	赔款支出 Payment
总 计	**Total**	**10308753**	**6590224**
机动车辆及第三者责任险	Motor Vehicle and Third Party Liability	6142303	4122695
企财险	Enterprise Property insurance	282298	126617
家财险	Family Property Insurance	100579	19895
工程险	Project Insurance	92864	35485
责任险	Liability Insurance	614926	284777
信用险	Credit Insurance	149505	77308
保证保险	Guarantee Insurance	465316	396357
船舶险	Ship Insurance	22456	17483
货运险	Freight Transport Insurance	93173	41466
特殊风险保险	Peculiar Risk Insurance	19003	15316
农业保险	Agriculture Insurance	695110	433463
健康险	Health Insurance	1188821	872202
意外伤害险	Accident Injury Insurance	370304	100511
其 他	Other Property Insurance	72094	46647

8–18 各市保险业务情况(2022年)
Basic Statistics on Insurance by Region (2022)

单位:亿元 (100 million yuan)

地 区	Region	保费收入 Premium	财产险公司 Property Insurance Company	人身险公司 Life Insurance Company	赔款与给付 Claim and Payment	财产险公司 Property Insurance Company	人身险公司 Life Insurance Company
全省总计	**Total**	**3410.3**	**1030.9**	**2379.4**	**1168.1**	**659.0**	**509.1**
济 南 市	Jinan	632.5	152.3	480.1	191.6	90.6	101.0
青 岛 市	Qingdao	502.5	169.6	332.8	179.3	110.1	69.2
淄 博 市	Zibo	193.7	43.0	150.7	59.0	25.8	33.2
枣 庄 市	Zaozhuang	89.5	29.9	59.5	32.4	18.5	13.9
东 营 市	Dongying	104.5	32.6	71.9	31.8	18.3	13.5
烟 台 市	Yantai	272.3	62.2	210.1	92.8	42.9	49.9
潍 坊 市	Weifang	274.0	84.0	190.0	99.2	56.2	43.0
济 宁 市	Jining	215.6	75.0	140.5	76.9	49.7	27.2
泰 安 市	Tai'an	131.9	34.2	97.7	45.6	21.6	24.0
威 海 市	Weihai	115.2	29.5	85.7	37.1	18.7	18.3
日 照 市	Rizhao	74.1	27.4	46.6	27.9	17.3	10.6
临 沂 市	Linyi	290.0	102.8	187.2	105.8	68.3	37.6
德 州 市	Dezhou	130.5	43.9	86.6	41.6	25.4	16.2
聊 城 市	Liaocheng	122.4	47.7	74.6	41.8	29.5	12.3
滨 州 市	Binzhou	114.1	40.4	73.6	42.0	28.1	14.0
菏 泽 市	Heze	147.6	55.9	91.7	61.2	35.9	25.3

8-19 山东省证券期货市场基本情况
Basic Situation of Securities and Futures Markets of Shandong Province

项　　目		Item		2021	2022
上市公司数	(家)	Number of Listed Companies	(unit)	270	290
#发行A股公司数	(家)	A Shares	(unit)	268	288
发行B股公司数	(家)	B Shares	(unit)	5	5
A、B股均发行公司数	(家)	Number of Listed Companies (A Shares and B Shares)	(unit)	3	3
境内、外均发行公司数	(家)	Companies Listed Overseas and Domestic	(unit)	12	15
ST公司数	(家)	Number of ST Listed Companies	(unit)	3	3
*ST公司数	(家)	*ST Listed Companies	(unit)	4	4
证券公司数	(家)	No.of Securities Companies	(unit)	3	3
证券公司分公司数	(家)	No.of Branches of Securities Companies	(unit)	133	137
证券公司营业部数	(家)	No.of Securities Business Department	(unit)	561	567
期货公司数	(家)	No.of Futures Broker Companies	(unit)	4	5
期货公司分公司数	(家)	No.of Branches of Futures Broker Companies	(unit)	79	95
期货公司营业部数	(家)	No.of Trading Offices of Futures Broker Companies	(unit)	91	91
证券投资咨询机构数	(家)	No.of Securities Investment Consultative Institutions	(unit)	13	15
证券投资者资金开户数	(万户)	No.of Opening Account of Securities Investors	(10 000 households)	1441.7	1487.4
上市公司当年境内募集资金总额	(亿元)	Total Domestic Capital Volume Collected by Listed Companies	(100 million yuan)	671.3	616.2
首次公开发行	(亿元)	IPO	(100 million yuan)	270.5	206.7
配股	(亿元)	Share Right Issued	(100 million yuan)		25.0
增发	(亿元)	Adding the Share Issue	(100 million yuan)	363.2	198.1
可转债	(亿元)	Transferable Loans	(100 million yuan)	34.6	126.5
公司债	(亿元)	Corporate Bond	(100 million yuan)	3.0	59.9
市价总值	(亿元)	Total Market Value	(100 million yuan)	39294.9	33136.8
证券营业部代理证券交易额	(亿元)	Trading Volume of Securities Business Department	(100 million yuan)	228655.8	228508.5
期货经营机构代理交易额	(亿元)	Trading Volume of Agency by Futures Managerial Institutions	(100 million yuan)	313654.0	337853.1
全国中小企业股份转让系统挂牌公司	(家)	Listed Company on National SME Share Transfer System	(unit)	433	409
交易所公司债券发行金额	(亿元)	Issued Volume of Corporate Bonds Listed on the Exchange	(100 million yuan)	3106.2	2561.2
私募基金管理人登记数	(家)	Registration No.of Private investment fund managers	(unit)	836	826

注：证券营业部、期货公司营业数为已开业家数。
a)The number of securities business department(trading offices of futures broker companies) refers to those that has been opened.

8-20 各市证券期货市场基本情况(2022年)

Basic Situation of Securities and Futures Markets by Region (2022)

单位:家 (unit)

地 区	Region	上市公司 Number of Listed Companies	拟上市公司 Number of Listed Companies in plan	新三板挂牌公司 Number of New third board Listed Companies	证券公司 No.of Securities Companies	证券公司分公司 No.of Branches of Securities Companies
全省总计	**Total**	**290**	**179**	**409**	**3**	**137**
济南市	Jinan	44	29	101	1	63
青岛市	Qingdao	64	33	65	2	39
淄博市	Zibo	31	16	27		3
枣庄市	Zaozhuang	4	4	11		1
东营市	Dongying	5	13	15		2
烟台市	Yantai	49	18	42		9
潍坊市	Weifang	30	18	23		3
济宁市	Jining	10	9	16		2
泰安市	Tai'an	5	7	16		2
威海市	Weihai	15	7	32		2
日照市	Rizhao	2	3	5		1
临沂市	Linyi	5	5	12		3
德州市	Dezhou	11	6	13		2
聊城市	Liaocheng	5	3	16		2
滨州市	Binzhou	8	6	11		1
菏泽市	Heze	2	2	4		2

8-20 续表 continued

单位:家 (unit)

地 区	Region	证券公司营业部 No. of Securities Business Department	期货公司 No. of Futures Broker Companies	期货公司分公司 No. of Branches of Futures Broker Companies	期货公司营业部 No. of Trading Offices of Futures Broker Companies	私募基金管理人 No. of Private investment fund managers
全省总计	**Total**	**567**	**5**	**95**	**91**	**826**
济南市	Jinan	92	2	61	21	208
青岛市	Qingdao	123	1	27	24	400
淄博市	Zibo	41	1	2	7	40
枣庄市	Zaozhuang	15				8
东营市	Dongying	24			4	6
烟台市	Yantai	55	1	3	11	45
潍坊市	Weifang	48		1	2	27
济宁市	Jining	24			4	9
泰安市	Tai'an	21			1	22
威海市	Weihai	27			1	14
日照市	Rizhao	8		1	8	11
临沂市	Linyi	36			7	13
德州市	Dezhou	11			1	7
聊城市	Liaocheng	20				5
滨州市	Binzhou	13				7
菏泽市	Heze	9				4

主要统计指标解释

一般公共预算收入 指国家财政参与社会产品分配所取得的收入，是实现国家职能的财力保证。财政收入所包括的内容几经变化，目前主要包括：

（1）税收收入：包括增值税、企业所得税、个人所得税、资源税、城市维护建设税、房产税、印花税、城镇土地使用税、土地增值税、车船税、耕地占用税、契税、烟叶税、环境保护税等。

（2）非税收入：包括专项收入、行政事业性收费收入、罚没收入、国有资本经营收入、国有资源(资产)有偿使用收入等。

一般公共预算支出 国家财政将筹集起来的资金进行分配使用，以满足经济建设和各项事业的需要，主要包括：

（1）一般公共服务支出：反映政府提供一般公共服务的支出。

（2）公共安全支出：反映政府维护社会公共安全方面的支出，有关事务包括武装警察、公安、国家安全、检察、法院、司法、监狱、强制隔离戒毒、国家保密、缉私警察等。

（3）教育支出：反映政府教育事务支出。有关具体教育事务包括教育行政管理、学前教育、小学教育、初中教育、普通高中教育、普通高等教育、初等职业教育、中专教育、技校教育、职业高中教育、高等职业教育、广播电视教育、留学生教育、特殊教育、干部继续教育、教育机关服务等。

（4）科学技术支出：反映政府用于科学技术方面的支出。

（5）文化旅游体育与传媒支出：反映政府在文化旅游、文物、体育、广播电视、新闻出版等方面的支出。

（6）社会保障和就业支出：反映政府在社会保障与就业方面的支出。有关事项包括社会保障与就业管理事务、民政管理事务、财政对社会保险基金的补助、补充全国社会保障基金、行政事业单位离退休、企业改革补助、就业补助、抚恤、退役安置、社会福利、残疾人事业、城市居民最低生活保障、其他城镇社会救济、农村社会救济、自然灾害生活补助、红十字事务等。

（7）卫生健康支出：反映政府医疗卫生方面的支出。具体包括医疗卫生管理事务支出、医疗服务支出、医疗保障支出、疾病预防控制支出、卫生监督支出、妇幼保健支出、农村卫生支出等。

（8）城乡社区支出：反映政府城乡社区事务支出。具体包括：城乡社区管理事务支出、城乡社区规划与管理支出、城乡社区公共设施支出、城乡社区住宅支出、城乡社区环境卫生支出、建设市场管理与监督支出等。

（9）农林水支出：反映政府农林水事务方面的支出。具体包括农业、林业、水利、扶贫支出、农业综合开发支出等。

存　款 指企业、机关、团体或居民根据资金必须收回的原则，把货币资金存入银行或其他信贷机构保管并取得一定利息的一种信用活动形式。根据存款对象或性质的不同可划分为企业存款、财政存款、机关团体存款、基本建设存款、储蓄存款、农村存款、委托存款、其他存款等科目。它是银行信贷资金的主要来源。

贷　款 指银行或其他信贷机构根据资金必须归还的原则，按一定利率，为企业、个人等提供资金的一种信用活动形式。我国银行贷款分为短期贷款、中期流动资金贷款、中长期贷款、信托贷款、融资租赁、委托贷款、票据融资、各项垫款等。

保险公司 在中国境内的、经过保险监督管理部门批准设立，并依法登记注册的各类商业保险公司。

保险金额 指保险人承担赔偿或者给付保险金责任的最高限额。

保　费 指投保人为取得保险人在约定范围内所承担赔偿责任而支付给保险人的费用。

赔　款 指保险人根据保险合同的规定，向被保险人支付的赔偿保险责任损失的金额。

给　付 包括死伤医疗给付、满期给付和年金给付。死伤医疗给付是指保险人根据人寿保险及长期健康保险合同的规定，因被保险人在保险期内发生保险责任范围内的保险事故支付给被保险人(或受益人)的金额。满期给付是指被保险人生存期满，保险人按人寿保险合同规定支付给被保险人的满期保险金额。年金给付是指保险人因年金保险业务的被保险人生存至规定的年龄，按保险合同约定支付给被保险人的金额。

Explanatory Notes on Main Statistical Indicators

General Public Budget Revenue refers to the revenue of the government finance by means of participating in the distribution of the social products, which is the financial resources for ensuring the government to function. The contents of government revenue have been changed several times. Now it includes the following main items:

(1) Various tax revenues including value added tax, enterprise income tax, personal income tax, resources tax, fixed assets investment direction regulating tax, tax on city maintenance and construction, real estate tax, stamp tax, tax on use of urban land, land value added tax, vehicle and vessel tax, tax on occupancy of cultivated land, property tax, tobacco leaf tax.

(2) Non-tax Revenues including special revenues, revenues from Administrative and institutional fees, penalty and confiscatory revenues , revenues from state-owned capital operation,revenues from paid use of state-owned resources.

General Public Budget Expenditure refers to the distribution and use of the funds the government finance has raised, so as to meet the needs of economic construction and various causes. It includes the following main items:

(1) Expenditure for general public services: It reflects the expenditure from the government for general public services.

(2) Expenditure for public security: It reflects the expenditure from the government towards safeguarding the public security, including the related affairs of armed police, public security, state security, procuratorial administration,law court, judicial administration, jail , reeducation through labor, state confidentiality, anti-smuggling Patrol,etc.

(3) Expenditure for education: It reflects the expenditure from the government on education, including the related affairs of educational administration management, preschool education, primary education, junior secondary educate, regular senior secondary educate, regular higher education, primary vocational education, specialized secondary educate, technical educate, vocational senior secondary educate, vocational higher education, radio and television education, foreign student educate, special education, cadre continuing education, education institution services,etc.

(4) Expenditure for science and technology: It reflects the expenditure from the government on science and technology.

(5) Expenditure for culture, sport and media: It reflects the expenditure from the government on culture, cultural relics, sport, radio and television, publication, etc.

(6)Expenditure for social Safety net and employment effort:It reflects the expenditure from the government on social security and employment, including the related affairs of management of social security and employment, civil administration, subsidies to social insurance funds, supplement to national social security funds, retirees of government agencies and institutions, subsidies to enterprises reform, subsidies to employment, pension, settling down demobilized servicemen,social security, disabled person administration, minimum living allowance in urban area, other social relief in urban area, social relief in rural area, subsidies to natural disaster, Red Cross business,etc.

(7)Expenditure for medical and health care,and family planning: It reflects the expenditure from the government on health care, including expenditure on management of health care, medical services, medical security, disease control and prevention, public health supervision, rural health care,etc.

(8) Expenditure for urban and rural community affairs: It reflects the expenditure from the government on urban and rural community affairs, including expenditure on management of urban and rural community affairs, plan and management of urban and rural community, public utility of urban and rural community, residential buildings of urban and rural community, environmental sanitation of urban and rural community, management and supervision of markets construction, etc.

(9) Expenditure for agriculture, forestry and water conservancy: It reflects the expenditure from the government on agriculture, forest and irrigation, including expenditure on agriculture, forest, irrigation, poverty alleviation, comprehensive development of agriculture, etc.

Deposit is a form of credit by which enterprises, institutions, organizations or households can put money into banks and other credit institutions for safekeeping and interest earning under the principle of free withdrawal. According to different depositors, deposits are divided into enterprise deposits, treasury deposits, deposits of government agencies and organizations, capital construction deposits, savings deposits, rural saving deposits, entrusted deposits and other deposits. Deposits are major sources of the credit funds of banks.

Loan is a form of credit by which banks and other credit institutions provide funds at certain interest rate to enterprises and individuals in the light of the principle of unconditional repayment. Loans from Chinese banks include circulating capital loans, fixed assets loans, loans to urban and rural individuals engaged in industrial and commercial business and agricultural loans.

Insurance Companies refers to commercial insurance companies of various forms registered by law and established in China with the approval of insurance regulatory agencies.

Amount Insured refers to the maximum that the insurant will get for the claim of the case insured.

Premium is the fee paid by the insurant to the insurer to obtain the obligation of compensation from the insurance within the agreed terms.

Settled Claim is the compensation paid by the insurer to the insurant in accordance with the insurance contract.

Payment includes payment for death, injury or medical treatment, mature payment. and annuity payment. Payment for death, injury or medical treatment refers to the money paid to the insurant (or the beneficiary) in accordance with the life or health insurance contract when the insurant encounters accidents within the insured period covered in the contract. Mature payment refers to the mature payment to the insurant in accordance with the life insurance contract at the end of the insured period. Annuity payment refers to the amount that the insurer pays to the insured in accordance with the insurance contract as the insured of the annuity insurance business survives to the prescribed age.

第
9
篇

价格指数

Price Indices

简 要 说 明

一、本篇资料的主要内容

本篇资料反映了全省生产、流通与消费等环节的价格变动状况。主要包括居民消费、商品零售、工业生产者出厂、工业生产者购进、住宅销售等价格指数。

二、本篇资料的来源

1.居民消费和商品零售价格指数来源于消费价格统计调查年报，由国家统计局山东调查总队消费价格调查处整理提供。

2.工业生产者出厂、工业生产者购进、住宅销售等价格指数来源于生产价格统计调查年报，由国家统计局山东调查总队生产价格调查处整理提供。

3.农产品生产者价格指数来源于农产品生产者价格调查年报，由国家统计局山东调查总队农业调查处整理提供。

Brief Introduction

I. Main Content

Data on the price indices in this chapter show the changing trend in production, circulation and consumption, including mainly consumer price indices of residents, retail price indices, producer price indices for industrial products, purchasing price indices for industrial producers and price indices of residential sales.

II. Source of Data

(1) Data on consumer price indices of residents and retail price indices are based on yearly report on consumer price and are provided by the Division of Consumer Price Survey of the National Bureau of Statistics in Shandong.

(2) Data on producer price indices of industrial products, industrial producer purchasing price indices and real estate price indices are based on yearly report on production price and are provided by the Division of Production Price Survey of the National Bureau of Statistics in Shandong.

(3) Data on producer price index of agricultural products are based on yearly report on producer price of agricultural products and provided by the Division of Agriculture Statistics of Shandong Provincial Bureau of Statistics.

9-1 居民消费价格指数
Consumer Price Indices

(上年=100) (Preceding Year=100)

类 别	Category	2021	2022
居民消费价格指数	**Consumer Price Index**	**101.2**	**101.7**
城 市	Urban Areas	101.3	101.5
农 村	Rural Areas	101.0	102.1
服务项目价格指数	**Services Price Index**	**101.0**	**100.2**
消费品价格指数	**Consumer Goods Price Index**	**101.4**	**102.5**
食品烟酒	Food, Tobacco, Liquor	100.9	102.3
粮 食	Grain	101.1	105.5
食用油	Edible Oil	108.2	104.2
菜及食用菌	Vegetables and Edible Mushrooms	108.0	101.1
鲜 菜	Fresh Vegetables	109.0	100.7
畜肉类	Livestock Meat	83.1	95.2
禽肉类	Poultry	98.1	103.5
水产品	Aquatic Products	110.3	102.3
蛋 类	Eggs	112.8	107.3
衣着	Clothing	100.1	100.3
居住	Residence	101.1	100.5
生活用品及服务	Daily Necessities and Services	99.8	101.1
交通通信	Transportation Communication	104.5	104.8
教育文化娱乐	Education Culture Recreation	101.3	100.4
医疗保健	Health Care	100.1	100.4
其他用品及服务	Other Supplies and Services	98.5	101.8
商品零售价格指数	**Retail Price Index**	**101.4**	**102.3**
城 市	Urban Areas	101.4	102.3
农 村	Rural Areas	101.5	102.6

9-2 居民消费和商品零售价格总指数(2022年)
General Consumer and Retail Price Indices(2022)

类 别	Category	居民消费价格总指数 General Consumer Price Indices			商品零售价格总指数 General Retail Price Indices		
		全 省 Provincial Indices	城 市 Urban Indices	农 村 Rural Indices	全 省 Provincial Indices	城 市 Urban Indices	农 村 Rural Indices
以1950年价格为100	1950=100	801.5	800.5		600.4	568.8	568.2
以1952年价格为100	1952=100	707.0	707.3		499.2	498.5	515.1
以1957年价格为100	1957=100	651.3	658.4		454.9	409.5	472.1
以1965年价格为100	1965=100	641.7	641.0		434.0	444.0	450.7
以1970年价格为100	1970=100	658.1	658.0		440.8	456.1	458.1
以1978年价格为100	1978=100	657.4	657.6	652.7	441.3	454.1	459.1
以1980年价格为100	1980=100	622.1	630.0	614.0	421.8	441.3	439.0
以1985年价格为100	1985=100	536.1	534.1	523.1	380.9	394.1	398.7
以1990年价格为100	1990=100	329.3	341.5	323.4	238.0	238.1	252.5
以1995年价格为100	1995=100	179.6	176.8	187.4	141.2	135.5	154.7
以2000年价格为100	2000=100	161.2	153.6	173.0	140.6	135.1	154.1
以上年价格为100	Preceding Year=100	101.7	101.5	102.1	102.3	102.3	102.6

9-3 历年居民消费价格总指数

General Consumer Price Indices over the Years

年 份 Year	以1950年为100 1950=100	以1952年为100 1952=100	以1978年为100 1978=100	以1990年为100 1990=100	以1995年为100 1995=100	以上年为100 Preceding Year=100
1952	113.2					102.2
1955	120.8	106.7				99.9
1957	122.9	108.5				101.0
1962	132.2	116.8				100.5
1965	124.8	110.3				97.8
1970	121.7	107.4				98.9
1975	121.5	107.3				100.2
1976	121.7	107.5				100.2
1977	121.5	107.3				99.8
1978	121.9	107.6				100.3
1979	122.8	108.4	100.7			100.7
1980	128.9	113.8	105.7			105.0
1981	131.2	115.8	107.6			101.8
1982	132.4	116.8	108.6			100.9
1983	135.6	119.6	111.2			102.4
1984	137.6	121.4	112.9			101.5
1985	149.6	132.0	122.7			108.7
1986	156.3	137.9	128.2			104.5
1987	169.1	149.2	138.7			108.2
1988	200.7	177.1	164.7			118.7
1989	235.5	207.7	199.1			117.3
1990	243.5	214.8	199.7			103.4
1991	255.4	225.3	209.5	104.9		104.9
1992	272.8	240.6	223.7	112.0		106.8
1993	307.4	271.2	252.2	126.3		112.7
1994	379.4	334.6	311.2	155.8		123.4
1995	446.1	393.5	365.9	183.2		117.6
1996	489.0	431.3	401.1	200.8	109.6	109.6
1997	502.6	443.3	412.3	206.4	112.7	102.8
1998	499.6	440.7	409.8	205.2	112.0	99.4
1999	496.1	437.6	406.9	203.8	111.2	99.3
2000	497.1	438.5	407.7	204.2	111.4	100.2
2001	506.0	446.4	415.0	207.9	113.4	101.8
2002	502.5	443.2	412.1	206.4	112.6	99.3
2003	508.0	448.1	416.6	208.7	113.8	101.1
2004	526.3	464.3	431.6	216.2	117.9	103.6
2005	535.2	472.1	439.0	219.9	119.9	101.7
2006	540.6	476.9	443.4	222.1	121.1	101.0
2007	564.4	497.9	462.9	231.9	126.4	104.4
2008	594.3	524.2	487.4	244.2	133.1	105.3
2009	594.3	524.2	487.4	244.2	133.1	100.0
2010	611.5	539.4	501.6	251.3	137.0	102.9
2011	642.2	566.5	526.7	263.9	143.9	105.0
2012	655.7	578.4	537.8	269.4	146.9	102.1
2013	670.2	591.1	549.6	275.4	150.2	102.2
2014	682.9	602.4	560.1	280.6	153.0	101.9
2015	691.1	609.6	566.8	284.0	154.8	101.2
2016	705.6	622.4	578.7	289.9	158.1	102.1
2017	716.2	631.7	587.4	294.3	160.5	101.5
2018	734.1	647.5	602.1	301.6	164.5	102.5
2019	757.6	668.3	621.3	311.3	169.7	103.2
2020	778.8	687.0	638.7	320.0	174.5	102.8
2021	788.1	695.2	646.4	323.8	176.6	101.2
2022	801.5	707.0	657.4	329.3	179.6	101.7

9-4 历年城市居民消费价格总指数
General Urban Consumer Price Indices over the Years

年 份 Year	以1930~1936年平均价格为100 Average Price (1930~1936)=100	以1952年为100 1952=100	以1978年为100 1978=100	以1980年为100 1980=100	以1990年为100 1990=100	以1995年为100 1995=100	以上年为100 Preceding Year=100
1949	260.9						
1952	302.2						102.2
1955	322.5	106.7					99.9
1957	328.0	108.5					101.0
1962	352.9	116.8					100.5
1965	333.5	110.3					97.8
1970	324.9	107.4					98.9
1975	324.2	107.3					100.2
1976	324.9	107.5					100.2
1977	324.3	107.3					99.8
1978	325.2	107.6					100.3
1979	329.7	109.1	101.4				101.4
1980	339.3	112.3	104.3				102.9
1981	346.4	114.6	106.5	102.1			102.1
1982	347.4	115.0	106.9	102.4			100.3
1983	345.3	114.3	106.2	101.8			99.4
1984	350.5	116.0	107.8	103.3			101.5
1985	381.4	126.2	117.3	112.4			108.8
1986	400.5	132.5	123.2	118.0			105.0
1987	436.9	144.6	134.4	128.8			109.1
1988	526.9	174.4	162.1	155.3			120.6
1989	609.6	201.7	187.5	179.7			115.7
1990	625.5	207.0	192.4	184.4			102.6
1991	664.3	219.8	204.3	195.8	106.2		106.2
1992	721.4	238.7	221.9	212.6	115.3		108.6
1993	826.7	273.6	254.3	243.7	132.1		114.6
1994	1036.7	343.1	318.9	305.6	165.7		125.4
1995	1210.9	400.7	372.5	356.9	193.6		116.8
1996	1338.0	442.8	411.6	394.4	213.9	110.5	110.5
1997	1380.8	457.0	424.8	407.0	220.7	114.0	103.2
1998	1376.7	455.6	423.5	405.8	220.0	113.7	99.7
1999	1376.7	455.6	423.5	405.8	220.0	113.7	100.0
2000	1393.2	461.1	428.6	410.7	222.6	115.1	101.2
2001	1408.5	466.2	433.3	415.2	225.0	116.4	101.1
2002	1390.2	460.1	427.7	409.8	222.1	114.9	98.7
2003	1399.9	463.3	430.7	412.7	223.7	115.7	100.7
2004	1439.1	476.3	442.7	424.2	230.0	118.9	102.8
2005	1454.9	481.5	447.6	428.9	232.5	120.2	101.1
2006	1469.5	486.3	452.1	433.2	234.8	121.4	101.0
2007	1525.3	504.8	469.3	449.7	243.7	126.0	103.8
2008	1597.0	528.5	491.4	470.8	255.2	131.9	104.7
2009	1595.4	528.0	490.9	470.4	254.9	131.8	99.9
2010	1636.9	541.7	503.6	482.6	261.5	135.2	102.6
2011	1713.8	567.2	527.3	505.3	273.8	141.8	104.7
2012	1749.8	579.1	538.4	515.9	279.6	144.8	102.1
2013	1786.5	591.3	549.7	526.7	285.4	147.8	102.1
2014	1824.4	603.8	561.3	537.8	291.5	150.9	102.1
2015	1850.0	612.2	569.2	545.3	295.6	153.0	101.4
2016	1890.7	625.7	581.7	557.3	302.1	156.4	102.2
2017	1920.9	635.7	591.0	566.3	306.9	158.9	101.6
2018	1967.0	651.0	605.2	579.8	314.3	162.7	102.4
2019	2028.0	671.2	624.0	597.8	324.0	167.8	103.1
2020	2078.7	687.9	639.6	612.8	332.1	172.0	102.5
2021	2105.7	696.9	647.9	620.7	336.4	174.2	101.3
2022	2137.3	707.3	657.6	630.0	341.5	176.8	101.5

9-5 历年农村居民消费价格总指数
General Rural Consumer Price Indices over the Years

年 份 Year	以1978年为100 1978=100	以1980年为100 1980=100	以1985年为100 1985=100	以1990年为100 1990=100	以1995年为100 1995=100	以上年为100 Preceding Year=100
1979	100.4					100.4
1980	106.2					105.8
1981	107.9	101.6				101.6
1982	109.1	102.7				101.1
1983	113.0	106.4				103.6
1984	114.7	108.0				101.5
1985	124.7	117.4				108.7
1986	129.8	122.2	104.1			104.1
1987	139.4	131.2	111.8			107.4
1988	163.1	153.5	130.8			117.0
1989	194.0	182.5	155.5			118.9
1990	201.7	189.8	161.7			104.0
1991	209.8	197.4	168.2	104.0		104.0
1992	219.5	206.5	175.9	108.8		104.6
1993	242.9	228.6	194.7	120.4		110.7
1994	295.7	278.2	236.9	146.5		121.7
1995	348.6	328.0	279.3	172.7		117.9
1996	379.9	357.5	304.4	188.2	109.0	109.0
1997	389.1	366.1	311.7	192.7	111.6	102.4
1998	385.2	362.4	308.6	190.8	110.5	99.0
1999	379.8	357.3	304.3	188.1	109.0	98.6
2000	377.1	354.8	302.2	186.8	108.2	99.3
2001	386.2	363.3	309.5	191.3	110.8	102.4
2002	385.8	362.9	309.2	191.1	110.7	99.9
2003	391.6	368.3	313.8	194.0	112.4	101.5
2004	409.6	385.2	328.2	202.9	117.5	104.6
2005	419.4	394.5	336.1	207.8	120.3	102.4
2006	423.6	398.4	339.5	209.9	121.6	101.0
2007	446.1	419.5	357.5	221.0	128.0	105.3
2008	473.8	445.5	379.7	234.7	135.9	106.2
2009	474.1	445.8	380.0	234.9	136.0	100.1
2010	490.7	461.4	393.2	243.1	140.8	103.5
2011	519.5	488.7	416.4	257.4	149.1	105.9
2012	529.9	498.5	424.7	262.6	152.1	102.0
2013	543.1	510.9	435.3	269.1	155.9	102.5
2014	551.3	518.6	441.9	273.2	158.2	101.5
2015	556.2	523.3	445.8	275.6	159.6	100.9
2016	566.3	532.7	453.9	280.6	162.5	101.8
2017	574.2	540.1	460.2	284.5	164.8	101.4
2018	589.7	554.7	472.6	292.2	169.2	102.7
2019	610.9	574.7	489.7	302.7	175.3	103.6
2020	632.9	595.4	507.3	313.6	181.6	103.6
2021	639.2	601.3	512.4	316.7	183.4	101.0
2022	652.7	614.0	523.1	323.4	187.4	102.1

9-6 历年商品零售价格总指数
General Retail Price Indices over the Years

年 份 Year	以1930~1936年平均价格为100 Average Price (1930~1936)=100	以1952年为100 1952=100	以1978年为100 1978=100	以1980年为100 1980=100	以1990年为100 1990=100	以1995年为100 1995=100	以上年为100 Preceding Year=100
1949	257.0						
1952	303.6						100.4
1955	325.6	107.2					100.2
1957	333.5	109.8					101.7
1962	359.9	118.5					100.4
1965	349.4	115.1					97.6
1970	343.8	113.3					99.2
1971	343.5	113.2					99.9
1972	342.5	112.8					99.7
1973	342.2	112.7					99.9
1974	341.8	112.6					99.9
1975	342.2	112.7					100.1
1976	342.5	112.8					100.1
1977	342.2	112.7					99.9
1978	343.5	113.2					100.4
1979	349.0	115.0	101.6				101.6
1980	359.5	118.5	104.6				103.0
1981	365.6	120.5	106.4	101.7			101.7
1982	367.8	121.2	107.1	102.3			100.6
1983	363.0	119.7	105.6	101.0			98.7
1984	367.0	121.0	106.8	102.1			101.1
1985	398.2	131.3	115.9	110.8			108.5
1986	416.1	137.2	121.1	115.8			104.5
1987	450.6	148.6	131.2	125.4			108.3
1988	536.3	176.8	156.1	149.2			119.0
1989	626.9	206.7	182.5	174.4			116.9
1990	636.9	210.0	185.4	177.2			101.6
1991	668.1	220.3	194.5	185.9	104.9		104.9
1992	709.5	233.9	206.6	197.4	111.4		106.2
1993	782.6	258.0	227.8	217.7	122.9		110.3
1994	941.5	310.4	274.1	261.9	147.8		120.3
1995	1075.2	354.5	313.0	299.1	168.8		114.2
1996	1150.6	378.9	334.9	320.1	180.6	107.0	107.0
1997	1159.8	381.9	337.6	322.7	182.0	107.9	100.8
1998	1126.2	370.8	327.8	313.3	176.7	104.8	97.1
1999	1093.5	360.0	318.3	304.2	171.6	101.8	97.1
2000	1078.2	355.0	313.8	299.9	169.2	100.4	98.6
2001	1078.2	355.0	313.8	299.9	169.2	100.4	100.0
2002	1065.3	350.7	310.0	296.3	167.2	99.2	98.8
2003	1067.4	351.4	310.7	296.9	167.5	99.4	100.2
2004	1097.3	361.3	319.4	305.2	172.2	102.2	102.8
2005	1103.9	363.4	321.3	307.0	173.2	102.8	100.6
2006	1110.5	365.6	323.2	308.9	174.3	103.4	100.6
2007	1150.5	378.8	334.8	320.0	180.6	107.1	103.6
2008	1206.9	397.4	351.2	335.7	189.4	112.3	104.9
2009	1199.6	395.0	349.1	333.7	188.3	111.7	99.4
2010	1232.0	405.6	358.5	342.7	193.4	114.7	102.7
2011	1289.9	424.3	375.4	358.8	202.5	120.1	104.7
2012	1310.6	431.1	381.4	364.5	205.7	122.0	101.6
2013	1328.9	437.1	386.7	369.6	208.6	123.7	101.4
2014	1341.2	441.5	390.3	373.0	210.5	124.8	101.0
2015	1343.8	442.4	391.1	373.8	211.0	125.1	100.2
2016	1361.3	448.1	396.1	378.6	213.7	126.7	101.3
2017	1372.2	451.7	399.3	381.7	215.4	127.7	100.8
2018	1402.4	461.7	408.1	390.1	220.1	130.5	102.2
2019	1433.3	471.8	417.1	398.6	225.0	133.4	102.2
2020	1461.9	481.2	425.4	406.6	229.5	136.1	102.0
2021	1482.4	488.0	431.4	412.3	232.7	138.0	101.4
2022	1516.5	499.2	441.3	421.8	238.0	141.2	102.3

注：本表已根据现行价格调查统计制度予以调整，均不包括农业生产资料部分。
a)The data in this form have been adjusted according to current statistical system of price survey.Means of agricultural production are excluded.

9-7 历年农业生产资料价格总指数
General Price Indices of Means of Agricultural Production over the Years

年 份 Year	以1950年为100 1950=100	以1952年为100 1952=100	以1978年为100 1978=100	以1990年为100 1990=100	以1995年为100 1995=100	以上年为100 Preceding Year=100
1952	97.0					102.2
1955	103.8	107.0				94.1
1957	103.4	106.7				99.7
1962	106.8	110.1				99.3
1965	92.7	95.5				96.8
1970	84.2	86.8				99.9
1975	79.2	81.6				100.0
1976	79.2	81.6				100.0
1977	79.2	81.6				100.0
1978	78.5	80.9				99.1
1979	78.6	81.0	100.1			100.1
1980	78.6	81.0	100.1			100.0
1981	79.9	82.4	101.8			101.7
1982	80.8	83.3	102.9			101.1
1983	82.9	85.5	105.6			102.6
1984	88.9	91.7	113.2			107.2
1985	92.5	95.5	117.8			104.1
1986	94.4	97.5	120.3			102.1
1987	99.9	103.2	127.3			105.8
1988	114.6	118.4	146.0			114.7
1989	135.5	139.9	172.6			118.2
1990	139.8	144.4	178.1			103.2
1991	142.6	147.3	181.7	102.0		102.0
1992	144.6	149.4	184.2	103.4		101.4
1993	161.4	166.7	205.6	115.4		111.6
1994	200.3	206.9	255.1	143.2		124.1
1995	267.0	275.8	340.1	190.9		133.3
1996	281.7	291.0	358.8	201.4	105.5	105.5
1997	272.1	281.1	346.6	194.6	101.9	96.6
1998	261.8	270.4	336.5	187.2	98.0	96.2
1999	249.0	257.2	320.0	178.0	93.2	95.1
2000	245.8	253.9	315.8	175.7	92.0	98.7
2001	250.2	258.5	321.5	178.9	93.7	101.8
2002	251.0	259.3	322.5	179.4	94.0	100.3
2003	257.0	265.5	330.2	183.7	96.2	102.4
2004	283.2	292.6	363.9	202.5	106.0	110.2
2005	300.7	310.7	386.4	215.0	112.6	106.2
2006	309.8	320.0	398.0	221.5	116.0	103.0
2007	331.8	342.7	426.3	237.2	124.2	107.1
2008	395.8	408.8	508.6	283.0	148.2	119.3
2009	381.2	393.7	489.8	272.5	142.7	96.3
2010	392.6	405.5	504.4	280.7	147.0	103.0
2011	436.2	450.6	560.4	311.9	163.4	111.1
2012	461.9	477.2	593.5	330.3	173.0	105.9
2013	467.5	482.9	600.6	334.3	175.1	101.2
2014	465.1	480.5	597.6	332.6	174.2	99.5
2015	461.9	477.1	593.4	330.3	173.0	99.3
2016	456.8	471.9	586.9	326.6	171.1	98.9
2017	460.9	476.1	592.2	329.6	172.7	100.9
2018	492.7	509.0	633.0	352.3	184.6	106.9
2019	530.1	547.7	681.1	379.1	198.6	107.6
2020	559.8	578.3	719.3	400.3	209.7	105.6

注：自2021年起，不再统计农业生产资料价格指数。
a) Since the year of 2021, The Statistics of Price Indices of Agricultural Production Means has been no longer carried out.

9-8 居民消费价格分类指数(2022年)
Consumer Price Indices by Category(2022)

(上年=100) (preceding year=100)

商品类别	Category	全省 Provincial Indices	城市 Urban Indices	农村 Rural Indices
居民消费价格指数	**Consumer Price Index**	**101.7**	**101.5**	**102.1**
服务价格指数	Services Price Index	100.2	100.2	100.4
消费品价格指数	Consumer Goods Price Index	102.5	102.4	103.0
非食品价格指数	Non-food Price Index	101.4	101.3	101.8
扣除鲜菜鲜果价格指数	Deducting Fruit Vegetable Price Index	101.4	101.3	101.8
一、食品烟酒	**Food, Tobacco, Liquor**	**102.3**	**102.1**	**102.6**
1.食品	Food	102.8	102.6	103.1
(1)粮　食	Grain	105.5	104.9	106.8
(2)薯　类	Tuber	109.2	108.1	112.0
(3)豆　类	Beans	106.1	106.8	104.3
(4)食用油	Edible Oil	104.2	103.8	105.2
(5)菜及食用菌	Vegetables and Edible Mushrooms	101.1	101.4	100.3
(6)畜肉类	Livestock Meat	95.2	95.4	94.6
(7)禽肉类	Poultry	103.5	103.2	104.5
(8)水产品	Aquatic Products	102.3	102.0	103.5
(9)蛋　类	Eggs	107.3	107.2	107.4
(10)奶　类	Milk	100.9	100.7	101.8
(11)干鲜瓜果类	Dried and Fresh Melons and Fruits	110.7	110.1	112.8
(12)糖果糕点类	Candy and Cakes	102.1	103.2	98.7
(13)调味品	Condiment	102.4	102.0	103.4
(14)其他食品类	Other Foods	104.0	104.5	102.4
2.茶及饮料	Tea and Beverages	102.8	103.3	101.0
3.烟　酒	Tobacco and Liquor	101.7	101.6	102.0
(1)卷　烟	Cigarette	101.1	100.9	101.5
(2)酒　类	Liquor	102.4	102.3	102.8
4.在外餐饮	Outside Catering	100.9	100.9	101.1
二、衣　着	**Clothing**	**100.3**	**100.2**	**100.8**
1.服　装	Garments	100.5	100.4	101.1
(1)男式服装	Men's Clothing	100.4	100.2	101.2
(2)女式服装	Women's Clothing	100.7	100.7	100.8
(3)儿童服装	Children's Clothing	100.0	99.7	101.0
(4)衣着材料及配件	Clothing Material and Accessories	100.3	100.2	100.6
(5)衣着服务费	Clothing service fee	101.9	101.2	103.5
2.鞋　类	Footwear	99.5	99.3	100.1
(1)鞋	Shoes	99.4	99.2	100.1
(2)鞋类服务	Footwear Services	102.2	102.7	100.0
三、居　住	**Residence**	**100.5**	**100.2**	**101.9**
1.租赁房房租	Rental Housing Rent	99.3	99.3	99.4
2.住房保养维修及管理	Housing Maintenance	102.3	102.2	102.8
(1)住房装潢材料	Housing Decoration Materials	101.5	101.4	101.9
(2)住房维修管理费	Housing Maintenance Management Fee	103.0	102.8	103.4
3.水电燃料	Water, Electricity and Fuels	103.6	102.4	106.7
(1)水	Water	100.0	100.0	100.0
(2)电	Electricity	100.0	100.0	100.0
(3)燃　气	Gas	110.1	105.4	121.3
(4)其他水电燃料类	Other Water Electricity Fuel	105.1	103.9	108.8
4.自有住房	Self-owned House	99.2	99.1	99.7

9-8 续表 continued

(上年=100) (preceding year=100)

商品类别	Category	全省 Provincial Indices	城市 Urban Indices	农村 Rural Indices
四、生活用品及服务	**Daily Necessities and Services**	**101.1**	**101.1**	**101.0**
1.家具及室内装饰品	Furniture and Interior Decorations	99.8	99.6	100.6
(1)家　具	Furniture	99.9	99.7	100.8
(2)室内装饰品	Interior Decorations	99.3	99.4	98.8
2.家用器具	Household Appliances	101.6	101.5	102.0
(1)大型家用器具	Large Household Appliances	101.4	101.2	102.0
(2)小家电	Small Household Appliances	102.7	102.8	102.0
3.家用纺织品	Home Textiles	99.3	98.8	101.3
(1)床上用品	Bedding Article	99.1	98.6	101.2
(2)窗帘门帘	Curtain	100.0	99.6	101.6
(3)其他家用纺织品	Other Household Textiles	100.0	99.8	101.1
4.家庭日用杂品	The Family Daily Sundry Goods	100.0	100.2	99.1
(1)洗涤卫生用品	Washing Sanitary Articles	100.0	100.2	99.2
(2)厨具餐具茶具	Kitchenware, Tableware, Tea Set	102.0	102.0	102.0
(3)其他家庭日用杂品	Other Household Articles For Daily Use	99.0	99.3	98.0
5.个人护理用品	Personal Care Products	103.2	103.4	102.2
(1)化妆品	Cosmetics	103.5	103.8	101.9
(2)其他护理用品类	Other Nursing Products	102.7	102.7	102.7
6.家庭服务	Family Services	102.0	101.9	102.4
五、交通通信	**Transport Communication**	**104.8**	**104.9**	**104.4**
1.交　通	Transport	106.6	106.7	106.1
(1)交通工具	Transport Tools	98.3	98.3	98.3
(2)交通工具用燃料	Transport Fuels	121.5	121.5	121.5
(3)交通工具使用和维修	Vehicle Use and Maintenance	100.5	99.9	102.5
(4)交通费	Travelling Expenses	104.8	105.3	102.9
2.通　信	Signal Communication	98.9	99.0	98.5
(1)通信工具	Communication Tools	97.6	97.9	96.5
(2)通信服务	Communication Services	99.8	99.8	100.0
(3)邮递服务	Mailing Service	98.3	98.9	96.1
六、教育文化娱乐	**Education Culture Recreation**	**100.4**	**100.4**	**100.6**
1.教　育	Education	100.5	100.5	100.7
(1)教育用品	Educational Supplies	101.2	101.1	101.7
(2)教育服务	Education Services	100.5	100.4	100.6
2.文化娱乐	Culture and Entertainment	100.3	100.2	100.5
(1)文娱耐用消费品	Recreational Consumer Durables	100.1	99.9	100.7
(2)其他文娱用品	Other Entertainment Products	101.4	101.5	100.9
(3)文化娱乐服务	Cultural and Recreational Services	99.8	99.9	98.6
(4)旅　游	Tourism	100.1	99.8	102.2
七、医疗保健	**Health Care**	**100.4**	**100.5**	**100.0**
1.药品及医疗器具	Drugs and Medical Devices	100.6	100.8	100.1
(1)中　药	Traditional Chinese Medicine	102.3	102.8	100.8
(2)西　药	West Medicine	100.0	100.0	99.9
(3)滋补保健品	Western Medicine	101.3	101.4	100.1
(4)医疗卫生器具	Medical and Health Equipment	98.7	98.5	99.6
(5)保健器具	Healthcare Apparatus	100.1	100.3	99.5
2.医疗服务	Medical Services	100.2	100.3	100.0
(1)综合医疗类	Comprehensive Health Care	100.6	100.8	100.1
(2)诊断类	Diagnostic	100.0	100.0	99.8
(3)治疗类	Therapeutic	100.3	100.4	100.1
(4)康复类	Rehabilitation	101.1	101.3	100.2
(5)中医医疗服务类	Chinese Medicine Services	100.0	100.1	100.0
(6)其他医疗服务	Other Medical Services	100.1	100.1	100.0
八、其他用品及服务	**Other Supplies and Services**	**101.8**	**101.6**	**102.5**
1.其他用品	Other Products	102.1	102.0	102.3
(1)首饰手表	Jewelry Watches	101.7	101.7	101.6
(2)母婴用品	Maternal and Infant Products	105.6	105.4	106.3
(3)其他杂项用品	Other Miscellaneous Supplies	100.4	100.5	100.2
2.其他服务	Other Services	101.5	101.3	102.8
(1)在外住宿	Accommodation Outside	95.3	94.9	98.5
(2)美容美发洗浴	Hairdressing Bath	102.7	102.2	104.7
(3)养老服务	Pension Services	101.2	101.3	101.0
(4)金融及保险服务	Finance and Insurance Service	102.3	102.2	102.9
(5)中介法律及其他服务	Intermediary Law and Other Service	100.6	100.6	100.8

9-9 商品零售价格分类指数(2022年)
Retail Indices by Category(2022)

(上年=100) (preceding year=100)

商品类别	Category	全省 Provincial Indices	城市 Urban Indices	农村 Rural Indices
商品零售价格总指数	**Retail Index**	**102.3**	**102.3**	**102.6**
一、食　品	**Food**	**102.4**	**102.2**	**103.0**
1.粮　食	Grain	105.2	104.8	106.1
2.薯　类	Tuber	109.6	108.5	112.9
3.豆　类	Beans	105.9	106.7	103.6
4.食用油	Edible Oil	104.2	103.6	105.7
5.菜及食用菌	Vegetables and Edible Mushrooms	101.2	101.4	100.5
6.畜肉类	Livestock Meat	95.3	95.6	94.5
7.禽肉类	Poultry	103.8	103.4	105.1
8.水产品	Aquatic Products	103.0	102.3	106.2
9.蛋　类	Eggs	107.2	107.3	107.0
10.奶　类	Milk	100.8	100.7	101.2
11.干鲜瓜果类	Dried and Fresh Melons and Fruits	110.6	110.1	113.1
12.糖果糕点类	Candy and Cakes	102.5	103.2	99.9
13.调味品	Flavoring	102.1	101.8	103.2
14.其他食品类	Other Foods	104.1	104.5	102.1
15.餐饮业零售	Restaurant Retail	100.9	100.9	100.9
二、饮料、烟酒	**Beverages,Tobacco and Liquor**	**102.0**	**102.0**	**101.8**
1.茶及饮料	Tea and Beverages	103.0	103.5	100.7
2.卷　烟	Cigarette	101.0	100.9	101.4
3.酒　类	Liquor	102.5	102.4	102.8
三、服装、鞋帽	**Garments,Footwear and Hats**	**100.3**	**100.2**	**100.4**
1.服　装	Garments	100.5	100.5	100.6
(1)男士服装	Men's Clothing	100.4	100.3	100.8
(2)女士服装	Women's Clothing	100.7	100.8	100.4
(3)儿童服装	Children's Clothing	100.0	99.8	100.8
2.鞋帽袜	Footwear and Hats	99.4	99.4	99.8
(1)鞋	Shoes	99.3	99.2	99.6
(2)袜　子	Socks	100.6	100.5	101.4
(3)帽　子	Hats	100.4	100.2	101.2
3.其他衣着配件	Others	99.8	100.1	98.4
四、纺织品	**Textiles**	**99.1**	**98.7**	**100.7**
1.服装材料	Clothing Material	101.0	101.2	100.5
2.床上用品	Bed Articles	98.8	98.2	100.8

9-9 续表 continued

(上年=100) (preceding year=100)

商品类别	Category	全 省 Provincial Indices	城 市 Urban Indices	农 村 Rural Indices
五、家用电器及音像器材	**Household Appliances, Music and Video Equipment**	**100.9**	**100.8**	**101.2**
1.家庭设备	Household Facilities	101.5	101.4	101.7
2.文娱用耐用消费品	Durable Consumer Goods for Cultural and Recreational Use	99.3	99.1	99.9
3.专业音像器材	Professional Music and Video Equipment	104.5	104.4	104.9
六、文化办公用品	**Cultural and Office Appliances**	**100.5**	**100.4**	**101.0**
七、日用品	**Articles for Daily Use**	**101.0**	**101.1**	**100.5**
1.日用百货	General Merchandise for Daily Use	101.0	101.3	100.3
2.厨具餐具茶具	Kitchenware, Tableware, Tea Set	102.0	102.1	101.5
3.清洗用品	Washing Products	98.1	98.3	97.4
4.其他日用品	Other Articles for Daily Use	101.6	101.6	101.7
八、体育娱乐用品	**Sports and Recreation Articles**	**101.3**	**101.3**	**101.7**
1.体育户外用品	Sports Articles	105.7	105.7	105.6
2.娱乐用品	Recreation Articles	100.5	100.3	101.1
九、交通、通信用品	**Transportation and Communication Articles**	**98.3**	**98.3**	**98.0**
1.交通运输机械	Transport machinery	98.4	98.4	98.3
2.通信器材	Communication Equipment	97.8	98.0	96.5
十、家　具	**Furniture**	**99.7**	**99.5**	**100.6**
十一、化妆品	**Cosmetics**	**103.7**	**104.0**	**102.4**
十二、金银饰品	**Gold, Silver and Jewelry**	**102.2**	**102.1**	**102.4**
十三、中西药品及医疗保健用品	**Traditional Chinese and Western Medicines and Health Care Articles**	**100.7**	**100.9**	**100.0**
1.医疗卫生器具	Medical Apparatus and Articles	98.9	98.8	99.5
2.中　药	Traditional Chinese Medicine	102.4	102.8	100.7
3.西　药	Western Medicines	100.1	100.1	99.9
4.保健器具及用品	Health Care Appliances and Supplies	100.9	101.0	99.8
十四、书报杂志及电子出版物	**Books, Newspapers, Magazines and Electronic Publications**	**101.9**	**102.0**	**101.1**
1.教材及参考书	Teaching Materials and Reference Books	101.3	101.3	101.3
2.书报杂志	Books, Newspapers and Magazines	106.1	106.9	101.2
3.计算机办公软件	Computer Office Software	98.9	98.7	100.2
十五、燃　料	**Fuels**	**120.0**	**119.6**	**121.7**
1.煤炭及制品	Coal and Products	117.8	117.3	120.2
2.石油及制品	Petroleum and Products	120.2	119.8	121.8
十六、建筑材料及五金电料	**Building Materials and Hardware**	**101.1**	**101.0**	**101.3**
1.建筑装潢材料	Building Decoration Materials	101.5	101.4	101.9
2.五金水暖	Plumbing Hardware	100.0	100.0	100.0

9-10 农产品生产者价格指数
Producer Price Indices for Farm Products

(上年＝100) (preceding year=100)

指 标	Item	2016	2017	2018	2019	2020	2021	2022
农产品生产者价格指数	**Producers' Price Indices for Farm Products**	**102.8**	**98.6**	**100.5**	**112.2**	**108.7**	**104.2**	**100.6**
种植业产品	**Planting Products**	**98.5**	**99.3**	**101.2**	**106.1**	**107.9**	**110.7**	**101.4**
#谷物	Cereal	89.9	100.5	103.2	99.0	108.0	117.0	106.7
#小麦	Wheat	98.6	104.6	98.0	95.0	102.5	106.5	116.9
稻谷	Rice	102.7	101.3	99.8	91.0	102.4	102.3	98.1
玉米	Corn	82.3	97.5	107.9	102.7	113.0	126.7	101.8
大豆	Beans	91.8	101.6	92.9	99.1	106.4	128.7	101.9
油料	Oil-bearing Crops	102.7	92.3	85.7	108.8	112.2	108.6	101.9
棉花	Cotton	92.7	116.5	99.2	100.1	103.7	122.4	107.3
蔬菜	Vegetable	111.5	95.1	102.8	115.9	112.4	103.1	91.9
水果	Fruit	93.2	103.8	96.8	118.0	105.5	103.0	109.6
林业产品	**Forestry Products**	**98.7**	**101.2**	**101.4**	**100.3**	**104.8**	**101.5**	**95.3**
畜牧业产品	**Animal Husbandry Products**	**109.7**	**90.7**	**97.3**	**132.2**	**115.2**	**89.5**	**98.3**
活猪	Live Pig	126.7	84.2	84.0	162.7	146.3	62.9	93.2
活牛	Live Cattle and Buffaloes	95.8	101.2	110.1	112.0	113.8	103.5	98.2
活羊	Live Sheep and Goats	94.5	104.6	110.4	114.7	106.9	105.6	93.2
肉禽	Meat and Poultry	97.9	94.5	102.7	105.5	87.6	108.4	101.9
蛋类	Eggs	90.8	89.7	122.8	105.2	80.2	124.9	106.7
奶类	Milk	93.1	99.3	100.2	104.1	98.9	108.5	97.5
渔业产品	**Fishery Products**	**103.3**	**106.8**	**103.1**	**101.3**	**101.8**	**110.7**	**102.8**
海水养殖鱼类	Seawater Fish	87.1	127.4	120.7	102.2	81.3	124.6	95.8
淡水养殖鱼类	Freshwater Fish	104.0	103.6	107.8	96.9	106.2	117.3	91.1

9-11 工业生产者价格指数
Price Indices for Industrial Producer

年份 Year	以1988年为100 (1988=100)		以上年为100 (preceding year=100)	
	工业生产者出厂价格指数 Producer Price Indices for Industrial Products	工业生产者购进价格指数 Industrial Producer Purchasing Price Indices	工业生产者出厂价格指数 Producer Price Indices for Industrial Products	工业生产者购进价格指数 Industrial Producer Purchasing Price Indices
1988	100.0	100.0		
1989	123.8	136.7	123.8	136.7
1990	129.6	144.1	104.7	105.4
1991	133.5	154.2	103.0	107.0
1992	146.5	171.0	109.7	110.9
1993	180.1	230.3	123.0	134.7
1994	223.7	279.4	124.2	121.3
1995	261.8	316.2	117.0	113.2
1996	272.5	334.3	104.1	105.7
1997	275.8	336.3	101.2	100.6
1998	264.7	318.1	96.0	94.6
1999	257.3	297.1	97.2	93.4
2000	272.5	311.1	105.9	104.7
2001	270.1	311.1	99.1	100.0
2002	266.8	307.0	98.8	98.7
2003	276.2	324.5	103.5	105.7
2004	293.8	369.3	106.4	113.8
2005	304.7	391.1	103.7	105.9
2006	311.7	407.9	102.3	104.3
2007	322.0	427.5	103.3	104.8
2008	349.7	483.5	108.6	113.1
2009	329.1	461.7	94.1	95.5
2010	352.6	504.6	107.2	109.3
2011	373.7	550.9	106.0	109.2
2012	367.7	546.5	98.4	99.2
2013	361.8	537.8	98.4	98.4
2014	356.0	528.1	98.4	98.2
2015	338.9	501.7	95.2	95.0
2016	333.8	491.7	98.5	98.0
2017	352.2	527.6	105.5	107.3
2018	365.2	546.6	103.7	103.6
2019	364.1	542.2	99.7	99.2
2020	357.3	528.4	98.1	97.5
2021	394.1	578.7	110.3	109.5
2022	414.3	612.0	105.1	105.8

9-12 工业生产者出厂价格指数
Producer Price Indices for Industrial Products

(上年=100) (preceding year=100)

类 别	Category	2016	2017	2018	2019	2020	2021	2022
总指数	**Total Price Indices**	**98.5**	**105.5**	**103.7**	**99.7**	**98.1**	**110.3**	**105.1**
轻工业	Light Industry	99.0	101.4	101.2	100.6	99.4	102.3	102.8
以农产品为原料	Agricultural Products as Raw Materials	99.1	101.3	101.5	100.9	99.5	103.2	104.0
以非农产品为原料	Non-agricultural Products as Raw Materials	98.5	101.5	100.5	99.3	99.0	100.5	100.3
重工业	Heavy Industry	98.3	107.2	104.6	99.3	97.6	113.2	105.9
采 掘	Mining	100.9	120.5	109.8	101.7	92.9	125.6	114.5
原 料	Raw Materials	95.9	110.2	106.7	97.2	94.4	118.4	110.5
加 工	Processing	99.2	104.9	103.1	100.2	99.5	108.0	101.4
生产资料	Means of Production	98.0	106.9	104.4	98.9	97.1	112.6	105.7
采 掘	Mining	100.9	120.5	109.8	101.7	92.9	125.6	114.5
原 料	Raw Materials	95.9	110.5	106.7	97.0	94.1	118.5	110.4
加 工	Processing	98.8	104.7	103.1	99.6	98.6	107.6	101.9
生活资料	Consumer Goods	100.0	100.6	101.0	102.3	101.5	101.0	102.4
食 品	Food	100.9	99.9	100.4	104.3	103.3	102.2	104.8
衣 着	Clothing	100.1	101.9	101.7	100.9	99.0	99.9	102.2
一般日用品	Articles for Daily Use	99.9	101.6	101.9	99.5	100.0	99.8	100.4
耐用消费品	Durable Consumer Goods	96.4	100.5	101.3	101.1	99.2	99.6	98.1
按工业部门分	**by Industrial Department**							
冶金工业	Metallurgical Industry	102.7	114.8	103.7	102.9	102.3	119.3	100.8
电力工业	Power Industry	96.2	99.8	97.7	98.2	98.9	101.1	108.5
煤炭及炼焦工业	Coal Industry	100.3	131.7	109.3	98.4	88.5	133.4	102.9
石油工业	Petroleum Industry	88.4	115.4	115.0	94.3	83.9	124.1	123.1
化学工业	Chemical Industry	97.5	105.6	104.3	97.5	96.2	113.6	103.8
机械工业	Machine Building Industry	98.7	101.1	101.6	99.7	99.8	101.5	99.9
建筑材料工业	Building Materials Industry	99.2	109.5	109.8	102.2	98.5	100.7	102.7
森林工业	Timber Industry	99.0	102.2	103.1	102.4	100.6	101.3	101.9
食品工业	Food Industry	99.9	99.9	100.7	104.1	103.9	103.2	105.2
纺织工业	Textile Industry	97.2	101.6	101.2	97.3	92.5	104.9	104.1
缝纫工业	Tailoring Industry	99.5	101.7	101.4	100.6	99.2	99.7	102.1
皮革工业	Leather Industry	101.4	100.5	103.0	102.5	98.4	100.0	99.3
造纸工业	Paper Industry	99.6	108.2	106.1	93.7	95.4	105.1	101.0
文教艺术用品工业	Industry of Cultural, Educational& Handicrafts Articles	100.7	102.5	101.8	99.3	99.0	98.3	102.6
其他工业	Others	100.6	103.2	100.0	98.5	100.9	107.3	113.9

9-13 工业生产者出厂价格指数(2022年)
Producer Price Indices for Industrial Products(2022)

(上年=100) (preceding year=100)

类 别	Category	全年平均 Annual Average	一季度 1st Quarter	二季度 2nd Quarter	三季度 3rd Quarter	四季度 4th Quarter
总指数	**Total Price Indices**	**105.1**	**110.2**	**107.9**	**103.5**	**99.4**
(一)核心指数	**Core Indices**	**101.9**	**107.9**	**104.5**	**99.6**	**96.2**
(二)高技术	**High Technology**	**99.4**	**100.5**	**99.6**	**98.8**	**98.8**
(三)能源	**Energy**	**117.1**	**124.3**	**123.2**	**116.0**	**106.5**
(四)按轻重工业分	**By Light and Heavy Industry**					
1.轻工业	Light Industry	102.8	102.1	102.8	103.5	102.8
(1)以农产品为原料	Agricultural Products as Raw Materials	104.0	102.2	103.7	105.2	104.8
(2)以非农产品为原料	Non-agricultural Products as Raw Materials	100.3	101.7	100.9	99.9	98.6
2.重工业	Heavy Industry	105.9	113.1	109.7	103.5	98.3
(1)采掘	Mining	114.5	121.4	126.1	111.8	100.8
(2)原料	Raw Materials	110.5	119.0	115.1	108.6	101.1
(3)加工	Processing	101.4	107.6	103.9	98.7	95.9
(五)按生产生活资料分	**By Means of Production and Consumer Goods**					
1.生产资料	Means of Production	105.7	112.4	109.3	103.5	98.5
(1)采掘	Mining	114.5	121.4	126.1	111.8	100.8
(2)原料	Raw Materials	110.4	118.8	114.9	108.5	101.0
(3)加工	Processing	101.9	107.5	104.2	99.6	96.6
2.生活资料	Consumer Goods	102.4	100.8	102.2	103.2	103.6
(1)食品	Food	104.8	100.8	103.8	106.8	107.9
(2)衣着	Clothing	102.2	101.2	101.8	102.2	103.6
(3)一般日用品	Articles for Daily Use	100.4	100.2	101.5	100.5	99.5
(4)耐用消费品	Durable Consumer Goods	98.1	101.5	98.1	96.6	96.2
(六)按初级中间最终产品分	**By Primary 、Intermediate and Final Products**					
1.初级产品	Primary Products	114.5	121.4	126.1	111.8	100.8
(1)矿产品	Minerals	114.5	121.4	126.1	111.8	100.8
(2)废料	Scrap					
2.中间产品	Intermediate Products	105.3	111.1	108.2	103.5	99.1
3.最终产品	Final Products	106.2	108.5	107.5	106.0	103.2
(1)最终投资品	Investment Goods	107.4	111.6	109.3	106.6	102.4
(2)最终消费品	Consumer Goods	104.0	102.3	103.8	104.9	104.8
(七)按工业部门分	**By Industrial Department**					
1.冶金工业	Metallurgical Industry	100.8	113.3	105.5	95.0	91.1
2.电力工业	Power Industry	108.5	107.6	108.9	109.7	107.9
3.煤炭及炼焦工业	Coal Industry	102.9	113.3	121.0	96.2	85.0
4.石油工业	Petroleum Industry	123.1	132.9	128.7	122.4	110.9
5.化学工业	Chemical Industry	103.8	111.6	107.8	101.4	95.4
6.机械工业	Machine Building Industry	99.9	101.4	100.3	99.2	98.9
7.建筑材料工业	Building Materials Industry	102.7	108.8	106.8	101.8	94.1
8.森林工业	Timber Industry	101.9	102.8	103.9	101.9	99.0
9.食品工业	Food Industry	105.2	101.3	104.2	107.1	108.3
10.纺织工业	Textile Industry	104.1	108.4	107.8	104.3	96.6
11.缝纫工业	Tailoring Industry	102.1	101.2	102.0	102.2	103.2
12.皮革工业	Leather Industry	99.3	97.7	97.3	98.7	103.4
13.造纸工业	Paper Industry	101.0	102.6	100.0	101.9	99.7
14.文教艺术用品工业	Industry of Cultural, Educational & Handicrafts Articles	102.6	101.6	102.0	103.5	103.3
15.其他工业	Others	113.9	117.4	115.4	113.9	109.3

9-13 续表 continued

(上年=100) (preceding year=100)

类别	Category	全年平均 Annual Average	一季度 1st Quarter	二季度 2nd Quarter	三季度 3rd Quarter	四季度 4th Quarter
(八)按工业行业分	**by Industrial Sector**					
煤炭开采和洗选业	Mining and Washing of Coal	106.8	119.9	122.5	101.7	88.0
石油和天然气开采业	Extraction of Petroleum and Natural Gas	147.3	157.3	164.2	147.7	124.5
黑色金属矿采选业	Mining of Ferrous Metal Ores	83.6	87.0	83.8	73.7	92.2
有色金属矿采选业	Mining of Non-ferrous Metal Ores	102.7	95.9	106.0	103.8	105.2
非金属矿采选业	Mining and Processing of Nonmetal Ores	108.7	119.1	113.4	106.9	97.3
开采专业及辅助性活动	Mining Specialties and Auxiliary Activities					
其他采矿业	Mining of Other Ores					
农副食品加工业	Processing of Food from Agricultural Products	105.9	99.8	104.0	108.4	111.4
食品制造业	Manufacture of Foods	103.5	105.4	105.1	103.4	100.1
酒、饮料和精制茶制造业	Manufacture of Wine, Drinks and Refined Tea	102.9	102.7	102.7	102.6	103.7
烟草制品业	Manufacture of Tobacco	100.0	100.0	100.0	100.0	100.0
纺织业	Manufacture of Textile	104.1	108.4	107.8	104.3	96.6
纺织服装、服饰业	Manufacture of Textile Wearing Apparel and Finery	102.1	101.2	102.0	102.2	103.2
皮革、毛皮、羽毛及其制品和制鞋业	Manufacture of Leather, Fur, Feather & Its Products and Footwear	99.3	97.7	97.3	98.7	103.4
木材加工及木 竹、藤、棕、草制品业	Timber Processing, Bamboo, Cane, Palm Fiber & Straw Products	102.2	103.1	104.5	102.2	99.1
家具制造业	Manufacture of Furniture	100.3	101.3	100.4	100.4	99.2
造纸及纸制品业	Manufacture of Paper and Paper Products	101.0	102.6	100.0	101.9	99.7
印刷和记录媒介复制业	Printing, Reproduction of Recording Media	103.5	100.9	102.6	105.2	105.3
文教、工美、体育和娱乐用品制造业	Manufacture of Culture, Education,Arts and crafts, Sport and Entertainment Goods	104.2	105.4	105.5	103.0	102.8
石油、煤炭及其他燃料加工业	Processing of Oil, Coal and Other Fuel	119.2	129.0	125.6	117.6	107.3
化学原料和化学制品制造业	Manufacture of Chemical Raw Material and Chemical Products	105.4	117.4	111.6	101.8	93.2
医药制造业	Manufacture of Medicines	100.2	100.6	101.2	100.4	98.6
化学纤维制造业	Manufacture of Chemical Fiber	110.1	105.0	109.8	116.0	109.6
橡胶和塑料制品业	Manufacture of Rubber and Plastic	101.3	102.9	101.4	101.1	99.7
非金属矿物制品业	Manufacture of Non-metallic Mineral Products	106.7	113.0	110.5	106.3	98.1
黑色金属冶炼及压延加工业	Manufacture and Processing of Ferrous Metals	95.0	113.8	101.1	87.1	81.1
有色金属冶炼及压延加工业	Manufacture & Processing of Non-ferrous Metals	105.3	115.9	109.7	100.4	96.7
金属制品业	Manufacture of Metal Products	102.4	110.0	105.8	99.1	95.7
通用设备制造业	Manufacture of General Purpose Machinery	98.4	99.6	98.6	97.7	97.6
专用设备制造业	Manufacture of Special Purpose Machinery	102.1	102.6	102.2	102.2	101.4
汽车制造业	Manufacture of Automotive	99.5	99.8	99.6	99.3	99.2
铁路、船舶、航空航天和其他运输设备制造业	Manufacture of Railroad,Marine,Aerospace and Other Transportation Equipment	99.9	100.3	100.0	99.6	99.5
电气机械及器材制造业	Manufacture of Electrical Machinery & Equipment	102.3	105.0	103.6	101.1	99.5
计算机、通信和其他电子设备制造业	Manufacture of Computer, Communications and Other Electronic Equipment	98.1	100.0	97.7	96.8	98.2
仪器仪表制造业	Manufacture of Measuring Instrument	101.7	101.9	101.5	102.2	101.3
其他制造业	Other Manufacture					
废弃资源综合利用业	Comprehensive Utilization of Waste					
金属制品、机械和设备修理业	Metal Products, Machinery and Equipment Repair Industry					
电力、热力生产和供应业	Production and Supply of Electric Power and Heat Power	108.5	107.6	108.9	109.7	107.9
燃气生产和供应业	Production and Supply of Gas	119.3	116.5	122.2	124.0	115.2
水的生产和供应业	Production and Supply of Water	100.2	100.1	100.3	100.3	100.3

9-14 工业生产者购进价格指数(2022年)
Industrial Producer Purchasing Price Indices(2022)

(上年=100) (preceding year=100)

类　别	Category	全年平均 Annual Average	一季度 1st Quarter	二季度 2nd Quarter	三季度 3rd Quarter	四季度 4th Quarter
总指数	**Total Price Indices**	**105.8**	**109.3**	**108.0**	**104.7**	**101.5**
一、按初级中间最终产品分	**By Primary and Intermediate Products**					
1.初级产品	Primary Products	111.8	114.9	116.1	110.9	105.9
(1)农产品	Farm Produce	107.6	100.1	105.9	111.8	112.6
(2)矿产品	Minerals	115.7	129.1	125.3	110.7	101.6
(3)废料	Scrap	97.3	103.5	105.0	93.7	87.8
2.中间产品	Intermediate Products	104.9	108.5	106.8	103.8	100.9
二、九大类原材料购进价格指数	**By Nine Categories of Raw Material**					
1.燃料、动力类	Fuel and Power	124.1	130.5	133.2	123.3	112.1
2.黑色金属材料类	Ferrous Metals	96.6	108.4	100.2	90.4	88.6
(1)钢材	Steel	98.1	109.9	101.6	93.5	88.9
(2)其他	Others	92.3	104.7	97.1	81.3	87.3
3.有色金属材料及电线类	Nonferrous Metals	105.2	114.2	109.8	100.4	97.5
4.化工原料类	Raw Chemical Materials	104.7	113.9	108.7	102.6	95.0
5.木材及纸浆类	Timber and Paper Pulp	105.4	106.3	103.2	104.9	107.2
6.建筑材料及非金属类	Building Materials and Nonmetal Ores	104.8	108.8	107.5	103.3	100.1
7.其他工业原材料及半成品类	Other Industrial Raw Materials and Semi-finished Products	102.5	104.8	103.6	101.4	100.2
8.农副产品类	Agricultural Products	101.6	92.8	97.2	106.4	111.0
9.纺织原料类	Textile Materials	104.5	108.9	107.7	103.9	97.8

9-15 各市住宅销售价格指数(2022年)
Price Indices for Real Estate(2022)

(上月=100) (Last Month=100)

类 别	Category	1月 January	2月 February	3月 March	4月 April	5月 May	6月 June
新建商品住宅	**New Commercial Residential Buildings**						
济 南	Jinan	100.1	100.1	100.3	99.8	100.5	100.3
青 岛	Qingdao	99.6	100.0	100.4	100.1	100.2	100.6
烟 台	Yantai	99.6	100.1	99.8	99.6	99.4	100.2
济 宁	Jining	99.5	99.4	99.6	100.2	100.1	99.6
二手住宅	**Second-hand House**						
济 南	Jinan	99.7	99.8	99.9	99.2	99.6	99.9
青 岛	Qingdao	99.8	99.9	100.2	99.3	99.8	100.5
烟 台	Yantai	99.5	99.4	99.7	99.3	99.2	100.1
济 宁	Jining	99.4	99.6	99.8	99.5	99.3	99.5

注：2022年，其他市数据暂不发布。
a)The data on other cities will not be released temporarily in 2022.

9-15 续表 continued

(上月=100) (Last Month=100)

类 别	Category	7月 July	8月 August	9月 September	10月 October	11月 November	12月 December
新建商品住宅	**New Commercial Residential Buildings**						
济 南	Jinan	100.4	100.2	100.3	100.1	99.9	99.9
青 岛	Qingdao	99.8	100.3	99.9	99.8	99.8	100.3
烟 台	Yantai	99.6	100.1	99.7	99.8	100.3	99.8
济 宁	Jining	99.7	99.2	99.9	99.4	98.9	99.7
二手住宅	**Second-hand House**						
济 南	Jinan	99.8	99.6	99.9	99.7	99.5	99.8
青 岛	Qingdao	99.7	99.6	99.5	99.4	99.3	99.5
烟 台	Yantai	100.9	99.9	99.6	100.2	99.6	99.9
济 宁	Jining	99.8	99.2	99.2	99.1	99.0	99.3

主要统计指标解释

居民消费价格指数　是反映一定时期内城乡居民所购买的生活消费品和服务项目价格变动趋势和程度的相对数，是对城市居民消费价格指数和农村居民消费价格指数进行综合汇总计算的结果。通过该指数可以观察和分析消费品的零售价格和服务项目价格变动对城乡居民实际生活费支出的影响程度。

城市居民消费价格指数　是反映一定时期内城市居民家庭所购买的生活消费品价格和服务项目价格变动趋势和程度的相对数。通过该指数可以观察和分析消费品的零售价格和服务项目价格变动对城镇居民收入和消费支出的影响。

农村居民消费价格指数　是反映一定时期内农村居民家庭所购买的生活消费品价格和服务项目价格变动趋势和程度的相对数。该指数可以观察农村消费品的零售价格和服务项目价格变动对农村居民收入和生活消费支出的影响。

商品零售价格指数　是反映一定时期内城乡商品零售价格变动趋势和程度的相对数。商品零售价格的变动与国家的财政收入、市场供需的平衡、消费与积累的比例关系有关。因此，该指数可以从一个侧面对上述经济活动进行观察和分析。

农产品生产价格指数　是反映一定时期内，农产品生产者出售农产品价格水平变动趋势及幅度的相对数。该指数可以客观反映全国农产品生产价格水平和结构变动情况，满足农业与国民经济核算需要。其中某代表品生产价格指数是通过对全部有出售该产品行为的调查单位的个体指数进行几何平均求得的，类价格指数是通过对其所属的类（或代表品）的价格指数进行加权平均求得的。季度累计价格指数的计算方法与分季指数的计算方法相同。

工业生产者价格指数　包括工业生产者出厂价格指数和工业生产者购进价格指数。

工业生产者出厂价格指数　反映工业企业产品第一次出售时的出厂价格的变化趋势和变动幅度。

工业生产者购进价格指数　反映工业企业作为中间投入产品的购进价格的变化趋势和变动幅度。

住宅销售价格指数　反映商品住宅价格总体变化趋势和变化幅度的相对数。各市住宅销售价格指数是由新建商品住宅价格指数和二手住宅价格指数组成。

Explanatory Notes on Main Statistical Indicators

Consumer Price Indices reflect the trend and degree of changes in prices of consumer goods and services purchased by urban and rural households during a given period. They are obtained by combining Consumer Price Indices of Urban Household and Consumer Price Indices of Rural Household. The Indices enable the observation and analysis of the degree of impact of the changes in the prices of retailed goods and services on the actual living expenses of urban and rural residents.

Urban Consumer Price Indices reflect the trend and degree of changes in prices of consumer goods and services purchased by urban households during a given period. It can be used to observe and analyze the impact of price changes in consumer goods and services on urban household income and consumption expenditure.

Rural Consumer Price Indices reflect the trend and degree of changes in prices of consumer goods and services purchased by rural households during a given period. It can be used to observe the impact of change in retail prices of consumer goods and service prices on rural household income and consumption expenditure on living.

Retail Price Indices reflect the trend and degree of change in retail prices of commodities during a given period. The change in retail prices of commodities is related to government revenue, the equilibrium of market supply and demand, and the ratio of consumption to accumulation. Therefore, the retail price indices are useful from an oblique perspective for observing and analyzing the changes of the above economic activities.

Indices of Producers' Prices for Farm Products reflect the trend and degree of changes in producers' prices received by farmers when they sell farm products during a given period. These indices depict the change in the level and structure of producers' prices of farm products of the country and meet the needs of agriculture statistics and national account statistics. The producers' price index of a given product is calculated through geometrical mean of individual indices of all surveyed units who sell such product, and the indices of a product category is obtained through weighted mean of price indices of all products in the category. Method for calculating accumulative quarterly indices is the same as for calculating the distinctive quarterly indices.

Producer Price Indices for Industrial Products reflect the trend and degree of changes in general ex-factory prices of all manufactured goods for first sale during a given period.

Industrial Producer Purchasing Price Indices reflect changes in the level and degree of purchasing prices such as intermediate input such as raw materials, fuels and power.

Price Indices for Real Estate reflect the trend and degree of changes in prices of real estate during a given period, including price indices for selling houses and buildings.

第10篇

居民生活

People's Livelihood

简 要 说 明

一、本篇资料的主要内容

本篇资料反映了全省居民、城镇居民、农村居民的家庭收支、就业、居住、耐用消费品拥有、生产和生活等方面的情况。

二、本篇资料的来源

本篇资料中历年城乡居民收支相关资料来源于城镇住户调查年报和农村住户调查年报，自2013年起，全省实施城乡住户调查一体化改革，居民收支相关资料来源于住户收支与生活状况调查年报，指标名称和口径范围有所调整，由国家统计局山东调查总队居民收支调查处整理提供。

Brief Introduction

I. Content

Data in this chapter show the basic conditions of the people's livelihood in Shandong Province, including income and expenditure of the households, employment, housing condition, consumption and possession of the major consumer goods, etc.

II. Source of Data

Data in this chapter over the years are collected by the sample survey on urban and rural households. Since 2013, Integrated Household Survey has been launched, so data of 2013 collected by annual survey of household incomes and living conditions may different from those of previous years due to the change of indexes and statistics scopes. All data are prepared and provided by the Division of Household Income and Expenditure Survey of the National Bureau of Statistics in Shandong.

10-1 居民人均可支配收入和指数
Per Capita Disposable Income of Households and Index

年 份 Year	全省居民人均可支配收入 Per Capita Disposable Income of Households		城镇居民人均可支配收入 Per Capita Disposable Income of Urban Households		农村居民人均可支配收入 Per Capita Disposable Income of Rural Households	
	绝对数（元） Value (yuan)	指数（2005=100） Index(2005=100)	绝对数（元） Value (yuan)	指数（1978=100） Index(1978=100)	绝对数（元） Value (yuan)	指数（1978=100） Index(1978=100)
1978			391	100.0	115	100.0
1979			420	105.8	160	138.8
1980			448	109.7	210	172.5
1981			495	118.7	252	203.2
1982			525	125.3	300	239.6
1983			537	128.9	361	277.9
1984			639	150.9	395	299.9
1985			748	162.4	408	284.9
1986			854	176.7	449	301.4
1987			987	187.3	518	323.4
1988			1163	183.2	584	311.8
1989			1349	183.7	631	283.1
1990	895		1466	194.5	680	293.9
1991			1688	210.8	764	317.4
1992			1974	227.0	803	319.0
1993			2515	252.4	953	342.0
1994			3444	275.6	1320	389.2
1995			4264	292.1	1715	429.3
1996			4890	303.2	2086	479.1
1997			5191	311.7	2292	514.1
1998			5361	322.9	2454	556.3
1999			5766	347.4	2552	586.9
2000	4095		6417	382.1	2663	616.2
2001			6995	411.9	2810	634.7
2002			7473	445.7	2955	668.3
2003			8212	486.3	3159	703.7
2004			9191	529.6	3519	749.4
2005	6860	100.0	10422	594.2	3946	820.6
2006	7795	112.5	11780	664.9	4387	903.5
2007	9085	125.6	13726	746.0	5009	980.3
2008	10411	136.7	15628	811.6	5671	1045.0
2009	11398	149.7	17006	883.8	6154	1132.8
2010	12922	165.0	18971	961.6	7034	1250.6
2011	15077	183.3	21678	1050.1	8395	1409.4
2012	17127	204.0	24496	1162.5	9506	1564.4
2013	19008	221.5	26882	1248.5	10687	1716.1
2014	20864	238.8	29222	1329.7	11882	1880.8
2015	22703	256.7	31545	1416.1	12930	2027.5
2016	24685	273.4	34012	1494.0	13954	2149.2
2017	26930	293.9	36789	1591.1	15118	2295.3
2018	29205	310.9	39549	1670.7	16297	2410.1
2019	31597	325.8	42329	1734.2	17775	2537.8
2020	32886	329.9	43726	1747.7	18753	2584.4
2021	35705	354.0	47066	1857.8	20794	2837.6
2022	37560	366.2	49050	1907.5	22110	2955.2

注：本表2013—2022年人均可支配收入来源于住户收支与生活状况调查，1978—2012年数据是根据历史数据按住户收支与生活状况调查可比口径推算获得。可支配收入绝对数按当年价计算，指数按可比价计算。

a) The data of year 2013-2022 are compiled on the basis of the household survey on income and expenditure and living conditions, the data of year 1978-2012 are reckoned at comparable coverage by the household survey on income and expenditure and living conditions. The absolute amounts of disposable income are calculated at annual price, the index is calculated at comparable prices.

10-2 居民人均消费支出和指数
Per Capita Expense on Consumption of Households and Index

年 份 Year	全省居民人均消费支出 Per Capita Expense on Consumption of Households		城镇居民人均消费支出 Per Capita Expense on Consumption of Urban Households		农村居民人均消费支出 Per Capita Expense on Consumption of Rural Households	
	绝对数（元） Value (yuan)	指数（2005=100） Index(2005=100)	绝对数（元） Value (yuan)	指数（1978=100） Index(1978=100)	绝对数（元） Value (yuan)	指数（1978=100） Index(1978=100)
1978			340	100.0	94	100.0
1979			367	106.5	128	135.6
1980			396	111.7	165	165.2
1981			450	124.3	202	199.1
1982			455	125.3	230	224.2
1983			473	131.0	264	248.4
1984			521	142.2	287	266.1
1985			670	168.1	322	274.7
1986			751	179.5	365	299.1
1987			813	178.1	406	309.8
1988			1026	186.4	482	314.4
1989			1161	182.3	513	281.4
1990	734		1229	188.1	547	288.5
1991			1407	202.8	613	310.9
1992			1599	212.2	656	318.1
1993			1947	225.5	724	317.1
1994			2635	243.4	996	358.4
1995			3285	259.8	1338	408.4
1996			3771	269.9	1653	462.9
1997			4041	280.3	1626	444.7
1998			4136	287.8	1587	438.4
1999			4497	312.9	1662	465.6
2000	2982		4991	343.2	1743	491.7
2001			5209	354.3	1865	513.8
2002			5539	381.7	1945	536.4
2003			5994	410.2	2066	561.3
2004			6577	437.8	2301	597.7
2005	4740	100.0	7333	482.8	2619	664.4
2006	5443	113.7	8309	541.6	2992	751.5
2007	6249	125.0	9464	594.3	3426	817.2
2008	7128	135.4	10752	644.9	3835	861.4
2009	7794	148.1	11711	702.8	4132	927.4
2010	8560	158.1	12761	746.4	4472	969.8
2011	9853	173.3	14164	791.5	5489	1124.2
2012	10902	187.8	15349	840.1	6304	1265.8
2013	11897	200.5	16646	892.3	6877	1347.2
2014	13329	220.4	18323	962.0	7962	1536.7
2015	14578	238.2	19854	1028.0	8748	1673.3
2016	15926	254.9	21495	1089.0	9519	1788.6
2017	17281	272.5	23072	1150.5	10342	1916.4
2018	18780	288.9	24798	1207.6	11270	2033.5
2019	20427	304.5	26731	1262.6	12309	2143.8
2020	20940	303.6	27291	1257.6	12660	2128.3
2021	22821	327.0	29314	1333.1	14299	2379.4
2022	22640	319.0	28555	1279.3	14687	2393.8

注：本表2013—2022年人均消费支出来源于住户收支与生活状况调查，1978—2012年数据是根据历史数据按住户收支与生活状况调查可比口径推算获得。消费支出绝对数按当年价计算，指数按可比价计算。

a) The data of year 2013-2022 are compiled on the basis of the household survey on income and expenditure and living conditions, the data of year 1978-2012 are reckoned at comparable coverage by the household survey on income and expenditure and living conditions. The absolute amounts of expense on consumption are calculated at annual price, the index is calculated at comparable prices.

10-3 主要年份城镇居民家庭基本情况
Basic Conditions of Urban Households of Major Years

年份 Year	调查户数（户） Number of Households Surveyed (household)	平均每户家庭人口（人） Average Household Size (person)	平均每户就业人口（人） Average Number of Employed Persons per Household (person)	平均每一就业者负担人数（人） Number of Dependents per Employee (person)	人均可支配收入（元） Per Capita Disposable Income (yuan)	人均消费支出（元） Per Capita Consumption Expenditure (yuan)	人均住房建筑面积（平方米） Per Capita Construction Area of Building (sq.m)
1978	380	4.37	2.20	1.99	391	340	5.40
1980	380	4.35	2.50	1.74	448	396	5.70
1981	380	4.19	2.45	1.71	495	450	6.10
1982	430	4.07	2.42	1.68	525	455	6.11
1983	430	3.97	2.37	1.68	537	473	6.65
1984	430	3.93	2.35	1.67	639	521	6.90
1985	900	3.57	2.10	1.70	748	670	7.77
1986	1630	3.54	2.05	1.72	854	751	9.15
1987	1730	3.53	2.05	1.72	987	813	9.61
1988	1830	3.51	2.06	1.71	1163	1026	9.96
1989	2080	3.43	2.01	1.71	1349	1161	10.25
1990	2180	3.38	2.00	1.69	1466	1229	10.05
1991	2180	3.31	1.98	1.67	1688	1407	10.49
1992	2180	3.26	1.98	1.65	1974	1599	10.80
1993	2080	3.24	1.96	1.65	2515	1947	11.20
1994	2080	3.21	1.96	1.64	3444	2635	11.88
1995	2050	3.19	1.96	1.63	4264	3285	12.35
1996	2050	3.16	1.99	1.59	4890	3771	12.13
1997	2100	3.17	2.01	1.58	5191	4041	12.70
1998	2300	3.14	1.98	1.59	5361	4136	12.82
1999	2400	3.12	1.93	1.62	5766	4497	13.10
2000	2500	3.10	1.87	1.66	6417	4991	13.75
2001	2450	3.06	1.82	1.68	6995	5209	14.17
2002	2650	3.02	1.78	1.70	7473	5539	24.57
2003	2650	2.98	1.77	1.68	8212	5994	25.67
2004	2650	2.95	1.77	1.67	9191	6577	26.39
2005	2800	2.91	1.69	1.72	10422	7333	28.49
2006	3000	2.91	1.71	1.70	11780	8309	29.29
2007	3050	2.87	1.68	1.71	13726	9464	29.80
2008	3300	2.87	1.64	1.75	15628	10752	31.33
2009	3300	2.86	1.64	1.74	17006	11711	31.80
2010	3300	2.86	1.67	1.71	18971	12761	32.09
2011	3300	2.83	1.69	1.67	21678	14164	33.18
2012	3300	2.83	1.69	1.67	24496	15349	33.44
2013	3661	2.79	1.63	1.71	26882	16646	36.39
2014	3679	2.83	1.69	1.67	29222	18323	37.30
2015	3738	2.86	1.70	1.68	31545	19854	36.36
2016	3776	2.81	1.65	1.70	34012	21495	37.51
2017	3767	2.82	1.63	1.73	36789	23072	37.61
2018	4070	2.95	1.57	1.88	39549	24798	36.80
2019	4080	2.96	1.55	1.91	42329	26731	37.14
2020	4080	2.93	1.50	1.95	43726	27291	37.31
2021	4080	3.08	1.71	1.80	47066	29314	39.27
2022	4080	3.06	1.66	1.85	49050	28555	39.51

注：1.住房建筑面积指标2001年以前为人均居住面积，2002年以后为人均建筑面积。
2.从2013年起，全省实施城乡住户调查一体化改革，根据国家统一规定，2018年，按照新指标口径对居民收支调查历史数据进行修正（以下相关表同）。

a)Data before 2001 on construction area of building means per capita living space, data after 2002 per capita floor space.b)An integrated household survey institution has been implemented since 2013,including both urban and rural households.According to national uniform regulations,In 2018, the historical data of residents' income and expenditure surveys were revised according to the new indicators.(The same applies to tables following).

10-4 主要年份城镇居民人均可支配收入
Per Capita Disposable Income of Urban Households of Major Years

单位:元/人 (yuan/person)

年份 Year	可支配收入 Disposable Income	工资性收入 Income of Wages and Salaries	经营净收入 Net Business Income	财产净收入 Net income from Properties	转移净收入 Net Income from Transfer
1978	391				
1979	420				
1980	448				
1981	495	464			31
1982	525	489			36
1983	537	505			31
1984	639	595			43
1985	748	654	6		88
1986	854	718	7		129
1987	987	852	4		131
1988	1163	977	4		182
1989	1349	1092	6	12	239
1990	1466	1234	6	16	211
1991	1688	1370	6	16	296
1992	1974	1680	5	27	262
1993	2515	2124	13	37	341
1994	3444	2941	2	54	447
1995	4264	3651	10	67	536
1996	4890	4316	4	103	467
1997	5191	4617	7	119	447
1998	5361	4716	18	118	508
1999	5766	4977	29	115	645
2000	6417	5432	79	128	779
2001	6995	5771	101	182	941
2002	7473	6456	170	102	744
2003	8212	7079	255	156	723
2004	9191	7874	342	178	798
2005	10422	8350	565	249	1258
2006	11780	9568	652	398	1162
2007	13726	10559	856	593	1718
2008	15628	11269	1408	716	2236
2009	17006	11934	1635	912	2525
2010	18971	12847	2099	1355	2670
2011	21678	14204	2789	1679	3006
2012	24496	16036	3193	1926	3341
2013	26882	17427	3653	2137	3666
2014	29222	18866	4036	2271	4049
2015	31545	20386	4375	2475	4309
2016	34012	21812	4778	2740	4681
2017	36789	23431	5194	3034	5131
2018	39549	25041	5584	3337	5588
2019	42329	26611	6046	3575	6097
2020	43726	27250	6097	3793	6586
2021	47066	28019	7995	3921	7131
2022	49050	29139	8342	4071	7498

10-5 主要年份城镇居民人均消费支出
Per Capita Consumption Expenditure of Urban Households of Major Years

单位:元/人 (yuan/person)

年份 Year	消费支出 Consumption Expenditure	食品烟酒 Food,tobacco and Liquor	衣着 Clothing	居住 Residence	生活用品及服务 Supplies and Services	交通通信 Transport and Communi -cations	教育文化娱乐 Recreation, Education and Cultural	医疗保健 Health care and Medical Services	其他用品及服务 Miscellaneous Goods and Services
1978	340								
1979	367								
1980	396								
1981	450	248	72	19	40	10	41	3	19
1982	455	263	73	20	37	12	34	3	13
1983	473	284	71	23	38	13	31	2	11
1984	521	312	85	24	41	12	31	3	13
1985	670	339	103	32	72	11	86	5	21
1986	751	378	106	59	85	13	77	5	28
1987	813	433	121	38	97	14	72	7	30
1988	1026	524	155	39	156	19	86	11	36
1989	1161	603	158	48	145	19	121	16	50
1990	1229	636	186	46	141	23	125	23	48
1991	1407	734	229	60	151	28	124	23	59
1992	1599	816	267	79	166	38	141	32	59
1993	1947	898	349	125	186	59	206	48	76
1994	2635	1213	474	180	248	95	250	72	104
1995	3285	1489	571	224	309	169	294	107	122
1996	3771	1651	658	262	324	194	397	147	137
1997	4041	1662	674	325	344	236	475	180	144
1998	4136	1639	580	326	429	255	530	188	189
1999	4497	1665	602	393	548	270	593	220	205
2000	4991	1727	642	442	558	348	699	324	251
2001	5209	1773	663	522	518	401	755	330	247
2002	5539	1886	698	573	393	519	892	411	166
2003	5994	1986	717	727	453	607	883	447	174
2004	6577	2219	738	836	448	753	922	488	174
2005	7333	2377	800	1103	487	834	958	579	196
2006	8309	2549	923	1300	507	1075	1095	625	234
2007	9464	2937	1016	1677	627	1195	1065	704	244
2008	10752	3350	1107	2135	753	1239	1117	786	267
2009	11711	3562	1206	2310	824	1497	1156	872	284
2010	12761	3743	1324	2670	844	1834	1197	869	280
2011	14164	4271	1494	3026	933	1876	1302	924	338
2012	15349	4583	1606	3325	1035	2005	1391	993	411
2013	16646	4858	1612	3929	1147	2049	1565	1083	403
2014	18323	5298	1801	4016	1431	2377	1770	1188	442
2015	19854	5527	1943	4058	1477	2748	2141	1416	543
2016	21495	5929	1978	4473	1576	3002	2399	1610	527
2017	23072	6180	2034	4895	1736	3284	2622	1781	540
2018	24798	6529	2008	5302	1901	3605	2903	1966	584
2019	26731	6965	2042	5883	2083	3762	3171	2184	640
2020	27291	7319	2013	5973	2149	3688	3204	2298	647
2021	29314	7693	2097	6199	2319	4309	3666	2404	628
2022	28555	7703	1988	6355	2221	3967	3332	2340	650

10-6 主要年份农村居民家庭基本情况
Basic Conditions of Rural Households of Major Years

年 份 Year	调查户数 (户) Number of Households Surveyed (household)	平均每户常住人口 (人) Average Number of Permanent Residents Per Household (person)	平均每户整半劳力 (人) Average Number of Full/Semi Labour Force Per Household (person)	人均住房建筑面积 (平方米) Per Capita Space of Living House at Year-end (sq.m)	人均可支配收入 (元) Per Capita Disposable Income (yuan)	人均消费支出 (元) Per Capita Consumption Expenditure (yuan)
1978	715	5.77	2.54	9.81	115	94
1979	732	5.65	2.67	9.91	160	128
1980	825	5.64	2.70	10.98	210	165
1981	827	5.49	2.63	10.03	252	202
1982	1529	5.13	2.54	10.64	300	230
1983	1438	5.05	2.85	12.50	361	264
1984	1558	4.96	2.86	14.54	395	287
1985	4000	4.72	2.84	15.13	408	322
1986	4200	4.68	2.85	15.74	449	365
1987	4200	4.60	2.86	16.48	518	406
1988	4200	4.54	2.86	17.34	584	482
1989	4200	4.46	2.85	17.96	631	513
1990	4200	4.40	2.82	18.48	680	547
1991	4200	4.34	2.77	19.87	764	613
1992	4200	4.26	2.75	19.31	803	656
1993	4200	4.17	2.77	20.64	953	724
1994	4200	4.10	2.76	21.15	1320	996
1995	4200	4.07	2.78	21.56	1715	1338
1996	4200	4.01	2.68	22.32	2086	1653
1997	4200	3.95	2.65	23.16	2292	1626
1998	4200	3.90	2.64	23.91	2454	1587
1999	4200	3.84	2.60	25.07	2552	1662
2000	4200	3.79	2.60	23.61	2663	1743
2001	4200	3.73	2.54	24.60	2810	1865
2002	4200	3.71	2.58	25.59	2955	1945
2003	4200	3.67	2.62	26.53	3159	2066
2004	4200	3.66	2.67	26.92	3519	2301
2005	4200	3.66	2.69	29.64	3946	2619
2006	4200	3.64	2.69	30.69	4387	2992
2007	4200	3.62	2.69	31.69	5009	3426
2008	4200	3.60	2.68	32.98	5671	3835
2009	4200	3.57	2.68	34.24	6154	4132
2010	4200	3.54	2.67	34.71	7034	4472
2011	4200	3.51	2.53	36.31	8395	5489
2012	4200	3.41	2.51	38.43	9506	6304
2013	3398	3.15	2.30	39.56	10687	6877
2014	3404	3.13	2.28	40.25	11882	7962
2015	3441	3.13	2.28	40.91	12930	8748
2016	3470	3.11	2.24	42.10	13954	9519
2017	3469	3.10	2.22	42.54	15118	10342
2018	3114	3.11	2.17	43.21	16297	11270
2019	3120	3.11	2.15	43.55	17775	12309
2020	3120	3.10	2.18	43.41	18753	12660
2021	3120	3.10	2.14	44.04	20794	14299
2022	3120	3.07	2.14	44.62	22110	14687

注：1978年至1980年的住房建筑面积中包括生产用房。
a)The space of production house is included in the space of living house from 1978 to 1980.

10−7 主要年份农村居民人均可支配收入
Per Capita Disposable Income of Rural Households of Major Years

单位：元/人 (yuan/person)

年 份 Year	可支配收入 Disposable Income	工资性收入 Income of Wages and Salaries	经营净收入 Net Business Income	财产净收入 Net income from Properties	转移净收入 Net Income from Transfer
1978	115	82	21	7	5
1979	160	109	37	3	10
1980	210	141	45	10	14
1981	252	165	57	11	18
1982	300	220	60	10	11
1983	361	55	286	8	13
1984	395	63	314	4	14
1985	408	81	309	6	12
1986	449	91	339	7	13
1987	518	112	385	6	15
1988	584	144	416	9	16
1989	631	161	444	9	17
1990	680	168	486	9	17
1991	764	181	551	9	23
1992	803	228	537	15	23
1993	953	226	688	9	30
1994	1320	295	961	17	47
1995	1715	409	1231	29	47
1996	2086	523	1467	48	49
1997	2292	686	1495	30	81
1998	2454	723	1604	49	78
1999	2552	780	1610	68	94
2000	2663	828	1699	57	80
2001	2810	926	1738	32	114
2002	2955	999	1773	44	138
2003	3159	1021	1934	60	144
2004	3519	1081	2228	61	149
2005	3946	1305	2369	95	177
2006	4387	1497	2549	117	224
2007	5009	1722	2878	131	279
2008	5671	1964	3172	146	388
2009	6154	2134	3368	173	479
2010	7034	2410	3794	203	627
2011	8395	3031	4324	210	829
2012	9506	3573	4649	219	1064
2013	10687	4189	4979	242	1276
2014	11882	4713	5431	287	1451
2015	12930	5139	5856	326	1608
2016	13954	5569	6267	359	1760
2017	15118	6069	6730	391	1928
2018	16297	6550	7194	429	2124
2019	17775	7165	7799	456	2355
2020	18753	7591	8095	485	2582
2021	20794	10430	7066	499	2798
2022	22110	11046	7505	532	3027

10-8 主要年份农村居民人均消费支出
Per Capita Consumption Expenditure of Rural Households of Major Years

单位：元/人 (yuan/person)

年份 Year	消费支出 Consumption Expenditure	食品烟酒 Food,tobacco and Liquor	衣着 Clothing	居住 Residence	生活用品及服务 Supplies and Services	交通通信 Transport and Communications	教育文教娱乐 Education, Culture and Recreation	医疗保健 Health Care and Medical Services	其他用品及服务 Miscellaneous Goods and Services
1978	94	58	13	11	10	1	1		
1979	128	78	17	15	13	1	2	1	
1980	165	99	24	21	11	3	4	2	1
1981	202	113	27	32	19	4	4	3	1
1982	230	116	31	47	22	4	6	3	1
1983	264	134	35	50	25	6	8	5	2
1984	287	149	35	57	24	5	11	5	2
1985	322	168	36	66	24	5	14	7	1
1986	365	182	39	86	26	6	16	8	1
1987	406	202	42	97	28	6	21	10	1
1988	482	238	49	115	36	8	24	11	1
1989	513	259	54	113	37	6	31	13	1
1990	547	297	53	106	34	6	33	17	1
1991	613	333	61	105	40	10	41	21	2
1992	656	358	62	106	39	14	48	26	3
1993	724	416	60	99	41	15	60	25	10
1994	996	577	75	151	53	20	76	31	12
1995	1338	749	102	209	74	43	106	40	16
1996	1653	872	131	265	98	59	144	64	20
1997	1626	872	131	216	98	64	149	71	24
1998	1587	801	116	240	92	78	156	84	21
1999	1662	809	112	250	106	90	183	89	24
2000	1743	762	114	295	114	100	212	117	27
2001	1865	775	118	354	91	131	231	113	52
2002	1945	800	124	327	95	153	267	125	53
2003	2066	841	127	331	91	183	307	136	50
2004	2301	935	130	354	109	217	318	152	86
2005	2619	1000	147	426	134	285	405	182	40
2006	2992	1083	180	521	156	340	444	214	55
2007	3426	1231	201	646	193	407	467	222	60
2008	3835	1383	222	759	237	436	464	270	65
2009	4132	1428	234	888	269	512	449	289	63
2010	4472	1574	266	779	319	621	479	367	67
2011	5489	1828	345	1054	407	723	558	487	87
2012	6304	2004	390	1310	403	903	589	610	93
2013	6877	2190	421	1319	437	1004	684	711	112
2014	7962	2465	489	1547	524	1226	801	776	134
2015	8748	2662	540	1627	553	1393	912	919	142
2016	9519	2833	576	1767	604	1545	1013	1027	153
2017	10342	2960	585	1974	690	1710	1141	1129	152
2018	11270	3162	622	2214	762	1873	1266	1205	166
2019	12309	3423	671	2421	838	1999	1429	1343	184
2020	12660	3722	689	2435	818	2112	1291	1413	181
2021	14299	4232	787	2693	925	2428	1499	1506	230
2022	14687	4337	811	2736	925	2535	1536	1578	228

10-9 调查户和调查人口基本情况(2022年)
Condition of Households Surveyed and Residents Surveyed(2022)

指标名称		Indicator		全体居民 All Household	城镇居民 Urban Household	农村居民 Rural Household
一、调查户基本情况		**Basic Statistics on Households Surveyed**				
(一)调查样本住户数	(户)	Number of Households Surveyed	(household)	7200	4080	3120
(二)户主文化程度		Education of Head of Household				
1.未上过学	(%)	Can not Read	(%)	0.6	0.5	0.9
2.小学	(%)	Primary School	(%)	8.4	5.9	11.7
3.初中	(%)	Junior High School	(%)	55.9	43.3	73.0
4.高中	(%)	Senior High School	(%)	19.2	24.5	12.1
5.大学专科	(%)	Junior College	(%)	9.1	14.3	2.0
6.大学本科	(%)	Bachelor	(%)	6.2	10.5	0.3
7.研究生	(%)	Graduate	(%)	0.6	1.1	
(三)农业经营户比例	(%)	Proportion of Farming Households	(%)	27.7	12.0	48.8
二、期末户均调查人口	**(人)**	**Average Number of Residents Surveyed**	**(person)**	**3.2**	**3.2**	**3.3**
三、期末常住成员情况		**Condition of Permanent Residents**				
(一)户均常住成员	(人)	Average Number of Permanent Residents Per Household	(person)	3.1	3.1	3.1
其中：在校学生人数		Total Enrollment		0.7	0.6	0.7
(二)性别		Sexual				
1.男性	(%)	Male	(%)	50.3	50.4	50.2
2.女性	(%)	Female	(%)	49.7	49.6	49.8
四、常住从业人员情况		**Employment of Permanent Residents**				
(一)户均常住从业人数	(人)	Average Number of Employed Permanent Residents Per Household	(person)	1.7	1.7	1.8
(二)就业状况		Employment				
1.雇主	(%)	Employer	(%)	0.7	1.0	0.3
2.公职人员	(%)	Public Officials	(%)	1.1	1.9	0.2
3.事业单位人员	(%)	Institution staff	(%)	4.9	8.4	0.5
4.国有企业雇员	(%)	Employees of State-owned Enterprises	(%)	3.0	5.1	0.4
5.其他雇员	(%)	Other Employees	(%)	58.6	61.6	54.8
6.农业自营	(%)	Agricultural Operations	(%)	19.9	7.6	34.9
7.非农自营	(%)	Non-Agricultural Operations	(%)	11.8	14.3	8.8
(三)主要从事行业		Sector Employment				
1.第一产业	(%)	Primary Industry	(%)	21.7	9.0	37.2
2.第二产业	(%)	Second Industry	(%)	31.8	28.6	35.8
3.第三产业	(%)	Tertiary Industry	(%)	46.5	62.5	27.0

10-10 全体居民人均可支配收入
Per Capita Disposable Income of All Households

单位：元/人 (yuan/person)

指 标 名 称	Indicator	2021	2022
可支配收入	**Disposable Income**	**35705**	**37560**
一、工资性收入	**Income of Wages and Salaries**	**20413**	**21422**
(一)工资	Wage	19723	20634
(二)实物福利	Benefits in kind	95	116
(三)其他	Others	595	672
二、经营净收入	**Net Business Income**	**7593**	**7985**
(一)第一产业净收入	Net Income from Primary Industry	2371	2484
1.农业	Farming	2031	2197
2.林业	Forestry	91	27
3.牧业	Animal Husbandry	218	233
4.渔业	Fishery	30	27
(二)第二产业净收入	Net Income from Second Industry	985	1040
(三)第三产业净收入	Net Income from Tertiary Industry	4237	4461
三、财产净收入	**Net Income from Properties**	**2441**	**2561**
(一)利息净收入	Net Income from Interest	157	202
(二)红利收入	Income from Bonus	150	148
(三)储蓄性保险净收益	Income from Savings Insurance	6	7
(四)转让承包土地经营权租金净收入	Net Income from Land Management Rights Transfer	123	140
(五)出租房屋净收入	Net Income from Renting Houses	426	447
(六)出租其他资产净收入	Net Income from Renting Other assets	19	45
(七)自有住房折算净租金	Income from Net Rent Equivalent to the value of Owned housing	1487	1525
(八)其他	Others	74	48
四、转移净收入	**Net Income from Transfer**	**5257**	**5591**
(一)转移性收入	Income from Transfer	7346	7570
1.养老金或离退休金	Old-age Pensions	5572	5724
2.社会救济和补助	Relief and Pensions	67	70
3.惠农补贴	Subsidies for Agriculture from The Government	117	105
4.政策性生活补贴	Policy-living Allowance	94	78
5.报销医疗费	Allowance of Medical Expense	392	374
6.家庭外出从业人员寄回带回收入	Sent Back by Non-permanent Resident	632	716
7.赡养收入	Alimony Income	288	313
8.其他经常转移收入	Others	116	125
9.从政府和组织得到的实物产品和服务折价	Equivalent Monetary value of Physical products and services from The Government and other Organizations	67	65
(二)转移性支出	Expenditure for Transfers	2089	1979
1.个人所得税	Personal Income Tax	143	98
2.社会保障支出	Social Security Expenditure	1593	1459
3.外来从业人员寄给家人的支出	Sent to Family by Outland Employees	55	5
4.赡养支出	Alimony Expense	194	320
5.其他经常转移支出	Others	103	98

10-11 城镇居民人均可支配收入
Per Capita Disposable Income of Urban Households

单位：元/人 (yuan/person)

指标名称	Indicator	2021	2022
可支配收入	**Disposable Income**	**47066**	**49050**
一、工资性收入	**Income of Wages and Salaries**	**28019**	**29139**
(一)工资	Wage	26884	27853
(二)实物福利	Benefits in kind	127	154
(三)其他	Others	1008	1132
二、经营净收入	**Net Business Income**	**7995**	**8342**
(一)第一产业净收入	Net Income from Primary Industry	702	752
1.农业	Farming	592	639
2.林业	Forestry	23	21
3.牧业	Animal Husbandry	79	83
4.渔业	Fishery	8	8
(二)第二产业净收入	Net Income from Second Industry	1289	1345
(三)第三产业净收入	Net Income from Tertiary Industry	6004	6245
三、财产净收入	**Net Income from Properties**	**3921**	**4071**
(一)利息净收入	Net Income from Interest	211	236
(二)红利收入	Income from Bonus	220	231
(三)储蓄性保险净收益	Income from Savings Insurance	8	12
(四)转让承包土地经营权租金净收入	Net Income from Land Management Rights Transfer	59	76
(五)出租房屋净收入	Net Income from Renting Houses	726	755
(六)出租其他资产净收入	Net Income from Renting Other assets	17	52
(七)自有住房折算净租金	Income from Net Rent Equivalent to the value of Owned housing	2621	2659
(八)其他	Others	60	50
四、转移净收入	**Net Income from Transfer**	**7131**	**7498**
(一)转移性收入	Income from Transfer	10252	10440
1.养老金或离退休金	Old-age Pensions	8741	8902
2.社会救济和补助	Relief and Pensions	60	65
3.惠农补贴	Subsidies for Agriculture from The Government	41	52
4.政策性生活补贴	Policy-living Allowance	124	100
5.报销医疗费	Allowance of Medical Expense	453	430
6.家庭外出从业人员寄回带回收入	Sent Back by Non-permanent Resident	393	417
7.赡养收入	Alimony Income	221	236
8.其他经常转移收入	Others	141	155
9.从政府和组织得到的实物产品和服务折价	Equivalent Monetary value of Physical products and services from The Government and other Organizations	77	82
(二)转移性支出	Expenditure for Transfers	3121	2942
1.个人所得税	Personal Income Tax	245	162
2.社会保障支出	Social Security Expenditure	2342	2142
3.外来从业人员寄给家人的支出	Sent to Family by Outland Employees	93	7
4.赡养支出	Alimony Expense	291	493
5.其他经常转移支出	Others	150	138

10-12 农村居民人均可支配收入
Per Capita Disposable Income of Rural Households

单位：元/人 (yuan/person)

指标名称	Indicator	2021	2022
可支配收入	**Disposable Income**	**20794**	**22110**
一、工资性收入	**Income of Wages and Salaries**	**10430**	**11046**
(一)工资	Wage	10326	10927
(二)实物福利	Benefits in kind	52	65
(三)其他	Others	52	54
二、经营净收入	**Net Business Income**	**7066**	**7505**
(一)第一产业净收入	Net Income from Primary Industry	4561	4812
1.农业	Farming	3920	4292
2.林业	Forestry	181	35
3.牧业	Animal Husbandry	401	433
4.渔业	Fishery	60	52
(二)第二产业净收入	Net Income from Second Industry	586	631
(三)第三产业净收入	Net Income from Tertiary Industry	1919	2062
三、财产净收入	**Net Income from Properties**	**499**	**532**
(一)利息净收入	Net Income from Interest	86	157
(二)红利收入	Income from Bonus	59	36
(三)储蓄性保险净收益	Income from Savings Insurance	2	2
(四)转让承包土地经营权租金净收入	Net Income from Land Management Rights Transfer	206	225
(五)出租房屋净收入	Net Income from Renting Houses	32	33
(六)出租其他资产净收入	Net Income from Renting Other assets	22	34
(七)其他	Others	92	46
四、转移净收入	**Net Income from Transfer**	**2798**	**3027**
(一)转移性收入	Income from Transfer	3533	3712
1.养老金或离退休金	Old-age Pensions	1412	1450
2.社会救济和补助	Relief and Pensions	77	77
3.惠农补贴	Subsidies for Agriculture from The Government	217	176
4.政策性生活补贴	Policy-living Allowance	55	49
5.报销医疗费	Allowance of Medical Expense	311	297
6.家庭外出从业人员寄回带回收入	Sent Back by Non-permanent Resident	947	1118
7.赡养收入	Alimony Income	376	417
8.其他经常转移收入	Others	83	84
9.从政府和组织得到的实物产品和服务折价	Equivalent Monetary value of Physical products and services from The Government and other Organizations	55	43
(二)转移性支出	Expenditure for Transfers	735	685
1.个人所得税	Personal Income Tax	10	11
2.社会保障支出	Social Security Expenditure	610	541
3.外来从业人员寄给家人的支出	Sent to Family by Outland Employees	5	2
4.赡养支出	Alimony Expense	67	86
5.其他经常转移支出	Others	42	45

10-13 全体居民人均消费支出
Per Capita Expense on Consumption of All Households

单位：元/人 (yuan/person)

指标名称	Indicator	2021	2022
消费支出	**Expense on Household Consumption**	**22821**	**22640**
#服务性消费支出	Service Consumption	9027	8719
一、食品烟酒	Food,Tobacco and liquor	6196	6267
二、衣着	Clothing	1530	1486
三、居住	Residence	4683	4812
四、生活用品及服务	Supplies and Services	1716	1668
五、交通通信	Transport and Communications	3496	3356
六、教育文化娱乐	Recreation,Education and Cultural	2729	2566
七、医疗保健	Health care	2016	2015
八、其他用品及服务	Others	456	470

10-14 城镇居民人均消费支出
Per Capita Expense on Consumption of Urban Households

单位：元/人 (yuan/person)

指标名称	Indicator	2021	2022
消费支出	**Expense on Household Consumption**	**29314**	**28555**
#服务性消费支出	Service Consumption	12038	11383
一、食品烟酒	Food,Tobacco and liquor	7693	7703
二、衣着	Clothing	2097	1988
三、居住	Residence	6199	6355
四、生活用品及服务	Supplies and Services	2319	2221
五、交通通信	Transport and Communications	4309	3967
六、教育文化娱乐	Recreation,Education and Cultural	3666	3332
七、医疗保健	Health care	2404	2340
八、其他用品及服务	Others	628	650

10−15　农村居民人均消费支出
Per Capita Expense on Consumption of Rural Households

单位：元/人　　(yuan/person)

指　标　名　称	Indicator	2021	2022
消费支出	**Expense on Household Consumption**	**14299**	**14687**
#服务性消费支出	Service Consumption	5075	5137
一、食品烟酒	Food,Tobacco and liquor	4232	4337
二、衣着	Clothing	787	811
三、居住	Residence	2693	2736
四、生活用品及服务	Supplies and Services	925	925
五、交通通信	Transport and Communications	2428	2535
六、教育文化娱乐	Recreation,Education and Cultural	1499	1536
七、医疗保健	Health care	1506	1578
八、其他用品及服务	Others	230	228

10−16　居民家庭能源消费数量和金额(2022年)
Energy consumption of Households(2022)

指标名称	Indicator	全体居民 All Households		城镇居民 Urban Households		农村居民 Rural Households	
		数量 Amount	金额(元/人) Money (yuan/person)	数量 Amount	金额(元/人) Money (yuan/person)	数量 Amount	金额(元/人) Money (yuan/person)
一、生活用电　（度）	**Electricity Consumption　(kW·h)**	**599.0**	**338.1**	**628.4**	**356.2**	**559.5**	**313.9**
二、生活用燃料	**Living With Fuel**						
(一)燃气	Gas						
1.罐装液化石油气　(公斤/人)	Bottled LPG　(kg/person)	4.5	34.1	3.0	22.7	6.5	49.3
2.管道煤气　(立方米/人)	Gas Pipeline　(Cum/person)	1.0	3.6	1.1	3.6	0.8	3.6
3.管道天然气　(立方米/人)	Natural gas pipeline　(Cum/person)	25.8	73.1	31.2	89.8	18.5	50.7
(二)燃料用油	Fuel Oil						
1.汽油　(升/人)	Gasoline　(Liters/person)	0.06	0.45	0.05	0.41	0.07	0.51
2.柴油　(升/人)	Diesel Oil　(Liters/person)	0.10	0.74	0.09	0.63	0.12	0.89
(三)其他燃料	Other Fuels						
1.煤炭　(公斤/人)	Coke　(kg/person)	77.2	118.9	49.2	77.4	115.0	174.7
2.柴　(公斤/人)	Firewood　(kg/person)	0.007	0.492	0.005	0.425	0.010	0.583
3.草　(公斤/人)	Grass　(kg/person)		0.001		0.001		
4.沼气　(立方米/人)	Biogas　(Cum/person)						

10-17 居民家庭人均食品消费数量(2022年)
Per Capita Food Consumption of Households(2022)

单位：公斤/人 (kg/person)

指标名称	Indicator	全体居民 All Households	城镇居民 Urban Households	农村居民 Rural Households
一、粮食	**Grain**	**131.6**	**116.9**	**151.3**
(一)谷物	Cereal	120.9	106.5	140.3
1.面粉	Wheat	98.6	84.3	117.7
2.大米	Rice	12.5	12.2	13.0
3.玉米	Corn	3.9	4.2	3.5
4.其他谷物及制品	Others	5.9	5.8	6.1
(二)薯类	Tubers	2.1	2.0	2.1
1.红薯	Sweet Potato	0.6	0.6	0.7
2.马铃薯	Potato	1.1	1.0	1.1
3.其他薯类及制品	Others	0.4	0.4	0.4
(三)豆类	Beans	8.6	8.4	8.8
1.大豆	Soybean	0.4	0.3	0.5
2.其他豆类	Others	8.2	8.1	8.3
二、食用油	**Cooking oil**	**7.3**	**6.7**	**8.1**
(一)食用植物油	Edible vegetable oil	7.2	6.6	8.0
(二)食用动物油	Edible animal oil	0.0	0.0	0.1
三、蔬菜及食用菌	**Vegetables and Mushroom**	**92.2**	**97.6**	**85.0**
(一)鲜菜	Fresh Vegetables	88.8	93.9	81.9
(二)干菜及菜制品	Dried Vegetables and Products	1.3	1.4	1.2
(三)鲜菌	Fresh Mushrooms	2.0	2.2	1.8
(四)干菌及制品	Dry Bacteria and Products	0.1	0.1	0.1
四、肉禽及制品	**Products of Meat and Poultry**	**37.1**	**37.9**	**36.2**
(一)肉类	Meat	29.0	30.1	27.6
1.猪肉	Pork	20.9	20.5	21.6
2.牛肉	Beef	1.1	1.4	0.7
3.羊肉	Mutton	1.2	1.3	1.0
4.其他肉类及制品	Other meat and Processed Products	5.8	6.9	4.3
(二)禽类	Poultry	8.1	7.8	8.6
1.鸡	Chickens	5.2	4.8	5.8
2.鸭	Ducks	0.1	0.1	0.1
3.鹅	Gooses	0.1	0.0	0.1
4.其他禽类及制品	Other Poultry and Processed Products	2.8	2.8	2.7
五、水产品	**Aquatic Products**	**12.6**	**16.0**	**8.1**
(一)鱼类	Fish	5.9	6.4	5.2
(二)虾蟹贝类	Shrimp,Shellfish and Crab	5.2	7.6	2.0
(三)藻类	Algae	0.1	0.2	0.1
(四)其他水产品及制品	Others	1.4	1.8	0.8
六、蛋类	**Eggs and Products**	**22.4**	**21.8**	**23.1**
(一)鲜蛋	Fresh Eggs	22.1	21.5	22.9
(二)蛋制品	Egg Products	0.3	0.4	0.2
七、奶类	**Milk and Dairy Products**	**14.0**	**16.0**	**11.3**
(一)鲜奶	Fresh Milk	9.9	11.0	8.5
(二)酸奶	Yoghurt	2.6	3.2	1.9
(三)奶粉	Milk Powder	0.4	0.4	0.3
(四)其他奶制品	Other Milk Products	1.1	1.5	0.6
八、鲜瓜果	**Fresh Melons and Fruits**	**68.6**	**71.2**	**65.3**
九、食糖	**Sugar**	**0.7**	**0.6**	**0.8**

10-18 居民家庭住房和耐用消费品拥有情况(2022年)
Household Ownership of Housing and Durables Consumer Goods(2022)

单位：% (%)

指标名称	Indicator	全体居民 All Households	城镇居民 Urban Households	农村居民 Rural Households
一、现住房情况	**Housing Condition**			
(一)人均住房建筑面积 (平方米)	Per Capita Construction Area of Building (sq.m)	41.7	39.5	44.6
(二)按居住空间样式分的户数比重	Proportion of Housing Style			
1.单栋楼房	Single Building Housing	8.9	8.4	9.5
2.单栋平房	Single Bungalow	54.1	29.7	87.0
3.单元房	Units Housing	36.7	61.6	3.2
4.筒子楼或连片平房	Tube-shaped Apartment or Contiguous Bungalow	0.3	0.4	0.2
5.其他	Others			
(三)按主要建筑材料分的户数比重	Proportion of Housing Building Materials			
1.钢筋混凝土	Reinforced Concrete	37.6	54.2	15.2
2.砖混材料	Brick and Concrete Materials	43.7	37.1	52.6
3.砖瓦砖木	Brick and Wood Materials	18.7	8.7	32.2
4.竹草土坯	Bamboo,Grass, Adobe Materials			
5.其他	Others			
(四)按房屋来源分的户数比重	Proportion of Housing Source			
1.租赁住房	Leasehold	1.8	3.1	0.1
2.自建住房	Self-built	61.4	36.3	95.3
3.购买商品房	Commercial Housing	21.9	37.2	1.4
4.购买房改住房	Reform Housing	3.6	6.2	
5.购买保障性住房	Indemnificatory Housing	0.8	1.3	0.2
6.拆迁安置房	Resettlement Housing	9.4	14.8	2.2
7.继承或获赠住房	Inheritance or Gift Housing	0.5	0.4	0.7
8.其他	Others	0.6	0.9	0.3
(五)住房外道路为硬化路面的户比重	Proportion of Hardening Road Near Housing	97.8	99.3	95.8
二、生活设施状况	**Living Condition**			
(一)饮用水状况	Drinking Water Condition			
1.取水位置	Water Intake Location			
①住宅内管道取水	Residential Pipeline Water Intake	82.9	90.1	73.1
②住宅内其他方式取水	Other Residential Water Intake Method	1.9	1.6	2.2
③院内管道取水	Courtyard Pipeline Water Intake	14.1	7.3	23.2
④院内其他方式取水	Other Courtyard Water Intake Method	0.9	0.6	1.3
⑤其他位置取水	Others	0.3	0.4	0.2
2.主要饮用水来源	Source of Drinking Water			
①经过净化处理的自来水	Tap Water	92.3	96.9	86.1
②受保护的井水和泉水	Protected Wells and Springs	7.1	2.7	13.2
③不受保护的井水和泉水	Non-Protected Wells and Springs			
④江河湖泊水	Rivers and Lakes Water			
⑤其他饮用水来源	Others	0.5	0.4	0.7

10-18 续表 continued

单位：% (%)

指标名称	Indicator	全体居民 All Households	城镇居民 Urban Households	农村居民 Rural Households
3.获取饮用水存在的主要困难	Major Difficulty on Obtaining Drinking Water			
①单次取水往返时间超过半小时	Round-trip Time More Than Half Hour			
②间断或定时供水	Intermittent or Regular Supply	0.2	0.3	0.1
③当年连续缺水超过15天	Water over More than 15 days			
④获取饮用水无困难	No Difficulty	99.8	99.7	99.9
4.饮用前家里采取的主要处理措施	Treatment of Drinking Water			
①煮沸	Boiling	96.5	95.6	97.8
②加漂白剂/氯等	Add bleach / chlorine	0.2	0.4	
③使用水过滤器	Water Filter	2.4	3.1	1.4
④其他处理措施	Others	0.4	0.5	0.3
⑤没有任何水处理措施	No Treatment	0.4	0.4	0.4
(二)住宅内厕所状况	Toilet Condition			
1.水冲式卫生厕所	Flushing Sanitary Toilet	93.3	96.3	89.3
2.水冲式非卫生厕所	Flushing Non-Sanitary Toilet			
3.卫生旱厕	Sanitary toilet	5.5	2.8	9.0
4.普通旱厕	Ordinary Toilet	1.2	0.9	1.7
5.无厕所	No Toilet			
(三)主要炊用能源	Major Source of Cooking			
1.天然气、煤气、液化石油气	Natural Gas, Coal Gas, Liquefied Petroleum Gas	74.4	86.4	58.2
2.煤炭	Coal	2.8	1.1	5.1
3.电	Electricity	19.0	10.6	30.3
4.沼气	Biogas	0.02	0.04	
5.其他	Others	3.8	1.8	6.5
三、每百户耐用消费品拥有情况	**Number of Durable Consumer Goods Owned by Per 100 Households**			
(一)家用汽车 (辆)	Automobiles (unit)	54.2	64.4	40.4
(二)摩托车 (辆)	Motorcycles (unit)	20.8	13.1	31.2
(三)电冰箱(柜) (台)	Refrigerators (unit)	104.1	105.0	103.0
(四)洗衣机 (台)	Washing Machines (unit)	100.2	101.6	98.4
(五)热水器 (台)	Water Heaters (unit)	92.6	97.3	86.2
(六)空调 (台)	Air Conditioner (unit)	140.1	160.9	112.1
(七)彩色电视机 (台)	Color TV Sets (unit)	105.0	105.3	104.6
(八)照相机 (台)	Cameras (unit)	9.1	14.5	1.9
(九)计算机 (台)	Computers (unit)	50.8	63.8	33.2
(十)乐器 (架)	Instruments (unit)	4.8	7.7	0.9
(十一)固定电话 (线)	Fixed-line Phones (unit)	5.1	5.7	4.3
(十二)移动电话 (部)	Mobile Phones (unit)	240.7	244.9	235.2

10-19 社区基础设施和居民享有的基本社会服务情况(2022年)
Community Infrastructure and Basic Social Services(2022)

单位：%　　　　(%)

指 标 名 称	Indicator	全体居民 All Households	城镇居民 Urban Households	农村居民 Rural Households
一、社区基础设施情况和基本公共服务	**Community Infrastructure and Basic Social Services**			
(一)社区通公路的户比重	Proportion of Community Access Roads	100.0	100.0	100.0
(二)社区能便利地乘坐公共汽车的户比重	Proportion of Communities Through Bus	99.3	100.0	98.4
(三)社区通电的户比重	Proportion of Community Having Powered	100.0	100.0	100.0
(四)社区通电话的户比重	Proportion of Community Having Phone	100.0	100.0	100.0
(五)社区能接收有线电视信号的户比重	Proportion of Communities Can Receive TV signals	100.0	100.0	100.0
(六)社区饮用水经过了集中净化处理的户比重	Proportion of Community Drinking Purification water	99.9	100.0	99.7
(七)社区主要饮用水水源无化学污染的户比重	Proportion of Community Water Source Free of Chemical Contamination	100.0	100.0	100.0
(八)社区开通了管道燃气的户比重	Proportion of Community Open Gas Pipeline	58.4	77.1	33.1
(九)社区有集中供暖的户比重	Proportion of Community Have Central Heating	39.3	64.9	4.9
(十)按进社区道路状况分的户比重	Proportion of Road Into the Community			
1.水泥或柏油路面	Cement or Asphalt Road	100.0	100.0	100.0
2.沙石或石板等硬质路面	Hardening Road			
3.其他	Others			
(十一)按社区内主要道路状况分的户比重	Proportion of Community Road Conditions			
1.水泥或柏油路面	Cement or Asphalt Road	100.0	100.0	100.0
2.沙石或石板等硬质路面	Hardening Road			
3.其他	Others			
(十二)社区主要道路有路灯的户比重	Proportion of Community Main Road Have Streetlights	99.4	99.5	99.3
(十三)社区内垃圾能集中处理的户比重	Proportion of Community Can Focus Process Garbage	100.0	100.0	100.0
(十四)社区有健身器材的户比重	Proportion of Community With Fitness Equipment	99.5	99.6	99.3
(十五)社区有绿化园林景观的户比重	Proportion of Community Have Green Landscape	71.3	81.9	57.0
(十六)社区有卫生站(室)的户比重	Proportion of Community Have Health Stations	94.4	96.5	91.6
(十七)按上幼儿园便利程度分的户比重	Proportion of Classification by Kindergarten			
1.社区内有，且便利	Community kindergarten,Convenience	55.7	64.8	43.4
2.社区内无，但入园较便利	No Community kindergarten,Convenience	43.6	35.2	54.9
3.不便利	No Convenience	0.7		1.7
(十八)按上小学便利程度分的户比重	Proportion of Classification by Primary school and Convenience			
1.社区内有，且便利	Community Primary school,Convenience	41.5	49.0	31.4
2.社区内无，但入学较便利	No Community Primary school,Convenience	58.0	51.0	67.3
3.不便利	No Convenience	0.5		1.3
(十九)社区本年度未发生盗窃或其他刑事案件的户比重	Proportion of Community Without Theft or Other Criminal Cases	97.5	97.3	97.6
(二十)社区有安全保卫的户比重	Proportion of Community with Security	81.7	87.1	74.5
(二十一)行政村拥有合法行医证的医生的户比重	Proportion of Village have Legitimate Doctor	58.0	40.6	81.5
二、社会保障	**Social Securities**			
参加医疗保险或享受公费医疗的人数比重	Proportion of Participated Medical Insurance or Public Health Services			
1.城镇职工基本医疗保险	Urban Basic Medical Insurance	21.9	33.2	6.6
2.城乡居民基本医疗保险	Resident Basic Medical Insurance	77.5	65.9	93.1
3.公费医疗	Public Health Services			
4.商业医疗保险	Commercial Medical Insurance	1.6	2.0	1.2
5.其他医疗保险	Others	1.1	1.6	0.5
6.没有参加任何医疗保险	No Medical Insurance	0.2	0.3	0.1

10—20 各市全体居民人均收支情况(2022年)
Per Capita Income and Consumption Expenditure of All Households by Region(2022)

单位:元/人 (yuan/person)

地 区	Region	可支配收入 Disposable Income	工资性收入 Income of Wages and Salaries	经营净收入 Net Business Income	财产净收入 Net Income from Properties	转移净收入 Net Income from Transfer	消费支出 Expense on Household Consumption
济南市	Jinan	48827	28259	4890	7221	8457	29547
青岛市	Qingdao	53735	31911	10081	4450	7292	32497
淄博市	Zibo	44885	30314	5400	3936	5236	27204
枣庄市	Zaozhuang	31477	20730	6371	1378	2998	17795
东营市	Dongying	48101	32543	5955	3937	5666	27939
烟台市	Yantai	45143	25088	10269	3396	6390	28001
潍坊市	Weifang	39365	21630	10005	2984	4746	22916
济宁市	Jining	33628	22730	5215	1768	3914	19051
泰安市	Tai'an	35260	22596	6525	2130	4009	20193
威海市	Weihai	46638	27713	7566	3172	8187	27293
日照市	Rizhao	32490	21582	6693	1709	2506	18004
临沂市	Linyi	33231	18281	11380	1588	1982	16325
德州市	Dezhou	27321	16224	7597	1301	2201	17130
聊城市	Liaocheng	25863	15947	6349	1336	2231	15566
滨州市	Binzhou	34099	20505	6582	2277	4735	20828
菏泽市	Heze	25190	10473	7288	1488	5941	16574

10—20 续表 continued

单位:元/人 (yuan/person)

地 区	Region	食品烟酒 Food, Tobacco and liquor	衣着 Clothing	居住 Residence	生活用品及服务 Supplies and Services	交通通信 Transport and Communications	教育文化娱乐 Recreation, Education and Cultural	医疗保健 Health care	其他用品及服务 Others
济南市	Jinan	7331	1674	8622	2066	3889	3146	2212	607
青岛市	Qingdao	9140	2775	7515	2042	4932	3480	1883	730
淄博市	Zibo	6791	2197	5470	2034	3916	4127	2065	604
枣庄市	Zaozhuang	5338	1413	3705	1441	2322	2014	1192	369
东营市	Dongying	6530	2471	6300	1780	5223	3058	2053	524
烟台市	Yantai	8534	2440	5721	1763	4228	2627	1950	739
潍坊市	Weifang	5647	1339	4655	1620	4238	2882	2090	444
济宁市	Jining	5123	1254	3478	1507	2945	2806	1550	387
泰安市	Tai'an	5153	1430	4265	1525	2645	2659	2063	454
威海市	Weihai	6908	2028	5332	1803	4989	2350	3009	874
日照市	Rizhao	5415	1094	3288	1156	3013	2406	1196	436
临沂市	Linyi	4469	1213	3637	1188	2847	1699	1019	253
德州市	Dezhou	5037	1140	4338	963	2524	1465	1398	265
聊城市	Liaocheng	4590	1078	3153	825	1883	2220	1502	315
滨州市	Binzhou	5687	1460	4273	1483	3253	2442	1757	471
菏泽市	Heze	4781	1229	3505	1053	2158	2025	1581	240

10-21 各市城镇居民人均收支情况(2022年)
Per Capita Income and Consumption Expenditure of Urban Households by Region(2022)

单位:元/人 (yuan/person)

地 区	Region	可支配收入 Disposable Income	工资性收入 Income of Wages and Salaries	经营净收入 Net Business Income	财产净收入 Net Income from Properties	转移净收入 Net Income from Transfer	消费支出 Expense on Household Consumption
济南市	Jinan	59459	34694	3249	10078	11437	35788
青岛市	Qingdao	62584	37635	9793	5805	9352	37592
淄博市	Zibo	52684	34968	5941	5196	6579	30999
枣庄市	Zaozhuang	39727	27956	5638	2326	3807	21490
东营市	Dongying	58794	41244	5190	4615	7745	32723
烟台市	Yantai	55700	32563	9882	4715	8539	33577
潍坊市	Weifang	48989	27178	10538	4564	6710	27835
济宁市	Jining	42989	29317	4587	2856	6229	23529
泰安市	Tai'an	43435	28968	5683	3372	5413	24101
威海市	Weihai	56024	34166	7898	4406	9554	32772
日照市	Rizhao	40798	28033	7035	2709	3020	23211
临沂市	Linyi	44457	24681	14694	2651	2430	19951
德州市	Dezhou	33495	21504	7476	2307	2209	18730
聊城市	Liaocheng	33778	24577	5126	2414	1660	18537
滨州市	Binzhou	43421	27631	6029	3633	6128	25788
菏泽市	Heze	33334	16038	7783	3052	6461	19599

10-21 续表 continued

单位:元/人 (yuan/person)

地 区	Region	食品烟酒 Food, Tobacco and liquor	衣着 Clothing	居住 Residence	生活用品及服务 Supplies and Services	交通通信 Transport and Communications	教育文化娱乐 Recreation, Education and Cultural	医疗保健 Health care	其他用品及服务 Others
济南市	Jinan	8520	2069	10929	2538	4572	3845	2545	770
青岛市	Qingdao	10512	3290	8812	2336	5568	4051	2175	847
淄博市	Zibo	7536	2611	6400	2380	4343	4804	2180	744
枣庄市	Zaozhuang	6350	1760	4685	1817	2686	2425	1326	442
东营市	Dongying	7562	3146	7487	2101	6016	3529	2279	603
烟台市	Yantai	9989	3118	7046	2176	4960	3158	2209	921
潍坊市	Weifang	6576	1749	5567	2022	5389	3554	2424	554
济宁市	Jining	6286	1637	4592	1955	3207	3439	1886	526
泰安市	Tai'an	5852	1891	5168	1723	3183	3235	2400	649
威海市	Weihai	8137	2495	6533	2226	6106	2858	3283	1134
日照市	Rizhao	6994	1389	4019	1490	3981	3195	1542	602
临沂市	Linyi	5273	1646	4286	1427	3885	2041	1060	333
德州市	Dezhou	5427	1408	4308	1024	2771	1920	1534	337
聊城市	Liaocheng	5226	1524	4076	952	2281	2519	1568	390
滨州市	Binzhou	7017	1992	5558	1914	3723	3006	1927	650
菏泽市	Heze	5211	1363	4793	1333	2380	2299	1897	323

10-22 各市农村居民人均收支情况(2022年)

Per Capita Income and Consumption Expenditure of Rural Households by Region(2022)

单位:元/人 (yuan/person)

地区	Region	可支配收入 Disposable Income	工资性收入 Income of Wages and Salaries	经营净收入 Net Business Income	财产净收入 Net Income from Properties	转移净收入 Net Income from Transfer	消费支出 Expense on Household Consumption
济南市	Jinan	23844	13138	8746	506	1455	14883
青岛市	Qingdao	27701	15074	10931	463	1233	17508
淄博市	Zibo	24572	18191	3992	653	1736	17319
枣庄市	Zaozhuang	20858	11429	7315	157	1957	13038
东营市	Dongying	23642	12641	7704	2386	910	16994
烟台市	Yantai	26286	11735	10960	1041	2550	18042
潍坊市	Weifang	25639	13718	9244	732	1946	15901
济宁市	Jining	22137	14646	5987	432	1073	13554
泰安市	Tai'an	23149	13155	7773	291	1930	14404
威海市	Weihai	27027	14231	6872	593	5331	15845
日照市	Rizhao	21302	12894	6233	361	1813	10992
临沂市	Linyi	19000	10168	7179	241	1412	11728
德州市	Dezhou	20413	10312	7733	176	2193	15338
聊城市	Liaocheng	18674	8108	7459	356	2750	12867
滨州市	Binzhou	21862	11150	7308	497	2906	14316
菏泽市	Heze	18040	5586	6854	115	5485	13917

10-22 续表 continued

单位:元/人 (yuan/person)

地区	Region	食品烟酒 Food, Tobacco and liquor	衣着 Clothing	居住 Residence	生活用品及服务 Supplies and Services	交通通信 Transport and Communications	教育文化娱乐 Recreation, Education and Cultural	医疗保健 Health care	其他用品及服务 Others
济南市	Jinan	4538	744	3200	958	2284	1503	1429	226
青岛市	Qingdao	5103	1258	3700	1178	3059	1801	1025	386
淄博市	Zibo	4848	1120	3049	1132	2803	2364	1765	238
枣庄市	Zaozhuang	4036	967	2443	958	1854	1485	1020	274
东营市	Dongying	4171	928	3586	1046	3407	1979	1535	342
烟台市	Yantai	5934	1231	3353	1025	2919	1679	1488	413
潍坊市	Weifang	4321	756	3355	1046	2596	1924	1615	287
济宁市	Jining	3695	785	2110	958	2622	2028	1138	216
泰安市	Tai'an	4116	747	2929	1230	1847	1805	1563	167
威海市	Weihai	4341	1051	2823	920	2653	1288	2438	330
日照市	Rizhao	3289	696	2305	707	1708	1345	730	212
临沂市	Linyi	3450	665	2814	886	1531	1265	968	150
德州市	Dezhou	4599	840	4372	895	2247	956	1245	184
聊城市	Liaocheng	4011	674	2314	709	1522	1948	1441	246
滨州市	Binzhou	3942	762	2587	919	2637	1701	1533	236
菏泽市	Heze	4404	1111	2375	807	1964	1785	1304	167

主要统计指标解释

可支配收入 指居民可用于最终消费支出和储蓄的总和，即居民可以用来自由支配的收入。可支配收入既包括现金，也包括实物收入。按照收入的来源，可支配收入包含四项，分别为：工资性收入、经营净收入、财产净收入、转移净收入。计算公式为：

可支配收入 = 工资性收入 + 经营净收入 + 财产净收入 + 转移净收入

其中：经营净收入 = 经营收入 − 经营费用 − 生产性固定资产折旧−生产税净额（生产税−生产补贴）

财产净收入 = 财产性收入 − 财产性支出

转移净收入 = 转移性收入 − 转移性支出

工资性收入 指就业人员通过各种途径得到的全部劳动报酬和各种福利，包括受雇于单位或个人、从事各种自由职业、兼职和零星劳动得到的全部劳动报酬和福利。

经营净收入 指住户或住户成员从事生产经营活动所获得的净收入，是全部经营收入中扣除经营费用、生产性固定资产折旧和生产税之后得到的净收入。

财产净收入 指住户或住户成员将其所拥有的金融资产、住房等非金融资产和自然资源交由其他机构单位、住户或个人支配而获得的回报并扣除相关的费用之后得到的净收入。财产净收入包括利息净收入、红利收入、储蓄性保险净收益、转让承包土地经营权租金净收入、出租房屋净收入、出租其他资产净收入和自有住房折算净租金等。

转移性收入 指国家、单位、社会团体对住户的各种经常性转移支付和住户之间的经常性收入转移。包括政府、非行政事业单位、社会团体对居民转移的养老金或退休金、社会救济和补助、惠农补贴、政策性生活补贴、救灾款、经常性捐赠和赔偿以及报销医疗费等；住户之间的赡养收入、经常性捐赠和赔偿以及农村地区（村委会）在外（含国外）工作的本住户非常住成员寄回带回的收入等。转移性收入不包括住户之间的实物馈赠。

转移性支出 指调查户对国家、单位、住户或个人的经常性或义务性转移支付。包括缴纳的税款、各项社会保障支出、赡养支出、经常性捐赠和赔偿支出以及其他经常转移支出等。

消费支出 指住户用于满足家庭日常生活消费需要的全部支出，包括用于消费品的支出和用于服务性消费的支出。根据用途不同，消费支出可划分为食品烟酒、衣着、居住、生活用品及服务、交通通信、教育文化娱乐、医疗保健、其他用品及服务八大类。根据来源不同，消费支出可划分为现金消费支出、实物消费支出（含自产自用、来自单位、来自政府和其他社会组织）。

食品烟酒 指用于各种食品和烟草、酒类的支出，包括食品和烟酒两个中类。

衣着 指与居民穿着有关的支出，包括服装、服装材料、鞋类、其他衣类及配件、衣着相关加工服务的支出。

居住 指与居住有关的支出，包括房租、水、电、燃料、物业管理等方面的支出，也包括自有住房折算租金。

生活用品及服务 指家庭及个人的各类生活品及家庭服务。包括家具及室内装饰品、家用器具、家用纺织品、家庭日用杂品、个人用品和家庭服务。

交通通信 指用于交通和通信工具及相关的各种服务费、维修费和车辆保险等支出。

教育文化和娱乐 指用于教育和文化娱乐方面的支出。

医疗保健 指用于医疗和保健的药品、用品和服务的总费用。包括医疗器具及药品，以及医疗服务。

其他用品及服务 指无法直接归入上述各类支出的其他用品与服务支出。

就业者负担人数 指家庭人口与就业人口之比。

农村整、半劳动力 整劳动力指男子 18 周岁到 50 周岁，女子 18 周岁到 45 周岁；半劳动力指男子 16 周岁到 17 周岁，51 周岁到 60 周岁；女子 16 周岁到 17 周岁，46 周岁到 55 周岁，同时具有劳动能力的人。虽然在劳动年龄之内，但已丧失劳动能力的人，不应算为劳动力；超过劳动年龄，但能经常参加劳动，计入半劳动力数内。

Explanatory Notes on Main Statistical Indicators

Disposable Income refer to the households income sum that can be used for final consumption expenditure and savings. Disposable income includes cash and real income. According to sources of income, disposable income includes the wage income, net operating income, net property income, and net transfer income. The formula for computing:

Disposable income = the wage income+ net operating income+net property income+net transfer income

Net operating income =
income - operating costs - depreciation of productive fixed assets - net taxes on production (production tax - production subsidies)

Net property income = income from property - property expenditure

The transfer of net income = income from transfer - transfer expenditure

Wage Income refers to income and all kinds of welfare obtained by laborers employed by different establishments, working independently or part time.

Net Operating Income refers to the net income from operation run by the members of households, and it equals to total income minus operating costs and depreciation of productive fixed assets and taxes on production.

Net Property Income refers to the net income obtained from the financial assets, non-financial assets such as housing and natural resources provided by its owners to other establishments, households or individuals. It includes net interest income, bonus, net income from saving insurance, net income from the transfer of the right to land contractual management, income from house renting, income from renting of other assets and net rental income of home ownership.

Income from Transfer refers to the current transaction between government, establishments, social organization and households, and to the income transaction between households. It includes annuity, pension, social relief, agricultural subsidy, disaster relief fund, and medical expense, which are provided by governments, institutions, social organizations. It also includes supporting expense, regular donations, and income provided by non-permanent population. It does not include donations between households.

Transfer Expenditure refers to the regular or obligatory expenditure provided by the households to governments, institutions, other households or residents. It includes taxes, social security expenditure, supporting expenditure, regular donation and compensation expenditure, etc.

Expense on Service Consumption refers to the consumption of all expenditure needs to meet the family daily life, including those for the consumer spending and for service consumption expenditure. According to different purposes, consumption can be divided into tobacco and food, clothing, housing, daily necessities and services, transportation and communication, education, culture and entertainment, health care, the other services. According to different sources, consumption can be divided into cash consumption, real consumer spending (including self occupied, from the unit, from the government and other social organizations).

Tobacco and Food refers to all kinds of expenditure on foods, tobaccos and beverages, including food and tobacco.

Clothing refers to the expenditure on clothes, clothing materials, shoes, accessories and charges for making clothes.

Housing refers to the expenditure related to residing, including rent, the expenditure of water, fuel, power and real estate management and net rental income of home ownership.

Daily Necessities and Services refers to the expenditure on daily necessities and home service, including the expenditures on furniture, decoration, appliance, textile, personal items and home service.

Transportation and Communication refers to the expenditure on transportation, communication, related service, maintenance, and vehicle insurance.

Education, Culture and Entertainment refers to the expenditure on education, culture and entertainment.

Health Care refers to the expenditure on health care, medicine, related products and service.

Other Services refers to the expenditure on the service that cannot be included in the services mentioned above.

Number of Dependents per Employee refers to the ratio between number of persons in households and the number of dependents.

Rural Full/Semi Labor Force Full labor force refers to persons capable of work, aged 18-50 for males and 18-45 for females. Semi labor force refers to persons capable of work, aged 16-17 and 51-60 for males and 16-17 and 46-55 for females. Persons at their working ages but not capable of work are not to be included as labor force. Persons not at working ages but participating regularly in work are included in semi labor force. For staff and workers as resident population of the household, they are included as full or semi labor force of the household if they are in the labor force.

第11篇

城市建设

City Construction

简 要 说 明

一、本篇资料的主要内容

本篇资料反映了全省各城市基础设施基本情况，包括设施水平、供水、公共交通、道路桥梁、排水、园林绿化、燃气、供热等方面的资料。

二、本篇资料的来源

本篇资料来源于省住房城乡建设厅和省交通运输厅，由山东省统计局综合处和服务业处整理提供。

Brief Introduction

I. Content

Data in this chapter show the basic conditions of public facilities of main cities in Shandong, including infrastructure, water supply, public communications, roads, bridges, drainage, urban greenery, gas and heating, etc.

II. Source of Data

Data in this chapter are provided by the Housing and Urban-Rural Development and Transportation Department of Shandong Province. Data in this chapter are prepared and compiled by the Division of Comprehensive Statistics and the Division of Comprehensive Service Statistics of Shandong Provincial Bureau of Statistics.

11-1 城市基础设施
Basic Statistics on Urban Infrastructure

指标名称	Item	2019	2020	2021	2022
一、设施水平	**Urban Facilities**				
城市人口密度 (人/平方公里)	Population Density (person/sq.km)	1665	1665	1716	1724
人均日生活用水量 (升)	Per Capita Daily Water Consumption (litre)	125.5	119.4	126.1	126.2
供水普及率 (%)	Coverage Rate of Water Supply (%)	99.7	99.8	99.9	99.9
燃气普及率 (%)	Coverage Rate of Natural Gas Supply (%)	99.1	99.3	99.3	99.5
人均城市道路面积 (平方米)	Per Capita Area of Roads (sq.m)	25.3	25.6	26.5	26.5
建成区排水管道密度 (公里/平方公里)	Built-up Area Density of Sewage Pipelines (km/sq.km)	11.8	11.3	11.8	12.0
人均公园绿地面积 (平方米)	Per Capita Public Green Areas (sq.m)	17.6	17.7	17.9	18.2
建成区绿化覆盖率 (%)	Coverage Rate of Urban Green Areas (%)	41.8	41.7	43.0	43.8
二、供水情况	**Water Supply**				
供水总量 (万立方米)	Volume of Water Supply (10 000 cu.m)	392093	379082	398912	399553
#生产运营用水 (万立方米)	For Productive Use (10 000 cu.m)	156581	155140	159236	154652
用水人口 (万人)	Population Using Water (10 000 persons)	3853	3983	4081	4153
三、公共交通	**Public Transportation**				
公共汽电车客运总量 (万人次)	Volume of Passenger Traffic (Buses and Trolley Buses,etc.) (10 000 person-times)	403854	226711	308625	220906
公共汽电车运营车数 (辆)	Number of Operating Vehicles (Buses and Trolley Buses,etc.) (unit)	56657	54799	67125	66610
出租汽车数 (辆)	Number of Taxis (unit)	62852	61872	70263	69990
四、市政设施	**Infrastructure by City**				
道路面积 (万平方米)	Area of Roads (10 000 sq.m)	97663	102269	108259	109957
#人行道面积 (万平方米)	Area of Sidewalks (10 000 sq.m)	18964	20348	21627	21931
道路长度 (公里)	Length of Roads (km)	48149	49986	53058	53808
路灯盏数 (盏)	Number of Streetlights (unit)	2061918	2119319	2199036	2268577
桥梁数 (座)	Number of Bridges (unit)	5855	5821	5956	6134
污水年排放量 (万吨)	Volume of Waste Water Discharged (10 000 tons)	354337	341815	364625	369891
污水年处理量 (万吨)	Volume of Waste Water Treated (10 000 tons)	346414	335873	358769	364460
五、园林绿化	**Parks,Gardens and Green Areas**				
园林绿地面积 (公顷)	Garden Green Area (ha)	252338	262968	272462	280650
公园绿地面积 (公顷)	Park Green Area (ha)	67884	70508	73314	75582
绿化覆盖面积 (公顷)	Coverage of Green Area (ha)	289833	299506	308569	318591
#建成区绿化覆盖面积 (公顷)	Coverage of Urban Green Area (ha)	226228	235167	244015	249959
公园个数 (个)	Number of Parks (unit)	1200	1299	1420	1496
公园面积 (公顷)	Area of Parks (ha)	41450	47635	50067	51148

11-2 城市设施水平(2022年)
Basic Statistics on Urban Infrastructure by City (2022)

城市名称	City	城市人口密度(人/平方公里) Population Density (person/sq.km)	人均日生活用水量(升) Per Capita Daily Water Consumption (litre)	供水普及率(%) Coverage Rate of Water Supply (%)	燃气普及率(%) Coverage Rate of Gas Supply (%)	人均城市道路面积(平方米) Per Capita Area of Roads (sq.m)	人均公园绿地面积(平方米) Per Capita Public Green Areas (sq.m)	建成区绿化覆盖率(%) Coverage Rate of Urban Green Areas (%)
全　省	**Total**	**1724**	**126.2**	**99.9**	**99.5**	**26.5**	**18.2**	**43.8**
济南市	Jinan	2740	145.1	100.0	100.0	21.4	12.9	41.9
青岛市	Qingdao	1890	149.9	100.0	100.0	20.0	18.4	45.7
胶州市	Jiaozhou	760	133.1	100.0	100.0	19.7	12.9	44.9
平度市	Pingdu	691	90.8	100.0	100.0	28.0	13.5	43.2
莱西市	Laixi	769	119.4	100.0	100.0	24.5	14.7	44.6
淄博市	Zibo	2726	138.6	100.0	100.0	30.9	18.9	45.7
枣庄市	Zaozhuang	2137	101.2	100.0	99.9	27.9	15.0	43.1
滕州市	Tengzhou	3325	138.6	100.0	100.0	21.7	15.7	43.3
东营市	Dongying	786	197.1	100.0	100.0	35.2	26.9	43.9
烟台市	Yantai	2309	117.7	99.9	98.8	29.6	18.7	44.2
龙口市	Longkou	2855	98.4	100.0	100.0	32.4	18.8	44.7
莱阳市	Laiyang	1006	133.9	99.6	100.0	17.6	17.5	41.3
莱州市	Laizhou	1086	101.0	100.0	100.0	20.1	15.8	41.6
招远市	Zhaoyuan	1497	146.5	100.0	98.8	22.8	20.8	33.7
栖霞市	Qixia	472	73.3	98.4	99.9	16.8	14.4	36.7
海阳市	Haiyang	897	84.2	99.7	99.7	19.9	17.1	42.7
潍坊市	Weifang	1693	102.5	100.0	100.0	25.2	18.7	42.7
青州市	Qingzhou	1248	131.9	100.0	100.0	29.4	16.6	43.8
诸城市	Zhucheng	1564	131.6	100.0	100.0	24.3	23.4	45.6
寿光市	Shouguang	1758	74.1	100.0	100.0	17.7	17.2	43.1
安丘市	Anqiu	908	132.6	100.0	100.0	33.3	23.0	41.6
高密市	Gaomi	1479	148.4	100.0	100.0	25.5	18.0	42.7
昌邑市	Changyi	1679	102.4	100.0	100.0	24.4	22.3	44.1
济宁市	Jining	2019	108.7	100.0	99.2	34.7	18.3	43.6
曲阜市	Qufu	3327	94.7	100.0	99.5	26.7	17.3	43.2
邹城市	Zoucheng	3730	142.3	100.0	100.0	19.0	14.5	41.5
泰安市	Tai'an	1916	105.2	100.0	100.0	28.2	23.4	45.8
新泰市	Xintai	1131	102.6	100.0	100.0	25.4	18.5	44.9
肥城市	Feicheng	2284	114.9	100.0	100.0	24.8	18.1	45.4
威海市	Weihai	1659	116.8	100.0	100.0	41.2	25.6	46.0
荣成市	Rongcheng	899	92.3	100.0	100.0	31.2	26.1	46.0
乳山市	Rushan	1529	123.1	100.0	100.0	33.2	20.5	45.7
日照市	Rizhao	2301	140.8	100.0	100.0	23.5	19.3	43.9
临沂市	Linyi	1915	107.8	100.0	96.7	28.7	21.2	43.9
德州市	Dezhou	1559	116.0	98.0	100.0	28.6	25.6	45.1
乐陵市	Laoling	2621	64.0	100.0	100.0	31.2	13.3	39.1
禹城市	Yucheng	3293	101.5	97.7	99.8	29.3	14.1	40.1
聊城市	Liaocheng	1921	97.4	100.0	100.0	24.7	15.3	42.7
临清市	Linqing	1249	64.5	100.0	100.0	33.3	13.8	37.1
滨州市	Binzhou	988	134.9	100.0	100.0	34.6	27.6	46.0
邹平市	Zouping	1196	94.3	100.0	100.0	49.7	23.4	38.1
菏泽市	Heze	2089	140.0	99.8	90.8	38.0	15.4	41.8

注：设市城市为市本级数据。
a)The data of cities are from Municipal level.

11−3 城市供水(2022年)
Urban Water Supply by City (2022)

城市名称	City	综合生产能力(万立方米/日) Production Capacity of Water Supply (10 000 cu.m/day)	地下水 Groundwater	供水管道长度(公里) Length of Water Supply Pipelines (km)	供水总量(万立方米) Volume of Water Supply (10 000 cu.m)	生产运营用水 For Productive Use	公共服务用水 For Public Service	居民家庭用水 For Households Use	用水人口(万人) Population with Access to Tap Water (10 000 persons)
全　省	**Total**	**1986.5**	**514.6**	**61342.6**	**399552.8**	**154652.3**	**49976.9**	**141170.7**	**4153.5**
济南市	Jinan	289.7	111.2	7040.2	50795.4	5627.1	15015.4	20066.8	662.8
青岛市	Qingdao	220.2	4.0	8270.4	55577.9	16303.9	8343.9	23509.2	583.9
胶州市	Jiaozhou	15.5	6.0	790.3	5871.6	2182.4	1318.2	1763.1	63.5
平度市	Pingdu	12.0	5.0	748.0	3714.7	1616.7	189.0	1460.0	49.8
莱西市	Laixi	9.0		554.6	2658.7	750.9	194.6	1306.8	34.4
淄博市	Zibo	183.3	87.2	3365.1	31749.9	17725.7	2439.5	8198.1	210.4
枣庄市	Zaozhuang	48.5	35.4	2049.9	9252.1	3757.2	739.6	3445.0	113.3
滕州市	Tengzhou	23.0	18.8	1205.0	5900.1	2418.6	459.0	2023.0	49.1
东营市	Dongying	122.0		2320.8	16509.4	5656.7	2697.9	4342.0	97.9
烟台市	Yantai	112.6	13.2	4978.1	20397.6	7837.0	2956.7	7916.8	253.0
龙口市	Longkou	8.0		396.0	1779.0	486.0	194.0	872.0	29.7
莱阳市	Laiyang	10.4	0.4	369.4	2285.6	535.7	423.8	1026.3	29.7
莱州市	Laizhou	10.5		743.8	2441.9	440.1	41.3	1433.5	40.0
招远市	Zhaoyuan	6.9	0.5	452.4	1596.4	396.7	228.0	877.1	20.7
栖霞市	Qixia	2.7		136.9	504.0	52.0	91.0	309.0	15.0
海阳市	Haiyang	11.9		482.3	1200.0	343.0	63.0	657.0	23.5
潍坊市	Weifang	87.5	16.0	2547.0	20319.9	11493.1	369.8	7145.1	200.9
青州市	Qingzhou	16.3	13.3	817.5	3665.0	1556.0	317.3	1485.0	37.4
诸城市	Zhucheng	31.0	4.2	374.2	7975.7	4857.0	609.0	1842.5	51.1
寿光市	Shouguang	30.0	10.6	766.7	11114.1	9278.2	47.2	1513.8	57.7
安丘市	Anqiu	31.3	0.6	529.3	6073.1	3086.0	607.2	1769.2	49.1
高密市	Gaomi	37.6	13.1	820.0	8021.6	4726.8	370.2	1215.8	29.3
昌邑市	Changyi	20.8	7.1	122.8	3827.5	2908.3	202.0	551.0	20.2
济宁市	Jining	65.5	49.5	1300.5	15627.1	5708.8	2229.7	4832.1	178.4
曲阜市	Qufu	11.0	11.0	413.0	1395.7	451.0	90.3	669.0	22.0
邹城市	Zoucheng	14.5	14.5	453.3	3196.1	865.8	212.4	1662.9	36.5
泰安市	Tai'an	32.5	14.0	1624.2	6311.8	1445.7	1435.9	2884.7	112.6
新泰市	Xintai	17.5	1.0	667.1	3117.3	634.2	333.3	1760.5	56.2
肥城市	Feicheng	6.6	6.6	300.6	1980.8	377.5	99.5	1214.2	31.3
威海市	Weihai	58.7	0.6	3420.8	8568.3	2556.0	1341.3	3262.8	108.0
荣成市	Rongcheng	18.2	0.01	791.1	2830.2	1015.2	64.0	1412.0	44.2
乳山市	Rushan	12.5	0.5	619.4	1999.3	580.0	99.0	867.0	21.5
日照市	Rizhao	55.7		1938.5	10524.7	4274.6	1126.3	3619.9	92.9
临沂市	Linyi	82.0	11.0	2628.4	14889.8	4560.0	475.3	8281.4	222.5
德州市	Dezhou	64.9	0.4	1809.1	16857.5	11899.9	1257.0	2633.3	91.9
乐陵市	Laoling	6.5	1.0	113.4	835.4	125.6	149.6	462.9	26.2
禹城市	Yucheng	12.0	9.0	425.6	2377.9	1383.5	58.6	656.4	19.3
聊城市	Liaocheng	33.1	24.6	1675.6	8395.9	1386.9	889.0	3747.0	130.4
临清市	Linqing	3.8	0.1	224.1	1213.1	221.3	81.0	689.6	32.7
滨州市	Binzhou	65.7		1430.5	10461.4	4662.9	1327.1	2566.4	79.1
邹平市	Zouping	36.0	6.0	154.1	6358.9	4966.0	91.1	761.1	24.8
菏泽市	Heze	49.4	18.4	1472.9	9380.6	3502.5	699.1	4459.4	100.9

注：设市城市为市本级数据。
a)The data of cities are from Municipal level.

11-4 城市公共交通(2022年)
Public Transportation by City(2022)

城市名称	City	公共汽电车 Bus and Trolley Bus 运营车数(辆) Number of Operating Vehicles (unit)	标准运营车数(标台) Number of Standard Operating Vehicles (unit)	运营线路总长度(公里) Length of Operation Lines (km)	客运总量(万人次) Volume of Passenger Traffic (10 000 person-times)	巡游出租汽车数(辆) Number of Cruise taxi (unit)
全　省	**Total**	**66610**	**73620**	**186163**	**220906**	**69990**
济南市	Jinan	7630	9290	15623	40417	10504
青岛市	Qingdao	10635	13007	24345	67856	11637
胶州市	Jiaozhou	1063	1193	1838	2875	
平度市	Pingdu	899	836	2979	1187	
莱西市	Laixi	301	336	2210	266	
淄博市	Zibo	2754	2975	8632	7265	6519
枣庄市	Zaozhuang	2624	2708	6935	5192	1540
滕州市	Tengzhou	1171	1177	2583	2858	
东营市	Dongying	1407	1586	7921	3276	3316
烟台市	Yantai	5034	5936	12525	20772	5301
龙口市	Longkou	295	341	1255	1109	
莱阳市	Laiyang	216	217	451	541	
莱州市	Laizhou	126	129	220	408	
招远市	Zhaoyuan	234	264	1099	463	
栖霞市	Qixia	188	188	1410	246	
海阳市	Haiyang	371	358	1607	290	
潍坊市	Weifang	4803	5312	12870	7837	4894
青州市	Qingzhou	418	402	648	406	
诸城市	Zhucheng	533	570	2251	1091	
寿光市	Shouguang	566	552	2058	271	
安丘市	Anqiu	383	393	782	221	
高密市	Gaomi	272	269	1170	265	
昌邑市	Changyi	303	302	630	146	
济宁市	Jining	6754	7065	15694	15887	4552
曲阜市	Qufu	289	267	1326	573	
邹城市	Zoucheng	991	1055	1562	1717	
泰安市	Tai'an	3941	3972	12660	6562	2093
新泰市	Xintai	760	744	3434	1099	
肥城市	Feicheng	377	371	875	822	
威海市	Weihai	2316	2701	11624	11607	2463
荣成市	Rongcheng	458	531	2782	2426	
乳山市	Rushan	278	297	2800	441	
日照市	Rizhao	1720	1950	8152	5494	1412
临沂市	Linyi	3920	4012	11073	10395	4566
德州市	Dezhou	2964	2999	12260	3097	4243
乐陵市	Laoling	180	138	940	20	
禹城市	Yucheng	221	237	1561	103	
聊城市	Liaocheng	3551	3476	7313	5708	2572
临清市	Linqing	459	468	888	479	
滨州市	Binzhou	2164	2194	8479	3770	1535
邹平市	Zouping	530	566	1115	1174	
菏泽市	Heze	4393	4437	10057	5773	2843

11-5 城市市政设施(2022年)
Infrastructure by City (2022)

城市名称	City	道路长度(公里) Length of Roads (km)	道路面积(万平方米) Area of Roads (10 000 sq.m)	人行道面积(万平方米) Area of Sidewalks (10 000 sq.m)	路灯盏数(盏) Number of Streetlights (unit)	桥梁数(座) Number of Bridges (unit)
全　省	**Total**	**53808.0**	**109956.9**	**21931.2**	**2268577**	**6134**
济南市	Jinan	7804.3	14190.1	2839.6	211881	977
青岛市	Qingdao	6383.5	11656.6	2544.7	204385	802
胶州市	Jiaozhou	797.8	1248.3	180.7	28930	114
平度市	Pingdu	774.8	1392.1	256.8	14389	34
莱西市	Laixi	518.1	844.8	153.5	24455	24
淄博市	Zibo	2707.3	6504.9	1297.0	116243	298
枣庄市	Zaozhuang	1542.4	3165.3	725.6	58527	152
滕州市	Tengzhou	653.1	1064.2	239.6	26300	45
东营市	Dongying	1652.2	3447.8	741.4	80088	320
烟台市	Yantai	3735.6	7492.5	1440.2	175104	218
龙口市	Longkou	504.4	961.7	251.1	22006	16
莱阳市	Laiyang	348.1	523.1	141.1	9123	26
莱州市	Laizhou	330.3	802.8	118.9	18182	13
招远市	Zhaoyuan	296.2	471.8	102.6	10594	56
栖霞市	Qixia	142.5	255.3	50.6	9643	32
海阳市	Haiyang	215.0	467.9	168.2	12139	47
潍坊市	Weifang	2308.0	5065.5	1177.5	112522	150
青州市	Qingzhou	620.3	1101.0	258.6	55789	27
诸城市	Zhucheng	642.2	1240.9	236.8	29336	39
寿光市	Shouguang	606.8	1024.2	122.4	33573	10
安丘市	Anqiu	835.6	1634.9	143.2	23995	87
高密市	Gaomi	445.2	747.3	207.8	24952	64
昌邑市	Changyi	267.7	491.7	127.2	9482	29
济宁市	Jining	2356.7	6197.7	1133.6	99149	221
曲阜市	Qufu	261.5	587.4	130.8	22492	32
邹城市	Zoucheng	393.8	693.8	163.4	19990	50
泰安市	Tai'an	1459.3	3170.8	478.0	41247	222
新泰市	Xintai	577.7	1428.6	167.9	19693	38
肥城市	Feicheng	324.9	777.6	80.8	17056	38
威海市	Weihai	1789.4	4446.5	745.0	95334	463
荣成市	Rongcheng	711.0	1377.9	188.9	34120	106
乳山市	Rushan	379.6	714.1	132.5	13123	90
日照市	Rizhao	1073.2	2181.7	415.9	58391	159
临沂市	Linyi	2956.9	6392.5	957.7	172826	200
德州市	Dezhou	1399.3	2684.3	1034.2	85780	203
乐陵市	Laoling	398.3	819.0	204.0	15450	10
禹城市	Yucheng	196.5	578.5	79.5	11347	66
聊城市	Liaocheng	1433.6	3217.3	619.4	109328	235
临清市	Linqing	481.2	1091.1	340.2	8175	30
滨州市	Binzhou	1244.2	2735.6	483.2	67815	215
邹平市	Zouping	549.9	1230.0	188.7	14521	55
菏泽市	Heze	1689.7	3838.3	862.6	51102	121

注：设市城市为市本级数据。
a)The data of cities are from Municipal level.

11-5 续表 continued

城市名称	City	排水管道长度(公里) Length of Sewage Pipelines (km)	污水年排放量(万立方米) Volume of Waste Water Discharged (10 000 m^3)	污水处理总量(万立方米) Volume of Waste Water Treated Yearly (10 000 m^3)	生活垃圾清运量(万吨) Volume of Garbage Disposal (10 000 tons)	生活垃圾无害化处理量(万吨) Volume of Garbage Harmless Disposed (10 000 tons)
合　计	**Total**	**74567.7**	**369891**	**364460**	**1724.0**	**1724.0**
济南市	Jinan	10059.1	49779	49394	268.8	268.8
青岛市	Qingdao	9956.1	55348	54493	303.1	303.1
胶州市	Jiaozhou	889.9	5725	5642	36.3	36.3
平度市	Pingdu	827.6	3715	3641	39.7	39.7
莱西市	Laixi	761.3	2659	2612	23.0	23.0
淄博市	Zibo	3928.1	25954	25564	62.5	62.5
枣庄市	Zaozhuang	1522.4	9085	8949	35.6	35.6
滕州市	Tengzhou	669.7	5015	4922	15.9	15.9
东营市	Dongying	2975.9	15058	14796	37.8	37.8
烟台市	Yantai	4737.4	15859	15590	113.7	113.7
龙口市	Longkou	611.7	1512	1473	10.8	10.8
莱阳市	Laiyang	373.7	1871	1831	9.2	9.2
莱州市	Laizhou	353.0	2072	2021	13.1	13.1
招远市	Zhaoyuan	523.0	1482	1453	7.4	7.4
栖霞市	Qixia	114.0	397	388	2.9	2.9
海阳市	Haiyang	410.1	1020	1000	10.2	10.2
潍坊市	Weifang	3155.1	19154	18867	78.4	78.4
青州市	Qingzhou	876.6	3115	3069	16.1	16.1
诸城市	Zhucheng	775.8	7092	6984	14.9	14.9
寿光市	Shouguang	927.6	9631	9486	28.7	28.7
安丘市	Anqiu	1023.9	4667	4601	14.3	14.3
高密市	Gaomi	671.9	7755	7634	12.2	12.2
昌邑市	Changyi	337.5	3253	3204	6.1	6.1
济宁市	Jining	2985.3	15490	15281	55.5	55.5
曲阜市	Qufu	364.4	1380	1360	6.8	6.8
邹城市	Zoucheng	379.1	3120	3066	12.8	12.8
泰安市	Tai'an	1538.7	10726	10569	44.4	44.4
新泰市	Xintai	631.8	2810	2754	26.7	26.7
肥城市	Feicheng	340.4	2405	2369	9.4	9.4
威海市	Weihai	3176.6	7493	7381	56.5	56.5
荣成市	Rongcheng	1347.7	2406	2367	18.4	18.4
乳山市	Rushan	839.8	1733	1706	8.6	8.6
日照市	Rizhao	2954.8	9866	9711	35.0	35.0
临沂市	Linyi	4273.9	14216	14016	100.6	100.6
德州市	Dezhou	1529.6	12566	12377	44.2	44.2
乐陵市	Laoling	324.9	710	699	10.4	10.4
禹城市	Yucheng	250.7	2021	1993	5.9	5.9
聊城市	Liaocheng	2282.0	6979	6878	35.6	35.6
临清市	Linqing	445.7	1195	1174	9.6	9.6
滨州市	Binzhou	2020.8	8892	8755	36.7	36.7
邹平市	Zouping	571.8	5405	5321	13.1	13.1
菏泽市	Heze	1828.5	9260	9071	33.0	33.0

注：设市城市为市本级数据。
a)The data of cities are from Municipal level.

11-6 城市园林绿化(2022年)

Parks, Gardens and Green Areas by City (2022)

城市名称	City	绿化覆盖面积(公顷) Coverage of Green Area (ha)	建成区 Urban Green Area	园林绿地面积(公顷) Garden Green Area (ha)	公园绿地面积(公顷) Park Green Area (ha)	公园个数(个) Number of Parks (unit)	公园面积(公顷) Area of Parks (ha)
全省	**Total**	**318590.6**	**249958.8**	**280649.8**	**75581.8**	**1496**	**51148.4**
济南市	Jinan	34050.4	33773.8	30463.2	8578.5	181	4026.0
青岛市	Qingdao	48748.9	34800.2	44542.0	10723.8	259	8151.8
胶州市	Jiaozhou	4159.0	4120.0	3841.4	819.5	21	638.5
平度市	Pingdu	3381.5	3167.4	2878.1	669.8	29	581.9
莱西市	Laixi	2020.4	1890.3	1734.5	505.7	9	365.5
淄博市	Zibo	22775.3	13501.8	20367.7	3968.2	48	1679.7
枣庄市	Zaozhuang	9691.2	6759.9	7476.6	1703.1	45	985.5
滕州市	Tengzhou	3051.7	2782.0	2782.9	768.7	33	430.3
东营市	Dongying	12187.1	7392.6	10523.9	2636.5	57	2572.2
烟台市	Yantai	18321.2	17570.4	16460.2	4726.9	61	2234.0
龙口市	Longkou	2534.8	2141.2	2150.2	558.1	9	203.0
莱阳市	Laiyang	2547.9	1799.5	1675.4	521.7	3	113.0
莱州市	Laizhou	2276.5	2248.6	2090.2	632.2	38	277.7
招远市	Zhaoyuan	1199.9	1199.9	1170.1	429.2	12	392.4
栖霞市	Qixia	703.3	628.3	603.2	218.2	4	41.0
海阳市	Haiyang	1583.0	1470.4	1465.6	401.0	6	382.7
潍坊市	Weifang	13319.3	8501.6	12333.1	3748.1	66	2847.4
青州市	Qingzhou	3213.1	2391.9	2269.7	623.1	18	572.2
诸城市	Zhucheng	3895.4	2531.0	3391.8	1193.9	14	621.0
寿光市	Shouguang	4272.5	2040.4	3775.4	992.4	20	815.0
安丘市	Anqiu	3723.3	2663.0	3470.4	1128.2	21	959.3
高密市	Gaomi	2420.7	2374.7	2161.3	527.1	5	184.0
昌邑市	Changyi	2003.0	1453.1	1552.2	449.3	4	365.2
济宁市	Jining	12911.9	10862.3	10473.3	3264.9	50	2055.2
曲阜市	Qufu	1504.1	1166.2	1326.9	380.7	25	381.0
邹城市	Zoucheng	2204.9	2031.3	1945.3	530.9	16	524.0
泰安市	Tai'an	7875.4	7505.2	7519.3	2631.2	41	1880.5
新泰市	Xintai	3256.6	3139.6	3049.8	1038.3	21	977.3
肥城市	Feicheng	2530.4	2271.0	2211.7	567.5	6	460.2
威海市	Weihai	10668.2	9106.4	9622.4	2764.6	56	1256.4
荣成市	Rongcheng	3142.4	2715.7	2869.4	1151.5	23	1067.3
乳山市	Rushan	2054.5	1680.5	1772.8	440.3	13	246.7
日照市	Rizhao	5949.7	5532.5	5350.9	1791.0	53	1096.4
临沂市	Linyi	16534.7	11630.4	14264.0	4713.8	47	4656.2
德州市	Dezhou	8767.2	7587.3	7821.3	2398.3	45	1706.4
乐陵市	Laoling	1555.4	1350.4	1191.2	347.4	17	365.5
禹城市	Yucheng	2081.8	1539.9	1769.4	278.0	11	218.4
聊城市	Liaocheng	12419.2	7112.2	11074.5	1993.8	31	1167.0
临清市	Linqing	2290.2	1164.6	1916.4	451.5	8	192.6
滨州市	Binzhou	7666.5	7009.4	6850.2	2179.6	53	2291.7
邹平市	Zouping	3283.6	2341.2	2252.9	578.1	3	294.0
菏泽市	Heze	9814.7	7011.3	8189.2	1557.6	14	873.0

注：设市城市为市本级数据。
a)The data of cities are from Municipal level.

11-7 城市燃气供热情况(2022年)
Gas Supply and Heating by City (2022)

城市名称	City	天然气供气量(万立方米) Total Natural Gas Supply (10 000 cu.m)	居民家庭用量 Residential Use	液化石油气供气量(吨) Total Liquefied Petroleum Gas Supply (ton)	居民家庭用量 Residential Use	集中供热面积(万平方米) Heating Area (10 000 sq.m)	住宅 Houses
全 省	**Total**	**1275881.0**	**324671.5**	**259540.0**	**143353.4**	**192312.3**	**163162.4**
济南市	Jinan	188302.7	78949.7	37451.0	13334.0	32048.2	26904.0
青岛市	Qingdao	160699.0	36561.3	28047.6	11827.0	28187.2	23910.0
胶州市	Jiaozhou	21891.0	4489.1	4890.0	4620.0	2375.0	2132.0
平度市	Pingdu	13735.0	2391.9	3777.0	3748.0	1772.0	1595.0
莱西市	Laixi	11880.0	3950.0	7635.0	6432.0	1449.5	1370.9
淄博市	Zibo	116998.1	17179.5	16489.2	6837.1	9840.2	8627.1
枣庄市	Zaozhuang	13524.3	4627.7	8980.9	7196.0	4541.9	4198.6
滕州市	Tengzhou	33582.8	4464.0			3252.0	3017.1
东营市	Dongying	38722.1	15630.0	1300.0	713.8	6977.2	5790.2
烟台市	Yantai	44653.9	11335.9	24313.2	4965.0	16271.9	12204.0
龙口市	Longkou	44551.1	2162.0	2337.1	2233.0	1470.0	1283.8
莱阳市	Laiyang	6710.4	1235.0	1550.0	1150.0	1207.0	1037.0
莱州市	Laizhou	3670.0	1259.0	3379.0	3079.0	1697.2	1451.4
招远市	Zhaoyuan	3256.0	921.3	996.0	502.0	1333.8	1196.4
栖霞市	Qixia	3500.0	750.0	2560.0	2230.0	367.5	342.1
海阳市	Haiyang	2253.3	1012.3	1900.0	1100.0	359.2	342.8
潍坊市	Weifang	58218.0	15200.0	14015.0	7421.0	10997.0	9169.0
青州市	Qingzhou	12197.4	3152.8	1270.0	710.0	2150.1	1986.3
诸城市	Zhucheng	15477.0	2495.0	6700.0	6690.0	1445.6	1380.0
寿光市	Shouguang	9136.0	3554.6	4649.0	1044.0	2840.0	2252.0
安丘市	Anqiu	7836.8	2511.7	5588.0	5501.0	1211.6	1136.7
高密市	Gaomi	18840.0	6421.0	486.0	102.0	958.2	795.9
昌邑市	Changyi	4003.9	3288.5	1636.0	1618.0	957.5	933.7
济宁市	Jining	42792.3	16064.9	3474.9	705.0	5446.9	4379.7
曲阜市	Qufu	9304.8	2206.8			1466.0	1323.7
邹城市	Zoucheng	5559.0	4802.4	434.8	145.8	1813.3	1665.5
泰安市	Tai'an	45137.4	5531.8	1501.3	104.9	4783.9	4200.2
新泰市	Xintai	7259.3	2370.0	3054.0	878.0	1305.0	1195.0
肥城市	Feicheng	6986.8	4826.0	494.8	157.4	1304.0	1188.0
威海市	Weihai	18819.7	5450.0	13058.0	1863.0	10119.3	7375.8
荣成市	Rongcheng	9148.8	2400.0	7813.7	3957.0	1471.8	1215.7
乳山市	Rushan	5793.3	1197.5	162.8		820.0	784.0
日照市	Rizhao	29510.3	7294.4	7780.0	7691.0	2834.4	2463.9
临沂市	Linyi	89174.3	13093.3	19850.7	18533.7	8600.9	8045.9
德州市	Dezhou	33904.1	5398.1	5553.0	4828.0	3880.0	3082.5
乐陵市	Laoling	4327.0	1645.0	3000.0	2996.0	428.0	410.0
禹城市	Yucheng	8364.2	2615.7	1800.0	301.1	1156.3	1078.4
聊城市	Liaocheng	53188.9	5950.0	5163.0	1985.0	4787.0	4394.4
临清市	Linqing	4594.0	2216.0	1641.8	1641.7	823.8	724.9
滨州市	Binzhou	29064.0	8812.8	859.8	857.3	4953.4	4269.5
邹平市	Zouping	21103.0	3700.6	235.0	234.6	911.8	759.8
菏泽市	Heze	18210.9	5553.7	3712.4	3421.0	1696.8	1549.8

注：设市城市为市本级数据。
a)The data of cities are from Municipal level.

主要统计指标解释

供水普及率 指报告期末城区内用水人口与总人口的比率。计算公式：

$$供水普及率=\frac{城区用水人口}{城区人口+城区暂住人口}\times 100\%$$

燃气普及率 指报告期末城区内使用燃气的人口与总人口的比率。计算公式：

$$燃气普及率=\frac{城区用气人口}{城区人口+城区暂住人口}\times 100\%$$

供水综合生产能力 指按供水设施取水、净化、送水、出厂输水干管等环节设计能力计算的综合生产能力。计算时，以四个环节中最薄弱的环节为主确定能力。

年末供水管道长度 指从送水泵至各类用户引入管之间所有市政管道的长度。不包括新安装尚未使用、水厂内以及用户建筑物内的管道。

全年供水总量 指报告期供水企业（单位）供出的全部水量。包括有效供水量和漏损水量。

生产运营用水 指在城区范围内生产、运营的农、林、牧、渔业、工业、建筑业、交通运输业等单位在生产、运营过程中的用水。

公共服务用水 指为城区社会公共生活服务的用水，包括行政事业单位、部队营区和公共设施服务、社会服务业、批发零售贸易业、旅馆饮食业以及社会服务业等单位的用水。

居民家庭用水 指城市范围内所有居民家庭的日常生活用水，包括城市居民、农民家庭、公共供水站用水。

全年供气总量 指全年燃气企业(单位)向用户供应的燃气数量。包括销售量和损失量。

供热面积 指供热企业(单位)向城市各类房屋建筑物、构筑物及其附属设施供热的全部建筑面积。

年末道路长度 指道路长度和与道路相通的桥梁、隧道的长度，按车行道中心线计算。

道路面积 指道路实际铺装面积和与道路相通的广场、桥梁、隧道的铺装面积。

城市桥梁 指为跨越天然或人工障碍物而修建的构筑物，包括跨河桥、立交桥、人行天桥以及人行地下通道等。

城市排水管道长度 指所有市政排水总管、干管、支管、检查井及连接井进出口等长度之和。

年末运营车数 指年末公交企业(单位)用于运营业务的全部车辆数。以企业(单位)固定资产台账中已投入运营的车辆数为准。

绿化覆盖面积 指城市中的乔木、灌木、草坪等所有植被的垂直投影面积。

园林绿地面积 指报告期末用作园林和绿化的各种绿地面积。包括公园绿地、防护绿地、广场用地内绿地、附属绿地和区域绿地的面积。其中：公园绿地是指城市中向公众开放，以游憩为主要功能，兼具生态、景观、文教和应急避险等功能，有一定游憩和服务设施的绿地。

Explanatory Notes on Main Statistical Indicators

Coverage Rate of Urban Population with Access to Tap Water refers to the ratio of the urban population with access to tap water to the total urban population at the end of reference period. The formula is:

$$\text{Coverage of urban population with access to tap water} = \frac{\text{Urban population with access to tap water}}{\text{Urban population}} \times 100\%$$

Percentage of Urban Population with Access to Gas refers to the ratio of use of gas in urban area population and the total population. at the end of the reference period. The formula is:

$$\text{Coverage rate of urban population with access to gas} = \frac{\text{Urban population with access to gas}}{\text{Urban population}} \times 100\%$$

Production Capacity of Water Supply refers to the designed overall production capacity of water facilities, covering the four segments of water collection, purification, conveyance, and outflow through trunk pipelines. Increased capacity through transformation and innovation projects is included as well. The capacity is determined mainly on the weakest of the above-mentioned four segments.

Length of Water Supply Pipelines refers to the total length of all pipelines between the water pumps and the user water meters, excluding pipelines newly installed but not in use yet, pipeline in the water factory, and pipeline in the users' buildings.

Total Volume of Urban Water Supply refers to the total volume of water supplied by water-works (units) during the reference period, including both the effective water supply and loss during the water supply.

Consumption of Water for Production Use refers to water consumption in the process of production and operation by production and operation units of agriculture, forestry, animal husbandry, fisheries, manufacturing, construction, transport, etc. in urban areas.

Consumption of water for public service use refers to water consumption for public service in the urban areas, including water consumption of administrative institutions, military barracks, public facilities, wholesale and retail, accommodation and catering industries and social service industry, etc.

Consumption of water for household use refers to consumption of water for daily life of all households in cities, including households of urban residents and farmers, and public water supply stations.

Volume of Gas Supply refers to the total volume of gas provided to users by gas-producing enterprises (units) during the reporting period, including the volume sold and the volume lost.

Area of Heat-supply Service refers to the total area of buildings, structures and their affiliated facilities with heat supply provided by heating enterprises (units).

Length of Paved Roads refers to the length of roads with paved surface, including bridges and tunnels connected with roads. Length of the roads is measured by the central lines.

Area of Road refers to the actual pavement area of the road and the pavement area of squares, bridges and tunnels connected with the road.

Urban Bridges refer to bridges built to cross over natural or man-made barriers, including bridges over rivers, overpasses for traffic and for pedestrians, underpasses for pedestrians, etc.

Length of Urban Sewage Pipes refers to the total length of general drainage, trunks, branch and inspection wells, connection wells, inlets and outlets, etc.

Number of Vehicles under Operation at the Year-end refers to the total number of vehicles under operation by public transport enterprises (units) at the end of the year, based on the records of operational vehicles by the enterprises (units).

Area of Green coverage refers to the vertical projection area of all trees in the city such as trees, shrubs, lawns, etc.

Garden green area refers to a green area for gardening and greening. Including parks, green space in square land, protective green, the accessory Greenbelt and regional green areas at the end of referenced period.Park Green Land refers to the green land which is open to the public for relaxation and has service facilities and is used for ecological protection, landscaping and disaster reduction. It is an important part of construction land, urban green space and municipal public facilities.

第12篇

资源和环境

Natural Resources and Environment

简 要 说 明

一、本篇资料的主要内容

本篇资料主要反映了全省资源和环境保护事业发展状况，资源部分主要包括自然资源、湖泊、河流、山脉和气候以及土地利用和水资源状况，环境保护部分主要包括工业废水、废气、固体废物等工业污染物排放及处理情况和工业污染治理项目建设情况。

二、本篇资料的来源

1．自然资源和湖泊、河流、山脉等表，由省统计局综合处根据年鉴积累资料整理。

2．气象资料主要包括各市平均气温、降水量、日照等方面的资料，数据来源于省气象局，由省统计局综合处整理提供。

3．湿地、造林资料和土地利用情况来源于省自然资源厅，由省统计局能源处整理提供。

4．水资源资料来源于省水利厅，由省统计局能源处整理提供。

5．环境保护资料来源于省生态环境厅，由省统计局能源处整理提供。

Brief Introduction

I. Content

Data in this chapter reflect natural resources of Shandong and development in environment protection. Resources mainly include natural resources, lakes, rivers, mountains and climate. Environment protection mainly shows treatment and discharge of industrial waste water, solid waste and waste gas, construction of projects for pollution treatment.

II. Source of Data

(1) Data on natural resources, lakes, rivers, and mountains are prepared by the Division of Comprehensive Statistics of Shandong Provincial Bureau of Statistics.

(2) Data on climate mainly include average temperature, precipitation and sunshine hours. The data are provided by the Meteorological Bureau of Shandong Province and prepared by the Division of Comprehensive Statistics of Shandong Provincial Bureau of Statistics.

(3) Data on wetland and plantation and land use are provided by the Department of Nature and Resources of Shandong Province and prepared by the Division of Energy Statistics of Shandong Provincial Bureau of Statistics.

(4) Data on water resource are provided by the Department of Water Resources of Shandong Province and prepared by the Division of Energy Statistics of Shandong Provincial Bureau of Statistics.

(5) Data on environment protection are provided by the Ecological Environment Department of Shandong Province and prepared by the Division of Energy Statistics of Shandong Provincial Bureau of Statistics.

12-1 人口和自然资源(2022年)
Population and Natural Resources (2022)

项　　目		Item		2022
一、人　口		Population		
年末总人口	(万人)	Total Population(year-end)	(10 000 persons)	10162.79
人口密度	(人/平方公里)	Density of Population	(person/sq.km)	643
二、土　地(2021年)		Land(2021)		
全省土地面积	(万平方公里)	Land Area	(10 000 sq.km)	15.8
农用地		Land for Agriculture Use		11.7
耕地		Cultivated Land		6.4
园地		Garden Land		1.3
牧草地		Grazing and Pasture Land		
建设用地		Land for Construction		3.2
城镇村及工矿用地		Land for Urban Village, Mining and Manufacturing		2.8
交通用地		Land for Transport Facilities		0.3
水利设施用地		Land for Water Conservancy Facilities		0.1
三、矿　产		Mineral Resources		
已发现矿产种类	(种)	Mineral Resources Discovered	(kind)	148
已探明储量的矿产种类	(种)	Number of Mineral Resources with Insured Reserves	(kind)	93
能源矿产	(种)	Energy Resources	(kind)	7
金属矿产	(种)	Metal Mineral	(kind)	27
非金属矿产	(种)	Nonmetal Mineral	(kind)	56
水气矿产	(种)	Water and Gas	(kind)	3
四、水文、水利		Water Resources		
水资源总量	(亿立方米)	Average Volume of Water Resources	(100 million cu.m)	508.94
地表水资源量	(亿立方米)	Surface Water Volume	(100 million cu.m)	391.08

12-2 主要湖泊、河流基本情况
Basic Statistics on Major Lakes and Rivers

湖泊名	Names of Lakes	面积（平方公里） Area of Lakes (sq.km)	河流名	Names of Rivers	面积（平方公里） Drainage Area (sq.km)	河长（公里） Length (km)
小计	Total	1494.6	徒骇河	Tuhaihe River	13136.6	446.5
微山湖	Weishan Lake	531.7	沂河	Yihe River	10909.9	287.5
昭阳湖	Zhaoyang Lake	337.1	马颊河	Majiahe River	10638.4	448.0
独山湖	Dushan Lake	144.6	小清河	Xiaoqinghe River	10498.8	233.0
南阳湖	Nanyang Lake	211.0	大汶河	Dawenhe River	9069.0	211.0
东平湖	Dongping Lake	167.0	潍河	Weihe River	6493.2	233.0
麻大湖	Mada Lake	110.0	沭河	Shuhe River	6161.4	263.0
白云湖	Baiyun Lake	16.2	大沽河	Daguhe River	4161.9	179.9
青沙湖	Qingsha Lake	11.1	弥河	Mihe River	3847.5	206.0

12-3 主要山脉高度
Height of Major Mountains

山名	Mountain Range	标高（米） Height of Mountain Peak (m)	山名	Mountain Range	标高（米） Height of Mountain Peak (m)
泰山	Taishan Mountains	1532	马耳山	Maer Mountains	707
蒙山	Mengshan Mountains	1156	龙须崮	Longxvgu Mountains	707
崂山	Laoshan Mountains	1133	凤凰山	Fenghuang Mountains	648
鲁山	Lushan Mountains	1108	四海山	Sihai Mountains	625
沂山	Yishan Mountains	1032	鏊子崮	Aozigu Mountains	616
徂徕山	Culai Mountains	1028	黑山	Heishan Mountains	612
昆嵛山	Kunyu Mountains	923	珂楼埠山	Keloubu Mountains	577
九顶山	Jiuding Mountains	834	大山	Dashan Mountains	560
艾山	Aishan Mountains	814	伟德山	Weide Mountains	554
牙山	Yashan Mountains	806	招虎山	Zhaohu Mountains	550
大泽山	Daze Mountains	737	孟良崮	Menglianggu Mountains	536
摩天岭	Motianling Mountains	735	布山	Bushan Mountains	447

12-4 各市平均气温(2022年)
Monthly Average Temperature by Region(2022)

单位:摄氏度 (℃)

城市名	City	一 月 Jan.	二 月 Feb.	三 月 Mar.	四 月 Apr.	五 月 May	六 月 June
济南市	Jinan	1.0	2.5	10.7	17.7	22.4	28.6
青岛市	Qingdao	1.3	1.5	7.6	12.6	17.7	21.7
淄博市	Zibo	-0.9	0.8	9.5	16.4	20.7	27.1
枣庄市	Zaozhuang	1.6	2.7	11.0	17.5	22.4	28.4
东营市	Dongying	-0.4	1.1	8.8	16.2	21.5	25.9
烟台市	Yantai	-0.5	-0.1	6.7	13.7	19.0	22.9
潍坊市	Weifang	-0.2	1.3	8.7	16.1	21.5	25.5
济宁市	Jining	2.4	3.6	11.7	18.1	22.5	28.9
泰安市	Tai'an	0.8	1.6	10.3	17.3	21.3	27.7
威海市	Weihai	0.1	0.5	6.8	14.0	19.4	23.0
日照市	Rizhao	1.5	1.7	8.1	14.2	19.7	22.7
临沂市	Linyi	1.0	2.3	9.8	16.3	21.4	26.3
德州市	Dezhou	-1.0	0.4	9.2	15.8	20.2	27.0
聊城市	Liaocheng	0.6	2.3	10.3	16.5	20.8	28.3
滨州市	Binzhou	-1.2	0.3	8.7	15.7	20.4	25.9
菏泽市	Heze	1.2	3.3	11.1	17.5	22.0	29.1

12-4 续表 continued

单位:摄氏度 (℃)

城市名	City	七 月 July	八 月 Aug.	九 月 Sept.	十 月 Oct.	十一月 Nov.	十二月 Dec.	全年平均 Annual Average
济南市	Jinan	26.9	27.0	23.0	14.9	10.9	0.3	15.5
青岛市	Qingdao	25.5	26.0	22.5	15.7	12.3	1.2	13.8
淄博市	Zibo	26.9	26.3	21.2	13.6	9.7	-2.4	14.1
枣庄市	Zaozhuang	27.5	28.6	23.4	15.8	11.7	0.6	15.9
东营市	Dongying	27.5	27.0	22.7	14.3	10.0	-1.3	14.4
烟台市	Yantai	25.6	25.0	21.4	14.2	10.5	-0.2	13.2
潍坊市	Weifang	27.1	26.8	22.6	14.6	10.6	-0.9	14.5
济宁市	Jining	27.6	28.6	23.2	15.2	11.1	0.8	16.1
泰安市	Tai'an	26.9	27.0	22.0	13.7	9.9	-1.2	14.8
威海市	Weihai	25.8	25.3	21.9	14.9	11.2	0.5	13.6
日照市	Rizhao	25.6	26.3	22.1	15.6	12.1	1.3	14.2
临沂市	Linyi	26.6	27.1	22.3	15.2	11.3	0.8	15.0
德州市	Dezhou	26.6	26.0	21.3	13.0	8.6	-2.7	13.7
聊城市	Liaocheng	26.9	27.0	22.5	14.4	9.8	-0.8	14.9
滨州市	Binzhou	27.0	26.3	21.6	13.4	9.0	-2.1	13.8
菏泽市	Heze	27.1	27.9	23.3	15.0	10.5	0.4	15.7

12-5 各市降水量(2022年)
Monthly Precipitation by Region(2022)

单位:毫米 (millimeter)

城市名	City	一 月 Jan.	二 月 Feb.	三 月 Mar.	四 月 Apr.	五 月 May	六 月 June
济 南 市	Jinan	5.6	0.3	46.1	21.3	11.7	113.2
青 岛 市	Qingdao	5.0	0.2	20.9	1.8	3.5	349.5
淄 博 市	Zibo	5.6	0.3	29.8	13.0	4.3	156.4
枣 庄 市	Zaozhuang	10.4	1.1	21.0	4.8	2.2	367.4
东 营 市	Dongying	2.3	0.6	34.1	12.3	9.0	156.3
烟 台 市	Yantai	5.8	8.5	37.4	2.6	7.9	224.3
潍 坊 市	Weifang	3.1	1.5	34.5	17.2	31.1	244.7
济 宁 市	Jining	9.2	0.2	21.2	4.2	2.6	213.2
泰 安 市	Tai'an	3.5	0.0	17.1	16.5	1.5	120.7
威 海 市	Weihai	4.7	4.2	25.6	2.0	8.2	217.6
日 照 市	Rizhao	3.2	0.0	18.3	4.2	9.9	319.9
临 沂 市	Linyi	9.9	0.1	19.3	2.6	6.7	258.3
德 州 市	Dezhou	3.7	0.0	15.1	18.2	9.5	135.9
聊 城 市	Liaocheng	7.8	0.0	22.7	13.6	12.4	143.9
滨 州 市	Binzhou	2.7	0.4	32.7	20.0	6.3	128.7
菏 泽 市	Heze	15.2	0.4	13.9	4.8	4.8	144.5

12-5 续表 continued

单位:毫米 (millimeter)

城市名	City	七 月 July	八 月 Aug.	九 月 Sept.	十 月 Oct.	十一月 Nov.	十二月 Dec.	全 年 Annual Total
济 南 市	Jinan	294.8	175.5	0.8	205.9	31.6	0.0	906.8
青 岛 市	Qingdao	308.2	302.7	222.9	80.7	36.5	0.1	1332.0
淄 博 市	Zibo	278.0	239.3	13.2	196.4	18.2	0.0	954.5
枣 庄 市	Zaozhuang	427.4	56.2	0.2	25.5	44.7	0.0	960.9
东 营 市	Dongying	279.5	137.5	32.0	122.1	29.0	0.2	814.9
烟 台 市	Yantai	126.7	148.1	224.0	124.1	24.4	21.7	955.5
潍 坊 市	Weifang	203.8	234.3	88.1	154.7	20.1	0.0	1033.1
济 宁 市	Jining	379.9	36.3	0.0	29.5	26.4	0.2	722.9
泰 安 市	Tai'an	293.1	152.8	0.0	162.8	29.0	0.0	797.0
威 海 市	Weihai	127.6	169.9	199.5	128.5	22.5	36.3	946.6
日 照 市	Rizhao	224.8	70.0	97.2	31.5	49.6	0.4	829.0
临 沂 市	Linyi	298.4	145.1	13.7	61.9	49.6	0.0	865.6
德 州 市	Dezhou	231.0	122.5	0.4	110.7	13.9	0.0	660.9
聊 城 市	Liaocheng	249.9	117.7	0.2	173.1	15.1	0.0	756.4
滨 州 市	Binzhou	328.9	193.9	13.6	133.5	15.5	0.0	876.2
菏 泽 市	Heze	316.6	22.9	0.0	23.2	26.0	1.3	573.6

12-6 各市日照时数(2022年)
Monthly Sunshine Hours by Region(2022)

单位:小时 (hour)

城市名	City	一 月 Jan.	二 月 Feb.	三 月 Mar.	四 月 Apr.	五 月 May	六 月 June
济南市	Jinan	152.2	206.7	197.8	243.9	294.3	273.8
青岛市	Qingdao	185.1	204.9	190.3	237.9	280.0	139.2
淄博市	Zibo	122.8	183.6	155.5	200.6	260.4	197.9
枣庄市	Zaozhuang	96.1	156.5	168.8	202.0	248.8	228.3
东营市	Dongying	170.4	204.6	201.4	229.6	276.7	216.4
烟台市	Yantai	164.6	180.8	200.5	260.4	274.7	203.1
潍坊市	Weifang	180.2	216.0	202.7	251.7	286.1	240.3
济宁市	Jining	87.2	154.5	159.3	200.3	258.0	268.9
泰安市	Tai'an	137.3	200.0	197.1	242.1	279.2	266.2
威海市	Weihai	179.2	186.9	204.9	270.8	291.7	215.7
日照市	Rizhao	178.6	183.3	174.0	224.1	272.1	148.2
临沂市	Linyi	147.7	173.3	177.9	216.5	273.9	221.6
德州市	Dezhou	125.8	194.5	180.8	218.2	277.8	250.5
聊城市	Liaocheng	114.2	195.6	174.7	221.7	294.1	276.1
滨州市	Binzhou	162.9	215.5	201.7	238.2	288.9	241.6
菏泽市	Heze	83.2	174.6	169.6	216.3	271.3	276.1

12-6 续表 continued

单位:小时 (hour)

城市名	City	七 月 July	八 月 Aug.	九 月 Sept.	十 月 Oct.	十一月 Nov.	十二月 Dec.	全 年 Annual Total
济南市	Jinan	196.7	207.7	267.6	195.2	145.3	226.8	2608.0
青岛市	Qingdao	151.7	181.8	240.7	185.9	132.3	194.3	2324.1
淄博市	Zibo	135.9	153.0	219.3	157.5	117.5	177.3	2081.3
枣庄市	Zaozhuang	120.5	161.8	197.7	181.2	100.2	169.3	2031.2
东营市	Dongying	179.5	171.8	250.7	169.0	140.6	203.0	2413.7
烟台市	Yantai	140.3	161.9	245.9	172.6	142.3	144.7	2291.8
潍坊市	Weifang	174.0	191.8	251.2	184.5	140.0	216.2	2534.7
济宁市	Jining	141.3	166.1	215.4	154.5	89.2	153.5	2048.2
泰安市	Tai'an	174.4	182.3	255.2	191.8	119.9	216.5	2462.0
威海市	Weihai	161.7	169.6	254.0	188.0	143.3	135.8	2401.6
日照市	Rizhao	122.8	162.0	227.7	194.3	134.2	195.5	2216.8
临沂市	Linyi	139.9	181.6	214.1	195.9	107.3	190.0	2239.7
德州市	Dezhou	201.9	160.5	259.1	159.7	136.3	206.7	2371.8
聊城市	Liaocheng	166.5	174.9	243.5	172.3	104.8	208.1	2346.5
滨州市	Binzhou	190.2	179.1	260.6	171.5	149.0	216.4	2515.6
菏泽市	Heze	164.4	183.2	240.2	168.2	110.0	176.9	2234.0

12-7 各市土地利用情况(2021年)
Land Use by Region(2021)

单位:公顷 (hectare)

地 区	Region	农用地 Land for Agriculture Use	建设用地 Land for Construction	城镇村及工矿用地 Land for Urban Village, Mining and Manufacturing	交通用地 Land for Transport Facilities	水利设施用地 Land for Water Conservancy Facilities	未利用地(不含裸岩石砾地) unutilized land (excluding exposed rock land)
全省总计	**Total**	**11682912**	**3216009**	**2843359**	**280869**	**91781**	**879193**
济南市	Jinan	754739	219712	191093	20825	7794	47060
青岛市	Qingdao	807237	261316	230125	26215	4976	55921
淄博市	Zibo	437294	131567	115789	13045	2733	25620
枣庄市	Zaozhuang	342475	98297	88380	7180	2737	12660
东营市	Dongying	479171	152426	132908	11507	8012	194096
烟台市	Yantai	1090033	232915	207263	23255	2397	66954
潍坊市	Weifang	1159651	356928	319779	31668	5481	99856
济宁市	Jining	766489	222779	189341	20320	13119	124375
泰安市	Tai'an	590588	141542	127016	12153	2373	40265
威海市	Weihai	452689	93943	82448	10860	635	35575
日照市	Rizhao	417870	101212	87274	12779	1158	17328
临沂市	Linyi	1336640	326642	295548	27108	3985	52431
德州市	Dezhou	818713	199141	169678	16860	12602	17918
聊城市	Liaocheng	669607	185042	163159	14654	7229	8147
滨州市	Binzhou	628539	232410	209256	14477	8677	56783
菏泽市	Heze	931177	260137	234301	17963	7873	24203

注：数据来源于2021年度国土变更调查。(以下相关表同)

a) The data in this table come from the 2021 National Land Changing Survey.(The same applies to the following relevant tables.)

12-8 各市湿地面积(2021年)
Area of Wetlands by Region (2021)

地 区	Region	湿地面积(千公顷) Area of Wetlands (1 000 hectares)	沿海滩涂 coastal beach	内陆滩涂 Inland tidal flat	沼泽地 swamps
全省总计	**Total**	**246.8**	**198.9**	**48.0**	
济南市	Jinan	0.4		0.4	
青岛市	Qingdao	23.6	23.0	0.6	
淄博市	Zibo	0.9		0.9	
枣庄市	Zaozhuang	0.2		0.2	
东营市	Dongying	124.3	91.1	33.3	
烟台市	Yantai	16.5	16.2	0.4	
潍坊市	Weifang	37.1	34.9	2.2	
济宁市	Jining	1.1		1.1	
泰安市	Tai'an	0.8		0.8	
威海市	Weihai	14.0	13.7	0.3	
日照市	Rizhao	3.7	3.3	0.3	
临沂市	Linyi	1.3		1.3	
德州市	Dezhou	0.2		0.2	
聊城市	Liaocheng	0.1		0.1	
滨州市	Binzhou	22.0	16.7	5.3	
菏泽市	Heze	0.5		0.5	

12−9 造林面积情况
Area of Afforestation

单位：公顷 (hectare)

年份 地区	Year Region	造林总面积 Total Area of Afforestation	按造林方式分 By Approach 人工造林 Manual Planting	按林种用途分 By Function of Forest 用材林 Timber Forests	经济林 By-product Forests	防护林 Protection Forests	薪炭林 Fuel Forests	特种用途林 Forests for Special Purpose
2000		153389	153389	18007	100769	34268	63	282
2001		135259	135259	19019	84039	32155		46
2002		152597	152597	43671	80066	27670	1098	92
2003		344079	344079	192653	92130	57709	1039	548
2004		262711	262711	134193	53536	74441	233	308
2005		141141	141141	47470	42674	49559	633	805
2006		134423	134423	40421	34252	59193	7	550
2007		156738	156738	49409	26971	68046	66	254
2008		185575	184928	69516	25947	89726	20	366
2009		182171	180529	42463	26172	113067		469
2010		205131	198998	36101	37856	129877		1297
2011		219028	219028	34598	51154	130896		2380
2012		197956	195875	25178	49195	122277		1306
2013		220473	219129	32569	63604	122536		1764
2014		224972	223560	43411	66219	113208		2134
2015		221207	206552	41627	60372	102643		1910
2016		146684	115179	19229	35812	59264		874
2017		142195	92306	20805	27941	42713		847
2018		147481	118745	30886	36323	49814		1722
2019			125393	38972	35641	49924		856
2020			102830	27904	21614	52369	97	846
2021			7137	1108	232	5769		28
2022		15491	4995					
济南市	Jinan	730	544					
青岛市	Qingdao	666	51					
淄博市	Zibo	158	107					
枣庄市	Zaozhuang	202	144					
东营市	Dongying	499	116					
烟台市	Yantai	240	44					
潍坊市	Weifang	535	231					
济宁市	Jining	3799	2061					
泰安市	Tai'an	585	488					
威海市	Weihai	2335	26					
日照市	Rizhao	124	67					
临沂市	Linyi	3003	482					
德州市	Dezhou	645	197					
聊城市	Liaocheng	387	60					
滨州市	Binzhou	1081	92					
菏泽市	Heze	500	285					

注：根据国家林业和草原局最新《林业草原综合统计调查制度》要求，不再按林种用途统计造林面积。

a)According to the latest 'Comprehensive Statistical Investigation System for Forestry and Grassland' issued by the National Forestry and Grassland Administration, the afforestation area has been no longer counted based on the use of forest types.

12-10 供水用水情况
Water Supply and Water Use

年份 地区	Year Region	供水总量(亿立方米) Water Supply (100 million cu.m)	地表水 Surface Water	地下水 Ground-water	其他 Others	用水总量(亿立方米) Water Use (100 million cu.m)	农业 Agricul-ture	工业 Industry	生活 Consump-tion	生态 Ecological Protection
2000		249.46	114.40	131.81	3.25	244.09	179.84	43.65	20.61	
2001		251.61	115.60	133.71	2.30	252.73	187.40	41.92	23.08	0.34
2002		252.39	117.66	132.96	1.77	244.73	192.87	36.59	14.98	0.29
2003		219.34	104.12	113.95	1.27	215.70	162.54	27.96	23.92	1.38
2004		214.88	106.28	107.40	1.20	211.30	160.14	24.81	24.67	1.68
2005		211.02	106.70	102.67	1.65	207.65	161.73	18.38	25.17	2.37
2006		225.53	119.77	103.90	1.86	222.24	175.07	18.93	25.62	2.62
2007		219.55	115.59	101.98	1.98	219.55	164.81	24.12	27.42	3.20
2008		219.89	115.51	101.23	3.15	219.89	162.76	24.69	28.71	3.73
2009		219.99	119.62	97.05	3.33	219.99	161.60	24.70	29.77	3.94
2010		222.47	127.15	91.31	4.01	222.47	159.65	26.84	31.34	4.64
2011		224.05	127.33	89.34	7.38	224.05	154.26	29.72	32.89	7.17
2012		221.79	126.12	89.26	6.41	221.79	154.23	28.10	32.81	6.66
2013		217.94	124.94	86.86	6.15	217.94	149.72	28.86	33.31	6.06
2014		214.52	121.26	85.99	7.28	214.52	146.72	28.64	33.39	5.78
2015		212.77	122.00	83.11	7.65	212.77	143.29	29.59	32.99	6.89
2016		213.99	123.26	82.34	8.39	213.99	141.50	30.64	34.22	7.64
2017		209.47	121.08	79.71	8.68	209.47	134.03	28.85	34.57	12.02
2018		212.66	125.66	78.29	8.71	212.66	133.46	32.53	36.05	10.62
2019		225.26	137.05	78.67	9.54	225.26	138.23	31.87	37.29	17.87
2020		222.50	135.67	74.96	11.87	222.50	134.04	31.91	37.47	19.08
2021		210.13	128.90	66.84	14.40	210.13	115.75	32.64	40.31	21.43
2022		216.96	130.35	69.27	17.33	216.96	122.68	33.10	41.28	19.89
济南市	Jinan	18.78	9.95	6.57	2.26	18.78	7.97	2.80	5.44	2.58
青岛市	Qingdao	11.99	8.18	2.22	1.59	11.99	2.73	2.14	5.40	1.71
淄博市	Zibo	10.53	4.72	4.90	0.91	10.53	4.41	3.31	1.99	0.82
枣庄市	Zaozhuang	5.78	1.96	3.26	0.56	5.78	2.35	1.32	1.42	0.69
东营市	Dongying	11.94	11.01	0.65	0.28	11.94	5.85	2.62	1.42	2.06
烟台市	Yantai	10.82	6.55	3.55	0.72	10.82	6.21	1.47	2.60	0.54
潍坊市	Weifang	15.93	8.45	6.28	1.20	15.93	7.91	2.71	3.72	1.59
济宁市	Jining	20.82	11.37	7.54	1.90	20.82	14.19	2.58	3.00	1.04
泰安市	Tai'an	10.26	3.77	5.07	1.42	10.26	6.31	1.08	1.88	0.99
威海市	Weihai	4.54	3.51	0.83	0.21	4.54	2.09	0.86	1.20	0.39
日照市	Rizhao	6.04	4.73	0.78	0.53	6.04	2.34	1.53	1.41	0.76
临沂市	Linyi	17.15	12.84	3.63	0.67	17.15	9.81	2.20	3.94	1.19
德州市	Dezhou	17.51	11.07	5.23	1.21	17.51	13.20	1.76	1.83	0.71
聊城市	Liaocheng	17.85	9.30	7.69	0.87	17.85	12.62	1.81	1.66	1.77
滨州市	Binzhou	14.64	12.48	1.16	0.99	14.64	8.03	3.38	1.54	1.69
菏泽市	Heze	22.37	10.44	9.91	2.01	22.37	16.67	1.53	2.82	1.35

注：自2021年起，原地下水水源供水量中的微咸水调整至其他水源供水量。
a) Since 2021, the volume of brackish water of groundwater has been adjusted to other water supply resources.

12-11 水资源情况
Water Resources

年份 地区	Year Region	水资源总量(亿立方米) Total Amount of Water Resources (100 million cu.m)	地表水资源量 Surface Water Resources	地下水资源与地表水资源不重复量 Unduplicated Measurement Between Surface Water and Groundwater
2003		489.69	349.29	140.40
2004		349.46	234.51	114.55
2005		415.86	295.85	120.01
2006		199.78	109.56	90.22
2007		387.11	280.19	106.93
2008		328.71	228.96	99.75
2009		284.95	173.80	111.16
2010		309.12	199.08	110.04
2011		347.61	237.49	110.12
2012		274.08	182.17	91.90
2013		291.70	191.07	100.64
2014		148.44	76.61	71.83
2015		168.44	84.30	84.14
2016		220.32	121.18	99.14
2017		225.61	139.14	86.47
2018		343.25	230.58	112.67
2019		195.21	119.66	75.54
2020		375.30	259.83	115.46
2021		525.33	381.84	143.49
2022		508.94	391.08	117.86
济南市	Jinan	34.02	23.24	10.78
青岛市	Qingdao	39.46	34.09	5.37
淄博市	Zibo	27.78	19.08	8.70
枣庄市	Zaozhuang	21.93	17.55	4.37
东营市	Dongying	9.97	9.16	0.81
烟台市	Yantai	68.28	63.86	4.43
潍坊市	Weifang	57.10	47.36	9.74
济宁市	Jining	28.68	15.91	12.77
泰安市	Tai'an	22.25	17.07	5.17
威海市	Weihai	31.57	28.95	2.62
日照市	Rizhao	18.40	16.55	1.86
临沂市	Linyi	65.55	57.99	7.56
德州市	Dezhou	20.18	10.11	10.08
聊城市	Liaocheng	21.01	8.54	12.47
滨州市	Binzhou	23.28	14.76	8.51
菏泽市	Heze	19.48	6.87	12.61

12-12 1981-2022年主要污染物排放及处理情况
Discharge and Treatment of Major Pollutants from 1981 to 2022

单位:万吨 (10 000 tons)

年份 Year	废水排放量 Volume of Waste Water Discharged	#工业 Industry	二氧化硫排放量 Volume of Sulphur Dioxide Discharged	氮氧化物排放量 Volume of Nitrogen Oxides Discharged	颗粒物排放量 Volume of Particulate Emissions	一般工业固体废物产生量 Volume of Common Industrial Solid Waste generated	一般工业固体废物综合利用量 Volume of Common Industrial Solid Waste Utilized
1981	104790	87673	119		77	2522	639
1982	105942	82641	120		97	2615	723
1983	110938	88168	122		85	2559	716
1984	129033	106275	142		117	2743	760
1985	131898	105375	160		120	2748	765
1986	127277	98913	171		129	2860	847
1987	132770	93811	173		116	2848	894
1988	144346	97136	191		128	3325	968
1989	137165	91360	189		130	3610	1117
1990	136573	87631	193		121	3880	1337
1991	137051	88728	204		121	3837	2169
1992	137721	86412	226		125	3941	2410
1993	142322	86350	228		135	4201	2353
1994	147979	87316	225		130	4263	2871
1995	158681	96214	232		130	4484	2899
1996	204200	101018				4652	2824
1997	246100	130918	247		108	5131	3448
1998	234048	117069	226		92	5109	3777
1999	224100	107975	183		71	5166	3877
2000	229000	110324	180		67	5407	4173
2001	235271	115233	172		65	6215	5224
2002	230709	106668	169		62	6559	5704
2003	245782	115933	184		62	6786	6054
2004	264014	128706	182		52	7922	7191
2005	280377	139071	200		62	9175	8683
2006	302637	144365	196		58	11011	10397
2007	334255	166574	182		46	11935	11615
2008	358910	176977	169		44	12988	12173
2009	386731	182673	159		42	14138	13826
2010	436371	208257	154		39	16038	15297
2011	443331	187245	183	179	78	19533	18298
2012	479100	183634	175	174	70	18343	17073
2013	494570	181179	164	165	70	18172	17134
2014	514423	180022	159	159	121	19199	18380
2015	550230	185493	153	142	108	19797	18308
2016	361471	156599	73	142	62	26350	22314
2017	357803	142495	42	120	48	28484	23152
2018	371738	145052	34	115	39	29995	23831
2019	374309	144039	28	109	37	32129	25230
2020	376378	133359	19	62	24	24989	19612
2021	371082	133854	17	82	22	25233	20027
2022	366156	131142	15	77	19	25787	20079

注：1.2011年以前，颗粒物排放量为烟尘排放量，从2014年起颗粒物排放量包含无组织排放的颗粒物。
2.根据“二污普”结果，对2016-2019年污染源统计初步数据进行了更新。

a) Before 2011, the volume of Particulate Emissions refers to that of soot and dust discharged, since 2014, the volume of Particulate Emissions inclu-des particulate matter discharged not through pipes.

b) The data on contaminants of 2016 to 2019 have been revised according to the results of the second national survey on pollution sources.

12-13 各市主要污染物排放情况(2021年)
Discharge of Major Pollutants by Region (2021)

地区	Region	废水排放量(万吨) Volume of Waste Water Discharged (10 000 tons)	工业 Industry	生活 Daily Life	化学需氧量排放量(吨) Volume of COD Discharged (ton)	工业 Industry	生活 Daily Life	氨氮排放量(吨) Volume of Ammonia Nitrogen Discharged (ton)	工业 Industry	生活 Daily Life
全省总计	**Total**	**371082**	**133854**	**236825**	**1562795**	**41921**	**477179**	**46436**	**1372**	**28502**
济南市	Jinan	49649	6084	43528	44799	1557	43238	2568	52	2515
青岛市	Qingdao	30841	6514	24274	41152	2015	39122	2024	48	1976
淄博市	Zibo	22009	11742	10261	20214	2701	17512	955	73	882
枣庄市	Zaozhuang	11187	6533	4634	24085	1766	22315	843	52	791
东营市	Dongying	19769	7973	11795	15035	3035	12000	925	167	758
烟台市	Yantai	31552	7200	24295	28046	1710	26316	2500	47	2453
潍坊市	Weifang	34251	15053	19162	40004	4690	35307	1442	115	1326
济宁市	Jining	20128	13002	7115	47648	3277	44365	3972	89	3882
泰安市	Tai'an	14019	6473	7538	30710	1903	28805	1401	100	1300
威海市	Weihai	5739	1506	4205	13017	583	12395	664	21	642
日照市	Rizhao	12602	7999	4582	20602	2980	17613	1698	69	1629
临沂市	Linyi	36044	6522	29493	46942	2906	44023	2936	138	2796
德州市	Dezhou	17598	6569	11007	36411	2321	34086	2498	73	2425
聊城市	Liaocheng	17874	5234	12617	34125	1692	32432	1708	62	1646
滨州市	Binzhou	23934	19678	4209	32535	6454	26077	1964	147	1816
菏泽市	Heze	23887	5770	18111	43908	2330	41573	1782	118	1664

12-13 续表 continued

地区	Region	二氧化硫排放量(吨) Volume of Sulphur Dioxide Discharged (ton)	工业 Industry	生活 Daily Life	氮氧化物排放量(吨) Volume of Nitrogen Oxides Discharged (ton)	工业 Industry	生活 Daily Life	颗粒物排放量(吨) Volume of Soot and Dust Discharged (ton)	工业 Industry	生活 Daily Life
全省总计	**Total**	**165340**	**125102**	**40168**	**816836**	**244099**	**19073**	**216931**	**102853**	**107774**
济南市	Jinan	13601	9458	4141	55787	22763	2390	22580	11047	11148
青岛市	Qingdao	5777	2897	2880	70774	8387	1754	11156	2724	7763
淄博市	Zibo	10669	4850	5813	40850	15963	2255	20096	4278	15550
枣庄市	Zaozhuang	4197	2692	1500	28749	8095	510	9368	5176	4006
东营市	Dongying	7845	7532	300	33965	16870	112	3227	2256	803
烟台市	Yantai	18485	15478	3000	43954	14926	1108	18030	9626	8021
潍坊市	Weifang	9933	6327	3604	63622	17944	1654	17042	6876	9665
济宁市	Jining	10930	6052	4875	91993	13151	1479	17978	4158	13005
泰安市	Tai'an	10748	8558	2186	43888	11500	1145	12689	6356	5876
威海市	Weihai	4914	3184	1730	17579	5187	643	5918	1102	4624
日照市	Rizhao	9046	7169	1875	39103	20095	900	17167	11946	5032
临沂市	Linyi	14077	12301	1775	112518	27924	1415	18253	12471	4815
德州市	Dezhou	7127	4871	2250	30059	9954	1153	16061	9791	6045
聊城市	Liaocheng	7930	6505	1425	51413	14945	1185	8114	3954	3870
滨州市	Binzhou	19603	18090	1500	50808	23733	791	10826	6509	4032
菏泽市	Heze	10458	9139	1313	41774	12662	578	8426	4584	3518

注：各市氮氧化物和颗粒物排放量数据含机动车排放源。
a) Vehicle emission source is included in the Volume of Nitrogen Oxides , Soot and Dust Discharged in each regions.

12-14 各市主要污染物排放情况(2022年)
Discharge of Major Pollutants by Region (2022)

地 区	Region	废水排放量(万吨) Volume of Waste Water Discharged (10 000 tons)	工业 Industry	生活 Daily Life	化学需氧量排放量(吨) Volume of COD Discharged (ton)	工业 Industry	生活 Daily Life	氨氮排放量(吨) Volume of Ammonia Nitrogen Discharged (ton)	工业 Industry	生活 Daily Life
全省总计	**Total**	**366156**	**131142**	**234619**	**1511012**	**36953**	**444072**	**46156**	**1106**	**28252**
济南市	Jinan	44595	5667	38924	39166	1384	37778	2335	45	2289
青岛市	Qingdao	33965	6692	27236	38060	1929	36120	1868	41	1827
淄博市	Zibo	19563	11226	8334	17843	2622	15220	1188	62	1126
枣庄市	Zaozhuang	14677	6456	8206	26084	1584	24495	809	45	763
东营市	Dongying	20499	8520	11972	13478	2809	10666	971	139	832
烟台市	Yantai	31151	7691	23376	30479	1648	28811	3280	44	3235
潍坊市	Weifang	36069	16472	19564	38301	4346	33951	2321	87	2234
济宁市	Jining	22650	13185	9452	37106	2914	34186	4323	82	4241
泰安市	Tai'an	7607	5078	2522	32844	1392	31448	1160	93	1067
威海市	Weihai	6227	1598	4596	12553	421	12125	630	15	614
日照市	Rizhao	15424	7780	7619	16517	2794	13713	1373	56	1317
临沂市	Linyi	35528	6990	28514	44149	2629	41514	2030	124	1906
德州市	Dezhou	15278	6528	8730	36707	2131	34573	2379	49	2330
聊城市	Liaocheng	17359	4673	12677	32997	1434	31563	1759	40	1719
滨州市	Binzhou	24012	17462	6499	28474	5208	23261	1860	99	1761
菏泽市	Heze	21550	5124	16399	36367	1707	34647	1076	85	990

12-14 续表 continued

地 区	Region	二氧化硫排放量(吨) Volume of Sulphur Dioxide Discharged (ton)	工业 Industry	生活 Daily Life	氮氧化物排放量(吨) Volume of Nitrogen Oxides Discharged (ton)	工业 Industry	生活 Daily Life	颗粒物排放量(吨) Volume of Soot and Dust Discharged (ton)	工业 Industry	生活 Daily Life
全省总计	**Total**	**145926**	**108334**	**37498**	**769622**	**223622**	**19880**	**191116**	**85391**	**100799**
济南市	Jinan	12650	8838	3807	48584	20539	2473	19952	9426	10274
青岛市	Qingdao	5681	2468	3212	67794	8074	1983	11707	2498	8658
淄博市	Zibo	8365	4260	4100	36600	12982	1803	14408	3183	10987
枣庄市	Zaozhuang	3772	2268	1500	26488	7235	510	7470	3343	4006
东营市	Dongying	7539	7257	270	32757	15510	439	2876	1986	753
烟台市	Yantai	13427	10485	2925	39938	13631	1092	15297	7163	7821
潍坊市	Weifang	9401	5796	3604	76413	16854	2234	15923	5762	9718
济宁市	Jining	10283	5439	4838	92416	13001	1468	16636	2976	12905
泰安市	Tai'an	9828	8128	1699	35725	11946	1026	11479	6598	4578
威海市	Weihai	3743	2430	1313	17475	4946	559	4595	900	3516
日照市	Rizhao	7457	5730	1725	36660	17736	860	14906	10121	4632
临沂市	Linyi	12360	10630	1725	97541	26021	1417	16739	11388	4683
德州市	Dezhou	6237	3983	2250	28686	9084	1153	14193	7967	6045
聊城市	Liaocheng	8358	6632	1725	46355	13330	1403	8177	3327	4682
滨州市	Binzhou	18578	17064	1500	48078	22557	835	10145	5898	4036
菏泽市	Heze	8247	6926	1305	38113	10177	627	6612	2854	3502

注：2022年数据为初步统计数据，各市氮氧化物和颗粒物排放量数据含机动车排放源。

a) The data of 2022 come from the number of preliminary statistics, vehicle emission source is included in the Volume of Nitrogen Oxides , Soot and Dust Discharged in each regions.

12－15　各市工业固体废物产生及利用处置情况(2021年)
Generation, Treatment and Utilization of Industrial Solid Wastes by Region(2021)

单位：万吨　　(10 000 tons)

地　区	Region	一般工业固体废物产生量 Total Volume of Industrial Solid Waste Produced	一般工业固体废物综合利用量 Total Volume of Industrial Solid Waste Utilized	一般工业固体废物处置量 Volume of Industrial Solid Waste Treated	一般工业固体废物贮存量 Volume of Industrial Waste in Solid Stocks	危险废物产生量 Hazardous Waste Produced	危险废物利用处置量 Hazardous Waste Utilized and Treated
全省总计	**Total**	**25233.4**	**20027.5**	**1625.3**	**3993.6**	**967.1**	**1008.2**
济 南 市	Jinan	2411.5	2320.6	126.6	8.1	93.7	94.0
青 岛 市	Qingdao	828.5	737.8	81.3	10.5	23.8	23.7
淄 博 市	Zibo	1702.5	949.7	421.0	345.5	100.9	100.9
枣 庄 市	Zaozhuang	693.5	680.5	14.9	1.7	22.3	22.3
东 营 市	Dongying	712.2	831.7	93.6	19.9	53.0	54.1
烟 台 市	Yantai	2166.2	1603.0	118.3	456.4	145.8	185.5
潍 坊 市	Weifang	1670.6	1315.9	97.6	274.1	64.0	65.9
济 宁 市	Jining	1514.4	1420.4	97.6	0.4	27.2	27.3
泰 安 市	Tai'an	1117.4	826.4	110.9	190.1	23.0	22.3
威 海 市	Weihai	308.9	304.0	23.0	5.6	6.7	6.8
日 照 市	Rizhao	1573.0	1447.9	75.2	70.9	65.3	65.7
临 沂 市	Linyi	1937.0	1773.5	148.4	23.3	56.1	55.1
德 州 市	Dezhou	984.7	876.7	118.2	2.4	28.5	27.5
聊 城 市	Liaocheng	2317.5	1752.1	57.4	513.1	39.5	39.9
滨 州 市	Binzhou	4793.8	2697.0	30.1	2071.5	159.6	159.2
菏 泽 市	Heze	501.7	490.4	11.1	0.3	57.7	58.0

12－16　各市工业固体废物产生及利用处置情况(2022年)
Generation, Treatment and Utilization of Industrial Solid Wastes by Region(2022)

单位：万吨　　(10 000 tons)

地　区	Region	一般工业固体废物产生量 Total Volume of Industrial Solid Waste Produced	一般工业固体废物综合利用量 Total Volume of Industrial Solid Waste Utilized	一般工业固体废物处置量 Volume of Industrial Solid Waste Treated	一般工业固体废物贮存量 Volume of Industrial Waste in Solid Stocks	危险废物产生量 Hazardous Waste Produced	危险废物利用处置量 Hazardous Waste Utilized and Treated
全省总计	**Total**	**25787.2**	**20079.5**	**1743.8**	**4190.9**	**1109.0**	**1135.9**
济 南 市	Jinan	2439.3	2354.1	121.0	3.5	80.3	80.0
青 岛 市	Qingdao	935.3	894.3	41.9	0.4	27.7	27.8
淄 博 市	Zibo	1698.7	962.2	399.6	359.6	103.2	103.7
枣 庄 市	Zaozhuang	644.6	604.7	52.4	0.7	26.1	26.0
东 营 市	Dongying	764.5	662.4	92.5	12.9	88.6	89.3
烟 台 市	Yantai	2595.1	1944.6	175.9	494.2	186.9	205.1
潍 坊 市	Weifang	1741.8	1370.1	97.9	285.0	76.9	76.9
济 宁 市	Jining	1475.8	1380.1	110.6	0.6	35.6	35.7
泰 安 市	Tai'an	1114.3	866.8	109.6	178.9	22.9	24.6
威 海 市	Weihai	319.1	289.0	28.2	5.7	7.1	7.1
日 照 市	Rizhao	1723.4	1605.0	60.5	73.8	76.2	76.0
临 沂 市	Linyi	1812.1	1630.9	198.8	3.9	79.7	79.3
德 州 市	Dezhou	918.3	813.0	113.2	4.7	31.3	31.7
聊 城 市	Liaocheng	2196.8	1639.9	34.2	525.0	41.6	41.8
滨 州 市	Binzhou	4817.2	2508.3	70.8	2241.8	175.4	181.6
菏 泽 市	Heze	590.9	554.2	36.7	0.2	49.4	49.2

注：2022年数据为初步统计数据。

a) The data of 2022 come from the number of preliminary statistics.

主要统计指标解释

自然资源 指人类可以直接从自然界获得，并用于生产和生活的物质资源。自然资源一般可以分成可再生资源和非再生资源两大类。可再生资源指在较短时间内可以再生、可以循环利用的资源，包括土地资源、水资源、气候资源、生物资源和海洋资源等。非再生资源指在使用后不能再生的资源，包括矿产资源和地热能源。

土地资源 土地指陆地的表层部分，它主要由岩石、岩石的风化物和土壤构成。按利用类型可以分为农用地、建设用地和未利用地。农用地包括耕地、园地、林地、牧草地、农村道路、坑塘水面、水库水面、沟渠、设施农用地、田坎。建设用地包括城镇村及工矿用地、交通运输用地、水利设施用地。未利用地指农用地和建设用地以外的土地，包括滩涂、河流水面、湖泊水面、盐碱地、沙地、裸土地等。

耕地面积 指种植农作物的土地面积。耕地包括熟地，新开发、复垦、整理地，休闲地（含轮歇地、休耕地）；以种植农作物(含蔬菜)为主，间有零星果树、桑树或其他树木的土地；平均每年能保证收获一季的已垦滩地和海涂。耕地中包括南方宽度<1.0米，北方宽度<2.0米固定的沟、渠、路和地坎(埂)。

森林 包括乔木林、竹林和国家特别规定的灌木林。按照用途可以分为防护林、特殊用途林、用材林、经济林和能源林。

森林面积 包括“三调”及其国土变更调查全部林地范围的乔木林、竹林和国家特别规定的灌木林；油茶等木本油料林、橡胶等工业原料林、核桃等干果经济林；与森林碳汇、生态保护和优美环境密切相关的森林沼泽范围的郁闭度0.2以上的乔木林，达到乔木林、灌木林覆盖标准的红树林，以及建设用地范围内的乔木林和竹林。

水资源 水在自然界中以固体、液体和气态三种聚集状态存在，分布于海洋、陆地(包括土壤)以及大气之中，通过水循环形成水资源。水资源包括经人类控制并直接可供灌溉、发电、给水、航运、养殖等用途的地表水和地下水，以及江河、湖泊、井、泉、潮汐、港湾和养殖水域等。水资源是发展国民经济不可缺少的重要自然资源。

地表水和地下水 陆地上的水因空间分布不同，分为地表水和地下水。地表水指分别存在于河流、湖泊、沼泽、冰川和冰盖等水体中水分的总称，又称陆地水。地下水指储存在地面以下饱和岩土孔隙、裂隙及溶洞中的水。

水资源总量 指评价区内降水形成的地表和地下产水总量，即地表产流量与降水入渗补给地下水量之和，不包括过境水量。

地表水资源量 指评价区内河流、湖泊、冰川等地表水体中可以逐年更新的动态水量，即当地天然河川径流量。

地下水资源量 指评价区内降水和地表水对饱水岩土层的补给量，包括降水入渗补给量和河道、湖库、渠系、渠灌田间等地表水体的入渗补给量。

内陆水域总面积 指江、河、湖泊、池塘、塘堰、水库等各种流水或蓄水的水面占地面积。

海　洋 是海和洋的统称。洋为地球表面上相连接的广大咸水水体的主体部分。海为地球表面相连接的广大咸水水体被陆地、岛礁、半岛包围或分隔的边缘部分。

海水可养殖面积 指利用滩涂、浅海、港湾进行鱼、虾、蟹、贝、藻等海水经济动植物的人工养殖的水面面积。

径　流 指陆地上接受降水后扣除损耗外，从地表和地下向流域出口断面汇集的水流。径流可分为地表径流、地下径流和壤中流。地表径流指沿地表向河流、湖泊、沼泽、海洋等汇集的水流；地下径流指沿潜水层或隔水层间的含水层，向河流、湖泊、沼泽、海洋等汇集的地下水水流。

径流量 指在一定时段内通过河流某一过水断面的水量，用以反映一个国家或地区水资源的丰歉程度。计算公式为：

径流量=降水量−蒸发量

矿产资源 矿产指由地质作用形成，富集于地壳中或出露于地表达到工农业利用要求的有用矿物。矿产是一种重要的自然资源，是社会发展的重要物质基础。

矿产基础储量 基础储量是查明矿产资源的一部分。它能满足现行采矿和生产所需的指标要求，是控制的、探明的并通过可行性或预可行性研究认为属于经济的、边界经济的部分，用未扣除设计、采矿损失的数量表示。

气　温 指空气的温度，我国一般以摄氏度(℃)为单位表示。气象观测的温度表是放在离地面约1.5米处通风良好的百叶箱里测量的，因此，通常说的气温指的是离地面1.5米处百叶箱中的温度。其统计计算方法为：

月平均气温是将全月各日的平均气温相加，除以该月的天数而得。

年平均气温是将12个月的月平均气温累加后除以12而得。

相对湿度 指空气中实际所含水蒸气密度和同温度下饱和水蒸气密度的百分比值。其统计方法与气温相同。

降水量 指从天空降落到地面的液态或固态(经融化后)水，未经蒸发、渗透、流失而在地面上积聚的深度。其统计计算方法为：

月降水量是将全月各日的降水量累加而得。

年降水量是将12个月的月降水量累加而得。

日照时数 指太阳实际照射地面的时间。其统计方法与降水量相同。

工业废水排放量 指报告期内经过企业厂区所有排放口排到企业外部的工业废水量。包括生产废水、外排的直接冷却水、废气治理设施废水、超标排放的矿井地下水和与工业废水混排的厂区生活污水，不包括独立外排的间接冷却水（清浊不分流的间接冷却水应计算在内）。

城镇生活污水排放量 指城镇居民每年排放的生活污水。用人均系数法测算。测算公式为：

$$\frac{\text{生活污水}}{\text{排放量}}=\frac{\text{城镇生活污水}}{\text{排放系数}}\times\frac{\text{市镇非}}{\text{农业人口}}\times 365$$

城镇生活污水中化学需氧量(COD)产生量 指城镇居民每年排放的生活污水中的COD的产生量。用人均系数法测算。测算公式为：

$$\frac{\text{城镇生活污水}}{\text{中}COD\text{排放量}}=\frac{\text{城镇生活污水中}}{COD\text{产生系数}}\times\frac{\text{市镇非}}{\text{农业人口}}\times 365$$

化学需氧量（COD） 测量有机和无机物质化学分解所消耗氧的质量浓度的水污染指数。

工业废气排放量 指报告期内企业厂区内燃料燃烧和生产工艺过程中产生的各种排入大气的含有污染物的气体的总量，以标准状态(273K，101325Pa)计算。测算公式为：

$$\frac{\text{工业废气}}{\text{排放量}}=\frac{\text{燃料燃烧过程}}{\text{中废气排放量}}+\frac{\text{生产工艺过程}}{\text{中废气排放量}}$$

二氧化硫排放量 指报告期内企业在燃料燃烧和生产工艺过程中排入大气的二氧化硫总质量。工业中二氧化硫主要来源于化石燃料（煤、石油等）的燃烧，还包括含硫矿石的冶炼或含硫酸、磷肥等生产的工业废气排放。

氮氧化物排放量 指报告期内企业在燃料燃烧和生产工艺过程中排入大气的氮氧化物总质量。

烟（粉）尘排放量 指报告期内企业在燃料燃烧和生产工艺过程中排入大气的烟尘及工业粉尘的总质量之和。烟尘或工业粉尘排放量可以通过除尘系统的排风量和除尘设备出口烟尘浓度相乘求得。

一般工业固体废物产生量 指未被列入《国家危险废物名录》或者根据国家规定的危险废物鉴别标准（GB5085）、固体废物浸出毒性浸出方法（GB5086）及固体废物浸出毒性测定方法（GB／T 15555）鉴别方法判定不具有危险特性的工业固体废物。

一般工业固体废物综合利用量 指报告期内企业通过回收、加工、循环、交换等方式，从固体废物中提取或者使其转化为可以利用的资源、能源和其他原材料的固体废物量（包括当年利用的往年工业固体废物累计贮存量）。如用作农业肥料、生产建筑材料、筑路等。综合利用量由原产生固体废物的单位统计。

一般工业固体废物处置量 指报告期内企业将工业固体废物焚烧和用其他改变工业固体废物的物理、化学、生物特性的方法，达到减少或者消除其危险成分的活动，或者将工业固体废物最终置于符合环境保护规定要求的填埋场的活动中，所消纳固体废物的量。

一般工业固体废物贮存量 指报告期内企业以综合利用或处置为目的，将固体废物暂时贮存或堆存在专设的贮存设施或专设的集中堆存场所内的量。

危险废物 指列入国家危险废物名录或根据国家规定的危险废物鉴别标准和鉴别方法认定的，具有爆炸性、易燃性、易氧化性、毒性、腐蚀性、易传染疾病等危险特性之一的废物。

危险废物产生量 指报告期内调查对象实际产生的危险废物的量。危险废物指列入国家危险废物名录或者根据国家规定的危险废物鉴别标准和鉴别方法认定的，具有爆炸性、易燃性、易氧化性、毒性、腐蚀性、易传染性疾病等危险特性之一的废物。

危险废物利用处置量 指调查年度调查对象从危险废物中提取物质作为原材料或者燃料的活动中消纳危险废物的量，以及将危险废物焚烧和用其他改变危险废物物理、化学、生物特性的方法，达到减少或者消除其危险成分的活动，或者将危险废物最终置于符合环境保护规定要求的填埋场的活动中，所消纳危险废物的量。包括本单位自行处置利用的本单位产生和接收外单位危险废物量

Explanatory Notes on Main Statistical Indicators

Natural Resources refers to material resources that could be obtained from the nature by human being and used for production and living. Natural resources in general can be classified as renewable resources and non-renewable resources. Renewable resources refer to resources that could be renewed and recycled during a relatively short period of time, including land resource, water resource, climate resource, biology resource and marine resource. Non-renewable resources include resources that could not be renewed, such as minerals and geothermal resource.

Land Resources refers to the surface part of the land, which consists mainly of rocks, rock weathering and soil. According to the utilization type, it can be divided into agricultural land, construction land and unused land. Agricultural land includes cultivated land, garden land, forest land, pasture land, rural roads, water surface of pits and ponds, water surface of reservoirs, ditches, agricultural land for installation and ridges. Land for construction includes land for urban and rural areas, industrial and mining areas, land for transportation, and land for water conservancy facilities. Unutilized land refers to land other than agricultural land and construction land, including tidal flats, river water surfaces, lake water surfaces, saline-alkali land, sandy land, bare land, etc. .

Cultivated Area refers to the area of land on which crops are grown. Cultivated land includes mature land, new development, reclamation, finishing land, leisure land (including round rest land, fallow land); Land mainly grown on crops (including vegetables) with sporadic fruit, mulberry or other trees; The average annual harvest can ensure the harvest of the reclaimed beach land and sea flat. Cultivated land includes fixed ditches, canals, roads and ridges with width less than 1 meter in the south and width less than 2 meter in the north.

Forests Include arbor forests, bamboo forests and shrubs specially specified by the state. According to the use can be divided into shelter forest, special use forest, timber forest, economic forest and energy forest.

The Forest Area includes the whole woodland range of arbor forest and bamboo forest supplied by 'three adjustments' and the land change survey, and shrubbery specially stipulated by the state; wood oil forest such as oil tea, industrial raw material forest such as rubber, and dried fruit economic forest such as walnuts; closely related to forest carbon sink, ecological protection and beautiful environment, forest with a canopy density of more than 0.2 in the forest swamp area, mangrove with forest and shrubbery coverage standard; arbor forest and bamboo forest within the construction land area..

Water Resource refers to water that exists in the nature in solid, liquid and gaseous states, is distributed in the ocean, land (including earth) and air, and constitutes the water resource through the circulation of water. Water resource includes the surface water and underground water that is controlled by the human being for irrigation, power-generation, water supply, navigation and cultivation. It also includes rivers, lakes, wells, springs, tides, gulf and water area for cultivation. Water resource as an important natural resource is indispensable for the development of the national economy.

Surface Water and Underground Water Water on earth can be divided into surface water and underground water according to its distribution. Surface water refers to moisture exists in rivers, lakes, swamps, glaciers, icecaps and so on. It is also called land water. The underground water refers to water deposited underground in the cranny and the hole of saturated rock soil and in the water-eroded cave.

Total Water Resources refers to total volume of water resources measured as run-off for surface water from rainfall and recharge for groundwater in a given area, excluding transit water.

Surface Water Resources refers to total renewable resources which exist in rivers, lakes, glaciers and other collectors from rainfall and are measured as run-off of rivers.

Groundwater Resources refers to replenishment of aquifers with rainfall and surface water.

Inland Water Area refers to water area of rivers, lakes, ponds, reservoir, etc.

Ocean is the general name for sea and ocean. Ocean refers to the main body of large salt water connected with the earth. Sea refers to the edge areas of the salt water on the earth that are comparted or surrounded by land, island, reef or peninsula.

Marine Cultivatable Areas refer to water areas in beach, shallow sea and lough that are used to breed marine cash propagation, such as fish, shrimp, crab, shellfish, alga and so on.

Runoff refers to the water gathered at the way out of the cross section of drainage area either from the surface or underground after deducting the wastage of the precipitation on the land. Runoff can be divided into surface runoff, underground runoff and within soil runoff. Surface runoff refers to water flow to the rivers, lakes, swamps, and seas on the surface of the earth. Underground runoff refers to water flow to rivers, lakes, swamps, and seas through the water-bearing stratum of confined layer or unconfined layer.

Volume of Runoff refers to the total volume of water running through a certain cross section of a river during a certain period of time, reflecting the water resource condition in a country or a region. The formula for calculating volume or runoff is as follows:

Runoff =Precipitation-Evaporation

Mineral Resources refer to useful minerals that can be used for industrial or agricultural purposes enriched in lithosphere or on earth due to the geological process. Minerals are important natural resources, and important material base for social development.

Ensured Mineral Reserves refer to the actual mineral

reserves, which equal to the proven mineral reserves (including industrial reserves and prospective reserves) minus extracted parts and underground losses.

Temperature refers to the air temperature. China uses centigrade as the unit. The thermometry used for weather observation is put in a breezy shutter, which is 1.5 meters high from the ground. Therefore, the commonly used temperature refers to the temperature in the breezy shutter 1.5 meters away from the ground. The calculation method is as follows:

Monthly Average Temperature is the summation of average daily temperature of one month divided by the actual days of that particular month.

Annual Average Temperature is the summation of monthly average of a year divided by 12 months.

Relative Humidity refers to the ratio of actual water vapor pressure to the saturation water vapor density under the current temperature. The statistical method is the same as that of temperature.

Volume of Precipitation refers to the deepness of liquid state or solid state (thawed) water falling from the sky to the ground that has not been evaporated, infiltrated or run off. The calculation method is as follows:

Monthly precipitation is the summation of daily precipitation of a month.

Annual precipitation is the summation of 12 months precipitation of a year.

Sunshine Hours refer to the actual hours of sun irradiating the earth. The calculation method is the same as that of the precipitation.

Industrial Waste Water Discharged Refers to the volume of industrial waste water discharged through all of the drainage system to the outside of factory complex by enterprises during the report period. It includes discharged waste water from production, direct cooling water, waste gas treatment facilities, mine groundwater beyond the standard and domestic sewage mixed with industrial waste water, does not include independently discharged indirect cooling water (voicing split-less indirect cooling water should be taken into account).

Urban Non industrial Waste Water Discharge refers to annual discharge of non-industrial waste water by urban households. It is estimated by per ca pita coefficient using the formula:

$$\frac{\text{Urban non-industrial}}{\text{waste water discharge}} = \frac{\text{urban non-industrial waste}}{\text{water discharge coefficient}} \times \frac{\text{urban non-agricultural}}{\text{population}} \times 365$$

Volume of Chemical Oxygen Demand (COD) Generated by Urban Non-industrial Waster Water refers to chemical oxygen demand generated through the annual discharge of non-industrial waste water by urban households. It is estimated as:

$$\begin{matrix}\text{Volume of chemical oxygen}\\\text{demand (cod) generated}\\\text{by urban non-industrial}\\\text{waster water}\end{matrix} = \begin{matrix}\text{Coefficient of COD}\\\text{generated through urban}\\\text{non-industrial waste water}\end{matrix} \times \begin{matrix}\text{urban}\\\text{non-agricultural}\\\text{population}\end{matrix} \times 365$$

Chemical Oxygen Demand (COD) refers to index of water pollution measuring the mass concentration of oxygen consumed by the chemical breakdown of organic and inorganic matter.

Industrial Waste Air Emission refers to discharge into atmosphere of waste air containing pollutants generated from fuel burning and production process in enterprises within a given period of time. It is calculated at standard status (273K, 101325Pa) as:

$$\begin{matrix}\text{Industrial waste}\\\text{air emission}\end{matrix} = \begin{matrix}\text{emission through}\\\text{fuel burning}\end{matrix} + \begin{matrix}\text{emission through}\\\text{production process}\end{matrix}$$

SO_2 Emission refers to the total volume of SO_2 discharged into air during the process of fuel combustion and industrial production in enterprises in a given time, and is mainly caused by the combustion of fossil fuel, ore smelting and the production of sulphuric acid and phosphate fertilizers.

Nitrogen Oxides Emission refers to the total volume of nitrogen oxides discharged into air during the process of fuel combustion and industrial production.

Industrial Soot and Dust Emission refers to volume of soot and dust in smoke emitted in process of fuel burning and industrial production in premises of enterprises in the report period. It is calculated by multiplying exhaust volume of dust removal system by dust concentration.

Common Industrial Solid Wastes Produced refers to the industrial solid wastes not listed in the 《National Catalogue of Hazardous Wastes》, or not regarded as hazardous according to the national hazardous waste identification standards (GB5085),solid waste-extraction procedure for leaching toxicity (GB5086), or solid waste-extraction procedure for leaching toxicity (GB/T 15555).

Common Industrial Solid Wastes Comprehensively Utilized refers to volume of solid wastes from which useful materials can be extracted or which can be converted into usable resources, energy or other materials by means of reclamation, processing, recycling and exchange (including utilizing in the year the stocks of industrial solid wastes of the previous year) during the report period, e.g. Examples of such utilization include fertilizers, building materials and road materials. The information shall be collected by the producing units of the wastes.

Common industrial Solid Wastes Disposed refers to the quantity of solid wastes which are burnt or specially disposed using other methods to alter the physical, chemical and biological properties and thus to reduce or eliminate hazards, or placed ultimately in the sites meeting the requirements for environmental protection during the report period.

Stock of Common Industrial Solid Wastes refers to the volume of sold wastes placed in special facilities or special sites by enterprises for purposes of utilization or disposal during the report period.

Hazardous Wastes refers to those included in the national hazardous wastes catalog or specified as any one of the following properties in the national hazardous wastes identification standards: explosive, ignitable, oxidizable, toxic, corrosive or liable to cause infectious diseases or lead to other dangers.

Hazardous Wastes Produced refers to the volume of actual hazardous wastes produced by surveyed samples throughout the year of the survey. Hazardous wastes refers to those included in the national hazardous wastes catalog or specified as any one of the following properties in light of the national hazardous wastes identification standards and methods: explosive, ignitable, oxidizable, toxic, corrosive, or liable to cause infectious diseases or lead to other dangers.

Hazardous Wastes Reused and Disposed refers to the amount of hazardous wastes that are used to extract materials as raw materials or fuel over the year of the survey, and the amount of hazardous wastes which are incineration or specially disposed using other methods to change its physical, chemical, and biological properties to reduce or eliminate the hazards, or placed ultimately in the sites following the requirements for environmental protection over the year of the survey. It includes the hazardous wastes generated by the enterprise itself and received from other enterprises.

第13篇

农　业

Agriculture

简 要 说 明

一、本篇资料的主要内容

本篇资料反映了全省农业生产和农村经济的基本情况，主要包括农林牧渔业总产值、耕地、主要农产品产量、农业机械年末拥有量、农村电气化和农业化学化情况等方面的统计资料。

二、本篇资料的来源

1．地类面积资料、林业生产资料来源于省自然资源厅，由省统计局农村处整理提供。

2．渔业生产资料、农业机械资料来源于省农业农村厅，由省统计局农村处整理提供。

3．粮食生产情况、畜牧业生产情况由山东调查总队农业调查处、农村调查处整理提供。

4．其余资料来源于农村综合统计年报，由省统计局农村处整理提供。

三、本篇资料的统计范围和统计口径

本篇资料的统计范围包括省内所属的各种经济类型、各个系统的全部农林牧渔业生产单位以及各非农行业附属的农林牧渔业生产活动单位。军委系统的农业生产（除军马外）也包括在内，但不包括农业科学试验机构进行的农业生产。

Brief Introduction

I. Content

Data in this chapter show the basic conditions of agricultural production and rural economy, mainly including agricultural output, cultivated land, output of main agricultural produces, agricultural machinery and electrification and chemistry in rural areas.

II. Source of Data

1. Data on land and forestry production are provided by the Department of Nature and Resources of Shandong Province.

2. Data on fishery production means and agricultural machinery are provided by the Department of Agriculture and Rural of Shandong Province.

3. Data on grain output and animal husbandry output are provided by the Division of Agriculture Survey and the Division of Countryside Survey of the National Bureau of Statistics in Shandong.

4. Other data in this chapter are based on the statistical reporting summary tables of countryside statistics.

III. Scope and Coverage of Statistics

The coverage of the comprehensive statistical reporting includes all productive units of farming, forestry, animal husbandry and fishery and those related non-agricultural affiliated units with various ownership and the activities of horse raising for military purpose and those undertaken by agricultural research institutions are excluded.

13-1 主要年份农林牧渔业总产值
Gross Output Value of Farming, Forestry, Animal Husbandry and Fishery in Major Years

单位:亿元 (100 million yuan)

年 份 Year	农林牧渔业总产值 Gross Output Value of Farming, Forestry, Animal Husbandry and Fishery	农 业 Farming	种植业 Planting	林 业 Forestry	牧 业 Animal Husbandry	渔 业 Fishery	农林牧渔专业及辅助性活动 Farming, Forestry, Animal Husbandry and Fishery professions and auxiliary activities
1949	20.07	18.01	16.01	0.12	1.66	0.28	
1952	40.00	35.05	31.16	0.25	3.98	0.72	
1955	44.97	40.05	35.40	0.66	3.37	0.89	
1957	36.44	31.21	30.36	0.87	3.54	0.82	
1962	38.32	32.77	32.71	0.26	4.09	1.20	
1965	50.49	42.88	42.79	0.55	5.76	1.30	
1970	66.78	55.75	55.62	0.90	8.14	1.99	
1975	93.43	75.85	75.64	2.65	12.33	2.60	
1976	100.36	80.37	80.12	2.60	14.24	3.15	
1977	99.27	78.83	78.40	2.10	14.72	3.62	
1978	102.22	84.77	83.71	1.81	12.19	3.45	
1979	135.92	113.34	111.33	2.04	16.61	3.93	
1980	160.91	128.81	126.22	4.52	23.43	4.15	
1981	198.50	155.62	151.83	4.91	33.04	4.94	
1982	218.51	171.58	167.98	7.22	34.12	5.59	
1983	259.50	208.75	202.87	8.48	36.21	6.06	
1984	310.11	245.19	236.64	8.60	48.20	8.12	
1985	335.42	248.17	236.62	11.07	62.82	13.36	
1986	361.19	269.51	255.92	12.67	62.84	16.17	
1987	413.18	313.76	299.05	12.11	64.15	23.16	
1988	494.53	331.59	313.98	14.80	108.07	40.07	
1989	547.66	366.24	347.61	14.28	124.71	42.43	
1990	645.75	419.50	397.85	20.45	150.19	55.61	
1991	779.18	491.76	471.53	22.19	186.52	78.71	
1992	815.62	462.58	437.03	23.73	215.73	113.58	
1993	944.99	526.66	511.48	28.24	239.90	150.19	
1994	1282.25	660.13	649.84	36.78	348.78	236.56	
1995	1678.16	931.89	922.96	41.81	433.62	270.84	
1996	1962.12	1090.64	1078.05	49.97	512.60	308.91	
1997	2058.32	1137.19	1107.33	49.86	550.58	320.69	
1998	2174.54	1219.85	1184.65	45.91	583.40	325.38	
1999	2202.95	1254.87	1232.44	44.93	572.95	330.20	
2000	2294.35	1300.44	1280.12	47.62	599.17	347.12	
2001	2453.96	1401.34	1385.22	47.22	654.71	350.69	
2002	2526.05	1420.88	1402.81	48.25	698.44	358.48	
2003	2902.45	1599.32		53.70	831.34	370.04	48.05
2004	3453.91	1891.73		59.49	1022.84	426.09	53.76
2005	3741.81	2033.95		57.57	1125.04	465.52	59.73
2006	4058.62	2283.29		65.48	1025.37	522.94	161.54
2007	4752.65	2589.46		81.98	1317.06	577.31	186.83
2008	5583.98	2863.29		102.24	1715.47	679.12	223.87
2009	5953.15	3170.05		101.27	1699.51	735.75	246.58
2010	6573.77	3588.42		86.53	1796.52	829.77	272.52
2011	7311.11	3737.04		99.96	2205.73	973.24	295.14
2012	7817.84	3829.19		107.01	2328.69	1227.81	325.14
2013	8577.06	4335.77		120.30	2410.56	1347.03	363.40
2014	8988.18	4556.10		131.53	2478.81	1420.85	400.90
2015	9283.92	4662.61		139.92	2602.08	1447.28	432.03
2016	9075.60	4387.51		147.48	2620.29	1409.65	510.66
2017	9140.36	4403.23		165.09	2501.37	1475.96	594.70
2018	9397.39	4678.26		181.63	2432.67	1425.91	678.92
2019	9671.67	4914.43		197.70	2412.06	1397.42	750.06
2020	10190.58	5168.36		214.20	2571.87	1432.08	804.06
2021	11468.01	5814.56		219.94	2904.24	1652.60	876.68
2022	12130.71	6206.54		227.29	3003.54	1729.65	963.69

注:本表按当年价格计算，2007至2017年数据系与第三次农业普查衔接数据。

a)Data are calculated at current prices.Data from 2007 to 2017 are consistent with those obtained from the Third Agricultural Census.

13-2 主要年份农林牧渔业总产值指数(以1952年为100)
Indices of Farming, Forestry, Animal Husbandry and Fishery in Major Years(1952=100)

年份 Year	农林牧渔业总产值 Indices of Farming,Forestry, Animal Husbandry and Fishery	农业 Farming	种植业 Planting	林业 Forestry	牧业 Animal Husbandry	渔业 Fishery	农林牧渔专业及辅助性活动 Farming,Forestry, Animal Husbandry and Fishery professions and auxiliary activities
1949	57.7	59.1	59.1	56.9	48.0	44.2	
1952	100.0	100.0	100.0	100.0	100.0	100.0	
1955	108.1	109.9	109.3	256.9	81.3	118.4	
1957	94.2	92.1	100.8	360.8	91.9	118.4	
1962	65.5	63.9	71.8	70.6	70.0	114.3	
1965	99.8	96.7	108.6	174.5	114.3	142.9	
1970	123.5	117.7	132.1	264.7	151.2	204.8	
1975	163.2	151.2	169.6	745.1	216.5	252.4	
1976	166.9	152.6	171.1	692.2	237.8	291.8	
1977	164.8	149.4	167.1	556.9	245.5	334.7	
1978	177.1	160.6	178.2	680.4	253.4	383.7	
1979	193.9	177.1	195.7	637.3	287.2	338.8	
1980	212.1	190.0	209.7	680.4	347.4	375.5	
1981	218.8	198.2	218.1	627.5	352.9	336.1	
1982	239.2	215.3	236.9	1043.1	373.1	383.0	
1983	273.7	253.2	275.9	988.2	386.1	399.3	
1984	326.0	302.4	326.8	1109.8	462.2	449.7	
1985	338.2	306.5	326.8	1427.5	520.9	491.8	
1986	339.2	304.4	321.2	1380.4	539.2	566.0	
1987	366.3	331.7	350.4	1364.7	551.7	681.6	
1988	378.6	324.4	337.3	1325.5	703.9	887.8	
1989	383.5	321.8	333.9	1259.2	768.7	959.7	
1990	404.2	335.6	345.3	1235.3	823.3	1150.7	
1991	452.3	370.2	384.0	1315.6	922.9	1393.5	
1992	455.9	345.4	352.9	1380.1	985.7	1721.0	
1993	510.6	381.0	399.8	1526.4	1080.3	2103.1	
1994	578.0	411.1	436.2	1770.6	1295.3	2523.7	
1995	629.4	441.9	471.1	1839.7	1463.7	2720.5	
1996	675.3	478.1	507.4	2141.6	1551.5	2902.8	
1997	707.0	490.1	506.4	2154.4	1716.0	2975.4	
1998	777.0	589.3	562.1	2068.2	1915.1	3121.2	
1999	819.7	615.2	599.2	2072.3	2045.3	3345.9	
2000	851.7	639.8	625.6	2200.8	2155.7	3362.6	
2001	885.8	666.0	655.6	2064.4	2315.2	3315.5	
2002	895.5	649.4	637.2	1971.5	2472.6	3391.8	
2003	944.8	691.6		2121.3	2613.5	3449.5	111.5
2004	998.7	732.4		2138.3	2772.9	3601.3	108.0
2005	1050.6	761.0		2059.2	2975.3	3842.6	109.2
2006	1105.2	802.1		2279.5	3106.2	3992.5	118.8
2007	1141.7	829.4		2457.3	3131.0	4180.1	110.8
2008	1199.9	859.3		2798.9	3315.7	4426.7	113.3
2009	1251.5	882.5		3076.0	3488.1	4701.2	110.1
2010	1296.6	904.6		3380.5	3624.1	4931.6	109.9
2011	1345.9	939.9		3694.9	3714.7	5148.6	107.2
2012	1409.2	963.4		3820.5	4000.7	5359.7	107.7
2013	1462.7	1005.8		4164.3	4084.7	5536.6	109.5
2014	1521.2	1052.1		4568.3	4182.7	5686.1	109.3
2015	1586.6	1101.5		4938.3	4312.4	5868.1	108.5
2016	1656.4	1156.6		5407.4	4424.5	5985.5	115.8
2017	1722.7	1207.5		5942.7	4588.2	5955.6	112.5
2018	1774.4	1254.6		6495.4	4583.6	6003.2	113.5
2019	1788.6	1293.5		7093.0	4372.8	5847.1	109.3
2020	1842.8	1337.9		7540.6	4473.4	5923.1	105.3
2021	2000.5	1395.7		7667.2	5332.7	6273.8	108.2
2022	2096.6	1461.3		8318.9	5519.4	6549.8	109.1

注：本表按可比价格计算；农林牧渔专业及辅助性活动指数以上年为100。

a)Data are calculated at constant prices.Indices of Farming,Forestry,Animal Husbandry and Fishery professions and auxiliary activities in preceding year is considered as 100.

13−3 农林牧渔业总产值
Gross Output Value of Farming, Forestry, Animal Husbandry and Fishery

单位:亿元 (100 million yuan)

类 别	Category	2021	2022	2022为2021% 2021=100
农林牧渔业总产值	**Gross Output Value of Farming,Forestry, Animal Husbandry and Fishery**	**11468.01**	**12130.71**	**104.8**
一、农业产值	**Output Value of Farming**	**5814.56**	**6206.54**	**104.7**
1.谷物及其他作物	Cereal and Other Corps	1714.93	1886.90	100.6
#粮食	Grain	1369.73	1559.55	103.4
油料	Oil	147.73	151.45	95.5
棉花	Cotton	11.42	12.54	103.7
2.蔬菜园艺作物	Vegetable Gardening Crops	2536.81	2578.96	109.3
#蔬菜(含菜用瓜)	Vegetables	2379.48	2413.32	106.4
3.水果坚果饮料	Fruit and Nut Beverages	1424.90	1628.82	104.2
#水果坚果(含果用瓜)	Fruit and Nut	1293.91	1517.49	106.0
4.中药材	Chinese Herbal Medicines	137.91	111.85	77.7
二、林业产值	**Output Value of Forestry**	**219.94**	**227.29**	**108.5**
1.林木的培育和种植	Trees Cultivation and Planting	70.80	64.81	96.3
2.竹木采运	Bamboo Logging and Transport	56.79	51.64	95.6
3.林产品	Forestry Products	92.35	110.85	125.8
三、牧业产值	**Output Value of Animal Husbandry**	**2904.24**	**3003.54**	**103.5**
1.牲畜饲养	Livestock Feeding	745.59	722.93	100.8
2.猪的饲养	Pig Feeding	966.11	991.72	105.1
3.家禽的饲养	Poultry Feeding	1127.07	1221.72	104.1
#肉禽	Poultry for Eating	680.98	746.82	108.2
禽蛋	Egg of Poultry	446.09	474.89	99.8
4.其他畜牧业	Other Animal Husbandry	64.21	67.17	104.6
四、渔业产值	**Output Value of Fishery**	**1652.60**	**1729.65**	**104.4**
1.海水产品	Seawater Aquatic Products	1410.65	1463.99	103.5
2.内陆水域水产品	Inland waterways Aquatic Products	241.95	265.67	109.8
五、农林牧渔专业及辅助性活动产值	**Output Value of Farming,Forestry,Animal Husbandry and Fishery professions and auxiliary activities**	**876.68**	**963.69**	**109.1**

注:本表绝对数按当年价格计算,速度按可比价格计算。
a)Absolute data in the table are calculated at current prices, the speed are calculated at constant price.

13-4 各市农林牧渔业总产值(2022年)

Gross Output Value of Farming, Forestry, Animal Husbandry and Fishery by Region(2022)

单位:万元 (10 000 yuan)

地 区	Region	农林牧渔业总产值 Output Value of Farming,Forestry, Animal Husbandry and Fishery	农业产值 Output Value of Farming	林业产值 Output Value of Forestry	牧业产值 Output Value of Animal Husbandry	渔业产值 Output Value of Fishery	农林牧渔专业及辅助性活动产值 Output Value of Services to Farming, Forestry,Animal Husbandry and Fishery professions and auxiliary activities
全省总计	**Total**	**121307078**	**62065362**	**2272940**	**30035357**	**17296546**	**9636872**
济南市	Jinan	7842416	5260301	320206	1702250	84829	474830
青岛市	Qingdao	9256086	4430675	41715	1768677	2340543	674475
淄博市	Zibo	3544440	2333738	170092	771541	68169	200901
枣庄市	Zaozhuang	3813734	2477981	21358	729430	147990	436975
东营市	Dongying	3782939	1190272	31860	1179042	1018618	363147
烟台市	Yantai	12515102	5483023	234849	2318143	3571318	907769
潍坊市	Weifang	12368093	6676336	78461	3380396	1135079	1097821
济宁市	Jining	11850727	6552027	182954	3021611	1087765	1006370
泰安市	Tai'an	6940882	4140058	125210	1741287	238193	696134
威海市	Weihai	6626140	1190350	6675	654323	4446901	327891
日照市	Rizhao	4086326	1321010	55313	1224749	1145871	339383
临沂市	Linyi	9713810	5284141	476986	3029925	369412	553346
德州市	Dezhou	7932092	3919307	213601	2514912	150713	1133559
聊城市	Liaocheng	7721689	4939281	38813	1950638	219666	573291
滨州市	Binzhou	5967408	2349846	130220	1847563	1089047	550732
菏泽市	Heze	7345192	4517017	144627	2200870	182431	300247

13-5 主要年份粮、棉、油产量
Output of Grain, Cotton and Oil-bearing Crops in Major Years

年 份 Year	粮食 Grain		棉花 Cotton		油料 Oil-bearing Crops	
	总产量 (万吨) Gross Output (10 000 tons)	单产 (千克/公顷) Output Per Hectare (kg/hectare)	总产量 (万吨) Gross Output (10 000 tons)	单产 (千克/公顷) Output Per Hectare (kg/hectare)	总产量 (万吨) Gross Output (10 000 tons)	单产 (千克/公顷) Output Per Hectare (kg/hectare)
1949	870.0	795	8.1	180	55.6	1170
1952	1199.0	1035	16.9	240	84.5	1470
1955	1276.0	1110	20.9	285	106.1	1485
1957	1126.0	990	17.4	225	70.0	945
1962	910.0	915	3.9	105	42.4	1875
1965	1332.0	1350	19.9	300	67.1	1395
1970	1465.0	1575	27.3	390	78.5	1575
1975	2170.5	2355	24.1	390	84.2	1515
1976	2241.5	2460	15.8	255	58.5	1065
1977	2099.0	2370	14.9	240	67.7	2025
1978	2288.0	2595	15.4	255	95.9	1785
1979	2472.0	2835	16.7	315	109.1	1800
1980	2384.0	2820	53.7	735	143.0	2160
1981	2312.5	2835	67.5	720	142.1	2010
1982	2375.0	3090	96.0	720	142.5	2190
1983	2700.0	3465	122.5	825	152.0	2460
1984	3040.0	3885	172.5	1005	182.0	2790
1985	3137.7	3930	106.2	915	267.9	2745
1986	3250.0	3840	94.1	930	207.6	2355
1987	3393.7	4125	124.4	1020	234.3	2940
1988	3225.0	3990	113.7	825	197.8	2505
1989	3250.0	4035	102.5	780	150.0	1995
1990	3570.0	4380	102.8	690	212.1	2910
1991	3916.9	4845	135.1	870	233.1	3285
1992	3589.3	4533	67.7	455	166.3	2380
1993	4100.0	4992	41.0	539	268.4	3434
1994	4091.1	5015	55.9	705	338.3	3781
1995	4245.0	5220	47.1	707	315.0	3580
1996	4332.7	5260	37.2	773	309.3	3767
1997	3852.2	4766	35.4	894	240.9	2977
1998	4264.8	5244	41.3	996	335.6	3908
1999	4269.0	5271	39.2	1072	320.5	3614
2000	3837.7	4938	59.0	1085	356.9	3730
2001	3720.6	5201	78.1	1062	377.3	3743
2002	3292.7	4763	72.2	1086	340.4	3458
2003	3435.5	5355	87.7	994	361.8	3572
2004	3516.7	5570	109.8	1036	369.7	3913
2005	3917.4	5837	84.6	1000	363.9	4044
2006	4093.0	5848	102.3	1149	328.2	4136
2007	4107.8	5896	95.1	1112	368.8	4190
2008	4353.9	6086	94.0	1172	374.7	4283
2009	4442.7	6088	79.0	1151	349.2	4349
2010	4502.8	6043	59.0	945	347.7	4317
2011	4701.3	6172	60.8	1043	343.7	4367
2012	4815.8	6214	51.4	1012	341.8	4404
2013	4883.4	6099	43.4	923	341.6	4386
2014	5038.3	6087	44.2	1122	329.6	4355
2015	5147.4	6123	33.9	1042	318.7	4302
2016	5332.3	6261	32.9	1179	317.1	4310
2017	5374.3	6356	20.7	1185	318.3	4389
2018	5319.5	6329	21.7	1184	310.9	4370
2019	5357.0	6444	19.6	1158	289.0	4236
2020	5446.8	6577	18.3	1281	290.9	4366
2021	5500.7	6584	14.0	1273	285.9	4420
2022	5543.8	6622	14.5	1278	274.0	4390

注：本表2007至2017年数据系与第三次农业普查衔接数据。
a)Data from 2007 to 2017 are consistent with those obtained from the Third Agricultural Census.

13-6 1978-2022年畜牧业生产情况
Production of Animal Husbandry from 1978 to 2022

年 份 Year	肉类总产量 (万吨) Output of Meat (10 000 tons)	猪存栏 (万头) Stocked Pigs (10 000 heads)	牛存栏 (万头) Stocked Cattle (10 000 heads)	羊存栏 (万只) Stocked Sheep (10 000 heads)	家禽存栏 (万只) Stocked Poultry (10 000 heads)
1978	60.80	1992.00	227.60	756.40	6766.00
1979	65.18	2117.60	221.50	925.80	7204.00
1980	90.10	2112.50	217.80	1041.30	7997.00
1981	96.26	1901.10	213.70	1025.60	8075.00
1982	94.98	1726.20	213.60	989.50	9115.00
1983	94.54	1562.70	222.10	901.80	10216.80
1984	104.38	1681.50	232.60	753.90	14688.90
1985	128.62	1812.80	258.00	783.30	16548.20
1986	141.78	1668.90	292.50	985.30	15120.70
1987	141.02	1547.00	344.60	1404.10	16916.30
1988	171.47	1688.60	416.00	1436.40	21582.10
1989	195.63	1604.10	472.40	1491.30	20471.30
1990	221.61	1576.70	511.80	1528.10	23974.60
1991	241.49	1599.40	501.40	1591.20	24136.80
1992	250.67	1602.60	531.90	1655.20	25810.80
1993	286.61	1603.70	603.00	1703.50	27188.70
1994	338.77	1701.50	681.30	1799.80	35118.60
1995	394.42	1718.10	714.10	1866.10	34613.80
1996	405.52	1723.60	740.10	1877.20	37485.00
1997	460.64	2209.70	811.90	2038.60	41833.00
1998	497.90	2485.90	911.80	2322.00	48484.00
1999	524.49	2560.48	977.25	2536.22	53332.00
2000	499.99	2401.81	779.90	2260.06	47789.90
2001	531.49	2500.29	778.54	2357.24	50263.73
2002	559.66	2602.80	787.88	2466.79	53236.24
2003	591.00	2686.09	804.31	2543.26	55031.28
2004	621.72	2761.01	771.51	2667.51	56875.64
2005	657.78	2771.96	750.45	2645.96	54641.26
2006	698.32	2508.52	632.71	2368.26	52100.31
2007	660.00	2686.01	557.46	2281.96	49627.42
2008	704.52	2786.69	498.53	2033.94	55864.43
2009	730.91	2845.80	452.59	1939.09	54789.42
2010	754.03	2871.65	440.32	1926.95	58214.00
2011	763.07	2998.20	438.27	1887.90	63790.18
2012	822.56	3101.21	433.66	1850.33	70959.78
2013	838.18	3167.00	424.28	1797.90	70261.33
2014	836.81	3179.54	410.53	1765.01	69911.92
2015	845.50	3147.33	407.65	1767.89	71816.01
2016	837.11	3086.81	391.93	1693.10	78056.12
2017	866.01	3040.33	401.48	1754.05	76604.46
2018	854.70	2985.60	380.60	1801.41	75614.88
2019	704.02	2176.50	364.23	1837.44	78864.33
2020	728.02	2933.93	278.71	1501.65	83642.36
2021	819.26	3151.04	279.76	1466.35	84578.07
2022	844.51	3005.41	283.32	1459.11	81837.99

注:本表2006至2017年数据系与第三次农业普查衔接数据。
a)Data from 2006 to 2017 are consistent with those obtained from the Third Agricultural Census.

13-6 续表 continued

年 份 Year	猪出栏 (万头) Slaughtered Pigs (10 000 heads)	牛出栏 (万头) Slaughtered Cattle (10 000 heads)	羊出栏 (万只) Slaughtered Sheep (10 000 heads)	家禽出栏 (万只) Slaughtered Poultry (10 000 heads)	禽蛋产量 (万吨) Output of Poultry Eggs (10 000 tons)	奶类产量 (万吨) Output of Milk (10 000 tons)
1978	901.20	4.60	142.40		22.50	6.83
1979	1047.50	6.70	228.60		23.67	6.95
1980	1241.60	8.80	377.50		25.62	6.80
1981	1296.80	11.50	460.70		29.47	5.24
1982	1213.20	10.60	521.60		34.30	8.77
1983	1159.20	18.90	616.30		41.07	11.43
1984	1284.00	18.40	519.10		62.28	13.34
1985	1482.60	27.60	558.30	8283.10	72.50	13.26
1986	1681.20	32.30	617.60	9234.50	69.66	15.81
1987	1514.00	49.80	842.10	11397.30	79.14	17.28
1988	1619.60	69.00	1219.00	15904.00	102.97	19.53
1989	1845.40	82.80	1348.40	16701.20	109.43	21.24
1990	1936.20	110.10	1416.40	22769.00	124.25	22.53
1991	1983.50	119.50	1348.70	30792.70	149.14	23.65
1992	2046.00	140.90	1366.10	33467.90	154.30	25.17
1993	2092.90	177.10	1411.00	42837.30	184.07	28.05
1994	2185.70	213.10	1668.20	64716.70	240.75	32.45
1995	2453.00	248.40	2034.10	71286.50	247.15	36.98
1996	2500.90	272.40	2051.80	73508.00	267.30	41.14
1997	2801.10	334.50	2269.30	82549.00	294.30	45.82
1998	3123.20	354.90	2518.90	91299.00	322.00	53.98
1999	3248.13	391.10	2838.80	100246.00	349.06	61.29
2000	3213.24	322.25	2375.73	91195.00	301.04	62.72
2001	3370.69	359.63	2530.15	99493.75	311.58	80.48
2002	3566.19	380.13	2646.54	105550.38	328.33	103.92
2003	3765.90	396.47	2731.23	113458.25	349.11	132.05
2004	4060.41	413.21	2869.43	122660.64	355.83	167.92
2005	4263.54	425.73	3002.98	145089.38	363.20	196.66
2006	4389.90	436.57	3026.24	151090.90	353.89	219.67
2007	3680.17	440.30	3001.42	140913.62	359.90	207.06
2008	3972.95	439.30	2941.33	155662.06	364.98	217.95
2009	4245.45	426.49	2827.01	161151.11	377.12	220.25
2010	4425.46	413.01	2707.40	169549.81	384.84	230.97
2011	4387.82	390.04	2546.51	181519.01	401.64	235.83
2012	4800.79	385.34	2493.35	199140.72	402.44	248.55
2013	5043.03	382.59	2472.15	195931.87	396.59	237.69
2014	5245.73	372.37	2530.64	182274.92	388.38	244.74
2015	5156.44	370.19	2527.12	192051.95	424.28	240.73
2016	5093.23	360.84	2540.84	214260.99	441.12	233.75
2017	5180.69	361.57	2629.76	220423.34	445.15	231.32
2018	5082.26	363.37	2682.36	217200.22	447.44	232.52
2019	3176.44	345.93	2701.14	231299.11	450.63	234.49
2020	3344.79	275.71	2491.58	252670.83	482.19	241.57
2021	4401.74	280.03	2373.39	263535.68	456.64	288.37
2022	4528.41	275.63	2376.76	271178.21	439.25	304.49

13-7　1978-2022年渔业生产情况
Output of Fishery from 1978 to 2022

单位：吨　　(tons)

年 份 Year	水产品总产量 Total Aquatic Products	海水产品 Seawater Aquatic Products	海洋捕捞 Ocean Fishing	海水养殖 Mariculture
1978	740283	691451	501504	189947
1979	627531	581165	432700	148465
1980	619591	570854	416814	154040
1981	589905	540408	407194	133214
1982	657698	611824	477729	134095
1983	674813	623122	465382	157740
1984	754572	693277	525027	168250
1985	814047	729568	531977	197591
1986	914411	806086	599376	206710
1987	1106641	983119	717588	265531
1988	1355865	1220408	809820	410588
1989	1539905	1403323	899265	504058
1990	1677973	1522059	1032683	489376
1991	1981169	1779214	1138436	640778
1992	2481648	2251437	1384628	866809
1993	3192828	2896171	1555657	1340514
1994	3506539	3053106	1608172	1444934
1995	3440763	2956402	1461525	1494876
1996	5299159	4683795	2337772	2346023
1997	5512326	4840507	2686824	2153683
1998	5875574	5116993	3003764	2113228
1999	6277843	5440155	3003387	2436767
2000	6306551	5375169	2780483	2594685
2001	6196988	5266599	2511170	2755430
2002	6277536	5403654	2457272	2946382
2003	6378795	5456872	2421393	3035479
2004	6486528	5528613	2440631	3087982
2005	6648983	5655207	2421396	3233811
2006	6837469	5783299	2359570	3423729
2007	7133795	5986873	2451596	3535277
2008	7303048	6094766	2481256	3613510
2009	7535939	6263895	2449591	3814304
2010	7838259	6463345	2350888	3962643
2011	8138280	6647212	2512437	4134775
2012	7885248	6524046	2161603	4362443
2013	8084522	6654179	2087829	4566350
2014	8464587	7085761	2286654	4799107
2015	8722448	7352063	2356409	4995654
2016	8899622	7541952	2414112	5127840
2017	8680030	7371727	2180891	5190836
2018	8614032	7360685	2149830	5210855
2019	8232724	7062086	2091101	4970985
2020	8286092	7180937	2039543	5141394
2021	8544248	7403008	2029166	5373842
2022	8812740	7622454	2061660	5560794

注：本表2012至2017年数据系与第三次农业普查衔接数据。
a)Data from 2012 to 2017 are consistent with those obtained from the Third Agricultural Census.

13−7 续表 continued

年 份 Year	淡水产品产量 (吨) Freshwater Aquatic Products (ton)	捕捞量 Fishing Output	养殖量 Breeding Output	水产品养殖面积 (万亩) Water Area for Breeding Aquatics (10 000 mu)	海 水 Seawater	淡 水 Freshwater
1978	48832	32507	16325	202.30	26.80	175.50
1979	46366	30968	15398	193.29	26.54	166.75
1980	48737	32436	16301	203.21	28.50	174.71
1981	49497	31489	18008	182.24	28.66	153.58
1982	45874	29696	16178	176.15	35.18	140.97
1983	51691	31713	19978	160.05	32.31	127.74
1984	61295	34438	26857	165.10	37.70	127.40
1985	84479	37370	47109	215.14	49.58	165.56
1986	108325	38641	69684	243.14	56.70	186.44
1987	123522	34103	89419	257.65	70.87	186.78
1988	135457	29354	106103	234.90	104.27	180.63
1989	136582	26847	109735	246.73	103.72	143.01
1990	155914	31545	124369	273.52	105.01	168.51
1991	201955	41772	160183	304.04	112.54	191.50
1992	230211	41074	189137	312.30	115.89	196.41
1993	296657	50088	246569	400.16	223.76	176.40
1994	453433	58373	395060	466.56	197.36	269.21
1995	484362	55428	428933	497.39	197.81	299.58
1996	615364	67222	548142	564.54	242.45	322.09
1997	671819	73221	598598	618.91	274.04	344.87
1998	758582	80336	678246	649.80	283.22	366.58
1999	837689	80002	757687	722.78	336.14	386.65
2000	931382	81214	850168	788.35	420.71	367.64
2001	930389	79991	850397	829.39	434.99	394.40
2002	873882	71142	802740	802.51	439.15	363.36
2003	921923	91019	830904	930.91	537.52	393.38
2004	957915	93484	864431	1014.34	598.02	416.32
2005	993776	110887	882889	1033.11	611.09	422.02
2006	1054170	117390	936780	840.03	564.62	275.42
2007	1146922	114368	1032554	884.99	609.26	275.73
2008	1208282	129643	1078639	993.45	639.33	354.12
2009	1272044	128342	1143702	1029.30	662.10	367.20
2010	1374914	130896	1244018	1136.51	751.42	385.09
2011	1491068	135378	1355690	1174.40	768.19	406.21
2012	1361202	112783	1248419	1205.16	785.56	419.60
2013	1430344	115167	1315177	1240.35	820.23	420.12
2014	1378826	90661	1288165	1252.66	822.73	429.93
2015	1370385	83086	1287299	1269.23	844.80	424.43
2016	1357670	93900	1263770	1259.25	907.20	352.05
2017	1308303	83730	1224573	1250.38	915.57	334.81
2018	1253347	82821	1170526	1173.38	856.29	317.10
2019	1170638	89290	1081348	1138.34	842.25	296.09
2020	1105155	95634	1009521	1116.93	870.53	246.40
2021	1141240	95733	1045507	1147.82	912.56	235.26
2022	1190286	99912	1090374	1158.50	926.20	232.30

13-8 农作物播种面积和产量
Sown Area and Output of Farm Crops

类别	Category	2021			2022		
		播种面积(公顷) Sown Area (hectare)	总产量(吨) Total Output (ton)	单产(千克/公顷) Output per Hectare (kg/hectare)	播种面积(公顷) Sown Area (hectare)	总产量(吨) Total Output (ton)	单产(千克/公顷) Output per Hectare (kg/hectare)
农作物总播种面积	**Total Sown Area of Crops**	**10948594**			**10964144**		
一、粮食作物合计	**Grain**	**8355135**	**55007457**	**6584**	**8372214**	**55437815**	**6622**
(一)夏收粮食	Summer Harvest Grain	3995465	26372037	6600	4004667	26416077	6596
1.谷物	Cereals	3994317	26368240	6601	4003833	26413403	6597
#小麦	Wheat	3994033	26366607	6602	4003553	26411932	6597
2.夏杂豆	Beans	1148	3797	3307	834	2673	3203
(二)秋收粮食	Autumn Harvest Grain	4359670	28635420	6568	4367546	29021738	6645
1.谷物	Cereals	4045673	26999872	6674	4021118	27332425	6797
(1)稻谷	Rice	113041	974748	8623	106433	905871	8511
(2)玉米	Corn	3897005	25895220	6645	3880258	26304399	6779
(3)谷子	Millet	32733	120821	3691	31807	114110	3588
(4)高粱	Chinese Sorghum	2219	6855	3089	2127	6475	3045
(5)其他	Others	674	2228	3305	493	1570	3182
2.豆类合计	Beans	186390	544871	2923	217953	589122	2703
#大豆	Soybean	182823	535057	2927	214960	581007	2703
3.薯类(按折粮计算)	Tubers	127608	1090676	8547	128475	1100191	8563
二、油料作物合计	**Oil-bearing Crops**	**646763**	**2858894**	**4420**	**624100**	**2739609**	**4390**
#花生果	Peanuts	631741	2818214	4461	609757	2700964	4430
油菜籽	Rapeseeds	9263	23948	2585	8983	23040	2565
芝　麻	Sesame	713	1702	2387	679	1672	2461
三、棉花	**Cotton**	**110184**	**140253**	**1273**	**113349**	**144834**	**1278**
四、生麻	**Fiber Crops**	**25**	**40**	**1559**	**14**	**24**	**1725**
#生 大 麻	Hemp	17	29	1710	14	24	1725
五、糖料	**Beetroots**	**8**	**180**	**22500**	**12**	**401**	**34176**
六、烟叶	**Tobacco**	**17974**	**46998**	**2615**	**19048**	**49088**	**2577**
#烤烟	Flue-cured Tobacco	17881	46682	2611	18993	48867	2573
七、中草药材	**Medical Materials**	**56913**			**56781**		
八、蔬菜及食用菌	**Vegetable and Mushroom**	**1524684**	**88010797**	**57724**	**1548500**	**90457781**	**58416**
九、瓜果类	**Melon**	**208717**	**11186717**	**53598**	**208084**	**11294582**	**54279**
#西瓜	Watermelon	136939	7501654	54781	134041	7450409	55583
十、其他农作物	**Other Farm Crops**	**28192**			**22044**		
#青饲料	Fresh Feed	16178			16928		

13–9 各市农作物播种面积和产量(2022年)

Sown Area and Output of Farm Crops by Region(2022)

地 区	Region	农作物总播种面积(公顷) Total Sown Area of Farm Crops (hectare)	一、粮食作物合计 Grain Crops			(一)夏收粮食 Summer Harvest Grain		
			播种面积(公顷) Sown Area (hectare)	总产量(吨) Total Output (ton)	单 产(千克/公顷) Output per Hectare (kg/hectare)	播种面积(公顷) Sown Area (hectare)	总产量(吨) Total Output (ton)	单 产(千克/公顷) Output per Hectare (kg/hectare)
全省总计	**Total**	**10964144**	**8372214**	**55437815**	**6622**	**4004667**	**26416077**	**6596**
济 南 市	Jinan	623327	484568	2961879	6112	219574	1396875	6362
青 岛 市	Qingdao	663880	481570	3112959	6464	228468	1415271	6195
淄 博 市	Zibo	253605	217765	1459511	6702	96593	659308	6826
枣 庄 市	Zaozhuang	402502	284737	1839345	6460	140238	897494	6400
东 营 市	Dongying	288679	254644	1455226	5715	108174	675916	6248
烟 台 市	Yantai	444012	303841	1847298	6080	121905	737581	6050
潍 坊 市	Weifang	976184	686129	4369444	6368	330121	2110369	6393
济 宁 市	Jining	966743	721274	4896952	6789	347379	2330019	6707
泰 安 市	Tai'an	533125	372706	2587560	6943	167318	1171500	7002
威 海 市	Weihai	199001	124707	735721	5900	49139	268923	5473
日 照 市	Rizhao	210488	133470	878463	6582	52022	334373	6427
临 沂 市	Linyi	988870	646041	4183414	6475	291813	1808673	6198
德 州 市	Dezhou	1198703	1069226	7682503	7185	542877	3811950	7022
聊 城 市	Liaocheng	989908	813157	5725645	7041	412393	2840348	6887
滨 州 市	Binzhou	664719	588833	3752555	6373	281429	1881817	6687
菏 泽 市	Heze	1560398	1189545	7949341	6683	615225	4075658	6625

13–9 续表 1 continued

地 区	Region	1.谷 物 Cereals			#小 麦 Wheat			2.夏杂豆 Beans		
		播种面积(公顷) Sown Area (hectare)	总产量(吨) Total Output (ton)	单 产(千克/公顷) Output per Hectare (kg/hectare)	播种面积(公顷) Sown Area (hectare)	总产量(吨) Total Output (ton)	单 产(千克/公顷) Output per Hectare (kg/hectare)	播种面积(公顷) Sown Area (hectare)	总产量(吨) Total Output (ton)	单 产(千克/公顷) Output per Hectare (kg/hectare)
全省总计	**Total**	**4003833**	**26413403**	**6597**	**4003553**	**26411932**	**6597**	**834**	**2673**	**3203**
济 南 市	Jinan	219574	1396875	6362	219574	1396875	6362			
青 岛 市	Qingdao	228468	1415271	6195	228468	1415271	6195			
淄 博 市	Zibo	96593	659308	6826	96593	659308	6826			
枣 庄 市	Zaozhuang	140238	897494	6400	140238	897494	6400			
东 营 市	Dongying	108174	675916	6248	108174	675916	6248			
烟 台 市	Yantai	121905	737581	6050	121905	737581	6050			
潍 坊 市	Weifang	329286	2107696	6401	329286	2107696	6401	834	2673	3203
济 宁 市	Jining	347379	2330019	6707	347379	2330019	6707			
泰 安 市	Tai'an	167318	1171500	7002	167318	1171500	7002			
威 海 市	Weihai	49139	268923	5473	49139	268923	5473			
日 照 市	Rizhao	52022	334373	6427	52022	334373	6427			
临 沂 市	Linyi	291813	1808673	6198	291533	1807202	6199			
德 州 市	Dezhou	542877	3811950	7022	542877	3811950	7022			
聊 城 市	Liaocheng	412393	2840348	6887	412393	2840348	6887			
滨 州 市	Binzhou	281429	1881817	6687	281429	1881817	6687			
菏 泽 市	Heze	615225	4075658	6625	615225	4075658	6625			

13-9 续表 2 continued

地 区	Region	(二)秋收粮食 Autumn Harvest Grain			1.谷 物 Cereals			(1)稻 谷 Rice		
		播种面积(公顷) Sown Area (hectare)	总产量(吨) Total Output (ton)	单 产(千克/公顷) Output per Hectare (kg/hectare)	播种面积(公顷) Sown Area (hectare)	总产量(吨) Total Output (ton)	单 产(千克/公顷) Output per Hectare (kg/hectare)	播种面积(公顷) Sown Area (hectare)	总产量(吨) Total Output (ton)	单 产(千克/公顷) Output per Hectare (kg/hectare)
全省总计	**Total**	**4367546**	**29021738**	**6645**	**4021118**	**27332425**	**6797**	**106433**	**905871**	**8511**
济南市	Jinan	264993	1565004	5906	247527	1464460	5916	902	6608	7327
青岛市	Qingdao	253102	1697688	6708	242215	1642562	6781	370	2517	6810
淄博市	Zibo	121171	800203	6604	115962	775857	6691	375	3035	8102
枣庄市	Zaozhuang	144499	941851	6518	129870	869339	6694	1816	13863	7634
东营市	Dongying	146470	779310	5321	131231	750161	5716	17573	99453	5659
烟台市	Yantai	181937	1109717	6099	162828	990957	6086	128	955	7485
潍坊市	Weifang	356008	2259074	6346	343677	2190468	6374	1232	9103	7392
济宁市	Jining	373896	2566932	6865	305901	2267982	7414	39156	367490	9385
泰安市	Tai'an	205389	1416060	6895	174186	1276708	7330	102	1066	10423
威海市	Weihai	75568	466797	6177	64469	403462	6258	598	4218	7059
日照市	Rizhao	81447	544090	6680	69464	460947	6636	1985	17438	8786
临沂市	Linyi	354228	2374741	6704	289952	1954257	6740	38599	351601	9109
德州市	Dezhou	526349	3870553	7354	513462	3832789	7465	145	1205	8287
聊城市	Liaocheng	400765	2885297	7199	391442	2855104	7294	3	24	6958
滨州市	Binzhou	307404	1870738	6086	297356	1838254	6182	767	5062	6603
菏泽市	Heze	574321	3873683	6745	541575	3759118	6941	2684	22235	8285

13-9 续表 3 continued

地 区	Region	(2)玉 米 Corn			(3)谷 子 Millet			(4)高 粱 Chinese Sorghum		
		播种面积(公顷) Sown Area (hectare)	总产量(吨) Total Output (ton)	单 产(千克/公顷) Output per Hectare (kg/hectare)	播种面积(公顷) Sown Area (hectare)	总产量(吨) Total Output (ton)	单 产(千克/公顷) Output per Hectare (kg/hectare)	播种面积(公顷) Sown Area (hectare)	总产量(吨) Total Output (ton)	单 产(千克/公顷) Output per Hectare (kg/hectare)
全省总计	**Total**	**3880258**	**26304399**	**6779**	**31807**	**114110**	**3588**	**2127**	**6475**	**3045**
济南市	Jinan	235985	1421051	6022	10462	36375	3477	94	199	2115
青岛市	Qingdao	241262	1637987	6789	466	1703	3653	43	107	2482
淄博市	Zibo	113151	765493	6765	2374	7121	3000	63	208	3311
枣庄市	Zaozhuang	127209	852328	6700	825	3084	3738	12	34	2857
东营市	Dongying	113103	649382	5742	87	223	2561	468	1103	2356
烟台市	Yantai	161063	984082	6110	1502	5491	3656	24	64	2691
潍坊市	Weifang	336386	2158671	6417	5133	19405	3780	892	3182	3569
济宁市	Jining	265486	1896177	7142	1217	4197	3449	42	118	2819
泰安市	Tai'an	172108	1268129	7368	1938	7406	3822	28	77	2754
威海市	Weihai	63871	399244	6251						
日照市	Rizhao	65204	434681	6666	2238	8718	3895	7	22	3183
临沂市	Linyi	246942	1586504	6425	4278	15743	3680	64	182	2829
德州市	Dezhou	513168	3830981	7465	110	477	4322	38.3	126.6	3307
聊城市	Liaocheng	391291	2854674	7296	139	382	2755	9	24	2577
滨州市	Binzhou	296132	1831736	6186	65	247	3792	328	990	3020
菏泽市	Heze	537898	3733279	6941	972	3539	3641	15	39	2648

13-9 续表 4 continued

地 区	Region	(5)其他谷物 Other Cereals			2.豆 类 Beans			#大 豆 Soybean		
		播种面积(公顷) Sown Area (hectare)	总产量(吨) Total Output (ton)	单 产(千克/公顷) Output per Hectare (kg/hectare)	播种面积(公顷) Sown Area (hectare)	总产量(吨) Total Output (ton)	单 产(千克/公顷) Output per Hectare (kg/hectare)	播种面积(公顷) Sown Area (hectare)	总产量(吨) Total Output (ton)	单 产(千克/公顷) Output per Hectare (kg/hectare)
全省总计	**Total**	**493**	**1570**	**3182**	**217953**	**589122**	**2703**	**214960**	**581007**	**2703**
济南市	Jinan	83	227	2737	8568	22532	2630	8379	22059	2633
青岛市	Qingdao	74	249	3363	5774	15792	2735	5774	15792	2735
淄博市	Zibo				3019	7711	2554	2843	7221	2539
枣庄市	Zaozhuang	8	30	3537	10106	29200	2889	9819	28339	2886
东营市	Dongying				14946	26697	1786	14836	26465	1784
烟台市	Yantai	111	366	3290	8695	24849	2858	8500	24332	2863
潍坊市	Weifang	36	107	3007	6037	18608	3082	5828	17971	3084
济宁市	Jining				50923	140439	2758	50839	140214	2758
泰安市	Tai'an	10	30	3172	23142	64705	2796	22966	64198	2795
威海市	Weihai				4876	11944	2450	4855	11902	2452
日照市	Rizhao	31	89	2895	4619	12631	2735	4173	11475	2750
临沂市	Linyi	69	227	3284	18904	53221	2815	18488	52109	2819
德州市	Dezhou				11922	28593	2398	11882	28512	2400
聊城市	Liaocheng				8343	22090	2648	8250	21834	2646
滨州市	Binzhou	64	219	3398	9575	28697	2997	9489	28460	2999
菏泽市	Heze	7	26	3573	28505	81414	2856	28038	80125	2858

13-9 续表 5 continued

地 区	Region	3.薯类(按折粮薯类计算) Tubers			二、油 料 Oil-bearing Crops			#花生果 Peanuts		
		播种面积(公顷) Sown Area (hectare)	总产量(吨) Total Output (ton)	单 产(千克/公顷) Output per Hectare (kg/hectare)	播种面积(公顷) Sown Area (hectare)	总产量(吨) Total Output (ton)	单 产(千克/公顷) Output per Hectare (kg/hectare)	播种面积(公顷) Sown Area (hectare)	总产量(吨) Total Output (ton)	单 产(千克/公顷) Output per Hectare (kg/hectare)
全省总计	**Total**	**128475**	**1100191**	**8563**	**624100**	**2739609**	**4390**	**609757**	**2700964**	**4430**
济南市	Jinan	8899	78011	8766	17596	66190	3762	16333	63387	3881
青岛市	Qingdao	5113	39334	7693	64922	311678	4801	64922	311678	4801
淄博市	Zibo	2190	16635	7595	4294	15924	3708	4288	15908	3710
枣庄市	Zaozhuang	4524	43312	9575	18480	76978	4166	16857	73023	4332
东营市	Dongying	293	2453	8382	271	872	3216	257	835	3252
烟台市	Yantai	10414	93911	9018	90379	401030	4437	90377	401024	4437
潍坊市	Weifang	6294	49999	7944	34515	162841	4718	34472	162764	4722
济宁市	Jining	17072	158511	9285	35273	144346	4092	34942	143548	4108
泰安市	Tai'an	8061	74647	9261	44405	184587	4157	44018	183707	4173
威海市	Weihai	6223	51392	8258	49217	202410	4113	49217	202410	4113
日照市	Rizhao	7364	70512	9575	48290	200559	4153	48283	200545	4154
临沂市	Linyi	45372	367263	8094	153147	699766	4569	152254	697837	4583
德州市	Dezhou	965	9170	9505	2655	11492	4329	1897	8670	4569
聊城市	Liaocheng	979	8103	8276	6258	27082	4328	5874	26341	4484
滨州市	Binzhou	474	3786	7995	2224	6661	2995	1660	6145	3701
菏泽市	Heze	4240	33151	7818	52173	227194	4355	44105	203142	4606

13-9 续表 6 continued

地区	Region	#油菜籽 Rapeseeds			#芝麻 Sesame			三、棉花 Cotton		
		播种面积(公顷) Sown Area (hectare)	总产量(吨) Total Output (ton)	单产(千克/公顷) Output per Hectare (kg/hectare)	播种面积(公顷) Sown Area (hectare)	总产量(吨) Total Output (ton)	单产(千克/公顷) Output per Hectare (kg/hectare)	播种面积(公顷) Sown Area (hectare)	总产量(吨) Total Output (ton)	单产(千克/公顷) Output per Hectare (kg/hectare)
全省总计	**Total**	**8983**	**23040**	**2565**	**679**	**1672**	**2461**	**113349**	**144834**	**1278**
济南市	Jinan	1053	2420	2299	120	221	1845	2967	3501	1180
青岛市	Qingdao							20	25	1212
淄博市	Zibo	6	15	2439				801	1064	1328
枣庄市	Zaozhuang	1614	3923	2431	6	8	1269	858	1075	1253
东营市	Dongying	9	15	1765	6	22	3784	13870	14569	1050
烟台市	Yantai							4	6	1457
潍坊市	Weifang	2	5	2250	39	72	1815	3899	4626	1186
济宁市	Jining	316	767	2431	16	31	1923	20278	26378	1301
泰安市	Tai'an	376	849	2255	1	1	1406	2876	3702	1287
威海市	Weihai									
日照市	Rizhao	7	13	2051				113	134	1186
临沂市	Linyi	892	1926	2159	1	3	4275	1605	2077	1294
德州市	Dezhou	97	255	2623				16065	22297	1388
聊城市	Liaocheng	193	505	2618	3	4	1427	3616	4434	1226
滨州市	Binzhou	482	323	669	37	96	2625	16147	18733	1160
菏泽市	Heze	3937	12023	3054	451	1215	2692	30229	42212	1396

13-9 续表 7 continued

地区	Region	四、烟叶 Tobacco			#烤烟 Cigarettes			五、中药材播种面积(公顷) Sown Area of Medical Materials (hectare)
		播种面积(公顷) Sown Area (hectare)	总产量(吨) Total Output (ton)	单产(千克/公顷) Output per Hectare (kg/hectare)	播种面积(公顷) Sown Area (hectare)	总产量(吨) Total Output (ton)	单产(千克/公顷) Output per Hectare (kg/hectare)	
全省总计	**Total**	**19048**	**49088**	**2577**	**18993**	**48867**	**2573**	**56781**
济南市	Jinan	419	987	2354	417	977	2341	5206
青岛市	Qingdao	381	939	2466	355	868	2447	949
淄博市	Zibo	433	1031	2383	421	999	2370	2037
枣庄市	Zaozhuang							877
东营市	Dongying							126
烟台市	Yantai							385
潍坊市	Weifang	6285	15832	2519	6285	15832	2519	3248
济宁市	Jining							3250
泰安市	Tai'an	12	26	2214	11	24	2134	5051
威海市	Weihai							2785
日照市	Rizhao	3103	8554	2757	3088	8448	2736	3201
临沂市	Linyi	8415	21719	2581	8415	21719	2581	15936
德州市	Dezhou							1180
聊城市	Liaocheng							1860
滨州市	Binzhou							1675
菏泽市	Heze							9013

13-9 续表 8 continued

地 区	Region	六、蔬菜及食用菌 Vegetable and Edible Fungi		#马铃薯 Potato		七、瓜果类 Melon	
		播种面积(公顷) Sown Area (hectare)	总产量(吨) Total Output (ton)	播种面积(公顷) Sown Area (hectare)	总产量(吨) Total Output (ton)	播种面积(公顷) Sown Area (hectare)	总产量(吨) Total Output (ton)
全省总计	**Total**	**1548500**	**90457781**	**136220**	**7069704**	**208084**	**11294582**
济南市	Jinan	99321	7126121	6051	282756	10147	522792
青岛市	Qingdao	108054	6598713	23590	1146985	7724	388105
淄博市	Zibo	26348	1980836	919	38997	1921	113221
枣庄市	Zaozhuang	94338	5659175	43147	2444578	3072	158336
东营市	Dongying	14732	808148	33	2110	3640	188783
烟台市	Yantai	42691	2515458	3792	187217	6431	278020
潍坊市	Weifang	201460	13338454	17364	906672	39396	2420745
济宁市	Jining	169008	7734086	9710	494105	17623	950770
泰安市	Tai'an	104836	5990257	16032	842287	1493	81796
威海市	Weihai	19985	1021797	2249	90578	2288	125587
日照市	Rizhao	19489	1164316	1517	77628	1987	106451
临沂市	Linyi	145163	8546658	8704	384460	16557	936872
德州市	Dezhou	103300	6630707	552	29924	4667	273403
聊城市	Liaocheng	148620	9437386	948	57130	15876	959884
滨州市	Binzhou	34464	1794966	373	19471	15151	702141
菏泽市	Heze	216688	10110702	1238	64808	60112	3087678

13-9 续表 9 continued

地 区	Region	#西 瓜 Watermelon		#香瓜(甜瓜) Muskmelon		八、其他农作物播种面积(公顷) Sown Area of Other Farm Crops (hectare)	
		播种面积(公顷) Sown Area (hectare)	总产量(吨) Total Output (ton)	播种面积(公顷) Sown Area (hectare)	总产量(吨) Total Output (ton)		#青饲料播种面积 Fresh Feed Succulence
全省总计	**Total**	**134041**	**7450409**	**48377**	**2556100**	**22044**	**16928**
济南市	Jinan	5425	298887	2342	118778	3103	3098
青岛市	Qingdao	3195	199201	2466	117454	261	260
淄博市	Zibo	925	60147	222	12104	7	
枣庄市	Zaozhuang	2085	116982	540	24345	136	120
东营市	Dongying	2758	138472	736	44118	1396	1043
烟台市	Yantai	2785	150977	572	24122	280	272
潍坊市	Weifang	23174	1436012	8003	424329	1252	976
济宁市	Jining	11582	663896	4870	234733	35	6
泰安市	Tai'an	717	44098	547	29815	1731	1505
威海市	Weihai	1040	60797	269	12033	18	
日照市	Rizhao	1048	63207	98	4862	835	657
临沂市	Linyi	6512	396653	5913	348899	2006	344
德州市	Dezhou	3984	232150	574	37662	1612	1604
聊城市	Liaocheng	6926	400761	8623	547532	521	302
滨州市	Binzhou	12999	604996	1996	89748	6215	6174
菏泽市	Heze	48888	2583174	10606	485565	2637	567

13-10 各市茶叶、水果生产情况(2022年)
Production of Tea and Fruits by Region(2022)

单位:吨 (ton)

地 区	Region	茶叶产量 Output of Tea	园林水果产量 Output of Garden Fruits	苹果 Apple	梨 Pear	葡萄 Grape	桃 Peach	杏 Apricot	红枣 Jujube
全省总计	**Total**	**29337**	**19660568**	**10064209**	**1281810**	**1223251**	**4656287**	**166026**	**612994**
济南市	Jinan	313	619906	191324	40142	34867	195564	35414	9966
青岛市	Qingdao	5000	831310	249399	160989	155468	174104	6205	1336
淄博市	Zibo	9	1068890	507681	17568	80164	349125	2144	958
枣庄市	Zaozhuang	25	294946	23108	15168	16555	137460	6694	11005
东营市	Dongying		74477	40138	9171	12236	6299	251	5095
烟台市	Yantai	486	7720315	6322489	394364	416725	180195	13572	1701
潍坊市	Weifang	2370	1006604	179772	40216	91205	377160	2113	31179
济宁市	Jining	9	391141	76035	28671	94464	133559	12533	8544
泰安市	Tai'an	1248	622061	190852	32285	23063	166638	31657	2354
威海市	Weihai	683	1224597	1081637	34606	34599	28242	247	121
日照市	Rizhao	16909	455346	133009	10806	8870	260488	1415	694
临沂市	Linyi	2285	3258878	493489	45788	101370	2350226	30491	13387
德州市	Dezhou		272773	59164	44674	18637	48995	2288	83110
聊城市	Liaocheng		491083	205883	108899	54661	86496	3341	3302
滨州市	Binzhou		795216	60570	222928	10568	47637	11427	435928
菏泽市	Heze		533026	249658	75535	69797	114099	6234	4314

13-10 续表 continued

单位:公顷 (hectare)

地 区	Region	柿子(吨) Persimmon (ton)	山楂(吨) Hawthorn (ton)	其他(吨) Others (ton)	年末实有果园面积 Orchard Area at the Year-end	#苹果园 Apple	梨园 Pear	葡萄园 Grape	桃园 Peach
全省总计	**Total**	**104456**	**331816**	**1219719**	**606670**	**240153**	**37477**	**35596**	**140764**
济南市	Jinan	26875	33168	52585	38244	11913	1982	1200	9524
青岛市	Qingdao	1662	2278	79869	32752	7937	4132	4780	7023
淄博市	Zibo	8476	9489	93285	32169	11711	741	2128	10130
枣庄市	Zaozhuang	3297	4314	77346	14520	757	448	634	5011
东营市	Dongying	1	17	1269	3171	1678	397	363	327
烟台市	Yantai	7339	745	383185	180385	132688	9395	10901	5122
潍坊市	Weifang	23909	115846	145205	36283	5370	1071	2734	12308
济宁市	Jining	2392	6353	28589	15437	2695	856	2761	5059
泰安市	Tai'an	3962	38657	132593	32834	7022	1435	890	7317
威海市	Weihai	749	132	44264	33675	25987	1324	1520	1253
日照市	Rizhao	5726	1137	33202	19230	3860	399	404	7573
临沂市	Linyi	14286	111196	98644	92804	12243	1304	2760	60721
德州市	Dezhou	580	2705	12619	9558	1844	1063	561	1448
聊城市	Liaocheng	338	5125	23038	15926	5902	3444	1468	2517
滨州市	Binzhou	1921	210	4028	33101	1648	7361	399	1349
菏泽市	Heze	2945	445	9999	16581	6898	2125	2092	4085

13-11 各市林业生产情况(2022年)
Production of Forestry by Region(2022)

地 区	Region	主要林产品产量(吨) Output of Major Forestry Products(ton) 核桃 Walnut	板栗 Chestnut	营林情况(公顷) Forestation(hectare) 当年人工造林面积 Forested Area in the Year	森林抚育面积 Laid out Area of Forest Tending
全省总计	**Total**	**111735**	**226351**	**4995**	**221491**
济南市	Jinan	25057	18994	544	5335
青岛市	Qingdao	88	1095	51	3067
淄博市	Zibo	2890	18361	107	4242
枣庄市	Zaozhuang	7298	7682	144	6729
东营市	Dongying	25		116	43634
烟台市	Yantai	3139	10717	44	2442
潍坊市	Weifang	651	22426	231	6798
济宁市	Jining	11346	3656	2061	16722
泰安市	Tai'an	45708	44488	488	733
威海市	Weihai	13	4695	26	2400
日照市	Rizhao	451	21465	67	7238
临沂市	Linyi	14484	72680	482	2272
德州市	Dezhou			197	42152
聊城市	Liaocheng	41		60	22166
滨州市	Binzhou	500	2	92	37109
菏泽市	Heze	45	90	285	18452

13-12 各市畜牧业生产情况(2022年)
Production of Animal Husbandry by Region(2022)

地 区	Region	大牲畜年末存栏(万头) Stocked Large Livestock at Year-end (10000 heads)	#牛 Cattle	猪年末存栏(万头) Stocked Pigs at Year-end (10000 heads)	羊年末存栏(万只) Stocked Sheep and Goats at Year-end (10000 heads)	家禽年末存栏(万只) Stocked Poultry at Year-end (10000 heads)	兔年末存栏(万只) Stocked Hare at Year-end (10000 heads)
全省总计	**Total**	**287.04**	**283.32**	**3005.41**	**1459.11**	**81837.99**	**608.85**
济南市	Jinan	16.89	16.86	121.21	77.73	2488.34	2.16
青岛市	Qingdao	14.32	14.20	159.44	17.42	4420.07	101.79
淄博市	Zibo	15.87	15.83	49.72	46.49	1624.04	19.16
枣庄市	Zaozhuang	3.37	3.36	68.39	62.41	1476.99	30.90
东营市	Dongying	17.23	17.21	80.33	137.84	1796.35	2.72
烟台市	Yantai	12.44	12.41	306.17	37.46	6022.32	0.84
潍坊市	Weifang	19.05	18.82	310.36	67.30	11987.54	28.30
济宁市	Jining	22.64	22.48	219.99	143.61	3441.82	22.51
泰安市	Tai'an	11.96	11.95	129.92	68.47	3489.50	16.91
威海市	Weihai	2.28	2.27	72.36	4.64	2045.41	
日照市	Rizhao	5.90	5.81	104.68	24.24	3837.88	52.37
临沂市	Linyi	30.92	30.17	390.85	202.64	11816.88	260.59
德州市	Dezhou	37.45	37.05	282.43	82.06	5723.80	6.56
聊城市	Liaocheng	9.67	8.35	185.68	89.40	9874.05	32.84
滨州市	Binzhou	42.22	42.06	183.14	81.40	5046.78	0.69
菏泽市	Heze	24.84	24.50	340.75	316.00	6746.21	30.50

13-12 续表 1 continued

地 区	Region	牛 当年出栏 (万头) Slaughtered Cattle in the Year (10000 heads)	猪 当年出栏 (万头) Slaughtered Pigs in the Year (10000 heads)	羊 当年出栏 (万只) Slaughtered Sheep and Goats in the Year (10000 heads)	家禽 当年出栏 (万只) Slaughtered Poultry in the Year (10000 heads)	兔 当年出栏 (万只) Slaughtered Hare in the Year (10000 heads)
全省总计	**Total**	**275.63**	**4528.41**	**2376.76**	**271178.21**	**3402.64**
济 南 市	Jinan	11.09	209.60	136.20	5684.11	7.75
青 岛 市	Qingdao	6.69	256.07	35.08	20546.61	1647.43
淄 博 市	Zibo	13.11	73.34	86.40	3845.30	99.01
枣 庄 市	Zaozhuang	5.12	109.07	97.27	4215.33	106.51
东 营 市	Dongying	8.69	127.55	319.16	8683.49	13.24
烟 台 市	Yantai	13.41	448.50	84.84	22901.95	3.71
潍 坊 市	Weifang	17.77	499.38	116.58	51374.14	143.56
济 宁 市	Jining	26.21	353.64	213.17	7419.69	84.36
泰 安 市	Tai'an	6.49	160.38	88.85	11493.22	62.11
威 海 市	Weihai	0.77	117.15	4.29	6218.08	
日 照 市	Rizhao	4.16	146.31	38.70	10177.57	138.79
临 沂 市	Linyi	31.01	539.26	248.87	39373.09	771.74
德 州 市	Dezhou	30.72	443.62	148.77	15671.06	20.73
聊 城 市	Liaocheng	7.02	260.69	169.25	35064.18	208.48
滨 州 市	Binzhou	68.79	253.29	142.57	15345.19	2.77
菏 泽 市	Heze	24.59	530.57	446.75	13165.20	92.44

13-12 续表 2 continued

单位:吨 (ton)

地 区	Region	肉类总产量 Output of Meat	#牛肉 Beef	#猪肉 Pork	#羊肉 Mutton	#禽肉 Poultry Meat	奶类产量 Output of Milk	#牛奶 Cow Milk
全省总计	**Total**	**8445080**	**604028**	**3683944**	**337032**	**3758546**	**3044927**	**3043977**
济 南 市	Jinan	291192	24306	168901	19314	78492	434263	434263
青 岛 市	Qingdao	544561	14657	212709	4975	287258	295727	295727
淄 博 市	Zibo	159150	28727	58729	12251	57237	144772	144768
枣 庄 市	Zaozhuang	173295	11215	87972	13793	58934	34758	34758
东 营 市	Dongying	287634	19047	106415	45258	116576	448460	448460
烟 台 市	Yantai	726804	29387	365073	12031	320188	152221	151648
潍 坊 市	Weifang	1180792	38950	404568	16532	718252	205602	205382
济 宁 市	Jining	475515	57438	285232	30528	100613	179905	179905
泰 安 市	Tai'an	319806	14229	130471	12599	160685	250151	250151
威 海 市	Weihai	184726	1682	94486	609	87934	35173	35168
日 照 市	Rizhao	276353	9118	118004	5188	142291	86177	86177
临 沂 市	Linyi	1117663	67946	449903	35291	550468	135593	135461
德 州 市	Dezhou	668189	67323	358986	21096	219094	273804	273804
聊 城 市	Liaocheng	723447	15382	210266	24000	467764	87079	87060
滨 州 市	Binzhou	580066	150741	204294	20218	204702	65539	65539
菏 泽 市	Heze	735884	53881	427937	63350	188060	215704	215704

13-12 续表 3 continued

单位:吨 (ton)

地 区	Region	羊毛产量 Output of Wool	山羊毛 Goat Wool	绵羊毛 Sheep Wool	禽蛋产量 Poultry Eggs	蚕茧产量 Output of Cocoon	# 桑蚕茧 Cocoon	# 柞蚕茧 Oak Cocoon
全省总计	**Total**	**6206**	**292**	**5913**	**4392548**	**2311**	**2239**	**72**
济 南 市	Jinan	92	14	78	270299	8	8	
青 岛 市	Qingdao	31		31	270398			
淄 博 市	Zibo	93	50	43	113220	66	59	7
枣 庄 市	Zaozhuang	16	2	14	85046			
东 营 市	Dongying	4051	1	4050	57894	1	1	
烟 台 市	Yantai	73	1	72	268157	5	3	2
潍 坊 市	Weifang	230	4	225	378504	273	273	
济 宁 市	Jining	257	46	211	384288			
泰 安 市	Tai'an	306	44	263	123620	484	484	
威 海 市	Weihai				133092	59		59
日 照 市	Rizhao	35	3	32	151700	728	723	4
临 沂 市	Linyi	203	102	101	383760	204	204	
德 州 市	Dezhou	51	2	49	407157			
聊 城 市	Liaocheng	500	6	494	617996			
滨 州 市	Binzhou	220	3	217	268307			
菏 泽 市	Heze	47	13	34	479110	483	483	

13-13 各市水产品产量和养殖面积(2022年)
Output and Breeding Area of Aquatic Products by Region (2022)

地 区	Region	水产品总产量(吨) Total Aquatic Products (ton)	海水产品 Seawater Aquatic products	海洋捕捞 Ocean Fishing	海水养殖 Seawater Cultured	淡水产品产量 Freshwater Aquatic Products
全省总计	**Total**	**8812740**	**7622454**	**2061660**	**5560794**	**1190286**
济 南 市	Jinan	14778				14778
青 岛 市	Qingdao	993208	976935	200033	776902	16273
淄 博 市	Zibo	20569				20569
枣 庄 市	Zaozhuang	69925				69925
东 营 市	Dongying	531970	437276	76501	360775	94694
烟 台 市	Yantai	1856738	1848482	468765	1379717	8256
潍 坊 市	Weifang	499390	474175	103613	370562	25215
济 宁 市	Jining	291829				291829
泰 安 市	Tai'an	85553				85553
威 海 市	Weihai	2711545	2689374	638004	2051370	22171
日 照 市	Rizhao	468490	449411	151980	297431	19079
临 沂 市	Linyi	131017				131017
德 州 市	Dezhou	60912				60912
聊 城 市	Liaocheng	64238				64238
滨 州 市	Binzhou	551515	373101	49064	324037	178414
菏 泽 市	Heze	87363				87363

注：本表全省水产品产量数据含远洋产量，各市产量数据中不含远洋产量。

a)The total output of aquatic products of the whole province in this table includes ocean going aquatic products. Municipal data exclude ocean going aquatic products.

13−13 续表 continued

地 区	Region	内陆捕捞 Landlocked Fishing	内陆养殖 Landlocked Cultured	水产品养殖面积(公顷) Breeding Area of Aquatic Products (hectare)	海水养殖 Seawater Cultured	内陆养殖 Landlocked Cultured
全省总计	**Total**	**99912**	**1090374**	**772328**	**617464**	**154864**
济 南 市	Jinan	729	14049	4341		4341
青 岛 市	Qingdao	115	16158	37849	34869	2980
淄 博 市	Zibo	792	19777	2671		2671
枣 庄 市	Zaozhuang	2736	67189	9304		9304
东 营 市	Dongying	2266	92428	103300	90209	13091
烟 台 市	Yantai	2432	5824	209425	206529	2896
潍 坊 市	Weifang	4677	20538	64400	60389	4011
济 宁 市	Jining	46272	245557	34064		34064
泰 安 市	Tai'an	17687	67866	8824		8824
威 海 市	Weihai		22171	115110	112544	2566
日 照 市	Rizhao	2523	16556	42183	37844	4339
临 沂 市	Linyi	10869	120148	25286		25286
德 州 市	Dezhou	429	60483	5677		5677
聊 城 市	Liaocheng	1670	62568	4580		4580
滨 州 市	Binzhou	2603	175811	90389	75080	15309
菏 泽 市	Heze	4112	83251	14925		14925

13-14 主要农业机械年末拥有量
Major Agricultural Machinery at the Year-end

类　别	单位	Category	Unit	2021	2022
农业机械总动力	**（万千瓦）**	**total power of agricultural machinery**	**(10000 kW)**	**11186.07**	**11530.49**
一、拖拉机及配套机械		**Tractors and related machinery**			
拖拉机	（万台）	Tractor	(10000 units)	245.01	246.35
	（万千瓦）		(10000 kW)	4496.39	4623.27
#大中型（22.1千瓦以上）	（万台）	Large and Medium-sized(14.7 kW and above)	(10000 units)	51.68	54.19
	（万千瓦）		(10000 kW)	2672.36	2826.48
拖拉机配套农具	（万部）	Tractor Supporting Tools	(10000 units)	440.14	446.27
#与58.8千瓦及以上拖拉机配套	（万部）	Large and Medium-sized	(10000 units)	60.49	62.04
二、种植业机械		**Farming Machinery**			
犁	（万台）	Mechanical Power Plow	(10000 units)	137.72	137.32
旋耕机	（万台）	Rotary Tiller	(10000 units)	37.58	38.68
免耕播种机	（万台）	No-tillage Seeder	(10000 units)	18.60	19.15
精量播种机	（万台）	Precision Seeder	(10000 units)	37.71	38.61
农用水泵	（万台）	Agricultural Water-pump	(10000 units)	295.28	294.93
节水灌溉类机械	（万套）	Water-saving Irrigation Machinery	(10000 units)	54.68	55.19
谷物联合收割机	（万台）	Combine Harvester	(10000 units)	33.61	19.99
	（万千瓦）		(10000 kW)	1818.91	1071.13
玉米联合收割机	（万台）	Corn Combine Harvester	(10000 units)	14.24	13.88
秸秆粉碎还田机	（万台）	Straw crushing Machinery	(10000 units)	15.11	15.83
脱粒机	（万台）	Thresher	(10000 units)	40.27	39.90
三、畜牧机械	**（万台）**	**Animal Husbandry Machinery**	**(10000 units)**	**34.62**	**38.90**
	（万千瓦）		(10000 kW)	182.07	189.18
四、水产机械	**（万台）**	**Fishery Machinery**	**(10000 units)**	**17.46**	**17.71**
	（万千瓦）		(10000 kW)	111.01	111.61
五、农产品初加工机械	**（万台）**	**Agricultural Products Primary Processing Machinery**	**(10000 units)**		**61.52**
	（万千瓦）		(10000 kW)		747.73
六、农田基本建设机械	**（万台）**	**Farmland Capital Construction Machinery**	**(10000 units)**	**4.47**	**4.48**
	（万千瓦）		(10000 kW)	293.69	294.09
七、其他机械		**Other Machinery**			
#农用航空器	（架）	Agricultural Aircraft	(unit)	10129	12312

注：1、2022年谷物联合收割机统计口径变化，不包含玉米收获机。

2、农产品初加工动力机械和作业机械不再单独统计，合并为农产品初加工机械。

a) According to the new statistical caliber, the data of Combine Harvester from 2022 excludes Corn Harvester.

b) The categorization of Agricultural Products Primary Processing Power Machinery and Agricultural Products Primary Processing Operating Machinery has been revised, merging them into a single category known as Agricultural Products Primary Processing Machinery.

13-15 各市主要农业机械年末拥有量(2022年)
Number of Major Agricultural Machinery at the Year-end by Region(2022)

地区	Region	农业机械总动力(千瓦) total power of agricultural machinery (kW)	#拖拉机及配套机械 Tractors and related machinery			#谷物联合收割机 Combine Harvester	
			拖拉机 Tractor		拖拉机配套农具 Tractor Supporting Tools		
			(台) (unit)	(千瓦) (kW)	(部) (unit)	(台) (unit)	(千瓦) (kW)
全省总计	**Total**	**115304884**	**2463481**	**46232697**	**4462667**	**199866**	**10711313**
济南市	Jinan	5949405	74745	1911004	126999	9364	454904
青岛市	Qingdao	7602725	205607	3785262	445800	8789	533430
淄博市	Zibo	2496575	18148	786631	41755	3654	271952
枣庄市	Zaozhuang	3404968	39569	1369592	125149	7935	523405
东营市	Dongying	2842533	51921	1404530	125629	5454	313977
烟台市	Yantai	8088251	285456	3387910	360975	5962	303100
潍坊市	Weifang	11030515	178601	4075583	285570	15123	939287
济宁市	Jining	10304579	111559	3267045	225074	27606	1071456
泰安市	Tai'an	5694031	93262	2029355	169545	13983	553478
威海市	Weihai	5101820	252070	2555122	525807	3803	167276
日照市	Rizhao	2934066	135601	1346956	493982	2097	104081
临沂市	Linyi	8562841	498668	5595877	704677	12960	649378
德州市	Dezhou	13142675	256234	5331467	306563	23820	1386209
聊城市	Liaocheng	11202284	84267	3128002	156294	19084	1095143
滨州市	Binzhou	5382641	81454	2202717	139900	12110	548335
菏泽市	Heze	11564975	96319	4055646	228948	28122	1795901

注：2022年谷物联合收割机统计口径变化，不包含玉米收获机。
a)According to the new statistical caliber, the data of Combine Harvester from 2022 excludes Corn Harvester.

13-16 各市地类面积(2021年)
Land Category Area by Region(2021)

单位:公顷 (hectare)

地 区	Region	农用地 Agricultural Land	#耕地 Cultivated Land	#水浇地 Irrigated Land	#园 地 Garden Land	#牧草地 Grazing and Pasture Land
全省总计	**Total**	**11682912**	**6414908**	**4656207**	**1245017**	**7**
济 南 市	Jinan	754739	342576	270875	101346	
青 岛 市	Qingdao	807237	427550	230928	81449	
淄 博 市	Zibo	437294	158015	114922	78508	
枣 庄 市	Zaozhuang	342475	201348	118082	50705	
东 营 市	Dongying	479171	217388	151143	5226	7
烟 台 市	Yantai	1090033	351354	129932	326413	
潍 坊 市	Weifang	1159651	657009	431562	91788	
济 宁 市	Jining	766489	501972	385955	26321	
泰 安 市	Tai'an	590588	282954	188184	68963	
威 海 市	Weihai	452689	162545	25883	65343	
日 照 市	Rizhao	417870	180470	42949	44809	
临 沂 市	Linyi	1336640	628173	277899	224872	
德 州 市	Dezhou	818713	634493	634340	9768	
聊 城 市	Liaocheng	669607	514479	514436	17284	
滨 州 市	Binzhou	628539	385604	374182	36806	
菏 泽 市	Heze	931177	768978	764936	15416	

注：数据来源于2021年度国土变更调查。
a)The data in this table come from the 2021 National Land Changing Survey.

13−17 各市农村电气化和农业化学化情况(2022年)

Rural Electrification and Agriculture Chemicals by Region(2022)

单位:吨 (ton)

地区	Region	农用化肥施用量(实物量) Consumption of Chemical Fertilizer (physical volume)	氮肥 Nitrogenous Fertilizer	磷肥 Phosphate Fertilizer	钾肥 Potash Fertilizer	复合肥 Compound Fertilizer	农用化肥施用量(折纯量) Consumption of Chemical Fertilizer (convert to pure volume)	氮肥 Nitrogenous Fertilizer	磷肥 Phosphate Fertilizer
全省总计	**Total**	**10798821**	**3244540**	**1383740**	**823888**	**5346654**	**3620851**	**981758**	**306549**
济南市	Jinan	644318	217639	105844	44939	275895	194361	52401	19808
青岛市	Qingdao	659078	104602	40557	36807	477112	246113	28132	8844
淄博市	Zibo	242879	69901	28140	14222	130616	77596	19854	5807
枣庄市	Zaozhuang	509265	157111	19727	22591	309836	174461	48306	4510
东营市	Dongying	222507	51851	16637	5814	148205	82332	17856	4488
烟台市	Yantai	893790	246453	98931	88504	459902	309713	82308	24295
潍坊市	Weifang	1063537	183658	74841	69010	736029	393741	60919	18399
济宁市	Jining	918893	278344	127359	76058	437131	325589	91819	30621
泰安市	Tai'an	527155	132779	56419	46689	291268	174801	31167	12746
威海市	Weihai	306337	99307	35309	35938	135784	91046	25740	7869
日照市	Rizhao	236782	55355	21286	20494	139648	75477	16340	6260
临沂市	Linyi	1004674	344454	93190	100250	466780	294040	81713	20869
德州市	Dezhou	895764	372667	147183	59046	316868	283322	111863	32540
聊城市	Liaocheng	877298	298938	153752	58991	365617	311118	100960	35015
滨州市	Binzhou	475159	147846	49796	28647	248869	173828	48175	14548
菏泽市	Heze	1321386	483635	314769	115889	407093	413313	164206	59931

13−17 续表 continued

单位:吨 (ton)

地区	Region	钾肥 Potash Fertilizer	复合肥 Compound Fertilizer	农用塑料薄膜使用量 Plastic Film Consumption	地膜使用量 Film Consumption	农用柴油量 Diesel Consumption	农药施用量 Pesticides Consumption	地膜覆盖面积(公顷) Film Coverage (hectare)	农村用电量(万千瓦时) Electricity Consumption in Rural Area (10000 kW·h)
全省总计	**Total**	**281182**	**2051362**	**253827**	**86070**	**1172584**	**104975**	**1519349**	**5798670**
济南市	Jinan	16338	105814	11596	4421	47078	2847	67394	491660
青岛市	Qingdao	13753	195384	16913	7064	134048	4979	131603	492656
淄博市	Zibo	4794	47140	5222	1147	14734	3451	16786	198155
枣庄市	Zaozhuang	7523	114122	9401	2633	14330	2645	35424	179253
东营市	Dongying	2202	57785	2384	1363	17629	2149	28360	136157
烟台市	Yantai	31915	171196	9259	6047	133769	14437	109733	431867
潍坊市	Weifang	26915	287507	69462	11015	105626	9594	174160	599453
济宁市	Jining	28413	174736	11523	7393	77577	10517	125689	457591
泰安市	Tai'an	15040	115848	9059	3986	40600	4990	69505	258156
威海市	Weihai	13050	44388	2980	1760	218729	6969	29050	117497
日照市	Rizhao	6864	46013	5895	3555	85404	2456	65780	183793
临沂市	Linyi	29265	162194	36219	11972	73846	10116	229206	696589
德州市	Dezhou	19009	119910	12740	4543	54417	8568	96434	319966
聊城市	Liaocheng	20726	154417	22833	5590	58742	7181	109958	393614
滨州市	Binzhou	10360	100744	5318	2508	26830	5057	51945	264047
菏泽市	Heze	35013	154163	23022	11073	69227	9019	178321	578217

注：本表农村用电量数据来源于国网山东电力公司。

a)The data of rural electricity consumption in this table come from State Grid Shandong Electric Power Company.

主要统计指标解释

农林牧渔业总产值　指以货币表现的农、林、牧、渔业全部产品和对农林牧渔业生产活动进行的各种支持性服务活动的价值总量，它反映一定时期内农林牧渔业生产总规模和总成果。1957年以前的农林牧渔业总产值中包括了厩肥和农民自给性手工业(如农民自制衣服、鞋、袜，自己从事粮食初步加工等)。1958年及以后，林业中增加了村及村以下竹木采伐产值；牧业中取消了厩肥产值；副业中取消了农民自给性手工业产值，增加了村及村以下办的工业产值；渔业中增加了海洋捕捞水产品产值。1980年及以后，在副业中增加了农民家庭兼营工业商品部分的产值。从1984年起村及村以下工业产值划归工业。从1993年起取消副业，将野生动物的捕猎划入牧业，野生植物采集和农民家庭兼营商品性工业划归农业。从2003年起，执行新的国民经济行业分类标准，农林牧渔业总产值中包括了农林牧渔服务业产值。(2017国民经济行业分类标准中将"农林牧渔服务业"改为"农林牧渔专业及辅助性活动")。林业中增加了森林采运业产值。农业中取消了家庭兼营商品性工业产值，将野生林产品的采集划归林业。

农林牧渔业总产值的计算方法通常是按农、林、牧、渔业产品及其副产品的产量分别乘以各自单位产品价格求得；少数生产周期较长，当年没有产品或产品产量不易统计的，则采用间接方法匡算其产值；然后将四业产品产值及农林牧渔专业及辅助性活动产值相加即为农林牧渔业总产值。

粮食产量　指日历年度内生产的全部粮食数量。按收获季节包括夏收粮食、早稻和秋收粮食，按作物品种包括谷物、豆类和薯类。其产量计算方法：谷物按脱粒后的原粮计算，豆类按去豆荚后的干豆计算；薯类(包括甘薯和马铃薯，不包括芋头和木薯)1964年以前按每4公斤鲜薯折1公斤粮食计算，从1964年开始改为按5公斤鲜薯折1公斤粮食计算；城市郊区作为蔬菜的薯类(如马铃薯等)按鲜品计算，并且不作粮食统计。1989年以前全国粮食产量数据主要靠全面报表取得，1989年开始使用抽样调查数据。

棉花产量　指全社会的产量。包括春播棉和夏播棉。产量按皮棉计算。不包括木棉。

油料产量　指全部油料作物的生产量。包括花生、油菜籽、芝麻、向日葵籽、胡麻籽（亚麻籽）和其他油料。不包括大豆、木本油料和野生油料。花生以带壳干花生计算。

水产品产量　指人工养殖的水产品和天然生长的水产品的捕捞量。包括海水的鱼类、虾蟹类、贝类和藻类以及内陆水域的鱼类、虾蟹类和贝类，不包括淡水生植物。水产品产量是通过各级水产和统计部门逐级上报取得数据。1995年及以前，贝类中牡蛎按鲜肉计算；蚶、蛤、蛙按5斤鲜品折1斤计算。1996年以后则统一按鲜品计算。

猪、牛、羊肉产量　指当年出栏并已屠宰、除去头蹄下水后带骨肉(即胴体重)的重量。包括全社会范围内的产量。由于畜牧业产品年报数据与普查数据之间存在一定的差距，

根据国家统计局有关文件精神，从2000年起，对畜牧业年报数据与普查数据进行衔接。

期初(末)畜禽存栏头(只)数　指报告期初(末)农村各种合作经济组织和国营农场、农民个人、机关、团体、学校、工矿企业、部队等单位以及城镇居民饲养的大牲畜、猪、羊、家禽（鸡、鸭、鹅）等畜禽的存栏数。数据上报方式及数据调整情况同猪、牛、羊肉产量。

农作物播种面积　指实际播种或移植有农作物的面积。凡是实际种植有农作物的面积，不论种植在耕地上还是种植在非耕地上，均包括在农作物播种面积中。在播种季节基本结束后，因遭灾而重新改种和补种的农作物面积，也包括在内。它是反映我国耕地面积利用情况的一个重要指标。目前，农作物播种面积主要包括粮食、棉花、油料、糖料、麻类、烟叶、蔬菜和瓜类、药材和其他农作物九大类。

农用化肥施用量　指本年内实际用于农业生产的化肥数量，包括氮肥、磷肥、钾肥和复合肥。化肥施用量要求按折纯量计算数量。折纯量是指把氮肥、磷肥、钾肥分别按含氮、含五氧化二磷、含氧化钾的百分之百成分进行折算后的数量。复合肥按其所含主要成分折算。公式为：

折纯量=实物量×某种化肥有效成分含量的百分比

农业机械总动力　指主要用于农、林、牧、渔业的各种动力机械的动力总和。包括耕作机械、排灌机械、收获机械、农用运输机械、植物保护机械、牧业机械、林业机械、渔业机械和其他农业机械〔内燃机按引擎马力折成瓦(特)计算、电动机按功率折成瓦(特)计算〕。不包括专门用于乡、镇、村、组办工业、基本建设、非农业运输、科学试验和教学等非农业生产方面用的动力机械与作业机械。这个指标的统计数据主要来源于农机部门。

Explanatory Notes on Main Statistical Indicators

Gross Output Value of Farming, Forestry, Animal Husbandry and Fishery refers to the total value of products of farming, forestry, animal husbandry and fishery, and total value of services rendered to support farming, forestry, animal husbandry and fishery activities. It reflects the total scale and results of agricultural production during a given period. Prior to 1957, China's gross agricultural output value included barnyard manure and handicraft products for self consumption (clothes, shoes, stockings, and initial grain processing undertaken by peasants). Since 1958, cutting and felling of bamboo and trees by villages and other cooperative organizations under villages have been included in forestry; value of barnyard manure has been excluded from animal husbandry; self consumed handicrafts has been excluded from sideline occupations, while the output value of industries run by villages and cooperative organizations under village had been included in sideline occupations and the output value of fish catches by motor fishing boats has been added to fishery. Since 1980, the value of handicraft products made for sale by individuals in households had been added to sideline occupations. Since 1984, industries run by villages and under villages have been included in the sector of industry. Since 1993, the subdivision of sideline occupations has been canceled, and the hunting of wild animals has been classified into animal husbandry, and the gathering of wild plants and commodity industry run by rural household have been included in farming. A new industrial classification of economic activities was introduced in 2003. Under the new classification, value of services to farming, forestry, animal husbandry and fishery is included in the gross output value of agriculture, (In the 2017 National Economic Industry Classification Standard, Farming, forestry, animal husbandry and fishery service was changed to Farming, forestry, animal husbandry and fishery professions and auxiliary activities).value of wood felling and transport is included in forestry, value of industrial output by rural households is not included in agriculture, and the collection of wild forest products is taken from agriculture and included in the forestry. The first agriculture census of China revealed some discrepancy between the production of animal products from the annual reports and that from the census. Efforts were made by the Rural Socio economic Survey Organization of NBS to adjust the output value of animal husbandry to make the figures from the annual reports consistent with the census data.

Gross output value of agriculture is obtained by first multiplying the output of each product or by product by its price, resulting in the output value of each single item. For a small number of products, annual output of which is not available or difficult to get due to the long production (growing) process involved, the output value is estimated through an indirect approach. The sum of output value of all products of farming, forestry, animal husbandry, fishery and output value of agriculture, forestry, animal husbandry and fishery specialty and auxiliary activities then equal to the gross output value of agriculture.

Grain Output refers to the total output of grains produced within a calendar year. It includes summer crops, early rice and autumn crops by harvest seasons; and covers cereals, beans and tubers by type of crops. Output of cereals cover husked grain only. Output of beans refers to dry beans without pods. The output of tubers (sweet potatoes and potatoes, not including taros and cassava) are converted with the ratio of 4:1, i.e. 4 kilograms of fresh tubers were equivalent to 1 kilogram of grain before 1964. Since 1964 the ratio has been changed to 5:1. Tubers consumed as vegetables (such as potatoes) in cities and suburbs are calculated as fresh vegetables and their output is not included in the output of grain. Data on grain production before 1989 were obtained through the comprehensive statistical reporting system. Since 1989, data from sample surveys are used.

Cotton Output refers to the cotton production in the whole country including cotton sown in spring and in autumn. Output is measured as the weight of ginned cotton. Ceiba is not included.

Output of Oil-bearing Crops refers to the total production of oil bearing crops of various kinds, including peanuts, (dry, in shell) rapeseeds, sesame, sunflower seeds, flax seeds, and other oil bearing crops. Soybeans, oil bearing woody plants, and wild oil bearing crops are not included.

Output of Aquatic Products refers to catches of both artificially cultured and naturally grown aquatic products, including fish, shrimps, crabs and shellfish in sea and inland water as well as seaweed. Freshwater plants are not included. Data on output of aquatic products are reported by aquatic product and statistical agencies level by level. Before 1995, among the shellfish, the oyster was counted as fresh meat; 5 kilograms of ark shell, clams and frogs are equivalent to 1 kilogram of fresh aquatic products; they are all counted as fresh aquatic products since 1996.

Output of Pork, Beef, and Mutton refers to the meat of slaughtered hogs, cattle, sheep and goats with head, feet, and offal taken away. Data refers to the production of the whole country. The first agriculture census of China in 1996 revealed some discrepancy between the production of animal products from the annual reports and that from the census. Efforts were made by the Rural Socio economic Survey Organization of NBS to adjust the output value of animal husbandry to make the figures from the annual reports consistent with the census data. Since 1999, NBS conducted sample survey for the major animal husbandry products, such as hogs, cattle, sheep and goats and fowls, and the data from sample surveys are used as national finalized data. Those products, which are not covered by the sample survey, are still reported by statistical agencies level by level.

Number of Livestock or Poultry in Stock at Beginning (or End) refers to the total number of large animals, pigs, sheep, fowls, （chicken,duck,goose） etc. raised by rural cooperative organizations, state farms, rural individuals, government agencies, schools, industrial and mining enterprises, army, and urban residents at the beginning (or end) of the reference period. Data reporting system and data adjustment are the same as that in the output of pork, beef and mutton.

Sown Area of Crops refers to area of land sown or transplanted with crops regardless of being in cultivated area or non cultivated area. Area of land re sown due to natural disasters is also included. This is an important indicator that can reflect the utilization condition of the cultivated land in China. At present, the sown area of crops mainly include the following 9 categories of crops: grain, cotton, oil bearing crops, sugar crops, fiber crops, Tobacco, Vegetables and melons, medicinal materials and other farm crops.

Consumption of Chemical Fertilizers in Agriculture refers to the quantity of chemical fertilizers applied in agriculture in the year, including nitrogenous fertilizer, phosphate fertilizer, potash fertilizer, and compound fertilizer. The consumption of chemical fertilizers is required in calculation to convert the gross weight into weight containing 100% effective component (e.g. 100% nitrogen content in nitrogenous fertilizer, 100% phosphorous pent oxide contents in phosphate fertilizer, 100% potassium oxide contents in potash fertilizer). Compound fertilizer is converted with its major component. The formula is:

Volume of effective component=physical quantity×effective component of certain chemical fertilizer (%)

Total Power of Farm Machinery refers to total mechanical power of machinery used in farming, forestry, animal husbandry, and fishery, including ploughing, irrigation and drainage, harvesting, transport, plant protection, stock breeding, forestry and fishery. The power of internal combustion engines is required to convert horsepower into watts and the power of electric motors is required to be converted into watts. Machinery employed for non agricultural purposes, such as the machines used in township run and village run industry, construction, non agricultural transport, scientific experiments and teaching, is excluded. Data are mainly from agricultural machinery agencies.

第14篇 工业

Industry

简 要 说 明

一、本篇资料的主要内容

本篇资料反映全省规模以上工业生产和效益基本情况，主要包括规模以上工业、国有控股工业、外商投资和港澳台投资工业、非公有制工业的主要经济指标、相关的财务分析指标和主要工业产品产量等方面的内容。

二、本篇资料的统计范围

本篇资料中规模以上工业企业的统计范围：2007 年至 2010 年为年主营业务收入 500 万元及以上的工业法人单位；从 2011 年开始，为年主营业务收入 2000 万元及以上的工业法人单位。

三、本篇资料的来源

本篇资料主要来源于工业统计年报，由省统计局工业统计处整理提供。

四、数据使用注意事项

2018 年以来规模以上工业企业主要指标数据与往年数据之间存在不可比因素，其主要原因是：（一）根据统计制度，每年定期对规模以上工业企业调查范围进行调整。每年有部分企业达到规模标准纳入调查范围，也有部分企业因规模变小而退出调查范围，还有新建投产企业、破产、注（吊）销企业等变化。（二）加强统计执法，对统计执法检查中发现的不符合规模以上工业统计要求的企业进行了清理，对相关基数依规进行了修正。（三）加强数据质量管理，剔除跨地区、跨行业重复统计数据。根据国家统计局开展的企业组织结构调查情况，对企业集团（公司）跨地区、跨行业重复计算进行了剔重。（四）“营改增”政策实施后，服务业企业改交增值税且税率较低，工业企业逐步将内部非工业生产经营活动剥离，转向服务业，使工业企业财务数据有所减小。

Brief Introduction

I. Content

Data in this chapter show the basic condition of industrial enterprises above designated size in Shandong, mainly including the output of major industrial products and major economic and relevant financial indicators of industrial enterprises. Industrial enterprises include enterprises above designated size, state-holding enterprises, foreign funded enterprises, enterprises with funds from Hong Kong, Macao and Taiwan, Non-public Industrial Enterprises.

II. Scopes of Statistics

The scopes of industrial enterprises above designated size were: all industrial enterprises with revenue from principal business over 5 million yuan from 2007 to 2010; and all industrial enterprises with revenue from principal business above 20 million yuan since 2011.

III.Source of Data

Data in this chapter are based on the annual report of industrial statistics and are prepared and provide by the Division of Industry Statistics of Shandong Provincial Bureau of Statistics.

Ⅳ. Data Usage Notes

Since 2018， Data of main indicators of industrial enterprises above designated size are not comparable with previous years, the reasons are as following: (1) According to the statistical system, the investigation scope of industrial enterprises above designated size should be adjusted regularly every year. Every year, some enterprises meet the scale criteria to be included in the scope of investigation, some enterprises withdraw from the scope of investigation because of the smaller scale, and there are other changes: new enterprises, bankruptcy, annotation (cancellation) enterprises, etc. (2) Strengthening of statistical law enforcement, cleaning up enterprises found in the inspection of statistical law enforcement that do not meet the standard of industrial statistics above designated size, and amending the relevant cardinality in accordance with regulations. (3) Strengthening data quality management and eliminating duplicated statistical data across regions and across industries. According to the latest survey of organizational structure of enterprises carried out by the National Bureau of Statistics, the repeated calculation of enterprise groups (companies) across regions and industries is weighed. (4) After the implementation of the program to replace the business tax with a value-added tax, the value-added tax was paid by the service enterprises and the tax rate was lower. The industrial enterprises gradually stripped off the internal non-industrial production and operation activities and turned to the service industry, which reduced the financial data of the industrial enterprises.

14-1 规模以上工业企业主要经济指标(2022年)
Main Economic Indicators of Industrial Enterprises above Designated Size(2022)

单位:亿元 (100 million yuan)

类　　别	Category	企业单位数(个) Number of Enterprises (unit)	资产总计 Total Assets	流动资产合计 Total Current Assets	负债合计 Total Liabilities
总　　计	**Total**	**35322**	**120624.19**	**64772.90**	**74641.95**
一、按登记注册类型分	**by Status of Registration**				
内资企业	**Domestic Funded Enterprises**	**32603**	**99905.52**	**53198.12**	**63403.39**
国有企业	State-owned Enterprises	333	5476.82	1391.49	3742.63
集体企业	Collective-owned Enterprises	62	87.49	54.97	55.62
股份合作企业	Cooperative Enterprises	23	153.11	129.52	95.04
联营企业	Joint Ownership Enterprises	17	74.56	36.23	57.54
有限责任公司	Limited Liability Corporations	5941	41790.25	21179.46	27517.85
股份有限公司	Share-holding Corporations Limited	766	18615.85	8550.28	9300.70
私营企业	Private Enterprises	25451	33706.25	21855.05	22632.57
其他企业	Other Enterprises	10	1.20	1.12	1.43
港、澳、台商投资企业	**Enterprises with Funds from Hong Kong, Macao and Taiwan**	**877**	**11630.97**	**5687.72**	**6452.63**
外商投资企业	**Foreign Funded Enterprises**	**1842**	**9087.70**	**5887.06**	**4785.92**
二、按轻重工业分	**by Light & Heavy Industry**				
轻工业	Light Industry	12286	24089.96	14206.46	13570.01
重工业	Heavy Industry	23036	96534.23	50566.44	61071.94
三、按企业规模分	**by Enterprise Size**				
大型企业	Large-sized Enterprises	676	54146.01	25706.27	31346.90
中型企业	Medium-sized Enterprises	2689	28676.00	16786.17	18320.67
小微企业	Small-sized and Micro-sized Enterprises	31957	37802.18	22280.46	24974.38
四、按工业门类分	**by Industries**				
采矿业	Mining	375	8213.10	2897.02	5373.47
制造业	Manufacturing	33222	93931.00	56340.56	56632.01
电力、热力、燃气及水的生产和供应业	Production and Supply of Electric,Heat, Gas and Water	1725	18480.09	5535.31	12636.47
五、按行业大类分	**by Sector**				
煤炭开采和洗选业	Mining and Washing of Coal	110	4581.20	2048.75	2948.11
石油和天然气开采业	Extraction of Petroleum and Natural Gas	12	1731.68	141.74	1080.80
黑色金属矿采选业	Mining of Ferrous Metal Ores	72	427.94	192.13	295.28
有色金属矿采选业	Mining of Non-ferrous Metal Ores	40	1010.43	277.64	723.72
非金属矿采选业	Mining and Processing of Nonmetal Ores	128	328.09	187.22	201.89
开采专业及辅助性活动	Mining Specialties and Auxiliary Activities	11	133.05	49.44	122.88
其他采矿业	Mining of Other Ores				
农副食品加工业	Processing of Food from Agricultural Products	3008	4798.16	3206.20	3252.37
食品制造业	Manufacture of Foods	913	1915.27	1177.83	1086.23
酒、饮料和精制茶制造业	Manufacture of Wine, Drinks and Refined Tea	191	1061.37	605.99	576.22
烟草制品业	Manufacture of Tobacco	4	303.96	203.24	74.15
纺织业	Manufacture of Textile	1810	2408.00	1402.64	1337.05
纺织服装、服饰业	Manufacture of Textile Wearing Apparel and Finery	764	907.13	437.55	545.43

14-1 续表 1 continued

单位:亿元 (100 million yuan)

类别	Category	企业单位数(个) Number of Enterprises (unit)	资产总计 Total Assets	流动资产合计 Total Current Assets	负债合计 Total Liabilities
皮革、毛皮、羽毛及其制品和制鞋业	Manufacture of Leather, Fur, Feather & Its Products and Footwear	246	198.25	137.76	139.22
木材加工及木 竹、藤、棕、草制品业	Processing of Timbers, Manufacture of Wood, Bamboo, Rattan, Palm, and Straw Products	2310	762.41	442.02	487.38
家具制造业	Manufacture of Furniture	315	207.74	130.18	140.79
造纸及纸制品业	Manufacture of Paper and Paper Products	576	2524.84	1151.30	1642.13
印刷和记录媒介复制业	Printing, Reproduction of Recording Media	367	323.57	191.79	196.10
文教、工美、体育和娱乐用品制造业	Manufacture of Culture, Education,Arts and crafts, Sport and Entertainment Goods	731	638.99	415.77	345.92
石油、煤炭及其他燃料加工业	Processing of Oil, Coal and Other Fuel	270	6983.34	4495.66	5690.86
化学原料和化学制品制造业	Manufacture of Chemical Raw Material and Chemical Products	2680	13943.73	6704.24	7896.17
医药制造业	Manufacture of Medicines	675	4634.50	2663.23	2034.72
化学纤维制造业	Manufacture of Chemical Fiber	96	340.46	150.11	176.14
橡胶和塑料制品业	Manufacture of Rubber and Plastic	1631	3402.45	2073.86	2089.43
非金属矿物制品业	Manufacture of Non-metallic Mineral Products	4012	6656.69	4172.71	4165.45
黑色金属冶炼及压延加工业	Manufacture and Processing of Ferrous Metals	422	5864.18	2822.61	3852.42
有色金属冶炼及压延加工业	Manufacture & Processing of Non-ferrous Metals	563	5493.37	3378.06	3212.72
金属制品业	Manufacture of Metal Products	2442	3518.01	2199.24	2304.80
通用设备制造业	Manufacture of General Purpose Machinery	2447	4808.24	3147.98	2458.98
专用设备制造业	Manufacture of Special Purpose Machinery	2183	5036.45	3563.83	2898.56
汽车制造业	Manufacture of Automotive	1444	5100.05	3440.04	3184.20
铁路、船舶、航空航天和其他运输设备制造业	Manufacture of Railroad,Marine,Aerospace and Other Transportation Equipment	349	2189.81	1476.49	1369.53
电气机械及器材制造业	Manufacture of Electrical Machinery & Equipment	1287	3526.55	2393.43	2029.64
计算机、通信和其他电子设备制造业	Manufacture of Computer, Communications and Other Electronic Equipment	870	5409.24	3521.26	2932.20
仪器仪表制造业	Manufacture of Measuring Instrument	358	548.80	404.24	249.43
其他制造业	Other Manufacture	56	69.20	46.40	43.70
废弃资源综合利用业	Comprehensive Utilization of Waste	155	263.16	125.88	157.23
金属制品、机械和设备修理业	Metal Products, Machinery and Equipment Repair Industry	47	93.10	59.01	62.83
电力、热力的生产和供应业	Production and Supply of Electric Power and Heat Power	1055	15543.13	4469.51	10808.51
燃气生产和供应业	Production and Supply of Gas	338	1040.87	448.89	630.89
水的生产和供应业	Production and Supply of Water	332	1896.09	616.91	1197.07

14-1 续表 2 continued

单位:亿元 (100 million yuan)

类 别	Category	营业收入 Business Revenue	营业成本 Business Cost	利润总额 Total Profits	全部从业人员年平均人数(万人) Annual Average of Employed Persons (10 000 person)
总 计	**Total**	**109044.64**	**95164.00**	**4785.24**	**555.59**
一、按登记注册类型分	**by Status of Registration**				
内资企业	**Domestic Funded Enterprises**	**93332.52**	**81675.39**	**3621.48**	**469.34**
国有企业	State-owned Enterprises	4665.99	4344.10	48.12	17.13
集体企业	Collective-owned Enterprises	133.01	114.70	-3.66	0.84
股份合作企业	Cooperative Enterprises	127.03	103.62	13.44	0.44
联营企业	Joint Ownership Enterprises	76.80	69.14	1.73	0.36
有限责任公司	Limited Liability Corporations	35879.06	31732.46	1091.84	142.32
股份有限公司	Share-holding Corporations Limited	13329.63	10725.09	1187.84	61.72
私营企业	Private Enterprises	39117.31	34582.71	1282.19	246.52
其他企业	Other Enterprises	3.70	3.57	-0.01	0.01
港、澳、台商投资企业	**Enterprises with Funds from Hong Kong, Macao and Taiwan**	**6790.04**	**5800.84**	**617.04**	**34.90**
外商投资企业	**Foreign Funded Enterprises**	**8922.08**	**7687.76**	**546.73**	**51.35**
二、按轻重工业分	**by Light & Heavy Industry**				
轻工业	Light Industry	24914.57	21076.62	1302.76	200.58
重工业	Heavy Industry	84130.08	74087.38	3482.49	355.01
三、按企业规模分	**by Enterprise Size**				
大型企业	Large-sized Enterprises	45370.66	38941.19	2579.14	182.81
中型企业	Medium-sized Enterprises	27605.41	24321.16	1027.20	143.29
小微企业	Small-sized Enterprises	36068.57	31901.64	1178.91	229.49
四、按工业门类分	**by Industries**				
采矿业	Mining	3576.70	2245.25	664.89	30.37
制造业	Manufacturing	96116.30	84116.29	3929.90	495.49
电力、热力、燃气及水的生产和供应业	Production and Supply of Electric,Heat, Gas and Water	9351.64	8802.46	190.46	29.73
五、按行业大类分	**by Sector**				
煤炭开采和洗选业	Mining and Washing of Coal	1578.75	989.49	370.00	16.48
石油和天然气开采业	Extraction of Petroleum and Natural Gas	1099.76	571.97	207.25	6.51
黑色金属矿采选业	Mining of Ferrous Metal Ores	384.28	315.50	33.57	2.00
有色金属矿采选业	Mining of Non-ferrous Metal Ores	224.58	136.88	34.13	2.63
非金属矿采选业	Mining and Processing of Nonmetal Ores	128.01	81.15	18.34	1.09
开采专业及辅助性活动	Mining Specialties and Auxiliary Activities	160.94	149.97	1.63	1.65
其他采矿业	Mining of Other Ores				
农副食品加工业	Processing of Food from Agricultural Products	9076.24	8523.31	169.05	45.17
食品制造业	Manufacture of Foods	1847.01	1463.67	178.40	15.15
酒、饮料和精制茶制造业	Manufacture of Wine, Drinks and Refined Tea	644.68	492.25	49.99	5.18
烟草制品业	Manufacture of Tobacco	404.94	113.38	46.93	0.57
纺织业	Manufacture of Textile	2309.74	2115.66	25.52	30.84
纺织服装、服饰业	Manufacture of Textile Wearing Apparel and Finery	603.10	528.15	29.71	14.77

14-1 续表 3 continued

单位:亿元 (100 million yuan)

类　别	Category	营业收入 Business Revenue	营业成本 Business Cost	利润总额 Total Profits	全部从业人员年平均人数(万人) Annual Average of Employed Persons (10 000 person)
皮革、毛皮、羽毛及其制品和制鞋业	Manufacture of Leather, Fur, Feather & Its Products and Footwear	247.88	223.11	5.71	4.02
木材加工及木 竹、藤、棕、草制品业	Processing of Timbers, Manufacture of Wood, Bamboo, Rattan, Palm, and Straw Products	1641.37	1508.03	60.07	11.48
家具制造业	Manufacture of Furniture	252.26	216.77	7.49	3.74
造纸及纸制品业	Manufacture of Paper and Paper Products	1943.18	1744.49	67.98	9.94
印刷和记录媒介复制业	Printing, Reproduction of Recording Media	336.93	288.47	12.18	3.92
文教、工美、体育和娱乐用品制造业	Manufacture of Culture, Education,Arts and crafts, Sport and Entertainment Goods	693.62	579.69	44.85	8.82
石油、煤炭及其他燃料加工业	Processing of Oil, Coal and Other Fuel	12439.57	10988.88	-83.72	9.45
化学原料和化学制品制造业	Manufacture of Chemical Raw Material and Chemical Products	13406.83	11547.90	1053.13	39.96
医药制造业	Manufacture of Medicines	2767.63	1717.81	415.88	24.77
化学纤维制造业	Manufacture of Chemical Fiber	170.14	148.71	8.85	1.31
橡胶和塑料制品业	Manufacture of Rubber and Plastic	2713.00	2364.48	94.32	25.39
非金属矿物制品业	Manufacture of Non-metallic Mineral Products	4744.12	4020.05	308.65	31.95
黑色金属冶炼及压延加工业	Manufacture and Processing of Ferrous Metals	7156.79	6860.47	57.79	13.57
有色金属冶炼及压延加工业	Manufacture & Processing of Non-ferrous Metals	7527.03	7072.54	254.09	13.12
金属制品业	Manufacture of Metal Products	3782.00	3391.78	85.48	26.33
通用设备制造业	Manufacture of General Purpose Machinery	3164.44	2569.11	185.96	32.06
专用设备制造业	Manufacture of Special Purpose Machinery	3370.74	2726.79	220.41	29.99
汽车制造业	Manufacture of Automotive	4568.64	4015.85	200.47	31.58
铁路、船舶、航空航天和其他运输设备制造业	Manufacture of Railroad,Marine,Aerospace and Other Transportation Equipment	1117.03	948.68	47.87	8.37
电气机械及器材制造业	Manufacture of Electrical Machinery & Equipment	3279.53	2715.27	180.38	18.25
计算机、通信和其他电子设备制造业	Manufacture of Computer, Communications and Other Electronic Equipment	5211.69	4681.11	154.15	28.72
仪器仪表制造业	Manufacture of Measuring Instrument	353.69	246.22	37.21	4.32
其他制造业	Other Manufacture	63.68	54.80	2.47	0.70
废弃资源综合利用业	Comprehensive Utilization of Waste	217.00	199.29	4.62	0.98
金属制品、机械和设备修理业	Metal Products, Machinery and Equipment Repair Industry	61.80	49.56	4.05	1.05
电力、热力的生产和供应业	Production and Supply of Electric Power and Heat Power	7960.91	7598.14	104.95	23.49
燃气生产和供应业	Production and Supply of Gas	1092.24	975.15	57.38	2.68
水的生产和供应业	Production and Supply of Water	298.49	229.17	28.13	3.56

14-2 规模以上国有控股工业企业主要经济指标(2022年) Main Economic Indicators of State-holding Industrial Enterprises above Designated Size (2022)

单位:亿元 (100 million yuan)

类 别	Category	企业单位数(个) Number of Enterprises (unit)	资产总计 Total Assets	流动资产合计 Total Current Assets	负债合计 Total Liabilities
总 计	**Total**	**2081**	**39407.63**	**15522.67**	**24949.25**
一、按隶属关系分	**by Type of Ownership**				
中央企业	Central Enterprises	384	12818.51	3448.26	7823.92
地方企业	Local Enterprises	1697	26589.13	12074.41	17125.33
二、按轻重工业分	**by Light & Heavy Industry**				
轻工业	Light Industry	261	2941.39	1619.85	1466.62
重工业	Heavy Industry	1820	36466.25	13902.82	23482.63
三、按企业规模分	**by Enterprise Size**				
大型企业	Large-sized Enterprises	169	24992.93	8739.88	14854.37
中型企业	Medium-sized Enterprises	413	7135.49	3505.88	4910.15
小微企业	Small-sized and Micro-sized Enterprises	1499	7279.21	3276.91	5184.73
四、按工业门类分	**by Industries**				
采矿业	Mining	139	7446.65	2479.50	4856.74
制造业	Manufacturing	1165	19927.94	10316.05	11912.55
电力、热力、燃气及水的生产和供应业	Production and Supply of Electric,Heat, Gas and Water	777	12033.05	2727.12	8179.95
五、按行业大类分	**by Sector**				
煤炭开采和洗选业	Mining and Washing of Coal	62	4348.70	1901.83	2791.59
石油和天然气开采业	Extraction of Petroleum and Natural Gas	10	1727.38	139.73	1077.15
黑色金属矿采选业	Mining of Ferrous Metal Ores	13	163.94	44.26	75.84
有色金属矿采选业	Mining of Non-ferrous Metal Ores	21	961.23	261.53	698.45
非金属矿采选业	Mining and Processing of Nonmetal Ores	32	131.92	94.00	102.95
开采专业及辅助性活动	Mining Specialties and Auxiliary Activities				
其他采矿业	Mining of Other Ores				
农副食品加工业	Processing of Food from Agricultural Products	38	123.28	71.52	110.81
食品制造业	Manufacture of Foods	33	129.94	74.80	54.93
酒、饮料和精制茶制造业	Manufacture of Wine, Drinks and Refined Tea	29	533.13	298.40	253.08
烟草制品业	Manufacture of Tobacco	4	303.96	203.24	74.15
纺织业	Manufacture of Textile	14	66.86	35.70	43.52
纺织服装、服饰业	Manufacture of Textile Wearing Apparel and Finery	13	30.95	16.78	17.92

14-2 续表 1 continued

单位:亿元 (100 million yuan)

类 别	Category	企业单位数(个) Number of Enterprises (unit)	资产总计 Total Assets	流动资产合计 Total Current Assets	负债合计 Total Liabilities
皮革、毛皮、羽毛及其制品和制鞋业	Manufacture of Leather, Fur, Feather & Its Products and Footwear				
木材加工及木 竹、藤、棕、草制品业	Processing of Timbers, Manufacture of Wood, Bamboo, Rattan, Palm, and Straw Products	7	17.30	6.85	9.06
家具制造业	Manufacture of Furniture				
造纸及纸制品业	Manufacture of Paper and Paper Products	11	470.29	205.70	355.59
印刷和记录媒介复制业	Printing, Reproduction of Recording Media	18	42.33	26.55	21.10
文教、工美、体育和娱乐用品制造业	Manufacture of Culture, Education,Arts and crafts, Sport and Entertainment Goods	3	16.20	13.52	21.14
石油、煤炭及其他燃料加工业	Processing of Oil, Coal and Other Fuel	25	1675.71	835.47	1213.79
化学原料和化学制品制造业	Manufacture of Chemical Raw Material and Chemical Products	121	3781.04	1163.14	2163.65
医药制造业	Manufacture of Medicines	38	604.04	346.28	215.78
化学纤维制造业	Manufacture of Chemical Fiber	9	129.67	44.73	65.74
橡胶和塑料制品业	Manufacture of Rubber and Plastic	35	210.42	110.60	159.57
非金属矿物制品业	Manufacture of Non-metallic Mineral Products	225	1475.23	787.17	969.44
黑色金属冶炼及压延加工业	Manufacture and Processing of Ferrous Metals	25	1450.17	386.63	928.16
有色金属冶炼及压延加工业	Manufacture & Processing of Non-ferrous Metals	35	617.84	387.29	399.06
金属制品业	Manufacture of Metal Products	53	325.66	199.78	251.61
通用设备制造业	Manufacture of General Purpose Machinery	85	1592.18	966.87	680.34
专用设备制造业	Manufacture of Special Purpose Machinery	85	1003.55	701.82	743.15
汽车制造业	Manufacture of Automotive	56	1266.79	913.73	875.85
铁路、船舶、航空航天和其他运输设备制造业	Manufacture of Railroad,Marine,Aerospace and Other Transportation Equipment	37	1554.41	1031.49	992.38
电气机械及器材制造业	Manufacture of Electrical Machinery & Equipment	69	698.64	458.33	393.08
计算机、通信和其他电子设备制造业	Manufacture of Computer, Communications and Other Electronic Equipment	58	1614.95	894.40	802.33
仪器仪表制造业	Manufacture of Measuring Instrument	16	114.84	93.60	50.83
其他制造业	Other Manufacture	3	12.25	5.99	7.74
废弃资源综合利用业	Comprehensive Utilization of Waste	12	38.31	19.11	23.72
金属制品、机械和设备修理业	Metal Products, Machinery and Equipment Repair Industry	8	28.01	16.54	15.05
电力、热力的生产和供应业	Production and Supply of Electric Power and Heat Power	496	10024.57	2082.78	6923.17
燃气生产和供应业	Production and Supply of Gas	84	456.00	145.90	260.12
水的生产和供应业	Production and Supply of Water	197	1552.48	498.44	996.66

14-2 续表 2 continued

单位:亿元 (100 million yuan)

类 别	Category	营业收入 Business Revenue	营业成本 Business Cost	利润总额 Total Profits	全部从业人员年平均人数(万人) Annual Average of Employed Persons (10 000 person)
总 计	**Total**	**27483.75**	**23335.41**	**1603.63**	**103.52**
一、按隶属关系分	**by Type of Ownership**				
中央企业	Central Enterprises	10999.88	9214.42	507.14	34.09
地方企业	Local Enterprises	16483.88	14120.99	1096.50	69.43
二、按轻重工业分	**by Light & Heavy Industry**				
轻工业	Light Industry	2070.24	1430.65	189.01	12.18
重工业	Heavy Industry	25413.51	21904.75	1414.62	91.34
三、按企业规模分	**by Enterprise Size**				
大型企业	Large-sized Enterprises	17933.46	14911.41	1381.86	66.13
中型企业	Medium-sized Enterprises	6074.49	5363.43	97.34	23.59
小微企业	Small-sized Enterprises	3475.80	3060.58	124.43	13.80
四、按工业门类分	**by Industries**				
采矿业	Mining	2917.90	1708.17	635.00	25.97
制造业	Manufacturing	18666.88	16002.45	926.54	55.67
电力、热力、燃气及水的生产和供应业	Production and Supply of Electric,Heat, Gas and Water	5898.97	5624.79	42.09	21.88
五、按行业大类分	**by Sector**				
煤炭开采和洗选业	Mining and Washing of Coal	1364.50	816.20	367.50	14.52
石油和天然气开采业	Extraction of Petroleum and Natural Gas	1097.72	570.29	207.18	6.50
黑色金属矿采选业	Mining of Ferrous Metal Ores	80.73	52.40	15.85	0.97
有色金属矿采选业	Mining of Non-ferrous Metal Ores	187.87	108.57	35.75	2.36
非金属矿采选业	Mining and Processing of Nonmetal Ores	38.35	22.03	7.44	0.17
开采专业及辅助性活动	Mining Specialties and Auxiliary Activities				
其他采矿业	Mining of Other Ores				
农副食品加工业	Processing of Food from Agricultural Products	287.92	275.29	3.49	0.69
食品制造业	Manufacture of Foods	118.26	89.78	15.49	0.96
酒、饮料和精制茶制造业	Manufacture of Wine, Drinks and Refined Tea	362.40	282.87	33.84	2.32
烟草制品业	Manufacture of Tobacco	404.94	113.38	46.93	0.57
纺织业	Manufacture of Textile	59.69	53.45	1.38	0.89
纺织服装、服饰业	Manufacture of Textile Wearing Apparel and Finery	7.78	6.97	-0.70	0.31

14-2 续表 3 continued

单位:亿元 (100 million yuan)

类别	Category	营业收入 Business Revenue	营业成本 Business Cost	利润总额 Total Profits	全部从业人员年平均人数(万人) Annual Average of Employed Persons (10 000 person)
皮革、毛皮、羽毛及其制品和制鞋业	Manufacture of Leather, Fur, Feather & Its Products and Footwear				
木材加工及木 竹、藤、棕、草制品业	Processing of Timbers, Manufacture of Wood, Bamboo, Rattan, Palm, and Straw Products	8.35	8.35	-1.07	0.10
家具制造业	Manufacture of Furniture				
造纸及纸制品业	Manufacture of Paper and Paper Products	132.57	121.56	1.73	0.69
印刷和记录媒介复制业	Printing, Reproduction of Recording Media	28.71	22.17	1.95	0.50
文教、工美、体育和娱乐用品制造业	Manufacture of Culture, Education,Arts and crafts, Sport and Entertainment Goods	2.53	2.11	-0.07	0.07
石油、煤炭及其他燃料加工业	Processing of Oil, Coal and Other Fuel	3746.89	3142.23	-17.79	3.15
化学原料和化学制品制造业	Manufacture of Chemical Raw Material and Chemical Products	3032.93	2581.56	445.37	7.43
医药制造业	Manufacture of Medicines	286.08	166.37	42.73	2.81
化学纤维制造业	Manufacture of Chemical Fiber	41.93	38.02	3.48	0.36
橡胶和塑料制品业	Manufacture of Rubber and Plastic	153.71	143.63	-5.77	1.41
非金属矿物制品业	Manufacture of Non-metallic Mineral Products	720.34	577.89	85.37	4.44
黑色金属冶炼及压延加工业	Manufacture and Processing of Ferrous Metals	1632.69	1545.18	14.62	3.21
有色金属冶炼及压延加工业	Manufacture & Processing of Non-ferrous Metals	1793.82	1725.58	17.25	1.82
金属制品业	Manufacture of Metal Products	341.25	301.47	11.55	1.67
通用设备制造业	Manufacture of General Purpose Machinery	646.58	523.92	40.03	4.21
专用设备制造业	Manufacture of Special Purpose Machinery	604.59	521.40	7.52	4.20
汽车制造业	Manufacture of Automotive	1457.43	1309.05	66.46	4.73
铁路、船舶、航空航天和其他运输设备制造业	Manufacture of Railroad,Marine,Aerospace and Other Transportation Equipment	732.30	619.61	39.97	3.49
电气机械及器材制造业	Manufacture of Electrical Machinery & Equipment	533.03	452.54	35.94	1.93
计算机、通信和其他电子设备制造业	Manufacture of Computer, Communications and Other Electronic Equipment	1424.79	1296.65	27.78	2.80
仪器仪表制造业	Manufacture of Measuring Instrument	61.43	44.30	8.10	0.47
其他制造业	Other Manufacture	4.97	4.02	0.11	0.04
废弃资源综合利用业	Comprehensive Utilization of Waste	20.09	18.40	-0.03	0.11
金属制品、机械和设备修理业	Metal Products, Machinery and Equipment Repair Industry	18.90	14.70	0.88	0.28
电力、热力的生产和供应业	Production and Supply of Electric Power and Heat Power	5329.71	5136.29	12.85	17.97
燃气生产和供应业	Production and Supply of Gas	366.02	324.77	20.78	1.05
水的生产和供应业	Production and Supply of Water	203.24	163.73	8.47	2.86

14-3 规模以上外商投资和港澳台商投资工业企业主要经济指标(2022年)
Main Economic Indicators of Industrial Enterprises above Designated Size with Funds from Foreign Countries (Territories),Hong Kong,Macao and Taiwan(2022)

单位:亿元 (100 million yuan)

类 别	Category	企业单位数(个) Number of Enterprises (unit)	资产总计 Total Assets	流动资产合计 Total Current Assets	负债合计 Total Liabilities
总 计	**Total**	**2719**	**20718.67**	**11574.77**	**11238.56**
一、按轻重工业分	**by Light & Heavy Industry**				
轻工业	Light Industry	1138	6094.50	3505.34	3248.54
重工业	Heavy Industry	1581	14624.17	8069.43	7990.02
二、按企业规模分	**by Enterprise Size**				
大型企业	Large-sized Enterprises	151	11618.13	6169.40	6426.12
中型企业	Medium-sized Enterprises	485	4455.22	2785.63	2371.09
小微企业	Small-sized and Micro-sized Enterprises	2083	4645.32	2619.74	2441.35
三、按工业门类分	**by Industries**				
采矿业	Mining	12	1956.99	685.63	1236.66
制造业	Manufacturing	2465	16165.80	10245.40	8669.84
电力、热力、燃气及水的生产和供应业	Production and Supply of Electric,Heat, Gas and Water	242	2595.88	643.75	1332.06
四、按行业大类分	**by Sector**				
煤炭开采和洗选业	Mining and Washing of Coal	4	1917.98	670.05	1216.53
石油和天然气开采业	Extraction of Petroleum and Natural Gas				
黑色金属矿采选业	Mining of Ferrous Metal Ores	5	31.78	12.12	19.05
有色金属矿采选业	Mining of Non-ferrous Metal Ores				
非金属矿采选业	Mining and Processing of Nonmetal Ores				
开采专业及辅助性活动	Mining Specialties and Auxiliary Activities				
其他采矿业	Mining of Other Ores				
农副食品加工业	Processing of Food from Agricultural Products	286	1091.52	761.41	703.15
食品制造业	Manufacture of Foods	119	626.94	415.76	359.64
酒、饮料和精制茶制造业	Manufacture of Wine, Drinks and Refined Tea	33	157.91	97.05	72.45
烟草制品业	Manufacture of Tobacco				
纺织业	Manufacture of Textile	96	225.85	132.26	98.83
纺织服装、服饰业	Manufacture of Textile Wearing Apparel and Finery	101	454.44	160.84	278.84

14-3 续表 1 continued

单位:亿元 (100 million yuan)

类 别	Category	企业单位数(个) Number of Enterprises (unit)	资产总计 Total Assets	流动资产合 计 Total Current Assets	负债合计 Total Liabilities
皮革、毛皮、羽毛及其制品和制鞋业	Manufacture of Leather, Fur, Feather & Its Products and Footwear	25	31.00	21.76	22.24
木材加工及木 竹、藤、棕、草制品业	Processing of Timbers, Manufacture of Wood, Bamboo, Rattan, Palm, and Straw Products	16	23.95	13.59	19.00
家具制造业	Manufacture of Furniture	30	29.48	19.31	16.64
造纸及纸制品业	Manufacture of Paper and Paper Products	54	1075.89	497.54	710.54
印刷和记录媒介复制业	Printing, Reproduction of Recording Media	24	45.31	30.88	24.55
文教、工美、体育和娱乐用品制造业	Manufacture of Culture, Education,Arts and crafts, Sport and Entertainment Goods	81	106.48	69.99	41.72
石油、煤炭及其他燃料加工业	Processing of Oil, Coal and Other Fuel	10	138.05	107.76	159.46
化学原料和化学制品制造业	Manufacture of Chemical Raw Material and Chemical Products	172	1257.36	737.26	550.89
医药制造业	Manufacture of Medicines	67	1501.22	855.52	564.91
化学纤维制造业	Manufacture of Chemical Fiber	10	32.73	20.32	14.00
橡胶和塑料制品业	Manufacture of Rubber and Plastic	113	392.30	251.24	176.89
非金属矿物制品业	Manufacture of Non-metallic Mineral Products	123	683.88	335.62	326.01
黑色金属冶炼及压延加工业	Manufacture and Processing of Ferrous Metals	17	803.65	503.91	512.61
有色金属冶炼及压延加工业	Manufacture & Processing of Non-ferrous Metals	23	1228.32	681.24	706.36
金属制品业	Manufacture of Metal Products	141	385.40	225.25	203.48
通用设备制造业	Manufacture of General Purpose Machinery	193	578.71	407.24	253.68
专用设备制造业	Manufacture of Special Purpose Machinery	146	868.80	665.12	430.18
汽车制造业	Manufacture of Automotive	199	2086.48	1487.89	1098.76
铁路、船舶、航空航天和其他运输设备制造业	Manufacture of Railroad,Marine,Aerospace and Other Transportation Equipment	51	426.39	317.58	255.25
电气机械及器材制造业	Manufacture of Electrical Machinery & Equipment	93	466.34	271.85	242.28
计算机、通信和其他电子设备制造业	Manufacture of Computer, Communications and Other Electronic Equipment	204	1321.95	1068.30	767.22
仪器仪表制造业	Manufacture of Measuring Instrument	22	88.11	69.50	37.58
其他制造业	Other Manufacture	7	14.83	8.14	10.33
废弃资源综合利用业	Comprehensive Utilization of Waste	4	6.02	2.99	3.33
金属制品、机械和设备修理业	Metal Products, Machinery and Equipment Repair Industry	5	16.48	8.28	9.04
电力、热力的生产和供应业	Production and Supply of Electric Power and Heat Power	120	2053.22	429.65	1025.35
燃气生产和供应业	Production and Supply of Gas	78	401.97	169.26	230.19
水的生产和供应业	Production and Supply of Water	44	140.69	44.84	76.51

14-3 续表 2 continued

单位:亿元 (100 million yuan)

类 别	Category	营业收入 Business Revenue	营业成本 Business Cost	利润总额 Total Profits	全部从业人员年平均人数(万人) Annual Average of Employed Persons (10 000 person)
总 计	**Total**	**15712.12**	**13488.61**	**1163.77**	**86.25**
一、按轻重工业分	**by Light & Heavy Industry**				
轻工业	Light Industry	5215.18	4361.86	418.32	36.44
重工业	Heavy Industry	10496.94	9126.75	745.44	49.81
二、按企业规模分	**by Enterprise Size**				
大型企业	Large-sized Enterprises	7369.97	6205.76	673.79	37.86
中型企业	Medium-sized Enterprises	4376.11	3798.21	288.78	26.71
小微企业	Small-sized Enterprises	3966.04	3484.64	201.20	21.68
三、按工业门类分	**by Industries**				
采矿业	Mining	473.82	230.57	222.68	4.54
制造业	Manufacturing	14338.00	12445.23	866.40	78.87
电力、热力、燃气及水的生产和供应业	Production and Supply of Electric,Heat, Gas and Water	900.30	812.80	74.68	2.84
四、按行业大类分	**by Sector**				
煤炭开采和洗选业	Mining and Washing of Coal	449.78	210.48	220.71	4.43
石油和天然气开采业	Extraction of Petroleum and Natural Gas				
黑色金属矿采选业	Mining of Ferrous Metal Ores	19.41	18.02	-0.38	0.07
有色金属矿采选业	Mining of Non-ferrous Metal Ores				
非金属矿采选业	Mining and Processing of Nonmetal Ores				
开采专业及辅助性活动	Mining Specialties and Auxiliary Activities				
其他采矿业	Mining of Other Ores				
农副食品加工业	Processing of Food from Agricultural Products	1676.84	1566.91	40.75	7.64
食品制造业	Manufacture of Foods	515.95	404.75	47.89	3.73
酒、饮料和精制茶制造业	Manufacture of Wine, Drinks and Refined Tea	137.46	106.86	13.01	1.25
烟草制品业	Manufacture of Tobacco				
纺织业	Manufacture of Textile	186.34	163.77	3.27	2.99
纺织服装、服饰业	Manufacture of Textile Wearing Apparel and Finery	139.59	124.55	0.04	3.14

14-3 续表 3 continued

单位：亿元 (100 million yuan)

类别	Category	营业收入 Business Revenue	营业成本 Business Cost	利润总额 Total Profits	全部从业人员年平均人数(万人) Annual Average of Employed Persons (10 000 person)
皮革、毛皮、羽毛及其制品和制鞋业	Manufacture of Leather, Fur, Feather & Its Products and Footwear	38.95	35.73	-0.06	1.01
木材加工及木 竹、藤、棕、草制品业	Processing of Timbers, Manufacture of Wood, Bamboo, Rattan, Palm, and Straw Products	18.99	16.84	0.26	0.24
家具制造业	Manufacture of Furniture	29.93	26.43	0.25	0.62
造纸及纸制品业	Manufacture of Paper and Paper Products	640.65	564.27	35.85	2.18
印刷和记录媒介复制业	Printing, Reproduction of Recording Media	52.16	43.72	2.82	0.54
文教、工美、体育和娱乐用品制造业	Manufacture of Culture, Education,Arts and crafts, Sport and Entertainment Goods	95.77	78.55	5.60	1.86
石油、煤炭及其他燃料加工业	Processing of Oil, Coal and Other Fuel	123.75	114.25	-13.58	0.16
化学原料和化学制品制造业	Manufacture of Chemical Raw Material and Chemical Products	1152.71	978.80	88.91	3.36
医药制造业	Manufacture of Medicines	924.30	631.04	186.58	5.59
化学纤维制造业	Manufacture of Chemical Fiber	26.06	19.88	4.21	0.18
橡胶和塑料制品业	Manufacture of Rubber and Plastic	308.24	250.61	15.75	3.04
非金属矿物制品业	Manufacture of Non-metallic Mineral Products	298.60	242.36	40.82	2.49
黑色金属冶炼及压延加工业	Manufacture and Processing of Ferrous Metals	1060.74	1037.73	-10.22	1.41
有色金属冶炼及压延加工业	Manufacture & Processing of Non-ferrous Metals	874.11	825.98	26.19	1.15
金属制品业	Manufacture of Metal Products	422.22	363.29	24.77	3.39
通用设备制造业	Manufacture of General Purpose Machinery	528.73	431.21	33.98	3.97
专用设备制造业	Manufacture of Special Purpose Machinery	702.95	581.62	46.87	4.32
汽车制造业	Manufacture of Automotive	1979.83	1713.07	143.34	8.59
铁路、船舶、航空航天和其他运输设备制造业	Manufacture of Railroad,Marine,Aerospace and Other Transportation Equipment	211.82	177.21	9.66	1.97
电气机械及器材制造业	Manufacture of Electrical Machinery & Equipment	556.16	450.94	58.21	2.79
计算机、通信和其他电子设备制造业	Manufacture of Computer, Communications and Other Electronic Equipment	1542.99	1428.32	51.79	10.04
仪器仪表制造业	Manufacture of Measuring Instrument	62.03	41.52	8.74	0.50
其他制造业	Other Manufacture	12.04	10.95	-0.28	0.36
废弃资源综合利用业	Comprehensive Utilization of Waste	3.60	3.22	-0.12	0.03
金属制品、机械和设备修理业	Metal Products, Machinery and Equipment Repair Industry	14.48	10.88	1.09	0.31
电力、热力的生产和供应业	Production and Supply of Electric Power and Heat Power	461.51	427.96	45.61	1.40
燃气生产和供应业	Production and Supply of Gas	404.57	363.25	20.18	1.19
水的生产和供应业	Production and Supply of Water	34.22	21.60	8.89	0.24

14-4 规模以上非公有制工业企业主要经济指标(2022年)
Main Economic Indicators of Non-public Industrial Enterprises above Designated Size(2022)

单位:亿元 (100 million yuan)

类 别	Category	企业单位数(个) Number of Enterprises (unit)	资产总计 Total Assets	流动资产合计 Total Current Assets	负债合计 Total Liabilities
总 计	**Total**	**32765**	**77413.10**	**47028.70**	**47734.54**
一、按轻重工业分	**by Light & Heavy Industry**				
轻工业	Light Industry	11873	20229.41	12018.15	11598.98
重工业	Heavy Industry	20892	57183.69	35010.55	36135.57
二、按企业规模分	**by Enterprise Size**				
大型企业	Large-sized Enterprises	469	27227.36	15816.42	15578.79
中型企业	Medium-sized Enterprises	2189	20640.60	12803.86	12927.48
小微企业	Small-sized and Micro-sized Enterprises	30107	29545.13	18408.42	19228.27
三、按工业门类分	**by Industries**				
采矿业	Mining	218	673.54	363.57	469.47
制造业	Manufacturing	31647	70626.98	44038.37	43048.84
电力、热力、燃气及水的生产和供应业	Production and Supply of Electric,Heat, Gas and Water	900	6112.58	2626.76	4216.23
四、按行业大类分	**by Sector**				
煤炭开采和洗选业	Mining and Washing of Coal	45	192.38	113.37	135.16
石油和天然气开采业	Extraction of Petroleum and Natural Gas				
黑色金属矿采选业	Mining of Ferrous Metal Ores	55	235.57	134.58	208.12
有色金属矿采选业	Mining of Non-ferrous Metal Ores	15	40.41	14.49	18.83
非金属矿采选业	Mining and Processing of Nonmetal Ores	90	180.59	87.73	90.81
开采专业及辅助性活动	Mining Specialties and Auxiliary Activities	10	19.57	11.30	12.13
其他采矿业	Mining of Other Ores				
农副食品加工业	Processing of Food from Agricultural Products	2931	4455.44	2984.49	3002.64
食品制造业	Manufacture of Foods	871	1755.25	1087.29	1011.49
酒、饮料和精制茶制造业	Manufacture of Wine, Drinks and Refined Tea	155	436.28	270.55	296.70
烟草制品业	Manufacture of Tobacco				
纺织业	Manufacture of Textile	1777	2193.47	1286.72	1194.04
纺织服装、服饰业	Manufacture of Textile Wearing Apparel and Finery	744	859.33	406.93	520.05

14-4 续表 1 continued

单位:亿元 (100 million yuan)

类　别	Category	企业单位数(个) Number of Enterprises (unit)	资产总计 Total Assets	流动资产合　计 Total Current Assets	负债合计 Total Liabilities
皮革、毛皮、羽毛及其制品和制鞋业	Manufacture of Leather, Fur, Feather & Its Products and Footwear	245	198.22	137.76	138.48
木材加工及木 竹、藤、棕、草制品业	Processing of Timbers, Manufacture of Wood, Bamboo, Rattan, Palm, and Straw Products	2302	742.64	432.86	476.43
家具制造业	Manufacture of Furniture	315	207.74	130.18	140.79
造纸及纸制品业	Manufacture of Paper and Paper Products	557	2013.49	932.37	1259.82
印刷和记录媒介复制业	Printing, Reproduction of Recording Media	343	270.87	157.91	167.91
文教、工美、体育和娱乐用品制造业	Manufacture of Culture, Education,Arts and crafts, Sport and Entertainment Goods	722	614.28	396.67	321.81
石油、煤炭及其他燃料加工业	Processing of Oil, Coal and Other Fuel	238	4990.16	3451.16	4242.05
化学原料和化学制品制造业	Manufacture of Chemical Raw Material and Chemical Products	2501	9619.22	5264.49	5456.23
医药制造业	Manufacture of Medicines	626	3994.73	2295.12	1800.89
化学纤维制造业	Manufacture of Chemical Fiber	84	184.97	96.87	101.11
橡胶和塑料制品业	Manufacture of Rubber and Plastic	1584	3135.51	1937.55	1910.54
非金属矿物制品业	Manufacture of Non-metallic Mineral Products	3731	4992.76	3271.10	3138.43
黑色金属冶炼及压延加工业	Manufacture and Processing of Ferrous Metals	393	4393.19	2421.72	2908.51
有色金属冶炼及压延加工业	Manufacture & Processing of Non-ferrous Metals	521	4321.19	2755.29	2675.86
金属制品业	Manufacture of Metal Products	2355	3104.36	1938.30	1986.41
通用设备制造业	Manufacture of General Purpose Machinery	2341	3082.19	2097.55	1712.41
专用设备制造业	Manufacture of Special Purpose Machinery	2070	3829.06	2689.86	2028.41
汽车制造业	Manufacture of Automotive	1375	3667.74	2422.42	2226.93
铁路、船舶、航空航天和其他运输设备制造业	Manufacture of Railroad,Marine,Aerospace and Other Transportation Equipment	308	588.96	413.23	346.62
电气机械及器材制造业	Manufacture of Electrical Machinery & Equipment	1186	2452.75	1665.23	1463.68
计算机、通信和其他电子设备制造业	Manufacture of Computer, Communications and Other Electronic Equipment	804	3759.70	2604.33	2118.18
仪器仪表制造业	Manufacture of Measuring Instrument	340	431.42	309.23	197.34
其他制造业	Other Manufacture	52	56.61	40.19	35.67
废弃资源综合利用业	Comprehensive Utilization of Waste	141	217.23	102.86	127.94
金属制品、机械和设备修理业	Metal Products, Machinery and Equipment Repair Industry	35	58.26	38.13	41.47
电力、热力的生产和供应业	Production and Supply of Electric Power and Heat Power	528	5226.21	2229.47	3663.44
燃气生产和供应业	Production and Supply of Gas	241	555.77	288.96	356.56
水的生产和供应业	Production and Supply of Water	131	330.60	108.33	196.23

14-4 续表 2 continued

单位:亿元 (100 million yuan)

类 别	Category	营业收入 Business Revenue	营业成本 Business Cost	利润总额 Total Profits	全部从业人员年平均人数(万人) Annual Average of Employed Persons (10 000 person)
总 计	**Total**	**77868.61**	**68686.66**	**2988.88**	**434.33**
一、按轻重工业分	**by Light & Heavy Industry**				
轻工业	Light Industry	21718.92	18726.12	1067.28	180.76
重工业	Heavy Industry	56149.68	49960.54	1921.59	253.57
二、按企业规模分	**by Enterprise Size**				
大型企业	Large-sized Enterprises	25351.54	22274.12	1093.98	107.40
中型企业	Medium-sized Enterprises	20795.73	18359.80	876.02	115.16
小微企业	Small-sized Enterprises	31721.33	28052.74	1018.88	211.77
三、按工业门类分	**by Industries**				
采矿业	Mining	596.20	497.76	25.36	3.49
制造业	Manufacturing	73987.82	65176.05	2812.11	423.69
电力、热力、燃气及水的生产和供应业	Production and Supply of Electric,Heat, Gas and Water	3284.58	3012.85	151.41	7.16
四、按行业大类分	**by Sector**				
煤炭开采和洗选业	Mining and Washing of Coal	189.31	158.98	-1.38	1.48
石油和天然气开采业	Extraction of Petroleum and Natural Gas				
黑色金属矿采选业	Mining of Ferrous Metal Ores	283.31	248.28	14.98	0.74
有色金属矿采选业	Mining of Non-ferrous Metal Ores	26.98	21.34	2.64	0.18
非金属矿采选业	Mining and Processing of Nonmetal Ores	81.96	55.90	8.72	0.87
开采专业及辅助性活动	Mining Specialties and Auxiliary Activities	12.22	11.29	0.35	0.20
其他采矿业	Mining of Other Ores				
农副食品加工业	Processing of Food from Agricultural Products	8522.23	8001.07	162.90	42.94
食品制造业	Manufacture of Foods	1694.40	1347.92	159.35	13.89
酒、饮料和精制茶制造业	Manufacture of Wine, Drinks and Refined Tea	268.05	198.46	16.89	2.73
烟草制品业	Manufacture of Tobacco				
纺织业	Manufacture of Textile	2096.15	1919.18	24.87	27.99
纺织服装、服饰业	Manufacture of Textile Wearing Apparel and Finery	581.44	509.97	30.11	14.02

14-4 续表 3 continued

单位:亿元 (100 million yuan)

类　别	Category	营业收入 Business Revenue	营业成本 Business Cost	利润总额 Total Profits	全部从业人员年平均人数(万人) Annual Average of Employed Persons (10 000 person)
皮革、毛皮、羽毛及其制品和制鞋业	Manufacture of Leather, Fur, Feather & Its Products and Footwear	247.37	222.52	5.92	4.02
木材加工及木 竹、藤、棕、草制品业	Processing of Timbers, Manufacture of Wood, Bamboo, Rattan, Palm, and Straw Products	1632.44	1499.12	61.20	11.36
家具制造业	Manufacture of Furniture	252.26	216.77	7.49	3.74
造纸及纸制品业	Manufacture of Paper and Paper Products	1775.89	1591.39	65.71	8.99
印刷和记录媒介复制业	Printing, Reproduction of Recording Media	300.14	259.45	9.91	3.30
文教、工美、体育和娱乐用品制造业	Manufacture of Culture, Education,Arts and crafts, Sport and Entertainment Goods	685.21	573.47	43.97	8.56
石油、煤炭及其他燃料加工业	Processing of Oil, Coal and Other Fuel	8055.61	7273.88	-73.73	5.92
化学原料和化学制品制造业	Manufacture of Chemical Raw Material and Chemical Products	9910.62	8588.03	558.44	31.27
医药制造业	Manufacture of Medicines	2454.78	1536.34	371.26	21.65
化学纤维制造业	Manufacture of Chemical Fiber	112.97	96.59	5.47	0.91
橡胶和塑料制品业	Manufacture of Rubber and Plastic	2498.89	2166.88	98.42	23.41
非金属矿物制品业	Manufacture of Non-metallic Mineral Products	3905.94	3344.26	196.59	26.77
黑色金属冶炼及压延加工业	Manufacture and Processing of Ferrous Metals	5492.04	5284.86	42.44	10.25
有色金属冶炼及压延加工业	Manufacture & Processing of Non-ferrous Metals	5311.29	4969.62	211.68	9.88
金属制品业	Manufacture of Metal Products	3395.87	3051.75	73.77	23.96
通用设备制造业	Manufacture of General Purpose Machinery	2398.51	1957.49	136.90	27.16
专用设备制造业	Manufacture of Special Purpose Machinery	2621.17	2088.25	198.25	25.14
汽车制造业	Manufacture of Automotive	2997.92	2604.99	131.18	25.65
铁路、船舶、航空航天和其他运输设备制造业	Manufacture of Railroad,Marine,Aerospace and Other Transportation Equipment	351.61	299.35	6.38	4.66
电气机械及器材制造业	Manufacture of Electrical Machinery & Equipment	2105.11	1773.78	102.48	13.92
计算机、通信和其他电子设备制造业	Manufacture of Computer, Communications and Other Electronic Equipment	3746.42	3347.84	125.33	25.73
仪器仪表制造业	Manufacture of Measuring Instrument	289.70	199.70	28.98	3.83
其他制造业	Other Manufacture	58.21	50.32	2.37	0.66
废弃资源综合利用业	Comprehensive Utilization of Waste	186.09	170.87	4.34	0.71
金属制品、机械和设备修理业	Metal Products, Machinery and Equipment Repair Industry	39.50	31.91	3.22	0.67
电力、热力的生产和供应业	Production and Supply of Electric Power and Heat Power	2497.99	2327.44	97.59	4.96
燃气生产和供应业	Production and Supply of Gas	693.66	621.39	35.00	1.51
水的生产和供应业	Production and Supply of Water	92.93	64.02	18.82	0.69

14-5　规模以上工业企业主要财务分析指标(2022年)
Main Financial Indicators of Industrial Enterprises above Designated Size(2022)

类　别	Category	资产负债率(%) Assets-Liability Ratio (%)	成本费用利润率(%) Ratio of Profits to Cost (%)	流动资产周转率(次) Ratio of Turnover Working Capitals (time)
总　计	**Total**	**61.88**	**4.64**	**1.68**
在总计中:国有控股企业	of which:State-holding Enterprises	63.31	6.36	1.77
一、按登记注册类型分	**by Status of Registration**			
内资企业	**Domestic Funded Enterprises**	**63.46**	**4.10**	**1.75**
国有企业	State-owned Enterprises	68.34	1.06	3.35
集体企业	Collective-owned Enterprises	63.58	-2.78	2.42
股份合作企业	Cooperative Enterprises	62.08	11.90	0.98
联营企业	Joint Ownership Enterprises	77.17	2.31	2.12
有限责任公司	Limited Liability Corporations	65.85	3.20	1.69
股份有限公司	Share-holding Corporations Limited	49.96	9.97	1.56
私营企业	Private Enterprises	67.15	3.42	1.79
其他企业	Other Enterprises	118.69	-0.32	3.31
港、澳、台商投资企业	**Enterprises with Funds from Hong Kong, Macao and Taiwan**	**55.48**	**9.72**	**1.19**
外商投资企业	**Foreign Funded Enterprises**	**52.66**	**6.53**	**1.52**
二、按轻重工业分	**by Light & Heavy Industry**			
轻工业	Light Industry	56.33	5.54	1.75
重工业	Heavy Industry	63.26	4.38	1.66
三、按企业规模分	**by Enterprise Size**			
大型企业	Large-sized Enterprises	57.89	6.15	1.76
中型企业	Medium-sized Enterprises	63.89	3.91	1.64
小微企业	Small-sized and Micro-sized Enterprises	66.07	3.38	1.62
四、按工业门类分	**by Industries**			
采矿业	Mining	65.43	25.00	1.23
制造业	Manufacturing	60.29	4.31	1.71
电力、热力、燃气及水的生产和供应业	Production and Supply of Electric,Heat, Gas and Water	68.38	2.05	1.69
五、按行业大类分	**by Sector**			
煤炭开采和洗选业	Mining and Washing of Coal	64.35	30.22	0.77
石油和天然气开采业	Extraction of Petroleum and Natural Gas	62.41	31.82	7.76
黑色金属矿采选业	Mining of Ferrous Metal Ores	69.00	9.77	2.00
有色金属矿采选业	Mining of Non-ferrous Metal Ores	71.62	19.04	0.81
非金属矿采选业	Mining and Processing of Nonmetal Ores	61.54	18.09	0.68
开采专业及辅助性活动	Mining Specialties and Auxiliary Activities	92.36	1.02	3.26
其他采矿业	Mining of Other Ores	109.85	-7.67	3.77
农副食品加工业	Processing of Food from Agricultural Products	67.78	1.89	2.83
食品制造业	Manufacture of Foods	56.71	10.65	1.57
酒、饮料和精制茶制造业	Manufacture of Wine, Drinks and Refined Tea	54.29	8.60	1.06
烟草制品业	Manufacture of Tobacco	24.39	32.85	1.99
纺织业	Manufacture of Textile	55.53	1.12	1.65
纺织服装、服饰业	Manufacture of Textile Wearing Apparel and Finery	60.13	5.07	1.38

14–5 续表 continued

类 别	Category	资产负债率(%) Assets-Liability Ratio (%)	成本费用利润率(%) Ratio of Profits to Cost (%)	流动资产周转率(次) Ratio of Turnover Working Capitals (time)
皮革、毛皮、羽毛及其制品和制鞋业	Manufacture of Leather, Fur, Feather & Its Products and Footwear	70.22	2.36	1.80
木材加工及木 竹、藤、棕、草制品业	Processing of Timbers, Manufacture of Wood, Bamboo, Rattan, Palm, and Straw Products	63.93	3.81	3.71
家具制造业	Manufacture of Furniture	67.77	3.09	1.94
造纸及纸制品业	Manufacture of Paper and Paper Products	65.04	3.57	1.69
印刷和记录媒介复制业	Printing, Reproduction of Recording Media	60.61	3.74	1.76
文教、工美、体育和娱乐用品制造业	Manufacture of Culture, Education,Arts and crafts, Sport and Entertainment Goods	54.14	6.94	1.67
石油、煤炭及其他燃料加工业	Processing of Oil, Coal and Other Fuel	81.49	-0.74	2.77
化学原料和化学制品制造业	Manufacture of Chemical Raw Material and Chemical Products	56.63	8.45	2.00
医药制造业	Manufacture of Medicines	43.90	17.37	1.04
化学纤维制造业	Manufacture of Chemical Fiber	51.74	5.32	1.13
橡胶和塑料制品业	Manufacture of Rubber and Plastic	61.41	3.60	1.31
非金属矿物制品业	Manufacture of Non-metallic Mineral Products	62.58	6.89	1.14
黑色金属冶炼及压延加工业	Manufacture and Processing of Ferrous Metals	65.69	0.81	2.54
有色金属冶炼及压延加工业	Manufacture & Processing of Non-ferrous Metals	58.48	3.49	2.23
金属制品业	Manufacture of Metal Products	65.51	2.33	1.72
通用设备制造业	Manufacture of General Purpose Machinery	51.14	6.20	1.01
专用设备制造业	Manufacture of Special Purpose Machinery	57.55	6.99	0.95
汽车制造业	Manufacture of Automotive	62.43	4.58	1.33
铁路、船舶、航空航天和其他运输设备制造业	Manufacture of Railroad,Marine,Aerospace and Other Transportation Equipment	62.54	4.48	0.76
电气机械及器材制造业	Manufacture of Electrical Machinery & Equipment	57.55	5.78	1.37
计算机、通信和其他电子设备制造业	Manufacture of Computer, Communications and Other Electronic Equipment	54.21	3.04	1.48
仪器仪表制造业	Manufacture of Measuring Instrument	45.45	11.56	0.87
其他制造业	Other Manufacture	63.16	4.04	1.37
废弃资源综合利用业	Comprehensive Utilization of Waste	59.75	2.17	1.72
金属制品、机械和设备修理业	Metal Products, Machinery and Equipment Repair Industry	67.49	7.00	1.05
电力、热力的生产和供应业	Production and Supply of Electric Power and Heat Power	69.54	1.31	1.78
燃气生产和供应业	Production and Supply of Gas	60.61	5.53	2.43
水的生产和供应业	Production and Supply of Water	63.13	10.17	0.48

14-6 规模以上国有控股工业企业主要财务分析指标(2022年)

Main Financial Indicators of State-holding Industrial Enterprises above Designated Size(2022)

类别	Category	资产负债率(%) Assets-Liability Ratio (%)	成本费用利润率(%) Ratio of Profits to Cost (%)	流动资产周转率(次) Ratio of Turnover Working Capitals (time)
总计	**Total**	**63.31**	**6.36**	**1.77**
一、按隶属关系分	**by Type of Ownership**			
中央企业	Central Enterprises	61.04	5.21	3.19
地方企业	Local Enterprises	64.41	7.09	1.37
二、按轻重工业分	**by Light & Heavy Industry**			
轻工业	Light Industry	49.86	11.18	1.28
重工业	Heavy Industry	64.40	6.02	1.83
三、按企业规模分	**by Enterprise Size**			
大型企业	Large-sized Enterprises	59.43	8.60	2.05
中型企业	Medium-sized Enterprises	68.81	1.68	1.73
小微企业	Small-sized and Micro-sized Enterprises	71.23	3.70	1.06
四、按工业门类分	**by Industries**			
采矿业	Mining	65.22	30.89	1.18
制造业	Manufacturing	59.78	5.38	1.81
电力、热力、燃气及水的生产和供应业	Production and Supply of Electric,Heat, Gas and Water	67.98	0.71	2.16
五、按行业大类分	**by Sector**			
煤炭开采和洗选业	Mining and Washing of Coal	64.19	35.95	0.72
石油和天然气开采业	Extraction of Petroleum and Natural Gas	62.36	31.89	7.86
黑色金属矿采选业	Mining of Ferrous Metal Ores	46.26	25.59	1.82
有色金属矿采选业	Mining of Non-ferrous Metal Ores	72.66	24.45	0.72
非金属矿采选业	Mining and Processing of Nonmetal Ores	78.04	26.23	0.41
开采专业及辅助性活动	Mining Specialties and Auxiliary Activities			
其他采矿业	Mining of Other Ores			
农副食品加工业	Processing of Food from Agricultural Products	89.89	1.23	4.03
食品制造业	Manufacture of Foods	42.27	15.20	1.58
酒、饮料和精制茶制造业	Manufacture of Wine, Drinks and Refined Tea	47.47	10.23	1.21
烟草制品业	Manufacture of Tobacco	24.39	32.85	1.99
纺织业	Manufacture of Textile	65.08	2.38	1.67
纺织服装、服饰业	Manufacture of Textile Wearing Apparel and Finery	57.89	-7.65	0.46

14-6 续表 continued

类　别	Category	资产负债率 (%) Assets-Liability Ratio (%)	成本费用利润率 (%) Ratio of Profits to Cost (%)	流动资产周转率 (次) Ratio of Turnover Working Capitals (time)
皮革、毛皮、羽毛及其制品和制鞋业	Manufacture of Leather, Fur, Feather & Its Products and Footwear			
木材加工及木 竹、藤、棕、草制品业	Processing of Timbers, Manufacture of Wood, Bamboo, Rattan, Palm, and Straw Products	52.34	-11.56	1.22
家具制造业	Manufacture of Furniture			
造纸及纸制品业	Manufacture of Paper and Paper Products	75.61	1.24	0.64
印刷和记录媒介复制业	Printing, Reproduction of Recording Media	49.84	7.31	1.08
文教、工美、体育和娱乐用品制造业	Manufacture of Culture, Education,Arts and crafts, Sport and Entertainment Goods	130.49	-2.64	0.19
石油、煤炭及其他燃料加工业	Processing of Oil, Coal and Other Fuel	72.43	-0.55	4.48
化学原料和化学制品制造业	Manufacture of Chemical Raw Material and Chemical Products	57.22	16.10	2.61
医药制造业	Manufacture of Medicines	35.72	17.64	0.83
化学纤维制造业	Manufacture of Chemical Fiber	50.70	8.03	0.94
橡胶和塑料制品业	Manufacture of Rubber and Plastic	75.84	-3.63	1.39
非金属矿物制品业	Manufacture of Non-metallic Mineral Products	65.71	13.08	0.92
黑色金属冶炼及压延加工业	Manufacture and Processing of Ferrous Metals	64.00	0.90	4.22
有色金属冶炼及压延加工业	Manufacture & Processing of Non-ferrous Metals	64.59	0.98	4.63
金属制品业	Manufacture of Metal Products	77.26	3.54	1.71
通用设备制造业	Manufacture of General Purpose Machinery	42.73	6.54	0.67
专用设备制造业	Manufacture of Special Purpose Machinery	74.05	1.26	0.86
汽车制造业	Manufacture of Automotive	69.14	4.79	1.60
铁路、船舶、航空航天和其他运输设备制造业	Manufacture of Railroad,Marine,Aerospace and Other Transportation Equipment	63.84	5.74	0.71
电气机械及器材制造业	Manufacture of Electrical Machinery & Equipment	56.26	7.13	1.16
计算机、通信和其他电子设备制造业	Manufacture of Computer, Communications and Other Electronic Equipment	49.68	1.97	1.59
仪器仪表制造业	Manufacture of Measuring Instrument	44.26	14.72	0.66
其他制造业	Other Manufacture	63.22	2.24	0.83
废弃资源综合利用业	Comprehensive Utilization of Waste	61.93	-0.14	1.05
金属制品、机械和设备修理业	Metal Products, Machinery and Equipment Repair Industry	53.73	4.92	1.14
电力、热力的生产和供应业	Production and Supply of Electric Power and Heat Power	69.06	0.24	2.56
燃气生产和供应业	Production and Supply of Gas	57.04	5.98	2.51
水的生产和供应业	Production and Supply of Water	64.20	4.20	0.41

14-7 规模以上非公有制工业企业主要财务分析指标(2022年)
Main Financial Indicators of Non-public Industrial Enterprises above Designated Size(2022)

类 别	Category	资产负债率(%) Assets-Liability Ratio (%)	成本费用利润率(%) Ratio of Profits to Cost (%)	流动资产周转率(次) Ratio of Turnover Working Capitals (time)
总 计	**Total**	**61.66**	**4.02**	**1.66**
一、按轻重工业分	**by Light & Heavy Industry**			
轻工业	Light Industry	57.34	5.15	1.81
重工业	Heavy Industry	63.19	3.58	1.60
二、按企业规模分	**by Enterprise Size**			
大型企业	Large-sized Enterprises	57.22	4.56	1.60
中型企业	Medium-sized Enterprises	62.63	4.43	1.62
小微企业	Small-sized and Micro-sized Enterprises	65.08	3.33	1.72
三、按工业门类分	**by Industries**			
采矿业	Mining	69.70	4.58	1.64
制造业	Manufacturing	60.95	3.98	1.68
电力、热力、燃气及水的生产和供应业	Production and Supply of Electric,Heat, Gas and Water	68.98	4.74	1.25
四、按行业大类分	**by Sector**			
煤炭开采和洗选业	Mining and Washing of Coal	70.26	-0.75	1.67
石油和天然气开采业	Extraction of Petroleum and Natural Gas			
黑色金属矿采选业	Mining of Ferrous Metal Ores	88.35	5.66	2.11
有色金属矿采选业	Mining of Non-ferrous Metal Ores	46.60	10.76	1.86
非金属矿采选业	Mining and Processing of Nonmetal Ores	50.29	12.87	0.93
开采专业及辅助性活动	Mining Specialties and Auxiliary Activities	61.97	2.80	1.08
其他采矿业	Mining of Other Ores			
农副食品加工业	Processing of Food from Agricultural Products	67.39	1.95	2.86
食品制造业	Manufacture of Foods	57.63	10.33	1.56
酒、饮料和精制茶制造业	Manufacture of Wine, Drinks and Refined Tea	68.01	7.11	0.99
烟草制品业	Manufacture of Tobacco			
纺织业	Manufacture of Textile	54.44	1.20	1.63
纺织服装、服饰业	Manufacture of Textile Wearing Apparel and Finery	60.52	5.35	1.43

14-7 续表 continued

类别	Category	资产负债率(%) Assets-Liability Ratio (%)	成本费用利润率(%) Ratio of Profits to Cost (%)	流动资产周转率(次) Ratio of Turnover Working Capitals (time)
皮革、毛皮、羽毛及其制品和制鞋业	Manufacture of Leather, Fur, Feather & Its Products and Footwear	69.86	2.46	1.80
木材加工及木竹、藤、棕、草制品业	Processing of Timbers, Manufacture of Wood, Bamboo, Rattan, Palm, and Straw Products	64.15	3.91	3.77
家具制造业	Manufacture of Furniture	67.77	3.09	1.94
造纸及纸制品业	Manufacture of Paper and Paper Products	62.57	3.79	1.90
印刷和记录媒介复制业	Printing, Reproduction of Recording Media	61.99	3.41	1.90
文教、工美、体育和娱乐用品制造业	Manufacture of Culture, Education,Arts and crafts, Sport and Entertainment Goods	52.39	6.88	1.73
石油、煤炭及其他燃料加工业	Processing of Oil, Coal and Other Fuel	85.01	-0.98	2.33
化学原料和化学制品制造业	Manufacture of Chemical Raw Material and Chemical Products	56.72	6.01	1.88
医药制造业	Manufacture of Medicines	45.08	17.45	1.07
化学纤维制造业	Manufacture of Chemical Fiber	54.67	5.09	1.17
橡胶和塑料制品业	Manufacture of Rubber and Plastic	60.93	4.10	1.29
非金属矿物制品业	Manufacture of Non-metallic Mineral Products	62.86	5.28	1.19
黑色金属冶炼及压延加工业	Manufacture and Processing of Ferrous Metals	66.21	0.77	2.27
有色金属冶炼及压延加工业	Manufacture & Processing of Non-ferrous Metals	61.92	4.13	1.93
金属制品业	Manufacture of Metal Products	63.99	2.23	1.75
通用设备制造业	Manufacture of General Purpose Machinery	55.56	6.02	1.14
专用设备制造业	Manufacture of Special Purpose Machinery	52.97	8.17	0.97
汽车制造业	Manufacture of Automotive	60.72	4.56	1.24
铁路、船舶、航空航天和其他运输设备制造业	Manufacture of Railroad,Marine,Aerospace and Other Transportation Equipment	58.85	1.87	0.85
电气机械及器材制造业	Manufacture of Electrical Machinery & Equipment	59.67	5.09	1.26
计算机、通信和其他电子设备制造业	Manufacture of Computer, Communications and Other Electronic Equipment	56.34	3.46	1.44
仪器仪表制造业	Manufacture of Measuring Instrument	45.74	10.97	0.94
其他制造业	Other Manufacture	63.01	4.24	1.45
废弃资源综合利用业	Comprehensive Utilization of Waste	58.90	2.39	1.81
金属制品、机械和设备修理业	Metal Products, Machinery and Equipment Repair Industry	71.18	8.82	1.04
电力、热力的生产和供应业	Production and Supply of Electric Power and Heat Power	70.10	3.96	1.12
燃气生产和供应业	Production and Supply of Gas	64.16	5.31	2.40
水的生产和供应业	Production and Supply of Water	59.36	25.45	0.86

14-8 2008-2022年规模以上工业增加值

Value Added of Industry Enterprises above Designated Size From 2008 to 2022

类 别	Category	2008 工业增加值比上年增长(%) Growth Rate(%)	2009 工业增加值比上年增长(%) Growth Rate(%)	2010 工业增加值比上年增长(%) Growth Rate(%)	2011 工业增加值比上年增长(%) Growth Rate(%)	2012 工业增加值比上年增长(%) Growth Rate(%)	2013 工业增加值比上年增长(%) Growth Rate(%)	2014 工业增加值比上年增长(%) Growth Rate(%)	2015 工业增加值比上年增长(%) Growth Rate(%)
全省总计	**Total**	**13.8**	**14.9**	**15.0**	**14.0**	**11.4**	**11.3**	**9.6**	**7.5**
在总计中:轻工业	of which:Light Industry	13.2	12.1	12.9	11.9	11.2	10.2	8.5	7.4
重工业	Heavy Industry	14.1	16.2	16.1	15.1	11.5	11.8	10.1	7.5
在总计中:国有企业	of which:State-owned Enterprises	4.6	4.6	13.2	15.7	6.1	5.3	-0.2	-0.5
集体企业	Collective-owned Enterprises	8.3	17.8	9.9	11.5	10.5	10.6	5.7	4.2
股份制企业	Cooperative Enterprises	15.1	16.0	15.6	14.6	12.3	12.3	10.3	7.8
外商及港澳台商投资企业	Enterprises with Funds from Foreign Countries,Hong Kong, Macao and Taiwan	14.1	11.0	14.1	11.1	7.8	10.3	9.0	7.5
在总计中:国有控股企业	of which:State-holding Enterprises	8.2	4.7	12.5	6.1	3.7	4.8	2.8	-1.9
在总计中:大中型工业企业	of which:Large and Medium-sized Enterprises	8.7	9.1	13.3	11.0	8.0	9.5	8.1	5.8

注:本表增幅按快报可比价计算。
a)Data in this table are calculated at constant prices of the express report.

14-8 续表 continued

类 别	Category	2016 工业增加值比上年增长(%) Growth Rate(%)	2017 工业增加值比上年增长(%) Growth Rate(%)	2018 工业增加值比上年增长(%) Growth Rate(%)	2019 工业增加值比上年增长(%) Growth Rate(%)	2020 工业增加值比上年增长(%) Growth Rate(%)	2021 工业增加值比上年增长(%) Growth Rate(%)	2022 工业增加值比上年增长(%) Growth Rate(%)
全省总计	**Total**	**6.8**	**6.9**	**5.2**	**1.2**	**5.0**	**9.6**	**5.1**
在总计中:轻工业	of which:Light Industry	5.5	6.9	0.5	-4.7	4.2	16.3	10.6
重工业	Heavy Industry	7.5	6.9	7.4	3.1	5.3	7.4	3.3
在总计中:国有企业	of which:State-owned Enterprises	-2.6	8.5	13.6	7.4	2.5	11.8	18.9
集体企业	Collective-owned Enterprises	4.4	6.6	-7.7	-10.5	-11.3	-28.9	14.6
股份制企业	Cooperative Enterprises	7.4	7.1	4.7	0.8	4.6	10.6	5.4
外商及港澳台商投资企业	Enterprises with Funds from Foreign Countries,Hong Kong, Macao and Taiwan	5.6	7.0	9.2	1.4	7.4	5.2	-1.9
在总计中:国有控股企业	of which:State-holding Enterprises	4.5	9.3	9.1	3.8	3.5	5.7	6.5
在总计中:大中型工业企业	of which:Large and Medium-sized Enterprises	7.2	7.8	7.3	-0.6	6.0	8.6	6.8

14-9 按行业分规模以上工业增加值构成
Its Composition of Industry Enterprises above Designated Size by Sector

类　别	Category	2021 增加值占规模以上工业比重(%) Composition (%)	2021 工业增加值比上年增长(%) Growth Rate (%)
全省总计	**Total**	**100.0**	**9.6**
采矿业	**Mining**	**6.3**	**-0.1**
煤炭开采和洗选业	Mining and Washing of Coal	3.1	2.4
石油和天然气开采业	Extraction of Petroleum and Natural Gas	1.5	-1.7
黑色金属矿采选业	Mining of Ferrous Metal Ores	0.8	12.5
有色金属矿采选业	Mining of Non-ferrous Metal Ores	0.4	-47.2
非金属矿采选业	Mining and Processing of Nonmetal Ores	0.3	
开采专业及辅助性活动	Mining Specialties and Auxiliary Activities	0.3	1.0
其他采矿业	Mining of Other Ores		
制造业	**Manufacturing**	**83.3**	**10.1**
农副食品加工业	Processing of Food from Agricultural Products	4.2	9.1
食品制造业	Manufacture of Foods	2.1	31.2
酒、饮料和精制茶制造业	Manufacture of Wine, Drinks and Refined Tea	0.9	13.6
烟草制品业	Manufacture of Tobacco	1.6	6.7
纺织业	Manufacture of Textile	2.3	10.3
纺织服装、服饰业	Manufacture of Textile Wearing Apparel and Finery	0.9	13.4
皮革、毛皮、羽毛及其制品和制鞋业	Manufacture of Leather, Fur, Feather & Its Products and Footwear	0.2	10.0
木材加工及木 竹、藤、棕、草制品业	Processing of Timbers, Manufacture of Wood, Bamboo, Rattan, Palm, and Straw Products	1.3	18.4
家具制造业	Manufacture of Furniture	0.3	20.1
造纸及纸制品业	Manufacture of Paper and Paper Products	1.6	12.6
印刷和记录媒介复制业	Printing, Reproduction of Recording Media	0.3	20.4
文教、工美、体育和娱乐用品制造业	Manufacture of Culture, Education,Arts and crafts, Sport and Entertainment Goods	0.8	22.7
石油、煤炭及其他燃料加工业	Processing of Oil, Coal and Other Fuel	8.0	3.3
化学原料和化学制品制造业	Manufacture of Chemical Raw Material and Chemical Products	12.8	19.3
医药制造业	Manufacture of Medicines	4.5	10.6
化学纤维制造业	Manufacture of Chemical Fiber	0.1	15.9
橡胶和塑料制品业	Manufacture of Rubber and Plastic	2.7	6.9
非金属矿物制品业	Manufacture of Non-metallic Mineral Products	5.5	10.0
黑色金属冶炼及压延加工业	Manufacture and Processing of Ferrous Metals	4.7	-9.4
有色金属冶炼及压延加工业	Manufacture & Processing of Non-ferrous Metals	3.9	1.1
金属制品业	Manufacture of Metal Products	3.3	25.4
通用设备制造业	Manufacture of General Purpose Machinery	4.1	10.5
专用设备制造业	Manufacture of Special Purpose Machinery	4.1	12.4
汽车制造业	Manufacture of Automotive	5.1	-5.8
铁路、船舶、航空航天和其他运输设备制造业	Manufacture of Railroad,Marine,Aerospace and Other Transportation Equipment	0.9	-17.2
电气机械及器材制造业	Manufacture of Electrical Machinery & Equipment	2.4	9.8
计算机、通信和其他电子设备制造业	Manufacture of Computer, Communications and Other Electronic Equipment	3.7	31.6
仪器仪表制造业	Manufacture of Measuring Instrument	0.5	8.9
其他制造业	Other Manufacture	0.1	10.2
废弃资源综合利用业	Comprehensive Utilization of Waste	0.3	31.5
金属制品、机械和设备修理业	Metal Products, Machinery and Equipment Repair Industry	0.2	44.6
电力、热力、燃气及水的生产和供应业	**Production and Supply of Electric,Heat,Gas and Water**	**10.4**	**11.7**
电力、热力生产和供应业	Production and Supply of Electric Power and Heat Power	9.0	11.0
燃气生产和供应业	Production and Supply of Gas	0.8	19.4
水的生产和供应业	Production and Supply of Water	0.6	12.8

14-9 续表 continued

类 别	Category	2022	
		增加值占规模以上工业比重(%) Composition (%)	工业增加值比上年增长(%) Growth Rate (%)
全省总计	**Total**	**100.0**	**5.1**
采矿业	**Mining**	**7.4**	**27.3**
煤炭开采和洗选业	Mining and Washing of Coal	3.3	18.2
石油和天然气开采业	Extraction of Petroleum and Natural Gas	1.5	-0.1
黑色金属矿采选业	Mining of Ferrous Metal Ores	1.0	37.2
有色金属矿采选业	Mining of Non-ferrous Metal Ores	0.7	121.1
非金属矿采选业	Mining and Processing of Nonmetal Ores	0.3	14.1
开采专业及辅助性活动	Mining Specialties and Auxiliary Activities	0.5	100.2
其他采矿业	Mining of Other Ores		87.7
制造业	**Manufacturing**	**83.1**	**2.9**
农副食品加工业	Processing of Food from Agricultural Products	4.1	3.8
食品制造业	Manufacture of Foods	2.1	14.8
酒、饮料和精制茶制造业	Manufacture of Wine, Drinks and Refined Tea	0.9	3.3
烟草制品业	Manufacture of Tobacco	1.5	8.0
纺织业	Manufacture of Textile	2.1	-7.0
纺织服装、服饰业	Manufacture of Textile Wearing Apparel and Finery	0.7	-8.4
皮革、毛皮、羽毛及其制品和制鞋业	Manufacture of Leather, Fur, Feather & Its Products and Footwear	0.2	1.0
木材加工及木 竹、藤、棕、草制品业	Processing of Timbers, Manufacture of Wood, Bamboo, Rattan, Palm, and Straw Products	1.3	6.7
家具制造业	Manufacture of Furniture	0.3	-1.6
造纸及纸制品业	Manufacture of Paper and Paper Products	1.5	2.1
印刷和记录媒介复制业	Printing, Reproduction of Recording Media	0.3	7.2
文教、工美、体育和娱乐用品制造业	Manufacture of Culture, Education,Arts and crafts, Sport and Entertainment Goods	0.7	-5.0
石油、煤炭及其他燃料加工业	Processing of Oil, Coal and Other Fuel	8.6	-10.2
化学原料和化学制品制造业	Manufacture of Chemical Raw Material and Chemical Products	16.0	19.9
医药制造业	Manufacture of Medicines	4.5	10.7
化学纤维制造业	Manufacture of Chemical Fiber	0.2	-2.6
橡胶和塑料制品业	Manufacture of Rubber and Plastic	2.5	-1.2
非金属矿物制品业	Manufacture of Non-metallic Mineral Products	5.1	-5.7
黑色金属冶炼及压延加工业	Manufacture and Processing of Ferrous Metals	3.8	-0.6
有色金属冶炼及压延加工业	Manufacture & Processing of Non-ferrous Metals	4.9	3.0
金属制品业	Manufacture of Metal Products	3.0	-6.1
通用设备制造业	Manufacture of General Purpose Machinery	3.6	-5.9
专用设备制造业	Manufacture of Special Purpose Machinery	3.9	3.7
汽车制造业	Manufacture of Automotive	3.5	-13.8
铁路、船舶、航空航天和其他运输设备制造业	Manufacture of Railroad,Marine,Aerospace and Other Transportation Equipment	1.0	1.1
电气机械及器材制造业	Manufacture of Electrical Machinery & Equipment	2.3	6.6
计算机、通信和其他电子设备制造业	Manufacture of Computer, Communications and Other Electronic Equipment	3.9	17.9
仪器仪表制造业	Manufacture of Measuring Instrument	0.4	5.2
其他制造业	Other Manufacture		4.3
废弃资源综合利用业	Comprehensive Utilization of Waste	0.2	4.1
金属制品、机械和设备修理业	Metal Products, Machinery and Equipment Repair Industry	0.2	25.4
电力、热力、燃气及水的生产和供应业	**Production and Supply of Electric,Heat,Gas and Water**	**9.5**	**11.5**
电力、热力生产和供应业	Production and Supply of Electric Power and Heat Power	8.1	12.3
燃气生产和供应业	Production and Supply of Gas	0.9	6.2
水的生产和供应业	Production and Supply of Water	0.5	8.6

14-10 各市规模以上工业企业主要经济指标(2022年)
Main Economic Indicators of Industrial Enterprises above Designated Size by Region(2022)

单位:亿元 (100 million yuan)

地 区	Region	企业单位数(个) Number of Enterprises (unit)	资产总计 Total Assets	流动资产合计 Total Current Assets	负债合计 Total Liabilities	营业收入 Business Revenue	营业成本 Business Cost	利润总额 Total Profits	全部从业人员年平均人数(万人) Annual Average of Employed Persons (10 000 person)
全省总计	**Total**	**35322**	**120624.19**	**64772.90**	**74641.95**	**109044.64**	**95164.00**	**4785.24**	**555.59**
济南市	Jinan	2665	9637.65	5714.63	5858.03	8370.30	7190.97	344.86	41.60
青岛市	Qingdao	4613	14045.06	8834.71	8086.48	12277.56	10478.68	566.47	70.10
淄博市	Zibo	2019	6442.83	3404.36	3753.22	6514.26	5605.37	223.19	30.92
枣庄市	Zaozhuang	1020	2568.01	1351.99	1575.95	1686.21	1437.30	76.08	14.37
东营市	Dongying	947	9113.18	4890.96	6918.20	9670.63	8276.77	163.24	25.66
烟台市	Yantai	2584	12451.83	6222.18	7042.10	9524.29	8278.54	688.24	51.13
潍坊市	Weifang	4086	11801.54	6901.29	7425.14	11385.78	10027.59	382.45	69.25
济宁市	Jining	2208	7491.77	3495.68	4521.72	5009.04	4123.24	444.66	37.24
泰安市	Tai'an	1346	4591.15	2587.05	3137.24	2942.06	2482.85	137.92	21.69
威海市	Weihai	1312	4031.99	2486.71	2256.23	2315.49	1919.96	183.26	27.73
日照市	Rizhao	941	4532.54	2373.37	3023.96	4383.56	4072.20	119.31	13.72
临沂市	Linyi	3939	6476.14	3742.16	4286.00	6932.87	6181.64	181.59	42.45
德州市	Dezhou	1929	4199.23	2047.81	2382.90	3729.31	3175.68	243.60	24.26
聊城市	Liaocheng	1644	4756.09	2850.19	3166.54	4455.54	4020.79	184.17	20.83
滨州市	Binzhou	1593	9873.27	5407.00	6389.87	10025.49	9319.95	283.63	29.26
菏泽市	Heze	2472	4060.37	1828.39	2237.71	6010.49	5178.01	455.34	24.48

14-11 各市规模以上国有控股工业企业主要经济指标(2022年)
Main Economic Indicators of State-holding Industrial Enterprises above Designated Size by Region(2022)

单位:亿元 (100 million yuan)

地 区	Region	企业单位数(个) Number of Enterprises (unit)	资产总计 Total Assets	流动资产合计 Total Current Assets	负债合计 Total Liabilities	营业收入 Business Revenue	营业成本 Business Cost	利润总额 Total Profits	全部从业人员年平均人数(万人) Annual Average of Employed Persons (10 000 person)
全省总计	**Total**	**2081**	**39407.63**	**15522.67**	**24949.25**	**27483.75**	**23335.41**	**1603.63**	**103.52**
济南市	Jinan	271	3511.33	1835.86	2369.69	3395.34	3037.76	72.42	10.50
青岛市	Qingdao	243	5484.27	2990.12	3243.64	3979.47	3438.03	172.11	12.33
淄博市	Zibo	125	1471.85	633.45	789.24	1547.05	1287.57	45.13	6.34
枣庄市	Zaozhuang	120	1241.50	641.91	804.16	560.70	450.09	31.04	4.82
东营市	Dongying	71	2641.56	531.84	1963.01	2462.56	1804.31	140.55	9.06
烟台市	Yantai	186	5122.40	1668.03	3256.64	3674.61	3237.46	390.37	8.62
潍坊市	Weifang	145	2946.32	1483.05	1702.67	1625.09	1404.52	44.91	7.28
济宁市	Jining	187	3756.49	1518.45	2458.14	1684.38	1248.74	288.97	13.10
泰安市	Tai'an	123	1968.46	988.79	1451.93	666.65	575.39	23.90	4.73
威海市	Weihai	74	789.37	344.37	526.99	250.17	227.76	0.44	2.02
日照市	Rizhao	55	899.52	297.61	639.56	893.36	817.63	24.09	1.29
临沂市	Linyi	122	1156.40	429.64	771.75	499.51	434.38	8.98	2.98
德州市	Dezhou	84	995.68	319.34	465.47	631.24	502.48	88.65	2.19
聊城市	Liaocheng	80	1001.05	418.00	609.65	869.76	748.97	73.99	2.95
滨州市	Binzhou	96	856.22	359.42	637.19	504.69	442.22	10.70	2.02
菏泽市	Heze	95	1013.68	428.36	678.89	427.40	283.66	80.16	2.39

14-12 各市规模以上外商和港澳台商投资工业企业主要经济指标(2022年)

Main Economic Indicators of Industrial Enterprises with Funds from Foreign Countries (Territories), Hong Kong,Macao and Taiwan by Region(2022)

单位:亿元 (100 million yuan)

地　区	Region	企业单位数(个) Number of Enterprises (unit)	资产总计 Total Assets	流动资产合计 Total Current Assets	负债合计 Total Liabilities	营业收入 Business Revenue	营业成本 Business Cost	利润总额 Total Profits	全部从业人员年平均人数(万人) Annual Average of Employed Persons (10 000 person)
全省总计	**Total**	**2719**	**20718.67**	**11574.77**	**11238.56**	**15712.12**	**13488.61**	**1163.77**	**86.25**
济南市	Jinan	154	1818.50	1017.86	966.77	1172.22	978.62	104.09	6.70
青岛市	Qingdao	815	3119.72	2174.73	1593.75	3227.01	2723.97	225.72	19.64
淄博市	Zibo	107	810.25	402.12	443.98	638.18	558.33	30.38	4.00
枣庄市	Zaozhuang	45	197.46	111.86	96.02	165.38	146.52	6.22	1.64
东营市	Dongying	46	375.04	250.05	279.86	235.11	204.43	-3.89	0.79
烟台市	Yantai	463	3069.44	2107.09	1588.18	3083.85	2717.26	157.52	15.92
潍坊市	Weifang	255	1651.65	898.35	949.32	1184.20	1034.69	68.26	6.72
济宁市	Jining	109	2571.93	922.90	1544.26	789.28	523.60	218.75	7.57
泰安市	Tai'an	58	313.86	203.59	165.12	244.99	199.11	25.21	1.04
威海市	Weihai	261	953.70	600.45	409.01	694.16	563.95	46.99	8.26
日照市	Rizhao	92	1188.46	753.24	706.62	1483.71	1395.29	27.91	2.94
临沂市	Linyi	109	941.53	662.16	552.17	671.25	547.73	43.06	4.31
德州市	Dezhou	76	306.46	141.94	147.92	279.89	249.73	12.14	1.90
聊城市	Liaocheng	37	1250.45	728.58	752.88	629.25	581.39	31.48	1.29
滨州市	Binzhou	49	404.82	147.77	241.41	296.14	280.25	-3.74	1.60
菏泽市	Heze	41	474.03	248.12	177.09	719.80	583.38	149.35	1.45

14-13 各市规模以上非公有制工业企业主要经济指标(2022年)
Main Economic Indicators of Non-public Industrial Enterprises above Designated Size by Region(2022)

单位:亿元 (100 million yuan)

地 区	Region	企业单位数(个) Number of Enterprises (unit)	资产总计 Total Assets	流动资产合计 Total Current Assets	负债合计 Total Liabilities	营业收入 Business Revenue	营业成本 Business Cost	利润总额 Total Profits	全部从业人员年平均人数(万人) Annual Average of Employed Persons (10 000 person)
全省总计	**Total**	**32765**	**77413.10**	**47028.70**	**47734.54**	**77868.61**	**68686.66**	**2988.88**	**434.33**
济南市	Jinan	2350	5805.12	3657.24	3324.21	4743.51	3963.16	254.96	29.69
青岛市	Qingdao	4309	8015.08	5467.54	4568.82	7491.22	6410.70	346.40	54.56
淄博市	Zibo	1836	4728.93	2645.33	2800.05	4751.10	4132.73	169.05	23.37
枣庄市	Zaozhuang	887	1147.01	646.08	665.19	1046.15	922.31	38.53	9.28
东营市	Dongying	830	5938.81	4018.24	4620.91	6424.18	5789.08	-10.17	15.27
烟台市	Yantai	2344	6505.96	4188.17	3512.46	5251.41	4518.86	266.51	39.73
潍坊市	Weifang	3908	8725.46	5341.74	5652.85	9597.33	8474.49	331.31	61.01
济宁市	Jining	2009	3705.97	1958.90	2044.95	3302.93	2858.01	154.19	23.72
泰安市	Tai'an	1192	2516.54	1526.98	1615.24	2182.97	1832.70	109.19	16.17
威海市	Weihai	1212	3086.63	2040.07	1663.82	1976.18	1616.35	158.61	24.81
日照市	Rizhao	867	3530.09	2022.05	2314.18	3401.72	3169.65	97.17	11.97
临沂市	Linyi	3796	5206.39	3234.69	3430.49	6299.37	5625.82	170.36	38.94
德州市	Dezhou	1828	3172.15	1715.01	1895.29	3077.18	2654.39	154.15	21.88
聊城市	Liaocheng	1548	3609.02	2338.54	2500.05	3490.08	3186.05	108.54	16.81
滨州市	Binzhou	1476	8687.02	4837.80	5571.46	9261.64	8644.77	266.40	25.19
菏泽市	Heze	2373	3032.91	1390.32	1554.56	5571.63	4887.59	373.68	21.93

14-14 各市规模以上工业企业主要财务分析指标(2022年) Main Financial Indicators of Industrial Enterprises above Designated Size by Region(2022)

单位：% (%)

地 区	Region	资产负债率 Assets-Liability Ratio	成本费用利润率 Ratio of Profits to Cost	流动资产周转率(次) Ratio of Turnover Working Capitals (time)
全省总计	**Total**	**61.88**	**4.64**	**1.68**
济南市	Jinan	60.78	4.30	1.46
青岛市	Qingdao	57.58	4.86	1.39
淄博市	Zibo	58.25	3.65	1.91
枣庄市	Zaozhuang	61.37	4.75	1.25
东营市	Dongying	75.91	1.88	1.98
烟台市	Yantai	56.55	7.65	1.53
潍坊市	Weifang	62.92	3.52	1.65
济宁市	Jining	60.36	9.64	1.43
泰安市	Tai'an	68.33	4.90	1.14
威海市	Weihai	55.96	8.33	0.93
日照市	Rizhao	66.72	2.78	1.85
临沂市	Linyi	66.18	2.70	1.85
德州市	Dezhou	56.75	6.99	1.82
聊城市	Liaocheng	66.58	4.30	1.56
滨州市	Binzhou	64.72	2.92	1.85
菏泽市	Heze	55.11	8.31	3.29

14−15 各市规模以上国有控股工业企业主要财务分析指标(2022年)
Main Financial Indicators of State-holding Industrial Enterprises above Designated Size by Region(2022)

单位：% (%)

地 区	Region	资产负债率 Assets-Liability Ratio	成本费用利润率 Ratio of Profits to Cost	流动资产周转率(次) Ratio of Turnover Working Capitals (time)
全省总计	**Total**	**63.31**	**6.36**	**1.77**
济 南 市	Jinan	67.49	2.22	1.85
青 岛 市	Qingdao	59.14	4.61	1.33
淄 博 市	Zibo	53.62	3.24	2.44
枣 庄 市	Zaozhuang	64.77	5.97	0.87
东 营 市	Dongying	74.31	7.28	4.63
烟 台 市	Yantai	63.58	11.37	2.20
潍 坊 市	Weifang	57.79	2.91	1.10
济 宁 市	Jining	65.44	19.99	1.11
泰 安 市	Tai'an	73.76	3.68	0.67
威 海 市	Weihai	66.76	0.17	0.73
日 照 市	Rizhao	71.10	2.81	3.00
临 沂 市	Linyi	66.74	1.84	1.16
德 州 市	Dezhou	46.75	16.31	1.98
聊 城 市	Liaocheng	60.90	9.07	2.08
滨 州 市	Binzhou	74.42	2.27	1.40
菏 泽 市	Heze	66.97	24.55	1.00

14-16 规模以上工业主要产品产量(2022年)
Output of Major Industrial Products above Designated Size(2022)

名　　称		Item		生产量 Output
铁矿石原矿量	(万吨)	Ironstone in Original Iron Ores	(10 000 tons)	3797.6
原　盐	(万吨)	Salt	(10 000 tons)	760.2
小麦粉	(万吨)	Wheat Flour	(10 000 tons)	1776.8
大　米	(万吨)	Rice	(10 000 tons)	50.3
精制食用植物油	(万吨)	Refined Edible Vegetable Oil	(10 000 tons)	655.5
鲜、冷藏肉	(万吨)	Frozen,Fresh Meat	(10 000 tons)	1105.7
配合饲料+混合饲料	(万吨)	Formula Feed & Mixed Feed	(10 000 tons)	2886.4
速冻米面食品	(万吨)	Quick-frozen Food	(10 000 tons)	3.9
方便面	(万吨)	Instant Noodles	(10 000 tons)	16.2
乳制品	(万吨)	Milk Products	(10 000 tons)	239.1
液体乳	(万吨)	Liquid Milk	(10 000 tons)	213.6
罐　头	(万吨)	Canned Food	(10 000 tons)	53.0
酱　油	(万吨)	Soy Sauce	(10 000 tons)	53.9
发酵酒精(折96度,商品量)	(万千升)	Fermenting Alcohol	(10 000 kiloliter)	64.3
饮料酒	(万千升)	Liquor	(10 000 kiloliter)	524.4
白酒(折65度,商品量)	(万千升)	White Spirit	(10 000 kiloliter)	23.3
啤　酒	(万千升)	Beer	(10 000 kiloliter)	489.4
葡萄酒	(万千升)	Wine	(10 000 kiloliter)	6.8
饮料	(万吨)	Drinks	(10 000 tons)	485.5
碳酸型饮料(汽水)	(万吨)	Carbonated Drinks	(10 000 tons)	90.9
包装饮用水	(万吨)	Bottled Drinking Water	(10 000 tons)	185.0
果汁蔬菜汁类饮料	(万吨)	Juice and Vegetable Juice Beverage	(10 000 tons)	80.8
冷冻饮品	(万吨)	Frozen Drinks	(10 000 tons)	12.0
卷　烟	(亿支)	Cigarettes	(100 million pieces)	1288.3
化学纤维用浆粕	(万吨)	Chemical Fiber Pulp	(10 000 tons)	6.4
化学纤维	(万吨)	Chemical Fiber	(10 000 tons)	80.5
粘胶短纤维	(万吨)	Viscose Staple Fiber	(10 000 tons)	17.0
合成纤维	(万吨)	Synthetic Fiber	(10 000 tons)	33.7
锦纶纤维	(万吨)	Nylon Fiber	(10 000 tons)	9.2
涤纶纤维	(万吨)	Polyester Fiber	(10 000 tons)	16.8
腈纶纤维	(万吨)	Acrylic Fiber	(10 000 tons)	2.5
丙纶纤维	(万吨)	Polypropylene Fiber	(10 000 tons)	3.0
纱	(万吨)	Yarn	(10 000 tons)	348.3
布	(亿米)	Cloth	(100 million m)	41.1
棉　布	(亿米)	Cotton Cloth	(100 million m)	34.1
棉混纺布(混纺交织布)	(亿米)	Cotton Blended Cloth	(100 million m)	4.0
化学纤维短纤布	(亿米)	Chemical Fiber Cloth	(100 million m)	3.0
印染布	(亿米)	Printed Fabric	(100 million m)	37.1
绒线(毛线)	(万吨)	Knitting Wool	(10 000 tons)	0.1
毛机织物(呢绒)	(万米)	Wool Fabric	(10 000 m)	3573.7
亚麻布(含亚麻≥55%)	(万米)	Ramie and Flax Cloth	(10 000 m)	790.3
帘子布	(万吨)	Cord Fabric	(10 000 tons)	11.4

14-16 续表 1 continued

名 称		Item		生产量 Output
服 装	(万件)	Garments	(10 000 pieces)	161302.4
梭织服装	(万件)	Woven Garments	(10 000 pieces)	51273.1
羽绒服装	(万件)	Down Wear	(10 000 pieces)	606.9
西服套装	(万件)	Suits	(10 000 pieces)	984.3
衬 衫	(万件)	Shirts	(10 000 pieces)	1568.1
针织服装	(万件)	Knitted Clothing	(10 000 pieces)	110029.3
轻 革	(万平方米)	Leather	(10 000 sq.m)	2850.7
皮革鞋靴	(万双)	Shoes	(10 000 pairs)	3207.8
天然毛皮服装	(万件)	Natural Fur Apparel	(10 000 units)	1.3
人造板	(万立方米)	Manmade Plates	(10 000 cu.m)	7095.6
胶合板	(万立方米)	Plywood	(10 000 cu.m)	5343.2
纤维板	(万立方米)	Fiberboard	(10 000 cu.m)	566.5
刨花板	(万立方米)	Flakeboard	(10 000 cu.m)	705.6
人造板表面装饰板	(万平方米)	Secondary Processing Decorative Plates	(10 000 sq.m)	1582.8
实木木地板	(万平方米)	Solid Wood Floor	(10 000 sq.m)	75.6
复合木地板	(万平方米)	Engineered Wooden Floor	(10 000 sq.m)	1283.5
家 具	(万件)	Furniture	(10 000 units)	4307.9
木质家具	(万件)	Wood Furniture	(10 000 units)	3094.9
金属家具	(万件)	Metal Furniture	(10 000 units)	336.5
软体家具(包括床垫、沙发)	(万件)	Soft Furniture	(10 000 units)	84.4
纸 浆	(万吨)	Paper Pulp	(10 000 tons)	551.6
机制纸及纸板	(万吨)	Machine-made Paper and Paperboards	(10 000 tons)	2415.0
未涂布印刷书写用纸	(万吨)	Uncoated Writing Printing Paper	(10 000 tons)	129.3
新闻纸	(万吨)	Newsprint	(10 000 tons)	20.5
纸制品	(万吨)	Paper Products	(10000 tons)	491.4
瓦楞纸箱(纸箱)	(万吨)	Corrugated Box	(10000 tons)	191.0
硫酸(折100%)	(万吨)	Sulfuric	(10 000 tons)	555.1
盐酸(含量31%以上)	(万吨)	Hydrochloric Acid(content of more than 31%)	(10 000 tons)	112.8
烧碱(折100%)	(万吨)	Caustic	(10 000 tons)	1081.6
离子膜法烧碱(折100%)	(万吨)	Ionic Membrane Caustic	(10 000 tons)	963.7
碳酸钠(纯碱)	(万吨)	Soda Ash	(10 000 tons)	434.8
合成氨	(万吨)	Synthetic Ammonia	(10 000 tons)	733.0
农用氮、磷、钾化学肥料总计(折纯)	(万吨)	Chemical Fertilizer	(10 000 tons)	425.3
氮 肥(折含N 100%)	(万吨)	Nitrogen Fertilizer	(10 000 tons)	407.1
尿 素(折含N 100%)	(万吨)	Urea	(10 000 tons)	377.9
磷肥(折合P2O5 100%)	(万吨)	Phosphate Fertilizer	(10 000 tons)	0.6

14-16 续表 2 continued

名称		Item		生产量 Output
化学农药原药(折有效成分100%)	(万吨)	Chemical Pesticide	(10 000 tons)	37.9
杀虫剂原药	(万吨)	Insecticides Pesticide	(10 000 tons)	6.2
杀菌剂原药	(万吨)	Fungicides Pesticide	(10 000 tons)	1.3
除草剂原药	(万吨)	Herbicide Pesticide	(10 000 tons)	17.9
乙　烯	(万吨)	Ethylene	(10 000 tons)	207.3
纯　苯	(万吨)	Benzene	(10 000 tons)	180.9
精甲醇	(万吨)	Extracted Methanol	(10 000 tons)	386.6
冰乙酸(冰醋酸)	(万吨)	Acetic Acid	(10 000 tons)	157.5
涂料	(万吨)	Paint	(10 000 tons)	106.5
初级形态塑料	(万吨)	Primary Plastic	(10 000 tons)	1002.9
聚丙烯树脂	(万吨)	Polypropylene Colophony	(10 000 tons)	166.3
聚氯乙烯树脂	(万吨)	PVC Colophony	(10 000 tons)	270.5
合成橡胶	(万吨)	Synthetic Rubber	(10 000 tons)	181.4
合成纤维单体	(万吨)	Synthetic Fiber Monomer	(10 000 tons)	28.1
合成纤维聚合物	(万吨)	Synthetic Fiber Polymers	(10 000 tons)	19.9
合成洗涤剂	(万吨)	Synthetic Detergents	(10 000 tons)	61.0
中成药	(万吨)	Traditional Chemical Medicine	(10 000 tons)	13.5
橡胶轮胎外胎	(万条)	Tires	(10 000 tires)	39395.8
子午线轮胎外胎	(万条)	Radial Tires	(10 000 tires)	34619.4
塑料制品	(万吨)	Plastic Articles	(10 000 tons)	363.9
塑料薄膜	(万吨)	Plastic Film	(10 000 tons)	77.9
农用薄膜	(万吨)	Agricultural Film	(10 000 tons)	10.8
泡沫塑料	(万吨)	Foam	(10 000 tons)	12.1
塑料人造革、合成革	(万吨)	Plastic leather and synthetic leather	(10 000 tons)	0.5
日用塑料制品	(万吨)	Plastic Products for Daily Use	(10 000 tons)	21.9
硅酸盐水泥熟料	(万吨)	Portland Cement Clinker	(10 000 tons)	7396.8
窑外分解窑水泥熟料	(万吨)	Decomposition Kiln Clinker	(10 000 tons)	6937.5
水　泥	(万吨)	Cement	(10 000 tons)	13405.1
商品混凝土	(万立方米)	Concrete	(10 000 cu.m)	22714.5
水泥混凝土排水管	(千米)	Cement and Concrete Drain Pipes	(1 000 m)	1637.7
水泥混凝土压力管	(千米)	Cement and Concrete Pressure Pipes	(1 000 m)	1042.8
水泥混凝土电杆	(万根)	Cement Concrete Poles	(10 000 units)	37.1
预应力混凝土桩	(万米)	Prestressed concrete piles	(10 000 m)	1432.3
砖	(亿块)	Brick	(100 million units)	34.6
瓦	(亿片)	Tile	(100 million units)	0.3
天然大理石建筑板材	(万平方米)	Natural Marble Building Block	(10 000 sq.m)	332.8
天然花岗石建筑板材	(万平方米)	Natural Granite Building Block	(10 000 sq.m)	667.6

14－16 续表 3 continued

名 称		Item		生产量 Output
粉末冶金零件	(万吨)	Sintered Metal Products	(10 000 tons)	6.0
工业锅炉	(蒸发量吨)	Industrial Boilers	(evaporation ton)	26524.5
电站用汽轮机	(万千瓦)	Turbine Power Plant	(10 000 kW)	50.5
金属切削机床	(万台)	Metal-cutting Machine Tools	(10 000 units)	5.7
金属成形机床	(万台)	Metal Forming Machine	(10 000 units)	0.7
数控金属成形机床	(台)	CNC Metal Forming Machine	(units)	1751.0
铸造机械	(万台)	Casting Machinery	(10 000 units)	4.9
起重机	(万吨)	Lifting Equipment	(10 000 tons)	37.7
输送机械	(万吨)	Conveyer	(10 000 tons)	11.7
泵	(万台)	Pumps	(10 000 units)	134.2
气体压缩机	(万台)	Gas Compressor	(10 000 units)	727.3
阀 门	(万吨)	Valves	(10 000 tons)	26.2
液压元件	(万件)	Hydraulic Components	(10 000 units)	1954.6
气动元件	(万件)	Pneumatic Components	(10 000 units)	846.6
滚动轴承	(亿套)	Rolling Bearings	(100 million units)	7.8
减速机	(万台)	Reducer	(10 000 units)	57.3
风 机	(万台)	Fans	(10 000 units)	171.8
包装专用设备	(台)	Packaging Special Equipment	(unit)	16415.0
矿山专用设备	(万吨)	Special Equipment for MIne	(10 000 tons)	63.4
挖掘、铲土运输机械	(台)	Mining and Shoveling Transport Machinery	(unit)	156053.0
压实机械	(台)	Compacting Machinery	(unit)	5805.0
水泥专用设备	(吨)	Cement Special Equipment	(ton)	16817.1
混凝土机械	(台)	Concrete Machinery	(unit)	56136.0
金属冶炼设备	(吨)	Metal Smelting Equipment	(ton)	75364.6
金属轧制设备	(吨)	Metal Rolling Equipment	(ton)	3064.0
饲料生产专用设备	(台)	Specialized Feed Processing Machinery	(unit)	434.0
印刷专用设备	(吨)	Printing Special Equipment	(ton)	3010.2
大型拖拉机	(台)	Large Tractors	(unit)	52610.0
中型拖拉机	(台)	Medium Tractors	(unit)	145855.0
小型拖拉机	(万台)	Small Tractors	(10 000 units)	5.4
收获机械	(台)	Harvesting Machinery	(unit)	83325.0
棉花加工机械	(台)	Cotton Processing Equipment	(unit)	898.0
环境污染防治专用设备	(台(套))	Special Equipment for Environmental Protection	(unit)	123413.0
大气污染防治设备	(台(套))	Air Pollution Control Equipment	(unit)	30253.0
水质污染防治设备	(台(套))	Water Pollution Control Equipment	(unit)	70534.0
铁路货车	(辆)	Railway Freight Wagons	(unit)	3765.0

14-16 续表 4 continued

名称		Item		生产量 Output
汽　车	(万辆)	Motor Vehicles	(10 000 units)	119.6
轿车	(万辆)	Cars	(10 000 units)	8.2
客车	(万辆)	Buses	(10 000 units)	4.5
载货汽车	(万辆)	Trucks	(10 000 units)	58.4
改装汽车	(万辆)	Modified Cars	(10 000 units)	12.9
民用钢质船舶	(万载重吨)	Civil Steel Vessels	(10 000 dwts)	323.9
电动自行车	(万辆)	Electric Bicycle	(10000 units)	82.4
发电机组	(万千瓦)	Power Generation Equipment	(10 000 kW)	634.4
汽轮发电机组	(万千瓦)	Steam Turbogenerator	(10 000 kW)	260.0
交流电动机	(万千瓦)	AC Motors	(10 000 kW)	1776.9
变压器	(万千伏安)	Transformers	(10 000 KVA pm)	30025.0
高压开关板	(面)	High Voltage Switch Plate	(unit)	27860.0
低压开关板	(万面)	Low Voltage Switch Plate	(10 000 units)	27.6
通信及电子网络用电缆	(万对千米)	Cable for Communications and Electronic Network	(10 000 couples·km)	12.6
电力电缆	(万千米)	Power Cable	(10 000 km)	132.3
光缆	(万芯千米)	Fire Optic Cable	(10 000 cores·km)	1295.0
绝缘制品	(吨)	Insulation Products	(ton)	36668.3
原电池及原电池组(非扣式)	(亿只)	Primary Cells and Batteries	(100 million units)	31.2
电光源	(万只)	Light Bulbs	(10 000 units)	33295.9
灯具及照明装置	(万套(台、个))	Lamps and Lighting Fixtures	(10 000 units)	7644.8
家用洗衣机	(万台)	Household Washing Machines	(10 000 units)	778.2
家用电冰箱	(万台)	Household Refrigerators	(10000 units)	832.1
家用冷柜(家用冷冻箱)	(万台)	Household Freezers	(10000 units)	667.5
房间空气调节器	(万台)	Air Conditioners	(10000 units)	1241.3
家用吸排油烟机	(万台)	Vacuum Cleaners	(10000 units)	218.6
家用电热水器	(万台)	Electric Water Heater	(10000 units)	524.1
电饭锅	(万个)	Electric Cookers	(10000 units)	65.0
电焊机	(万台)	Welders	(10000 units)	27.0
电子计算机整机	(万台)	Computers	(10000 units)	86.1
显示器	(万台)	Display	(10000 units)	124.1
打印机	(万台)	Printers	(10000 units)	1114.8
电话单机	(万部)	Telephone Sets	(10000 units)	74.2
移动通信手持机(手机)	(万台)	Mobile Telephones	(10000 units)	454.1
彩色电视机	(万台)	Color Television Sets	(10000 units)	2545.6
半导体分立器件	(亿只)	Discrete Semiconductor Devices	(100 million units)	522.8

主要统计指标解释

工 业 指从事自然资源的开采，对采掘品和农产品进行加工和再加工的物质生产部门。具体包括：(1)对自然资源的开采，如采矿、晒盐等(但不包括禽兽捕猎和水产捕捞)；(2)对农副产品的加工、再加工，如粮油加工、食品加工、缫丝、纺织、制革等；(3)对采掘品的加工、再加工，如炼铁、炼钢、化工生产、石油加工、机器制造、木材加工等，以及电力、自来水、煤气的生产和供应等；(4)对工业品的修理、翻新，如机器设备的修理、交通运输工具(如汽车)的修理等。

工业统计调查单位为独立核算法人工业企业。

独立核算法人工业企业指从事工业生产经营活动的单位。独立核算法人工业企业应同时具备以下条件：①依法成立，有自己的名称、组织机构和场所，能够承担民事责任；②独立拥有和使用资产，承担负债，有权与其他单位签订合同；③独立核算盈亏，并能够编制资产负债表。

国有控股企业 即原来的国有及国有控股企业。国有企业(即原全民所有制工业或国营工业)指企业全部资产归国家所有，并按《中华人民共和国企业法人登记管理条例》规定登记注册的非公司制的经济组织。包括国有企业、国有独资公司和国有联营企业。1957 年以前的公私合营和私营工业，后均改造为国营工业，1992 年改为国有工业，这部分工业的资料不单独分列时，均包括在国有企业内。国有控股企业是对混合所有制经济的企业进行的“国有控股”分类。它是指这些企业的全部资产中国有资产(股份)相对其他所有者中的任何一个所有者占资(股)最多的企业。该分组反映了国有经济控股情况。

本年鉴中涉及的企业登记注册类型：

国有企业 指企业全部资产归国家所有，并按《中华人民共和国企业法人登记管理条例》规定登记注册的非公司制的经济组织。不包括有限责任公司中的国有独资公司。

集体企业 指企业资产归集体所有，并按《中华人民共和国企业法人登记管理条例》规定登记注册的经济组织。是社会主义公有制经济的组成部分。包括城乡所有使用集体投资举办的企业，以及部分个人通过集资自愿放弃所有权并依法经工商行政管理机关认定为集体所有制的企业。

股份合作企业 指以合作制为基础，由企业职工共同出资入股，吸收一定比例的社会资产投资组建，实行自主经营，自负盈亏，共同劳动，民主管理，按劳分配与按股分红相结合的一种集体经济组织。

联营企业 指两个及两个以上相同或不同所有制性质的企业法人或事业单位法人，按自愿、平等、互利的原则，共同投资组成的经济组织。

有限责任公司 指根据《中华人民共和国公司登记管理条例》规定登记注册，由两个以上，五十个以下的股东共同出资，每个股东以其所认缴的出资额对公司承担有限责任，公司以其全部资产对其债务承担责任的经济组织。

有限责任公司包括国有独资公司以及其他有限责任公司。

股份有限公司 指根据《中华人民共和国企业法人登记管理条例》规定登记注册，其全部注册资本由等额股份构成并通过发行股票筹集资本，股东以其认购的股份对公司承担有限责任，公司以其全部资产对其债务承担责任的经济组织。

私营企业 指由自然人投资设立或由自然人控股，以雇佣劳动为基础的营利性经济组织。包括按照《公司法》《合伙企业法》《私营企业暂行条例》规定登记注册的私营有限责任公司、私营股份有限公司、私营合伙企业和私营独资企业。

港、澳、台商投资企业 指企业注册登记类型中的港、澳、台资合资、合作、独资经营企业和股份有限公司之和。

外商投资企业 指企业注册登记类型中的中外合资、合作经营企业、外资企业和外商投资股份有限公司之和。

“三资”企业系指港、澳、台商投资企业和外资企业的简称。

轻工业 指主要提供生活消费品和制作手工工具的工业。按其所使用的原料不同，可分为两大类：(1)以农产品为原料的轻工业，是指直接或间接以农产品为基本原料的轻工业。主要包括食品制造、饮料制造、烟草加工、纺织、缝纫、皮革和毛皮制作、造纸以及印刷等工业；(2)以非农产品为原料的轻工业，是指以工业品为原料的轻工业。主要包括文教体育用品、化学药品制造、合成纤维制造、日用化学制品、日用玻璃制品、日用金属制品、手工工具制造、医疗器械制造、文化和办公用机械制造等工业。

重工业 指为国民经济各部门提供物质技术基础的主要生产资料的工业。按其生产性质和产品用途，可以分为下列三类：(1)采掘(伐)工业，是指对自然资源的开采，包括石油开采、煤炭开采、金属矿开采、非金属矿开采等工业；(2)原材料工业，指向国民经济各部门提供基本材料、动力和燃料的工业。包括金属冶炼及加工、炼焦及焦炭、化学、化工原料、水泥、人造板以及电力、石油和煤炭加工等工业；(3)加工工业，是指对工业原材料进行再加工制造的工业。包括装备国民经济各部门的机械设备制造工业、金属结构、水泥制品等工业，以及为农业提供的生产资料如化肥、农药等工业。

根据上述划分原则，修理业中以重工业产品为修理作业对象的划为重工业，反之划为轻工业。

工业增加值 指工业企业在报告期内以货币表现的工业生产活动的最终成果。

工业增加值有两种计算方法：一是生产法，即工业总产出减去工业中间投入加上应交增值税；二是收入法，即从收入的角度出发，根据生产要素在生产过程中应得到的收入份额计算，具体构成项目有固定资产折旧、劳动者报酬、生产税净额、营业盈余，这种方法也称要素分配法。本年鉴中的工业增加值是以生产法计算的。

生产法工业增加值的计算方法为：

工业增加值=工业总产出−工业中间投入+应交增值税

(1)工业总产出：指工业企业在一定时期内工业生产活动的总成果。工业总产出包括：成品生产价值，对外加工费收入，自制半成品、在产品期末期初差额价值。1995年后用新规定计算的工业总产值代替。

(2)工业中间投入：指工业企业在工业生产活动中消耗的外购物质产品和对外支付的服务费用。服务费用包括支付给物质生产部门(工业、农业、批发零售贸易业、建筑业、运输邮电业)的服务费用和支付给非物质生产部门(如保险、金融、文化教育、科学研究、医疗卫生、行政管理等)的服务费用。工业中间投入的确定须遵循以下原则：必须从外部购入的，并已计入工业总产出的产品和服务价值；必须是本期投入生产，并一次性消耗掉(包括本期摊销的低值易耗品等)的产品和服务价值。

资产总计 指企业拥有或控制的能以货币计量的经济资源，包括各种财产、债权和其他权利。资产按流动性分为流动资产、长期投资、固定资产、无形资产、递延资产和其他资产。该指标根据企业会计“资产负债表”中“资产总计”项目的期末数增列。

流动资产合计 资产满足以下条件之一应归为流动资产：(1) 预计在一个正常营业周期中变现、出售或耗用，主要包括存货、应收账款等；(2) 主要为交易目的而持有；(3) 预计在资产负债表日起一年内（含一年）变现；(4) 自资产负债日起一年内，交换其他资产或清偿负债的能力不受限制的现金或现金等价物。包括货币资金、应收票据、应收账款、存货等项目。来源于会计“资产负债表”中“流动资产合计”项目的期末余额数。

负债合计 指企业所承担的能以货币计量，将以资产或劳务偿付的债务，偿还形式包括货币、资产或提供劳务。负债一般按偿还期长短分为流动负债和长期负债。根据会计“资产负债表”中“负债合计”的年末数填列。

营业收入 指企业经营主要业务和其他业务所确认的收入总额。营业收入包括“主营业务收入”和“其他业务收入”。来源于会计“利润表”中“营业收入”项目的本年累计数。

营业成本 指企业经营主要业务和其他业务所发生的成本总额。包括企业（单位）在报告期内从事销售商品、提供劳务等日常活动发生的各种耗费。包括“主营业务成本”和“其他业务成本”。来源于会计“利润表”中“营业成本”项目的本年累计数。

利润总额 指企业生产经营活动的最终成果，是企业在一定时期内实现的盈亏相抵后的利润总额(亏损以“−”号表示)，它等于营业利润加上补贴收入加上投资收益加上营业外净收入再加上以前年度损益调整。

从业人员平均人数 是指报告期内每天拥有的从业人员人数。其计算公式为：

$$季平均人数=\frac{季内各月平均人数之和}{3}$$

$$月平均人数=\frac{报告月内每天实有人数之和}{报告月日历日数}$$

$$年平均人数=\frac{年内各月平均人数之和}{12}$$

资产负债率 该指标既反映企业经营风险的大小，也反映企业利用债权人提供的资金从事经营活动的能力。计算公式为：

$$资产负债率(\%)=\frac{负债总额}{资产总额}\times100\%$$

资产与负债均为报告期期末数。

成本费用利润率 反映企业投入的生产成本及费用的经济效益，同时也反映企业降低成本所取得的经济效益。计算公式为：

$$成本费用利润率(\%)=\frac{利润总额}{成本费用总额}\times100\%$$

公式中：成本费用总额为产品销售成本、销售费用、管理费用、财务费用之和。

流动资产周转率 指一定时期内流动资产完成的周转次数，反映投入工业企业流动资金的周转速度。计算公式为：

$$流动资产周转率=\frac{产品销售收入}{全部流动资产平均余额}$$

公式中：全部流动资产平均余额为期初和期末的流动资产之和的算术平均值。

Explanatory Notes on Main Statistical Indicators

Industry refers to the material production sector which is engaged in extraction of natural resources and processing and reprocessing of minerals and agricultural products, including (1) extraction of natural resources, such as mining, salt production (but not including hunting and fishing); (2) processing and reprocessing of farm and sideline produces, such as rice husking, flour milling, wine making, oil pressing, silk reeling, spinning and weaving, and leather making; (3) manufacture of industrial products, such as steel making, iron smelting, chemicals manufacturing, petroleum processing, machine building, timber processing; water and gas production and electricity generation and supply; (4)repairing of industrial products such as the repairing of machinery and means of transport (including cars).

Units of industrial statistics survey corporate industrial enterprises with independent accounting system.

Corporate industrial enterprises with independent accounting system refer to enterprises engaging in industrial production activities, which meet the following requirements: (1)They are established legally, having their own names, organizations, location, able to take civil liability; (2)They possess and use their assets independently, assume liabilities, and are entitled to sign contracts with other units; (3)They are financially independent and compile their own balance sheets.

State-holding Enterprises refer to state owned enterprises plus state holding enterprises. State owned enterprises (originally known as state run enterprises with ownership by the whole society) are non corporate economic entities registered in accordance with the Regulation of the People's Republic of China on the Management of Registration of Legal Enterprises, where all assets are owned by the state. Included in this category are state owned enterprises, state funded corporations and state owned joint operation enterprises. Joint state private industries and private industries, which existed before 1957, were transformed into state run industries since 1957, and into state owned industries after 1992. Statistics on those enterprises are included in the state owned industries instead of grouping them separately. State holding enterprises is a sub classification of enterprises with mixed ownership, referring to enterprises where the percentage of state assets (or shares by the state) is larger than any other single share holder of the same enterprise. This sub classification illustrates the control of the state over a particular industry.

Enterprises covered in the industrial statistics in the Yearbook include following categories by their registration:

State-owned Enterprises refer to non-corporation economic units where the entire assets are owned by the state and which have registered in accordance with the Regulation of the People's Republic of China on the Management of Registration of Corporate Enterprises. Excluded from this category are sole state funded corporations in the limited liability corporations.

Collective-owned Enterprises refer to economic entities registered in accordance with the Regulation of the People's Republic of China on the Management of Registration of Legal Enterprises, where assets are owned by collectively. Collective enterprises constitute an integral part of the socialist economy with public ownership. They include urban and rural enterprises invested by collectives, and some enterprises registered in industrial and commercial administration agency as collective units where funds are pulled together by individuals who voluntarily give up their right of ownership.

Share-holding Cooperative Enterprises refer to economic units set up on cooperative basis, with funding partly from members of the enterprise and partly from outside investment, where the operation and management is decided by the members who also participate in the production, and the distribution of income is based both on work (labour input) and on shares (capital input).

Joint Operation Enterprises refer to economic units that are established by joint investment by two or more corporate enterprises or institutions of the same or different types of ownership on voluntary, equal and mutual beneficial basis.

Limited Liability Corporations refer to economic units registered in accordance with the Regulation of the People's Republic of China on the Management of Registration of Corporations, with capitals from 2 to 49 investors, each investor bears limited liability to the corporation depending on his/her holding of shares, and the corporation bears liability to its debt to the maximum of its total assets.

Share-holding Corporations Ltd. refer to economic units registered in accordance with the Regulation of the People's Republic of China on the Management of Registration of Corporate Enterprises, with total registered capitals divided into equal shares and raised through issuing stocks. Each investor bears limited liability to the corporation depending on the holding of shares, and the corporation bears liability to its debt to the maximum of its total assets.

Private Enterprises refer to economic units invested or controlled (by holding the majority of the shares) by natural persons who hire labours for profit making activities. Included in this category are private limited liability corporations, private share holding corporations Ltd., private partnership enterprises and private sole investment enterprises registered in accordance with the Corporation Law, Partnership Enterprise Law and Tentative Regulation on Private Enterprises.

Enterprises with Funds from Hong Kong, Macao and Taiwan refers to all industrial enterprises registered as the joint venture, cooperative, sole (exclusive) investment industrial enterprises and limited liability corporations with funds from Hong Kong, Macao and Taiwan.

Foreign Funded Enterprises refers to all industrial enterprises registered as the joint venture, cooperative, sole (exclusive) investment industrial enterprises and limited liability corporations with foreign funds.

Enterprises with Hong Kong, Macao, Taiwan and foreign fund refer to all the enterprises with funds from Hong Kong Macao and Taiwan and foreign funded enterprises.

Light Industry refers to the industry that produces

consumer goods and hand tools. It consists of two categories, depending on the materials used:

(1) Industries using farm products as raw materials. These are branches of light industry which directly or indirectly use farm products as basic raw materials, including the manufacture of food and beverages, tobacco processing, textile, clothing, fur and leather manufacturing, paper making, printing, etc.

(2) Industries using non farm products as raw materials. These are branches of light industry which use manufactured goods as raw materials, including the manufacture of cultural, educational articles and sports goods, chemicals, synthetic fiber, chemical products for daily use, glass products for daily use, metal products for daily use, hand tools, medical apparatus and instruments, and the manufacture of cultural and clerical machinery.

Heavy Industry refers to the industry which produces capital goods, and provides various sectors of the national economy with necessary material and technical basis. It consists of the following three branches according to the purpose of production or the use of products:

(1) Mining, quarrying and logging industry refers to the industry that extracts natural resources, including extraction of petroleum, coal, metal and non metal ores.

(2) Raw materials industry refers to the industry that provides various sectors of the national economy with raw materials, fuels and power. It includes smelting and processing of metals, coking and coke chemistry, chemical materials and building materials such as cement, plywood, and power, petroleum refining and coal dressing.

(3) Manufacturing industry refers to the industry that processes raw materials. It includes machine building industry which equips sectors of the national economy, industries of metal structure and cement products, industries producing means of agricultural production, such as chemical fertilizers and pesticides.

According to the above principle of classification, the repairing trades, which are engaged primarily in repairing products of heavy industry are classified into heavy industry while these engaged in repairing products of light industry are classified into light industry.

Value-added of Industry refers to the final results of industrial production of industrial enterprises in money terms during the reference period.

Industrial value added can be calculated by two approaches: the production approach, i.e. gross industrial output value minus intermediate input plus value added tax, and the income approach, i.e. income for various factors used in the course of production, including depreciation of fixed assets, remuneration of labourers, net of production tax, and operating surplus. Value added of industry in the Yearbook is calculated by production approach as following:

Value added of industry=gross industrial output industrial intermediate input+value added tax

(1)Gross industrial output: refers to the total achievements of industrial production during a given period. Gross industrial output includes value of finished products, income from external processing, and value of change in semi finished products at the end and at the beginning of the reference period. Since 1995, it was substituted by the gross industrial output value by new method.

(2) Industrial intermediate input: refers to purchased goods and paid services consumed during the industrial production of enterprises. Fees paid for services include fees paid for the services provided by material production sectors (industry, agriculture, wholesale and retail trade, construction, transport, post and telecommunications) and by non material production sectors (insurance, banking, culture, education, scientific research, health and medical care, public administration, etc.). The determination of industrial intermediate input follows the principle that the goods and services must be purchased from outside and included in the gross industrial output, and that the goods and services are inputted into production and consumed (include low value consumables) during the reference period..

Total Assets refer to all economic resources, in monetary terms, that is owned or controlled by enterprises, including properties, creditors equity and other economic rights of all forms. Classified by the degree of equitability, total assets include circulating assets, long term investment, fixed assets, intangible assets and deferred assets, and other assets. Data on this indicator can be obtained by the year end figures of total assets in the Assets and Liability Table of accounting records of enterprises.

Total Current Assets refer to the assets that meet one of the following requirements: (1) expected to be cashed, sold or used in a normal operation cycle, mainly including inventory and accounts receivable; (2) be owned for trading purpose mainly; (3) expected to be cashed in one year (including one year) from the day of the Balance Sheet; (4) unlimited cash or cash equivalents that can be exchanged with other assets or being capable of settling debts during one year since the day of the Balance Sheet. Included are monetary capital, notes receivable, accounts receivable and inventories. Data on this indicator can be obtained from the year-end figures of total current assets in the Balance Sheet of accounting records.

Total Liabilities refer to payable liabilities of enterprises that have to repay in terms of money, assets or labour services. In terms of payment, it can be divided into liquid liabilities and long term liabilities. Data on this item is obtained from the ending figures on total liabilities from the Assets and Liability Table from the enterprises.

Business Revenue refers to the total revenue recognized by an enterprise in its principal business and other business operations. Business revenue includes " revenue from principal Business" and " revenue from other business". It comes from this year's cumulative report of "business revenue" items from the "income statement".

Business Cost refers to the total cost incurred by an enterprise in its principal business and other business operations. It includes various expenditures incurred by enterprises (units) in their daily activities of selling goods and providing labour services during the reporting period. It includes "Cost of principal business" and "Cost of other business". It comes from this year's cumulative report of "operating cost" items from the "income statement".

Total Profits refer to the final achievements of production and operation of the enterprises, represented by the total profits after deducting losses (loss is expressed by the negative figure). It is the sum of profits from operation, income from subsidies, investment earnings, net income from activities other than operation, and adjustment of profits and losses of previous years.

Average Annual Number of Employed Persons Employed persons refer to all those who are employed in enterprises and receive remunerations therefrom, including currently working employees, retirees who are re employed, teachers of local run schools, as well as foreigners, staff from Hong Kong, Macao and Taiwan, part time employees and persons with second job who are employed by the enterprise, and employees of other units temporarily working in the enterprises, but excluding former employees who left the enterprise with their employment records still kept by the enterprises.

Average number of employed persons refers to the number of employees everyday during the reference period, calculated with the following formula:

$$\text{Monthly average number} = \frac{\text{sum of actual employees everyday in reference month}}{\text{number of calendar dates in reference month}}$$

$$\text{Quarterly average number} = \frac{\text{sum of monthly average number in reference quarter}}{3}$$

$$\text{Annual average number} = \frac{\text{sum of monthly average number in reference year}}{12}$$

Ratio of Debts to Assets reflect both the operation risk and the capability of the enterprise in making use of the capital from the creditors. It is calculated as follows:

$$\text{Ratio of Debts to Assets (\%)} = \frac{\text{total debts}}{\text{total assets}} \times 100\%$$

Both assets and debts are figures at the end of the reference period.

Ratio of Profits to Total Industrial Costs refers to the ratio of profits realized in a given period to the total costs in the same period, which reflects the economic efficiency of input cost and is calculated as follows:

$$\text{Ratio of Profits to Total Industrial Cost (\%)} = \frac{\text{total profits}}{\text{total costs}} \times 100\%$$

Total costs in the above formula is the sum of cost of products sold, marketing cost, management cost and financial cost.

Ratio of Turnover of Working Capitals refers to the number of times of turnover of working capital in a given period of time, which reflects the speed of the turnover of working capital of industrial enterprises, and is calculated as follows:

$$\text{Ratio of Turnover of Working Capital} = \frac{\text{sales revenue of products}}{\text{average balance of total working capital}}$$

In the above formula, average balance of total working capital refers to the arithmetic mean of the sum of working capital at the beginning and at the end of the reference period.

第15篇

建筑业

Construction

简 要 说 明

一、本篇资料的主要内容

本篇资料反映了全省建筑业基本情况，主要包括建筑业总产值、从业人员、建筑企业生产指标、财务指标等方面的内容。

二、本篇资料的来源

本篇资料来源于建筑业统计年报，由省统计局投资处整理提供。

Brief Introduction

I. Content

Data in this chapter show the basic conditions of the construction industry in Shandong Province, mainly including the gross output value of construction, number of employed persons, major production indices and financial indicators.

II. Source of Data

Data in this chapter are based on the annual report of construction industry, and are prepared and provided by the Division of Investment and Construction Statistics of Shandong Provincial Bureau of Statistics.

15-1 主要年份建筑业总产值

Gross Output Value of Construction Enterprises in Major Years

单位:亿元 (100 million yuan)

年份 Year	总计 Total	#国有经济 State-owned Construction Enterprises	中央 Central	地方 Local
1957	1.32	1.32	0.67	0.65
1962	1.20	0.99	0.44	0.55
1965	2.51	1.66	0.53	1.13
1970	3.02	1.76	0.76	1.00
1975	7.24	4.66	2.27	2.39
1978	11.34	7.62	2.54	5.08
1979	11.96	8.14	2.62	5.52
1980	14.26	9.76	4.01	5.75
1981	13.42	9.41	4.98	4.43
1982	14.50	9.46	4.41	5.05
1983	15.89	10.45	4.56	5.89
1984	23.07	16.25	8.62	7.63
1985	31.21	22.05	12.21	9.84
1986	34.71	24.44	14.87	9.57
1987	40.91	28.67	17.51	11.16
1988	49.38	33.34	20.04	13.30
1989	55.24	37.94	22.36	15.71
1990	58.89	40.60	24.27	16.33
1991	71.40	47.77	27.40	20.38
1992	98.66	61.86	32.81	29.05
1993	141.14	93.32	46.57	46.75
1994	206.42	133.92	78.70	55.22
1995	257.95	163.73	92.25	71.48
1996	593.90	198.27	101.45	96.82
1997	652.59	228.26	112.47	115.79
1998	702.64	279.97	104.79	135.25
1999	770.80	248.19	113.14	135.05
2000	820.52	249.48	120.37	129.11
2001	986.49	246.45	94.37	152.08
2002	1153.24	254.86	86.30	168.56
2003	1485.89	331.17	126.80	204.37
2004	1969.01	657.70	302.85	354.85
2005	2509.17	782.56	365.49	417.07
2006	2791.81	799.34	370.15	429.19
2007	3289.05	977.26	459.81	517.45
2008	3842.52	963.53	478.23	485.30
2009	4579.15	1136.65	599.49	537.16
2010	5496.59	1368.34	704.30	664.04
2011	6482.90	1680.49	920.80	759.69
2012	7281.33	1811.97	968.40	843.57
2013	8467.67	1984.39	1068.93	915.46
2014	9313.45	2197.68	1242.32	955.36
2015	9378.54	2322.58	1323.14	999.45
2016	10087.43	2564.51	1463.21	1101.30
2017	11477.80	2936.38	1698.82	1237.56
2018	12898.29	3656.71	2169.51	1487.19
2019	14269.29	4288.38	2598.34	1690.04
2020	14947.30	4824.41	2927.95	1896.46
2021	16412.05	5261.21	3185.86	2075.35
2022	17559.63	6225.30	3577.48	2647.81

注:1.1995年前数据不含县以下集体施工企业部分。2.从2004年开始国有经济含国有控股。

a) Before 1995, data in this table don't include the data of enterprises of collective owned ones under county level.

b) Since 2004,state-owned enterprises include state-controlled ones.

15-2 主要年份计算建筑业劳动生产率的平均人数
Average Number of Employed Persons in Construction Enterprises for calculating the Labor Productivity in Major Years

单位:万人 (10 000 persons)

年份 Year	总计 Total	#国有经济 State-owned Construction Enterprises	中央 Central	地方 Local
1957	4.21	4.21	2.14	2.07
1962	6.48	4.91	2.13	2.78
1965	7.35	4.77	1.52	3.25
1970	10.31	5.76	2.66	3.10
1975	18.81	11.33	5.36	5.97
1978	25.20	16.21	5.40	10.81
1979	26.00	16.96	6.24	10.72
1980	26.91	18.07	8.91	9.16
1981	28.55	19.20	11.07	8.20
1982	27.36	17.52	9.00	8.71
1983	27.88	18.02	6.42	11.55
1984	33.93	22.26	9.37	12.93
1985	40.53	26.89	13.13	13.67
1986	38.57	24.69	15.17	9.67
1987	39.34	24.50	14.97	9.62
1988	40.48	24.88	14.74	10.08
1989	38.90	22.86	13.63	10.83
1990	38.15	21.83	11.65	10.18
1991	39.72	23.83	12.51	11.32
1992	45.10	23.44	11.66	11.78
1993	52.78	29.57	11.87	17.70
1994	66.22	37.17	20.10	17.07
1995	66.84	35.32	14.91	20.40
1996	188.02	40.96	14.82	26.14
1997	175.78	40.49	14.39	26.10
1998	169.11	38.59	11.28	27.30
1999	164.95	33.56	10.86	22.70
2000	171.94	31.80	10.27	21.53
2001	181.07	29.15	8.15	21.00
2002	183.56	23.08	4.57	18.50
2003	210.11	29.43	8.50	20.93
2004	238.91	53.85	16.50	37.35
2005	249.81	48.93	16.21	32.72
2006	282.30	59.04	27.76	31.28
2007	288.40	51.78	17.36	34.42
2008	300.24	44.74	18.32	26.42
2009	305.99	42.81	17.99	24.82
2010	344.88	54.00	25.20	28.80
2011	307.56	45.07	21.18	23.89
2012	270.26	38.87	18.57	20.30
2013	305.01	44.17	23.15	21.02
2014	332.49	48.78	25.04	23.74
2015	310.73	43.10	21.65	21.45
2016	322.58	40.56	19.74	20.82
2017	349.15	50.42	27.55	22.87
2018	351.84	55.48	30.96	24.52
2019	345.09	55.71	29.03	26.68
2020	305.91	54.27	28.33	25.94
2021	306.86	59.99	35.11	24.88
2022	309.31	69.06	39.44	29.62

注:1.1995年前数据不含县以下集体施工企业部分。2.从2004年开始国有经济含国有控股。

a) Before 1995, data in this table don't include the data of enterprises of collective owned ones under county level.

b) Since 2004, state-owned enterprises include State-controlled ones.

15-3 建筑业企业生产指标(2022年)
Main Production Indicators of Construction Enterprises(2022)

类 别	Category	企业个数(个) Number of Enterprises (unit)	建筑业总产值(万元) Gross Output Value (10 000 yuan)	竣工产值(万元) Value of Projects Completed (10 000 yuan)	签订合同额(万元) Value of Contracts (10 000 yuan)	#上年结转 Carryover of Last Year
总 计	**Total**	**10643**	**175596339**	**71423012**	**382809563**	**167406278**
#国有及国有控股企业	State-owned and State-controlled Enterprises	840	62252957	15306936	188446912	86490756
一、按登记注册类型分	**Grouped by Registration Status**					
内资企业	Domestic Funded	10627	175061181	71271864	382102325	167030367
国有企业	State-owned	261	9656826	2281508	20937160	7814100
集体企业	Collective-owned	231	2220407	1411297	4539419	2732868
有限责任公司	Company with Limited Liability	1910	86541061	31185066	220246295	100978021
股份有限公司	Stock-holding Company limited	128	10228507	5136768	18118922	6425223
私营企业	Private-owned	8068	66275248	31197781	117833608	48746223
其他企业	Others	29	139132	59444	426922	333933
港、澳、台商投资企业	Funded from Hong Kong,Macao and	6	283170	73085	368274	243739
外商投资企业	Foreign Funded	10	251989	78063	338965	132172
二、按国民经济行业分	**by Sector**					
房屋建筑业	Building	4524	104459695	48919806	211095289	95721690
土木工程建筑业	Civil Engineering	3141	50271264	12320273	140681493	63816818
建筑安装业	Construction Installation	1305	11751862	6515879	18552780	4495574
建筑装饰、装修和其他建筑业	Building Decoration and Others	1673	9113519	3667053	12480001	3372196
#建筑装饰和装修业	Building Decoration	1297	7463219	3061191	10195179	2690909

15-3 续表 1 continued

类别	Category	企业个数(个) Number of Enterprises (unit)	建筑业总产值(万元) Gross Output Value (10 000 yuan)	竣工产值(万元) Value of Projects Completed (10 000 yuan)	签订合同额(万元) Value of Contracts (10 000 yuan)	#上年结转 Carryover of Last Year
三、按企业资质等级分	**by Qualification Criteria**					
施工总承包	Construction Contract	7273	157531118	64033813	356805722	160165900
特　级	Special Grade	54	58321703	24616869	158393211	73668356
一　级	First Grade	653	61999587	24206721	132933031	59920353
二　级	Second Grade	2188	23753604	10154103	43380897	18498310
三级及以下	Third Grade and below	4378	13456224	5056120	22098583	8078882
专业承包	Professional Contract	3370	18065221	7389198	26003841	7240378
一　级	First Grade	645	10517785	4159844	15687873	4370000
二　级	Second Grade	1708	4940376	2211268	6770178	1742385
三级及以下	Third Grade and below	1017	2607060	1018086	3545790	1127994
四、按控股情况分	**by Share Holding**					
国有控股	State-controlled	840	62252957	15306936	188446912	86490756
集体控股	Collective-controlled	457	10034541	5430462	19209396	8104172
私人控股	Private-controlled	9336	103205636	50658748	175041999	72772299
港澳台商、外商控股	Hong Kong, Macao , Taiwan and foreign holding enterprises	10	103205	26866	111257	39052

15-3 续表 2 continued

类 别	Category	房屋建筑施工面积(平方米) Floor Space of Buildings under Construction (sq.m)	房屋建筑竣工面积(平方米) Floor Space of Buildings Completed (sq.m)	年 末 从业人员(人) Staff Employed (person)
总 计	**Total**	**988279296**	**229176815**	**2727417**
#国有及国有控股企业	State-owned and State-controlled Enterprises	284195802	31601662	576937
一、按登记注册类型分	**Grouped by Registration Status**			
内资企业	Domestic Funded	986759459	228610620	2717257
国有企业	State-owned	21630337	2200453	83235
集体企业	Collective-owned	18923106	6754209	50409
有限责任公司	Company with Limited Liability	493004557	87208329	1120003
股份有限公司	Stock-holding Company limited	67019339	22668940	199304
私营企业	Private-owned	385375656	109524328	1260803
其他企业	Others	806464	254361	3503
港、澳、台商投资企业	Funded from Hong Kong,Macao and	1059470	360935	4692
外商投资企业	Foreign Funded	460367	205260	5468
二、按国民经济行业分	**by Sector**			
房屋建筑业	Building	924209625	209230239	1723910
土木工程建筑业	Civil Engineering	43677135	7066395	563888
建筑安装业	Construction Installation	8770736	7388750	283674
建筑装饰、装修和其他建筑业	Building Decoration and Others	11621800	5491431	155945
#建筑装饰和装修业	Building Decoration	9582020	4466236	130081

15-3 续表 3 continued

类　别	Category	房屋建筑施工面积(平方米) Floor Space of Buildings under Construction (sq.m)	房屋建筑竣工面积(平方米) Floor Space of Buildings Completed (sq.m)	年　末从业人员(人) Staff Employed (person)
三、按企业资质等级分	**by Qualification Criteria**			
施工总承包	Construction Contract	945910579	209449726	2395142
特　级	Special Grade	410146989	91128388	748136
一　级	First Grade	353540402	67399697	889226
二　级	Second Grade	132925616	38118875	477303
三级及以下	Third Grade and below	49297572	12802766	280477
专业承包	Professional Contract	42368717	19727089	332275
一　级	First Grade	28295467	11695688	190532
二　级	Second Grade	10493960	6906624	83175
三级及以下	Third Grade and below	3579290	1124777	58568
四、按控股情况分	**by Share Holding**			
国有控股	State-controlled	284195802	31601662	576937
集体控股	Collective-controlled	63026554	19700422	215179
私人控股	Private-controlled	641056940	177874731	1934322
港澳台商、外商控股	Hong Kong, Macao , Taiwan and foreign holding enterprises			979

15-4 建筑业主要财务指标(2022年)
Major Financial Indicators of Construction Enterprises(2022)

单位:万元 (10 000 yuan)

类别	Category	年初存货 Inventory at Beginning of year	流动资产 Liquid Assets	固定资产原价 Fixed Assets Original Price	在建工程 Project under Constr-uction	资产合计 Total Assets	流动负债 Liquid Liabilities
总计	**Total**	**28700885**	**194183260**	**17067048**	**2328734**	**231762776**	**167802841**
#国有及国有控股企业	State-owned and State-controlled Enterprises	6462224	81788318	6043098	931480	100968947	75881000
一、按登记注册类型分	**Grouped by Registration Status**						
内资企业	Domestic Funded	28633888	192939808	16950478	2323258	230159477	166778231
国有企业	State owned	1451043	18816982	1446462	172649	22496466	18254012
集体企业	Collective-owned	395301	2490727	237187	24490	2790885	2136464
有限责任公司	Company with Limited Liability	12672338	97349886	7505874	1305535	117839854	86699824
股份有限公司	Stock holding Company limited	762929	8563160	819935	33665	9980104	6671242
私营企业	Private owned	13235209	65486544	6912584	786001	76787097	52794979
其他企业	Others	117068	232509	28437	918	265072	221711
港、澳、台商投资企业	Funded from Hong Kong,Macao and	45948	405316	8583	11	578373	387918
外商投资企业	Foreign Funded	21049	838136	107986	5465	1024926	636691
二、按国民经济行业分	**by Sector**						
房屋建筑业	Building	16843916	92503301	6824654	1053525	106207620	75824340
土木工程建筑业	Civil Engineering	8715038	79708836	8313756	1109941	100954829	74011901
建筑安装业	Construction Installation	1804021	10665192	1096763	63505	11988595	8729026
建筑装饰、装修和其他建筑业	Building Decoration and Others	1337910	11305931	831875	101764	12611731	9237573
#建筑装饰和装修业	Building Decoration	1068684	9014490	469616	66879	9942899	7335476

15-4 续表 1 continued

单位:万元 (10 000 yuan)

类 别	Category	年初存货 Inventory at Beginning of year	流动资产 Liquid Assets	固定资产原价 Fixed Assets Original Price	在建工程 Project under Constr-uction	资产合计 Total Assets	流动负债 Liquid Liabilities
三、按企业资质等级分	**by Qualification Criteria**						
施工总承包	Construction Contract	25695685	172958787	14901887	2124222	207303543	150166196
特 级	Special Grade	4783164	50450197	2849054	320639	61945572	45999747
一 级	First Grade	10329992	65699511	5335334	640969	76863626	57351696
二 级	Second Grade	7193713	35610427	4243548	746677	42319725	29670362
三级及以下	Third Grade and below	3388817	21198652	2473951	415937	26174620	17144391
专业承包	Professional Contract	3005200	21224473	2165161	204512	24459232	17636644
一 级	First Grade	1530777	11600314	684790	60640	13056014	9870613
二 级	Second Grade	878491	6187528	849313	116721	7301413	5079770
三级及以下	Third Grade and below	595933	3436631	631058	27151	4101806	2686261
四、按控股情况分	**by Share Holding**						
国有控股	State-controlled	6462224	81788318	6043098	931480	100968947	75881000
集体控股	Collective-controlled	2698141	13276017	1231288	90424	15066479	11671358
私人控股	Private-controlled	19491666	98945603	9713346	1301355	115292635	80045306
港澳台商、外商控股	Hong Kong, Macao , Taiwan and foreign holding enterprises	48855	173322	79317	5476	434715	205176

15-4 续表 2 continued

单位:万元 (10 000 yuan)

类别	Category	非流动负债 Non-current liabilities	负债合计 Total Liabilities	所有者权益 Creditors' Equity	主营业务收入 Revenue from Principal Business	主营业务成本 Cost of Principal Business
总计	**Total**	**8542333**	**179060434**	**52702341**	**167073294**	**152969893**
#国有及国有控股企业	State owned and State controlled Enterprises	5640335	82076471	18892476	63396914	58078260
一、按登记注册类型分	**Grouped by Registration Status**					
内资企业	Domestic Funded	8519668	177987403	52172074	166530427	152504178
国有企业	State-owned	879408	19227986	3268480	9217613	8225938
集体企业	Collective-owned	45507	2242489	548396	1701932	1592093
有限责任公司	Company with Limited Liability	5805185	93428418	24411436	84237227	77391566
股份有限公司	Stock-holding Company limited	440479	7124719	2855386	8419155	7791425
私营企业	Private-owned	1347387	55739152	21047945	62805546	57370163
其他企业	Others	1704	224640	40432	148955	132992
港、澳、台商投资企业	Funded from Hong Kong,Macao	19126	407044	171328	261444	227242
外商投资企业	Foreign Funded	3539	665987	358939	281423	238473
二、按国民经济行业分	**by Sector**					
房屋建筑业	Building	3517234	80962441	25245179	90488495	84067489
土木工程建筑业	Civil Engineering	4649754	79346918	21607911	53211561	47686811
建筑安装业	Construction Installation	191969	9149968	2838627	14382350	13262893
建筑装饰、装修和其他建筑业	Building Decoration and Others	183377	9601108	3010623	8990888	7952700
#建筑装饰和装修业	Building Decoration	133788	7614524	2328375	7141511	6337747

15-4 续表 3 continued

单位:万元 (10 000 yuan)

类　　别	Category	非流动负债 Non-current liabilities	负债合计 Total Liabilities	所有者权　益 Creditors' Equity	主营业务收　　入 Revenue from Principal Business	主营业务成　　本 Cost of Principal Business
三、按企业资质等级分	**by Qualification Criteria**					
施工总承包	Construction Contract	8132399	160660939	46642605	148438009	136397906
特　级	Special Grade	2426281	48441555	13504017	55600294	51480402
一　级	First Grade	2814057	60664565	16199062	55467684	51131756
二　级	Second Grade	1384577	32131297	10188428	23419189	21259436
三级及以下	Third Grade and below	1507484	19423522	6751098	13950842	12526312
专业承包	Professional Contract	409934	18399496	6059737	18635285	16571987
一　级	First Grade	174674	10165980	2890034	10207732	9243894
二　级	Second Grade	124171	5344222	1957191	5442127	4711137
三级及以下	Third Grade and below	111089	2889294	1212512	2985426	2616956
四、按控股情况分	**by Share Holding**					
国有控股	State-controlled	5640335	82076471	18892476	63396914	58078260
集体控股	Collective-controlled	686814	12460833	2605647	8949318	8182082
私人控股	Private-controlled	2197860	84300632	30992003	94620467	86637250
港澳台商、外商控股	Hong Kong, Macao , Taiwan and foreign holding enterprises	17323	222500	212216	106596	72302

15-4 续表 4 continued

单位:万元 (10 000 yuan)

类 别	Category	主营业务税金及附加 Taxes and Other Charges on Principal Business	销售费用 Sales Expenses	管理费用 Management Expenses	财务费用 Financial Expenses	利润总额 Total Profits
总 计	**Total**	**713867**	**381151**	**5790329**	**1224665**	**4856036**
#国有及国有控股企业	State-owned and State-controlled Enterprises	158150	69096	1613001	404687	2093894
一、按登记注册类型分	**Grouped by Registration Status**					
内资企业	Domestic Funded	703961	377575	5771928	1215976	4824338
国有企业	State-owned	33230	12294	305076	46445	376311
集体企业	Collective-owned	21286	5461	62295	5888	49106
有限责任公司	Company with Limited Liability	310558	126046	2406454	623456	2730369
股份有限公司	Stock-holding Company limited	45408	10478	283835	61410	270843
私营企业	Private-owned	290925	223062	2705708	476295	1393692
其他企业	Others	2554	235	8561	2482	4018
港、澳、台商投资企业	Funded from Hong Kong,Macao	980	91	10476	6000	12547
外商投资企业	Foreign Funded	8926	3484	7925	2690	19150
二、按国民经济行业分	**by Sector**					
房屋建筑业	Building	436276	80634	2343148	676864	2588759
土木工程建筑业	Civil Engineering	167333	127535	2203387	415228	1764984
建筑安装业	Construction Installation	75361	127282	673297	46055	246941
建筑装饰、装修和其他建筑业	Building Decoration and Others	34896	45700	570497	86519	255353
#建筑装饰和装修业	Building Decoration	28042	25867	422624	56739	224467

15-4 续表 5 continued

单位:万元 (10 000 yuan)

类　　别	Category	主营业务税金及附加 Taxes and Other Charges on Principal Business	销售费用 Sales Expenses	管理费用 Management Expenses	财务费用 Financial Expenses	利润总额 Total Profits
三、按企业资质等级分	**by Qualification Criteria**					
施工总承包	Construction Contract	629370	268058	4556512	1095202	4348947
特　级	Special Grade	167337	41631	1011609	292146	2184773
一　级	First Grade	228949	94190	1479508	437427	1188902
二　级	Second Grade	163141	62478	1116554	222752	687383
三级及以下	Third Grade and below	69943	69759	948842	142877	287889
专业承包	Professional Contract	84497	113093	1233817	129463	507089
一　级	First Grade	47819	50674	517987	66218	259495
二　级	Second Grade	23290	39699	442171	37154	160432
三级及以下	Third Grade and below	13388	22720	273660	26092	87163
四、按控股情况分	**by Share Holding**					
国有控股	State-controlled	158150	69096	1613001	404687	2093894
集体控股	Collective-controlled	61947	21474	440461	64160	242454
私人控股	Private-controlled	493111	290078	3728701	755529	2493051
港澳台商、外商控股	Hong Kong, Macao , Taiwan and foreign holding enterprises	659	504	8165	289	26637

15-5 各市建筑业主要生产指标(2022年)
Main Production Indicators of Construction Enterprises by Region(2022)

地区	Region	企业个数(个) Number of Enterprises (unit)	建筑业合同(万元) Value of Construction Contracts (10 000 yuan)	#上年结转合同额 Carryover of Last Year	建筑业总产值(万元) Gross Output Value of Construction (10 000 yuan)	竣工产值(万元) Value of Construction Completed (10 000 yuan)	房屋建筑施工面积(平方米) Floor Space under Construction (sq.m)	房屋建筑竣工面积(平方米) Floor Space Completed (sq.m)	年末从业人员(人) Employees at year-end (person)
全省总计	**Total**	**10643**	**382809563**	**167406278**	**175596339**	**71423012**	**988279296**	**229176815**	**2727417**
济南市	Jinan	1371	132178303	67169453	44607549	12501477	199709283	31279441	507192
青岛市	Qingdao	903	86059530	35047430	35801968	13462213	258842806	43740951	533053
淄博市	Zibo	558	19034582	7064130	12154537	6124437	71337677	22375991	241486
枣庄市	Zaozhuang	294	6223378	2138090	3595671	1424577	20232968	6207722	77066
东营市	Dongying	375	5471304	1842299	3153967	1974549	8177824	2185062	48001
烟台市	Yantai	1014	14275112	4378150	9166155	4144930	45933347	15136037	149780
潍坊市	Weifang	656	18658998	8710312	10909031	6901884	74478853	23695463	125396
济宁市	Jining	1421	16912928	7592302	8344283	3011016	53450549	11141810	182324
泰安市	Tai'an	534	20808837	5918271	12729090	6638848	20429309	8922445	286231
威海市	Weihai	596	6157395	3039671	3509102	1775247	23140947	6308364	42054
日照市	Rizhao	452	9930404	4599165	5250843	1480691	21205978	5131316	46251
临沂市	Linyi	685	18041856	7588944	12678927	5253874	93661422	23883026	241224
德州市	Dezhou	346	7874790	2776653	4007379	1679273	33009981	10540038	56820
聊城市	Liaocheng	485	8630005	5085784	3521032	1789257	34458173	6485765	67940
滨州市	Binzhou	371	5471102	2111851	2573832	1369315	12663352	5154960	36887
菏泽市	Heze	582	7081040	2343773	3592975	1891425	17546827	6988424	85712

15−6 各市建筑业主要财务指标(2022年)
Financial Indicators of Construction Enterprises by Region(2022)

单位:万元 (10 000 yuan)

地区	Region	流动资产 Liquid Assets	固定资产原价 Fixed Assets Original Price	在建工程 Projects under Construction	资产合计 Total Assets	流动负债 Liquid Liabilities	非流动负债 Non-current liabilities	负债合计 Total Liabilities
全省总计	**Total**	**194183260**	**17067048**	**2328734**	**231762776**	**167802841**	**8542333**	**179060434**
济南市	Jinan	50619235	3142827	378916	61669480	46743896	2242106	48986009
青岛市	Qingdao	33986757	2264416	364160	40068669	30269392	2030584	32500504
淄博市	Zibo	8259466	1098205	30880	9471279	6292691	147205	6539914
枣庄市	Zaozhuang	5631380	554758	39122	6621805	4994349	196511	5296921
东营市	Dongying	5658895	670634	66946	6701509	5233811	102920	5387263
烟台市	Yantai	11382825	1721839	339167	13728670	9048670	426566	9904360
潍坊市	Weifang	11916873	1156050	126381	13970834	9051497	783765	9944322
济宁市	Jining	11050352	1106363	109137	12740505	8251870	580392	9383408
泰安市	Tai'an	9253412	759520	244667	10731482	8093827	340062	8620734
威海市	Weihai	5313098	750197	79222	6357991	4460606	319376	4841743
日照市	Rizhao	8369623	723393	88741	10036392	7615357	272539	8059672
临沂市	Linyi	13855422	964308	125897	16831809	12139185	285703	12621338
德州市	Dezhou	5105481	577704	30057	5792435	3835791	140676	4005456
聊城市	Liaocheng	4162646	470402	70310	5332069	3664957	218281	3956321
滨州市	Binzhou	4338001	618082	190571	5398763	3850764	155689	4240985
菏泽市	Heze	5279793	488350	44564	6309085	4256179	299959	4771485

15−6 续表 continued

单位:万元 (10 000 yuan)

地区	Region	所有者权益 Owner's Equity	实收资本 Paid-in Capitals	主营业务收入 Revenue from Principal Business	主营业务成本 Cost of Principal Business	主营业务税金及附加 Taxes and Other Charges on Principal Business	管理费用 Management Expenses	财务费用 Financial Expenses	利润总额 Total Profits
全省总计	**Total**	**52702341**	**27837761**	**167073294**	**152969893**	**713867**	**5790329**	**1224665**	**4856036**
济南市	Jinan	12683470	7095149	47368018	43328879	118778	1440389	174832	1747800
青岛市	Qingdao	7568165	3884947	32232504	29444502	82034	842889	258698	792785
淄博市	Zibo	2931366	1429661	10028988	9348597	40390	368031	40764	205763
枣庄市	Zaozhuang	1324884	694823	3073440	2765892	41465	136098	19050	113555
东营市	Dongying	1314245	961704	3490534	3222051	19249	196514	41692	43606
烟台市	Yantai	3824310	1940717	8379438	7414903	72213	404377	86366	377528
潍坊市	Weifang	4026512	1680193	8930442	8127749	47028	350121	96790	313158
济宁市	Jining	3357098	2142790	7580769	7013862	33023	406181	81405	-35264
泰安市	Tai'an	2110748	1351408	12960122	12392046	83705	307972	52729	76771
威海市	Weihai	1516249	728879	3222865	2864742	14516	214385	32612	70674
日照市	Rizhao	1976720	1082659	4753555	4278068	18420	192216	80784	145691
临沂市	Linyi	4210472	1580146	11275226	10174004	73408	363713	145119	594868
德州市	Dezhou	1786979	851210	3991248	3590601	14458	153672	23625	136592
聊城市	Liaocheng	1375748	805943	3533210	3249233	26619	166913	36532	52412
滨州市	Binzhou	1157778	778653	2773785	2560230	11533	121061	13944	87543
菏泽市	Heze	1537600	828881	3479151	3194534	17029	125798	39723	132555

主要统计指标解释

建筑业统计单位 指从事房屋、构筑物建造和设备安装活动的法人企业。建筑业法人企业应具有建筑业资质并能够独立核算，同时其应具备以下条件：①依法成立，有自己的名称、组织机构和场所，能够承担民事责任；②独立拥有和使用资产，承担负债，有权与其他单位签订合同；③独立核算盈亏，能够编制资产负债表。

建筑业总产值 是以货币形式表现的建筑业企业在一定时期内生产的建筑业产品和提供的服务的总和。建筑业总产值包括：

⑴建筑工程产值：指列入建筑工程预算内的各种工程价值。

⑵安装工程产值：指设备安装工程价值，不包括被安装设备本身的价值。

⑶其他产值：建筑业总产值中除建筑工程、安装工程以外的产值。包括房屋构筑物修理产值、非标准设备制造产值、总包企业向分包企业收取的管理费以及不能明确划分的施工活动所完成的产值。

a.房屋构筑物修理产值：指房屋和构筑物修理所完成的产值，但不包括被修理房屋、构筑物本身价值和生产设备的修理产值。

b.非标准设备制造产值：指加工制造没有定型的非标准生产设备的加工费和原材料价值(如化工厂、炼油厂用的各种罐、槽，矿井生产统一使用的各种漏斗、三角槽、阀门等)以及附属加工厂为本企业承建工程制作的非标准设备的价值。

房屋建筑施工面积 指在报告期内施过工的全部房屋建筑面积，包括本期新开工的房屋面积、上期施工跨入本期继续施工的房屋面积、上期停缓建在本期恢复施工的房屋面积、本期竣工的房屋面积及本期施工后又停缓建的房屋面积。

房屋建筑竣工面积 指在报告期内房屋建筑按照设计要求全部完工，达到了使用条件，经验收鉴定合格，正式移交使用单位的房屋建筑面积。

Explanatory Notes on Main Statistical Indicators

Statistical Unit in Construction refers to corporate enterprise engaged in the construction of buildings and structures and in the installation of equipment. A corporate construction enterprise should have qualification certificates with independent accounting system, and should meet the following 3 requirements: a) being set up in line with relevant legal basis, having its full name, organization and location, and capable of taking civil liabilities; b) independently possessing and using its assets and assuming its liabilities, and entitled to sign contracts with other institutions; and c) making independent accounts of its profits and losses, and capable of compiling its own balance sheet.

Gross Output Value of Construction refers to total of construction products and services, expressed in money terms, produced or rendered by construction and installation enterprises during a given period of time. It includes:

(1)Output value of construction projects, that is the value of projects covered by the project budgets;

(2)Output value of installation projects, that is the value of the installation of equipment, (excluding the value of the equipment to be installed);

(3)Output value of others, that is the output value of construction industry excluding that of construction projects and installation projects. It includes: output value of repair of buildings and structures; output value of non standard equipment manufacturing; overhead expenses received by contracted enterprises to the sub contracted enterprises and the completed output value of construction activities that have no clear definition.

a. Output value of repair of buildings and structures, that is the value created through the repairs of buildings or structures, but does not include the value of buildings or structures being repaired and the value of the repair of production equipment;

b. Output value of manufactured non standard equipment, that is the value of non standard production equipment including raw materials and manufacturing cost made for the construction project (i.e., chemical plant; kettles or tanks used by refineries; various fillers, triangle tanks, valves used by mines), and the output value of equipment manufactured by subsidiary workshops.

Floor Space of Buildings under Construction refers to floor space of buildings under construction during the reference period, including newly started buildings, buildings started earlier and continued during the reference period, and buildings suspended earlier but restarted during the reference period, buildings completed during the reference period, and buildings under construction and then suspended during the reference period.

Floor Space of Buildings Completed refers to the floor space of buildings that are completed in the reference period in accordance with the requirements of the design, up to the standard for putting them into use, and have been checked and accepted by concerned departments as qualified ones.

第
16
篇

服务业

Service Enterprises

简　要　说　明

一、本篇资料的主要内容

本篇资料主要反映规模以上服务业的财务状况。据国家统计报表制度，2012 年规模以上服务业年报首次纳入“一套表”联网直报系统。

二、本篇资料的来源

本篇资料来源于规模以上服务业年报数据，由省统计局服务业处整理提供。

Brief Introduction

I. Content

Data in this chapter reflect the basic information, financial condition, employed persons, labor remuneration and E-commerce transactions of some service enterprises above designated size. According to the National Statistical Reporting System, some service enterprises above designated size have been integrated into the "network reporting" system since 2012.

II. Source of Data

Data in this chapter are based on the yearly statistics report of some service enterprises above designated size and are prepared and compiled by the Division of comprehensive Service Statistics of Shandong Provincial Bureau of Statistics.

16-1 规模以上服务业企业主要财务状况(2022年)
Main Financial Indicators of Service Enterprises above the Designated(2022)

单位:亿元 (100 million yuan)

项目	Item	2022	2022年比2021年增长(%) Growth Rate in 2022 Over 2021(%)
资产总计	Total Assets	48529.59	9.3
负债合计	Total Liabilities	27696.94	11.4
营业收入	Business Revenue	13760.65	8.7
营业成本	Business Costs	11740.36	11.2
税金及附加	Tax and Extra Charges on Business	74.74	3.4
销售费用	Sales Expenses	355.51	-2.1
管理费用	Management Expenses	983.84	1.2
财务费用	Financial Expenses	453.27	9.8
营业利润	Business Profits	467.10	-32.7
利润总额	Total Profits	521.40	-29.4
所得税费用	Income Taxes Payable	150.33	-5.6
应付职工薪酬	Total Wages Payable	2344.11	11.7
应交增值税	Value-added Tax Payable	310.08	22.2

注:增速按可比口径计算。
a)The growth rates are calculated on comparable coverage.

16−2 规模以上服务业企业分登记注册类型财务状况(2022年)
Financial Indicators of Service Enterprises above Designated Size by Registration Type(2022)

单位:万元 (10 000 yuan)

类　别	Category	企业单位数(个) Number of Industrial Enterprises (unit)	资产总计 Total Assets	负债合计 Total Liabilities
全省总计	**Provincial Total**	**12059**	**485295872**	**276969395**
按登记注册类型分	**by Status of Registration**			
内资企业	**Domestic Funded Enterprises**	**11739**	**458262291**	**264215364**
国有企业	State-owned Enterprises	543	109099215	64137621
集体企业	Collective-owned Enterprises	54	739684	563054
股份合作企业	Cooperative Enterprises	15	76741	37832
联营企业	Joint Ownership Enterprises	4	157112	107293
有限责任公司	Limited Liability Corporations	3312	266885013	149903079
股份有限公司	Share-holding Corporations Limited	236	34308089	16792428
私营企业	Private Enterprises	7425	45330849	31490853
其他企业	Other Enterprises	150	1665589	1183205
港、澳、台商投资企业	**Enterprises with Funds from Hong Kong, Macao and Taiwan**	**118**	**12202083**	**7903449**
合资经营企业(港或澳、台资)	Joint-ventures Enterprises	46	2903344	1178610
合作经营企业(港或澳、台资)	Cooperative Enterprises	1	74204	18375
港澳台商独资经营企业	Enterprises with Sole Investment	68	5073443	2349135
港澳台商投资股份有限公司	Share-holding Corporations Ltd. With Funds from Hong Kong, Macao and Taiwan	3	4151093	4357329
其他港澳台投资企业	Other Enterprises			
外商投资企业	**Foreign Funded Enterprises**	**202**	**14831498**	**4850582**
中外合资经营企业	Joint-venture Enterprises	68	3638201	1026865
中外合作经营企业	Cooperation Enterprises	4	12033	7053
外资企业	Enterprises with Sole Foreign Funds	117	9911307	3146666
外商投资股份有限公司	Share-holding Corporations Ltd. With Foreign Investment	9	1129929	548926
其他外商投资企业	Other Enterprises	4	140028	121072

16-2 续表 1 continued

单位:万元 (10 000 yuan)

类别	Category	营业收入 Business Revenue	营业成本 Business Costs	税金及附加 Tax and Extra Charges on Business
全省总计	**Provincial Total**	**137606544**	**117403594**	**747381**
按登记注册类型分	**by Status of Registration**			
内资企业	**Domestic Funded Enterprises**	**125803587**	**107769629**	**691957**
国有企业	State-owned Enterprises	9978618	8177528	78232
集体企业	Collective-owned Enterprises	187518	133615	3800
股份合作企业	Cooperative Enterprises	57888	27611	563
联营企业	Joint Ownership Enterprises	13574	5945	111
有限责任公司	Limited Liability Corporations	58012009	50488176	400736
股份有限公司	Share-holding Corporations Limited	9092565	7131792	53100
私营企业	Private Enterprises	47684542	41255693	153690
其他企业	Other Enterprises	776876	549269	1727
港、澳、台商投资企业	**Enterprises with Funds from Hong Kong, Macao and Taiwan**	**4579409**	**4030311**	**24591**
合资经营企业(港或澳、台资)	Joint-ventures Enterprises	1215886	879721	5701
合作经营企业(港或澳、台资)	Cooperative Enterprises	16886	13972	239
港澳台商独资经营企业	Enterprises with Sole Investment	2392177	1827770	15970
港澳台商投资股份有限公司	Share-holding Corporations Ltd. With Funds from Hong Kong, Macao and Taiwan	954461	1308849	2681
其他企业	Other Enterprises			
外商投资企业	**Foreign Funded Enterprises**	**7223548**	**5603653**	**30833**
中外合资经营企业	Joint-venture Enterprises	2198876	1698121	6812
中外合作经营企业	Cooperation Enterprises	3990	2474	342
外资企业	Enterprises with Sole Foreign Funds	4365069	3459562	21230
外商投资股份有限公司	Share-holding Corporations Ltd. With Foreign Investment	519416	341642	1934
其他企业	Other Enterprises	136197	101854	516

16-2 续表 2 continued

单位:万元 (10 000 yuan)

类 别	Category	销售费用 Selling Expenses	管理费用 Management Expenses	财务费用 Financial Expenses	营业利润 Business Profits
全省总计	**Provincial Total**	**3555070**	**9838429**	**4532677**	**4671015**
按登记注册类型分	**by Status of Registration**				
内资企业	**Domestic Funded Enterprises**	**3071742**	**9127699**	**4386247**	**3781530**
国有企业	State-owned Enterprises	161868	905374	1342579	471688
集体企业	Collective-owned Enterprises	6426	45184	284	-1316
股份合作企业	Cooperative Enterprises	19024	10319	261	-1674
联营企业	Joint Ownership Enterprises	60	831	5231	1413
有限责任公司	Limited Liability Corporations	1298835	3922604	2436073	1145543
股份有限公司	Share-holding Corporations Limited	281800	597564	314053	1137803
私营企业	Private Enterprises	1279591	3460527	278781	1021589
其他企业	Other Enterprises	24138	185296	8986	6484
港、澳、台商投资企业	**Enterprises with Funds from Hong Kong, Macao and Taiwan**	**252692**	**265650**	**222153**	**-214915**
合资经营企业(港或澳、台资)	Joint-ventures Enterprises	46756	50663	23625	192789
合作经营企业(港或澳、台资)	Cooperative Enterprises		352	106	2218
港澳台商独资经营企业	Enterprises with Sole Investment	162662	172715	32739	184683
港澳台商投资股份有限公司	Share-holding Corporations Ltd. With Funds from Hong Kong, Macao and Taiwan	43275	41921	165684	-594604
其他企业	Other Enterprises				
外商投资企业	**Foreign Funded Enterprises**	**230636**	**445080**	**-75723**	**1104400**
中外合资经营企业	Joint-venture Enterprises	59002	121807	-2832	307008
中外合作经营企业	Cooperation Enterprises	1400	1366	277	3257
外资企业	Enterprises with Sole Foreign Funds	131847	289355	-76569	671643
外商投资股份有限公司	Share-holding Corporations Ltd. With Foreign Investment	28593	23090	3293	110536
其他企业	Other Enterprises	9793	9462	108	11955

16-2 续表 3 continued

单位:万元 (10 000 yuan)

类 别	Category	利润总额 Total Profits	所得税费用 Income Taxes Payable	应付职工薪酬 Total Wages Payable	应交增值税 Value-added Tax Payable
全省总计	**Provincial Total**	**5213982**	**1503314**	**23441119**	**3100811**
按登记注册类型分	**by Status of Registration**				
内资企业	**Domestic Funded Enterprises**	**4301654**	**1127801**	**21601428**	**2820424**
国有企业	State-owned Enterprises	553205	106375	1853160	257154
集体企业	Collective-owned Enterprises	7701	2774	44174	5392
股份合作企业	Cooperative Enterprises	-1857	30	9513	863
联营企业	Joint Ownership Enterprises	1549	1335	3441	714
有限责任公司	Limited Liability Corporations	1425967	648615	11338103	1480491
股份有限公司	Share-holding Corporations Limited	1146915	159204	1516396	192192
私营企业	Private Enterprises	1159654	207137	6562689	875474
其他企业	Other Enterprises	8519	2332	273953	8145
港、澳、台商投资企业	**Enterprises with Funds from Hong Kong, Macao and Taiwan**	**-201841**	**183256**	**796336**	**150595**
合资经营企业(港或澳、台资)	Joint-ventures Enterprises	193033	46383	123049	30686
合作经营企业(港或澳、台资)	Cooperative Enterprises	2375	594	342	8
港澳台商独资经营企业	Enterprises with Sole Investment	191376	110064	404204	115154
港澳台商投资股份有限公司	Share-holding Corporations Ltd. With Funds from Hong Kong, Macao and Taiwan	-588625	26215	268741	4748
其他企业	Other Enterprises				
外商投资企业	**Foreign Funded Enterprises**	**1114170**	**192257**	**1043354**	**129792**
中外合资经营企业	Joint-venture Enterprises	307426	69163	284705	16478
中外合作经营企业	Cooperation Enterprises	3261	-1	1690	182
外资企业	Enterprises with Sole Foreign Funds	680393	102519	666701	104763
外商投资股份有限公司	Share-holding Corporations Ltd. With Foreign Investment	111028	19871	69768	3757
其他企业	Other Enterprises	12061	705	20491	4613

16−3　规模以上服务业企业分控股情况财务状况(2022年)
Financial Indicators of Service Enterprises above Designated Size by Holding Type(2022)

单位:万元　　(10 000 yuan)

类　别	Category	企业单位数(个) Number of Industrial Enterprises (unit)	资产总计 Total Assets	负债合计 Total Liabilities	营业收入 Business Revenue	营业成本 Business Costs
全省总计	**Provincial Total**	**12059**	**485295872**	**276969395**	**137606544**	**117403594**
按控股情况分	**by Holding Type**					
国有控股	State-holding	2107	381702137	211694909	57963655	50140091
集体控股	Collective-holding	310	8840867	6469071	4466056	3489049
私人控股	Private-holding	9285	75426013	51587860	66427799	56876657
港澳台商控股	Holdings form Hong Kong, Macao and Taiwan	95	5534205	2403616	2544494	2046881
外商控股	Foreign-holding	156	12583885	4214950	5756458	4567050
其他	Others	78	961571	458906	362007	228269

16−3　续表 1　continued

单位:万元　　(10 000 yuan)

类　别	Category	税金及附加 Tax and Extra Charges on Business	销售费用 Selling Expenses	管理费用 Management Expenses	财务费用 Financial Expenses	营业利润 Business Profits
全省总计	**Provincial Total**	**747381**	**3555070**	**9838429**	**4532677**	**4671015**
按控股情况分	**by Holding Type**					
国有控股	State-holding	395114	1185288	3850383	3917432	2064291
集体控股	Collective-holding	47220	153522	498116	77156	106361
私人控股	Private-holding	257410	1879449	4835994	572658	1549255
港澳台商控股	Holdings form Hong Kong, Macao and Taiwan	18134	143215	173038	42252	130828
外商控股	Foreign-holding	26919	171990	360067	-74414	817764
其他	Others	1754	18580	92763	-2784	3776

16−3 续表 2 continued

单位:万元 (10 000 yuan)

类别	Category	利润总额 Total Profits	所得税费用 Income Taxes Payable	应付职工薪酬 Total Wages Payable	应交增值税 Value-added Tax Payable
全省总计	**Provincial Total**	**5213982**	**1503314**	**23441119**	**3100811**
按控股情况分	**by Holding Type**				
国有控股	State-holding	2339219	862568	11558302	1373671
集体控股	Collective-holding	133897	27530	1000519	103142
私人控股	Private-holding	1768203	359068	9531253	1252409
港澳台商控股	Holdings form Hong Kong, Macao and Taiwan	138173	122835	363964	103129
外商控股	Foreign-holding	827289	129719	834302	119000
其他	Others	4589	1242	115183	10964

16−4 规模以上服务业企业分行业财务状况(2022年)
Financial Indicators of Service Enterprises above Designated Size by Sector(2022)

单位:万元 (10 000 yuan)

行业	Category	企业单位数(个) Number of Industrial Enterprises (unit)	资产总计 Total Assets	负债合计 Total Liabilities	营业收入 Business Revenue
全省总计	**Provincial Total**	**12059**	**485295872**	**276969395**	**137606544**
按行业分	**Grouped by Sector**				
交通运输、仓储和邮政业	Transport, Storage and Postal Services	3656	209221102	117968265	63041326
信息传输、软件和信息技术服务业	Information Transmission, Software and Information Technology Services	996	38989069	19018997	24180284
房地产业	Real Estate	1039	46908142	29418201	4845514
租赁和商务服务业	Leasing and Business Services	2668	109359878	63655082	20787565
科学研究和技术服务业	Scientific Research and Technical Services	1707	24235762	13153666	13864704
水利、环境和公共设施管理业	Management of Water Conservancy, Environment and Public Facilities	403	40136884	22418894	3949526
居民服务、修理和其他服务业	Households' service, Repair and Other Services	406	1463485	1024770	1222710
教育	Education	214	1875286	1480267	724524
卫生和社会工作	Health and Social Work	437	4633407	3344651	3017911
文化、体育和娱乐业	Culture, Sports and Entertainment	533	8472858	5486604	1972481

16-4 续表 1 continued

单位:万元 (10 000 yuan)

行业	Category	营业成本 Business Costs	税金及附加 Tax and Extra Charges on Business	销售费用 Selling Expenses	管理费用 Management Expenses
全省总计	**Provincial Total**	**117403594**	**747381**	**3555070**	**9838429**
按行业分	**Grouped by Sector**				
交通运输、仓储和邮政业	Transport, Storage and Postal Services	59430564	223754	773510	2865636
信息传输、软件和信息技术服务业	Information Transmission, Software and Information Technology Services	18138540	75766	1188614	1407789
房地产业	Real Estate	3630993	107141	204300	716539
租赁和商务服务业	Leasing and Business Services	17610623	180421	490564	1723784
科学研究和技术服务业	Scientific Research and Technical Services	10261908	77689	346280	1621138
水利、环境和公共设施管理业	Management of Water Conservancy, Environment and Public Facilities	3118606	42517	52219	355683
居民服务、修理和其他服务业	Households' service, Repair and Other Services	983694	4080	81566	133948
教育	Education	468848	3060	55855	202636
卫生和社会工作	Health and Social Work	2290997	8621	161718	460541
文化、体育和娱乐业	Culture, Sports and Entertainment	1468819	24332	200445	350737

16-4 续表 2 continued

单位:万元 (10 000 yuan)

行业	Category	财务费用 Financial Expenses	营业利润 Business Profits	利润总额 Total Profits
全省总计	**Provincial Total**	**4532677**	**4671015**	**5213982**
按行业分	**Grouped by Sector**			
交通运输、仓储和邮政业	Transport, Storage and Postal Services	2526240	235281	407137
信息传输、软件和信息技术服务业	Information Transmission, Software and Information Technology Services	9625	2350412	2400826
房地产业	Real Estate	419975	234919	289303
租赁和商务服务业	Leasing and Business Services	1033618	684745	854769
科学研究和技术服务业	Scientific Research and Technical Services	43607	1076154	1101832
水利、环境和公共设施管理业	Management of Water Conservancy, Environment and Public Facilities	393441	60391	95543
居民服务、修理和其他服务业	Households' service, Repair and Other Services	2696	32445	37973
教育	Education	19814	-24017	-30875
卫生和社会工作	Health and Social Work	41168	27682	30839
文化、体育和娱乐业	Culture, Sports and Entertainment	42495	-6995	26636

16-4 续表 3 continued

单位：万元 (10 000 yuan)

行业	Category	所得税费用 Income Taxes Payable	应付职工薪酬 Total Wages Payable	应交增值税 Value-added Tax Payable
全省总计	**Provincial Total**	**1503314**	**23441119**	**3100811**
按行业分	**Grouped by Sector**			
交通运输、仓储和邮政业	Transport, Storage and Postal Services	623482	8046304	1266719
信息传输、软件和信息技术服务业	Information Transmission, Software and Information Technology Services	411699	4034457	618065
房地产业	Real Estate	80149	1334622	186238
租赁和商务服务业	Leasing and Business Services	126806	4048736	445036
科学研究和技术服务业	Scientific Research and Technical Services	149284	3333563	355504
水利、环境和公共设施管理业	Management of Water Conservancy, Environment and Public Facilities	64399	664230	127160
居民服务、修理和其他服务业	Households' service, Repair and Other Services	8759	275030	28365
教育	Education	3960	314216	11855
卫生和社会工作	Health and Social Work	22562	949940	7148
文化、体育和娱乐业	Culture, Sports and Entertainment	12215	440021	54722

16-5 各市规模以上服务业企业财务状况(2022年)
Financial Indicators of Service Enterprises above Designated Size by Region(2022)

单位：万元 (10 000 yuan)

地区	Region	企业单位数(个) Number of Industrial Enterprises (unit)	资产总计 Total Assets	负债合计 Total Liabilities	营业收入 Business Revenue	营业成本 Business Costs	税金及附加 Tax and Extra Charges on Business	销售费用 Selling Expenses
全省总计	**Total**	**12059**	**485295872**	**276969395**	**137606544**	**117403594**	**747381**	**3555070**
济南市	Jinan	2405	181514384	97267841	37515837	32024812	186816	1144500
青岛市	Qingdao	2747	101148769	56643556	41233454	36234733	183165	882190
淄博市	Zibo	612	27650154	16503566	5843988	4863199	42082	115619
枣庄市	Zaozhuang	331	5227065	3113360	1618554	1291266	8663	45315
东营市	Dongying	480	13628585	9293917	6279936	5570491	56093	80104
烟台市	Yantai	845	29909149	18158407	8545209	7214554	55735	208055
潍坊市	Weifang	638	20654470	10072933	5064604	4187106	25868	167081
济宁市	Jining	774	14947829	9986086	5428530	4528087	24601	196625
泰安市	Tai'an	325	9712716	6700945	2663528	2207294	11569	89681
威海市	Weihai	348	5489278	3431387	2402322	2012109	15871	88879
日照市	Rizhao	335	31090075	18682614	4976756	4034897	36835	49810
临沂市	Linyi	738	10848007	7860701	4853420	3848123	31896	187305
德州市	Dezhou	350	5688076	3241229	3127485	2787459	22018	69458
聊城市	Liaocheng	353	10275652	6835989	2782389	2434706	10352	69334
滨州市	Binzhou	358	6985217	4012206	2437735	2058264	15617	59730
菏泽市	Heze	420	10526446	5164658	2832798	2106495	20199	101385

16-5 续表 continued

单位:万元 (10 000 yuan)

地 区	Region	管理费用 Management Expenses	财务费用 Financial Expenses	营业利润 Business Profits	利润总额 Total Profits	所得税费用 Income Taxes Payable	应付职工薪酬 Total Wages Payable	应交增值税 Value-added Tax Payable
全省总计	**Total**	**9838429**	**4532677**	**4671015**	**5213982**	**1503314**	**23441119**	**3100811**
济南市	Jinan	3021550	1598785	353558	438584	381214	8176629	1052998
青岛市	Qingdao	2306241	790948	2094828	2206443	464848	5317223	705365
淄博市	Zibo	420754	307123	294308	309194	58250	906979	129767
枣庄市	Zaozhuang	146639	36540	83952	107108	12334	264944	40266
东营市	Dongying	445095	166603	-25856	82123	44687	1697732	147231
烟台市	Yantai	719016	317914	367022	394398	98268	1487440	197714
潍坊市	Weifang	429554	139152	403586	438025	86562	933277	84870
济宁市	Jining	355145	192641	115209	145093	42405	728441	78169
泰安市	Tai'an	245936	101218	-30047	-22734	22408	506817	73633
威海市	Weihai	237348	51685	60638	70260	26309	480676	52104
日照市	Rizhao	308513	428126	225889	250161	83899	667031	96716
临沂市	Linyi	483642	125009	191661	206617	69678	685525	104098
德州市	Dezhou	178808	58188	55574	64182	8785	388284	145620
聊城市	Liaocheng	168554	97376	47111	51229	25537	412019	80847
滨州市	Binzhou	161338	58306	86850	108036	25440	359876	59653
菏泽市	Heze	210295	63062	346734	365263	52691	428230	51761

主要统计指标解释

规模以上服务业 辖区内年营业收入2000万元及以上服务业法人单位。包括：交通运输、仓储和邮政业，信息传输、软件和信息技术服务业，水利、环境和公共设施管理业三个门类和卫生行业大类。

辖区内年营业收入1000万元及以上服务业法人单位。包括：租赁和商务服务业，科学研究和技术服务业，教育三个门类，以及物业管理、房地产中介服务、房地产租赁经营和其他房地产业四个行业小类。

辖区内年营业收入500万元及以上服务业法人单位。包括：居民服务、修理和其他服务业，文化、体育和娱乐业两个门类，以及社会工作行业大类。

Explanatory Notes on Main Statistical Indicators

The statistical coverage of some service enterprises above designated size The corporative enterprises with annual revenue from business above 20 million yuan of some services business, including three sectors of transport, storage and postal services, information transmission, software and information technology services, management of Water Conservancy, Environment and Public Facilities, and one major categories of health services.

The corporative enterprises with annual revenue from business above 10 million yuan of some services business, including three sectors of leasing and business services, scientific research and technical services, education, and four sub-categories of property management ,real estate agent services, real estate lease operation and other real estate,etc.

The corporative enterprises with annual revenue from business above 5 million yuan of some services business, including two sectors of households' service, repair and other services, culture, sports and entertainment services, and one major categories of social services .

第17篇

运输和邮电

Transport, Post and Telecommunication Services

简 要 说 明

一、本篇资料的主要内容

本篇资料反映了全省交通运输业和邮电通讯业发展的基本状况，主要包括交通设施基本情况、客货运量及周转量、交通运输企业主要技术经济指标、沿海主要港口货物吞吐量、邮政和电信基本情况、地方交通和营业性运输车辆、民用汽车拥有量等方面的内容。

二、本篇资料的来源

本篇资料中，交通运输资料分别来源于济南铁路局、山东省地方铁路局、省交通厅、省公安厅交警总队，邮电通信业资料来源于省通信管理局和省邮政局。

本篇资料由省统计局服务业处整理提供。

Brief Introduction

I. Content

Data in this chapter cover mainly the basic conditions of the development of transport, post and telecommunications in Shandong Province, including the basic conditions of transport, the freight traffic and passenger traffic accomplished by various means, major financial indices of related enterprises, cargo handled at principal sea ports, the possession of the transport equipment and the basic conditions of post and telecommunication services.

II. Source of Data

Data in this chapter are provided by Jinan Railway Board, Shandong Local Railway Board, Shandong Communications Department, and Traffic Police General Brigade of Shandong Public Security Department. Data on post and telecommunication services are provided by Shandong Communication Administration and Shandong Post Bureau.

Data in this chapter are prepared and compiled by the Division of Comprehensive Service Statistics of Shandong Provincial Bureau of Statistics.

17-1 主要年份运输线路长度
Length of Transport Routes in Major Years

单位:公里 (km)

年份 Year	铁路通车里程 Length of Railways in operation	公路通车里程 Length of Highways in Operation	#晴雨通车 In Operation Regardless of Weather	内河通航里程 Length of Navigable Inland Waterways	#通机动船 In Operation for Motor Vessels
1949	887	3152	65	1082	
1952	954	7669	170	1459	409
1955	956	9070	667	1459	409
1957	1154	13425	2115	1642	1063
1962	1168	15766	4189	2179	1353
1965	1208	22176	5669	1827	1310
1970	1276	29159	12666	1821	1629
1975	1275	31712	20212	1876	1764
1976	1386	32978	21645	2118	1802
1977	1386	33629	23636	2343	1811
1978	1385	34244	25289	2403	1880
1979	1388	35139	26106	1972	1953
1980	1411	35311	26544	1970	1736
1981	1582	35292	27284	1849	1712
1982	1565	35504	27875	1859	1722
1983	1565	35722	28480	1859	1722
1984	1569	35935	29427	1859	1725
1985	1572	36327	30250	1840	1706
1986	2041	37005	31286	1840	1706
1987	2042	37530	32468	1840	1706
1988	2042	38759	34057	1840	1706
1989	2042	39783	35557	1840	1706
1990	2041	40772	37015	1840	1706
1991	2042	41937	39081	1891	1780
1992	2048	43134	40612	1891	1780
1993	2048	46033	43992	1891	1780
1994	2048	50225	48385	1891	1780
1995	2048	54243	52702	1891	1780
1996	2620	57271	55882	1891	1780
1997	2721	59260	58028	1414	1302
1998	2658	64145	63142	1414	1302
1999	2672	67847	67055	1476	
2000	2672	70686	70038	1476	
2001	2709	71128	70701	1476	
2002	2709	74029	73665	1476	
2003	3236	76266	75948	1012	
2004	3348	77768	77483	1012	
2005	3402	80132	79854	1012	
2006	3405	204911	203363	1012	
2007	3379	212236	211279	1012	
2008	3329	220687	219525	1012	
2009	3620	226693	225235	1012	
2010	3833	229858	228906	1150	
2011	4177	233189	232264	1150	
2012	4306	244586	243779	1150	
2013	4397	252785	252066	1150	
2014	4546	259514	259031	1150	
2015	4863	263447	262986	1150	
2016	4882	265720	265265	1150	
2017	5115	270590	270150	1150	
2018	5676	275642	275344	1150	
2019	5972	280325	280186	1150	
2020	6881	286814	286741	1117	
2021	7198	288143	283469	1117	
2022	7327	291759	288228	1117	

注:1. 2006年起，村道纳入公路通车里程。2. 自2020年起，铁路相关数据含地方铁路。
a)Length of highways includes that of village-level highways since 2006.b)The data of railways includes the local railways since 2020.

17-2 主要年份旅客运量及周转量
Passenger Traffic and Turnover Volume in Major Years

年 份 Year	客运量（万人） Passenger Traffic (10 000 Persons)	铁路 Railways	公路 Highways	水路 Waterways	周转量（百万人公里） Passenger Turnover (million Passenger-km)	铁路 Railways	公路 Highways	水路 Waterways
1949	928	846	82		1368	1287	81	
1952	1196	938	251	7	1553	1365	180	8
1955	1775	1086	678	11	2229	1786	438	5
1957	3019	1872	1128	19	3002	2427	565	10
1962	7590	5923	1599	68	7664	6690	933	41
1965	4566	2457	2077	32	3664	2699	953	12
1970	5725	2454	3240	31			1445	14
1975	7084	3202	3844	38	6676	4708	1953	15
1976	7614	3233	4239	52	6996	4791	2189	16
1977	8679	3522	5103	54	7702	5127	2560	15
1978	9431	3467	5897	67	8448	5535	2895	18
1979	10857	3431	7338	88	9373	5950	3403	19
1980	12208	3586	8532	90	10624	6769	3839	16
1981	12682	3600	8994	88	11365	7272	4077	16
1982	13109	3695	9322	92	12283	7788	4477	18
1983	14839	3792	10942	102	14237	8954	5264	19
1984	17309	4071	13125	113	17058	10615	6423	20
1985	19772	4073	15565	134	20357	12433	7901	23
1986	26459	4005	22311	143	24671	13895	10752	24
1987	25209	4212	20811	186	27316	15608	11680	28
1988	29035	4447	24297	291	32412	17974	14402	36
1989	30718	3905	26419	344	32286	16552	15693	41
1990	29798	3303	26136	359	30138	14830	15255	53
1991	31940	3286	28240	405	32620	15873	16598	96
1992	33920	3244	30145	486	35164	17043	18002	119
1993	33634	3346	29693	595	34068	17785	16114	169
1994	34592	3587	30253	627	35627	18273	17126	222
1995	36425	3414	32317	694	35097	17418	17449	230
1996	39199	2854	35611	734	35344	15317	19696	331
1997	43218	3071	39234	913	40060	17277	22347	436
1998	50904	3223	46467	868	45229	18327	24599	483
1999	59350	3670	54817	863	51828	20568	28846	414
2000	66128	3840	61466	822	54873	22180	32358	335
2001	70497	3723	65787	987	59432	23373	35573	486
2002	74626	3566	69948	1112	64294	24644	39173	477
2003	75492	3324	71053	1115	61769	22024	39223	522
2004	89388	3857	84290	1241	74799	26696	47545	558
2005	98485	3952	93178	1355	82778	28268	53910	600
2006	109472	4757	103298	1417	93014	32223	60128	663
2007	123963	5127	117309	1527	106879	34039	72022	818
2008	213387	5470	205917	2000	141867	36694	104569	604
2009	234234	5806	226134	2294	158713	37993	119723	997
2010	248720	6041	240044	2635	164471	42135	121151	1185
2011	250469	6609	241457	2403	172751	45872	125691	1188
2012	264935	7650	254711	2574	183196	50951	130995	1250
2013	269391	8484	258327	2580	189285	54995	133137	1153
2014	73582	9508	62052	2022	114056	61734	51141	1181
2015	59625	10666	46960	1999	112745	64444	47137	1164
2016	62727	11904	48823	2000	116882	68442	47240	1200
2017	64536	13388	49111	2037	122676	73365	48104	1207
2018	66613	14525	50044	2044	126935	76302	49357	1276
2019	67317	15722	49581	2014	127981	77287	49256	1439
2020	30096	9797	19475	824	59517	43191	15931	395
2021	28350	12164	15139	1047	70560	52392	17783	385
2022	16386	7321	8247	818	41481	31333	9829	319

注：1.2008年起，公路、水路数据改用全国公路水路运输量专项调查数据(以下相关表同)。
2.交通运输部2014年修订了公路、水运运输量统计试行方案，统计口径发生了变化(以下相关表同)。
3.2020年起，铁路客货运量、周转量为济南局、北京局、郑州局在山东省内数据，口径为国家铁路(以下相关表同)。

a)Since 2008, data on highways and waterways are based on the National Special Highway and Waterways Survey(The same as the following tables).
b)The pilot statistical investigation program on passenger traffic and turnover was revised in 2014,and the statistical scope was adjusted(The same as the following tables).
c)The railway passenger and freight volume and turnover refer to the data of Jinan Bureau,Beijing Bureau and Zhengzhou Bureau in Shandong Province,the caliber is national railway(The same as the following tables).

17-3 主要年份货物运量及周转量

Freight Traffic and Turnover Volume in Major Years

年份 Year	货运量 (万吨) Freight Traffic (10 000 tons)	铁路 Railways	公路 Highways	水路 Waterways	周转量 (百万吨公里) Freight Turnover (million ton-km)	铁路 Railways	公路 Highways	水路 Waterways
1949	547	381	166	0.2	1245	1178	66	1
1952	1802	640	1029	133	3711	3346	154	211
1955	3305	895	2013	397	4919	4359	246	344
1957	4558	1238	2973	347	6923	6190	327	406
1962	4500	1801	2419	280	8106	7309	421	376
1965	7544	2821	4339	385	11929	10721	750	458
1970	10081	3911	5693	477	19167	17346	1186	635
1975	14598	4214	9781	603	22198	18947	2374	877
1976	17320	4904	11732	684	24062	20096	2942	1024
1977	21484	5365	15255	864	27326	22293	3865	1168
1978	22964	5940	16128	896	31005	25746	4060	1199
1979	22536	5951	15748	837	31586	26540	3634	1113
1980	22086	5687	15629	770	31329	26087	4005	1237
1981	20496	5306	14427	763	31941	26332	4093	1516
1982	21641	5415	15413	813	35160	28400	4937	1823
1983	23726	5655	17216	855	38996	30966	5787	2243
1984	25310	6035	18389	886	41974	33250	6505	2219
1985	27371	6403	20105	863	48431	37342	8139	2468
1986	32299	6789	24619	893	57599	44618	10287	2694
1987	36012	7072	28008	932	64533	49069	12231	3234
1988	39866	7322	31670	874	72723	53851	15325	3547
1989	43098	7934	34331	833	78996	58657	16612	3727
1990	41443	8012	32654	777	77845	58546	15705	3594
1991	44145	8372	34587	1186	81402	59694	16660	5047
1992	47676	8609	37684	1381	87617	62750	18931	5936
1993	51250	9023	40820	1407	92257	63127	20444	8687
1994	57187	9259	46485	1443	101437	66744	23069	11625
1995	66546	9256	55669	1621	112655	69857	26397	16401
1996	70664	10226	58270	2168	122849	71385	30559	20895
1997	72780	10368	60340	2072	126093	73323	31915	20855
1998	76813	10224	64716	1867	118753	65877	34322	18513
1999	80212	10553	67696	1956	127304	73588	35350	18330
2000	92483	11253	76778	4452	403315	79964	40575	282776
2001	99464	12426	81574	5464	467545	84815	41143	341587
2002	107454	13624	89714	4116	304075	92525	46009	165541
2003	117712	17167	95900	4645	342906	107157	50987	184762
2004	132036	17862	106887	7287	478309	111109	59606	307594
2005	147999	18338	120455	9206	558286	121908	71182	365196
2006	167511	19126	136750	11635	665521	151159	84510	429852
2007	198507	19923	163959	14625	642854	131151	106926	404777
2008	247489	20872	216604	10013	1010234	134133	511792	364309
2009	284463	19596	251587	13280	1095569	134139	604502	356928
2010	298055	18056	264366	15633	1174705	144775	621680	408250
2011	314962	19711	279380	15871	1258364	152606	662435	443323
2012	330270	19814	296752	13704	1099119	149384	705922	243813
2013	344401	19043	311812	13546	1026088	138910	749888	137290
2014	260983	16792	230018	14172	817690	123808	571138	122744
2015	258444	15786	227934	14724	833415	107728	587699	137988
2016	281557	16745	249752	15060	879552	113668	607143	158741
2017	322564	17853	288052	16659	962225	121363	665022	175840
2018	349481	18710	312807	17964	995988	126468	685968	183552
2019	304732	20850	266124	17758	1007631	143456	674620	189555
2020	308627	23189	267230	18208	1034063	156609	678440	199014
2021	333420	22895	291196	19329	1200214	168212	751761	280241
2022	322708	24717	276906	21085	1420835	183155	791263	446417

注：2019年起，公路货运量采用全国公路货运量专项调查数据。与以往不可比(以下相关表同)。

a)The highway freight volume adopts the special survey data of national highway freight volume since 2019,and not comparable with the previous (the same as in the following tables).

17−4 沿海主要港口货物吞吐量
Volume of Freight Handled in Major Coastal Ports

单位:万吨 (10 000 tons)

港口名称	Seaport	1995	2000	2005	2010	2015	2017	2018	2019	2020	2021	2022
总　计	**Total**	**10594**	**16025**	**38401**	**86421**	**134218**	**151571**	**161512**	**161064**	**168881**	**178158**	**189036**
青岛港	Qingdao	5103	8661	18679	35012	49749	51149	54250	57736	60459	63029	65754
烟台港	Yantai	1361	1964	4506	15033	33027	40058	44308	38632	39935	42337	46257
日照港	Rizhao	1452	2674	8421	22597	36082	40189	43763	46377	49615	54117	57057
威海港	Weihai	379	658	1532	2407	7324	7806	5570	3730	3863	4273	4520

17−5 交通运输企业主要技术经济指标
Major Technical and Economic Indicators of Transportation Enterprises

类　别	Category	2016	2017	2018	2019	2020	2021	2022
铁路运输	**Railway Transport**							
货车周转时间 (天)	Turning Around Time of Freight Locomotives (day)	2.0	1.8	1.7	1.5	1.5	1.5	1.4
货车全周转距离 (公里)	Turning Around Length of Freight Locomotives (km)	434	435	419	419	411	407	404
货车中转距离 (公里)	Transfer Length of Freight Locomotives (km)	199	220	216	222	226	228	236
平均一日装车数 (车)	Daily Loading Coach (coach)	7778	8316	8921	10072	10936	10937	11938
平均一日卸车数 (车)	Daily Unloading Coach (coach)	9111	9592	10696	12119	12903	13938	15055
货车静载重 (吨)	Static Load of Freight Locomotives (ton)	58.8	58.9	57.5	56.8	57.6	57.1	56.3
货运机车日产量 (万总重吨公里)	Average Daily Ton-kilometers of Freight Locomotives (10 000 tonkm)	138.2	146.7	149.5	156.2	164.5	162.9	171.8
内燃机车每万吨公里耗油 (公斤)	Oil Consumption of Diesel Locomotives per 10000 Ton-km (kg)	34.9	35.8	38.0	38.6	47.5	49.7	49.4
沿海水运船舶	**Coastal Waterways Transport**							
全部船舶净载重量 (万吨)	Static Load of Vessels (10 000 tons)	1909	1810	1659	1713	1681	1552	1532
码头泊位 (个)	Berths in Ports (unit)	567	581	597	596	607	616	638
最大靠泊能力 (万吨)	Maximum Capacity on Berths (10 000 tons)	30	30	40	40	40	40	40
年综合通过能力 (万吨)	Integrated Capacity (10 000 tons)	72097	78820	85866	90823	95179	100247	102138
旅客吞吐量 (万人)	Passenger Handled (10 000 persons)	1404	1446	1461	1480	637	694	596

17-6 1978-2022年邮政基本情况
Basic Conditions of Post Services from 1978 to 2022

年 份 Year	邮政局总计 (处) Post &Telecommunication offices (unit)	#设在农村 in Rural Area	邮路总长度 (万公里) Length of Postal Routes (10 000 km)	函 件 (万件) Letters (10 000 pcs)	报刊期发数 (万份) Issue of Newspapers and Magazines (10 000 copies)
1978	2349	2048		15532	542
1979	2348	2042	22.6	16336	613
1980	2363	2057	22.5	17324	775
1981	2363	2052	22.8	17540	859
1982	2371	2050	4.2	17340	946
1983	2384	2048	4.2	17434	1131
1984	2415	2060	4.4	18958	1572
1985	2516	2153	4.7	21930	2017
1986	2531	2174	5.0	23745	1743
1987	2540	2176	5.2	26940	1888
1988	2576	2196	5.3	28884	1777
1989	2608	2210	5.3	30043	1176
1990	2647	2233	5.8	29486	1047
1991	2672	2247	5.7	28001	1174
1992	2699	2267	6.7	28266	1326
1993	3259	2492	8.5	32966	1247
1994	4180		9.7	35920	982
1995	4080	3400	10.5	38789	1180
1996	3727	3013	13.4	35112	1020
1997	5397		15.1	32859	996
1998	5382		15.1	33114	1147
1999	4414	3497	18.5	35138	1568
2000	3011	2255	17.0	32878	1701
2001	3040	2225	15.9	31400	1324
2002	3012	2193	16.5	51496	972
2003	3007	2166	15.7	58220	1152
2004	3009	2118	16.2	50087	716
2005	3025	2118	17.3	24075	823
2006	3043	2105	17.0	44356	703
2007	3046	2086	17.4	47157	763
2008	2934	2080	17.7	46362	823
2009	2862	2030	18.1	52074	868
2010	2840	1991	6.8	53963	1618
2011	2851	2012	6.6	46014	796
2012	2856	2022	7.3	45663	976
2013	2861	2022	7.3	42389	914
2014	2870	2044	7.6	29233	976
2015	2870	2049	8.0	18787	943
2016	2878	2041	10.0	10328	837
2017	2880	2054	45.2	6978	1151
2018	2873	2063	40.8	6369	854
2019	2889	2060	44.3	6263	921
2020	3005	2037	26.9	4341	904
2021	2979	2009	41.6	3796	726
2022	2903	2021	42.9	3212	706

17-7 1978-2022年电信业务总量
Business Volume of Telecommunication Services from 1978 to 2022

年 份 Year	电信业务总量(万元) Business Volume of Telecommunication Services (10 000 Yuan)	电 报(万份) Telegraph (10 000 copies)	长话电路(路) Lines of Long-distance Calls (line)	长途电话(万次) Long-distance Calls (10 000 times)	市内电话(万户) Local Telephones (10 000 subscribers)	农村电话(万户) Rural Telephones (10 000 subscribers)
1978	10058	588	1082	1308	6.3	3.8
1979	10515	632	1177	1428	7.1	4.3
1980	11030	711	1282	1525	7.5	4.4
1981	11291	789	1415	1532	8.0	4.5
1982	11629	805	1532	1649	8.5	4.6
1983	12529	917	1653	1789	9.4	4.8
1984	13751	908	1929	1963	10.7	5.1
1985	16186	1132	2190	2325	12.1	5.2
1986	17735	1203	2638	2569	13.4	5.5
1987	20719	1519	3341	2984	15.2	5.9
1988	27124	1918	4392	3987	18.5	6.4
1989	32153	1812	5694	4693	22.3	6.9
1990	39401	1634	7436	5800	26.5	7.3
1991	103322	1651	12675	8724	32.9	8.1
1992	156134	1673	18422	16978	45.8	9.5
1993	274917	1412	32615	32273	69.6	12.8
1994	404027	987	47589	52719	84.8	19.2
1995	537135	667	40634	55755	165.8	46.1
1996	697719	458	54179	61409	227.0	80.0
1997	957400	324	67834	79719	283.5	128.6
1998	1338886	226	98760	97077	346.7	179.6
1999	1411800	202	163381	96553	413.8	283.8
2000	1865000	178	222500	96010	547.0	559.0
2001	2300200	138	108000	101682	661.0	827.0
2002	2759820		135000	99470	790.0	950.0
2003	3325632		268530	149245	1008.0	1085.0
2004	4846250		510000	121275	1314.0	1198.0
2005	6754670		290996	152883	1410.9	1275.7
2006	9286877		462662	148631	1380.5	1256.7
2007	11799357		350028	157152	1377.6	1211.5
2008	14262026		413082	124858	1398.4	1053.7
2009	15867854		1238400	123510	1291.3	965.0
2010	19209000				1193.5	829.6
2011	7236000				1087.6	809.0
2012	7976000				1101.3	786.8
2013	8637000				1032.2	712.2
2014	10678489				879.3	538.9
2015	12531166				773.2	343.9
2016	8633818				678.2	292.2
2017	14947602				639.0	245.0
2018	36519157				618.1	228.3
2019	57866070					
2020	72000713					
2021	10020067					
2022	11044264					

注：2021年起，电信业务总量按上年不变价格计算。
a)The business volume of telecommunication services was calculated at last year constant prices since 2021.

17-8 邮电业务基本情况
Basic Conditions of Post and Telecommunication Services

类　别		Category		2017	2018	2019	2020	2021	2022
邮电业务总量	(亿元)	Business Volume of Telecommunication Services	(100 million yuan)	1887.7	4180.3	6499.7	8193.8	1644.8	1773.7
函　件	(万件)	Letters	(10 000 pcs)	6978	6369	6263	4341	3796	3212
报刊期发数	(万份)	Issue of Newspapers and Magazines	(10 000 copies)	1151	854	921	904	726	706
年末移动电话用户	(万户)	Number of Mobile Telephone Subscribers at Year-end	(10 000 subscribers)	9943.9	10569.6	10785.5	10907.1	11248.5	11700.4
#4G移动电话用户	(万户)	4G Mobile Phone Subscribers	(10 000 subscribers)	6242.6	7294.2	8112.7	8450.1	7134.1	6423.1
固定电话年末用户	(万户)	Number of Fixed Telephone Subscribers at Year-end	(10 000 subscribers)	884.0	846.3	1185.2	1125.2	1107.4	1134.2
#城市电话用户	(万户)	Urban Fixed Telephone Subscribers	(10 000 subscribers)	639.0	618.1				
农村电话用户	(万户)	Rural Telephone Subscribers	(10 000 subscribers)	245.0	228.3				
邮政所	(处)	Post Offices	(unit)	2880	2873	2889	3005	2979	2903
邮路总长度	(公里)	Length of Postal Routes	(km)	452268	408336	442719	269210	416064	428755
(固定)互联网宽带接入用户	(万户)	Number of Internet Broad Band Subscribers	(10 000 subscribers)	2588.7	2884.8	3186.1	3445.6	3863.7	4264.7
#光纤宽带用户	(万户)	Fibre broadband users	(10 000 subscribers)	2129.9	2534.5	2900.4	3202.8	3656.8	4041.1
移动互联网用户	(万户)	Number of Mobile Internet Subscribers	(10 000 subscribers)	8508.0	9552.3	8855.3	8761.3	9368.0	9770.6
移动互联网用户接入流量	(万G)	Fibre broadband users	(10 000 G)	118820.5	384043.4	647314.6	857508.8	1256955.9	1554418.5

注：2021年起邮电业务总量按上年不变价格计算(以下相关表同)。

a)The business volume of post and telecommunication services was calculated at last year constant prices from 2021. The same applies to the relevant following tables.

17-9 各市邮电业务基本情况(2022年)
Basic Conditions of Post and Telecommunication Services by Region (2022)

地　区	Region	邮电业务总量(亿元) Business Volume of Post and Telecommunication Services (100 million yuan)	邮政行业业务总量(亿标准量) Business Volume of Post Services (100 million yuan)	电信业务总量(亿元) Business Volume of Telecommunication Services (100 million yuan)	移动电话用户数(万户) Number of Mobile Telephone Subscribers (10 000 subscribers)	固定电话用户数(万户) Number of Fixed Telephone Subscribers (10 000 subscribers)	(固定)互联网宽带接入用户(万户) Number of Internet Broad Band Subscribers (10 000 subscribers)
全省总计	**Total**	**1773.7**	**669.3**	**1104.4**	**11700.4**	**1134.2**	**4264.7**
济南市	Jinan	245.7	93.3	152.4	1274.6	162.4	523.5
青岛市	Qingdao	245.5	92.1	153.4	1345.3	167.4	498.6
淄博市	Zibo	71.8	19.8	52.0	558.4	70.9	186.3
枣庄市	Zaozhuang	54.2	17.6	36.6	408.9	38.2	151.7
东营市	Dongying	38.4	8.5	29.9	296.3	34.3	109.2
烟台市	Yantai	119.1	37.1	82.0	896.0	93.5	333.1
潍坊市	Weifang	152.8	58.4	94.4	1092.8	104.6	366.4
济宁市	Jining	111.4	37.3	74.1	862.3	68.5	303.7
泰安市	Tai'an	68.4	20.8	47.6	569.7	54.2	201.6
威海市	Weihai	55.8	18.8	37.0	409.3	42.7	154.9
日照市	Rizhao	45.6	14.5	31.1	332.5	29.4	126.7
临沂市	Linyi	226.4	121.9	104.5	1148.9	75.1	418.5
德州市	Dezhou	87.4	41.6	45.8	571.1	47.5	211.2
聊城市	Liaocheng	86.1	34.3	51.8	619.9	56.0	215.2
滨州市	Binzhou	56.3	16.6	39.7	430.3	39.4	166.7
菏泽市	Heze	107.8	36.6	71.2	884.2	50.1	297.6

17-10 各市公路情况(2022年)
Basic Conditions of Highways by Region (2022)

单位:公里 (km)

地 区	Region	公路里程 Length of Highways	等级公路里程 Expressway and Class I to IV Highways	二级及二级以上公路合计 Second Class and Above	高速公路里程 Length of Expressway	公路密度(公里/百平方公里) Road Density (km/100 sq.km)
全省总计	**Total**	**291759**	**291759**	**47934**	**8048**	**186**
济南市	Jinan	18284	18284	2987	785	178
青岛市	Qingdao	15447	15447	4310	882	137
淄博市	Zibo	11501	11501	1929	265	193
枣庄市	Zaozhuang	9417	9417	1655	286	206
东营市	Dongying	9358	9358	1362	237	109
烟台市	Yantai	19820	19820	4419	668	143
潍坊市	Weifang	29513	29513	5479	721	183
济宁市	Jining	21361	21361	3449	499	191
泰安市	Tai'an	16938	16938	2640	475	218
威海市	Weihai	7235	7235	1958	235	125
日照市	Rizhao	10377	10377	1838	222	194
临沂市	Linyi	32072	32072	4902	687	187
德州市	Dezhou	21948	21948	2743	531	212
聊城市	Liaocheng	21447	21447	2276	474	246
滨州市	Binzhou	17645	17645	2775	491	183
菏泽市	Heze	29397	29397	3213	590	242

17-11 各市地方交通旅客运输量(2022年)
Passenger Transport Volume of Local Traffic by Region (2022)

地 区	Region	客运量(万人) Passenger Traffic (10 000persons)	公路 Highways	水运 Waterways	周转量(百万人公里) Passenger-Kilometers (million passenger-km)	公路 Highways	水运 Waterways
全省总计	**Total**	**9065**	**8247**	**818**	**10148**	**9829**	**319**
济南市	Jinan	1498	1438	60	2961	2957	3.8
青岛市	Qingdao	1781	1694	86	1292	1282	9.5
淄博市	Zibo	67	66	1	116	116	
枣庄市	Zaozhuang	65	59	6	132	131	0.3
东营市	Dongying	234	231	3	429	428	0.6
烟台市	Yantai	1560	1200	360	1228	964	263.7
潍坊市	Weifang	417	417		500	500	
济宁市	Jining	576	523	53	705	702	3.5
泰安市	Tai'an	588	588		332	332	
威海市	Weihai	607	373	234	599	563	36.9
日照市	Rizhao	145	134	12	154	153	0.6
临沂市	Linyi	401	400	2	454	454	0.1
德州市	Dezhou	119	119		147	147	
聊城市	Liaocheng	706	706		526	526	
滨州市	Binzhou	71	71		186	186	
菏泽市	Heze	228	228		386	386	

17—12 各市地方交通货物运输量(2022年)
Freight Transport Volume of Local Traffic by Region (2022)

地 区	Region	货运量(万吨) Volume of Freight Traffic (10 000tons)	公路 Highways	水运 Waterways	周转量(百万吨公里) Freight Turnover (million ton-km)	公路 Highways	水运 Waterways
全省总计	**Total**	**297991**	**276906**	**21085**	**1237680**	**791263**	**446417**
济南市	Jinan	23901	23843	57	61285	60878	407
青岛市	Qingdao	31088	26696	4393	424601	69885	354716
淄博市	Zibo	17696	17696		48163	48163	
枣庄市	Zaozhuang	10031	9091	940	22106	18316	3790
东营市	Dongying	7494	7415	79	18665	18456	210
烟台市	Yantai	22939	18345	4594	59661	44879	14783
潍坊市	Weifang	29508	26078	3430	92964	67835	25128
济宁市	Jining	33279	28787	4492	97012	77314	19697
泰安市	Tai'an	7345	7314	31	18880	18755	126
威海市	Weihai	7848	6269	1578	33021	19657	13364
日照市	Rizhao	8670	7613	1057	34971	22014	12957
临沂市	Linyi	34561	34561		148767	148767	
德州市	Dezhou	14635	14635		33146	33146	
聊城市	Liaocheng	20015	20015		63863	63863	
滨州市	Binzhou	13643	13374	268	42819	42247	572
菏泽市	Heze	15337	15172	166	37755	37087	668

17—13 各市公路营业性运输车辆(2022年)
Transport Vehicles in Operation by Region (2022)

单位:辆 (Unit)

地 区	Region	汽车 Vehicles	客车 Passenger Vehicles	货车 Trucks
全省总计	**Total**	**1397527**	**17406**	**1380121**
济南市	Jinan	66111	2694	63417
青岛市	Qingdao	128578	3007	125571
淄博市	Zibo	56603	448	56155
枣庄市	Zaozhuang	52976	302	52674
东营市	Dongying	36650	651	35999
烟台市	Yantai	60734	1565	59169
潍坊市	Weifang	128236	1464	126772
济宁市	Jining	185425	819	184606
泰安市	Tai'an	46613	868	45745
威海市	Weihai	23481	859	22622
日照市	Rizhao	37308	557	36751
临沂市	Linyi	240003	1305	238698
德州市	Dezhou	59870	607	59263
聊城市	Liaocheng	125902	974	124928
滨州市	Binzhou	74129	479	73650
菏泽市	Heze	74908	807	74101

注:公路营运载客汽车不包括在公路运输管理部门管理并注册登记为公共汽车和出租汽车的车辆。数据来源于交通部门。

a)Passenger vehicles do not include those managed by department of highway transportation and registered as buses and taxis.The data comes from the transportation department.

17−14 各市民用汽车拥有量(2022年)
Possession of Civil Vehicles by Region(2022)

单位:辆 (Unit)

地区	Region	民用汽车总计 Total	载客汽车 Passenger Vehicles	大型 Large	中型 Medium	小型 Small	微型 Minicar
全省总计	**Total**	**28970392**	**25571146**	**126938**	**34262**	**25156148**	**253798**
济南市	Jinan	3198951	2927735	14924	3548	2890357	18906
青岛市	Qingdao	3548205	3196904	20717	5551	3146227	24409
淄博市	Zibo	1357303	1225766	6758	2719	1208242	8047
枣庄市	Zaozhuang	1086022	984772	4139	1076	967724	11833
东营市	Dongying	890365	793741	3920	1717	783740	4364
烟台市	Yantai	2095529	1900127	11041	3723	1871421	13942
潍坊市	Weifang	2965109	2557123	11854	3073	2517632	24564
济宁市	Jining	1991945	1671802	9831	2004	1635529	24438
泰安市	Tai'an	1065320	946327	6111	1417	931890	6909
威海市	Weihai	980897	872672	5283	2090	861541	3758
日照市	Rizhao	864806	751893	3735	742	739732	7684
临沂市	Linyi	3265720	2788196	7478	2599	2730838	47281
德州市	Dezhou	1353404	1203762	4608	1117	1185250	12787
聊城市	Liaocheng	1417554	1227061	5634	781	1205672	14974
滨州市	Binzhou	1182334	1028029	4517	790	1013852	8870
菏泽市	Heze	1706928	1495236	6388	1315	1466501	21032

注:民用汽车不含三轮汽车和低速载货汽车。其他汽车指专项作业车。
a)Civil vehicles don't include three-wheeled vehicles and low-speed trucks.Other vehicles refer to special operation vehicles.

17−14 续表 continued

单位:辆 (Unit)

地区	Region	载货汽车 Trucks	大型 Large	中型 Medium	小型 Small	微型 Minicar	其他汽车 Others
全省总计	**Total**	**3261382**	**979341**	**53545**	**2226971**	**1525**	**137864**
济南市	Jinan	254546	51830	3839	198466	411	16670
青岛市	Qingdao	336422	86341	9550	240407	124	14879
淄博市	Zibo	124659	37313	1522	85556	268	6878
枣庄市	Zaozhuang	98192	33390	1058	63731	13	3058
东营市	Dongying	89054	25493	1003	62513	45	7570
烟台市	Yantai	187514	45454	4654	137355	51	7888
潍坊市	Weifang	394344	92531	8969	292637	207	13642
济宁市	Jining	305428	146454	2551	156343	80	14715
泰安市	Tai'an	114577	29351	2130	83089	7	4416
威海市	Weihai	103820	16660	1430	85722	8	4405
日照市	Rizhao	108518	26559	1017	80856	86	4395
临沂市	Linyi	465207	170349	9743	285088	27	12317
德州市	Dezhou	142788	41287	1273	100186	42	6854
聊城市	Liaocheng	183602	78465	1243	103843	51	6891
滨州市	Binzhou	148917	49190	1617	98097	13	5388
菏泽市	Heze	203794	48674	1946	153082	92	7898

17-15 各市私人汽车拥有量(2022年)
Possession of Private Vehicles by Region (2022)

单位:辆 (Unit)

地 区	Region	汽车总计 Total	载客汽车 Passenger Vehicles	大 型 Large	中 型 Medium	小 型 Small	微 型 Minicar
全省总计	**Total**	**25796995**	**23747069**	**1961**	**12695**	**23504059**	**228354**
济 南 市	Jinan	2852698	2683077	692	1390	2663239	17756
青 岛 市	Qingdao	3078382	2890122	164	1447	2870796	17715
淄 博 市	Zibo	1220864	1146315	87	1415	1137066	7747
枣 庄 市	Zaozhuang	790253	731915	54	385	723652	7824
东 营 市	Dongying	790797	739516	43	486	735085	3902
烟 台 市	Yantai	1901743	1776902	27	1487	1761960	13428
潍 坊 市	Weifang	2754369	2448876	173	1660	2423033	24010
济 宁 市	Jining	1743547	1589916	165	555	1565314	23882
泰 安 市	Tai'an	984077	903686	34	605	896223	6824
威 海 市	Weihai	895184	819753	123	720	815381	3529
日 照 市	Rizhao	783693	711206	20	281	703708	7197
临 沂 市	Linyi	2935351	2655487	170	1095	2613551	40671
德 州 市	Dezhou	1164359	1078035	87	304	1066995	10649
聊 城 市	Liaocheng	1253799	1161350	47	227	1146780	14296
滨 州 市	Binzhou	1054298	963567	28	266	955067	8206
菏 泽 市	Heze	1593581	1447346	47	372	1426209	20718

注：私人汽车不含登记在个人名下三轮汽车和低速载货汽车。
a)Total vehicles don't include three-wheeled vehicles and low-speed trucks.

17-15 续表 continued

单位:辆 (Unit)

地 区	Region	载货汽车 Trucks	大 型 Large	中 型 Medium	小 型 Small	微 型 Minicar	其他汽车 Others
全省总计	**Total**	**1982187**	**107132**	**20981**	**1853426**	**648**	**67739**
济 南 市	Jinan	162798	13960	1223	147598	17	6823
青 岛 市	Qingdao	183320	1512	1559	180187	62	4940
淄 博 市	Zibo	71355	1737	433	69111	74	3194
枣 庄 市	Zaozhuang	56783	4010	395	52366	12	1555
东 营 市	Dongying	48813	1558	326	46902	27	2468
烟 台 市	Yantai	121839	8958	1982	110875	24	3002
潍 坊 市	Weifang	297355	32567	5089	259600	99	8138
济 宁 市	Jining	145019	11052	611	133294	62	8612
泰 安 市	Tai'an	77975	4832	868	72269	6	2416
威 海 市	Weihai	73783	5972	602	67204	5	1648
日 照 市	Rizhao	70434	1837	265	68257	75	2053
临 沂 市	Linyi	272176	13932	6100	252121	23	7688
德 州 市	Dezhou	82794	335	240	82194	25	3530
聊 城 市	Liaocheng	88766	1196	187	87338	45	3683
滨 州 市	Binzhou	87681	2022	538	85111	10	3050
菏 泽 市	Heze	141296	1652	563	138999	82	4939

17-16 按行业分企业信息化及电子商务情况(2022年)

行　业	Industry	企业数(个) Number of Enterprises (unit)	期末使用计算机数(台) Computers Used at the End of Period (unit)
全　省	**Total**	**98861**	**3645004**
采矿业	Mining	361	101382
制造业	Manufacturing	32594	1447840
电力、热力、燃气及水生产和供应业	Production and Supply of Electricity, Heat, Gas and Water	1714	147180
建筑业	Construction	11141	372921
批发和零售业	Wholesale and Retail Trades	28907	437790
交通运输、仓储和邮政业	Transport, Storage and Post	3645	215700
住宿和餐饮业	Hotels and Catering Services	4524	59526
信息传输、软件和信息技术服务业	Information Transmission, Software and Information Technology Services	989	293239
房地产业	Real Estate	8651	162119
租赁和商务服务业	Leasing and Business Services	2648	100701
科学研究和技术服务业	Scientific Research and Technical Services	1703	171438
水利、环境和公共设施管理业	Management of Water Conservancy, Environment and Public Facilities	402	15225
居民服务、修理和其他服务业	Service to Households, Repair and Other Services	405	7069
教育	Education	214	38079
卫生和社会工作	Health and Social Service	436	47856
文化、体育和娱乐业	Culture, Sports and Entertainment	527	26939

注：有电子商务交易活动的企业是指通过计算机网络开展电子商务销售或电子商务采购的企业。

Informatization and E-Commerce of Enterprises by Industrial Sector (2022)

每百人使用计算机数(台) Computers Used Per 100 Persons (unit)	企业拥有网站数(个) Websites of Enterprises (unit)	每百家企业拥有网站数(个) Websites Per 100 Enterprises (unit)	有电子商务交易活动 With E-Commerce Transactions		电子商务销售额(万元) Sales of E-Commerce (10 000 yuan)	电子商务采购额(万元) Purchases of E-Commerce (10 000 yuan)
			企业数(个) Enterprises (unit)	比重(%) Proportion (%)		
34	**43005**	**44**	**12676**	**12.8**	**242638107**	**112981992**
33	126	35	7	1.9	447027	11885
29	20179	62	3931	12.1	133600989	57755105
49	708	41	136	7.9	13634485	4752748
19	3971	36	440	3.9	72329	2626648
51	8322	29	3430	11.9	70338244	42561938
39	1180	32	444	12.2	7693223	3151397
26	1355	30	1658	36.6	967028	13054
119	902	91	299	30.2	14273601	1343909
40	3045	35	321	3.7	139428	17454
24	1041	39	347	13.1	728288	215735
79	1180	69	237	13.9	311118	482718
10	150	37	46	11.4	18580	1781
14	145	36	47	11.6	85627	21772
117	144	67	17	7.9	104735	629
54	294	67	75	17.2	37917	11703
70	263	50	164	31.1	185490	13516

a) Enterprises with E-Commerce Transactions refers to those enterprises which performed sales or purchases through internet.

17-17 各市企业信息化及电子商务情况(2022年)

地　区	Region	企业数(个) Number of Enterprises (unit)	期末使用计算机数(台) Computers Used at the End of Period (unit)	每百人使用计算机数(台) Computers Used Per 100 Persons (unit)
全省总计	**Total**	**98861**	**3645004**	**34**
济南市	Jinan	12986	794673	48
青岛市	Qingdao	14894	672479	45
淄博市	Zibo	5906	198631	28
枣庄市	Zaozhuang	2825	77540	28
东营市	Dongying	3113	168469	37
烟台市	Yantai	7456	295483	33
潍坊市	Weifang	8747	336568	32
济宁市	Jining	7765	188976	27
泰安市	Tai'an	4064	130951	21
威海市	Weihai	3590	143035	33
日照市	Rizhao	2763	90198	35
临沂市	Linyi	8147	174608	25
德州市	Dezhou	4000	107520	29
聊城市	Liaocheng	3865	85465	23
滨州市	Binzhou	3532	91721	23
菏泽市	Heze	5208	88687	21

注：有电子商务交易活动的企业是指通过计算机网络开展电子商务销售或电子商务采购的企业。

Informatization and E-Commerce of Enterprises by Region (2022)

企业拥有网站数(个) Websites of Enterprises (unit)	每百家企业拥有网站数(个) Websites Per 100 Enterprises (unit)	有电子商务交易活动 With E-Commerce Transactions		电子商务销售额(万元) Sales of E-Commerce (10 000 yuan)	电子商务采购额(万元) Purchases of E-Commerce (10 000 yuan)
		企业数(个) Enterprises (unit)	比重(%) Proportion (%)		
43005	**44**	**12676**	**12.8**	**242638107**	**112981992**
6343	49	1495	11.5	52052434	25169700
7480	50	6104	41.0	71150088	50128456
2646	45	514	8.7	13437341	11841683
1100	39	189	6.7	1236380	326183
1469	47	230	7.4	25903985	674901
3418	46	580	7.8	16897652	5845761
4319	49	577	6.6	13875845	6754708
3042	39	493	6.4	1851049	815542
1615	40	311	7.7	1620683	681104
1630	45	268	7.5	1664382	773302
1183	43	180	6.5	20023087	5753495
2235	27	434	5.3	6925182	1383613
1985	50	315	7.9	6170524	1662707
1534	40	267	6.9	5249506	2002951
1416	40	316	8.9	6747620	2320997
1590	31	403	7.7	10196491	915421

a) Enterprises with E-Commerce Transactions refers to those enterprises which performed sales or purchases through internet.

主要统计指标解释

铁路营业里程　又称营业长度(包括正式营业和临时营业里程)，指办理客货运输业务的铁路正线总长度。凡是全线或部分建成双线及以上的线路，以第一线的实际长度计算；复线、站线、段管线、岔线和特殊用途线以及不计算运费的联络线都不计算营业里程。该指标可以反映铁路运输业基础设施的发展水平，也是计算客货周转量、运输密度和机车车辆运用效率等指标的基础资料。

公路里程　指在一定时期内实际达到《公路工程\[WTBZ\]技术标准 JTJ01-88》规定的等级公路，并经公路主管部门正式验收交付使用的公路里程数。包括大中城市的郊区公路以及通过小城镇街道部分的公路里程和桥梁、渡口的长度，不包括大中城市的街道、厂矿、林区生产用道和农业生产用道的里程。两条或多条公路共同经由同一路段，只计算一次，不得重复计算里程长度。该指标可以反映公路建设的发展规模，也是计算运输网密度等指标的基础资料。

内河航道里程　也称内河通航里程，指在一定时期内，能通航运输船舶及排筏的天然河流、湖泊水库、运河及通航渠道的长度。包括全年季节性通航累计三个月以上的航道，不包括仅供零散流放竹、木排的河道。该指标可以反映内河水运网的规模、水平和发展情况。

货(客)运量　指在一定时期内，各种运输工具实际运送的货物(旅客)数量。该指标是反映运输业为国民经济和人民生活服务的数量指标，也是制定和检查运输生产计划、研究运输发展规模和速度的重要指标。货运按吨计算，客运按人计算。货物不论运输距离长短、货物类别，均按实际重量统计。旅客不论行程远近或票价多少，均按一人一次客运量统计；半价票、小孩票也按一人统计。

货物(旅客)周转量　指在一定时期内，由各种运输工具运送的货物(旅客)数量与其相应运输距离的乘积之总和。该指标可以反映运输业生产的总成果，也是编制和检查运输生产计划，计算运输效率、劳动生产率以及核算运输单位成本的主要基础资料。计算货物周转量通常按发出站与到达站之间的最短距离，也就是计费距离计算。计算公式为：

货物（旅客）周转量=Σ（货物（旅客）运输量×运输距离）

铁路货车平均静载重　指铁路货车在始发站静止状态下平均每车装载的货物重量，用以分析货车完成装车时车辆载重力的利用情况。计算公式为：

$$货车平均静载量=\frac{货物发送吨数}{装车数}$$

铁路货运机车日产量　指在一定时期内，平均每台货运机车在一昼夜内所完成的总重吨公里数，包括载运货物的重量和车辆本身的自重。该指标从时间和牵引能力两方面反映了机车运用效率。计算公式为：

$$货运机车平均日产量=\frac{货运总重吨公里数}{货运机车台日数}$$

沿海主要港口货物吞吐量　指经水运进出沿海主要港区范围，并经过装卸的货物数量，包括邮件及办理托运手续的行李、包裹以及补给运输船舶的燃、物料和淡水。货物吞吐量按货物流向分为进口、出口吞吐量，按货物交流性质分为外贸货物吞吐量和国内贸易货物吞吐量。货物吞吐量的货类构成及其流向，是衡量港口生产能力大小的重要指标。

民用汽车拥有量　指报告期末，在公安交通管理部门按照《机动车注册登记工作规范》，已注册登记领有民用车辆牌照的全部汽车数量。汽车拥有量统计的主要分类：根据汽车结构分为载客汽车、载货汽车及其他汽车；根据汽车所有者不同分为个人(私人)汽车、单位汽车；根据汽车的使用性质分为营运汽车、非营运汽车；根据汽车大小规格不同载客汽车分为大型、中型、小型和微型，载货汽车分为重型、中型、轻型和微型。

邮电业务总量　指以价值量形式表现的邮电通信企业为社会提供各类邮电通信服务的总数量。邮电业务量按专业分类包括函件、包件、汇票、报刊发行、邮政快件、特快专递、邮政储蓄、集邮、公众电报、用户电报、传真、长途电话、出租电路、无线寻呼、移动电话、分组交换数据通信、出租代维等。计算方法为各类产品乘以相应的平均单价(不变价)之和，再加上出租电路和设备、代用户维护电话交换机和线路等的服务收入。该指标综合反映了一定时期邮电业务发展的总成果，是研究邮电业务量构成和发展趋势的重要指标。计算公式为：

邮电业务总量=Σ（各类邮电业务量×不变单价）
+出租代维及其他业务收入
=邮政业务总量+电信业务总量

移动电话用户　指通过移动电话交换机进入移动电话网、占用移动电话号码的各类电话用户。包括签约用户和智能网预付费用户。一个移动电话号码统计为一户。

互联网上网人数　指平均每周使用互联网至少 1 小时的中国公民人数。

本地电话用户　指接入本地电信运营商固定电话网上的电话用户。包括：住宅用户、单位用户、公用电话用户等。按电话用户位置又分为市内电话用户和农村电话用户。1997 年以前，“市内电话用户”是指接入县城及县以上城市的电话网上的电话用户；“农村电话用户”是指接入县邮电局农话台及县以下农村电话交换点，以县城为中心(除市话用户外)联通县、乡(镇)、行政村、村民小组的用户。从1997年起，电话用户数分组调整为以用户所在区域划分为“城市电话用户”和“乡村电话用户”，与过去的按市内电话和农村电话划分方法不同。而电话用户总数、电话机总部数统计范围不变。

城市电话用户　指直辖市、省辖市、地级市、县级市的市区、市郊区及县城(包括县人民政府所在地的县城关区或行政建制相当于县人民政府所在地的镇)范围内接入局用交换机的电话用户数，包括分布在农村地区的独立工矿区、林区、驻军等电话用户数。

农村电话用户　指按行政区划属于城市范围以外的乡(镇)、村的电话用户数。

Explanatory Notes on Main Statistical Indicators

Length of Railways in Operation refers to the total length of the trunk line under passenger and freight transportation (including both full operation and temporary operation). The calculation is based on the actual length of the first line even if this line has a full or partial double track or more tracks, excluding double tracks, station sidings, tracks under the charge of stations, branch lines, special purpose lines and the non payable connecting lines. The length of railways in operation is an important indicator to show the development of the infrastructure for the railway transport, and also the essential data to calculate volume of passenger freight transport, traffic density and utilization efficiency of the locomotives and carriages.

Length of Highways refers to the length of highways which are built in conformity with the grades specified by the highway engineering standard formulated by the Ministry of Communications,and have been formally checked and accepted by the departments of highways and put into use. The length of highways includes that of the suburb highways at large and medium sized cities, highways passing through streets at small cities and towns, and also the length of bridges and ferries. It does not include the length of streets in big and medium sized cities and highways built for the production purpose at factories, mines, forest areas and agricultural areas. If two or more highways go the same section of the way, the length of the section is only calculated for once and no duplication is allowed. The length of highways is an important indicator to show the development of the highway construction and to provide essential information to calculate the transport network density.

Length of Navigable Inland Waterways it is an indicator reflecting the size and development of inland water network, it refers to the length of the natural rivers, lakes, reservoirs, canals, and ditches open to navigation during a given period, which enables the transport by ships and rafts. It includes the channels open to navigation for over an accumulative 3 months in a year, yet this does not include the river courses, which are only used to float odd logs and bamboo rafts. This indicator can reflect the scale, level and development situation of the inland waterway network.

Freight (Passenger) Traffic refers to the volume of freight (passenger) transported with various means. Freight transport is calculated in tons and passenger traffic is calculated in the number of persons. Despite the type of freight and traveling distance, the freight transport is calculated in the actual weight of the goods: and despite the traveling distance and ticket price, the passenger traffic is calculated by the principle that one person can be counted only once in one travel. The passengers who travel with a half price ticket or a child ticket is also calculated as one person. The freight (passenger) traffic provides a quantitative measure to show how the transport industry serves the national economy and people, and is also an important indicator for planning the transport industry and for studying the development scale and speed of the transport industry.

Freight Ton kilometers (Passenger kilometers) refer to the sum of the products of the volume of transported cargo (passengers) multiplying by the transport distance. It is an important indicator to reflect the achievement of transportation industry. Normally, the shortest distance between the departure station and the destination station (i.e., the payable distance) is the basis to calculate the freight ton kilometers. This is an important indicator to show the total results of the transport industry, to prepare and examine the transport plan and to measure the efficiency, the labour productivity and the unit cost of transport.The formula is as follows:

$$\begin{matrix}\text{Freight ton - kilometres}\\ \text{(passenger - kilometres)}\end{matrix} = \sum \begin{matrix}\text{freight}\\ \text{(passenger)traffic}\end{matrix} \times \begin{matrix}\text{distance of}\\ \text{transportation}\end{matrix}$$

Static Load of Freight Cars refers to the average cargo weight as loaded by each freight car under the static condition at the departure station. It is used to show the utilization extent of the loading capacity of the freight cars. The formula is:

$$\begin{matrix}\text{Static load (ton)}\\ \text{of freight car}\end{matrix} = \frac{\text{tonnage of goods dispatched}}{\text{number of freight cars loaded}}$$

Average Daily Haul of Freight Locomotives refers to the average total ton kilometers accomplished by each freight transport locomotive over day and night during a given period of time. It includes both the weight of the goods carried and the dead weight of the train itself. It is a comprehensive indicator reflecting the locomotive efficiency in terms of both time and the pulling force.

$$\begin{matrix}\text{Average daily haul of}\\ \text{freight transport locomotive}\\ \text{(ton - kilometre)}\end{matrix} = \frac{\begin{matrix}\text{Total ton - kilometres}\\ \text{of freight}\end{matrix}}{\begin{matrix}\text{Daily number of freight}\\ \text{transport locomotive}\end{matrix}}$$

Volume of Freight Handled in Major Coastal Ports refers to the volume of cargo passing in and out the harbor area of the major coastal ports and having been loaded and unloaded. The volume includes that of the postal matters, registered luggage and fuels, materials and fresh water as supplies of the ships. The volume of freight handled may be classified by direction of flow as freight for import and freight for export, or by nature of cargo as freight for domestic trade and freight for foreign trade. As an important indicator, the volume of freight handled by type of cargo and by main flow direction reflects the production capacity of ports.

Possession of Civil Motor Vehicles refer to the total numbers of vehicles that are registered and received vehicles license tags according to the Work Standard for Motor Vehicles Registration formulated by transport management office under department of public security at the end of reference period. They are divided into following categories according to the structure of motor vehicles: passenger vehicles, trucks and others; and private vehicles and vehicles for units use according to ownerships; working vehicles and non working vehicles according to kind of usage; large passenger vehicles, medium passenger vehicles, small passenger vehicles and mini passenger vehicle, heavy trucks, light heavy trucks, light trucks and mini trucks according to sizes of vehicles.

Business Volume of Post and Telecommunications refers to the total amount of post and telecommunication services, expressed in value terms, provided by the post and telecommunications departments for the society. Post and telecommunication services can be classified as letters, parcels, remittance, issue of newspapers and magazines, fast mail service, express mail service, savings deposits, stamps for collection, public and individual telegraph service, facsimiles, long distance telephone service, leasing of telephone lines, urban paging service, mobile telephone service, data transfer and transmission, etc. The accounting approach is to multiply the service products of all types with their average unit price (constant price) to get sum of business value, plus income from other services such as leasing of telephone lines and equipment, maintenance of telephone switchboards and lines on behalf of customers. This indicator reflects the overall results of post and telecommunications service during a given period, and is important to study the composition of business service and the development of post and telecommunications service.

The formula is as follows:

Business volume of post and telecommunications

=∑(Transaction of post and telecommunication services ×price[constant price])

+Income from leasing, maintenance and other services

= business volume of postal service

+ business volume of telecommunications service

Mobile Telephone Subscribers refer to the persons who own mobile telephone numbers and are connected with the mobile telephone communication network through the mobile telephone switchboards, including contracted subscribers and pre paid subscribers for intelligent network. One mobile telephone is taken as a subscriber.

Internet Users refer to the number of Chinese citizens who use Internet at least for one hour each week.

Local Telephone Subscribers refer to subscribers that are connected to the local telecommunication service provider through fix line network, including household subscribers, institutional subscribers and public telephones. They are also classified as city subscribers and rural subscribers according to locations. Before 1997, city subscribers referred to those connected to city telephone networks in county towns and cities, while village subscribers referred to those connected to village telephone stations at and below counties. Since 1997, the classification of telephone subscribers was modified on the basis of physical location of the subscribers as urban telephone subscribers and rural telephone subscribers, which is different from the previous classification of categorizing local telephones and rural telephones, while the definition of total subscribers and total number of telephones remain unchanged.

Urban Telephone Subscribers refer to number of telephone subscribers, located at municipalities, cities under the jurisdiction of province, cities at prefecture level, downtown and suburb of city at county level town and county towns (including country towns where county government located, and towns of county level according to the administrative organizational system), that are connected to the public line telephone network, including rural mineral area, forest area, military area.

Rural Telephone Subscribers refer to telephone subscribers, located at counties (towns) and villages outside the range of cities according to administrative jurisdiction.

第18篇

批发和零售业、住宿和餐饮业

Wholesale, Retail, Hotels and Catering Services

简 要 说 明

一、本篇资料的主要内容

本篇资料反映全省市场发展情况、批发和零售业、住宿和餐饮业经营情况和效益情况等，主要包括批发和零售业商品流转情况及财务状况、住宿和餐饮业经营情况及财务状况、社会消费品零售总额等内容。

二、本篇资料的来源

本篇资料中除特别注明外，其余均来自限额以上批发和零售业、住宿和餐饮业年报资料和定期报表统计资料。

本篇资料由省统计局贸易处整理提供。

Brief Introduction

I. Content

Data in this chapter are supposed to show the development of Shandong's domestic market, wholesale and retail trade, hotels and catering services, mainly including the circulation of commodities in the wholesale and retail trade, the financial indices of related businesses and the total retail sales of consumer goods.

II. Source of Data

Except the data specifically noted, all data in this chapter are based on the annual report of wholesale, retail, hotels and catering services and periodic statistical statements.

Data in this chapter are prepared and compiled by the Division of Trade and External Economic Relations Statistics of Shandong Provincial Bureau of Statistics.

18-1 批发和零售业情况
Basic Conditions of Wholesale and Retail Trades

指　　标	Item	2017	2018	2019	2020	2021	2022
批发和零售业	**Wholesale and Retail Trades**						
法人企业 (个)	Number of Corporation Enterprises (unit)	16865	15695	15617	21036	24740	29600
年末从业人数 (万人)	Engaged Persons at Year-end (10 000 persons)	90.1	82.5	74.3	78.9	81.9	85.2
商品购进额 (亿元)	Total Purchases (100 million yuan)	29812.8	30902.8	35945.1	45047.6	64852.2	74150.2
#进口额 (亿元)	Imports (100 million yuan)	872.6	769.5	1189.6	1671.7	2423.8	2844.2
商品销售额 (亿元)	Total Sale (100 million yuan)	32944.0	34878.2	40037.2	48585.3	68119.2	77573.4
#出口额 (亿元)	Exports (100 million yuan)	1042.4	1233.0	1370.1	1409.2	1787.7	2396.8
期末商品库存额 (亿元)	Total Stock at Year-end (100 million yuan)	1903.5	1961.1	2003.6	2479.5	3203.8	3717.0
批发业	**Wholesale Trade**						
法人企业 (个)	Number of Corporation Enterprises (unit)	8310	8298	9938	15036	18293	21612
年末从业人数 (万人)	Engaged Persons at Year-end (10 000 persons)	35.1	32.6	32.3	37.7	40.1	42.2
商品购进额 (亿元)	Total Purchases (100 million yuan)	21821.3	24409.3	30080.8	38989.8	57869.4	66579.7
#进口额 (亿元)	Imports (100 million yuan)	796.0	676.8	1058.9	1549.3	2295.6	2708.3
商品销售额 (亿元)	Total Sales (100 million yuan)	24016.9	27161.1	33144.5	41723.0	60197.3	69254.1
#出口额 (亿元)	Exports (100 million yuan)	1039.5	1230.8	1364.0	1407.4	1785.7	2396.0
期末商品库存额 (亿元)	Total Stock at Year-end (100 million yuan)	1156.7	1183.3	1304.3	1783.1	2470.4	2869.1
零售业	**Retail Trade**						
法人企业 (个)	Number of Corporation Enterprises (unit)	8555	7397	5679	6000	6447	7988
年末从业人数 (万人)	Engaged Persons at Year-end (10 000 persons)	55.1	50.0	42.0	41.2	41.7	43.0
商品购进额 (亿元)	Total Purchases (100 million yuan)	7991.5	6493.6	5864.3	6057.8	6982.8	7570.6
#进口额 (亿元)	Imports (100 million yuan)	76.6	92.8	130.7	122.4	128.2	135.9
商品销售额 (亿元)	Total Sales (100 million yuan)	8927.2	7717.1	6892.7	6862.3	7921.8	8319.3
#出口额 (亿元)	Exports (100 million yuan)	2.9	2.2	6.1	1.7	2.0	0.8
期末商品库存额 (亿元)	Total Stock at Year-end (100 million yuan)	746.8	777.8	699.3	696.3	733.4	847.9
年末零售营业面积 (万平方米)	Business Area of Retail at Year-end (10 000 sq.m)	2908.0	2968.0	3043.9	3138.5	3241.6	3452.1

18-2 限额以上批发和零售业商品购进、销售、库存总额(2022年)

单位:万元

指标名称	Indicator	法人单位(个) Corporate Unit (unit)
总　计	**Total**	**29600**
一、批发业	**Wholesale Trade**	**21612**
1.按登记注册类型分	by Status of Registration	
内　资	Domestic Funded Enterprises	21305
国　有	State-owned	216
集　体	Collective-owned	13
股份合作	Cooperative	6
联营企业	Joint Ownership	10
有限责任公司	Limited Liability Corporations	2828
股份有限公司	Share-holding Corporations Ltd.	120
私营企业	Private Enterprises	18048
其　他	Others	64
港澳台商投资企业	Enterprises with Funds from Hong Kong,Macao and Taiwan	121
与港澳台商合资经营	Joint-venture	30
与港澳台商合作经营	Cooperative	3
港澳台商独资	Sole Investment	80
港澳台商投资股份有限公司	Share-holding Corporations Ltd. with Sole Investment	3
其他港澳台投资企业	Others	5
外商投资企业	Foreign Funded Enterprises	186
中外合资经营	Joint-venture	53
中外合作经营	Cooperative	3
外资企业	Sole Foreign Investment	121
外商投资股份有限公司	Share-holding Corporations Ltd. with Foreign Investment	5
其他外商投资企业	Others	4
2.按国民经济行业分(GB/T 4754-2017)	by Sector	
农、林、牧产品批发业	Wholesale of Farm Produce and Livestock Products	1278
食品、饮料及烟草制品批发	Wholesale of Food, Beverages and Tobaccos	1897
纺织、服装及家庭用品批发	Wholesale of Textiles, Garments and Daily Consumer Articles	1233
文化、体育用品及器材批发	Wholesale of Culture, Sports Appliances and Equipments	462
医药及医疗器材批发	Wholesale of Medicines and Medical Appliances	1116
矿产品、建材及化工产品批发	Wholesale of Mineral Products, Building Materials and Chemical Products	12115
机械设备、五金产品及电子产品批发	Wholesale of Machinery, Hardware and Electronic Equipment	2982
贸易经纪与代理	Trade Broker and Agency	51
其他批发业	Other Wholesale not Classified Elsewhere	478

Total Purchases,Sales and Inventory of Enterprises above Designated Size of Wholesale and Retail Trades(2022)

(10 000 yuan)

购进总额 Total Purchases Value	#进口 Import	销售总额 Total Sale Value 合计 Total	批发 Wholesale	#出口 Export	零售 Retail	年末库存总额 Inventory (year-end)
741502181	**28441650**	**775734306**	**689028781**	**23967823**	**86705525**	**37169537**
665796590	**27082985**	**692541000**	**682983691**	**23960205**	**9557309**	**28690607**
622624345	22745025	647812097	639928171	20407689	7883926	27015589
24549984	130536	25934762	25882856	189822	51906	893950
125852	84	141286	141286	45		2620
161470	112	168710	168457	5978	253	4509
721592	9024	730066	730066			16793
241073584	8902008	250042384	246931645	4951939	3110739	9533062
10054207	348125	10912964	10199876	1934495	713088	1584074
345575504	13355136	359485767	355488091	13325411	3997676	14952955
362154		396158	385895		10263	27626
16890972	3654153	17550631	17155727	3082475	394904	1068161
4477686	25743	4484955	4471146	167351	13809	66134
34390		24220	24220			13538
11763642	3607036	12389311	12127541	2913298	261770	976512
339559		357152	237827		119325	4660
275695	21374	294994	294994	1826		7317
26281273	683806	27178272	25899793	470040	1278479	606858
7654585	394904	7948976	7915373	92767	33603	227646
11986	2714	18745	18319		426	3942
18072671	286189	18629322	17514824	373377	1114498	367295
528468		563761	433810		129951	7975
13563		17468	17468	3897		
21844046	1068412	22704260	22580584	376537	123677	1758284
41874181	2693665	48278196	46319069	1727903	1959127	2683354
28037995	522187	29338535	28074717	5369615	1263819	2265119
10660636	269907	11330123	10293871	455965	1036252	792663
27595122	157412	30438113	30232500	249057	205613	2279168
481745159	20450800	493118504	489150221	7751284	3968283	15164682
44376999	1270220	47083158	46241168	7271738	841990	3345319
1905851	371124	2023330	1968362	429610	54968	98222
7756601	279260	8226779	8123200	328494	103580	303797

18-2 续表

单位:万元

指标名称	Indicator	法人单位（个）Corporate Unit (unit)
二、零售业	**Retail Trade**	**7988**
1.按登记注册类型分	by Status of Registration	
内　资	Domestic Funded Enterprises	7827
国　有	State-owned	55
集　体	Collective-owned	34
股份合作	Cooperative	16
联营企业	Joint Ownership	2
有限责任公司	Limited Liability Corporations	1289
股份有限公司	Share-holding Corporations Ltd.	92
私营企业	Private Enterprises	6299
其　他	Others	40
港澳台商投资企业	Enterprises with Funds from Hong Kong,Macao and Taiwan	86
与港澳台商合资经营	Joint-venture	13
与港澳台商合作经营	Cooperative	1
港澳台商独资	Sole Investment	67
港澳台商投资股份有限公司	Share-holding Corporations Ltd. with Sole Investment	1
其他港澳台投资企业	Others	4
外商投资企业	Foreign Funded Enterprises	75
中外合资经营	Joint-venture	18
中外合作经营	Cooperative	3
外资企业	Sole Foreign Investment	47
外商投资股份有限公司	Share-holding Corporations Ltd. With Foreign Investment	7
其他外商投资企业	Others	
2.按国民经济行业分(GB/T 4754-2017)	by Sector	
综合零售	Integrated Retail	857
食品、饮料及烟草制品专门零售	Retail of Food, Beverages and Tobaccos	689
纺织、服装及日用品专门零售	Special Retail of Textiles, Garments and Daily Consumer Articles	316
文化、体育用品及器材专门零售	Retail of Culture, Sports Appliances and Equipments	287
医药及医疗器材专门零售业	Retail of Medicines and Medical Appliances	398
汽车、摩托车、零配件和燃料及其他动力销售	Retail of Motor Vehicles, Motorcycles,Parts,Fuel and Other Power	3586
家用电器及电子产品专门零售业	Special Retail of Household Electric Appliances and Electronic Products	959
五金、家具及室内装修材料专门零售	Special Retail of Hardware, Furniture and Decoration Materials	256
货摊、无店铺及其他零售业	Non-shop and Other Retails	640

continued

(10 000 yuan)

购进总额 Total Purchases Value	#进口 Import	销售总额 Total Sale Value 合计 Total	批发 Wholesale	#出口 Export	零售 Retail	年末库存总额 Inventory (year-end)
75705590	**1358666**	**83193306**	**6045090**	**7618**	**77148216**	**8478929**
68333546	965205	74191396	4802439	7544	69388957	7760218
695970	141	762175	38499		723676	62156
120472		140630	2040		138590	9017
147912		198248	161		198087	12790
24591		25499			25499	1079
22732722	349959	24169103	1997611	152	22171492	2274136
5954534	58880	7658976	783911		6875065	469686
38584517	555631	41163934	1979466	7392	39184468	4922567
72829	594	72832	751		72081	8788
3101349	285627	3359587	51349		3308238	299541
457266	137778	498952	2953		495999	41432
67329		70761			70761	6913
2517659	145904	2724429	48396		2676034	246014
20811		25894			25894	778
38285	1945	39550			39550	4403
4270695	107834	5642324	1191302	74	4451022	419171
542534	17164	667608	71536		596072	212251
56094		65865			65865	6352
2659521	90669	3275681	632925	74	2642756	155342
1012547		1633170	486841		1146328	45227
14551911	62566	17525255	1109068	155	16416187	1689871
1969056	6324	2246927	272166		1974760	232435
1264302	12648	1568266	195370	1383	1372896	309015
1404744	1888	1546029	107517	183	1438513	352661
4195455	1646	4657615	177682	416	4479933	693213
37971408	1202117	40364207	2349264	574	38014944	3961559
3489018	17061	3761197	502855		3258342	412837
476253	9737	536575	9328	942	527247	73109
10383442	44680	10987235	1321841	3965	9665395	754230

18-3 限额以上批发和零售业企业财务状况(2022年)

单位:万元

指标名称	Indicator	企业数(个) Number of Enterprises (unit)
总　计	**Total**	**29600**
一、批发业	**Wholesale Trade**	**21612**
1.按登记注册类型分	by Status of Registration	
内　资	Domestic Funded Enterprises	21305
国　有	State-owned	216
集　体	Collective-owned	13
股份合作	Cooperative	6
联营企业	Joint Ownership	10
有限责任公司	Limited Liability Corporations	2828
股份有限公司	Share-holding Corporations Ltd.	120
私营企业	Private Enterprises	18048
其　他	Others	64
港澳台商投资企业	Enterprises with Funds from Hong Kong,Macao and Taiwan	121
与港澳台商合资经营	Joint-venture	30
与港澳台商合作经营	Cooperative	3
港澳台商独资	Sole Investment	80
港澳台商投资股份有限公司	Share-holding Corporations Ltd. with Sole Investment	3
其他港澳台投资企业	Others	5
外商投资企业	Foreign Funded Enterprises	186
中外合资经营	Joint-venture	53
中外合作经营	Cooperative	3
外资企业	Sole Foreign Investment	121
外商投资股份有限公司	Share-holding Corporations Ltd. with Foreign Investment	5
其他外商投资企业	Others	4
2.按国民经济行业分(GB/T 4754-2017)	by Sector	
农、林、牧产品批发业	Wholesale of Farm Produce and Livestock Products	1278
食品、饮料及烟草制品批发	Wholesale of Food, Beverages and Tobaccos	1897
纺织、服装及家庭用品批发	Wholesale of Textiles, Garments and Daily Consumer Articles	1233
文化、体育用品及器材批发	Wholesale of Culture, Sports Appliances and Equipments	462
医药及医疗器材批发	Wholesale of Medicines and Medical Appliances	1116
矿产品、建材及化工产品批发	Wholesale of Mineral Products, Building Materials and Chemical Products	12115
机械设备、五金产品及电子产品批发	Wholesale of Machinery, Hardware and Electronic Equipment	2982
贸易经纪与代理	Trade Broker and Agency	51
其他批发业	Other Wholesale not Classified Elsewhere	478

注：限额以上批发零售企业中，由于包含了部分视同法人单位，因此财务指标数据资产≠负债+所有者权益(以下相关表同)。

Financial Indicators of Enterprises above Designated Size of Wholesale and Retail Trades(2022)

(10 000 yuan)

年末资产负债 Assets and Liabilities at Year-end						损益及分配 Losses,Profits and Distribution	
流动资产合计 Total Working Capitals	固定资产原价 Original Value of Fixed Assets	本年折旧 Depreciation in the Year	资产合计 Total Assets	负债合计 Total Liabilities	所有者权益合计 Total Owner's Equities	营业收入合计 Business Revenue	主营业务收入 Revenue from Principal Business
294091376	**24724450**	**1528487**	**362162632**	**291893561**	**70891683**	**697253729**	**688794763**
259960141	**15381970**	**932852**	**314492345**	**250975808**	**63007510**	**623234261**	**617118914**
239631268	14340412	857942	290145243	235216972	54489606	582678150	576747584
10540069	635642	35415	12341489	9357050	2981004	23229749	23093867
94029	17199	293	139416	181583	-42168	125583	125565
341835	4468	275	359364	347508	11856	164872	164872
158546	5842	277	162763	78041	84722	647832	647639
92825553	6569067	306942	119104148	90224725	28677665	224488480	222868368
15960480	614582	33355	19920235	18008418	1911817	9989847	9909466
119602601	6478399	480525	137988003	116929509	20825025	323645882	319552939
108156	15212	861	129825	90139	39686	385905	384867
11209624	445336	37694	14318552	9559173	4714833	16331565	16265978
4584649	170920	10587	6596922	3466424	3130499	4011587	4006693
48361	4868	92	49589	20481	29107	21440	21306
5796683	255820	26266	6486459	5237166	1204746	11652045	11595203
575941	5945	689	968119	710871	257248	385175	381649
203991	7782	60	217464	124231	93233	261318	261127
9119248	596223	37216	10028549	6199663	3803071	24224545	24105351
1880130	79339	3646	1968884	1407036	561848	7089295	7064042
7237	11538	532	13135	15257	-2122	18240	18226
7109405	382420	30564	7745467	4698924	3020729	16607549	16525855
109229	122783	2454	287487	71641	215847	494104	481876
13247	144	19	13577	6805	6771	15357	15351
7699599	1217376	53269	10575867	8299384	2257882	21225933	20783337
16527631	2188413	120847	20186509	13780988	6392068	44497242	43882064
15828909	631907	46412	17804164	15429570	2363015	26818066	26543140
5549334	533363	24424	7563433	5636878	1925269	10360854	10027331
19554921	1040233	86086	22322065	18250167	4057452	26960847	26800519
164728562	7932889	477326	200282589	159995220	39856927	441266308	437488178
26778063	1511749	106531	31709412	26269494	5418675	42738761	42337647
1136017	109892	512	1543457	1317389	226064	1941652	1881920
2157105	216149	17445	2504849	1996718	510158	7424599	7374779

a) Of enterprises above designated size of wholesale and retail trades, the financial data have the problem of total assets ≠ liabilities + total owner's equities, because some of them are regarded as legal entities(the same as in the following tables).

18-3 续表 1

单位:万元

指标名称	Indicator	企业数(个) Number of Enterprises (unit)
二、零售业	**Retail Trade**	**7988**
1.按登记注册类型分	by Status of Registration	
内　资	Domestic Funded Enterprises	7827
国　有	State-owned	55
集　体	Collective-owned	34
股份合作	Cooperative	16
联营企业	Joint Ownership	2
有限责任公司	Limited Liability Corporations	1289
股份有限公司	Share-holding Corporations Ltd.	92
私营企业	Private Enterprises	6299
其　他	Others	40
港澳台商投资企业	Enterprises with Funds from Hong Kong,Macao and Taiwan	86
与港澳台商合资经营	Joint-venture	13
与港澳台商合作经营	Cooperative	1
港澳台商独资	Sole Investment	67
港澳台商投资股份有限公司	Share-holding Corporations Ltd. with Sole Investment	1
其他港澳台投资企业	Others	4
外商投资企业	Foreign Funded Enterprises	75
中外合资经营	Joint-venture	18
中外合作经营	Cooperative	3
外资企业	Sole Foreign Investment	47
外商投资股份有限公司	Share-holding Corporations Ltd. With Foreign Investment	7
其他外商投资企业	Others	
2.按国民经济行业分(GB/T 4754-2017)	by Sector	
综合零售	Integrated Retail	857
食品、饮料及烟草制品专门零售	Retail of Food, Beverages and Tobaccos	689
纺织、服装及日用品专门零售	Special Retail of Textiles, Garments and Daily Consumer Articles	316
文化、体育用品及器材专门零售	Retail of Culture, Sports Appliances and Equipments	287
医药及医疗器材专门零售业	Retail of Medicines and Medical Appliances	398
汽车、摩托车、零配件和燃料及其他动力销售	Retail of Motor Vehicles, Motorcycles,Parts,Fuel and Other Power	3586
家用电器及电子产品专门零售业	Special Retail of Household Electric Appliances and Electronic Products	959
五金、家具及室内装修材料专门零售	Special Retail of Hardware, Furniture and Decoration Materials	256
货摊、无店铺及其他零售业	Non-shop and Other Retails	640

continued

(10 000 yuan)

年末资产负债 Assets and Liabilities at Year-end						损益及分配 Losses,Profits and Distribution	
流动资产合计 Total Working Capitals	固定资产原价 Original Value of Fixed Assets	本年折旧 Depreciation in the Year	资产合计 Total Assets	负债合计 Total Liabilities	所有者权益合计 Total Owner's Equities	营业收入合计 Business Revenue	#主营业务收入 Revenue from Principal Business
34131235	**9342480**	**595635**	**47670287**	**40917753**	**7884173**	**74019469**	**71675850**
30079684	7977475	509207	41374890	35489692	6982513	65678181	63797991
334665	109884	7111	486680	387474	99206	699419	686341
46614	25477	1147	67570	46303	21267	115980	115482
43394	23962	1370	65994	43094	22900	172804	168840
1930	995	95	2846	1023	1824	22605	22565
8653695	2832495	173732	12452924	9990277	2473105	20990173	20391156
6276823	1529387	81797	9101362	8775042	1406818	6291307	5838626
14678116	3446380	243568	19141324	16205087	2942597	37314378	36503627
44446	8896	388	56189	41392	14796	71516	71354
872606	420403	28085	1347593	900633	442855	3124904	3015321
79104	47770	4372	129632	87314	38212	468369	452318
31069	20252	943	37081	14396	22685	59125	59125
598954	347747	22529	990908	697503	293406	2560264	2467462
1750	1038	26	11054	597	10457	1158	1158
161729	3597	215	178918	100823	78096	35988	35258
3178946	944602	58344	4947803	4527427	458805	5216384	4862538
369679	162168	15842	516868	361047	155820	643012	625115
33632	33539	1895	44416	18483	25933	62902	58660
1158935	431823	23368	1794738	2781515	-1105135	3062083	2764216
1616700	317072	17239	2591781	1366382	1382187	1448387	1414547
13007526	4544835	232816	19078383	15923873	3157158	14469743	13592449
1191181	305472	21492	1550456	1127832	415572	2042684	2014905
923479	149559	8531	1374313	912948	475697	1399243	1360208
891730	189230	11480	1243495	817443	426052	1422713	1330030
2253884	185214	15570	2814251	2385799	428079	4316341	4277664
11143055	3358370	267957	15852399	15110298	2023356	36679978	35779532
1708438	198176	9542	2084402	1735563	340656	3281701	3234470
351971	120698	8497	585296	445517	138313	493093	480307
2659972	290925	19751	3087293	2458480	479291	9913973	9606286

18-3 续表 2

单位:万元

指标名称	Indicator	营业成本 Cost of Business
总　计	**Total**	**667162193**
一、批发业	**Wholesale Trade**	**601534344**
1.按登记注册类型分	by Status of Registration	
内　资	Domestic Funded Enterprises	561989163
国　有	State-owned	22178064
集　体	Collective-owned	115309
股份合作	Cooperative	143058
联营企业	Joint Ownership	634477
有限责任公司	Limited Liability Corporations	216654782
股份有限公司	Share-holding Corporations Ltd.	9172116
私营企业	Private Enterprises	312727442
其　他	Others	363916
港澳台商投资企业	Enterprises with Funds from Hong Kong,Macao and Taiwan	15886839
与港澳台商合资经营	Joint-venture	3957762
与港澳台商合作经营	Cooperative	19048
港澳台商独资	Sole Investment	11290460
港澳台商投资股份有限公司	Share-holding Corporations Ltd. with Sole Investment	366945
其他港澳台投资企业	Others	252624
外商投资企业	Foreign Funded Enterprises	23658342
中外合资经营	Joint-venture	6887197
中外合作经营	Cooperative	12754
外资企业	Sole Foreign Investment	16300179
外商投资股份有限公司	Share-holding Corporations Ltd. with Foreign Investment	446043
其他外商投资企业	Others	12170
2.按国民经济行业分(GB/T 4754-2017)	by Sector	
农、林、牧产品批发业	Wholesale of Farm Produce and Livestock Products	20743309
食品、饮料及烟草制品批发	Wholesale of Food, Beverages and Tobaccos	39578216
纺织、服装及家庭用品批发	Wholesale of Textiles, Garments and Daily Consumer Articles	25185197
文化、体育用品及器材批发	Wholesale of Culture, Sports Appliances and Equipments	9601974
医药及医疗器材批发	Wholesale of Medicines and Medical Appliances	24258780
矿产品、建材及化工产品批发	Wholesale of Mineral Products, Building Materials and Chemical Products	433014189
机械设备、五金产品及电子产品批发	Wholesale of Machinery, Hardware and Electronic Equipment	40205664
贸易经纪与代理	Trade Broker and Agency	1871888
其他批发业	Other Wholesale not Classified Elsewhere	7075129

continued

(10 000 yuan)

损益及分配 Losses,Profits and Distribution							工资、福利、增值税 Wages,Welfare and Value Added Tax	
税金及附加 Taxes and Other Charges on Business	销售费用 Expenses on Sales	管理费用 Expenses on Management	财务费用 Expenses on Finance	营业利润 Profits from Business	利润总额 Total Profits	所得税费用 Income Tax Expense	应付职工薪酬（本年贷方累计发生额） Payroll payable (Cumulative amount of credits)	应交增值税 Value Added Tax Payable
2017682	**14239161**	**7367625**	**2309273**	**3797959**	**4205682**	**1236787**	**7694605**	**4101961**
1798389	**8897928**	**5192391**	**1889909**	**3427992**	**3760312**	**1048044**	**4702613**	**3391682**
1763051	8410454	4913580	1877571	3540679	3869660	966307	4419126	3252468
340289	138438	219988	67086	314061	328249	84372	192359	162489
243	1810	9565	-109	-994	-243	40	8435	2133
27	316	1832	2342	-1643	-1652	140	999	157
623	5571	3363	1387	6642	6648	1633	3665	1752
1096325	2560667	1694466	680594	1887606	1994877	475179	1820246	1130026
22049	491174	129642	179760	94100	106095	26621	213869	145469
303230	5205953	2849172	945991	1234026	1428634	378066	2173649	1809583
265	6525	5553	521	6880	7053	258	5904	862
14336	172487	129203	-20702	-78076	-77792	39924	93367	66316
3211	14987	9932	28303	159	4508	836	10826	8715
46	1222	528	542	54	47	12	224	271
10748	149347	105006	-54594	-75074	-78737	38604	74364	52939
125	3303	10992	4705	-3783	-4102	38	5834	3285
206	3628	2746	343	567	492	435	2119	1106
21003	314987	149608	33040	-34611	-31557	41812	190121	72898
6571	67663	28156	24526	92421	94977	21721	36950	26132
23	3111	688	428	1010	1008	11	1580	10
13323	224553	115827	6880	-129861	-130076	19731	140451	43184
1050	18093	4169	1298	781	1093	115	10000	3269
36	1568	769	-91	1038	1442	235	1140	303
11444	194162	168917	113609	65008	108579	12929	137358	62020
1242985	1395760	1036911	59727	1204238	1217852	300901	1196511	519872
28270	1045168	431704	81280	50132	70311	60757	486834	189082
13585	256394	192655	38833	222527	229070	19063	237046	31700
59937	1405949	600871	131106	467810	475784	84560	584657	388187
359053	3406538	1922877	1295534	1051833	1241556	438645	1310415	1688856
45486	1028626	734695	137533	331951	365961	117246	670807	325864
1608	30463	11353	22461	6068	6797	2488	14510	8782
36021	134868	92409	9825	28426	44401	11456	64475	177319

18-3 续表 3

单位:万元

指标名称	Indicator	营业成本 Cost of Business
二、零售业	**Retail Trade**	**65627849**
1.按登记注册类型分	by Status of Registration	
内 资	Domestic Funded Enterprises	58355587
国 有	State-owned	626169
集 体	Collective-owned	100682
股份合作	Cooperative	156101
联营企业	Joint Ownership	21964
有限责任公司	Limited Liability Corporations	18570136
股份有限公司	Share-holding Corporations Ltd.	5544839
私营企业	Private Enterprises	33278717
其 他	Others	56978
港澳台商投资企业	Enterprises with Funds from Hong Kong,Macao and Taiwan	2775564
与港澳台商合资经营	Joint-venture	427219
与港澳台商合作经营	Cooperative	48372
港澳台商独资	Sole Investment	2263692
港澳台商投资股份有限公司	Share-holding Corporations Ltd. with Sole Investment	1028
其他港澳台投资企业	Others	35254
外商投资企业	Foreign Funded Enterprises	4496698
中外合资经营	Joint-venture	475459
中外合作经营	Cooperative	54284
外资企业	Sole Foreign Investment	2675423
外商投资股份有限公司	Share-holding Corporations Ltd. with Foreign Investment	1291532
其他外商投资企业	Others	
2.按国民经济行业分(GB/T 4754-2017)	by Sector	
综合零售	Integrated Retail	11842216
食品、饮料及烟草制品专门零售	Retail of Food, Beverages and Tobaccos	1761101
纺织、服装及日用品专门零售	Special Retail of Textiles, Garments and Daily Consumer Articles	1115237
文化、体育用品及器材专门零售	Retail of Culture, Sports Appliances and Equipments	1233138
医药及医疗器材专门零售业	Retail of Medicines and Medical Appliances	3392551
汽车、摩托车、零配件和燃料及其他动力销售	Retail of Motor Vehicles, Motorcycles,Parts,Fuel and Other Power	34139401
家用电器及电子产品专门零售业	Special Retail of Household Electric Appliances and Electronic Products	3009853
五金、家具及室内装修材料专门零售	Special Retail of Hardware, Furniture and Decoration Materials	418885
货摊、无店铺及其他零售业	Non-shop and Other Retails	8715468

continued

(10 000 yuan)

损益及分配 Losses,Profits and Distribution							工资、福利、增值税 Wages,Welfare and Value Added Tax	
税金及附加 Taxes and Other Charges on Business	销售费用 Expenses on Sales	管理费用 Expenses on Management	财务费用 Expenses on Finance	营业利润 Profits from Business	利润总额 Total Profits	所得税费用 Income Tax Expense	应付职工薪酬（本年贷方累计发生额） Payroll payable (Cumulative amount of credits)	应交增值税 Value Added Tax Payable
219292	**5341233**	**2175234**	**419364**	**369967**	**445371**	**188743**	**2991992**	**710280**
183312	4661838	1948978	388089	276976	349856	159506	2708033	617440
1929	46593	19806	6629	2333	3933	2044	40207	7296
462	4390	9378	986	-183	894	175	7402	1574
895	6278	5620	802	3226	2299	1175	4967	1690
27	400	362	25	441	379		412	121
66461	1638675	524016	128804	97245	117010	64163	812166	197073
24188	541541	168602	30409	32085	43526	11968	282496	47125
88966	2423134	1219905	219896	139997	179990	79974	1558159	362190
385	828	1288	538	1831	1825	7	2224	371
19474	249270	46744	9547	24706	25048	15905	119807	28221
4341	18689	8932	3016	6815	4532	2323	11711	4791
118	10080	106	115	437	254	64	4100	729
14997	219352	36830	5265	20707	23373	13507	102373	22526
7	69	68	-14	39	67		35	34
11	1080	809	1164	-3291	-3179	11	1589	141
16507	430125	179512	21729	68285	70467	13333	164152	64618
3168	70416	76397	760	6407	10165	4735	55396	9134
628	7471	2069	-500	-935	-895	-15	5017	503
9224	265021	64312	13424	34854	33760	8207	65156	32295
3486	87218	36734	8045	27958	27438	406	38582	22686
82241	1638730	691850	116655	181764	195325	59246	976959	175497
5091	112959	84947	9153	62869	61354	14443	99468	25780
5289	193298	81960	13041	5952	13696	8012	101665	25622
14035	93535	55435	8005	20050	32262	4424	78348	15126
9602	627732	202455	28789	45807	51102	15491	409827	64729
84605	1521262	750991	216359	5044	33249	58844	1026833	297186
4650	142631	119491	16708	-7252	-3891	2463	116213	23292
3118	34116	39874	6706	-13119	-12662	437	29978	8888
10661	976972	148233	3949	68853	74936	25384	152701	74159

18-4 各市限额以上批发和零售业商品购进、销售、库存总额(2022年)

Total Purchases,Sales and Inventory of Enterprises above Designated Size of Wholesale and Retail Trades by Region(2022)

单位：亿元 (100 million yuan)

地区	Region	法人单位(个) Corporate Unit (unit)	年末从业人数(万人) Persons Employed at Year-end (10 000 person)	购进总额 Total Purchases Value	#进口 Import	销售总额 Total Sale Value 合计 Total	批发 Wholesale	#出口 Export	零售 Retail	年末库存总额 Inventory (year-end)
全省总计	**Total**	**29600**	**85.2**	**74150.2**	**2844.2**	**77573.4**	**68902.9**	**2396.8**	**8670.6**	**3717.0**
济南市	Jinan	5059	16.2	12350.7	267.1	12824.0	11174.2	432.2	1649.8	713.3
青岛市	Qingdao	4652	13.7	20485.0	1742.9	21047.9	19089.3	857.4	1958.6	1036.2
淄博市	Zibo	2158	4.8	4615.8	95.5	4791.2	4401.8	59.5	389.3	170.9
枣庄市	Zaozhuang	740	2.0	889.1	21.6	945.3	790.3	21.6	155.0	59.5
东营市	Dongying	1103	2.8	4530.2	31.5	4823.8	4590.6	65.6	233.2	266.6
烟台市	Yantai	2049	7.5	5190.7	159.7	5495.0	4727.4	212.1	767.6	245.8
潍坊市	Weifang	2321	6.8	4239.1	51.4	4661.6	3994.0	207.5	667.6	211.1
济宁市	Jining	2352	5.9	3219.4	7.0	3388.8	2930.4	89.6	458.3	165.1
泰安市	Tai'an	1424	3.3	2733.0	7.3	2833.4	2587.2	20.3	246.2	83.1
威海市	Weihai	708	3.6	1336.4	229.7	1430.3	1019.1	97.4	411.2	74.2
日照市	Rizhao	764	1.9	3384.9	99.6	3486.6	3342.7	101.0	143.9	123.9
临沂市	Linyi	2271	6.2	3267.1	55.1	3483.6	2902.2	105.2	581.5	204.1
德州市	Dezhou	943	2.6	1473.1	3.9	1601.1	1311.3	6.9	289.8	67.3
聊城市	Liaocheng	965	2.4	1953.7	45.5	2033.2	1807.3	50.6	225.9	71.4
滨州市	Binzhou	886	2.5	2953.6	23.1	3080.1	2868.4	61.0	211.7	151.6
菏泽市	Heze	1205	3.1	1528.3	3.3	1647.6	1366.6	8.7	281.0	73.1

18-5 各市限额以上批发和零售业财务状况(2022年)

Financial Indicators of Enterprises above Designated Size of Wholesale and Retail Trades by Region(2022)

单位:亿元 (100 million yuan)

地区	Region	企业数(个) Number of Enterprises (unit)	流动资产合计 Total Working Capitals	固定资产原价 Original Value of Fixed Assets	本年折旧 Depreciati-on in the Year	资产合计 Total Assets	负债合计 Total Liabilities	所有者权益合计 Total Owners' Equities	营业收入合计 Business Revenue	主营业务收入 Revenue from Principal Business
全省总计	**Total**	**29600**	**29409.1**	**2472.4**	**152.8**	**36216.3**	**29189.4**	**7089.2**	**69725.4**	**68879.5**
济南市	Jinan	5059	5319.4	386.3	27.7	6369.8	5048.1	1351.3	11433.9	11305.1
青岛市	Qingdao	4652	7572.7	402.1	23.2	8685.6	7373.1	1349.8	19089.1	18946.9
淄博市	Zibo	2158	1522.3	238.7	9.7	2383.5	1866.8	526.0	4272.0	4236.7
枣庄市	Zaozhuang	740	441.7	48.3	3.7	582.9	447.8	133.9	852.7	844.3
东营市	Dongying	1103	2104.1	159.7	9.1	2449.5	2222.4	224.7	4292.9	4236.4
烟台市	Yantai	2049	1940.7	196.1	15.4	2385.8	1823.2	550.8	4969.3	4911.4
潍坊市	Weifang	2321	1784.7	244.1	13.6	2327.4	1918.4	403.6	4177.1	4017.7
济宁市	Jining	2352	1106.6	134.9	9.3	1401.0	1056.5	340.4	3048.9	3020.9
泰安市	Tai'an	1424	678.6	85.4	4.7	981.3	579.7	401.3	2537.4	2528.0
威海市	Weihai	708	848.8	87.5	4.5	1182.9	874.0	309.3	1335.9	1305.5
日照市	Rizhao	764	1032.5	76.7	4.1	1196.4	1199.9	-7.1	3099.9	3035.4
临沂市	Linyi	2271	1271.6	123.0	9.1	1512.8	1228.7	293.2	3128.2	3087.7
德州市	Dezhou	943	480.8	96.2	6.1	601.0	490.5	116.5	1407.7	1396.4
聊城市	Liaocheng	965	440.9	42.5	3.0	492.6	383.3	113.0	1821.6	1809.6
滨州市	Binzhou	886	2373.7	86.5	4.6	2940.1	2202.1	735.6	2773.0	2726.4
菏泽市	Heze	1205	489.9	64.5	5.1	723.7	474.8	246.7	1485.8	1471.1

18-5 续表 continued

单位:亿元 (100 million yuan)

地区	Region	营业成本 Cost of Business	税金及附加 Taxes and Other Charges on Business	销售费用 Expenses on Sales	管理费用 Expenses on Manage-ment	财务费用 Expenses on Finance	营业利润 Profits from Business	利润总额 Total Profits	所得税费用 Income Tax Expense	应付职工薪酬(本年贷方累计发生额) Payroll payable (Cumulative amount of credits)	应交增值税 Value Added Tax Payable
全省总计	**Total**	**66716.2**	**201.8**	**1423.9**	**736.8**	**230.9**	**379.8**	**420.6**	**123.7**	**769.5**	**410.2**
济南市	Jinan	10853.8	27.0	284.9	154.4	30.0	88.8	97.2	20.9	169.4	64.9
青岛市	Qingdao	18400.1	35.8	363.4	154.0	61.5	69.3	80.8	33.9	161.9	78.7
淄博市	Zibo	4087.7	10.6	103.7	44.9	16.3	-12.6	-6.2	10.5	38.3	35.3
枣庄市	Zaozhuang	795.9	6.0	27.8	13.1	3.0	7.1	9.3	2.2	15.2	7.9
东营市	Dongying	4188.2	7.6	39.4	32.3	17.0	2.2	2.2	3.8	23.3	11.8
烟台市	Yantai	4700.4	16.4	119.8	58.0	14.4	56.9	56.7	11.7	70.7	27.9
潍坊市	Weifang	3962.6	18.0	94.8	59.0	14.1	31.3	36.5	8.2	57.7	34.0
济宁市	Jining	2885.7	12.5	68.7	37.3	8.8	40.9	42.0	7.1	41.6	20.3
泰安市	Tai'an	2443.0	8.3	41.0	22.7	5.6	10.2	11.2	3.0	23.0	16.2
威海市	Weihai	1220.8	6.3	59.8	26.0	5.8	17.6	19.3	5.1	30.2	10.8
日照市	Rizhao	3011.5	6.4	29.9	22.4	14.5	13.5	13.9	3.6	14.0	17.7
临沂市	Linyi	2965.3	15.0	69.6	42.3	10.0	14.2	15.0	4.1	43.0	23.0
德州市	Dezhou	1338.3	7.3	29.3	16.5	4.8	13.5	14.3	2.3	18.9	22.2
聊城市	Liaocheng	1763.9	6.3	27.9	15.9	0.0	8.8	9.2	3.0	18.6	7.5
滨州市	Binzhou	2704.8	7.3	31.0	18.5	21.9	-4.4	-2.7	0.8	18.3	19.6
菏泽市	Heze	1394.1	11.0	32.9	19.3	3.1	22.4	22.0	3.4	25.4	12.3

18–6 限额以上住宿和餐饮业情况
Basic Conditions of Hotels and Catering Services

指　标	Item	2017	2018	2019	2020	2021	2022
住宿和餐饮业	**Hotels and Catering Services**						
法人企业 (个)	Number of Corporation Enterprises (unit)	3010	2700	2466	2810	3475	4637
年末从业人数 (万人)	Engaged Persons at Year-end (10 000 persons)	22.6	20.0	19.3	19.2	21.5	23.2
营业额 (亿元)	Business Revenue (100 million yuan)	494.6	386.9	385.9	349.4	480.3	530.8
#餐费收入 (亿元)	From Meals (100 million yuan)	320.3	240.8	242.7	227.9	317.9	352.8
年末餐饮营业面积(万平方米)	Business Area of Catering Services at Year-end(10 000 sq.m)	486.9	448.8	799.4	854.0	966.5	1154.8
住宿业	**Hotels**						
法人企业 (个)	Number of Corporation Enterprises (unit)	1144	1099	1089	1183	1403	1714
年末从业人数 (万人)	Engaged Persons at Year-end (10 000 persons)	10.3	9.2	9.1	8.3	8.7	8.9
营业额 (亿元)	Business Revenue (100 million yuan)	213.1	170.9	171.0	139.3	184.7	192.6
#客房收入 (亿元)	From Hotel Rooms (100 million yuan)	102.8	85.3	85.3	69.7	96.3	106.8
餐费收入 (亿元)	From Meals (100 million yuan)	91.8	67.5	67.7	53.8	67.5	62.9
客房数 (万间)	Number of Room (10 000 rooms)	17.4	21.8	17.4	22.7	26.3	26.3
床位数 (万位)	Number of Beds (10 000 beds)	28.2	33.6	27.5	36.4	41.0	40.3
年末餐饮营业面积(万平方米)	Business Area of Catering Services at Year-end (10 000 sq.m)	182.4	179.1	453.1	486.7	541.7	605.1
餐饮业	**Catering Services**						
法人企业 (个)	Number of Corporation Enterprises (unit)	1866	1601	1377	1627	2072	2923
年末从业人数 (万人)	Engaged Persons at Year-end (10 000 persons)	12.3	10.9	10.2	10.8	12.8	14.3
营业额 (亿元)	Business Revenue (100 million yuan)	281.5	216.0	215.0	210.1	295.6	338.2
#餐费收入 (亿元)	From Meals (100 million yuan)	228.5	173.3	175.1	174.2	250.4	289.9
年末餐饮营业面积(万平方米)	Business Area of Catering Services at Year-end (10 000 sq.m)	304.5	269.7	346.3	367.3	424.8	549.6

18-7 限额以上住宿和餐饮业经营情况(2022年)
Business of Hotels and Catering Services above Designated Size(2022)

指标名称	Indicator	法人单位(个) Corporate Unit (unit)	从业人数(人) Employed Persons (person)
总 计	**Total**	**4637**	**232071**
一、住宿业	**Hotels**	**1714**	**88811**
1.按登记注册类型分	by Status of Registration		
内 资	Domestic Funded Enterprises	1689	85950
国 有	State-owned	94	13973
集 体	Collective-owned	11	595
股份合作	Cooperative	2	141
联营企业	Joint Ownership		
有限责任公司	Limited Liability Corporations	344	29445
股份有限公司	Share-holding Corporations Ltd.	14	687
私营企业	Private Enterprises	1223	41095
其 他	Others	1	14
港澳台商投资企业	Enterprises with Funds from Hong Kong,Macao and Taiwan	13	2045
与港澳台商合资经营	Joint-venture	4	697
与港澳台商合作经营	Cooperative		
港澳台商独资	Sole Investment	8	1005
港澳台商投资股份有限公司	Share-holding Corporations Ltd. with Sole Investment		
其他港澳台投资企业	Others	1	343
外商投资企业	Foreign Funded Enterprises	12	816
中外合资经营	Joint-venture	6	475
中外合作经营	Cooperative		
外资企业	Sole Foreign Investment	3	265
外商投资股份有限公司	Share-holding Corporations Ltd. With Foreign Investment	2	60
其他外商投资企业	Others	1	16
2.按国民经济行业分(GB/T 4754-2017)	by Sector		
旅游饭店	Tourist Hotels	704	61117
一般旅馆	General Hotels	934	23652
民宿服务	Homestay Service	13	351
露营地服务	Campground Service		
其他住宿业	Other Accommodation Services	63	3691

18-7 续表 1 continued

指标名称	Indicator	法人单位(个) Corporate Unit (unit)	从业人数(人) Employed Persons (person)
二、餐饮业	**Catering Services**	**2923**	**143260**
1.按登记注册类型分	by Status of Registration		
内资	Domestic Funded Enterprises	2888	132788
国有	State-owned	45	4672
集体	Collective-owned	4	107
股份合作	Cooperative	1	80
联营企业	Joint Ownership	1	144
有限责任公司	Limited Liability Corporations	403	31140
股份有限公司	Share-holding Corporations Ltd.	12	903
私营企业	Private Enterprises	2421	95729
其他	Others	1	13
港澳台商投资企业	Enterprises with Funds from Hong Kong,Macao and Taiwan	17	4259
与港澳台商合资经营	Joint-venture	8	710
与港澳台商合作经营	Cooperative		
港澳台商独资	Sole Investment	8	3543
港澳台商投资股份有限公司	Share-holding Corporations Ltd. with Sole Investment	1	6
其他港澳台投资企业	Others		
外商投资企业	Foreign Funded Enterprises	18	6213
中外合资经营	Joint-venture	5	295
中外合作经营	Cooperative		
外资企业	Sole Foreign Investment	13	5918
外商投资股份有限公司	Share-holding Corporations Ltd. with Foreign Investment		
其他外商投资企业	Others		
2.按国民经济行业分	by Sector		
正餐服务	Dinner service	2297	98785
快餐服务	Fast Food Service	374	25940
饮料及冷饮服务	Beverages and cold drinks service	53	1910
餐饮配送及外卖送餐服务	Catering Delivery and Takeout Service	178	12940
其他餐饮业	Other Catering Services	21	3685

18-7 续表 2 continued

单位:万元 (10 000 yuan)

指标名称	Indicator	营业额 Business Revenue	客房收入 Revenue from Hotel Rooms	餐费收入 Revenue from Meals	商品销售收入 Revenue from Commodities	其他收入 Other Revenue
总　计	**Total**	**5308119**	**1316195**	**3528001**	**144168**	**319755**
一、住宿业	**Hotels**	**1926397**	**1068071**	**628895**	**33759**	**195672**
1.按登记注册类型分	by Status of Registration					
内　资	Domestic Funded Enterprises	1848861	1032252	602266	32546	181797
国　有	State-owned	257030	95437	112042	8673	40879
集　体	Collective-owned	11428	5428	4164	364	1472
股份合作	Cooperative	2840	675	2050		115
联营企业	Joint Ownership					
有限责任公司	Limited Liability Corporations	625446	309187	232450	13162	70648
股份有限公司	Share-holding Corporations Ltd.	15240	7870	6797	181	392
私营企业	Private Enterprises	936704	613482	244764	10166	68293
其　他	Others	173	173			
港澳台商投资企业	Enterprises with Funds from Hong Kong,Macao and Taiwan	49685	20171	19840	877	8798
与港澳台商合资经营	Joint-venture	13945	6553	5046	145	2200
与港澳台商合作经营	Cooperative					
港澳台商独资	Sole Investment	29598	11069	11813	416	6301
港澳台商投资股份有限公司	Share-holding Corporations Ltd. with Sole Investment					
其他港澳台投资企业	Others	6141.7	2548.4	2980.4	315.5	297.4
外商投资企业	Foreign Funded Enterprises	27852	15649	6789	336	5077
中外合资经营	Joint-venture	13889	8943	3440	15	1491
中外合作经营	Cooperative					
外资企业	Sole Foreign Investment	10631	4364	2619	216	3433
外商投资股份有限公司	Share-holding Corporations Ltd. With Foreign Investment	2997	2032	711	103	152
其他外商投资企业	Others	334	310	20	2	2
2.按国民经济行业分 (GB/T 4754—2017)	by Sector					
旅游饭店	Tourist Hotels	1317001	605728	526211	26043	159020
一般旅馆	General Hotels	544443	424020	83646	6560	30218
民宿服务	Homestay Service	8564	4061	1528	144	2832
露营地服务	Campground Service					
其他住宿业	Other Accommodation Services	56389	34262	17511	1013	3603

18-7 续表 3 continued

单位:万元 (10 000 yuan)

指标名称	Indicator	营业额 Business Revenue	客房收入 Revenue from Hotel Rooms	餐费收入 Revenue from Meals	商品销售收入 Revenue from Commodities	其他收入 Other Revenue
二、餐饮业	**Catering Services**	**3381722**	**248124**	**2899107**	**110409**	**124083**
1.按登记注册类型分	by Status of Registration					
内 资	Domestic Funded Enterprises	3009157	245802	2542135	100916	120304
国 有	State-owned	80903	24686	45964	2918	7334
集 体	Collective-owned	2462	841	1620		
股份合作	Cooperative	1532	598	915	18	
联营企业	Joint Ownership	3093		3093		
有限责任公司	Limited Liability Corporations	765218	64989	611314	44574	44341
股份有限公司	Share-holding Corporations Ltd.	16538	2829	13403	118	189
私营企业	Private Enterprises	2139044	151859	1865458	53287	68440
其 他	Others	368		368		
港澳台商投资企业	Enterprises with Funds from Hong Kong,Macao and Taiwan	104351	1980	91920	6928	3522
与港澳台商合资经营	Joint-venture	37423.9	1804	28702	5335	1583
与港澳台商合作经营	Cooperative					
港澳台商独资	Sole Investment	66303	176	62597	1593	1937
港澳台商投资股份有限公司	Share-holding Corporations Ltd.	624		621		2
其他港澳台投资企业	with Sole Investment					
外商投资企业	Foreign Funded Enterprises	268214	341	265051	2565	257
中外合资经营	Joint-venture	5203	27	5101	75	
中外合作经营	Cooperative					
外资企业	Sole Foreign Investment	263011	314	259950	2490	257
外商投资股份有限公司	Share-holding Corporations Ltd.					
其他外商投资企业	with Foreign Investment					
2.按国民经济行业分(GB/T 4754-2017)	by Sector					
正餐服务	Dinner service	2182173	246782	1772300	63709	99382
快餐服务	Fast Food Service	786795	470	764354	15804	6167
饮料及冷饮服务	Beverages and cold drinks service	79439		66713	11306	1420
餐饮配送及外卖送餐服务	Catering Delivery and Takeout Service	289558	840	254880	19370	14467
其他餐饮业	Other Catering Services	43757.3	30.8	40859.9	220.1	2646.5

18-8 各市限额以上住宿和餐饮业经营情况(2022年)

Business of Hotels and Catering Services above Designated Size by Region (2022)

地区	Region	法人单位(个) Corporation Unit (unit)	从业人数(人) Persons Employed (person)	营业额(万元) Business Revenue (10000 yuan)	客房收入 Revenue from Hotel Rooms	餐费收入 Revenue from Meals	商品销售收入 Revenue from Commodi-ties	其他收入 Other Revenue
全省总计	**Total**	**4637**	**232071**	**5308119**	**1316195**	**3528001**	**144168**	**319755**
济南市	Jinan	874	44726	1029698	234654	693304	23552	78188
青岛市	Qingdao	966	53957	1564312	376732	1050719	43171	93691
淄博市	Zibo	248	10755	247350	56689	154382	23214	13065
枣庄市	Zaozhuang	184	5149	94929	24543	64992	1626	3769
东营市	Dongying	83	5432	120175	31784	70171	2389	15831
烟台市	Yantai	323	18911	497904	131848	329680	6435	29940
潍坊市	Weifang	400	15467	325497	84213	211589	12230	17465
济宁市	Jining	502	15421	309821	72000	227496	3955	6370
泰安市	Tai'an	145	8173	140113	40940	87765	5371	6037
威海市	Weihai	169	16359	276768	65768	186690	5886	18423
日照市	Rizhao	77	4316	86324	29945	53089	698	2592
临沂市	Linyi	172	10603	217503	52873	138577	8732	17320
德州市	Dezhou	101	5330	92808	27289	58755	1224	5540
聊城市	Liaocheng	112	5995	96286	28901	57137	2606	7643
滨州市	Binzhou	124	5239	101915	26334	72020	1723	1838
菏泽市	Heze	157	6238	106717	31681	71636	1357	2043

18-9 限额以上住宿和餐饮业财务状况(2022年)

单位:万元

指标名称	Indicator	企业数(个) Number of Enterprises (unit)
总　计	**Total**	**4637**
一、住宿业	**Hotels**	**1714**
1.按登记注册类型分	by Status of Registration	
内资	Domestic Funded Enterprises	1689
国有	State-owned	94
集体	Collective-owned	11
股份合作	Cooperative	2
联营企业	Joint Ownership	
有限责任公司	Limited Liability Corporations	344
股份有限公司	Share-holding Corporations Ltd.	14
私营企业	Private Enterprises	1223
其他	Others	1
港澳台商投资企业	Enterprises with Funds from Hong Kong,Macao and Taiwan	13
与港澳台商合资经营	Joint-venture	4
与港澳台商合作经营	Cooperative	
港澳台商独资	Sole Investment	8
港澳台商投资股份有限公司	Share-holding Corporations Ltd. With Sole Investment	
其他港澳台投资企业	Others	1
外商投资企业	Foreign Funded Enterprises	12
中外合资经营	Joint-venture	6
中外合作经营	Cooperative	
外资企业	Sole Foreign Investment	3
外商投资股份有限公司	Share-holding Corporations Ltd. with Foreign Investment	2
其他外商投资企业	Others	1
2.按国民经济行业分(GB/T 4754-2017)	by Sector	
旅游饭店	Tourist Hotels	704
一般旅馆	General Hotels	934
民宿服务	Homestay Service	13
露营地服务	Campground Service	
其他住宿业	Other Accommodation Services	63

Financial Indicators of Enterprises above Designated Size of Hotels and Catering Services(2022)

(10 000 yuan)

年末资产负债 Assets and Liabilities at Year-end						损益及分配 Losses,Profits and Distribution	
流动资产合计 Total Working Capitals	固定资产原价 Original Value of Fixed Assets	本年折旧 Depre-ciation in the Year	资产合计 Total Assets	负债合计 Total Liabilities	所有者权益合计 Total Owner's Equities	营业收入合计 Business Revenue	主营业务收入 Revenue from Principal Business
4740226	**6311496**	**280238**	**10716400**	**9256919**	**1476375**	**5074616**	**4947821**
2803152	**4146722**	**176738**	**6263669**	**5465747**	**806459**	**1846843**	**1781857**
2640406	3702422	164226	5835895	5115126	721412	1772842	1712457
479897	871383	34461	1082452	693403	389049	248536	237939
13357	49885	3911	56835	60248	-37	10933	9909
11970	4143	94	18143	16125	2018	2763	2763
998438	1421897	59307	2241228	1992299	247884	599000	573626
15773	62971	2174	48334	49782	-1447	14734	14214
1120969	1292143	64280	2388901	2303270	83943	896705	873836
3			3		3	171	171
96755	339019	7956	269950	219835	58008	47023	45932
50023	84008	1252	74278	102071	-27793	13271	13246
43007	254521	6652	191696	111670	87920	27978	26912
3725	490	53	3976	6094	-2119	5774	5774
65991	105280	4556	157824	130786	27039	26978	23467
44092	39549	1781	93544	85501	8043	13887	13279
19991	64756	2634	61659	43841	17818	9886	6985
1495	213	42	1753	1443	310	2890	2890
414	763	98	869	1	867	315	314
2046846	3619490	142182	4842444	4074656	779075	1251588	1201312
561692	406902	27001	1044585	1014158	27201	526253	516122
8498	17304	776	31786	34833	-3047	10118	7759
186116	103026	6779	344854	342100	3230	58884	56665

18−9　续表 1

单位:万元

指 标 名 称	Indicator	企业数 (个) Number of Enterprises (unit)
二、餐饮业	**Catering Services**	**2923**
1.按登记注册类型分	by Status of Registration	
内 资	Domestic Funded Enterprises	2888
国 有	State-owned	45
集 体	Collective-owned	4
股份合作	Cooperative	1
联营企业	Joint Ownership	1
有限责任公司	Limited Liability Corporations	403
股份有限公司	Share-holding Corporations Ltd.	12
私营企业	Private Enterprises	2421
其 他	Others	1
港澳台商投资企业	Enterprises with Funds from Hong Kong,Macao and Taiwan	17
与港澳台商合资经营	Joint-venture	8
与港澳台商合作经营	Cooperative	
港澳台商独资	Sole Investment	8
港澳台商投资股份有限公司	Share-holding Corporations Ltd. With Sole Investment	1
其他港澳台投资企业	Others	
外商投资企业	Foreign Funded Enterprises	18
中外合资经营	Joint-venture	5
中外合作经营	Cooperative	
外资企业	Sole Foreign Investment	13
外商投资股份有限公司	Share-holding Corporations Ltd. with Foreign Investment	
其他外商投资企业	Others	
2.按国民经济行业分(GB/T 4754−2017)	by Sector	
正餐服务	Dinner service	2297
快餐服务	Fast Food Service	374
饮料及冷饮服务	Beverages and cold drinks service	53
餐饮配送及外卖送餐服务	Catering Delivery and Takeout Service	178
其他餐饮业	Other Catering Services	21

continued

(10 000 yuan)

年末资产负债 Assets and Liabilities at Year-end						损益及分配 Losses,Profits and Distribution	
流动资产合计 Total Working Capitals	固定资产原价 Original Value of Fixed Assets	本年折旧 Depre-ciation in the Year	资产合计 Total Assets	负债合计 Total Liabilities	所有者权益合计 Total Owner's Equities	营业收入合计 Business Revenue	#主营业务收入 Revenue from Principal Business
1937074	**2164774**	**103500**	**4452731**	**3791173**	**669916**	**3227773**	**3165963**
1845080	2015302	98203	4165994	3500388	673198	2876129	2815425
110748	166396	6677	276007	167745	108262	75608	74160
1518	1868	82	2585	2166	-66	2407	2012
1724	1845	50	2773	1884	889	1445	1445
959	1032	123	1866	365	1501	2918	2918
597538	852589	35747	1572336	1178003	400977	733252	712949
37927	27427	775	66671	73906	-7235	15759	15503
1094651	964115	54743	2243711	2076314	168829	2044372	2006070
15	30	5	46	5	41	368	368
52129	99578	3744	153235	206374	-53139	98917	98256
44887	74065	2868	105777	149060	-43283	35278	34875
6984	25491	870	47124	57309	-10185	63051	62794
258	23	6	335	5	329	588	586
39865	49895	1554	133501	84410	49857	252726	252283
4500	1240	47	5058	6024	-966	4971	4971
35366	48655	1507	128443	78387	50823	247756	247312
1512615	1965275	90679	3698635	3254365	452711	2084154	2032937
218115	148931	7089	460185	330530	129588	751828	746310
33924	7647	887	55650	36506	19145	74289	71011
133511	39447	4572	196466	137370	59080	275635	273850
38910	3475	275	41795	32402	9393	41868	41856

18-9 续表 2

单位:万元

指 标 名 称	Indicator	营业成本 Cost of Business
总　计	**Total**	**2864344**
一、住宿业	**Hotels**	**849889**
1.按登记注册类型分	by Status of Registration	
内 资	Domestic Funded Enterprises	827314
国 有	State-owned	99329
集 体	Collective-owned	4115
股份合作	Cooperative	1310
联营企业	Joint Ownership	
有限责任公司	Limited Liability Corporations	298492
股份有限公司	Share-holding Corporations Ltd.	5961
私营企业	Private Enterprises	418023
其 他	Others	84
港澳台商投资企业	Enterprises with Funds from Hong Kong,Macao and Taiwan	16307
与港澳台商合资经营	Joint-venture	2547
与港澳台商合作经营	Cooperative	
港澳台商独资	Sole Investment	12694
港澳台商投资股份有限公司	Share-holding Corporations Ltd. with Sole Investment	
其他港澳台投资企业	Others	1066
外商投资企业	Foreign Funded Enterprises	6268
中外合资经营	Joint-venture	1633
中外合作经营	Cooperative	
外资企业	Sole Foreign Investment	2544
外商投资股份有限公司	Share-holding Corporations Ltd. With Foreign Investment	1934
其他外商投资企业	Others	157
2.按国民经济行业分(GB/T 4754—2017)	by Sector	
旅游饭店	Tourist Hotels	545577
一般旅馆	General Hotels	253607
民宿服务	Homestay Service	6792
露营地服务	Campground Service	
其他住宿业	Other Accommodation Services	43913

continued

(10 000 yuan)

损益及分配 Losses,Profits and Distribution							工资、福利、增值税 Wages,Welfare and Value Added Tax	
税金及附加 Taxes and Other Charges on Business	销售费用 Expenses on Sales	管理费用 Expenses on Management	财务费用 Expenses on Finance	营业利润 Profits from Business	利润总额 Total Profits	所得税费用 Income Tax Expense	应付职工薪酬(本年贷方累计发生额) Payroll payable (Cumulative amount of credits)	应交增值税 Value Added Tax Payable
36135	**1354295**	**1119029**	**112850**	**-306279**	**-276020**	**15111**	**1375600**	**80094**
23207	**583609**	**595064**	**64533**	**-240740**	**-227142**	**3056**	**589497**	**38186**
19517	563294	555243	60904	-227200	-213811	3001	565893	36768
4167	111868	79752	-2644	-41993	-31901	376	119463	4556
49	6320	4440	724	-4714	-4422	9	3191	218
10	1084	1138	244	-1023	306	51	798	73
7949	182621	201957	32243	-102907	-105092	1430	211303	13360
203	5176	6001	224	-2949	-2418	4	3752	494
7140	256225	261868	30113	-73615	-70284	1131	227332	18066
		87		1	1		54	2
2845	11049	25671	2930	-11633	-12291	-49	17272	955
556	4766	6888	10	-1423	-1432		5973	250
2282	4109	15660	2926	-9619	-10293	-49	8538	611
7	2174	3124	-6	-591	-566		2761	95
845	9266	14150	698	-1908	-1040	104	6333	463
260	6203	8685	675	-3570	-3161		3960	184
584	2980	4554	21	1545	1989	104	1715	267
1	75	783	2	95	106		594	3
	8	129		21	25		64	9
19989	424398	415186	49880	-182432	-173394	2559	440349	25722
2361	137235	156321	9715	-35999	-31522	484	127491	9299
7	2824	3638	902	-1344	-1190		1975	180
850	19152	19920	4037	-20965	-21036	14	19683	2984

18-9 续表 3

单位:万元

指标名称	Indicator	营业成本 Cost of Business
二、餐饮业	**Catering Services**	**2014455**
1.按登记注册类型分	by Status of Registration	
内资	Domestic Funded Enterprises	1831814
国有	State-owned	48807
集体	Collective-owned	1454
股份合作	Cooperative	534
联营企业	Joint Ownership	2776
有限责任公司	Limited Liability Corporations	484294
股份有限公司	Share-holding Corporations Ltd.	8396
私营企业	Private Enterprises	1285332
其他	Others	222
港澳台商投资企业	Enterprises with Funds from Hong Kong,Macao and Taiwan	46662
与港澳台商合资经营	Joint-venture	20391
与港澳台商合作经营	Cooperative	
港澳台商独资	Sole Investment	26057
港澳台商投资股份有限公司	Share-holding Corporations Ltd. with Sole Investment	215
其他港澳台投资企业	Others	
外商投资企业	Foreign Funded Enterprises	135979
中外合资经营	Joint-venture	1508
中外合作经营	Cooperative	
外资企业	Sole Foreign Investment	134471
外商投资股份有限公司	Share-holding Corporations Ltd. With Foreign Investment	
其他外商投资企业	Others	
2.按国民经济行业分(GB/T 4754-2017)	by Sector	
正餐服务	Dinner service	1254603
快餐服务	Fast Food Service	459039
饮料及冷饮服务	Beverages and cold drinks service	37937
餐饮配送及外卖送餐服务	Catering Delivery and Takeout Service	228053
其他餐饮业	Other Catering Services	34824

continued

(10 000 yuan)

损益及分配 Losses,Profits and Distribution							工资、福利、增值税 Wages,Welfare and Value Added Tax	
税金及附加 Taxes and Other Charges on Business	销售费用 Expenses on Sales	管理费用 Expenses on Management	财务费用 Expenses on Finance	营业利润 Profits from Business	利润总额 Total Profits	所得税费用 Income Tax Expense	应付职工薪酬(本年贷方累计发生额) Payroll payable (Cumulative amount of credits)	应交增值税 Value Added Tax Payable
12928	**770687**	**523966**	**48318**	**-65539**	**-48878**	**12054**	**786103**	**41908**
12297	660356	489068	39502	-81651	-64792	6138	699740	32971
890	14769	27442	-425	-15267	-11839	1221	31425	1804
10	232	700	80	-54	-28		610	52
3	572	381		-44	-17	1	381	39
	7	77		58	70		929	
5385	170686	139568	11213	-8753	-4360	2219	180625	11156
287	2612	6561	182	-2123	-1568	23	5169	413
5723	471464	314235	28452	-55485	-47066	2673	480512	19506
	15	105		18	18		90	
465	42381	9416	6650	-6669	-6736	-191	26384	3886
438	11155	5152	5122	-7223	-7193		5618	1083
26	30933	4213	1528	520	423	-192	20702	2802
	294	51		34	34	1	63	
166	67949	25483	2165	22780	22650	6107	59979	5051
3	3084	839	14	-942	-639	11	1160	13
163	64865	24644	2152	23723	23289	6096	58819	5039
11521	524275	423423	40058	-97029	-83423	4045	533558	27692
823	196386	59100	5910	38606	39167	7140	150793	10573
45	32572	5088	149	-380	-209	214	24195	176
474	14655	32036	2133	-5977	-4064	527	65850	3044
65	2798	4318	67	-760	-349	128	11706	423

18−10 各市限额以上住宿和餐饮业财务状况(2022年)

Financial Indicators of Enterprises above Designated Size of Hotels and Catering Services by Region(2022)

单位:万元 (10 000 yuan)

地 区	Region	企业数(个) Number of Enterprises (unit)	流动资产合计 Total Working Capitals	固定资产原价 Original Value of Fixed Assets	本年折旧 Deprecia-tion in the Year	资产合计 Total Assets	负债合计 Total Liabilities	所有者权益合计 Total Owners' Equities	营业收入合计 Business Revenue	主营业务收入 Revenue from Principal Business
全省总计	**Total**	**4637**	**4740226**	**6311496**	**280238**	**10716400**	**9256919**	**1476375**	**5074616**	**4947821**
济南市	Jinan	874	998385	968011	48072	1826595	1628085	200399	993123	965611
青岛市	Qingdao	966	1240448	1370890	57456	2333978	2062238	276347	1489376	1459258
淄博市	Zibo	248	140730	158957	7300	264671	258617	7497	233037	228957
枣庄市	Zaozhuang	184	70226	208637	8476	241868	201862	39849	92221	89690
东营市	Dongying	83	122545	165336	7471	324951	323022	1929	114191	110919
烟台市	Yantai	323	322807	786846	33207	983651	749617	234229	472536	461991
潍坊市	Weifang	400	314354	300216	12700	596626	571022	30603	312509	292718
济宁市	Jining	502	422773	483651	22814	922116	712397	204743	300256	296124
泰安市	Tai'an	145	208960	260936	10636	588550	503542	87789	135788	133224
威海市	Weihai	169	228124	480595	16706	718463	663837	52687	266659	262600
日照市	Rizhao	77	72840	88819	5787	165826	163206	2615	81970	81599
临沂市	Linyi	172	186336	563205	20867	802321	614258	200067	203749	195433
德州市	Dezhou	101	88440	124097	6144	254657	170986	83771	88682	88133
聊城市	Liaocheng	112	115964	98334	6782	214658	217643	-2985	92037	88006
滨州市	Binzhou	124	125650	130894	6294	271844	270359	-1014	97703	95075
菏泽市	Heze	157	81643	122072	9526	205624	146229	57849	100780	98481

18−10 续表 continued

单位:万元 (10 000 yuan)

地 区	Region	营业成本 Cost of Business	税金及附加 Taxes and Other Charges on Business	销售费用 Expenses on Sales	管理费用 Expenses on Management	财务费用 Expenses on Finance	营业利润 Profits from Business	利润总额 Total Profits	所得税费用 Income Tax Expense	应付职工薪酬(本年贷方累计发生额) Payroll payable (Cumulative amount of credits)	应交增值税 Value Added Tax Payable
全省总计	**Total**	**2864344**	**36135**	**1354295**	**1119029**	**112850**	**-306279**	**-276020**	**15111**	**1375600**	**80094**
济南市	Jinan	516504	5923	327900	224122	15126	-86576	-75811	2074	287575	14604
青岛市	Qingdao	815714	8879	380541	325745	28258	-55625	-42864	9017	389128	23790
淄博市	Zibo	142805	772	57032	44910	2618	-13344	-10690	107	56407	3345
枣庄市	Zaozhuang	62147	551	16739	20760	977	-9551	-9292	41	21782	1225
东营市	Dongying	52131	946	39732	28886	7931	-14225	-13983	136	33056	2516
烟台市	Yantai	293622	4133	104091	96277	6536	-20689	-19682	2090	108581	6806
潍坊市	Weifang	184038	2960	83612	61766	8379	-24473	-23212	321	86271	4739
济宁市	Jining	194368	2587	53067	66614	11242	-23075	-21999	373	79620	3958
泰安市	Tai'an	69923	1163	44561	36726	8109	-24544	-23386	61	39330	1703
威海市	Weihai	150828	3153	81159	60860	11415	-38400	-39014	401	82769	5217
日照市	Rizhao	40229	272	24984	25304	2748	-8077	-10122	51	23681	1187
临沂市	Linyi	119776	1856	50899	51801	1019	-23146	-22934	75	53263	3541
德州市	Dezhou	49857	1196	25318	18718	1552	46621	47131	53	27654	3091
聊城市	Liaocheng	52505	495	25538	18472	3410	-7674	-7135	51	29311	1590
滨州市	Binzhou	60721	373	20278	22357	1994	-9269	-8921	138	28018	994
菏泽市	Heze	59176	877	18845	15712	1537	5766	5894	122	29156	1788

18-11 亿元以上商品交易市场情况(2022年)
Basic Statistics on Commodity Exchange Markets of Turnover above 100 Million Yuan (2022)

类别	Category	市场数量(个) Number of Markets (unit)	摊位数(个) Number of Booths (unit)	年末出租摊位数(个) Number of Booths Rented at Year End (unit)	年末营业面积(平方米) Operating Area at Year End (sq.m)	成交额(亿元) Turnover (100 million yuan)
总计	**Total**	**446**	**318869**	**260543**	**36645413**	**9216.1**
一、按市场类别分组	**Grouped by Market Category**					
综合市场	Comprehensive Markets	89	97098	79024	6719343	1385.8
生产资料综合市场	Means of production Comprehensive Markets	3	2015	1964	133376	21.7
工业消费品综合市场	Industrial consumer products Comprehensive Markets	21	39883	32475	2505174	581.3
农产品综合市场	Farmer Produces Comprehensive Markets	36	24562	21655	1713084	397.9
其他综合市场	Other Comprehensive Markets	29	30638	22930	2367709	384.8
专业市场	Special Markets	357	221771	181519	29926070	7830.3
生产资料市场	Means of Production Markets	73	30492	26109	9603652	2872.5
农业生产用具市场	Agricultural Tools Markets	1	85	85	80000	1.6
农用生产资料市场	Agricultural Production Markets					
煤炭市场	Coal and Charcoal Markets					
木材市场	Wood Markets	7	1719	1639	767201	119.3
建材市场	Building Materials Markets	30	14004	12699	2528023	305.6
化工材料及制品市场	Chemical Materials and Products Markets	1	875	796	110000	699.7
金属材料市场	Metal Materials Markets	26	8511	5928	5635790	1603.8
机械设备市场	Mechanical Device Markets	5	3976	3721	390502	121.9
其他生产资料市场	Other Means of Production Markets	3	1322	1241	92136	20.6
农产品市场	Agricultural Products Markets	107	76050	64505	8365544	2713.2
粮油市场	Grain and Oil Markets	8	3098	2285	318867	162.4
肉禽蛋市场	Meat, Poultry and Eggs Markets	3	2385	1994	77060	13.0
水产品市场	Aquatic Products Markets	23	15913	11392	956204	735.0
蔬菜市场	Vegetables Markets	42	36968	33865	4946836	927.7
干鲜果品市场	Dried and Fresh Melons and Fruits Markets	20	10634	8890	1450631	521.6
棉麻土畜、烟叶市场	Cotton ,Hemp,Local Livestock and Tobacco Markets					
其他农产品市场	Other Agricultural Products Markets	11	7052	6079	615946	353.5
食品、饮料及烟酒市场	Food, Beverages, Tobacco, and Liquor Markets	11	7566	4943	722430	151.4
食品饮料市场	Food and Beverage Markets	5	3896	2445	362000	98.2
茶叶市场	Tea Markets	2	800	605	90000	14.0
烟酒市场	Tobacco and Liquor Markets	2	600	525	22000	25.7
其他食品饮料及烟酒市场	Other Food, Beverages, Tobacco, and Liquor Markets	2	2270	1368	248430	13.5
纺织、服装、鞋帽市场	Textile, Garments, Footgear, and Hats Markets	37	41279	34038	1897726	521.8
布料及纺织品市场	Fabrics and Textile Markets	4	2060	1695	175000	19.4
服装市场	Clothing Markets	22	30926	25179	1222670	437.3
鞋帽市场	Shoes and Hats Markets	5	3665	2778	160336	47.8
其他纺织服装鞋帽市场	Others	6	4628	4386	339720	17.2
日用品及文化用品市场	Daily Use and Cultural Goods Markets	15	11929	10004	764863	324.2
小商品市场	Merchandise Markets	10	9530	7770	529863	249.5
箱包市场	Case and Bag Markets					

18-11 续表 continued

类 别	Category	市场数量(个) Number of Markets (unit)	摊位数(个) Number of Booths (unit)	年末出租摊位数 Number of Booths Rented at Year End	年末营业面积(平方米) Operating Area at Year End (sq.m)	成交额(亿元) Turnover (100 million yuan)
玩具市场	Toy Markets	1	600	557	60000	12.8
文具市场	Stationery Markets	1	580	480	60000	4.9
图书、报刊市场	Books, Newspapers and Magazines Markets	1	149	149	25000	10.4
音像制品及电子出版物市场	Video products and E-journal Markets					
体育用品市场	Sports Goods Markets					
其他日用品及文化用品市场	Other Daily Use and Cultural Goods Markets	2	1070	1048	90000	46.6
黄金、珠宝、玉器等首饰市场	Gold,Jewelry,Jade Markets	1	809	481	500000	112.5
电器、通讯器材、电子设备市场	Electrical Appliances, Communication Appliances, Electronic Equipment Markets	7	3046	2641	264200	85.1
家电市场	Household Appliances Markets	1	925	925	156000	68.0
通讯器材市场	Communication Appliances	1	115	115	1500	1.3
照相、摄像器材市场	Camera Equipment Markets					
计算机及辅助设备市场	Computers and Auxiliary Equipment Markets	5	2006	1601	106700	15.8
其他电器、通讯器材、电子设备市场	Others					
医药、医疗用品及器材市场	Medicine,Medical Supplies and Equipment Markets	1	1022	839	61420	9.3
中药材市场	Chinese Medicine Markets	1	1022	839	61420	9.3
其他医药、医疗用品及器材市场	Others					
家具、五金及装饰材料市场	Furniture,Hardware,and Decorative Materials Markets	54	31777	23653	4205229	378.0
家具市场	Furniture Markets	17	7456	5980	1273314	52.3
装饰材料市场	Decoration Materials Markets	18	9930	7367	1253417	67.4
灯具市场	Lamps Markets	1	970	950	150000	33.9
厨具、盥洗设备市场	Kitchen Utensils and Washing Equipment Markets	2	325	210	38000	2.6
五金材料市场	Hardware Materials Markets	9	7915	5396	568289	139.9
其他装修市场	Others	7	5181	3750	922209	82.0
汽车、摩托车及零配件市场	Automobile, Motorcycle and Spare Parts Markets	39	9611	7037	2458056	496.3
汽车市场	Automobile Markets	27	4237	3196	1804322	348.5
摩托车市场	Motorcycle Markets	1	75	75	27000	1.1
机动车零配件市场	Motor Vehicle Spare Parts Markets	11	5299	3766	626734	146.7
花、鸟、鱼、虫市场	Flowers,Birds,Fish,Insects Markets	4	3910	3788	837600	122.0
花卉市场	Flower Markets	4	3910	3788	837600	122.0
鸟市场	Bird Markets					
观赏鱼市场	Ornamental Fish Markets					
其他花鸟鱼虫市场	Others					
旧货市场	Second Hand Markets					
古玩、古董、字画市场	Antique,Antiques,Calligraphy and Painting Markets					
邮票、硬币市场	Stamps,Coins Markets					
其他旧货市场	Other Second Hand Markets					
其他专业市场	Others	8	4280	3481	245350	44.0
二、按营业状态分组	**Grouped by Operating Status**					
1.常年营业	Perennial operating	433	310973	253105	35279629	8894.3
2.季节性营业	Seasonal operating	13	7896	7438	1365784	321.7
3.其他	Others					
三、按经营方式分组	**Grouped by Operating Mode**					
1.以批发为主	Wholesale	306	243089	198383	28337918	8386.5
2.以零售为主	Retail	140	75780	62160	8307495	829.5
四、按经营环境分组	**Grouped by Operating Environment**					
1.露天式	Open Air	106	50797	43326	10403221	2117.3
2.封闭式	Closed	296	237580	192117	23335867	6322.0
3.其他	Others	44	30492	25100	2906325	776.8

18-12 亿元以上商品交易市场成交情况(2022年)

Basic Statistics on Transactions in Commodity Exchange Markets of Turnover above 100 Million Yuan(2022)

类　　别	Category	年末出租摊位数(个) Number of Booths Rented at Year end (unit)	全年成交额(亿元) Turnover (100 million yuan)
合　计	**Total**	**260543**	**9216.1**
1.粮油、食品类	Grain、Oil and Food	94735	3481.5
#粮油类	Grain and Oil	7935	303.5
肉禽蛋类	Meal,Poultry and Eggs	9397	378.1
水产品类	Aquatic Products	19160	924.0
蔬菜类	Vegetables	33499	1004.4
干鲜果品类	Dried and Fresh Fruits	19503	699.3
2.饮料类	Beverages	2486	43.9
3.烟酒类	Tobacco and Liquor	3222	53.3
4.服装、鞋帽、针、纺织品类	Clothing, Shoes, Hats and Textiles	51344	691.3
(1)服装类	Clothing	32963	450.5
(2)鞋帽类	Shoes and Hats	9479	123.3
(3)针、纺织品类	Knitwear and Textiles	8902	117.5
5.化妆品类	Cosmetics	2303	74.1
6.金银珠宝类	Gold,Silver and Jewelry	1021	121.5
7.日用品类	Articles for Daily Use	15736	392.1
#可穿戴智能设备	Wearable smart device	66	0.8
8.五金电料类	Hardware & Electrical Materials	11079	245.6
9.体育、娱乐用品类	Sports & Recreational Articles	1079	13.7
#照相器材类	Cameras and Related Equipments	54	0.8
10.书报杂志类	Newspapers and Magazines	280	12.8
11.电子出版物及音像制品类	E-journals and Video Products	69	0.3
12.家用电器和音像器材类	Household Appliances and Video Appliance	3482	110.5
#能效等级为1和2级的商品	Products with energy efficiency levels 1 and 2	70	0.4
#智能家用电器和音像器材	Smart home appliances and audiovisual equipment	81	0.3
13.中西药材品类	Traditional Chinese and Western Medicines	1032	14.5
#西药类	Western Medicines	80	1.6
中草药及中成药类	Traditional Chinese Medicines	866	9.5
14.文化办公用品类	Cultural and Offices Appliances	5327	66.1
#计算机及其配套产品	Computers and Auxiliary Equipments	1444	14.7
15.家具类	Furniture	8944	88.6
16.通讯器材类	Communication Appliances	1086	15.7
#智能手机	Smart phone	200	2.0
17.煤炭及制品类	Coal and Related Products	20	1.3
18.木材及制品类	Wood and Wooden Products	2387	145.9
19.石油及制品类	Petroleum and Related Products	182	139.8
20.化工材料及制品类	Chemical Materials and Related Products	1239	570.2
#化肥类	Fertilizers	63	0.3
21.金属材料类	Metal Materials	6909	1565.4
22.建筑及装潢材料类	Building and Decoration Materials	19659	430.6
23.机电产品及设备类	Mechanical & Electrical Products	5021	144.2
#农机类	Agricultural Machineries	137	2.0
24.汽车类	Automobiles	7483	516.8
#新能源汽车	New energy vehicles	237	22.9
25.种子饲料类	Seeds and Feedstuff	345	2.4
26.棉麻类	Cotton and Hemp	156	4.4
27.其他类	Others	13917	269.7

18-13 各市亿元以上商品交易市场情况(2022年)
Basic Statistics on Commodity Exchange Markets of Turnover above 100 Million Yuan by Region(2022)

地 区	Region	市场数量(个) Number of Markets (unit)	摊位数(个) Number of Booths (unit)	年末出租摊位数 Number of Booths Rented at Year End	年末营业面积(平方米) Operating Area at Year End (sq.m)	成交额(万元) Turnover (10 000 yuan)
全省总计	**Total**	**446**	**318869**	**260543**	**36645413**	**92160500**
济南市	Jinan	26	19035	17545	1620939	6597447
青岛市	Qingdao	51	38404	34332	4224814	12617421
淄博市	Zibo	22	16387	12878	1183392	9229376
枣庄市	Zaozhuang	36	22552	16976	1549020	2758141
东营市	Dongying	11	2995	2321	585666	286269
烟台市	Yantai	15	18628	12642	1774343	3670035
潍坊市	Weifang	34	23775	22431	4545259	8026736
济宁市	Jining	26	18816	16257	3066941	6627236
泰安市	Tai'an	7	7916	4348	3240930	6473745
威海市	Weihai	4	2850	2799	206748	353925
日照市	Rizhao	8	9179	6026	653102	1091122
临沂市	Linyi	68	48205	42765	4922848	16548418
德州市	Dezhou	47	24368	17235	2959483	3505660
聊城市	Liaocheng	15	16389	14523	2224295	6108908
滨州市	Binzhou	12	4695	4446	746062	5091042
菏泽市	Heze	64	44675	33019	3141571	3175019

18-14 连锁门店及配送中心分布情况(2022年)

Distribution of Stores and Distribution Centers of chain stores of Wholesale and Retail Trades and Hotel and Catering Services(2022)

单位：个 (unit)

地区	Region	门店总数 Number of Stores	直营店数 Under Direct Management	加盟店数 Through License Arrangement	配送中心数 Distribution Centers	自有 Under Direct Management
合计	**Total**	**24219**	**19743**	**4476**	**226**	**218**
批发和零售业	**Wholesale and Retail Trades**	**22426**	**18747**	**3679**	**212**	**204**
北京	Beijing	7	7			
天津	Tianjin	8	2	6		
河北	Hebei	130	18	112		
山西	Shanxi	11	2	9		
内蒙古	Inner Mongolia	9	6	3		
辽宁	Liaoning	10	8	2		
吉林	Jilin	5	2	3		
黑龙江	Heilongjiang	9	1	8		
上海	Shanghai	4	4			
江苏	Jiangsu	36	14	22		
浙江	Zhejiang	13	6	7		
安徽	Anhui	18	3	15		
福建	Fujian	4	3	1		
江西	Jiangxi	6	3	3		
山东	Shandong	22007	18614	3393	212	204
济南	Jinan	2753	2375	378	16	14
青岛	Qingdao	3566	3208	358	28	25
河南	Henan	62	19	43		
湖北	Hubei	20	18	2		
湖南	Hunan	2	1	1		
广东	Guangdong	7	4	3		
海南	Hainan	2	2			
重庆	Chongqing	4	1	3		
四川	Sichuan	18	3	15		
贵州	Guizhou	5	1	4		
云南	Yunnan	18	1	17		
陕西	Shanxi	6	1	5		
甘肃	Ganshu	1	1			
宁夏	Ningxia	2	1	1		
新疆	Xinjiang	2	1	1		
住宿和餐饮业	**Hotel and Catering Services**	**1793**	**996**	**797**	**14**	**14**
北京	Beijing	6	6		1	1
河北	HeBei	4	1	3		
内蒙古	NeiMenggu	2		2		
辽宁	Liaoning	3	3			
江苏	Jiangsu	4	3	1		
安徽	Anhui	1	1			
山东	Shandong	1761	975	786	12	12
济南	Jinan	329	269	60	2	2
青岛	Qingdao	301	216	85	2	2
河南	Henan	7	2	5		
湖南	Hunan	1	1			
海南	Hainan				1	1
四川	SiChuan	1	1			
西藏	Tibet	1	1			
陕西	Shanxi	1	1			
青海	Qinghai	1	1			

注：本表数据是指总部设在山东的连锁企业的门店及配送中心的分布情况。

a)Data in this table refers to the distribution of stores and distribution centers of chain stores that headquarters in Shandong.

18-15 批发和零售业连锁经营情况(2022年)

指　　标	Item	连锁总店(总部)数(个) Number of chain head stores (unit)	合　计 Total
总　　计	**Total**	**293**	**22426**
一、按行业分组	**by Sector**		
批发业	Wholesale Trade	34	1074
零售业	Retail Trade	259	21352
二、按登记注册类型分组	**by Status of Registration**		
内资企业	Domestic Funded Enterprises	286	21469
国有企业	State-owned Enterprises	7	269
集体企业	Collective-owned Enterprises	2	21
股份合作企业	Cooperative Enterprises	1	5
联营企业	Joint Ownership Enterprises	1	2
有限责任公司	Limited Liability Corporations	87	8330
股份有限公司	Share-holding Corporations Limited	20	2608
私营企业	Private Enterprises	167	10192
其他企业	Other Enterprises	1	42
港、澳、台商投资企业	Enterprises with Funds from Hong Kong, Macao and Taiwan	2	421
合资经营企业(港或澳、台资)	Joint-ventures Enterprises	1	209
合作经营企业(港或澳、台资)	Cooperative Enterprises		
港、澳、台商独资经营企业	Enterprises with Sole Investment	1	212
港、澳、台商投资股份有限公司	Share-holding Corporations Ltd. With Funds from Hong Kong,Macao and Taiwan		
其他港澳台投资企业	Others		
外商投资企业	Foreign Funded Enterprises	5	536
中外合资经营企业	Joint-venture Enterprises	2	349
中外合作经营企业	Cooperation Enterprises	1	2
外资企业	Enterprises with Sole Foreign Funds		
外商投资股份有限公司	Share-holding Corporations Ltd. With Foreign Investment	2	185
其他外商投资企业	Others		
三、按连锁零售业态分组	**by Business Categories**		
便利店	Convenience Store	6	674
折扣店	Discount store		
超　市	Supermarket	39	2121
大型超市	Large supermarket		
仓储会员店	Warehouse club stores	4	51
百货店	Department store	16	1141
专业店	Professional store	176	16792
其中：加油站	In:Gas Station	18	1190
专卖店	Specialty store		
家居建材商店	Home-furnishings store		
厂家直销中心	Factory Outlet Center		
其　他	Others	31	739

Business of chain operation of Wholesale and Retail Trade(2022)

门店总数(个) Number of Stores(unit)		年末零售营业面积(平方米) Operational Area(sq.m)			年末从业人员数(人) Engaged Persons(person)		
直营店 Under Direct Management	加盟店 Through License Arrangement	合计 Total	直营店 Under Direct Management	加盟店 Through License Arrangement	合计 Total	直营店 Under Direct Management	加盟店 Through License Arrangement
18747	**3679**	**26467173**	**17793045**	**8674128**	**175771**	**164487**	**11284**
626	448	271593	237432	34161	9860	9152	708
18121	3231	26195580	17555613	8639967	165911	155335	10576
18115	3354	26073343	17417413	8655930	169893	158871	11022
182	87	80992	75284	5708	3685	3340	345
21		200400	200400		637	637	
5		6027	6027		213	213	
2		3355	3355		105	105	
6452	1878	14219509	5672253	8547256	60235	52587	7648
2125	483	9865989	9832517	33472	58474	57468	1006
9286	906	1694135	1624641	69494	46478	44455	2023
42		2936	2936		66	66	
421		120732	120732		2550	2550	
209		63000	63000		1592	1592	
212		57732	57732		958	958	
211	325	273098	254900	18198	3328	3066	262
24	325	96473	78275	18198	1950	1688	262
2		12120	12120		505	505	
185		164505	164505		873	873	
326	348	57128	36930	20198	1590	1254	336
1654	467	3582242	3550050	32192	39179	38189	990
44	7	42489	41349	1140	1161	1141	20
705	436	8969754	8939654	30100	47480	47031	449
15187	1605	13055247	4526978	8528269	67435	62091	5344
1190		1161773	1161773		6050	6050	
308	431	92053	53192	38861	8600	8073	527

18-15 续表 1 continued

指标	Item	连锁门店商品购进额(万元) Total Purchases of chain store(10000 yuan) 合计 Total	直营店 Under Direct Management	加盟店 Through License Arrangement
总计	**Total**	**18216218**	**17199784**	**370798**
一、按行业分组	**by Sector**			
批发业	Wholesale Trade	2731382	2713155	18228
零售业	Retail Trade	15484836	14486630	352570
二、按登记注册类型分组	**by Status of Registration**			
内资企业	Domestic Funded Enterprises	17294735	16332079	317020
国有企业	State-owned Enterprises	497015	494475	2541
集体企业	Collective-owned Enterprises	71795	71795	
股份合作企业	Cooperative Enterprises	22811	22811	
联营企业	Joint Ownership Enterprises	5099	5099	
有限责任公司	Limited Liability Corporations	7173968	6289840	238491
股份有限公司	Share-holding Corporations Limited	7120252	7102812	17440
私营企业	Private Enterprises	2402566	2344018	58548
其他企业	Other Enterprises	1230	1230	
港、澳、台商投资企业	Enterprises with Funds from Hong Kong, Macao and Taiwan	134848	134848	
合资经营企业(港或澳、台资)	Joint-ventures Enterprises	69206	69206	
合作经营企业(港或澳、台资)	Cooperative Enterprises			
港、澳、台商独资经营企业	Enterprises with Sole Investment	65641	65641	
港、澳、台商投资股份有限公司	Share-holding Corporations Ltd. With Funds from Hong Kong,Macao and Taiwan			
其他港澳台投资企业	Others			
外商投资企业	Foreign Funded Enterprises	786635	732858	53778
中外合资经营企业	Joint-venture Enterprises	210273	156496	53778
中外合作经营企业	Cooperation Enterprises	67329	67329	
外资企业	Enterprises with Sole Foreign Funds			
外商投资股份有限公司	Share-holding Corporations Ltd. With Foreign Investment	509033	509033	
其他外商投资企业	Others			
三、按连锁零售业态分组	**by Business Categories**			
便利店	Convenience Store	99519	45605	53914
折扣店	Discount store			
超　市	Supermarket	4631379	4614089	17290
大型超市	Large supermarket			
仓储会员店	Warehouse club stores	68013	67011	1001
百货店	Department store	3224319	3219915	4405
专业店	Professional store	6699095	5829065	224394
其中：加油站	In:Gas Station	3017747	3017747	
专卖店	Specialty store			
家居建材商店	Home-furnishings store			
厂家直销中心	Factory Outlet Center			
其　他	Others	1825865	1821803	4062

18-15 续表 2 continued

指 标	Item	连锁门店商品销售额(万元) Sale Value of chain store(10000 yuan) 合 计 Total	直营店 Under Direct Management	加盟店 Through License Arrangement
总 计	**Total**	**23059977**	**21907806**	**419108**
一、按行业分组	**by Sector**			
批发业	Wholesale Trade	2871826	2852330	19497
零售业	Retail Trade	20188151	19055476	399611
二、按登记注册类型分组	**by Status of Registration**			
内资企业	Domestic Funded Enterprises	22063325	20970446	359815
国有企业	State-owned Enterprises	636224	633684	2541
集体企业	Collective-owned Enterprises	131425	131425	
股份合作企业	Cooperative Enterprises	28005	28005	
联营企业	Joint Ownership Enterprises	5401	5401	
有限责任公司	Limited Liability Corporations	7670548	6694378	243106
股份有限公司	Share-holding Corporations Limited	10716235	10664993	51242
私营企业	Private Enterprises	2873972	2811045	62927
其他企业	Other Enterprises	1516	1516	
港、澳、台商投资企业	Enterprises with Funds from Hong Kong, Macao and Taiwan	149415	149415	
合资经营企业(港或澳、台资)	Joint-ventures Enterprises	83092	83092	
合作经营企业(港或澳、台资)	Cooperative Enterprises			
港、澳、台商独资经营企业	Enterprises with Sole Investment	66323	66323	
港、澳、台商投资股份有限公司	Share-holding Corporations Ltd. With Funds from Hong Kong,Macao and Taiwan			
其他港澳台投资企业	Others			
外商投资企业	Foreign Funded Enterprises	847237	787945	59293
中外合资经营企业	Joint-venture Enterprises	249081	189789	59293
中外合作经营企业	Cooperation Enterprises	70761	70761	
外资企业	Enterprises with Sole Foreign Funds			
外商投资股份有限公司	Share-holding Corporations Ltd. With Foreign Investment	527395	527395	
其他外商投资企业	Others			
三、按连锁零售业态分组	**by Business Categories**			
便利店	Convenience Store	120455	61057	59397
折扣店	Discount store			
超 市	Supermarket	5242028	5190946	51082
大型超市	Large supermarket			
仓储会员店	Warehouse club stores	80190	78412	1778
百货店	Department store	6294676	6290323	4353
专业店	Professional store	7654033	6690199	230771
其中：加油站	In:Gas Station	3446271	3446271	
专卖店	Specialty store			
家居建材商店	Home-furnishings store			
厂家直销中心	Factory Outlet Center			
其 他	Others	1941066	1936412	4653

18-16 住宿和餐饮业连锁经营情况(2022年)

指 标 名 称	Indicator	连锁总店或总部数(个) Number of chain head stores (unit)	门店总数(个) Number of Stores (unit)
总 计	**Total**	**31**	**1793**
一、按行业分组	**by Sector**		
住宿业	Hotel Services	4	246
餐饮业	Catering Services	27	1547
二、按登记注册类型分组	**by Status of Registration**		
内资企业	Domestic Funded Enterprises	27	1227
国有企业	State-owned Enterprises	1	30
集体企业	Collective-owned Enterprises		
股份合作企业	Cooperative Enterprises		
联营企业	Joint Ownership Enterprises		
有限责任公司	Limited Liability Corporations	8	499
股份有限公司	Share-holding Corporations Limited	3	37
私营企业	Private Enterprises	15	661
其他企业	Other Enterprises		
港、澳、台商投资企业	Enterprises with Funds from Hong Kong, Macao and Taiwan	3	191
合资经营企业(港或澳、台资)	Joint-ventures Enterprises		
合作经营企业(港或澳、台资)	Cooperative Enterprises		
港、澳、台商独资经营企业	Enterprises with Sole Investment	3	191
港、澳、台商投资股份有限公司	Share-holding Corporations Ltd. With Funds from Hong Kong, Macao and Taiwan		
其他港澳台投资企业	Others		
外商投资企业	Foreign Funded Enterprises	1	375
中外合资经营企业	Joint-venture Enterprises		
中外合作经营企业	Cooperation Enterprises		
外资企业	Enterprises with Sole Foreign Funds	1	375
外商投资股份有限公司	Share-holding Corporations Ltd. With Foreign Investment		
其他外商投资企业	Others		

Business of chain operation of Hotels and Catering Services(2022)

直营店 Under Direct Management	年末从业人员(人) Engaged Persons (person)	直营店 Under Direct Management	年末餐饮营业面积(平方米) Operational Area (sq.m)	直营店 Under Direct Management	客房数(间) Number of rooms (room)	直营店 Under Direct Management	床位数(个) Number of Beds (unit)	直营店 Under Direct Management
996	**32411**	**24265**	**686318**	**557875**	**25581**	**11104**	**38844**	**17133**
35	806	533	1000	950	18058	3581	27090	5379
961	31605	23732	685318	556925	7523	7523	11754	11754
441	23446	15705	531227	407784	25581	11104	38844	17133
30	212	212	6000	6000				
288	2846	2573	72519	72469	17303	2826	25950	4239
37	11489	11489	300412	300412	7754	7754	12154	12154
86	8899	1431	152296	28903	524	524	740	740
180	3794	3389	44555	39555				
180	3794	3389	44555	39555				
375	5171	5171	110536	110536				
375	5171	5171	110536	110536				

18-16 续表

指 标 名 称	Indicator	餐位数(位) Number of Diningseats (unit)	直营店 Under Direct Management
总 计	**Total**	**147162**	**115140**
一、按行业分组	**by Sector**		
住宿业	Hotel Services	1764	1740
餐饮业	Catering Services	145398	113400
二、按登记注册类型分组	**by Status of Registration**		
内资企业	Domestic Funded Enterprises	103884	73362
国有企业	State-owned Enterprises	1500	1500
有限责任公司	Limited Liability Corporations	43787	43763
股份有限公司	Share-holding Corporations Limited	19826	19826
私营企业	Private Enterprises	38771	8273
其他企业	Other Enterprises		
港、澳、台商投资企业	Enterprises with Funds from Hong Kong,Macao and Taiwan	12687	11187
合资经营企业(港或澳、台资)	Joint-ventures Enterprises		
合作经营企业(港或澳、台资)	Cooperative Enterprises		
港、澳、台商独资经营企业	Enterprises with Sole Investment	12687	11187
港、澳、台商投资股份有限公司	Share-holding Corporations Ltd. With Funds from Hong Kong, Macao and Taiwan		
其他港澳台投资企业	Others		
外商投资企业	Foreign Funded Enterprises	30591	30591
中外合资经营企业	Joint-venture Enterprises		
中外合作经营企业	Cooperation Enterprises		
外资企业	Enterprises with Sole Foreign Funds	30591	30591
外商投资股份有限公司	Share-holding Corporations Ltd. With Foreign Investment		
其他外商投资企业	Others		

continued

连锁门店商品购进额(万元) Total Purchases of chain store (10000 yuan)	直营店 Under Direct Management	统一配送商品购进额 Centralized Purchases and Delivery	连锁门店营业额(万元) Bussiness Revenue of chain store (10000 yuan)	直营店 Under Direct Management	餐费收入 From Meals	直营 Under Direct Management
225575	**177848**	**183064**	**728423**	**560849**	**612120**	**490222**
742	692	145	64917	17981	1504	243
224833	177155	182918	663505	542868	610616	489978
149840	104119	107329	420169	259283	309787	194577
1944	1944		4444	4444	4444	4444
37762	37712	32165	126123	79187	65458	64198
48734	48734	22771	142804	142804	96588	96588
61401	15729	52393	146799	32849	143298	29348
14267	12261	14267	72563	65875	66643	59955
14267	12261	14267	72563	65875	66643	59955
61468	61468	61468	235690	235690	235690	235690
61468	61468	61468	235690	235690	235690	235690

18−17　主要年份社会消费品零售总额
Retail Sale of Consumer Goods in Major Years

单位:亿元　　　　(100 million yuan)

年 份 Year	社会消费品零售总额 Retail Sale of Consumer Goods	按所在地分 by Location			按行业分 by Sector				
		市 City	县 County	县以下 Under County Level	批发和零售业 Wholesale and Retail Trades	住宿和餐饮业 Hotels and Catering Services	制造业 Manufacturing	农业生产者 Agricultural Producers	其他行业 Other Sectors
1949	6.23				3.92	0.63	1.68		
1952	19.01				13.23	1.92	3.21	0.53	0.12
1957	26.00				21.86	1.08	2.19	0.51	0.45
1962	30.49				25.39	1.37	1.98	1.60	0.15
1965	33.85				29.92	1.83	1.35	0.60	0.15
1970	40.94				36.53	1.37	1.87	0.95	0.22
1975	60.32				51.98	2.72	2.85	1.54	1.22
1978	79.73	23.39	21.14	35.19	68.40	3.65	4.57	2.34	0.77
1979	92.22	27.46	23.10	41.66	78.38	4.25	6.09	2.64	0.86
1980	114.01	32.36	27.78	53.86	94.61	5.03	10.00	3.38	0.99
1981	131.47	35.84	34.40	61.23	107.10	5.82	13.42	3.53	1.60
1982	141.48	41.63	34.22	65.64	112.90	7.64	14.12	4.82	2.00
1983	162.14	47.85	37.49	76.80	127.67	9.83	16.93	5.16	2.55
1984	189.08	66.58	37.98	84.52	147.25	11.23	20.57	6.16	3.87
1985	227.03	84.16	46.50	96.38	173.62	13.86	25.27	8.94	5.34
1986	261.64	96.22	54.18	111.25	194.85	15.48	31.38	12.32	7.61
1987	300.69	119.11	58.69	122.89	217.34	18.16	41.14	14.91	9.14
1988	392.37	164.12	73.40	154.85	287.09	22.88	49.85	20.50	12.05
1989	430.74	199.91	72.75	158.09	315.80	23.93	49.86	26.34	14.81
1990	460.13	218.97	79.19	161.96	338.02	25.07	50.24	30.41	16.38
1991	536.03	263.90	86.76	185.36	392.19	30.67	59.41	35.48	18.28
1992	653.23	336.37	99.77	217.08	471.87	37.56	77.87	44.17	21.76
1993	875.00	476.00	123.37	275.63	610.75	52.50	124.25	67.37	20.13
1994	1183.67	655.75	168.08	359.84	795.42	85.23	139.67	111.27	52.08
1995	1532.39	891.85	171.62	468.92	991.45	125.65	188.49	153.24	73.55
1996	1833.77	1085.59	187.04	561.14	1173.62	161.37	232.89	168.71	97.19
1997	2117.72	1304.52	207.54	605.67	1348.99	184.24	264.72	220.24	99.53
1998	2400.27	1471.36	230.43	698.48	1497.77	223.22	307.23	254.43	117.62
1999	2659.30	1632.81	255.29	771.20	1672.70	260.61	319.12	281.89	124.98
2000	2988.30	1846.77	286.88	854.66	1900.56	310.78	328.72	304.80	143.43
2001	3291.04	2040.44	319.23	931.36	2119.43	362.02	329.10	322.52	157.97
2002	3652.03	2308.08	339.64	1004.30	2410.34	427.29	321.38	325.03	167.99
2003	4114.01	2637.09	415.51	1061.41	3398.18	518.36			197.47
2004	4653.79	2921.00	517.90	1214.89	3909.20	581.50			163.09
2005	5366.71	3386.04	598.29	1382.38	4502.52	675.75			188.44
2006	6212.32	3954.01	692.84	1565.47	5203.03	796.62			212.66
2007	7328.39	4672.93	826.82	1828.64	6135.16	956.52			236.71
2008	8977.22	5698.86	1044.43	2233.93	7845.43	895.96			235.83
2009	10293.79	6693.07	1197.16	2403.56	8616.39	1393.50			283.89
2010	12028.30								
2011	13939.83								
2012	15785.25								
2013	17703.85								
2014	19706.36								
2015	21550.95								
2016	23482.07								
2017	25527.94								
2018	27480.28								
2019	29251.18								
2020	29248.05								
2021	33714.54								
2022	33236.16								

注:1.自2010年起，社会消费品零售总额由按所在地、按行业分组调整为按经营地、按消费形态分组。
　2.2020年，根据第四次经济普查结果，对1993−2019年社会消费品零售总额及分组数据进行了修订。

a)Since 2010,the group of Retail Sale of Consumer Goods has been adjusted from grouping by location and industry to grouping by business location and consumption form.

b)Figures of total retail sales of consumer goods of 1993-2019 are revised according to the result of the fourth national economic census in 2020.

18-18 各市社会消费品零售总额(2022年)
Retail Sale of Consumer Goods by Region(2022)

地区	Region	绝对额(亿元) Amount (100 million yuan)					比上年增长(%) Growth Rate (%)				
		社会消费品零售总额 Total Retail Sales of Consumer Goods	按经营地分 by Operation Place		按消费形态分 by Consumption Pattern		社会消费品零售总额 Total Retail Sales of Consumer Goods	按经营地分 by Operation Place		按消费形态分 by Consumption pattern	
			城镇 Urban	乡村 Rural	商品零售 Retail Sales	餐饮收入 Catering Income		城镇 Urban	乡村 Rural	商品零售 Retail Sales	餐饮收入 Catering Income
全省总计	**Total**	**33236.16**	**27957.49**	**5278.67**	**29608.48**	**3627.68**	**-1.4**	**-1.5**	**-1.0**	**-0.9**	**-5.2**
济南市	Jinan	4878.11	4285.03	593.07	4194.10	684.01	-4.8	-4.9	-4.0	-4.5	-7.0
青岛市	Qingdao	5891.78	4862.18	1029.60	5286.11	605.67	-1.4	-1.4	-1.2	-1.1	-3.5
淄博市	Zibo	1294.49	1138.29	156.20	1148.05	146.44	-1.1	-1.1	-0.9	-1.3	0.6
枣庄市	Zaozhuang	1014.49	827.93	186.56	899.35	115.14	-2.6	-2.8	-1.9	-2.4	-3.9
东营市	Dongying	771.43	669.84	101.58	636.08	135.35	1.9	1.7	3.2	2.0	1.7
烟台市	Yantai	3248.42	2561.22	687.20	2928.67	319.75	0.5	0.4	0.9	0.7	-1.2
潍坊市	Weifang	2745.30	2385.92	359.38	2477.15	268.15	-1.3	-1.2	-1.6	-1.1	-3.9
济宁市	Jining	2463.03	2095.20	367.84	2214.08	248.96	0.1	0.1	0.3	0.1	0.5
泰安市	Tai'an	1161.92	967.99	193.93	1057.05	104.87	持平	持平	0.1	2.7	-20.6
威海市	Weihai	1287.76	1100.11	187.66	1112.44	175.32	-4.4	-3.9	-7.7	-4.6	-3.1
日照市	Rizhao	657.12	521.39	135.72	590.41	66.71	0.3	0.3	0.5	0.3	0.4
临沂市	Linyi	2918.76	2490.16	428.60	2638.39	280.37	-0.4	-2.9	16.6	-0.3	-2.2
德州市	Dezhou	1275.46	1079.09	196.37	1165.26	110.20	-0.3	-0.4	0.1	-0.2	-2.1
聊城市	Liaocheng	917.82	764.55	153.28	810.93	106.89	持平	持平	0.1	0.2	-0.9
滨州市	Binzhou	820.70	657.08	163.62	747.90	72.80	-0.3	-0.4	0.1	0.2	-4.9
菏泽市	Heze	1889.56	1551.50	338.06	1702.51	187.05	-1.4	-1.5	-1.2	-1.8	3.2

主要统计指标解释

社会消费品零售总额 指企业（单位、个体户）通过交易直接售给个人、社会集团非生产、非经营用的实物商品金额，以及提供餐饮服务所取得的收入金额。个人包括城乡居民和入境人员，社会集团包括机关、社会团体、部队、学校、企事业单位、居委会或村委会等。

商品购进额 指从本企业以外的单位和个人购进（包括从国外直接进口）作为转卖或加工后转卖的商品金额（含增值税）。本指标反映批发和零售业从国内外市场上购进商品的总价。

商品购进包括：(1) 从工农业生产者、批发和零售业、住宿和餐饮业、出版社或报社的出版发行部门和其他服务业等企事业单位和个体经营户购进的商品；(2) 从机关社会团体购进的商品；(3) 从海关、市场管理部门购进的缉私和没收的商品；(4) 从居民收购的废旧商品等。

不包括：(1) 企业为本单位自身经营用，不是作为转卖而购进的商品，如材料物资、包装物、低值易耗品、办公用品等；(2) 未通过买卖行为而收入的商品，如接受其他部门移交的商品、借入的商品、收入代其他单位保管的商品、其他单位赠送的样品、加工回收的成品等；(3) 经本单位介绍，由买卖双方直接结算，本单位只收取手续费的业务；(4) 销售退回和买方拒付货款的商品；(5) 商品溢余；(6) 期货交易商品。

商品销售额 指对本单位以外的单位和个人出售的商品金额（包括售给本单位消费用的商品，含增值税），在批发和零售业中，本指标反映在国内市场上销售商品以及出口商品的总价。

商品销售包括：(1) 售给个人和社会集团消费用的商品；(2) 售给农业、工业、建筑业、服务业等国民经济各行业用于生产、经营用的商品，包括售予批发和零售业作为转卖或加工后转卖的商品；(3) 对国（境）外直接出口的商品。

商品销售不包括：(1) 未通过买卖行为付出的商品，如因机构变动移交给其他企业单位的商品、借出的商品、归还受其他单位委托代保管的商品、付出的加工原料和赠送给其他单位的样品等；(2) 促销返券所销售的、不计入营业收入的商品；(3) 经本单位介绍，由买卖双方直接结算，本单位只收取手续费的业务；(4) 未发生所有权转移的商品预付卡销售，如加油卡；(5) 汽车维修、电话卡销售等服务性经济活动；(6) 购货退回的商品；(7) 商品损耗和损失；(8) 出售本单位自用的废旧物资；(9) 期货交易商品；(10) 自来水供应企业、电力企业、天然气供应企业提供的水、电、气。

期末商品库存额 对于批发和零售业法人单位和个体经营户，是指报告期末取得所有权的全部商品金额（含增值税）；对于批发和零售业产业活动单位，是指报告期末实际在库且归属法人具有所有权的全部商品金额（含增值税）。这个指标反映批发和零售业的商品库存情况，以及对市场商品供应的保证程度。

库存商品包括：(1) 存放在本单位（如门市部、批发站、采购站、经营处）的仓库、货场、货柜和货架中的商品；(2) 挑选、整理、包装中的商品；(3) 已记入购进而尚未运到本单位的商品，即发货单或银行承兑凭证已到而货未到的商品；(4) 寄放他处的商品，如因购货方拒绝付款而暂时存在购货方的商品；(5) 委托其他单位代销（未作销售或调出）尚未售出的商品；(6) 代其他单位购进尚未交付的商品。

库存商品不包括：(1) 所有权不属于本单位的商品，如商品已作销售但买方尚未取走的商品，代替他人保管、运输、加工的商品，代其他单位销售（未做购进或调入）而未售出的商品；(2) 委托外单位加工的商品（包括本单位所属加工厂和其他生产单位加工生产尚未收回成品的商品）；(3) 外贸企业代理其他单位从国外进口，尚未付给订货单位的商品；(4) 代国家储备部门保管的商品。

库存商品金额可以采用进价或售价进行核算。采用进价核算的商品，应按商品进货原则（或实际采购成本）计算期末库存；采用售价核算的商品，应按商品的售价计算期末库存。购入的商品，在商品到达验收入库后计算期末库存（对已记入购进尚未运到的商品，也可计算期末库存）；对于月终尚未开出承兑商业汇票的入库商品，按应付给供货单位的价款暂估计算期末库存；年度终了，凡已转入库存和已作销售的进口商品，属于国外以离岸价格成交、有应付未付国外运保费的，应先估计期末库存，委托其他单位代销的商品包括在期末库存中；委托外单位加工的商品，在发出商品时作减少期末库存，当加工商品收回时增加期末库存（包括商品进货原价、加工费用、加工税金等）。

营业额 指住宿和餐饮业单位在经营活动中，因提供服务或销售商品等取得的全部收入（含增值税），收入主要来源于提供客房、餐费服务、商品销售和其他服务，如商务服务。不包括多产业法人企业附营的其他行业产业活动单位的餐费收入、商品销售收入等各项收入。

客房收入 指住宿和餐饮业单位在经营活动中因提供住宿服务取得的收入（含增值税）。不包括多产业法人企业附营的其他行业产业活动单位的客房收入。

餐费收入 指本单位为顾客提供就餐服务取得的收入（含增值税）。包括：经烹饪、调制加工后出售的各种食品，如主食、炒菜、凉拌菜等的收入。不包括多产业法人企业附营的其他行业产业活动单位的餐费收入。

亿元商品交易市场 指年成交额在亿元及以上的商品交易市场。商品交易市场是指经有关部门和组织批准设立，有固定场所、设施，有经营管理部门和监管人员，若干市场经营者入内，常年或实际开业三个月以上，集中、公开、独立地进行生活消费品、生产资料等现货商品交易以及提供相关服务的交易场所，包括各类消费品市场、生产资料市场等。

连锁总店（总部） 负责连锁企业资源（商号、商誉、经营模式、服务标准、管理模式等）的开发、配置、控制或使用等功能的企业核心管理机构。连锁经营是指经营同类商品或服务，使用统一商号的若干店铺，在同一总店（总部）的管理下，采取统一采购或特许经营等方式，实现规模效益的组织形式，包括直营连锁、特许连锁和自愿连锁三种形式。系统内企业，如新华书店、烟草公司、石油公司等，应注意是否具备连锁经营特征，如果不具备连锁经营特征，则不能纳入连锁统计范畴。

直营连锁：是指连锁店铺由连锁公司全资或控股开设，在总部的直接控制下，开展统一经营的连锁经营形式。

特许连锁：是指拥有注册商标、企业标志、专利、专有技术等经营资源的企业（特许人），以合同形式将其拥有的经营资源许可其他经营者（被特许人）使用，被特许人按合同约定在统一的经营模式下开展经营，并向特许人支付特许经营费用的连锁经营形式。

自愿连锁：是指若干个店铺或企业自愿组合起来，在不改变各自资产所有权关系的情况下，以同一个品牌形象面对消费者，以共同进货为纽带开展的连锁经营形式。

Explanatory Notes on Main Statistical Indicators

Total Retail Sales of Consumer Goods refers to the amount obtained by enterprises (units, self-employed individuals) through direct sales of non-production and non-business physical commodity to individuals, social institutions, and revenue from providing catering services. Individuals include rural and urban households, population from abroad, social institutions include government agencies, social organizations, military units, schools, institutions, neighbourhood (village) committees.

Total Purchases of Commodities refer to the total value of purchases of commodities by enterprises (establishments) from other establishments or individuals (including direct import from abroad) for the purpose of re-selling, either with or without further processing of the commodities purchased. The commodities include: (1) commodities purchased from agricultural and industrial producer, wholesaler, retailer, publishing house and other enterprises, institutions and individual operators of service business; (2) commodities purchased from institutions and social groups; (3) confiscated goods purchased from the customs authorities or market management agencies; (4) second-hand goods and wastes purchased from residents; The commodities exclude (1) commodities purchased by enterprises (establishments) for use in their own business operation, commodities obtained without buying or selling procedures such as materials, consumable goods of low value, office appliance, etc. (2) received goods without trading, such as goods handed over from others, borrowed goods, preserved goods for others, donated goods from others, processed and retrieved goods, etc. (3) goods of direct settlement between buyer and seller with handling fees introduced by others, (4) goods returned or refused to pay by the buyer, (5) excessive goods, (6) futures trading commodities.

Total Sales of Commodities refer to value of commodities sold by the establishments to other establishments and individuals (including goods sold for self consumption, including the value-added tax). The commodities include: (1) commodities sold to individuals and social groups for their consumption; (2) commodities sold to establishments in all industries for their production and operation, including agriculture, industry, construction, and catering services including commodities sold to wholesale and retail establishments for re-selling, with or without further processing; and (3) commodities for direct export to abroad. Excluded are (1) extended commodities without trading, such as goods handed over to other enterprises and institutions because of the change of organizations, lent goods, returned goods preserved for others, extended processing materials and samples donated to others, (2) goods sold by coupon rebates that are not included in business income, (3) goods of direct settlement between buyer and seller with handling fees introduced by others, (4) prepaid cards for goods without transfer of ownership, such as gas cards, (5) Service-oriented economic activities such as automobile maintenance and telephone card sales, (6) goods returned after purchase, (7) damaged and spoiled goods, (8) waste and used goods of self use, (9) futures trading commodities, (10) water, electricity and gas supplied by water supply enterprises, electric power enterprises and natural gas supply enterprises.

Total Stock of Commodities For the legal entities and self-employed individuals engaged in wholesale and retail trade, it refers to total value (including VAT) of commodities possessed at the end of the reference period; and for wholesale and retail establishments, it refers to the value (including VAT) of all commodities actually in stock and owned by their legal persons at the end of reference period. The commodities in stock includes: (1) commodities located in storage, garages, counters, and shelves of operating places of wholesale and retail trades (such as sale stores, wholesale centres, procurement stations and operating offices); (2) commodities in the process of being selected, sorted, and packed; (3) commodities not arrived but recorded as purchase in the account, i.e. commodities not arrived but payment receipts for the commodities from the sellers or the banks arrived; (4) commodities deposited in other places rather than places mentioned above, for instance: commodities in the hold of purchasers temporarily due to the refusal of payment; (5) commodities entrusted to other units to sell but not sold yet; (6) commodities purchased for other units but not delivered yet. Commodities not included as stock are those not owned by the enterprises (units), commodities on commission for processing, imported commodities of agency of foreign trade enterprise but not yet delivered to ordering units and finally those put in stock on behalf of the state reserves units.

The amount of inventory goods can be calculated using the purchase price or the selling price. In order to calculate the ending stocks at purchase price, the principle of accounting on the basis of actual purchase cost should be adopted; and to calculated the ending stocks at selling price, the principle of accounting on the basis of selling price adopted. Goods purchased should be calculated when they are delivered, checked and put in storage (for the goods purchase but not delivered, they are also included in the ending stocks). For the goods in storage and without commercial acceptance, the ending stocks are calculated at the price provided by the suppliers; at the end of the year, all the imported goods in storage or sold, which are transacted at F.O.B. prices and have not been paid the premiums payable, should be calculated as ending stocks, including the goods entrusted other units to sell. When the goods entrusted other units to manufacture are delivered, the ending stocks should be reduced; when it delivered back, the ending stocks increased (including purchase price, processing cost, processing taxes, etc.).

Business Revenue refers to the total income that the hotels and catering services enterprise received from providing services or selling commodities through business activities, including income from hotels, catering services, selling of commodities (including VAT) and other services. It excludes the income provided by the industrial units in other industries of this corporate enterprise.

Income from hotel rooms refers to the income of hotel and catering services provided by the enterprise in the hotel and catering service industry. It excludes the room income provided by the industrial units in other industries of this corporate enterprise.

Income from catering services refers to the income that the enterprise received by providing catering services, including selling of cooked or prepared foods, such as stable food, cooked dishes or cold dishes. It excludes the income provided by the industrial units in other industries of this corporate enterprise.

Volume of Transaction at Large Commodity Markets (with transaction value over 100 million yuan) refers to the commodity markets with an annual transaction at and above 100 million. The commodity market refers to the markets approved and managed by related departments, where there are fixed sites, facilities, managers and administration offices, where there are a certain number of traders to operate for three month and above or all the year, where the commodities including the articles for daily consumption and capital goods and services are traded in a centralized, independent and open way. Such market includes markets of daily goods and market of capital goods, etc.

Chain Enterprise (also called chain stores or chain corporations) refer to the core leading stores responsible for development, allocation, administration and utilization of resources (name of stores, brand of stores, operation model, service standard, management way, etc.) of chain stores. Chain stores refers to the stores engaged in providing homogeneous commodities or services, with the central leadership of head store (headquarters) and guided by common policies, conduct centralized purchase and distributed selling of commodities, in order to gain better efficiency through standardized operation. The chain stores include regular chain stores, franchise chain stores and voluntary chain stores. In-system enterprises, such as Xinhua Bookstore, Tobacco Company, and Oil Company, should pay attention to whether they have the characteristics of chain operation. If they do not have the characteristics of chain operation, they cannot be included in the chain statistics category.

Chain stores have 3 categories:

a) Chain stores under direct management: These are formal chain stores invested or controlled by the headquarters. They operate under the direct and unified management from the headquarters. Adopting a direct management approach, the headquarters give orders and control all retail stores, which follow completely the directives from the headquarters. Large monopolized commercial companies develop and expand their business through purchasing, merging, direct investment and controlling of shares.

b) Chain stores through special permit: Through contracts, chain stores (or their owners) obtain licenses from the headquarters to use designated trade marks, names, operation know how, and to sell the commodity developed by the headquarters. Under this arrangement, each store in the chain is an independent legal entity and operates under the guidance from the headquarters.

c) Chain stores through voluntary arrangement: Under this arrangement, all stores operate together under the guidance of the headquarters, while maintaining their status of independent legal entities with full ownership of their assets. They use the same store name, sign contracts with the headquarters concerning purchase, sale, publicity, etc. and operate under the contract. They are free to engage in other activities which are not bounded in the contract. They could join or leave the chain on voluntary basis.

第19篇

教育和科技

Education, Science and Technology

简 要 说 明

一、本篇资料的主要内容

本篇资料反映了全省教育和科技事业基本情况。教育部分主要包括高等教育、中等教育、初等教育、成人高等教育、职业教育、幼儿园等方面基本情况；科技部分主要包括科技成果、专利、规模以上工业科技活动和全社会科技活动情况。

二、本篇资料的来源

1.教育部分中，技工学校的资料来源于省人力资源社会保障厅，其他资料来源于省教育厅。

2.科技部分中，科技成果资料来源于省科学技术厅，专利资料来源于省市场监督管理局，规模以上工业企业科技活动和全社会科技活动资料来源于省统计局统计年报。

本篇资料由省统计局人口处（社科处）整理提供。

Brief Introduction

I. Content

Data in this chapter show the basic conditions of education and technology. Data on education show the development of higher education, secondary education, primary education, vocational education and kindergartens. Data on technology show the basic conditions of scientific and technological achievements and prizes, number of patent applications examined and granted, scientific and technological activities of industrial enterprises above designate size and basic conditions of R&D institutions.

II. Source of Data

(1) Data on the basic conditions of technical schools are provided by Shandong Human Resources and Social Security Department and other data on education are provided by Shandong Provincial Education Department.

(2) Data on scientific and technological are provided by Department of Science and Technology of Shandong Province. Data on patents are provided by Shandong Provincial Department of Market Regulatory Authority. Data on scientific and technological activities come from the annual report of scientific and technological activities, which is provided by Shandong Provincial Bureau of Statistics.

Data in this chapter are provided and compiled by the Division of Urbanization,Population and Employment Statistics（by the Division of Social,Science and Culture Industry Employment Statistics）of Shandong Provincial Bureau of Statistics.

19–1 各级各类学校基本情况(2022年)
Basic Statistics on Education Institutions(2022)

项 目	Item	学校数(所) Number of Schools (unit)	招生数(人) New Enrollment (person)	在校学生数(人) Total Enrol -lment (person)	毕业生数(人) Graduates (person)	教职工数(人) Teachers and Staff (person)	专任教师(人) Full-time Teachers (person)
高等教育	**Higher Education**						
研究生培养机构	Institutions Providing Postgraduate Programs	35	56935	165208	38935		
普通高校	Regular Institutions of Higher Education	32	56777	164766	38845		
科研机构	Research Institutions	3	158	442	90		
普通高等学校	Regular Institutions of Higher Education	153	853325	2527073	734267	182225	135492
本科院校	Universities with Full Undergraduate Courses	70	455940	1499212	412269	124373	90395
#独立学院	Non-university Tertiary	4	13226	34601	11504	1856	1561
#职业本科	Bachelor of Vocational Studies	3	25004	56536	13558	3398	2812
专科(高职)院校	Colleges with Specialized Courses	83	397385	1027861	321998	57852	45097
#高等职业学校	Vocational and Technical Colleges	75	367700	943208	295679	52862	41362
成人高等教育	Institutions of Higher Education for Adult	11	529350	1032978	397487	1262	764
中等教育	**Secondary Education**						
高中阶段教育	Senior Secondary Education						
普通高中	Regular Senior Secondary Schools	753	673587	1902982	570297	199958	161771
中等职业学校	Vocational Secondary Education	414	299584	880975	253917	62874	56263
技工学校	Technical Schools	207	172380	455069	127154	33658	26793
初中阶段教育	Junior Secondary Education						
普通初中	Regular Junior Secondary Schools	3302	1248560	3973359	1158116	390878	316572
初等教育	**Primary Education**						
普通小学	Regular Primary Schools	9063	1306430	7606235	1254224	410354	467563
特殊教育学校	**Special Education**	**157**	**8511**	**53554**	**9078**	**7237**	**6433**
学前教育	**Pre-school Education**	**24886**	**1060793**	**3887244**	**1213273**	**444684**	**281296**

注：1、研究生机构的学生数据为硕士研究生和博士研究生数据；2、普通高等学校的学生数据为普通本专科学生数据，按学校类型归类；3、成人高等教育学生数含普通高校开展的成人高等教育学生数。

a)Data on students of Institutions Providing Postgraduate Programs refers to graduate students and doctoral students.

b)Data on students of Regular Institutions of Higher Education refers to undergraduates.

c)Data on students of Higher Adult Education including those in both Institutions of Higher Education for Adult and Regular Institutions of Higher Education.

19-2 主要年份普通高等教育基本情况
Basic Statistics on Higher Education in Major Years

年 份 Year	学校数 (所) Number of Schools (unit)	招生数 (人) New Enrollment (person)	在校学生数 (人) Total Enrollment (person)	毕业生数 (人) Graduates (person)	教职工数 (人) Teachers and Staff (person)	专任教师 (人) Full-time Teachers (person)
1949	7	1405	3969	70	1908	484
1952	7	2777	6753	1703	3684	1024
1955	7	3280	8915	1825	3397	1471
1957	7	3122	12532	1686	4518	2114
1962	26	3496	26001	7148	10144	4318
1965	16	5621	22164	6102	9156	3898
1970	16			9162	10185	4526
1975	21	7366	17582	6033	13858	5601
1976	22	8896	21340	6072	15035	5941
1977	27	13192	25735	7203	17712	7028
1978	34	19712	38390	7015	20202	7855
1979	35	12856	44771	5364	23544	9478
1980	35	14402	51427	7684	26130	10347
1981	37	14160	59645	6311	27512	10379
1982	37	15765	51794	23993	30381	12065
1983	41	19827	55276	16806	31535	12943
1984	47	24862	66429	13563	33591	13919
1985	49	32745	83567	16159	36383	14974
1986	49	30211	92422	21183	39009	15951
1987	50	32972	95891	29428	41620	16716
1988	50	35714	101281	30869	43990	17585
1989	51	34308	103928	31766	46037	18162
1990	49	35023	105822	33104	46704	18377
1991	49	36067	107093	34500	46839	17825
1992	51	57878	130188	34994	47483	18059
1993	51	57918	151758	33935	48156	18405
1994	49	55036	156639	50457	49537	19460
1995	49	55611	160398	52083	50829	19932
1996	49	56544	169184	47835	51490	20079
1997	48	56950	175920	50141	50374	20414
1998	49	62994	187473	51477	50261	20581
1999	52	82410	213679	49612	49624	21252
2000	58	124817	303826	49687	54910	24764
2001	65	183553	449360	69583	64362	30902
2002	75	218719	583601	94697	72408	37412
2003	85	273894	761417	117253	84391	45457
2004	97	327452	946124	166959	93653	53847
2005	104	400573	1171284	224611	109920	64636
2006	109	445034	1338122	268384	121167	74676
2007	111	453479	1440378	355735	128761	81889
2008	114	514176	1534009	411143	134072	87432
2009	128	501082	1592974	431598	136753	89734
2010	133	495722	1631373	444003	139100	91413
2011	139	497292	1645589	472882	142698	94621
2012	137	498621	1658490	474266	142370	96058
2013	140	527539	1698545	475858	142240	98685
2014	142	580763	1796665	464076	143939	101380
2015	143	595646	1900612	474195	147035	104724
2016	144	624408	1995880	509142	150345	107748
2017	145	612660	2015345	571220	154311	110807
2018	145	629065	2040793	585871	158526	112717
2019	146	741661	2183944	577980	164932	117609
2020	152	729927	2291481	605379	172041	124215
2021	153	780954	2429912	617855	177805	129888
2022	153	853325	2527073	734267	182225	135492

注：普通高等教育学生数据为普通本专科数据，含部分成人高校举办的高职班。

a)Data on higher education student is about normal university and technological university, with some held in adult colleges of higher vocational educa

19-3 主要年份中等专业教育基本情况
Basic Statistics on Vocational Secondary Education in Major Years

年 份 Year	学校数 (所) Number of Schools (unit)	招生数 (人) New Enrollment (person)	毕业生数 (人) Graduates (person)	在校学生数 (人) Total Enrollment (person)	教职工数 (人) Teachers and Staff (person)	专任教师 (人) Full-time Teachers (person)
1949	34	4784	1778	13738	1207	441
1950	48	7734	4292	14206	1663	709
1951	80	11179	4855	21918	3372	1307
1952	171	33756	5223	50175	6845	2744
1953	76	8478	23488	33516	4916	1812
1954	69	9478	9812	32458	4509	1807
1955	58	7738	11553	25336	3707	1477
1956	90	30047	9403	45706	6522	2573
1957	86	7972	12089	40738	6112	2742
1958	394	106779	15584	129494	8704	4537
1959	487	58777	21286	110617	11394	4955
1960	474	79722	32699	143184	15798	7893
1961	198	10395	22687	65735	12433	6008
1962	85	585	16909	23599	6072	2797
1963	79	9685	13814	18942	5883	3312
1964	94	15282	6751	27420	6086	2769
1965	275	35768	2242	72974	9197	4850
1966	158	2831	3403	50097	9128	4310
1967	160	2810	11544	41288	9159	4388
1968	155	11861	28731	24411	9461	4328
1969	128	2107	10537	15956	8410	3942
1970	126	2648	12356	6238	8121	3997
1971	135	18497	11758	12823	7776	5403
1972	140	9746	1313	11581	8756	3773
1973	122	16377	1980	25717	8366	3771
1974	129	18963	9440	34035	10175	4434
1975	144	21442	15786	40798	11378	5038
1976	178	23328	19908	44345	13296	5522
1977	176	23195	29665	33142	14004	5649
1978	189	25961	9006	49466	14814	6158
1979	195	26574	2882	75484	16080	6792
1980	203	28137	35212	68593	17617	7898
1981	165	27797	32661	63864	18563	8115
1982	174	29235	26782	66640	20482	9204
1983	179	31570	21413	77601	21503	9775
1984	188	33597	27166	84125	22539	10184
1985	208	45163	30024	100176	24511	11333
1986	227	44130	31422	114039	27320	12807
1987	214	40120	36247	103128	26820	12846
1988	225	44606	33551	114168	28985	14522
1989	230	48407	28370	134515	29314	14719
1990	236	48634	35423	148504	31634	16000
1991	240	52092	45259	155092	31842	15617
1992	234	55353	52088	158309	32857	15972
1993	241	77875	51360	185062	34354	16769
1994	243	89643	50801	222551	35066	17526
1995	244	95442	58680	258801	36084	18211
1996	255	105468	78496	289827	38030	19898
1997	252	112348	90545	311161	38458	20291
1998	254	114956	99483	327031	39160	20949
1999	251	122331	106740	344062	39274	21311
2000	243	93493	103629	333184	37241	20409
2001	200	92215	110827	310508	28002	15607
2002	165	115941	111333	314135	27005	15369
2003	154	94625	64046	256655	23630	13761
2004	145	87889	65953	260276	21621	12771
2005	134	86044	75076	257161	20406	12193
2006	130	90432	79902	264456	20563	12634
2007	135	98634	92275	283231	20985	13223
2008	130	93217	83077	271905	20308	13224
2009	124	99212	88355	271993	19981	13093

19-4 主要年份普通中学基本情况
Basic Statistics on Senior and Junior Secondary Education in Major Years

年 份 Year	学校数 (所) Number of Schools (unit)	招生数 (万人) New Enrollment (10 000 persons)	毕业生数 (万人) Graduates (10 000 persons)	在校学生数 (万人) Total Enrollment (10 000 persons)	教职工数 (人) Teachers and Staff (person)	专任教师 (人) Full-time Teachers (person)
1949	66	1.08	0.34	3.89	3431	1585
1952	189	6.12	0.99	10.44	10170	4507
1955	218	6.74	5.08	17.51	14778	6756
1957	1004	17.64	6.20	33.99	24369	14054
1962	1247	15.04	12.77	43.21	37062	21542
1965	6166	34.06	11.67	80.74	53914	37339
1970	13938	103.39	58.50	188.13	122751	100261
1975	14621	172.20	113.98	305.11	200906	161092
1976	19822	263.31	127.48	437.85	275864	228657
1977	20171	260.62	161.35	522.33	330445	277784
1978	17361	210.68	218.75	478.22	318128	264663
1979	16322	176.14	192.39	418.22	304551	246035
1980	14646	144.10	107.90	407.91	309538	247920
1981	12974	125.17	117.55	361.45	296240	233102
1982	11160	119.41	106.37	328.57	271664	212707
1983	9971	112.21	86.35	315.39	256926	200957
1984	9175	115.88	85.31	334.42	257968	201521
1985	9038	123.80	96.87	356.32	268321	209202
1986	8259	125.02	105.22	376.19	283726	220304
1987	7877	125.52	116.95	379.54	297083	232958
1988	7474	125.17	120.41	373.53	307364	241845
1989	6997	123.30	118.61	363.74	315494	245260
1990	6699	125.60	115.14	367.30	324027	249459
1991	6310	129.17	115.30	372.98	329927	253428
1992	5897	132.87	115.58	382.49	335020	258308
1993	5640	139.14	115.88	395.28	337259	260896
1994	5429	154.67	116.82	427.15	345640	268514
1995	5073	167.06	118.14	470.46	358301	279301
1996	4820	169.69	122.97	512.22	375463	294849
1997	4693	178.19	141.95	541.38	392365	310926
1998	4635	201.28	159.91	571.54	404824	322785
1999	4586	222.20	164.88	620.43	414538	333884
2000	4575	234.18	167.96	678.60	430754	350353
2001	4684	220.94	188.59	702.18	451014	359665
2002	4648	201.65	205.62	689.17	461898	369664
2003	4606	192.94	222.82	654.34	468627	374811
2004	4569	192.32	213.80	628.34	473687	379100
2005	4404	179.71	207.29	592.49	470584	377133
2006	4175	164.60	196.70	554.04	462298	372370
2007	4039	162.49	191.02	520.31	454920	370255
2008	3893	160.54	172.88	502.14	445545	367658
2009	3750	160.24	158.65	499.34	442447	372550
2010	3645	164.12	156.89	501.07	438787	372082
2011	3569	161.83	157.80	501.58	462765	376760
2012	3522	159.88	153.20	492.64	464942	376819
2013	3464	158.53	156.04	488.48	466088	382340
2014	3461	153.58	153.73	486.06	471653	386923
2015	3446	151.12	156.01	479.93	475798	390059
2016	3504	160.35	157.62	482.41	484579	397471
2017	3560	164.39	151.42	494.85	502004	410339
2018	3671	164.26	148.46	509.93	515123	419903
2019	3791	176.10	157.56	528.13	536931	435808
2020	3920	187.62	166.72	548.68	558935	453428
2021	4019	187.58	163.43	570.76	586421	471988
2022	4055	192.21	172.84	587.63	590836	478343

注：专任教师按照教师教授学生层次归类。
a)Full-time teachers classified according to the academic level of their students.

19-5 主要年份技工学校基本情况
Basic Statistics on Technical Schools in Major Years

年 份 Year	学校数 (所) Number of Schools (unit)	招生数 (人) New Enrollment (person)	毕业生数 (人) Graduates (person)	在校学生数 (人) Total Enrollment (person)	教职工数 (人) Teachers and Staff (person)	专任教师 (人) Full-time Teachers (person)
1953	1	150		150	25	15
1955	2	452	150	802	206	72
1957	6	1525	452	2300	614	213
1962	19	1274	906	5188	2078	688
1965	18	2336	1381	6662	1214	503
1970	6		452		639	106
1975	26	3407	1700	5652	1751	345
1976	26	3144	1704	5841	2204	435
1977	29	6083	5421	6414	3189	735
1978	64	13669	301	19651	7042	1563
1979	72	11673	4950	26632	7055	1951
1980	94	15698	9854	32208	8974	2978
1981	100	9323	11190	29605	9749	3474
1982	103	9379	12857	25953	10154	3474
1983	106	10698	11562	24343	10560	3508
1984	119	12851	8624	28302	11215	3732
1985	134	16748	9219	35163	14142	3423
1986	163	22069	10035	47114	19968	3928
1987	206	28114	11281	63839	22647	5390
1988	236	40381	16036	87832	26382	5996
1989	256	40821	22402	105330	27843	7088
1990	266	42429	28654	118605	19084	10084
1991	279	44081	39679	122591	33739	11210
1992	290	46436	39628	128557	37579	12233
1993	302	55920	42320	142660	37222	12853
1994	306	67812	45358	165989	39351	13424
1995	312	70251	65457	169023	38891	13948
1996	312	77595	62981	185253	37747	13778
1997	305	74054	65310	192675	35160	14059
1998	305	55668	59292	188493	33806	14035
1999	302	50896	71460	161531	28871	14531
2000	279	48008	66546	137718	24484	14066
2001	278	53283	55769	132122	23152	16060
2002	249	83186	49634	165386	22190	13072
2003	244	105896	46247	212811	20684	13371
2004	249	121444	58834	274432	21370	14607
2005	229	138505	78091	325924	22049	15058
2006	197	148625	98239	357648	22309	16211
2007	200	159954	110278	385325	26744	23586
2008	197	161000	121000	415000	24700	18847
2009	196	147000	140300	396200	24963	19378
2010	209	136995	133615	397719	18183	14962
2011	208	149407	123404	381503	24379	21050
2012	213	154546	113066	401207	29909	21451
2013	207	144165	121782	369922	30860	23977
2014	203	128007	108046	329473	29404	23000
2015	194	131550	98154	318182	29228	22613
2016	194	133600	89629	335348	29133	22908
2017	194	129109	103815	332634	29294	22565
2018	181	135184	96351	329897	29388	22525
2019	181	151122	91679	355409	29438	22294
2020	181	173803	95962	405418	29943	23573
2021	194	169851	104221	442034	32647	26284
2022	207	172380	127154	455069	33658	26793

19-6 主要年份小学基本情况
Basic Statistics on Primary Schools in Major Years

年 份 Year	学校数 (所) Number of Schools (unit)	招生数 (万人) New Enrollment (10 000 persons)	毕业生数 (万人) Graduates (10 000 persons)	在校学生数 (万人) Total Enrollment (10 000 persons)	教职工数 (人) Teachers and Staff (person)	专任教师 (人) Full-time Teachers (person)
1949	27476	64.85	5.92	193.00	47640	45710
1952	55096	138.44	15.52	453.75	130791	122107
1955	52171	91.05	19.65	432.74	135050	126975
1957	52337	90.99	43.32	490.88	153512	146366
1962	58670	125.37	40.61	487.56	185043	180870
1965	143202	289.83	44.92	966.72	322560	316441
1970	79041	206.71	138.66	813.58	331613	296931
1975	82327	240.58	143.75	1091.22	401530	390571
1976	78698	215.88	208.06	1059.68	403562	391905
1977	78137	220.55	198.87	1035.87	399653	388337
1978	79375	234.57	181.42	1041.84	395247	384540
1979	78828	219.38	164.83	1040.06	407704	393271
1980	78796	211.68	155.64	1041.70	418828	402739
1981	78829	197.06	154.84	1017.62	417223	400449
1982	77893	190.23	159.74	978.73	414849	395455
1983	76610	184.50	160.87	946.26	414753	393013
1984	74314	176.38	160.80	927.50	410443	387448
1985	71062	167.67	164.07	894.06	405550	379751
1986	65447	161.76	158.81	870.41	412879	384564
1987	64095	152.42	158.86	844.87	421864	394296
1988	63006	156.57	154.47	830.01	432249	404509
1989	62321	162.45	149.77	823.19	439419	408468
1990	61845	158.09	144.84	818.21	446395	414653
1991	59976	156.99	143.85	815.15	447368	414924
1992	56885	163.94	141.97	826.21	450396	416662
1993	54009	185.75	145.75	853.57	448575	415928
1994	50824	206.15	153.03	895.54	448601	414912
1995	47068	205.33	154.07	940.36	456568	422989
1996	40458	194.37	152.29	971.86	463651	429345
1997	37377	183.70	155.59	990.19	468548	434671
1998	34480	146.34	173.92	951.34	467987	435156
1999	29453	116.04	191.40	870.72	451063	418828
2000	26017	104.48	195.12	774.88	440161	408200
2001	21342	101.36	176.17	699.19	422905	390374
2002	19590	107.26	144.10	662.59	414600	383816
2003	18303	107.86	128.24	642.78	410968	380066
2004	16943	110.17	124.69	627.80	410264	378793
2005	15871	104.27	113.31	615.37	410394	377729
2006	14611	107.18	101.69	623.02	415117	381673
2007	14064	111.46	103.87	634.01	420353	386641
2008	13503	104.61	107.48	632.98	420552	387957
2009	12858	101.78	109.47	626.81	421057	389962
2010	12405	111.30	110.26	629.25	417504	387453
2011	12047	119.40	106.82	644.07	393612	386280
2012	11573	109.55	106.16	627.67	387203	382562
2013	11151	115.69	103.30	625.98	383692	387312
2014	10770	124.70	101.02	648.47	378886	389080
2015	10404	124.43	98.92	674.63	379239	396368
2016	10027	123.91	107.15	691.31	386405	408856
2017	9738	126.98	110.96	708.47	391838	421877
2018	9674	129.64	111.52	725.97	392333	430702
2019	9646	127.86	117.75	738.56	396465	442729
2020	9619	129.63	125.16	743.29	400114	454285
2021	9458	137.92	125.73	755.81	410021	468276
2022	9063	130.64	125.42	760.62	410354	467563

注：专任教师按照教师教授学生层次归类，包含九年一贯制和十二年一贯制学校中从事小学教育的专任教师。

a)Full-time teachers classified according to the academic level of their students,including the primary education section of the nine-year and twelve-year primary-secondary schools.

19-7 1985-2022年成人高等教育基本情况
Basic Statistics on Adult Education from 1985 to 2022

年 份 Year	学校数 (所) Number of Schools (unit)	招生数 (人) New Enrollment (person)	毕业生数 (人) Graduates (person)	在校学生数 (人) Total Enrollment (person)	教职工数 (人) Teachers and Staff (person)	专任教师 (人) Full-time Teachers (person)
1985	53	41358	14543	85909	7918	3677
1986	55	38305	18626	119123	9514	4417
1987	58	30789	30352	110258	8900	3847
1988	53	43784	35680	101606	10179	4137
1989	53	43386	30687	115753	11552	4754
1990	53	32580	29317	114764	12745	5164
1991	54	26409	40382	104560	12669	4926
1992	51	49078	41748	105427	12883	5017
1993	53	71210	31104	149282	12648	5257
1994	53	81379	30786	196381	13048	5872
1995	53	61032	55764	198934	13159	6037
1996	53	59850	65204	194454	13308	6495
1997	53	65775	74017	185029	14096	6925
1998	46	73618	61603	198780	13023	6557
1999	40	87117	61611	221161	14335	7131
2000	40	82423	70810	219977	14090	7084
2001	34	103165	57373	255775	13911	6841
2002	29	111023	69723	316605	11797	6182
2003	27	128242	79518	373086	9877	5300
2004	24	132313	107645	268112	11056	6247
2005	24	108707	118379	258521	11481	6683
2006	24	95858	34999	295189	12775	7516
2007	23	106857	97584	297085	12627	7537
2008	22	152713	93079	355307	7390	4840
2009	21	136048	105081	377343	6240	4142
2010	18	133191	110347	388741	4225	2946
2011	17	147677	144703	386481	3951	2731
2012	17	166515	120404	428180	4286	2917
2013	11	165522	128297	459803	2843	1982
2014	11	178737	147592	485274	2259	1544
2015	11	163012	161377	484493	2200	1493
2016	11	179199	167440	502274	1604	1082
2017	11	157559	279185	375102	1580	1048
2018	11	233966	181058	426995	1479	970
2019	11	292911	158662	556026	1257	785
2020	11	414972	223507	742379	1248	777
2021	11	451062	280241	906118	1140	702
2022	11	529350	397487	1032978	1262	764

注：自2001年起成人高等学历教育统计口径调整为不含电大普通专科班及高职。
a)After 2001,adult higher education exclude regular specialized courses and vocational education.

19-8 研究生教育基本情况
Basic Statistics on Postgraduate Education

项　　目		Item		2015	2016	2017	2018	2019	2020	2021	2022
一、培养单位数	**(个)**	**Institutions Providing Postgraduate Programs**	**(unit)**	**33**	**33**	**33**	**33**	**34**	**34**	**35**	**35**
高等学校	(个)	Regular Institutions of Higher Education	(unit)	30	30	30	30	31	31	32	32
科研单位	(个)	Research Institutions	(unit)	3	3	3	3	3	3	3	3
二、招生数	**(人)**	**Enrollment**	**(person)**	**27548**	**28543**	**35564**	**37796**	**40675**	**50518**	**53567**	**56935**
攻读博士学位	(人)	Study for Doctor's Degree	(person)	2025	2109	2312	2663	3022	3346	3726	4196
高等学校	(人)	Regular Institutions of Higher Education	(person)	2025	2109	2312	2663	3022	3346	3726	4196
科研单位	(人)	Research Institutions	(person)								
攻读硕士学位	(人)	Study for Master's Degree	(person)	25523	26434	33252	35133	37653	47172	49841	52739
高等学校	(人)	Regular Institutions of Higher Education	(person)	25473	26384	33198	35041	37558	47035	49700	52581
科研单位	(人)	Research Institutions	(person)	50	50	54	92	95	137	141	158
三、在校生数	**(人)**	**Total Enrollment**	**(person)**	**77630**	**82055**	**91908**	**102531**	**114618**	**131563**	**149077**	**165208**
攻读博士学位	(人)	Study for Doctor's Degree	(person)	8913	9322	10060	10835	11895	13391	15001	16650
高等学校	(人)	Regular Institutions of Higher Education	(person)	8913	9322	10060	10835	11895	13391	15001	16650
科研单位	(人)	Research Institutions	(person)								
攻读硕士学位	(人)	Study for Master's Degree	(person)	68717	72733	81848	91696	102723	118172	134076	148558
高等学校	(人)	Regular Institutions of Higher Education	(person)	68569	72582	81694	91499	102461	117847	133700	148116
科研单位	(人)	Research Institutions	(person)	148	151	154	197	262	325	376	442
四、毕业生数	**(人)**	**Graduates**	**(person)**	**23192**	**24137**	**24755**	**26286**	**27640**	**32795**	**34454**	**38935**
攻读博士学位	(人)	Study for Doctor's Degree	(person)	1494	1591	1529	1569	1712	1716	1861	2211
高等学校	(人)	Regular Institutions of Higher Education	(person)	1494	1591	1529	1569	1712	1716	1861	2211
科研单位	(人)	Research Institutions	(person)								
攻读硕士学位	(人)	Study for Master's Degree	(person)	21698	22546	23226	24717	25928	31079	32593	36724
高等学校	(人)	Regular Institutions of Higher Education	(person)	21652	22500	23175	24647	25881	31006	32503	36634
科研单位	(人)	Research Institutions	(person)	46	46	51	70	47	73	90	90

19-9 各市中等职业学校基本情况(2022年)
Basic Statistics on Secondary Vocational Schools by Region (2022)

地　区	Region	学校数(所) Schools (unit)	招生数(人) New Enrollment (person)	毕业生数(人) Graduates (person)	在校学生数(人) Total Enrollment (person)	专任教师数(人) Full-time Teachers (person)
全省总计	**Total**	**414**	**299584**	**253917**	**880975**	**56263**
济南市	Jinan	39	21742	19135	64913	4273
青岛市	Qingdao	53	27782	29746	92381	7064
淄博市	Zibo	19	10338	8587	31129	2339
枣庄市	Zaozhuang	18	13905	12816	41426	1826
东营市	Dongying	9	7704	8284	26110	1516
烟台市	Yantai	29	16081	13950	49127	4368
潍坊市	Weifang	35	32421	24220	91706	6089
济宁市	Jining	20	19328	16530	58570	3347
泰安市	Tai'an	14	13894	11717	41592	2709
威海市	Weihai	17	8060	6006	23046	1996
日照市	Rizhao	12	10771	9922	33588	1784
临沂市	Linyi	31	39573	32126	111042	5482
德州市	Dezhou	32	16786	14655	48093	3428
聊城市	Liaocheng	21	19062	15235	51251	3391
滨州市	Binzhou	19	9739	9331	32412	2466
菏泽市	Heze	46	32398	21657	84589	4185

注：不含技工学校数据。
a)Data in the table excludes that on Technical Schools.

19-10 各市普通中学情况(2022年)
Basic Statistics on Secondary Schools by Region (2022)

地　区	Region	普通高中 Senior Secondary Schools					普通初中 Junior Secondary Schools				
		学校数(所) Schools (unit)	招生数(人) New Enrollment (person)	毕业生数(人) Graduates (person)	在校学生数(人) Total Enrollment (person)	专任教师数(人) Full-time Teachers (person)	学校数(所) Schools (unit)	招生数(人) New Enrollment (person)	毕业生数(人) Graduates (person)	在校学生数(人) Total Enrollment (person)	专任教师数(人) Full-time Teachers (person)
全省总计	**Total**	**753**	**673587**	**570297**	**1902982**	**161771**	**3302**	**1248560**	**1158116**	**3973359**	**316572**
济南市	Jinan	63	51341	47519	150682	12761	271	91073	81207	270305	23404
青岛市	Qingdao	89	57927	44379	157569	13772	274	93682	95004	292537	25943
淄博市	Zibo	38	28811	29794	86997	7691	155	40882	41748	160447	15527
枣庄市	Zaozhuang	29	28639	21828	80099	6015	107	62326	54700	192938	12951
东营市	Dongying	17	14582	12996	43512	4049	88	23286	21561	89416	8857
烟台市	Yantai	46	30032	27025	87550	9243	230	52217	53013	210679	21088
潍坊市	Weifang	68	66029	55687	190177	18869	303	90134	112723	277761	26060
济宁市	Jining	54	57625	46257	161458	11962	289	106099	104892	363648	28521
泰安市	Tai'an	41	27563	34967	87850	8627	165	62652	48398	223388	18227
威海市	Weihai	18	12998	10066	35334	3670	98	24105	23207	96243	8738
日照市	Rizhao	18	18184	18895	52348	4889	85	33637	31091	100305	8420
临沂市	Linyi	67	80005	68143	221794	16940	329	188388	148402	551375	38266
德州市	Dezhou	36	43174	36482	123503	10472	178	71970	67718	208389	16732
聊城市	Liaocheng	53	57241	39193	146302	11194	221	102185	87146	308639	20265
滨州市	Binzhou	42	20918	22803	68234	6747	134	42121	35718	118372	10786
菏泽市	Heze	74	78518	54263	209573	14870	375	163803	151588	508917	32787

注：专任教师按照教师教授学生层次归类。
a)Full-time teachers classified according to the academic level of their students.

19-11 各市小学基本情况(2022年)
Basic Statistics on Primary Schools by Region (2022)

地 区	Region	学校数 (所) Schools (unit)	招生数 (人) New Enrollment (Person)	毕业生数 (人) Graduates (person)	在校学生数 (人) Total Enrollment (person)	专任教师数 (人) Full-time Teachers (person)
全省总计	**Total**	**9063**	**1306430**	**1254224**	**7606235**	**467563**
济南市	Jinan	608	122815	91094	644163	39874
青岛市	Qingdao	672	125367	93153	664452	40505
淄博市	Zibo	263	52702	40666	232011	16460
枣庄市	Zaozhuang	453	53085	61768	347656	22167
东营市	Dongying	101	31627	23168	136887	9199
烟台市	Yantai	288	60157	52397	304920	20296
潍坊市	Weifang	659	120789	89476	638296	41782
济宁市	Jining	931	102575	108065	632611	41639
泰安市	Tai'an	463	65865	63388	322911	21240
威海市	Weihai	100	26933	23588	134373	8539
日照市	Rizhao	225	40870	33963	217927	13214
临沂市	Linyi	1324	169689	189542	1069143	58899
德州市	Dezhou	641	70810	72071	435541	28547
聊城市	Liaocheng	696	85802	103594	600528	35836
滨州市	Binzhou	265	50529	42832	283648	18108
菏泽市	Heze	1374	126815	165459	941168	51258

注：专任教师按照教师教授学生层次归类。
a)Full-time teachers classified according to the academic level of their students.

19-12 各市幼儿园基本情况(2022年)
Basic Statistics on Kindergartens by Region (2022)

地 区	Region	幼儿园数 (所) Number of Kindergartens (unit)	入园(班)幼儿数 (人) Entrants (person)	在园(班)幼儿数 (人) Enrolment (person)	离园(班)幼儿数 (人) Graduates (person)	专任教师数 (人) Full-timeTeachers (person)
全省总计	**Total**	**24886**	**1060793**	**3887244**	**1213273**	**281296**
济南市	Jinan	2190	101997	362831	113907	27217
青岛市	Qingdao	2274	89698	352406	112301	29341
淄博市	Zibo	732	38922	151678	49914	11234
枣庄市	Zaozhuang	743	40077	126879	40452	7819
东营市	Dongying	377	21007	86064	26391	7872
烟台市	Yantai	958	46797	183431	59015	13383
潍坊市	Weifang	2045	86842	374043	109647	27111
济宁市	Jining	2310	101053	350176	108807	22967
泰安市	Tai'an	1356	41640	192390	62625	15767
威海市	Weihai	352	20862	74899	26311	6145
日照市	Rizhao	775	43152	132641	40864	9018
临沂市	Linyi	3466	146960	542738	154240	37655
德州市	Dezhou	1987	59723	207302	72443	17703
聊城市	Liaocheng	1395	69272	221507	67662	16288
滨州市	Binzhou	862	41612	162574	48651	12052
菏泽市	Heze	3064	111179	365685	120043	19724

19—13 各市特殊教育基本情况(2022年)
Basic Statistics on Special Education by Region(2022)

地 区	Region	学校数(所) Schools (unit)	招生数(人) New Enrollment (person)	毕业生数(人) Graduates (person)	在校学生数(人) Total Enrollment (person)	专任教师数(人) Full-time Teachers (person)
全省总计	**Total**	**157**	**8511**	**9078**	**53554**	**6433**
济南市	Jinan	13	684	707	4079	531
青岛市	Qingdao	15	786	797	5107	707
淄博市	Zibo	9	459	557	2124	435
枣庄市	Zaozhuang	6	349	447	2305	173
东营市	Dongying	3	144	126	919	121
烟台市	Yantai	9	528	466	2772	357
潍坊市	Weifang	13	587	768	4278	528
济宁市	Jining	13	889	899	5643	530
泰安市	Tai'an	5	419	441	2385	273
威海市	Weihai	4	170	206	1082	220
日照市	Rizhao	7	305	377	1980	215
临沂市	Linyi	16	1176	791	8428	928
德州市	Dezhou	14	597	668	3732	383
聊城市	Liaocheng	9	690	915	3976	381
滨州市	Binzhou	8	269	349	1856	242
菏泽市	Heze	13	459	564	2888	409

注：专任教师按照教师教授学生层次归类。
a) Full-time teachers classified according to the academic level of their students.

19-14 各市中小学教职工情况(2022年)
Basic Statistics on Teachers and Staff of Primary and Secondary Schools by Region (2022)

单位:人 (person)

地区	Region	普通中学教职工 Teachers and Staff of Secondary Schools	普通中学专任教师 Full-time Teachers of Secondary Schools Students	小学教职工 Teachers and Staff of Primary Schools	小学专任教师 Full-time Teachers of Primary Schools Students
全省总计	**Total**	**590836**	**478343**	**410354**	**467563**
济南市	Jinan	49076	36165	30911	39874
青岛市	Qingdao	46850	39715	37542	40505
淄博市	Zibo	27577	23218	14311	16460
枣庄市	Zaozhuang	22727	18966	21203	22167
东营市	Dongying	16142	12906	7197	9199
烟台市	Yantai	37690	30331	16568	20296
潍坊市	Weifang	58171	44929	34106	41782
济宁市	Jining	48802	40483	38803	41639
泰安市	Tai'an	32338	26854	18458	21240
威海市	Weihai	15490	12408	7166	8539
日照市	Rizhao	16162	13309	11678	13214
临沂市	Linyi	65237	55206	52220	58899
德州市	Dezhou	32963	27204	26242	28547
聊城市	Liaocheng	38764	31459	32910	35836
滨州市	Binzhou	24511	17533	14034	18108
菏泽市	Heze	58336	47657	47005	51258

注:专任教师按照教师教授学生层次归类,小学专任教师含有一贯制学校中从事小学教育的专任教师。

a) Full-time teachers are classified according to the academic level of their students, primary full-time teachers including the ones engaged in primary education in general secondary school.

19-15 各市普通中小学专任教师学历情况(2022年)
Basic Statistics on Education of Teachers and Staff of Primary and Secondary Schools by Region (2022)

单位:人 (person)

地 区	Region	普通高中专任教师 Full-time Teachers of Senior Secondary Schools	#本科及以上 With Undergraduate Education or Higher	普通初中专任教师 Full-time Teachers of Junior Secondary Schools	#本科及以上 With Undergraduate Education or Higher	普通小学专任教师 Full-time Teachers of Regular Primary Schools	#本科及以上 With Undergraduate Education or Higher
全省总计	**Total**	**161771**	**160836**	**316572**	**301678**	**467563**	**412466**
济南市	Jinan	12761	12758	23404	23018	39874	37680
青岛市	Qingdao	13772	13772	25943	25693	40505	38179
淄博市	Zibo	7691	7681	15527	15427	16460	15812
枣庄市	Zaozhuang	6015	5902	12951	12372	22167	19167
东营市	Dongying	4049	4041	8857	8364	9199	7891
烟台市	Yantai	9243	9224	21088	20678	20296	19347
潍坊市	Weifang	18869	18787	26060	25452	41782	38620
济宁市	Jining	11962	11885	28521	27484	41639	37260
泰安市	Tai'an	8627	8560	18227	16659	21240	17840
威海市	Weihai	3670	3655	8738	8658	8539	8366
日照市	Rizhao	4889	4889	8420	8108	13214	11758
临沂市	Linyi	16940	16780	38266	36913	58899	51913
德州市	Dezhou	10472	10388	16732	16020	28547	26538
聊城市	Liaocheng	11194	11119	20265	18346	35836	29050
滨州市	Binzhou	6747	6737	10786	10139	18108	14972
菏泽市	Heze	14870	14658	32787	28347	51258	38073

注：专任教师按照教师教授学生层次归类。
a)Full-time teachers classified according to the academic level of their students.

19-16 各市幼儿园、特殊教育专任教师学历情况(2022年)
Basic Statistics on Education of Teachers and Staff of Kindergartens and Special Education(2022)

单位:人 (person)

地 区	Region	幼儿园专任教师 Full-time Teachers of Kindergartens	#本科及以上 With Undergraduate Education or Higher	特殊教育专任教师 Full-time Teachers of Special Education	#本科及以上 With Undergraduate Education or Higher
全省总计	**Total**	**281296**	**90094**	**6433**	**5453**
济南市	Jinan	27217	10531	531	486
青岛市	Qingdao	29341	12971	707	662
淄博市	Zibo	11234	4881	435	424
枣庄市	Zaozhuang	7819	2518	173	152
东营市	Dongying	7872	5183	121	115
烟台市	Yantai	13383	4477	357	329
潍坊市	Weifang	27111	11080	528	489
济宁市	Jining	22967	4733	530	453
泰安市	Tai'an	15767	3599	273	243
威海市	Weihai	6145	3085	220	214
日照市	Rizhao	9018	2269	215	159
临沂市	Linyi	37655	6575	928	691
德州市	Dezhou	17703	5362	383	256
聊城市	Liaocheng	16288	5002	381	280
滨州市	Binzhou	12052	4486	242	211
菏泽市	Heze	19724	3342	409	289

注：专任教师按照教师教授学生层次归类。
a)Full-time teachers classified according to the academic level of their students.

19－17 1978－2022年重要科技成果数量
Major Achievements in Science and Technology from 1978 to 2022

单位:项 (unit)

年 份 Year	成果数量 Number of Achievements	#农 业 Agriculture	#工 业 Industry	国际领先先进水平 Advanced Internationally	国内领先先进水平 Advanced nationally
1978	652	116	443	19	283
1979	456	90	261	21	149
1980	657	195	396	25	210
1981	704	169	485	29	201
1982	732	153	516	35	298
1983	977	209	660	26	378
1984	997	196	730	21	420
1985	1196	277	758	41	566
1986	1337	183	933	75	634
1987	1525	264	964	92	838
1988	1786	300	1104	118	1045
1989	1957	325	1220	135	1081
1990	2112	375	1246	150	1148
1991	2488	541	1405	175	1503
1992	2668	57	1265	327	1538
1993	2858	605	1418	372	1745
1994	3113	696	1487	416	2131
1995	3251	702	1524	466	2272
1996	3388	709	1599	471	2353
1997	3507	737	1517	456	2678
1998	3558	614	1515	724	2516
1999	3688	557	1270	744	2737
2000	3728	575	1289	599	2861
2001	3112	494	1138	506	2439
2002	3018	452	1117	486	2371
2003	2896	433	1071	466	2276
2004	3028	454	1120	485	2392
2005	2408	320	539	534	1741
2006	2313	338	630	448	1742
2007	2346	330	704	543	1662
2008	2330	301	677	592	1618
2009	2364	306	849	751	1412
2010	2367	391	751	676	1316
2011	2379	305	723	647	1296
2012	2393	338	853	609	1349
2013	2332	297	866	681	1067
2014	2955	440	1095	817	1146
2015	3011	385	1019	967	1212
2016	3016	421	919	762	1095
2017	2537	363	796	610	973
2018	1791	232	451	416	682
2019	2552	316	807	735	957
2020	2342	338	673	485	988
2021	2908	329	754	638	1002
2022	3075	346	820	730	1066

19–18 科技成果情况
Basic Statistics on Science and Technology

单位:项 (unit)

类 别	Category	2016	2017	2018	2019	2020	2021	2022
一、国家级科技成果奖励成果	**National Scientific and Technical Award**	**31**	**19**	**25**	**32**	**31**		
国家技术发明奖	National Technology Invention Award	7	3	4	5	6		
国家自然科学奖	State Natural Science Award			3	1	1		
国家科技进步奖	The State Scientific and Technological Progress Award	23	16	17	26	24		
国际合作奖	International Cooperation Award	1		1				
二、省级重要科技成果	**Important Scientific and Technical Award**	**3016**	**2537**	**1791**	**2552**	**2342**	**2908**	**3075**
三、省科学技术奖	**Provincial Science and Technology Award**							
自然科学奖	Natural Science Award	11	17	24	29	39	45	36
技术发明奖	Technological Invention Award	12	7	13	13	15	11	19
科技进步奖	Scientific and Technological Progress Award	112	122	157	199	215	243	142
四、专利情况	**Patent Applications**							
申请量	Number of Patent Applications	212911	204861	238795	263407	369349	369470	408136
其中发明专利	Inventions	88359	67773	75817	69511	87330	82481	88744
授权量	Number of Patent Applications Granted	98093	100522	132382	146481	238778	329838	342290
其中发明专利	Inventions	19404	19090	20338	20652	26745	36345	48696

注:1.2017年以前，专利申请量是指国家知识产权局受理的专利申请数量；从2017年开始，是指国家知识产权局受理的按规定缴足申请费、符合进入初步审查阶段条件的专利申请数量。2021年起，国家知识产权局仅按年公布专利申请数据(该数据为剔除非正常专利申请后数据)

2.科技部科技奖励评审工作周期调整为两年一次或五年两次，国家级科技成果奖励成果数据统计频次相应调整。

a)Before 2017,the amount of patent application refers to the number of patent applications accepted by the State Intellectual Property Office;from 2017,it refers to the amount of application fees paid by the State Intellectual Property Office and the number of patent applications that have entered the preliminary examination stage.Since 2021, the amount of patent applications has been published annually by National Intellectual Property Administration. The data has been refined by excluding abnormal patent applications.The same applies to the following relevant tables.

b) Since the review frequency of scientific and technical award by MOST was adjusted to once every two years or twice every five years, the statistical frequency of National Scientific and Technical Award is adjusted accordingly.

19-19 各市国内三种专利授权数（2022年）
Patents Granted by Region (2022)

单位：件 (piece)

地 区	Region	申请授权数合计 Number of Patents Application Granted	发明 Inventions	实用新型 Utility Models	外观设计 Designs
总 计	**Total**	**342290**	**48696**	**263518**	**30076**
济南市	Jinan	64777	11853	49108	3816
青岛市	Qingdao	81735	14523	60082	7130
淄博市	Zibo	15982	2068	12885	1029
枣庄市	Zaozhuang	7827	685	6443	699
东营市	Dongying	8931	1846	6682	403
烟台市	Yantai	22760	3869	17386	1505
潍坊市	Weifang	30224	3920	23333	2971
济宁市	Jining	16666	1734	13761	1171
泰安市	Tai'an	10973	997	9065	911
威海市	Weihai	13484	1485	10391	1608
日照市	Rizhao	6706	743	5551	412
临沂市	Linyi	19801	1549	14573	3679
德州市	Dezhou	13257	962	10739	1556
聊城市	Liaocheng	12136	952	10215	969
滨州市	Binzhou	8339	1002	6741	596
菏泽市	Heze	8692	508	6563	1621

19－20 R&D经费支出情况(2022年)

单位：万元

类　别	Category	R&D经费内部支出合　计 Internal Expenditure on R&D	基础研究支　出 Basic Research	应用研究支　出 Applied Research
总　　计	**Total**	**21804089**	**895391**	**1638164**
一、按行业分	**by Sector**			
农、林、牧、渔业	Agriculture,Forestry,Animal Husbandry and Fishing	23597	151	655
采矿业	Mining	508571	27633	68166
制造业	Manufacturing	16709247	47696	543733
电力、燃气及水的生产和供应业	Production and Supply of Electric Power and Heat Power	345409	305	28115
建筑业	Construction	724880	7695	25402
批发和零售业	Wholesale and Retail Trade	4711		
交通运输、仓储和邮政业	Traffic,Transport,Storage and Post	54019	543	596
住宿和餐饮业	Hotels and Catering Services			
信息传输、软件和信息技术服务业	Information Transfer, Software and Information Technology Services	523656	2639	8161
金融业	Financial Intermediation	1870		57
房地产业	Real Estate			
租赁和商务服务业	Leasing and Business Services	16110	15	214
科学研究和技术服务业	Scientific Research and Technical Service	1578079	277955	320395
水利、环境和公共设施管理业	Management of Water Conservancy,Environment and Public Facilities	15136		428
居民服务、修理和其他服务业	Households Services, Repair and Other Services			
教　育	Education	1073762	427368	554659
卫生和社会工作	Health and Social Work	218502	103386	87469
文化、体育和娱乐业	Culture,Sports and Entertainment	6542	5	116
公共管理、社会保障和社会组织	Public management and Social Organization			
国际组织	International Organization			
二、按地区分	**by Region**			
济南市	Jinan	3468394	299283	444041
青岛市	Qingdao	4001826	261900	336287
淄博市	Zibo	1293852	29442	81813
枣庄市	Zaozhuang	348021	13406	19869
东营市	Dongying	917719	36501	65496
烟台市	Yantai	1975083	99412	88315
潍坊市	Weifang	1691308	39237	84779
济宁市	Jining	923633	32896	56042
泰安市	Tai'an	839693	11750	158315
威海市	Weihai	870439	8520	12323
日照市	Rizhao	724096	1206	26157
临沂市	Linyi	1295953	15985	30726
德州市	Dezhou	1089671	9974	32064
聊城市	Liaocheng	871285	16310	16695
滨州市	Binzhou	1106611	14096	33603
菏泽市	Heze	386506	5472	151641

注：农林牧渔业、金融业数据为2009年R&D资源清查数据。

Basic Statistics On Expenditure on R&D(2022)

(10 000 yuan)

试验发展支出 Experimental Development	政府资金 Government Appropriation Funds	企业资金 Self-raised Funds by Enterprises	境外资金 Foreign funds	其他资金 Other Funds	R&D经费外部支出合计 External expenditure on R&D	对境内研究机构的支出 Expenditure On Domestic Research Institutions	对境内高等学校支出 Expenditure On Domestic colleges and universities	对境内企业支出 Expenditure On Domestic Enterprises	对境外支出 Expenditure On Overseas
19270535	**1854619**	**19645319**	**21494**	**282657**	**1044212**	**162090**	**113488**	**632352**	**132689**
22792	3770	19784		44	1105	861	245		
412772	2155	506093		323	28922	4706	11497	12719	
16117818	319410	16339579	10665	39594	696385	97409	51774	419983	127219
316989	481	344685		244	50346	9539	12574	28233	
691783	26645	697999		236	8121	565	5652	1904	
4711	381	4329			34	14	20		
52880	487	53101		432	14735	1283	2317	11135	
512856	11799	511629	212	17	66193	4087	832	61274	
1813		1870							
15881	316	15794			8393	3918	91	4369	15
979729	779641	648904	9997	139537	102649	20163	11646	64944	2838
14708	43	15088		5	1946	550	34	1362	
91736	560819	419282	605	93056	63063	18561	16741	24610	2617
27647	148513	60818	10	9160	2122	435	66	1620	
6420	161	6365	5	11	199			199	
2725069	694262	2678640	11243	84248	279915	61020	38596	148371	29836
3403639	540058	3365870	8646	87251	258146	33553	20881	180571	22117
1182598	56286	1234064	23	3479	46111	8961	4420	32023	666
314746	18292	318464	33	11232	4343	2225	849	1269	
815722	6255	910678		786	32051	7759	11016	13068	50
1787356	205615	1747480	213	21775	58336	6633	6221	42977	2287
1567292	90844	1587407	36	13022	141430	4504	6997	103524	26404
834696	78329	821275	14	24015	67260	2516	4357	15003	45384
669628	37671	794322	1	7699	20011	4341	3112	12107	444
849596	13583	853756	1283	1817	37489	8059	2945	21408	5077
696733	12824	706597		4675	9435	3385	569	5353	83
1249242	19236	1269969		6748	27784	2724	2019	23031	10
1047633	17584	1068220		3867	21726	7808	3900	10011	5
838280	31777	831947	1	7560	15938	2510	1619	11615	192
1058913	24898	1077293	2	4419	13823	3916	4259	5515	134
229393	7105	379339		62	10413	2177	1728	6509	

a)Data on Financial Intermediation , Agriculture, Forestry, Animal Husbandry and Fishery come from the result of R&D resource inventory of 2009.

19－21 R&D人员情况（2022年）
Basic Statistics On R&D Personnel(2022)

类 别	Category	有研究与试验发展活动单位数(个) Number of Units with Research and Development Activities (unit)	研究与试验发展人员(人) Research and Development Personnel (person)	全时人员 Full-time Personnel	非全时人员 Part-time Personnel
总　计	**Total**	**19899**	**778196**	**520704**	**257491**
一、按行业分	**by Sector**				
农、林、牧、渔业	Agriculture,Forestry,Animal Husbandry and Fishing	27	848	594	254
采矿业	Mining	154	21417	10915	10502
制造业	Manufacturing	17264	542209	389862	152347
电力、燃气及水的生产和供应业	Production and Supply of Electric Power and Heat Power	379	9333	5248	4085
建筑业	Construction	303	32845	19853	12992
批发和零售业	Wholesale and Retail Trade	14	211	145	66
交通运输、仓储和邮政业	Traffic,Transport,Storage and Post	83	3107	1467	1640
住宿和餐饮业	Hotels and Catering Services				
信息传输、软件和信息技术服务业	Information Transfer, Software and Information Technology Services	303	21169	15645	5524
金融业	Financial Intermediation	1	133	37	96
房地产业	Real Estate				
租赁和商务服务业	Leasing and Business Services	61	988	720	268
科学研究和技术服务业	Scientific Research and Technical Service	915	49431	34884	14547
水利、环境和公共设施管理业	Management of Water Conservancy,Environment and Public Facilities	48	881	618	263
居民服务、修理和其他服务业	Households Services, Repair and Other Services				
教　育	Education	240	81367	32862	48505
卫生和社会工作	Health and Social Work	87	13563	7404	6157
文化、体育和娱乐业	Culture,Sports and Entertainment	20	694	450	245
公共管理、社会保障和社会组织	Public management and Social Organization				
国际组织	International Organization				
二、按地区分	**by Region**				
济南市	Jinan	1828	123802	82338	41463
青岛市	Qingdao	3050	142338	99501	42836
淄博市	Zibo	1274	50007	34124	15883
枣庄市	Zaozhuang	459	15258	10000	5257
东营市	Dongying	612	26152	17499	8653
烟台市	Yantai	1592	66885	46939	19946
潍坊市	Weifang	1476	67441	48398	19043
济宁市	Jining	1114	36055	23268	12787
泰安市	Tai'an	836	30942	18288	12654
威海市	Weihai	815	33914	23191	10723
日照市	Rizhao	647	17516	10391	7125
临沂市	Linyi	1894	45338	29677	15660
德州市	Dezhou	1120	39154	23406	15748
聊城市	Liaocheng	937	24246	16680	7566
滨州市	Binzhou	1103	35796	24064	11733
菏泽市	Heze	1142	23353	12940	10413

19−22 R&D人员折合全时当量情况（2022年）

Basic Statistics On Full-time Equivalent of R&D Personnel(2022)

单位：人年 (man-year)

类别	Category	R&D人员折合全时当量 Full-time Equivalent of R&D Personnel	基础研究人员 Basic Research Personnel	应用研究人员 Applied Research Personnel	试验发展人员 Experimental Development Personnel
总　计	**Total**	**514497**	**32295**	**47827**	**434375**
一、按行业分	**by Sector**				
农、林、牧、渔业	Agriculture,Forestry,Animal Husbandry and Fishing	695	7	41	646
采矿业	Mining	13811	3656	2328	7827
制造业	Manufacturing	374709	912	15861	357936
电力、燃气及水的生产和供应业	Production and Supply of Electric Power and Heat Power	5360	19	616	4725
建筑业	Construction	21165	100	1207	19858
批发和零售业	Wholesale and Retail Trade	120			120
交通运输、仓储和邮政业	Traffic,Transport,Storage and Post	1424	7	35	1383
住宿和餐饮业	Hotels and Catering Services				
信息传输、软件和信息技术服务业	Information Transfer, Software and Information Technology Services	14041	1	547	13492
金融业	Financial Intermediation	28		12	16
房地产业	Real Estate				
租赁和商务服务业	Leasing and Business Services	676	15	13	648
科学研究和技术服务业	Scientific Research and Technical Service	36160	5164	8208	22787
水利、环境和公共设施管理业	Management of Water Conservancy,Environment and Public Facilities	535		30	506
居民服务、修理和其他服务业	Households Services, Repair and Other Services				
教　育	Education	37082	18664	15690	2729
卫生和社会工作	Health and Social Work	8250	3749	3230	1269
文化、体育和娱乐业	Culture,Sports and Entertainment	441		8	432
公共管理、社会保障和社会组织	Public management and Social Organization				
国际组织	International Organization				
二、按地区分	**by Region**				
济南市	Jinan	80397	11817	12463	56117
青岛市	Qingdao	95468	6941	8806	79722
淄博市	Zibo	32515	1093	2512	28912
枣庄市	Zaozhuang	10080	361	607	9112
东营市	Dongying	18400	3838	1612	12950
烟台市	Yantai	46675	1485	2736	42454
潍坊市	Weifang	48339	1252	2554	44534
济宁市	Jining	24061	1660	2035	20366
泰安市	Tai'an	20650	730	4881	15039
威海市	Weihai	22133	122	661	21350
日照市	Rizhao	10868	138	709	10020
临沂市	Linyi	28704	651	866	27188
德州市	Dezhou	22088	692	1413	19983
聊城市	Liaocheng	16292	725	658	14909
滨州市	Binzhou	23297	499	1106	21693
菏泽市	Heze	14529	293	4208	10028

19-23 规模以上工业企业R&D经费支出情况(2022年)

单位：万元

类别	Category	R&D经费内部支出合计 Internal Expenditure on R&D	基础研究支出 Basic Research
总计	**Total**	**17287025**	**74061**
一、按企业规模分	**by Enterprise Size**		
大型企业	Large-sized Enterprises	7270743	55392
中型企业	Medium-sized Enterprises	4064505	11568
小型企业	Small-sized Enterprises	5775865	6412
微型企业	Micro-enterprises	175912	689
二、按登记注册类型分	**by Status of Registration**		
内资企业	Domestic Funded Enterprises	15173078	69200
国有企业	State-owned Enterprises	200294	299
集体企业	Collective-owned Enterprises	34157	
股份合作企业	Cooperative Enterprises	37852	
联营企业	Joint Ownership Enterprises	5592	
有限责任公司	Limited Liability Corporations	4995363	10906
股份有限公司	Share-holding Corporations Limited	3382833	47108
私营企业	Private Enterprises	6516986	10887
其他企业	Other Enterprises		
港、澳、台商投资企业	Enterprises with Funds from Hong Kong, Macao and Taiwan	801772	3522
合资经营企业(港或澳、台资)	Joint-ventures Enterprises	346954	1013
合作经营企业(港或澳、台资)	Cooperative Enterprises	3885	
港、澳、台商独资经营企业	Enterprises with Sole Investment	252550	
港、澳、台商投资股份有限公司	Share-holding Corporations Ltd. With Funds from Hong Kong, Macao and Taiwan	196659	2509
其他港澳台投资企业	Other Enterprises with Funds from Hong Kong,Macao and Taiwan	1724	
外商投资企业	Foreign Funded Enterprises	1312175	1339
中外合资经营企业	Joint-venture Enterprises	681965	321
中外合作经营企业	Cooperation Enterprises	34892	
外资企业	Enterprises with Sole Foreign Funds	401130	1018
外商投资股份有限公司	Share-holding Corporations Ltd. With Foreign Investment	184338	
其他外商投资企业	Other Foreign Funded Enterprises	9851	
三、按工业行业大类分	**by Sector**		
采掘业	**Mining**	**508571**	**27633**
煤炭开采和洗选业	Mining and Washing of Coal	208566	258
石油和天然气开采业	Extraction of Petroleum and Natural Gas	69463	27376
黑色金属矿采选业	Mining of Ferrous Metal Ores	75290	
有色金属矿采选业	Mining of Non-ferrous Metal Ores	85028	
非金属矿采选业	Mining and Processing of Nonmetal Ores	8871	
开采专业及辅助性活动	Mining Specialties and Auxiliary Activities	61354	
其他采矿业	Mining of Other Ores		
制造业	**Manufacturing**	**16433045**	**46123**
农副食品加工业	Processing of Food from Agricultural Products	766862	2486
食品制造业	Manufacture of Foods	250267	5844
酒、饮料和精制茶制造业	Manufacture of Wine, Drinks and Refined Tea	75608	619
烟草制品业	Manufacture of Tobacco	23370	
纺织业	Manufacture of Textile	316585	685
纺织服装、服饰业	Manufacture of Textile Wearing Apparel and Finery	79407	33
皮革、毛皮、羽毛及其制品和制鞋业	Manufacture of Leather, Fur, Feather & Its Products and Footwear	58473	
木材加工及木 竹、藤、棕、草制品业	Processing of Timbers, Manufacture of Wood, Bamboo, Rattan, Palm, and Straw Products	193883	147
家具制造业	Manufacture of Furniture	38567	

Expenditures of Industrial Enterprises above Designated Size on R&D(2022)

(10 000yuan)

应用研究支出 Applied Research	试验发展支出 Experimental Development	政府资金 Government Appropriation Funds	企业资金 Self-raised Funds by Enterprises	境外资金 Foreign funds	其他资金 Other Funds	R&D经费内部支出占营业收入比重(%) Ratio of Expenditure on R&D to Business Revenue (%)
610161	**16602803**	**240551**	**17027256**	**10665**	**8553**	**1.59**
221127	6994223	104506	7154104	7317	4816	1.60
138721	3914217	67720	3993885	1283	1617	1.47
241308	5528145	66911	5704908	2051	1996	1.80
9005	166218	1414	174360	14	124	0.64
568409	14535469	224046	14932024	8723	8285	1.63
11979	188016	7897	192398			0.43
	34157		34157			2.57
	37852	23	37829			2.98
	5592	30	5563			0.73
211918	4772539	69853	4918437	1377	5695	1.39
67133	3268592	94564	3287365		904	2.54
277378	6228721	51680	6456274	7346	1687	1.67
16848	781402	5592	796013	32	135	1.18
12651	333291	1235	345687	32		0.98
	3885		3885			2.87
3532	249018	371	252044		135	1.40
645	193505	3936	192723			1.62
20	1704	50	1674			1.38
24904	1285932	10914	1299219	1909	133	1.47
12564	669080	4538	677406		21	1.71
9132	25759	331	34561			1.49
2395	397717	1676	397550	1792	112	0.99
813	183525	4133	180087	118		6.73
	9851	236	9614			1.45
68166	**412772**	**2155**	**506093**		**323**	**1.42**
59879	148430	1761	206806			1.32
942	41146		69140		323	0.63
1546	73744		75290			1.96
2237	82791	328	84700			3.79
1479	7392		8871			0.69
2084	59270	66	61288			3.81
513880	**15873042**	**237916**	**16176478**	**10665**	**7987**	**1.71**
19704	744671	4657	762003		202	0.84
15152	229271	3250	246994		23	1.35
2992	71997	2425	73183			1.17
20742	2628		22914		456	0.58
13461	302438	4057	312378		150	1.37
5140	74234	297	79102		8	1.32
995	57478	193	58281			2.36
10622	183113	1498	192151		233	1.18
2222	36345	1897	36669			1.53

19-23 续表

单位：万元

类 别	Category	R&D经费内部支出合计 Internal Expenditure on R&D	基础研究支 出 Basic Research
造纸及纸制品业	Manufacture of Paper and Paper Products	279595	25
印刷和记录媒介复制业	Printing, Reproduction of Recording Media	81199	
文教、工美、体育和娱乐用品制造业	Manufacture of Culture, Education,Arts and crafts, Sport and Entertainment Goods	132192	201
石油、煤炭及其他燃料加工业	Processing of Oil, Coal and Other Fuel	410761	7070
化学原料和化学制品制造业	Manufacture of Chemical Raw Material and Chemical Products	1937479	1531
医药制造业	Manufacture of Medicines	1572948	13974
化学纤维制造业	Manufacture of Chemical Fiber	62823	618
橡胶和塑料制品业	Manufacture of Rubber and Plastic	725567	326
非金属矿物制品业	Manufacture of Non-metallic Mineral Products	603545	410
黑色金属冶炼及压延加工业	Manufacture and Processing of Ferrous Metals	577371	107
有色金属冶炼及压延加工业	Manufacture & Processing of Non-ferrous Metals	558994	
金属制品业	Manufacture of Metal Products	912522	148
通用设备制造业	Manufacture of General Purpose Machinery	1247835	387
专用设备制造业	Manufacture of Special Purpose Machinery	1228893	1333
汽车制造业	Manufacture of Automotive	872999	2669
铁路、船舶、航空航天和其他运输设备制造业	Manufacture of Railroad,Marine,Aerospace and Other Transportation Equipment	454120	356
电气机械及器材制造业	Manufacture of Electrical Machinery & Equipment	1098882	1188
计算机、通信和其他电子设备制造业	Manufacture of Computer, Communications and Other Electronic Equipment	1595487	5966
仪器仪表制造业	Manufacture of Measuring Instrument	196976	
其他制造业	Other Manufacture	22559	
废弃资源综合利用业	Comprehensive Utilization of Waste	41019	
金属制品、机械和设备修理业	Metal Products, Machinery and Equipment Repair Industry	16261	
电力、热力、燃气及水的生产和供应业	**Production and Supply of Electric, Heat,Has and Water**	**345409**	**305**
电力、热力的生产和供应业	Production and Supply of Electric Power and Heat Power	294976	
燃气生产和供应业	Production and Supply of Gas	28554	239
水的生产和供应业	Production and Supply of Water	21879	66
四、按地区分	**by Region**		
济南市	Jinan	1858188	4852
青岛市	Qingdao	2568848	2002
淄博市	Zibo	1110353	3747
枣庄市	Zaozhuang	290038	287
东营市	Dongying	874400	34682
烟台市	Yantai	1599566	1668
潍坊市	Weifang	1536846	
济宁市	Jining	777862	4703
泰安市	Tai'an	738359	1267
威海市	Weihai	820615	5427
日照市	Rizhao	668379	107
临沂市	Linyi	1199452	5472
德州市	Dezhou	1022196	2287
聊城市	Liaocheng	817657	2244
滨州市	Binzhou	1030448	2049
菏泽市	Heze	373818	3265

continued

(10 000yuan)

应用研究支出 Applied Research	试验发展支出 Experimental Development	政府资金 Government Appropriation Funds	企业资金 Self-raised Funds by Enterprises	境外资金 Foreign funds	其他资金 Other Funds	R&D经费内部支出占营业收入比重(%) Ratio of Expenditure on R&D to Business Revenue (%)
6929	272642	3332	276263			1.44
1429	79770	712	80460		26	2.41
4569	127421	934	131170		88	1.91
42172	361520	256	410505			0.33
49207	1886741	50821	1885807		850	1.45
55150	1503825	16918	1548700	7317	13	5.68
1373	60832	306	62517			3.69
8245	716996	3343	719514	32	2678	2.67
35329	567807	12324	591000	14	207	1.27
22293	554971	569	576802			0.81
4833	554161	1507	557458		29	0.74
23727	888647	2941	908474		1108	2.41
40846	1206602	34701	1212744		391	3.94
36756	1190805	16010	1212475	132	276	3.65
15947	854383	9685	860805	1477	1031	1.91
611	453154	20857	433263			4.07
21798	1075896	7587	1091214		80	3.35
45934	1543588	30264	1563438	1692	94	3.06
4537	192439	5615	191345		16	5.57
61	22497	73	22457		29	3.54
1106	39913	847	40171			1.89
	16261	41	16220			2.63
28115	**316989**	**481**	**344685**		**244**	**0.37**
22536	272440	243	294606		127	0.37
2566	25749	13	28541			0.26
3013	18800	225	21538		116	0.73
56756	1796580	45011	1804343	7299	1535	2.22
24489	2542358	39762	2526282	1824	981	2.09
35585	1071021	15179	1094701	14	459	1.70
5330	284421	4713	285293	32		1.72
52182	787535	2079	871998		323	0.90
33251	1564647	51447	1547768	212	138	1.68
22187	1514660	21984	1514738		124	1.35
20370	752789	11458	766160		245	1.55
126599	610494	8562	729606		191	2.51
8338	806851	8046	811198	1283	88	3.54
15690	652582	1443	666909		28	1.52
20435	1173544	11345	1187694		413	1.73
20754	999155	8718	1010381		3097	2.74
2731	812681	4542	812560		555	1.84
16641	1011758	3204	1026878		366	1.03
148824	221728	3060	370747		11	0.62

19-24 规模以上工业企业R&D人员情况(2022年)

单位：人

类 别	Category	研究与试验发展人员 Research and Development Personnel
总　计	**Total**	**570860**
一、按企业规模分	**by Enterprise Size**	
大型企业	Large-sized Enterprises	190164
中型企业	Medium-sized Enterprises	140447
小型企业	Small-sized Enterprises	233000
微型企业	Micro-enterprises	7249
二、按登记注册类型分	**by Status of Registration**	
内资企业	Domestic Funded Enterprises	506288
国有企业	State-owned Enterprises	6378
集体企业	Collective-owned Enterprises	1450
股份合作企业	Cooperative Enterprises	635
联营企业	Joint Ownership Enterprises	145
有限责任公司	Limited Liability Corporations	155273
股份有限公司	Share-holding Corporations Limited	90678
私营企业	Private Enterprises	251729
其他企业	Other Enterprises	
港、澳、台商投资企业	Enterprises with Funds from Hong Kong, Macao and Taiwan	28018
合资经营企业(港或澳、台资)	Joint-ventures Enterprises	12267
合作经营企业(港或澳、台资)	Cooperative Enterprises	189
港、澳、台商独资经营企业	Enterprises with Sole Investment	10723
港、澳、台商投资股份有限公司	Share-holding Corporations Ltd. With Funds from Hong Kong, Macao and Taiwan	4752
其他港澳台投资企业	Other Enterprises with Funds from Hong Kong,Macao and Taiwan	87
外商投资企业	Foreign Funded Enterprises	36554
中外合资经营企业	Joint-venture Enterprises	17973
中外合作经营企业	Cooperation Enterprises	677
外资企业	Enterprises with Sole Foreign Funds	13867
外商投资股份有限公司	Share-holding Corporations Ltd. With Foreign Investment	3814
其他外商投资企业	Other Foreign Funded Enterprises	223
三、按工业行业大类分	**by Sector**	
采掘业	**Mining**	**21417**
煤炭开采和洗选业	Mining and Washing of Coal	10531
石油和天然气开采业	Extraction of Petroleum and Natural Gas	4682
黑色金属矿采选业	Mining of Ferrous Metal Ores	1699
有色金属矿采选业	Mining of Non-ferrous Metal Ores	2339
非金属矿采选业	Mining and Processing of Nonmetal Ores	539
开采专业及辅助性活动	Mining Specialties and Auxiliary Activities	1627
其他采矿业	Mining of Other Ores	
制造业	**Manufacturing**	**540110**
农副食品加工业	Processing of Food from Agricultural Products	22129
食品制造业	Manufacture of Foods	14350
酒、饮料和精制茶制造业	Manufacture of Wine, Drinks and Refined Tea	4146
烟草制品业	Manufacture of Tobacco	769
纺织业	Manufacture of Textile	23759
纺织服装、服饰业	Manufacture of Textile Wearing Apparel and Finery	6158
皮革、毛皮、羽毛及其制品和制鞋业	Manufacture of Leather, Fur, Feather & Its Products and Footwear	2379
木材加工及木 竹、藤、棕、草制品业	Processing of Timbers, Manufacture of Wood, Bamboo, Rattan, Palm, and Straw Products	7472
家具制造业	Manufacture of Furniture	1885

Basic Statistics On R&D Personnel of Industrial Enterprises above Designated Size(2022)

(person)

本年度参加项目人员 Personnel involved in the project current year	科技管理和服务人员 Technology management and service personnel	全时人员 Full-time Personnel	非全时人员 Part-time Personnel
532362	**38498**	**403926**	**166934**
179155	11009	137840	52324
131333	9114	97046	43401
215246	17754	164271	68729
6628	621	4769	2480
471966	34322	356993	149295
5927	451	4195	2183
1185	265	746	704
601	34	539	96
137	8	91	54
143890	11383	104842	50431
86288	4390	70332	20346
233938	17791	176248	75481
26099	1919	20107	7911
11542	725	8049	4218
150	39	149	40
9942	781	8448	2275
4386	366	3408	1344
79	8	53	34
34297	2257	26826	9728
16939	1034	13578	4395
632	45	514	163
12984	883	9565	4302
3529	285	3006	808
213	10	163	60
19714	**1703**	**10915**	**10502**
9487	1044	4424	6107
4382	300	3084	1598
1587	112	997	702
2222	117	1296	1043
501	38	238	301
1535	92	876	751
504259	**35851**	**387763**	**152347**
20427	1702	14787	7342
13380	970	9819	4531
3921	225	2726	1420
669	100	318	451
21502	2257	16264	7495
5675	483	4266	1892
2161	218	1735	644
6934	538	4398	3074
1717	168	1227	658

19-24 续表

单位：人

类　别	Category	研究与试验发展人员 Research and Development Personnel
造纸及纸制品业	Manufacture of Paper and Paper Products	10324
印刷和记录媒介复制业	Printing, Reproduction of Recording Media	3635
文教、工美、体育和娱乐用品制造业	Manufacture of Culture, Education,Arts and crafts, Sport and Entertainment Goods	9894
石油、煤炭及其他燃料加工业	Processing of Oil, Coal and Other Fuel	8586
化学原料和化学制品制造业	Manufacture of Chemical Raw Material and Chemical Products	55726
医药制造业	Manufacture of Medicines	34921
化学纤维制造业	Manufacture of Chemical Fiber	1732
橡胶和塑料制品业	Manufacture of Rubber and Plastic	26419
非金属矿物制品业	Manufacture of Non-metallic Mineral Products	30623
黑色金属冶炼及压延加工业	Manufacture and Processing of Ferrous Metals	13828
有色金属冶炼及压延加工业	Manufacture & Processing of Non-ferrous Metals	14645
金属制品业	Manufacture of Metal Products	27522
通用设备制造业	Manufacture of General Purpose Machinery	46662
专用设备制造业	Manufacture of Special Purpose Machinery	43775
汽车制造业	Manufacture of Automotive	33641
铁路、船舶、航空航天和其他运输设备制造业	Manufacture of Railroad,Marine,Aerospace and Other Transportation Equipment	11863
电气机械及器材制造业	Manufacture of Electrical Machinery & Equipment	27673
计算机、通信和其他电子设备制造业	Manufacture of Computer, Communications and Other Electronic Equipment	44237
仪器仪表制造业	Manufacture of Measuring Instrument	8881
其他制造业	Other Manufacture	826
废弃资源综合利用业	Comprehensive Utilization of Waste	893
金属制品、机械和设备修理业	Metal Products, Machinery and Equipment Repair Industry	757
电力、热力、燃气及水的生产和供应业	**Production and Supply of Electric, Heat,Has and Water**	**9333**
电力、热力的生产和供应业	Production and Supply of Electric Power and Heat Power	6739
燃气生产和供应业	Production and Supply of Gas	1440
水的生产和供应业	Production and Supply of Water	1154
四、按地区分	**by Region**	
济南市	Jinan	51599
青岛市	Qingdao	85827
淄博市	Zibo	38990
枣庄市	Zaozhuang	12503
东营市	Dongying	23123
烟台市	Yantai	54890
潍坊市	Weifang	59614
济宁市	Jining	29260
泰安市	Tai'an	23577
威海市	Weihai	31087
日照市	Rizhao	14220
临沂市	Linyi	38278
德州市	Dezhou	32501
聊城市	Liaocheng	20422
滨州市	Binzhou	32800
菏泽市	Heze	22169

continued

(person)

本年度参加项目人员 Personnel involved in the project current year	科技管理和服务人员 Technology management and service personnel	全时人员 Full-time Personnel	非全时人员 Part-time Personnel
9693	631	6839	3485
3385	250	2391	1244
9131	763	6728	3166
7944	642	4397	4189
52092	3634	39537	16189
33060	1861	27472	7449
1580	152	1134	598
24695	1724	17861	8558
28105	2518	20352	10271
13029	799	8642	5186
13124	1521	10270	4375
25650	1872	19612	7910
43926	2736	33073	13589
41251	2524	32615	11160
31381	2260	25819	7822
11233	630	9411	2452
25741	1932	20082	7591
42088	2149	36894	7343
8438	443	7465	1416
773	53	588	238
831	62	552	341
723	34	489	268
8389	**944**	**5248**	**4085**
6068	671	3942	2797
1287	153	568	872
1034	120	738	416
48634	2965	38046	13553
79805	6022	64722	21105
36552	2438	28793	10197
11481	1022	8667	3836
21474	1649	15839	7284
51798	3092	40989	13901
56639	2975	44460	15154
27479	1781	19653	9607
22184	1393	14607	8970
28912	2175	22013	9074
13213	1007	8811	5409
35827	2451	25858	12420
30192	2309	21257	11244
19335	1087	15273	5149
28842	3958	22588	10212
19995	2174	12350	9819

19-25 规模以上工业企业R&D人员折合全时当量情况(2022年) Full-time Equivalent of R&D Personnel of Industrial Enterprises above Designated Size(2022)

单位：人年 (man-year)

类别	Category	R&D人员折合全时当量 Full-time Equivalent of R&D Personnel	基础研究人员 Basic Research Personnel	应用研究人员 Applied Research Personnel	试验发展人员 Experimental Development Personnel
总计	**Total**	**391781**	**4562**	**18000**	**369219**
一、按企业规模分	**by Enterprise Size**				
大型企业	Large-sized Enterprises	138771	3949	6426	128396
中型企业	Medium-sized Enterprises	93686	264	4122	89301
小型企业	Small-sized Enterprises	154764	329	7218	147218
微型企业	Micro-sized Enterprises	4560	19	235	4306
二、按登记注册类型分	**by Status of Registration**				
内资企业	Domestic Funded Enterprises	347880	4503	16809	326567
国有企业	State-owned Enterprises	4081	19	337	3725
集体企业	Collective-owned Enterprises	1033			1033
股份合作企业	Cooperative Enterprises	494			494
联营企业	Joint Ownership Enterprises	117			117
有限责任公司	Limited Liability Corporations	102062	301	6206	95555
股份有限公司	Share-holding Corporations Limited	69371	3919	2323	63130
私营企业	Private Enterprises	170721	264	7943	162514
其他企业	Other Enterprises				
港、澳、台商投资企业	Enterprises with Funds from Hong Kong, Macao and Taiwan	18559	22	521	18015
合资经营企业(港或澳、台资)	Joint-ventures Enterprises	8493	15	229	8250
合作经营企业(港或澳、台资)	Cooperative Enterprises	131			131
港、澳、台商独资经营企业	Enterprises with Sole Investment	6818		268	6551
港、澳、台商投资股份有限公司	Share-holding Corporations Ltd. With Funds from Hong Kong, Macao and Taiwan	3057	8	22	3027
其他港澳台投资企业	Other Enterprises with Funds from Hong Kong, Macao and Taiwan	59		3	56
外商投资企业	Foreign Funded Enterprises	25342	36	669	24637
中外合资经营企业	Joint-venture Enterprises	12829	15	361	12453
中外合作经营企业	Cooperation Enterprises	463		98	366
外资企业	Enterprises with Sole Foreign Funds	9237	22	180	9035
外商投资股份有限公司	Share-holding Corporations Ltd. With Foreign Investment	2638		31	2608
其他外商投资企业	Other Foreign Funded Enterprises	175			175
三、按工业行业大类分	**by Sector**				
采掘业	**Mining**	**13811**	**3657**	**2328**	**7827**
煤炭开采和洗选业	Mining and Washing of Coal	5924	5	2059	3860
石油和天然气开采业	Extraction of Petroleum and Natural Gas	3717	3652	61	4
黑色金属矿采选业	Mining of Ferrous Metal Ores	872		9	863
有色金属矿采选业	Mining of Non-ferrous Metal Ores	1932		112	1820
非金属矿采选业	Mining and Processing of Nonmetal Ores	253		5	248
开采专业及辅助性活动	Mining Specialties and Auxiliary Activities	1113		81	1032
其他采矿业	Mining of Other Ores				
制造业	**Manufacturing**	**372610**	**886**	**15056**	**356668**
农副食品加工业	Processing of Food from Agricultural Products	13727	47	491	13189
食品制造业	Manufacture of Foods	9628	158	540	8930
酒、饮料和精制茶制造业	Manufacture of Wine, Drinks and Refined Tea	2747	40	246	2461
烟草制品业	Manufacture of Tobacco	367		304	63
纺织业	Manufacture of Textile	15230	27	912	14291
纺织服装、服饰业	Manufacture of Textile Wearing Apparel and Finery	4124	14	353	3757
皮革、毛皮、羽毛及其制品和制鞋业	Manufacture of Leather, Fur, Feather & Its Products and Footwear	1422		29	1393
木材加工及木竹、藤、棕、草制品业	Processing of Timbers, Manufacture of Wood, Bamboo, Rattan, Palm, and Straw Products	4888	2	258	4629
家具制造业	Manufacture of Furniture	1195		68	1127

19-25 续表 continued

单位：人年 (man-year)

类 别	Category	R&D人员折合全时当量 Full-time Equivalent of R&D Personnel	基础研究人员 Basic Research Personnel	应用研究人员 Applied Research Personnel	试验发展人员 Experimental Development Personnel
造纸及纸制品业	Manufacture of Paper and Paper Products	6633	1	148	6484
印刷和记录媒介复制业	Printing, Reproduction of Recording Media	2452		76	2376
文教、工美、体育和娱乐用品制造业	Manufacture of Culture, Education,Arts and crafts, Sport and Entertainment Goods	6719	6	207	6507
石油、煤炭及其他燃料加工业	Processing of Oil, Coal and Other Fuel	5286	10	808	4468
化学原料和化学制品制造业	Manufacture of Chemical Raw Material and Chemical Products	40278	89	1366	38823
医药制造业	Manufacture of Medicines	25111	213	1300	23597
化学纤维制造业	Manufacture of Chemical Fiber	1162	12	69	1082
橡胶和塑料制品业	Manufacture of Rubber and Plastic	17960	4	291	17665
非金属矿物制品业	Manufacture of Non-metallic Mineral Products	19358	30	1576	17752
黑色金属冶炼及压延加工业	Manufacture and Processing of Ferrous Metals	9588	10	574	9004
有色金属冶炼及压延加工业	Manufacture & Processing of Non-ferrous Metals	10254		225	10029
金属制品业	Manufacture of Metal Products	18826	2	772	18053
通用设备制造业	Manufacture of General Purpose Machinery	32331	5	1319	31008
专用设备制造业	Manufacture of Special Purpose Machinery	30566	68	1186	29312
汽车制造业	Manufacture of Automotive	22024	57	580	21388
铁路、船舶、航空航天和其他运输设备制造业	Manufacture of Railroad,Marine,Aerospace and Other Transportation Equipment	8828	12	17	8799
电气机械及器材制造业	Manufacture of Electrical Machinery & Equipment	19351	80	498	18773
计算机、通信和其他电子设备制造业	Manufacture of Computer, Communications and Other Electronic Equipment	34625		589	34036
仪器仪表制造业	Manufacture of Measuring Instrument	6173		209	5963
其他制造业	Other Manufacture	630			629
废弃资源综合利用业	Comprehensive Utilization of Waste	561		48	513
金属制品、机械和设备修理业	Metal Products, Machinery and Equipment Repair Industry	567			567
电力、热力、燃气及水的生产和供应业	**Production and Supply of Electric, Heat, Has and Water**	**5360**	**19**	**616**	**4725**
电力、热力的生产和供应业	Production and Supply of Electric Power and Heat Power	3801		453	3348
燃气生产和供应业	Production and Supply of Gas	808	14	40	754
水的生产和供应业	Production and Supply of Water	750	5	122	623
四、按地区分	**by Region**				
济南市	Jinan	35658	184	1367	34107
青岛市	Qingdao	59254	144	819	58291
淄博市	Zibo	26490	21	1332	25137
枣庄市	Zaozhuang	8480	26	276	8178
东营市	Dongying	16654	3668	1128	11858
烟台市	Yantai	40442	56	1243	39144
潍坊市	Weifang	44126		839	43287
济宁市	Jining	20090	5	1163	18922
泰安市	Tai'an	16634	30	3442	13163
威海市	Weihai	20588	5	411	20172
日照市	Rizhao	9163	15	302	8846
临沂市	Linyi	24890	127	392	24370
德州市	Dezhou	19193	49	599	18545
聊城市	Liaocheng	14518	10	59	14449
滨州市	Binzhou	21702	146	606	20950
菏泽市	Heze	13901	76	4021	9803

19-26 按行业分规模以上工业企业新产品开发及生产情况(2022年)
New Products Development and Production of Industrial Enterprises above Designated Size by Industrial Sector(2022)

行业	Sector	新产品项目数(项) New Products (unit)	开发新产品经费(万元) Expenditure on new products Development (10 000 yuan)	新产品销售收入(万元) Sales Revenue of New Products (10 000 yuan)
总计	**Total**	**100611**	**20292881**	**378471673**
煤炭开采和洗选业	Mining and Washing of Coal	277	121873	537600
石油和天然气开采业	Extraction of Petroleum and Natural Gas	270	31457	6368
黑色金属矿采选业	Mining of Ferrous Metal Ores	123	58893	736717
有色金属矿采选业	Mining of Non-ferrous Metal Ores	132	47693	471449
非金属矿采选业	Mining and Processing of Nonmetal Ores	76	6160	145842
开采专业及辅助性活动	Mining Specialties and Auxiliary Activities	145	59270	32672
其他采矿业	Mining of Other Ores			
农副食品加工业	Processing of Food from Agricultural Products	4207	828045	20134175
食品制造业	Manufacture of Foods	2639	386634	6998944
酒、饮料和精制茶制造业	Manufacture of Wine, Drinks and Refined Tea	528	130108	1702056
烟草制品业	Manufacture of Tobacco	37	2818	873389
纺织业	Manufacture of Textile	2575	442839	7241721
纺织服装、服饰业	Manufacture of Textile Wearing Apparel and Finery	806	78608	1512432
皮革、毛皮、羽毛及其制品和制鞋业	Manufacture of Leather, Fur, Feather & Its Products and Footwear	291	58746	929214
木材加工及木、竹、藤、棕、草制品业	Processing of Timbers, Manufacture of Wood, Bamboo, Rattan, Palm, and Straw Products	1394	173884	3286444
家具制造业	Manufacture of Furniture	420	41056	697698
造纸及纸制品业	Manufacture of Paper and Paper Products	1387	417821	9454371
印刷和记录媒介复制业	Printing, Reproduction of Recording Media	753	78053	1116149
文教、工美、体育和娱乐用品制造业	Manufacture of Culture, Education,Arts and crafts, Sport and Entertainment Goods	1580	198184	2647713
石油、煤炭及其他燃料加工业	Processing of Oil, Coal and Other Fuel	878	816542	37341176
化学原料和化学制品制造业	Manufacture of Chemical Raw Material and Chemical Products	9571	2565302	59808782
医药制造业	Manufacture of Medicines	6658	1531058	16566719
化学纤维制造业	Manufacture of Chemical Fiber	357	58534	691402
橡胶和塑料制品业	Manufacture of Rubber and Plastic	4811	830573	13755958
非金属矿物制品业	Manufacture of Non-metallic Mineral Products	6704	903099	13347337
黑色金属冶炼及压延加工业	Manufacture and Processing of Ferrous Metals	1764	1116121	19965663
有色金属冶炼及压延加工业	Manufacture & Processing of Non-ferrous Metals	2011	976985	27987412
金属制品业	Manufacture of Metal Products	6476	917220	15724449
通用设备制造业	Manufacture of General Purpose Machinery	10626	1309897	15189345
专用设备制造业	Manufacture of Special Purpose Machinery	11122	1316287	17221167
汽车制造业	Manufacture of Automotive	5917	1098921	21136736
铁路、船舶、航空航天和其他运输设备制造业	Manufacture of Railroad,Marine,Aerospace and Other Transportation Equipment	1964	463221	6394410
电气机械及器材制造业	Manufacture of Electrical Machinery & Equipment	5917	1155315	17523232
计算机、通信和其他电子设备制造业	Manufacture of Computer, Communications and Other Electronic Equipment	4238	1593965	33066732
仪器仪表制造业	Manufacture of Measuring Instrument	2194	209558	1856890
其他制造业	Other Manufacture	221	20330	231990
废弃资源综合利用业	Comprehensive Utilization of Waste	214	32021	660807
金属制品、机械和设备修理业	Metal Products, Machinery and Equipment Repair Industry	117	14962	160104
电力、热力生产和供应业	Production and Supply of Electric Power and Heat Power	906	163207	941533
燃气生产和供应业	Production and Supply of Gas	163	23990	291680
水的生产和供应业	Production and Supply of Water	142	13632	83194

19-27 高技术制造业R&D活动及新产品开发情况

Statistics on R&D Activities and New Products Development in High-tech Manufacturing Industry

行 业	Industry	有R&D活动的企业数（个）Number of Enterprises with R&D Activities (unit)		R&D人员折合全时当量（人年）Full-time Equivalent of R&D Personnel (man year)		R&D经费内部支出（万元）Internal Expenditure on R&D (10 000 yuan)	
		2021	2022	2021	2022	2021	2022
合 计	**Total**	**1338**	**1635**	**62205**	**72667**	**2718772**	**3635674**
医药制造业	Medical and Pharmaceutical Products	446	518	22719	25111	1170535	1572948
航空、航天器及设备制造业	Aviation and Aircrafts Manufacturing	7	9	361	392	6167	10890
电子及通信设备制造业	Electronic and Communication Equipment	475	604	22865	29277	890528	1330656
计算机及办公设备制造业	Electronic Computers and Office Equipments	49	63	5730	7452	261638	354809
医疗仪器设备及仪器仪表制造业	Medical Treatment Instruments and Meters	353	433	10377	10283	384717	361397
信息化学品制造业	Manufacture of Electronic Chemicals	8	8	153	153	5187	4975

19-27 续表 continued

行 业	Industry	专利申请数（件）Patent Applications (piece)		拥有发明专利（件）Patents in Force (piece)		新产品开发项目数（项）New Products (units)		新产品开发经费支出（万元）Expenditure on New Products Development (10 000 yuan)	
		2021	2022	2021	2022	2021	2022	2021	2022
合 计	**Total**	**17170**	**18149**	**22209**	**27157**	**13497**	**15683**	**2981907**	**3645609**
医药制造业	Medical and Pharmaceutical Products	3805	3441	6844	8107	6025	6658	1254793	1531058
航空、航天器及设备制造业	Aviation and Aircrafts Manufacturing	29	63	60	107	83	75	9046	10910
电子及通信设备制造业	Electronic and Communication Equipment	7636	8826	10439	12712	3281	4131	987859	1326384
计算机及办公设备制造业	Electronic Computers and Office Equipments	1539	1276	1712	2395	693	773	284434	365059
医疗仪器设备及仪器仪表制造业	Medical Treatment Instruments and Meters	4082	4470	3095	3758	3343	3949	432560	394701
信息化学品制造业	Manufacture of Electronic Chemicals	79	73	59	78	72	97	13215	17497

注：本表的数据口径为规模以上工业企业。

a)Data in this table cover industrial enterprises above designated size.

19−28 高技术制造业基本情况
Statistics on Production and Management in High-tech Manufacturing Industry

项 目		Item		2017	2018	2019	2020	2021	2022
生产经营情况		**Production Operation**							
企业数	(个)	Number of Enterprises	(unit)	2141	1979	1564	1718	1807	2251
从业人员年平均人数	(万人)	Annual Average Number of Persons Engaged	(10 000 persons)	72.8	63.1	54.2	55.8	58.9	64.3
营业收入	(亿元)	Revenue from Principal Business	(100 million yuan)	12206.8	7065.4	5910.6	6741.6	7935.4	9027.1
利润	(亿元)	Profits	(100 million yuan)	948.2	621.8	478.8	682.2	744.3	729.3
R&D及相关活动情况		**R&D and related Activities**							
有R&D活动的企业数	(个)	Number of Enterprises with R&D Activities	(unit)	1001	898	865	1067	1338	1635
R&D人员全时当量	(人年)	Full-time Equivalent of R&D Personnel	(man year)	51057	49617	35706	44598	62205	72667
R&D经费内部支出	(亿元)	Internal Expenditure on R&D	(100 million yuan)	250.6	226.6	195.9	230.7	271.9	363.6
新产品开发经费	(亿元)	Expenditure on New Products Development	(100 million yuan)	262.6	218.3	202.5	224.6	298.2	364.6
专利申请数	(件)	Number of Patent Applications Examined	(unit)	17187	17712	11074	14146	17170	18149
拥有发明专利数	(件)	Number of Invention Patents	(unit)	17553	19986	18387	17307	22209	27157

注：1.生产经营情况的数据口径为规模以上工业企业。2.从2015年起高技术制造业汇总范围包括信息化学品制造业。
a)Data on production operation cover industrial enterprises above designated size.
b)Data on high-tech manufacturing Industry include manufacture of electronic chemical since 2015.

主要统计指标解释

普通高等学校　指按照国家规定的设置标准和审批程序批准举办的，通过全国普通高等学校统一招生考试，招收高中毕业生为主要培养对象，实施高等教育的全日制大学、独立设置的学院和高等专科学校、高等职业学校和其他机构。

成人高等学校　指按照国家规定的设置标准和审批程序批准举办的，通过全国成人高等学校统一招生考试，招收具有高中毕业或同等学历的在职从业人员为主要培养对象，利用函授、业余、脱产等多种形式对其实施高等学历教育的学校。包括职工高等学校、农民高等学校、管理干部学院、教育学院、独立函授学院、广播电视大学、其他机构等。其他机构是承担国家成人招生计划任务不计校数的机构。

研究与试验发展(R&D)　指为增加知识存量（也包括有关人类、文化和社会的知识）以及设计已有知识的新应用而进行的创造性、系统性工作，包括基础研究、应用研究和试验发展三种类型。国际上通常采用 R&D 活动的规模和强度指标反映一国的科技实力和核心竞争力。

基础研究　指一种不预设任何特定应用或使用目的的实验性或理论性工作，其主要目的是为获得（已发生）现象和可观察事实的基本原理、规律和新知识。其成果通常表现为提出一般原理、理论或规律，并以论文、著作、研究报告等形式为主。

应用研究　指为获取新知识，达到某一特定的实际目的或目标而开展的初始性研究。应用研究是为了确定基础研究成果的可能用途，或确定实现特定和预定目标的新方法。其研究成果以论文、著作、研究报告、原理性模型或发明专利等形式为主。

试验发展　指利用从科学研究、实际经验中获取的知识和研究过程中产生的其他知识，开发新的产品、工艺或改进现有产品、工艺而进行的系统性研究。其研究成果以专利、专有技术，以及具有新颖性的产品原型、原始样机及装置等形式为主。

R&D 人员　指报告期 R&D 活动单位中从事基础研究、应用研究和试验发展活动的人员。包括直接参加上述三类 R&D 活动的人员，以及与上述三类 R&D 活动相关的管理人员和直接服务人员，即直接为 R&D 活动提供资料文献、材料供应、设备维护等服务的人员。不包括为 R&D 活动提供间接服务的人员，如餐饮服务、安保人员等。

R&D 人员全时当量　指报告期 R&D 人员按实际从事 R&D 活动时间计算的工作量，以“人年”为计量单位。为国际上比较科技人力投入而制定的可比指标。

R&D 经费支出　指报告期调查单位内部为实施 R&D 活动而实际发生的全部经费，按支出性质分为日常性支出和资产性支出。不包括调查单位委托其他单位或与其他单位合作开展 R&D 活动而转拨给其他单位的全部经费。

新产品销售收入　指报告期企业销售新产品实现的销售收入。新产品是指采用新技术原理、新设计构思研制、生产的全新产品，或在结构、材质、工艺等某一方面比原有产品有明显改进，从而显著提高了产品性能或扩大了使用功能的产品。既包括经政府有关部门认定并在有效期内的新产品，也包括企业自行研制开发，未经政府有关部门认定，从投产之日起一年之内的新产品。

专利　是专利权的简称，是对发明人的发明创造经审查合格后，由国家知识产权局依据专利法授予发明人和设计人对该项发明创造享有的专有权。包括发明、实用新型和外观设计。反映拥有自主知识产权的科技和设计成果情况。

发明（专利）　指对产品、方法或者其改进所提出的新的技术方案。是国际通行的反映拥有自主知识产权技术的核心指标。

Explanatory Notes on Main Statistical Indicators

Regular Institutions of Higher Learning refer to educational establishments set up according to the government evaluation and approval procedures, enrolling graduates from senior secondary schools and providing higher education courses and training for senior professionals. They include full time universities, colleges, high professional schools, high professional vocational schools and others.

Institutions of Higher Learning for Adults refer to educational establishments, set up in line with relevant rules approved by the government, enrolling staff and workers with senior secondary school or equivalent education, and providing higher education courses in many forms of correspondence, spare time, or full time for adults. Professionals thus trained receive a qualification equivalent to graduates studying regular courses at regular universities, colleges and professional colleges. Institutions of higher learning for adults include schools of high education for staff and workers, schools of high education for peasants, colleges for management cadres, pedagogical colleges, independent correspondence colleges, Radio and TV universities and other educational establishments. Other educational establishments are responsible for enrolling adult students but not covered in the number of schools.

Research and Experimental Development (R&D) refers to creative and systematic work undertaken in order to increase the stock of knowledge (including knowledge of humankind, culture and society) and to devise new applications of available knowledge.R&D includes 3 categories of activities:basic research, applied research and experimental development.The scale and intensity of R&D are widely used internationally to reflect the strength of S&T and the core competitiveness of a country in the world.

Basic Research refers to experimental or theoretical work undertaken primarily to acquire new knowledge of the underlying foundations of phenomena and observable facts,without any particular application or use in view. Basic research usually formulates hypotheses, theories or laws, and its results are mainly released or disseminated in the form of scientific papers or monographs or research reports.

Applied Research refers to original investigation undertaken in order to acquire new knowledge. It is directed primarily towards a specific, practical aim or objective. Purpose of the applied research is to identify the possible uses of results from basic research, or to explore new (fundamental) methods or new approaches. Results of applied research are expressed in the form of scientific papers, monographs, fundamental models or invention patents.

Experimental Development refers to systematic work, drawing on knowledge gained from research and practical experience and producing additional knowledge, which is directed to producing new products or processes or to improving existing products or processes. Results of experimental development activities are embodied in patents,exclusive technology, and monotype of new products or equipment.

R&D Personnel refer to persons of R&D activities units engaged in basic research, applied research, and experimental development at the reference period, including persons of directly participating in the three activities above, as well as management and direct service staff related to R&D activities, such as literature provision, material supply, equipment maintenance staff, it excludes persons providing indirect support and ancillary services, such as canteen and security staff.

Full-time Equivalent of R&D Personnel refers to the ratio of working hours actually spent on R&D during a specific reference period (usually a calendar year) divided by the total number of hours conventionally worked in the same period by an individual or by a group. The measurement unit of the ratio is "man-years". This is an internationally comparable indicator of S&T manpower input.

Expenditure on R&D refers to the real expenditure of surveyed units on their own R&D activities in reporting period.It is divided into current expenditures and gross fixed capital expenditures for R&D according to the nature of expenditure.It doesn't include the fees transferred to cooperated or entrusted agencies on R&D activities.

Sales Income of New Products refers to the sales income of new products of the enterprises at the reference period. New products refer to products developed and produced with new technologies and designs or improved in structure, material, process or other aspects so that their performance are improved or their functions expanded. New products include those affirmed by government authorities in their validity period and also those developed by enterprises without the affirmation of government authorities within one year after they are put into production.

Patent is an abbreviation for the patent right and refers to the exclusive right of ownership by the inventors or designers for the creation or inventions, given from the China National Intellectual Property Administration after due process of assessment and approval in accordance with the Patent Law.Patents are granted for inventions, utility models and designs.This indicator reflects the achievements of S&T and design with independent intellectual property.

Patented Inventions refer to new technical proposals to the products or methods or their modifications. This is universal core indicator reflecting the technologies with independent intellectual property.

第
20
篇

文化、体育和卫生

Culture, Sports and Health

简 要 说 明

一、本篇资料的主要内容

本篇资料反映了全省文化、体育和卫生基本情况。文化部分主要包括文化、文物、广播、电视、档案、报纸杂志出版、图书出版等方面的发展状况。体育部分主要包括运动员、教练员、裁判员发展人数等情况。卫生部分主要包括卫生机构及其人员、床位数、县及县以上医院诊疗人次数、入院人数等基本情况。

二、本篇资料的来源

1.文化部分中，艺术事业、图书馆事业、群众文化事业的资料来源于省文化和旅游厅，广播电视资料来源于省广播电视局，电影有关资料来源于省电影局，新闻出版有关资料来源于省新闻出版局，档案馆有关资料来源于省档案馆。

2.体育部分的资料来源于省体育局。

3.卫生部分的资料来源于省卫健委。

本篇资料由省统计局人口处（社科处）整理提供。

Brief Introduction

I. Content

Data in this chapter show the basic conditions of culture,sports and health. Data on culture show the basic conditions on arts, cultural relics, broadcasting, television, archives and publication. Data on sports mainly include the number of athletes, coaches and referees. Data on health include the number of institutions, personnel, hospital beds.

II. Source of Data

(1) Data on the causes of arts, libraries, mass culture are provided by the Department of Culture and Tourism of Shandong Province. Data on broadcasting and television are provided by Shandong Provincial Administration of Radio and Television. Data on film are provided by Shandong Provincial Administration of Film. Data on news and publication are provided by Shandong Provincial Administration of Press and Publication. Data on archives and publication are provided by Shandong Provincial Archives Administration.

(2) Data on sports are provided by Shandong Provincial Physical Culture Administration.

(3) Data on public health are provided by Shandong Provincial Department of Health.

In this chapter, data are prepared by the Division of Urbanization,Population and Employment Statistics（by the Division of Social,Science and Culture Industry Employment Statistics）of Shandong Provincial Bureau of Statistics.

20-1 主要年份文化、文物事业基本情况
Number of Institutions for Culture and Cultural Relics of Major Years

年 份 Year	文化(艺术)馆 Cultural Centre		文化站 Cultural Station		艺术表演团体 Art Performance Groups	
	机构数 (个) Number (unit)	人 数 (人) Personnel (person)	机构数 (个) Number (unit)	人 数 (人) Personnel (person)	机构数 (个) Number (unit)	人 数 (人) Personnel (person)
1949	39				46	
1952	166		139		113	
1957	134		283		175	
1962	130		500		180	
1965	141	1261	6	10	176	9923
1970	137	1601			154	9599
1975	151	1891	887	944	157	12709
1976	150	1979	1644	1803	157	13396
1977	155	2110	1988	2185	156	13557
1978	155	2151	2103	2196	155	13219
1979	155	2138	2104	2163	155	12896
1980	155	2251	2117	2197	156	12562
1981	156	2420	2099	2218	157	11930
1982	155	2490	2107	2268	157	11280
1983	155	2609	2102	2172	157	10584
1984	154	2590	2132	2204	159	9922
1985	157	2818	2198	2230	158	9317
1986	159	2940	2276	2292	149	9177
1987	157	2849	2345	2410	139	7751
1988	159	3043	2423	2787	127	7344
1989	159	3140	2452	2643	123	6992
1990	159	3127	2482	2666	119	6703
1991	156	3100	2504	2783	120	6640
1992	156	3129	2481	2798	120	6657
1993	157	3145	2454	2862	119	6430
1994	157	3197	2387	2882	118	6448
1995	158	3265	2363	3117	118	6170
1996	159	3237	2466	3286	118	6090
1997	158	3264	2482	3177	118	6148
1998	158	3252	2494	3339	118	6170
1999	158	3194	2493	3293	117	6077
2000	159	3055	2422	3304	118	5943
2001	159	2975	1912	2943	121	5990
2002	156	2935	1866	3019	121	6030
2003	157	2968	1792	3022	120	5988
2004	159	3136	1783	3190	118	5995
2005	158	2982	1768	3166	117	6066
2006	158	3058	1857	3330	118	6250
2007	157	3012	1826	3715	119	6163
2008	156	3025	1826	3754	119	6254
2009	158	3115	1867	4593	118	6279
2010	158	3055	1855	4543	119	6268
2011	160	3086	1828	4643	116	6163
2012	158	3033	1821	4987	104	5722
2013	159	3062	1807	4915	103	5557
2014	158	3047	1811	5181	104	5728
2015	157	3034	1814	5534	104	5368
2016	157	3006	1816	5262	103	5651
2017	157	2978	1815	5334	105	5689
2018	157	2950	1819	5329	105	5539
2019	157	2864	1815	5581	104	5665
2020	158	2887	1821	5628	103	5381
2021	158	2974	1821	6194	101	5237
2022	158	2993	1823	6129	101	4987

20-1 续表 continued

年 份 Year	剧 场(院) Theaters 机构数(个) Number (unit)	剧 场(院) Theaters 人 数(人) Personnel (person)	图 书 馆 Libraries 机构数(个) Number (unit)	图 书 馆 Libraries 人 数(人) Personnel (person)	博 物 馆 Museums 机构数(个) Number (unit)	博 物 馆 Museums 人 数(人) Personnel (person)
1949	5		3			
1952	15		3			
1957	44		40			
1962	129		84			
1965	128	755	27	257	7	183
1970	83	600	12	193	5	155
1975	81	592	43	436	8	211
1976	71	577	62	564	9	237
1977	76	658	66	621	9	246
1978	75	661	80	737	10	298
1979	77	705	88	876	10	310
1980	71	627	88	924	10	317
1981	72	649	89	1004	9	268
1982	71	667	89	1075	15	338
1983	61	660	89	1131	17	364
1984	65	678	92	1240	19	380
1985	62	705	99	1338	23	488
1986	123	2193	101	1486	30	527
1987	119	2310	105	1613	36	763
1988	116	2388	111	1780	40	876
1989	118	2413	113	1796	40	979
1990	117	2516	115	1876	41	1021
1991	121	2736	118	1956	45	1141
1992	120	2772	122	2055	45	1215
1993	119	2837	126	2178	52	1329
1994	118	2878	126	2256	54	1418
1995	115	2783	130	2318	56	1462
1996	111	2727	131	2359	54	1522
1997	107	2652	131	2471	54	1562
1998	107	2577	131	2536	56	1422
1999	107	2544	133	2555	57	1663
2000	105	2473	133	2506	59	1633
2001	105	2444	136	2503	66	1611
2002	104	2434	140	2559	70	1566
2003	104	2353	140	2573	73	1634
2004	95	2088	142	2633	72	1684
2005	94	1881	145	2690	75	1723
2006	95	2098	143	2624	76	1770
2007	92	1937	145	2640	87	1915
2008	90	1827	147	2606	96	2064
2009	82	1640	150	2669	111	2307
2010	91	1904	149	2680	114	2456
2011	93	2134	150	2697	120	2787
2012	93	2083	150	2647	178	4353
2013	93	1719	153	2760	194	4748
2014	93	1734	153	2730	243	5369
2015	92	1632	154	2750	312	6310
2016	93	1602	154	2828	393	7152
2017	100	1821	154	2877	485	7976
2018	106	1902	154	2843	517	8059
2019	93	1732	154	2816	541	8319
2020	87	1712	154	2904	577	8871
2021	82	1618	153	2995	629	10114
2022	77	1459	153	3182	665	10391

20-2　文化、文物机构人员情况(2022年)
Number of Institution and Personnel in Culture and Culture Relics(2022)

项　目	Item	机构数(个) Number of Institutions (unit)	人员数(人) Number of Employed Persons (person)
总　计	**Total**	**21289**	**96444**
文化	Culture	2686	29110
公有制艺术表演团体	Public Arts Performance Troupes	101	4987
公有制艺术表演场馆	Public Arts Centers	77	1459
艺术展览创作机构	Art exhibition and Creation Institutions	76	569
公共图书馆	Public Libraries	153	3182
群众文化服务业	Mass Culture	1981	9122
艺术馆、文化馆	Cultural and Art Centers	158	2993
文化站	Cultural Stations	1823	6129
文化和旅游部门教育机构	Culture Education	4	767
文化和旅游科研机构	Art Research	4	129
文化和旅游行政主管部门	Administrative department of culture	159	6164
其他文化和旅游机构	Other cultural institutions	131	2731
文物	Cultural Relics	838	14316
文物保护管理机构	Agency of Relics Preservation	83	2645
文物科研机构	Scientific and Research Historical Relics Agency	10	330
博物馆	Museums	665	10391
其他文物机构	Other cultural relics institutions	80	487
文化市场经营机构	Business Units Dealing in Culture Market	17765	53018
娱乐场所	Place of entertainment	3821	11441
互联网上网服务营业场所(网吧)	Internet service establishments (Internet bar)	10180	8121

注：文化市场经营机构含互联网上网服务营业场所和娱乐场所。
a) Business units dealing in culture market include internet service and entertainment venues.

20-3　各市文化、文物事业基本情况(2022年)
Basic Statistics on Culture and Cultural Relics by Region (2022)

地　区	Region	公共图书馆数(个) Public Libraries (unit)	公共图书馆藏书量(万册) Total Collections (10 000 volumes)	艺术表演团体(个) Performance Troupes (unit)	艺术表演场所(个) Art Performance Places (unit)	文化馆(群众艺术馆)(个) Cultural (Mass Art) Centers (unit)	文化站(个) Cultural Stations (unit)	文化事业费(万元) Total Cultural Expenditures (10 000 yuan)	文物事业费(万元) Total Cultural Relics Expenditures (10 000 yuan)	博物馆(个) Museums (unit)
全省总计	**Total**	**153**	**8180**	**101**	**77**	**158**	**1823**	**548270**	**175762**	**665**
济南市	Jinan	13	1019	9	7	13	161	51875	14152	69
青岛市	Qingdao	11	974	8	7	11	137	69364	10687	116
淄博市	Zibo	9	350	3	5	9	88	20694	10441	70
枣庄市	Zaozhuang	7	195	1	2	7	64	8202	4547	22
东营市	Dongying	6	342	2	2	6	40	21824	1426	13
烟台市	Yantai	14	719	10	5	15	155	42933	15535	45
潍坊市	Weifang	12	855	6	2	13	118	28248	19001	65
济宁市	Jining	12	340	12	10	12	156	46670	27279	54
泰安市	Tai'an	7	246	4	5	7	88	16574	5627	47
威海市	Weihai	5	468	4	2	6	73	25301	5250	10
日照市	Rizhao	5	186	1	1	5	54	15840	4969	16
临沂市	Linyi	13	452	4	5	13	161	35150	11992	58
德州市	Dezhou	12	281	6	6	12	134	20780	4243	16
聊城市	Liaocheng	8	247	5	6	10	136	13820	7477	20
滨州市	Binzhou	8	299	9	1	8	90	17732	2564	20
菏泽市	Heze	10	246	11	7	10	168	17554	4223	21

注：全省数据含省本级数据。
a)Provincial data include provincial level data.

20−4 电影基本情况
Basic Statistics on Film

项　　目	Item	2018	2019	2020	2021	2022
电影剧本(梗概)备案公示数量 (部)	Number of Filing and Publicity of Movie Scripts (unit)	198	109	135	173	105
电影完成片数量 (部)	Number of Completed Films (unit)	42	57	46	77	71
农村公益电影放映队数量 (个)	Number of Movie Charity Projection Teams in Rural Areas (unit)	3838	4191	3983	4310	4415
农村公益电影放映场次 (万场)	Number of Movie Charity Projection in Rural Areas (10 000 stages)	80	78	73	79	78
城市影院银幕数量 (块)	Number of Movie Screens in City Cinemas (piece)	3159	3592	3697	4336	4577
城市电影观影人次 (万人)	Number of Movie Viewers in City Cinemas (10 000 persons)	7769	8095	2854	6354	4064
城市电影票房收入 (亿元)	City Movie Box Office (100 million yuan)	26.0	28.8	10.0	25.0	16.8

20−5 广播电视基本情况
Basic Statistics on Radio and Television Stations

项　　目	Item	2018	2019	2020	2021	2022
广播	**Radio**					
广播节目综合人口覆盖率 (%)	Radio Coverage Rate of the Population (%)	99.1	99.1	99.5	99.5	99.7
广播节目套数 (套)	Number of Radio Programs (set)	181	172	171	171	173
广播节目制作时间 (万小时)	Length of Radio Programs Produced (10 000 hours)	55.9	59.1	59.7	58.2	56.5
公共广播节目播出时间 (万小时)	Length of Public Radio Programs Broadcasted (10 000 hours)	97.0	102.4	103.0	102.9	105.3
对外广播节目播出套数 (套)	Number of International Radio Programs Broadcasted (set)	1				
对外广播节目播出时间 (万小时)	Length of International Radio Programs Broadcasted (10 000 hours)	0.1				
广播节目播出语言种类 (种)	Kinds of Languages of Radio Programs Broadcasted (kind)	1	1	1	1	1
电视	**Television**					
电视节目综合人口覆盖率 (%)	TV Coverage Rate of Population (%)	99.1	99.1	99.6	99.6	99.7
有线广播电视用户数 (万户)	Number of Users of Cable Radio and TV (10 000 households)	1684.2	1579.2	1570.6	1550.0	1471.9
有线广播电视入户率 (%)	Popularization Rate of Cable Radio and TV (%)	53.0	49.2	47.9	45.4	42.8
电视节目套数 (套)	Number of TV Programs (set)	261	259	261	269	269
电视节目制作时间 (万小时)	Length of TV Programs Produced (10 000 hours)	24.4	24.0	20.8	19.3	17.7
公共电视节目播出时间 (万小时)	Length of Public TV Programs Broadcasted (10 000 hours)	141.8	142.4	144.8	147.9	148.7
电视节目播出语言种类 (种)	Kinds of Languages of TV Programs Broadcasted (kind)	3	3	2	2	1
对外电视节目播出套数 (套)	Number of International TV Programs Broadcasted (set)	1	1	1	1	
对外电视节目播出时间 (万小时)	Length of International TV Programs Broadcasted (10 000 hours)	0.9	0.9	0.9	0.3	
广播电视技术及其他	**TV Technology and Others**					
广播电视总收入 (亿元)	Revenue of Radio and TV (100 million yuan)	170.3	172.7	174.1	234.5	241.0
广播电视从业人员数 (万人)	Staff and Workers of Radio and TV (10 000 persons)	5.3	5.3	5.5	5.9	6.2
中、短波转播发射台 (座)	Transmission and Relaying Stations of Medium and Short Wave Broadcast (unit)	30	30	25	25	25
调频、电视转播发射台 (座)	Relaying Stations and TV Transmission of Frequency Modulation Broadcasting (unit)	201	198	192	181	179
微波实有站 (座)	Microwave Stations (unit)	32	34	34	35	27

20-6 图书、期刊和报纸出版情况
Number of Books,Magazines and Newspapers Published

类别	Item	种数(种) Number of Publications (kind)	总印数(万册、万份) Total Printed Copies (10 000 Copies)
图书总计	**Books**	**14699**	**59119.0**
马列主义、毛泽东思想	Marxism-Leninism, Mao Zedong Thought	17	2.5
哲学	Philosophy	154	205.1
社会科学总论	General Social Sciences	49	19.7
政治、法律	Politics and Law	131	627.2
军事	Military Affairs	20	12.1
经济	Economics	149	54.2
文化、科学、教育、体育	Culture, Science, Education and Sports	10977	53186.9
语言、文字	Languages	110	120.6
文学	Literature	1564	2684.6
艺术	Arts	215	74.9
历史、地理	History and Geography	405	1549.5
自然科学总论	General Natural Sciences	8	10.2
数理科学、化学	Mathematics and Chemistry	80	50.9
天文学、地球科学	Astronomy and Geology	51	133.3
生物科学	Biology	96	116.7
医学、卫生	Medicine and Health Care	176	58.3
农业科学	Agricultural Science	32	8.1
工业技术	Industrial Technology	326	146.0
交通运输	Transportation	44	13.5
航空、航天	Aeronautics and Aerospace	1	1.6
环境科学	Environmental Science	26	9.7
综合性图书	General Books	68	33.2
图片(不使用《中国标准书号》)	Picture (not subject to CSBN)		
期刊总计	**Magazine**	**268**	**6302.6**
综　合	Synthesis	17	272.6
哲学社会科学	Philosophy and Social Science	72	2270.1
自然科学技术	Natural Science and Technology	132	229.1
文化教育	Culture and Education	30	2757.5
文学艺术	Literature and Arts	17	773.2
画　刊	Pictorial		
少　儿	Children's Books	6	3260.4
报纸总计	**Newspaper**	**78**	**131140.5**
综合报	Synthetical Newspaper	39	105242.9
专业报	Special Newspaper	20	18556.6
生活服务报	Life Service Newspaper	15	3036.5
读者对象报	Reader Object Newspaper	4	4304.5

20–7 档案馆基本情况(2022年)

Statistics on Archive Institution(2022)

项目		Item		总计 Total	国家综合档案馆 National Comprehen-sive Archive	省级 Provincial Level	市地级 City Level	县级 County Level
档案馆	(个)	Number of Institutions	(unit)	197	159	1	16	142
现有专职人数	(人)	Number of Personnel	(person)	2705	2366	90	452	1824
档案馆面积	(平方米)	Floor Space of Archives Institution	(sq.m)	1159310	1063180	49230	293648	720302
馆藏档案		Number of Archives						
全　宗	(个)	Whole Volume	(unit)	25396	24880	394	4853	19633
案　卷	(卷)	Files	(volume)	22246863	17653438	1042745	4219482	12391211
中华人民共和国成立前档案案卷		Before 1949 Files		364773	349062	10462	329416	9184
中华人民共和国成立后档案案卷		After 1949 Files		21882090	17304376	1032283	3890066	12382027
馆藏资料	(册)	Number of Material Stored	(volume)	2952586	2822984	115671	640221	2067092
档案资料利用情况		Use of Archives						
利用档案	(卷(件)次)	Number of Archives Used	(volume-times)	1224584	1107166	72054	322246	712866
利用资料	(册次)	Number of Material Used	(volume-times)	34169	25061	19	8223	16819
利用档案人次	(人次)	Number of Persons Using Material	(person-times)	318959	208343	17066	32753	158524
开放案卷	(卷)	Opening Archives	(volume)	2329276	1175593		476393	699200
开放档案目录(案卷级)	(万条)	Catalog of Opening Archives (Files)	(10 000 units)	167.10	82.10		18.00	64.10

注：开放案卷、开放档案目录，省级仅有“文件级”的数据，故该两项为空。
a)Catalog of opening archives: only "file level" data is available at the provincial level, so the two items are empty.

20–7 续表 continued

项目		Item		国家专门档案馆 National Special Archives	部门档案馆 Depart-ment Archives	大型企业档案馆 Enterprise Archive Institution	省、部属事业单位档案馆 Province and Ministry Archive Institution
档案馆	(个)	Number of Institutions	(unit)	14	2	4	18
现有专职人数	(人)	Number of Personnel	(person)	160	8	15	159
档案馆面积	(平方米)	Floor Space of Archives Institution	(sq.m)	37304	3143	14674	41009
馆藏档案		Number of Archives					
全　宗	(个)	Whole Volume	(unit)	9	1	138	368
案　卷	(卷)	Files	(volume)	2701420	106467	473458	1365118
中华人民共和国成立前档案案卷		Before 1949 Files		15572			146
中华人民共和国成立后档案案卷		After 1949 Files		2685848	106467	473458	1364972
馆藏资料	(册)	Number of Material Stored	(volume)	88978	3403	11003	28329
档案资料利用情况		Use of Archives					
利用档案	(卷(件)次)	Number of Archives Used	(volume-times)	47805	6162	12040	135677
利用资料	(册次)	Number of Material Used	(volume-times)	1931	353	36	6788
利用档案人次	(人次)	Number of Persons Using Material	(person-times)	29563	292	2390	78371
开放案卷	(卷)	Opening Archives	(volume)	740051			399966
开放档案目录(案卷级)	(万条)	Catalog of Opening Archives (Files)	(10 000 units)	64.50			20.50

20-8 等级运动员、教练员、裁判员发展人数
Basic Statistics on Athletes, Coaches and Referees

单位:人 (person)

项 目	Item	2020	2021	2022
等级运动员	**Number of Athletes and Referees in Grades**	**4201**	**5151**	**4459**
国际运动健将	International Master of Sportsmen	5	1	1
运动健将	Master of Sportsmen	147	57	37
一 级	First Grade Sportsmen	618	1009	1686
二 级	Second Grade Sportsmen	3403	4084	2735
聘任教练员	**Employed Coaches**	**130**	**258**	**246**
国家级	National Coaches	1	13	15
高 级	Senior Coaches	10	41	33
一 级	First Grade Coaches	28	73	83
二 级	Second Grade Coaches	69	94	99
三 级	Third Grade Trainers	22	37	16
等级裁判员	**Number of Referees in Grades**	**1804**	**5383**	**3541**
国际级	International Referees		29	
国家级	National Referees	3	117	14
一 级	First Grade Referees	551	1065	1401
二 级	Second Grade Referees	1983	4172	2126

20–9 分项目分技术等级运动员发展人数（2022年）
Certified Athletes by Type of Sports and Technical Grade(2022)

单位：人 (person)

项 目	Item	合 计 Total	国际级运动健将 International Master of Sportsmen	运动健将 Master of Sportsmen	一级运动员 First Grade Sportsmen	二级运动员 Second Grade Sportsmen
合计	**Total**	**4459**	**1**	**37**	**1686**	**2735**
田径	Track and Field Events	847		3	129	715
游泳	Swimming	623		1	208	414
跳水	Diving	45		2	27	16
体操	Artistic Gymnastics	74			66	8
蹦床	Trampoline	16		2	5	9
举重	Weightlifting	38			10	28
拳击	Boxing	21		2	4	15
摔跤	Wrestling	34			12	22
中国式摔跤	Chinese Wrestling	2			2	
柔道	Judo	37			24	13
跆拳道	Taekwondo	49			22	27
自行车	cycling					
击剑	Fencing	22		2	3	17
马术	Equestrian	34			7	27
现代五项	Modern Pentathlon	4			4	
射击	Shooting	92			63	29
射箭	Archery	110		2	81	27
赛艇	Rowing	63			42	21
皮划艇(静水)	Canoe Kayak	47		1	46	
帆船	Sailing	15	1	2	9	3
帆板	Windsurfing					
足球	Football	152				152
篮球	Basketball	170			38	132
排球	Volleyball	562		1	251	310
沙滩排球	Beach Volleyball	36		2	19	15
乒乓球	Table Tennis	208		7	99	102
羽毛球	Badminton	142		3	50	89
网球	Tennis	69		2	38	29
手球	Handball	192			57	135
棒球	Baseball	79			16	63
垒球	Softball	43			13	30
短道速滑	Short-track Speed Skating	13		1	4	8
技巧	Acrobatic Gymnastics					
武术	Wushu					
围棋	Weiqi	15			8	7
国际象棋	Chess	3			3	
登山	Mountain Climbing					
攀岩	Rock Climbing	96			37	59
摩托车	Motorcycle					
铁人三项	Triathlon	8			8	
高尔夫球	Golf ball	56			30	26
橄榄球	Rugby	101			34	67
健美	Bodybuilding					
健美操	Aerobics					
竞走	Heel-and-toe Walking Race					
(武术)散打	Sanda	32		1	9	22
空手道	Karate	103		1	29	73
冲浪	Surfing	12		2	6	4
武术套路	Wushu routine	1				1
自由式滑雪	Freestyle skiing	1			1	
皮划艇激流回旋	Canoe slalom	11			10	1
篮球三人制	Basketball Three Syste	37			31	6
场地自行车	Track Cycling	10			8	2
BMX小轮车	Bicycle Motocross	5			4	1
花样滑冰	Figure skating	5			4	1
航空模型	Model airplane	1				1
象棋	Chinese chess	2			1	1
轮滑	Skating	2				2
滑板	Skateboard	13			8	5
公路自行车	Road Cycling	3			3	
山地自行车	Mountain Biking	3			3	
水球	Water Polo	1			1	
橄榄球15人制	15-a-side rugby	98			98	
健身	Fitness	1			1	

20－10　体育系统机构人员情况（2022年）

Number of Institutions and Engaged Persons of Physical Education System(2022)

单位：个、人　　(unit,person)

指　标	Item	省级 Provincial Level 机构 Institutions	省级 人员 Persons	地级 Prefectural Level 机构 Institutions	地级 人员 Persons	县级 County Level 机构 Institutions	县级 人员 Persons
总　计	**Total**	**26**	**3665**	**78**	**3385**	**218**	**4497**
独立行政机关	Independent Administrative Agencies of Government	1	51	14	311	6	85
合并行政机关	Combined Administrative Agencies of Government			2	12	71	1175
竞技体校	Competitive Sports Schools			1	112	14	567
其他事业单位	Other Institutions	6	351	26	473	88	1951
本科院校	Colleges	1	710				
企业	Companies			2	36		
少儿体育运动学校(业余体校)	Spare-time Sports Schools			5	295	20	343
体育场馆	Stadiums and Gymnasiums	1	114	10	420	2	13
体育科研机构	Sport Scientific Research Institutions	1	51	1	16		
体育类民办非企业	People-run Non-enterprise Sport Units						
体育运动学校	Physical Education and Sport Schools			15	1615	6	121
体育中学	Sport Middle Schools			1	52	11	242
训练基地	Training Bases	1	24	1	43		
运动项目管理部门(优秀运动队)	Sports Events Managing Agencies	15	2364				
其他机构	Other Institutions						

20-11 卫生总费用
Total Health Expenditure

年份 Year	卫生总费用(亿元) Total Health Expenditure (100 million yuan)	政府卫生支出 Government Health Expenditure		社会卫生支出 Social Health Expenditure		个人现金卫生支出 Out-of-pocket Health Expenditure		人均卫生总费用(元) Per Capita Health Expenditure (yuan)	卫生总费用占GDP比重(%) Health Expenditure as Percentage of GDP (%)
		绝对数(亿元) Level (100 million yuan)	占卫生总费用比重(%) As Percentage of Health Expenditure (%)	绝对数(亿元) Level (100 million yuan)	占卫生总费用比重(%) As Percentage of Health Expenditure (%)	绝对数(亿元) Level (100 million yuan)	占卫生总费用比重(%) As Percentage of Health Expenditure (%)		
1998	195.71	30.66	15.67	56.62	28.93	108.43	55.40	221.44	2.79
1999	227.96	31.96	14.02	58.05	25.46	137.96	60.52	256.63	3.04
2000	271.98	34.96	12.85	67.16	24.69	169.85	62.45	302.30	3.26
2001	301.92	39.60	13.12	90.42	29.95	171.89	56.93	333.94	3.28
2002	353.46	48.42	13.70	96.92	27.42	208.13	58.88	389.19	3.44
2003	399.68	59.13	14.79	117.92	29.50	222.64	55.70	438.01	3.31
2004	448.60	69.68	15.53	136.31	30.39	242.61	54.08	488.67	2.99
2005	542.13	83.83	15.46	168.77	31.13	289.53	53.41	586.21	2.93
2006	650.10	108.89	16.75	219.95	33.83	321.26	49.42	698.36	2.94
2007	801.02	148.01	18.48	272.91	34.07	380.10	47.45	855.15	3.08
2008	987.17	193.19	19.57	359.72	36.44	434.26	43.99	1048.25	3.18
2009	1163.20	254.02	21.84	428.68	36.85	480.51	41.31	1228.26	3.43
2010	1345.30	327.40	24.34	497.02	36.95	520.88	38.72	1403.13	3.43
2011	1648.65	425.10	25.78	616.02	37.37	607.53	36.85	1710.70	3.63
2012	1928.88	498.38	25.84	726.42	37.66	704.09	36.50	1991.65	3.86
2013	2245.97	571.45	25.44	874.71	38.95	799.80	35.61	2307.49	4.11
2014	2484.16	619.70	24.95	1039.50	41.84	824.97	33.21	2537.60	4.18
2015	2844.96	722.22	25.39	1213.99	42.67	908.75	31.94	2889.11	4.52
2016	3354.70	813.19	24.24	1536.92	45.81	1004.59	29.95	3372.70	4.93
2017	3570.82	842.49	23.59	1679.35	47.03	1048.99	29.38	3568.74	4.92
2018	4140.82	917.10	22.15	1982.61	47.88	1241.11	29.97	4121.35	5.41
2019	4284.04	961.00	22.43	2060.05	48.09	1262.99	29.48	4254.18	6.03
2020	4823.41	1169.79	24.25	2235.99	46.36	1417.63	29.39	4750.85	6.60
2021	5374.74	1172.53	21.82	2685.86	49.97	1516.35	28.21	5284.90	6.47

20−12 卫生事业基本情况
Basic Statistics of Health Institutions

年 份 Year	卫生机构数（个）Number of Health Institutions (unit)	#医 院、卫生院 Hospitals and Township Hospitals	卫生机构床位数（万张）Number of Beds (10 000 sets)	#医 院、卫生院 Hospitals and Township Hospitals	卫生技术人员数（万人）Medical Technical Personnel (10 000 persons)	#执业(助理)医师 Licensed (Assistant) Doctors
1949	288	112	0.3	0.3	2.6	1.8
1952	1879	223	1.8	0.9	3.9	2.0
1955	4620	221	2.1	1.1	6.0	2.9
1957	10235	232	2.4	1.5	7.3	3.3
1962	19460	349	4.9	3.4	9.0	4.3
1965	16336	502	5.4	3.8	8.9	4.4
1970	6173	2155	6.2	5.7	7.9	3.7
1975	7092	2336	9.3	8.6	12.4	5.0
1976	7438	2402	10.2	9.4	13.6	5.2
1977	8003	2420	11.1	10.3	14.4	5.5
1978	8389	2453	12.0	11.1	15.0	5.7
1979	8731	2541	12.5	11.6	16.1	6.2
1980	8908	2552	12.7	11.7	16.9	6.2
1981	9448	2565	12.9	11.8	17.9	6.9
1982	9830	2583	13.2	12.0	18.7	7.3
1983	9965	2597	13.5	12.2	19.3	7.6
1984	9972	2626	14.1	12.8	19.8	7.7
1985	10304	2623	14.7	13.4	20.5	8.0
1986	10399	2659	15.3	13.9	21.3	8.3
1987	10634	2690	16.2	14.7	22.1	8.7
1988	10475	2767	16.8	15.2	22.8	9.2
1989	10707	2975	17.2	15.5	23.4	10.4
1990	11040	3037	17.7	16.0	24.1	10.7
1991	11141	3066	18.2	16.5	24.1	10.5
1992	10865	3097	18.7	17.1	24.7	10.6
1993	10881	3096	19.5	17.7	25.8	11.1
1994	10654	3134	19.9	18.1	26.4	11.5
1995	10463	3104	20.0	18.2	27.1	11.9
1996	11968	3139	20.0	18.7	28.7	12.8
1997	10993	3151	20.7	19.4	29.4	13.0
1998	11008	3170	20.8	19.6	30.1	13.3
1999	14611	3151	21.3	20.1	30.8	13.9
2000	17118	3150	21.5	20.3	31.5	14.5
2001	17348	3000	21.8	20.7	31.8	14.9
2002	17500	2980	22.1	21.0	32.2	15.4
2003	16025	2929	21.8	20.8	31.1	13.4
2004	16574	2891	23.2	21.6	32.3	13.9
2005	16788	2922	25.1	23.5	32.5	14.1
2006	17016	2942	25.9	24.3	33.7	14.6
2007	15337	3075	28.3	26.5	34.6	15.0
2008	14973	3008	32.0	29.7	37.6	16.0
2009	15094	3024	34.7	32.1	40.6	16.9
2010	16496	3099	38.2	35.1	44.1	17.8
2011	68275	3135	41.6	37.8	48.2	18.6
2012	68840	3188	47.3	43.0	53.0	20.1
2013	75475	3426	49.0	44.6	59.8	23.2
2014	77066	3491	50.0	45.9	60.4	23.1
2015	77435	3556	51.9	47.7	61.9	23.7
2016	77050	3643	54.3	49.8	64.3	24.5
2017	79099	4108	58.5	53.8	68.9	26.5
2018	81512	4219	60.8	56.0	73.9	29.0
2019	83661	4203	63.0	58.1	78.3	31.5
2020	84870	4202	64.7	59.9	81.4	32.9
2021	85716	4194	67.4	62.3	85.3	34.3
2022	86024	4191	69.4	64.2	87.6	35.0

注：1.自2011年，医疗卫生机构数含村卫生室。2.自2013年，医疗卫生机构数含部分计划生育技术服务机构。
a)Since 2011, the number of health institutions include village health room.
b)Since 2013 ,the data of health institutions include technical service centers for birth control.

20−13　医院工作状况
Basic Statistics of Hospitals above County Level

项　　目		Item		2017	2018	2019	2020	2021	2022
机构数	（个）	Number of Medical Units	(unit)	2450	2579	2615	2640	2654	2666
诊疗人次数	（万人次）	Number of Patients Treated	(10 000 person-times)	22518	23295	24961	22155	26023	24633
#门诊急诊人次数	（万人次）	Out-Patients and Emergency Patients	(10 000 person-times)	21831	22606	24240	21445	25184	23822
#死亡人数	（人）	Casualties	(person)	29188	27655	29766	33146	37336	39337
观察室收容病人数	（万人次）	Number of Inpatients	(10 000 person-times)	262	216	183	139	162	147
#死亡人数	（人）	Casualties In-Patient	(person)	4108	5056	4737	3935	4675	6499
健康检查人数	（万人）	Number of People Having Physical Checkup	(10 000 persons)	1287	1367	1481	1476	1713	1568
本年入院人数	（万人）	Hospital Admissions	(10 000 persons)	1412	1447	1498	1340	1490	1484
本年出院人数	（万人）	Number of People Discharged from Hospitals	(10 000 persons)	1408	1445	1491	1338	1485	1474
本年住院病人手术人次数	（万人次）	Number of Operations on Inpatients	(10 000 person-times)	381	396	431	436	523	524
年底实有病床数	（张）	Beds Owned by Hospitals at the Year-end	(set)	441012	460690	481391	498935	522326	538439
实际开放总床日数	（万床日）	Total Number of Beds Used at Midnight	(10 000 bed-days)	15073	15769	16457	17177	17990	18600
平均每日开放病床数	（张）	Average Number of Beds Used Every Day	(set)	412962	432014	450867	469322	492863	509586
实际占用总床日数	（万床日）	Total Number of Beds Occupied	(10 000 bed-days)	12572	13015	13278	12199	13532	12774
出院者占用总床日数	（万床日）	Total Number of Beds for Patients Discharged	(10 000 bed-days)	12157	12666	12883	11845	13077	12350
病床周转次数	（次）	Turnover of Beds	(time)	34.1	33.4	33.1	28.5	30.1	28.9
病床工作日	（日）	Days of Beds in Use	(day)	304.4	301.3	294.5	259.9	274.6	250.7
病床使用率	（%）	Utilization Rate of Beds	(%)	83.4	82.5	80.7	71.0	75.2	68.7
出院者平均在院日数	（日）	Average Hospitalization Period	(day)	8.6	8.8	8.6	8.9	8.8	8.4

20－14　各类医疗卫生机构基本情况(2022年)
Basic Statistics on Medical Institutions(2022)

医疗机构分类	Institutions	机构数(个) Number of Institutions (unit)	床位数(张) Number of Beds (set)	卫生技术人员(人) Number of Medical Personnel (person)	执业(助理)医师 Licensed (Assistant) Doctors	注册护士 Registered Nurse	诊疗人次数(万人次) Visit (10 000 times)
总计	**Total**	**86024**	**693626**	**876461**	**350037**	**387140**	**66687**
医院	**Hospital**	**2666**	**538439**	**547550**	**191915**	**274856**	**24633**
综合医院	General Hospital	1429	347556	380093	134815	191408	18317
中医医院	Traditional Chinese Medicine Hospital	401	82404	89013	33240	40798	3793
专科医院	Specialized Hospital	748	102052	76337	23326	41316	2502
基层医疗卫生机构	**Basic Medical Institutions**	**82483**	**126471**	**263916**	**135599**	**88154**	**39497**
社区卫生服务中心(站)	Health Service Center for Community	2433	20453	44967	18259	17899	6160
卫生院	Health Centers	1525	103807	100476	41316	33430	9237
村卫生室	Village clinic	52387		27967	25277	2515	16011
门诊部	Outpatient Department	1966	1083	22477	10978	9602	964
诊所、卫生所、医务室	Infirmaries and Clinics	24172	1128	68029	39769	24708	7126
专业公共卫生机构	**Specialized Public Health Institutions**	**640**	**26599**	**59258**	**20874**	**21968**	**2536**
疾病预防控制中心	Center for Disease Control and Prevention	191		10982	5094	914	
专科疾病防治院(所、站)	Specialized Disease Prevention &Treatment Institution	77	5474	3392	1120	1392	166
健康教育所(站、中心)	Health Education Institute	1		28	16	5	
妇幼保健院(所、站)	Women and Children Care Agencies	158	21065	39447	14059	18281	2233
急救中心(站)	First-Aid Center	18	60	417	108	223	137
采供血机构	Pick and Supply Blood Institution	28		2143	409	1122	
卫生监督所(中心)	Medical Supervision Institution	140		2695			
计划生育技术服务机构	Institutions of Technical Service for Family Planning	27		154	68	31	
其他机构	**Other Institutions**	**235**	**2117**	**5737**	**1649**	**2162**	**20**
疗养院	Sanatorium	25	2117	906	330	391	20
临床检验中心	Clinical Laboratory Center	49		1316	191	115	

20−15 各市卫生事业基本情况(2022年)
Statistics on Health Service by Region(2022)

地 区	Region	卫 生 机构数 (个) Number of Health Institutions (unit)	基层医疗卫生机构 health care institutions at Grass-root level	医 院 Hospitals	疾病预防控制机构数 Sanitation Stations	妇幼保健机构 Maternity and Child Care Center
全省总计	**Total**	**86024**	**82483**	**2666**	**191**	**158**
济南市	Jinan	7665	7291	280	14	15
青岛市	Qingdao	8763	8290	353	41	12
淄博市	Zibo	4670	4479	153	9	8
枣庄市	Zaozhuang	2759	2640	88	7	7
东营市	Dongying	1805	1698	67	6	6
烟台市	Yantai	5993	5732	192	15	15
潍坊市	Weifang	8566	8224	258	16	13
济宁市	Jining	7148	6876	203	12	12
泰安市	Tai'an	4716	4580	105	8	7
威海市	Weihai	2644	2538	71	5	5
日照市	Rizhao	2498	2396	68	5	5
临沂市	Linyi	8162	7851	236	14	13
德州市	Dezhou	5518	5355	121	12	12
聊城市	Liaocheng	6016	5843	134	9	9
滨州市	Binzhou	3265	3123	107	8	9
菏泽市	Heze	5836	5567	230	10	10

注:1.医院中不包括卫生院。2.本表内数字包括诊所、卫生保健所、医务室的机构、人员数。3.妇幼保健机构包括妇幼保健院、所、站。
a)Number of hospitals exclude the township hospitals.b)Data in this table include the number of clinics,health care centers,medical staff.
c)Maternity and child care centers include centers on different level.

20−15 续表 continued

地 区	Region	床位数 (张) Beds (set)	基层医疗卫生机构 health care institutions at Grass-root level	医 院 Hospitals	卫 生 机构人员 (人) Health Care Institutions personnel (person)	卫生技术人员 (人) Medical Technical Personnel (person)	执业(助理)医师 Licensed (Assistant) Doctors	注册护士 Nurses
全省总计	**Total**	**693626**	**126471**	**538439**	**1078752**	**876461**	**350037**	**387140**
济南市	Jinan	76367	7969	66157	137111	113536	43984	51911
青岛市	Qingdao	67984	8056	58455	118110	99121	41279	44440
淄博市	Zibo	34830	5280	27449	55490	46311	18816	19709
枣庄市	Zaozhuang	26294	4317	20394	38104	31601	11888	15618
东营市	Dongying	13741	1571	11627	26278	22671	9060	10279
烟台市	Yantai	44197	6805	35394	71860	56793	23051	24110
潍坊市	Weifang	70249	13295	52723	96987	80275	32245	36384
济宁市	Jining	57395	11535	43543	90568	73014	28196	33198
泰安市	Tai'an	36140	6285	28267	55220	43820	16829	19686
威海市	Weihai	18564	2705	14841	31038	25595	10412	11431
日照市	Rizhao	18063	3219	13258	29859	23709	9195	10447
临沂市	Linyi	77070	19301	54561	103051	82630	31728	36106
德州市	Dezhou	29786	8036	20419	48827	39159	17037	15806
聊城市	Liaocheng	34915	7553	25870	53957	43860	17962	18244
滨州市	Binzhou	28530	5942	21634	38169	32094	13273	13939
菏泽市	Heze	59501	14602	43847	84123	62272	25082	25832

主要统计指标解释

医疗卫生机构 指从卫生计生行政部门取得《医疗机构执业许可证》，或从民政、工商行政、机构编制管理部门取得法人单位登记证书，为社会提供医疗保健、疾病控制、卫生监督服务或从事医学科研和医学在职培训等工作的单位。医疗卫生机构包括医院、基层医疗卫生机构、专业公共卫生机构、其他医疗卫生机构。

医院 包括综合医院、中医医院、中西医结合医院、民族医院、各类专科医院和护理院，不包括专科疾病防治院、妇幼保健院和疗养院。

卫生人员 指在医院、基层医疗卫生机构、专业公共卫生机构及其他医疗卫生机构工作的职工，包括卫生技术人员、乡村医生和卫生员、其他技术人员、管理人员和工勤人员。一律按支付年底工资的在岗职工统计，包括各类聘任人员(含合同工)及返聘本单位半年以上人员，不包括临时工、离退休人员、退职人员、离开本单位仍保留劳动关系人员、本单位返聘和临聘不足半年人员。

卫生技术人员 包括执业医师、执业助理医师、注册护士、药师(士)、检验技师(士)、影像技师(士)、卫生监督员和见习医(药、护、技)师(士)等卫生专业人员。不包括从事管理工作的卫生技术人员(如院长、副院长、党委书记等)。

床位数 指年底固定实有床位(非编制床位)，包括正规床、简易床、监护床、正在消毒和修理床位、因扩建或大修而停用的床位，不包括产科新生儿床、接产室待产床、库存床、观察床、临时加床和病人家属陪侍床。

总诊疗人次数 指所有诊疗工作的总人次数，统计界定原则为：①按挂号数统计，包括门诊、急诊、出诊、预约诊疗、单项健康检查、健康咨询指导（不含健康讲座）人次。患者一次就诊多次挂号，按实际诊疗次数统计，不包括根据医嘱进行的各项检查、治疗、处置工作量以及免疫接种、健康管理服务人次数；②未挂号就诊、本单位职工就诊及外出诊（不含外出会诊）不收取挂号费的，按实际诊疗人次统计。

Explanatory Notes on Main Statistical Indicators

Health Care Institutions refer to the units which have been qualified the Certification of Health Care Institution issued by the administration of public health, or qualified the Certification of Corporate Unit issued by the administration of civil affairs, the administration for industry and commerce, or the commission office for public sector reform, and which engage in medical care, disease prevention and control, health supervision and inspection, medicine research and health education, etc, including: hospitals, primary-level medical and health care institutions, public health centers, and so on.

Hospitals include polyclinics, traditional Chinese therapeutics and western therapeutics, ethical hospitals, various specialty hospitals and nursing hospitals, exclusive of women and children care agencies, special disease prevention and curing agencies.

Health Care Employees refer to the employees engaged in hospitals, primary-level medical and health care institutions, and other medical and health institutions, including medical technical personnel, rural doctors and hygienists, other technical personnel, administrative staff and handymen. The data is based on the year end payroll, including all kinds employees (contract workers) and rehired retired staff, and excluding temporary workers, retired personnel, resigned personnel, personnel who have left the institution but kept labor relations, and rehired personnel on duty less than six months.

Medical Technical Personnel refers to the professional staff engaged in health care, including licensed doctors, licensed assistant doctors, registered nurses, pharmacists, and laboratory technicians, imaging technicians, health care supervisors, and intern doctors ,pharmacists, nurses, and technicians and so on, excluding the personnel engaged in managerial jobs, such as presidents, vice presidents or party secretaries.

The Number of Beds refer to the number of fixed existing beds which include regular beds, simple beds, care beds, beds being disinfected or fixed and beds not in use because of expansion and housing repairs, excluding neonatal beds, beds for expectant mothers, stored beds, observation beds, temporarily added beds and accompanying beds.

Total Visits refer to all the people visiting health institutions. The data is based on the registration number, including outpatients, emergency treatments, home visits, appointment clinics, health examinations and health counseling, and also on the number of people on medical treatment unregistered in and out of their units, with excluded the number of people on medical device for physical checkup, treatment, disposal workload, immunization and health management.

第
21
篇

公共管理和社会服务

Public Management and Social Services

简 要 说 明

一、本篇资料的主要内容

本篇资料反映了全省民政、司法、测绘、标准计量、质检和残疾人事业发展情况。

二、本篇资料的来源

1.民政部分的资料来源于省民政厅、省退役军人事务厅、省高院。

2.司法部分的资料来源于省司法厅、省检察院、省高院。

3.测绘部分的资料来源于省自然资源厅。

4.交通、火灾部分资料来源于省公安厅、省消防救援总队。

5.标准计量、质检部分的资料来源于省市场监管局。

6.残联资料来源于山东残疾人联合会。

本篇资料中，测绘和标准计量部分由省统计局综合处加工整理，其他各部分资料由省统计局人口处（社科处）整理提供。

Brief Introduction

I. Content

Data in this chapter show the basic conditions of civil affairs，legal and judicial affairs, surveying and mapping, standard measuring ,quality inspection and work for persons with disabilities .

II. Source of Data

(1) Data on civil affairs are provided by Shandong Provincial Department of Civil Affairs,Provincial Department of Retired Military Affairs and Provincial Department of High Court.

(2) Data on legal and judicial affairs are provided by Shandong Provincial Department of Justice, Provincial Department of Procuratorate and Provincial Department of High Court.

(3) Data on surveying and mapping are provided by the Department of Nature and Resources of Shandong Province.

(4) Data on traffic and fire are provided by Shandong Provincial Department of Public Security and Shandong Fire and Rescue Brigade.

(5) Data on standard measuring are provided by Shandong Provincial Department of Market Regulatory Authority .

(6) Data on Disabled persons are from the Shandong Disabled Persons Federation.

In this chapter, data on surveying are prepared by the Division of Comprehensive Statistics of Shandong Provincial Bureau of Statistics. Other data are prepared by the Division of Urbanization,Population and Employment Statistics（by the Division of Social,Science and Culture Industry Employment Statistics）of Shandong Provincial Bureau of Statistics.

21-1 民政事业基本情况
Basic Statistics on Civil Affairs

项　　目		Item		2018	2019	2020	2021	2022
一、民政事业支出情况		**Civil Affairs Expenditures**						
民政事业费总支出	(万元)	Total Operating Expenses For Civil Affairs	(10 000 yuan)	3209887	1691003	2147802	2542677	2742619
基本建设支出	(万元)	Capital expenditures	(10 000 yuan)	57604	56021	99174	101162	40920
二、社会救助情况		**Social Relief**						
城镇居民最低生活保障人数	(人)	Number of Urban Residents for Minimum Livelihood Guarantee	(person)	159119	132837	122978	108845	92869
城镇最低生活保障支出	(万元)	Expenditures by Urban Residents for Minimum Livelihood Guarantee	(10 000 yuan)	94895	82403	93355	95218	90384
农村最低生活保障人数	(人)	Number of Rural residents for Minimum Livelihood Guarantee	(person)	1171327	1177686	1352566	1349399	1289477
农村最低生活保障支出	(万元)	Expenditures by Rural residents for Minimum Livelihood Guarantee	(10 000 yuan)	413789	418351	608367	747980	807525
农村特困供养人数	(人)	Rural Poor of Dependents	(person)	223680	241442	324540	329213	332603
三、社会组织情况		**Social Organization**						
社会组织个数	(个)	Total	(unit)	51269	56022	60247	63687	66479
社会团体	(个)	Social Groups	(unit)	17533	18153	18473	19274	21526
民办非企业	(个)	Private Non-Enterprise	(unit)	33536	37657	41532	44129	44626
基金会	(个)	Foundation	(unit)	200	212	242	284	327
四、社会事务情况		**Social Affairs**						
孤儿数	(人)	Number of Orphans	(person)	10818	9479	8184	7940	7704
儿童收养登记数	(件)	Number of Adoption Registration of Children	(case)	1318	1143	1067	1411	673
殡葬类单位数	(个)	Number of Funeral and Interment Enterprises	(unit)	179	199	225	205	211
火化炉数	(台)	Number of Cremators	(set)	569	582	567	572	578
全年处理遗体数据	(具)	Cremated Remains During the Year	(bodies)	659823	674830	692940	714755	
五、基层自治组织情况		**Primary-Level Self-Governing Bodies**						
村民委员会	(个)	Villagers ' Committee	(unit)	69599	69546	58868	54621	54484
居民委员会	(个)	Residents ' Committee	(unit)	7386	7594	7552	6840	6926
六、福利彩票情况		**Welfare Lottery**						
销售额	(亿元)	Sales	(100 million yuan)	152.9	136.0	91.9	90.4	91.8
全省各级留用公益金	(亿元)	At All Levels In the Province Retained the Community Chest	(100 million yuan)	22.1	20.2	14.6	14.8	14.9

注：2019年开始民政事业费支出不再包含退役军人安置、优待抚恤、减灾救灾、医疗救助等资金支出。
a)Form 2019,total operating expenses for civil affairs does not contain some capital expenditures of veteran placement,preferential treatment,disaster reduction and relief,medical support.

21-2 婚姻登记情况

Basic Statistics on Marriages and Divorces

项目		Item		2018	2019	2020	2021	2022
一、国内登记结婚		**Domestic Marriage Registration**						
准予登记结婚	(对)	Registered Marriage	(couple)	599034	532960	487448	462535	420552
#恢复结婚	(对)	Resuming of Marriage	(couple)	13706	8774	7552	7380	32647
初婚人数	(人)	First Marriage	(person)	839568	723525	668971	641630	612068
再婚人数	(人)	Number of Remarriage	(person)	358500	342395	305925	283440	229036
男性	(人)	Male	(person)	167142	159052	141555	130620	104718
女性	(人)	Female	(person)	191358	183343	164370	152820	124318
二、涉外登记结婚		**Marriage Registration Concerning Foreigners, Overseas** Chinese and Hong Kong, Macao and Taiwan residents						
准予登记结婚	(对)	Registered Marriage	(couple)	1316	1559	466	396	397
准予登记结婚人数	(人)	Number of Persons Registered	(person)	2632	3118	932	792	794
内地居民	(人)	Mainland resident	(person)	1313	1529	465	396	397
男性	(人)	Male	(person)	700	973	237	143	164
女性	(人)	Female	(person)	613	556	228	253	233
港澳居民	(人)	Compatriots in Hong Kong and Macao	(person)	30	36	18	27	35
台湾居民	(人)	Compatriots in Taiwan	(person)	127	146	50	62	56
华侨	(人)	Overseas Chinese	(person)	28	38	5	5	
外国人	(人)	Foreigners	(person)	1134	1369	394	302	306
三、离婚登记		**Divorce Registration**						
法院受理离婚案件	(件)	Divorce Case Handled	(unit)	115692	107613	102472	109325	101708
准予登记离婚总数	(对)	Number of Registered Divorce	(couple)	274497	284561	259610	187157	185169
民政部门办理离婚	(对)	Divorces Handled through Civil Administration Departments	(couple)	224524	237355	214479	135268	130595
#涉外及华侨、港澳台居民登记离婚	(对)	Divorces Concerning Foreigners,Overseas Chinese, Hong Kong, Macao and Taiwan residents	(couple)	192	186	91	55	45
法院调解离婚	(对)	Divorces through Law Court Mediation	(couple)	35404	33024	32117	39956	42428
法院判决离婚	(对)	Divorces through Law Court Judgment	(couple)	14569	14182	13014	11933	12146

21-3 养老服务机构和设施情况(2022年)
Statistics on Old-age Care Institutions and Facilities(2022)

年份 地区	Year Region	养老机构和设施数量(个) Number of Old-age Care Institutions and Facilities (unit)	养老机构数量 Number of Old-age Care Institutions	养老设施数量 Number of Old-age Care Facilities	养老床位数量(个) Number of Beds in Old-age Care Institutions (unit)	年末收养人数(人) Number of persons who are cared in Old-age Care Institutions at the End of the Year (person)
全　省	**Total**	**22270**	**2504**	**19766**	**693129**	**159477**
济南市	Jinan	3701	151	3550	62887	8219
青岛市	Qingdao	1670	306	1364	52344	16609
淄博市	Zibo	1369	175	1194	35770	10733
枣庄市	Zaozhuang	787	122	665	27155	6422
东营市	Dongying	509	62	447	14992	2601
烟台市	Yantai	1924	253	1671	73586	18967
潍坊市	Weifang	1234	171	1063	45268	12238
济宁市	Jining	1426	229	1197	66522	12283
泰安市	Tai'an	1369	126	1243	44805	5225
威海市	Weihai	966	162	804	49978	15663
日照市	Rizhao	1950	59	1891	23674	3498
临沂市	Linyi	1330	135	1195	48190	10675
德州市	Dezhou	711	128	583	26062	8110
聊城市	Liaocheng	679	110	569	31615	8383
滨州市	Binzhou	1010	104	906	40777	7222
菏泽市	Heze	1635	211	1424	49504	12629

21–4 律师、公证工作基本情况
Basic Statistics on Lawyers and Notarization

项目		Item		2015	2016	2017	2018	2019	2020	2021	2022
律师工作		**Lawyers**									
律师事务所	(个)	Number of Law Offices	(unit)	1629	1796	1931	2029	2165	2290	2434	2577
国资所	(个)	State-owned	(unit)	37	35	33	25	22	19	17	13
合伙所	(个)	Partnership	(unit)	1079	1173	1276	1399	1551	1688	1859	2016
个人所	(个)	Initiated by Individual	(unit)	513	588	622	605	592	583	558	548
执业律师	(人)	Number of Lawyers	(person)	20043	22043	24437	26986	29960	31468	33960	40490
专职律师	(人)	Full-time Lawyers	(person)	18726	20601	22715	24478		27242	29454	32395
兼职律师	(人)	Part-time Lawyers	(person)	615	624	656	676		910	747	808
公证工作		**Notarization**									
公证处	(个)	Number of Notary Offices	(unit)	157	157	157	158	160	161	160	162
公证员	(人)	Notaries	(person)	1054	1017	2292	1037	1013	1012	1014	1050
公证员助理	(人)	Assistant Notaries	(person)	528	569	714	827	905	1058	1058	971
办理各类公证事项	(万件)	Number of Notarized Affair	(10 000 units)	70.9	77.1	84.4	87.3	84.6	71.2	78.6	65.6

21–5 各市交通事故情况（2022年）
Basic Statistics on Traffic Accidents by Region (2022)

地区	Region	发生数（起）Number of Traffic Accidents (case)	死亡人数（人）Number of Deaths (person)	受伤人数（人）Number of Injuries (person)	直接财产损失（万元）Direct Property Losses (10 000 yuan)
全省总计	**Total**	**12377**	**3226**	**11655**	**4985.60**
济南市	Jinan	3256	439	3332	856.43
青岛市	Qingdao	1717	304	1634	544.74
淄博市	Zibo	974	250	830	463.76
枣庄市	Zaozhuang	257	101	206	70.43
东营市	Dongying	448	120	457	112.66
烟台市	Yantai	549	192	453	80.31
潍坊市	Weifang	901	272	913	407.13
济宁市	Jining	717	210	668	406.39
泰安市	Tai'an	458	186	389	166.38
威海市	Weihai	136	107	50	22.05
日照市	Rizhao	410	99	360	169.71
临沂市	Linyi	519	298	348	241.27
德州市	Dezhou	611	186	510	168.34
聊城市	Liaocheng	967	192	1155	462.23
滨州市	Binzhou	237	99	214	326.96
菏泽市	Heze	154	133	81	141.40

注：全省总计含省公安厅交通管理局五支队和直属公安局数据。

a) The number of total contains No.5 detachment of traffic administration bureau of Provincial Public Security Department and Public Security Bureau directly under.

21−6 火灾事故情况（2022年）
Basic Statistics on Fire Accidents(2022)

项 目	Item	合 计 Total	特 大 Extraordinarily Serious	重 大 Serious	较 大 Comparatively Serious	一 般 Ordinary
发 生 （起）	Fire Accidents (case)	78431			5	78426
死 亡 （人）	Deaths (person)	110			18	92
受 伤 （人）	Injuries (person)	134			12	122
直接财产损失 （万元）	Direct Property Losses (10 000 yuan)	76314.6			1523.1	74791.5
平均每起事故损失 （元）	Average Loss of Fire (yuan)	9730			3046200	9537

注：根据应急管理部消防救援局统一部署，自2020年起，全国消防救援队伍实施"全口径"火灾统计，数据与以往不可比。
a)According to the unified deployment of the Fire Rescue Bureau of the emergency management department,from 2020,The national fire rescue team implements fire statistics of full caliber,and the data are not comparable with the previous.

21−7 各市火灾事故情况（2022年）
Basic Statistic on Fires by Region(2022)

地 区	Region	发生数（起） Number of Fire Accidents (case)	死亡人数（人） Number of Deaths (person)	受伤人数（人） Number of Injuries (person)	直接财产损失（万元） Direct Property Losses (10 000 yuan)
全省总计	**Total**	**78431**	**110**	**134**	**76314.6**
济南市	Jinan	5943	9	5	5282.5
青岛市	Qingdao	7211	10	19	5546.7
淄博市	Zibo	5016	4	9	4190.1
枣庄市	Zaozhuang	4425	5	2	860.9
东营市	Dongying	2871	11	13	2217.6
烟台市	Yantai	5269	4	12	6684.2
潍坊市	Weifang	5920	5	2	3594.5
济宁市	Jining	4744	7	26	3017.5
泰安市	Tai'an	3946	4	11	2656
威海市	Weihai	2273	6	4	3332.4
日照市	Rizhao	2388	6	19	2970.3
临沂市	Linyi	6808	14	7	14125.7
德州市	Dezhou	6144	11	1	8003.4
聊城市	Liaocheng	4943	4	2	5945.1
滨州市	Binzhou	4864	2	0	3374.3
菏泽市	Heze	5666	8	2	4513.4

21-8 人民检察院审查批准、决定逮捕犯罪嫌疑人和提起公诉被告人情况（2022年）

Arrests of Criminal Suspects and Defendants under Public Prosecution Approved by People's Procuratorate (2022)

案件分类	Category of Cases	批捕、决定逮捕合计 Total of Arrests		决定起诉合计 Total of Public Prosecutions	
		件 (case)	人 (person)	件 (case)	人 (person)
合　计	**Total**	**14292**	**18484**	**68703**	**89602**
公安、安全、监狱机关提请小计	Sub-total of Requests by Departments of State and Public Security and Prisons	14269	18473	68039	88843
危害国家安全案	Offences Against State Security	17	20	12	23
危害公共安全案	Offences Against Public Security	679	738	31259	31570
破坏社会主义市场经济秩序案	Offences Against Socialist Economic Order	1130	1604	3977	7869
侵犯公民人身、民主权利案	Offences Against Citizens' Personal and Democratic Rights	3459	3967	8400	10119
侵犯财产案	Offences Against Properties	4845	5827	11142	14543
妨害社会管理秩序案	Offences Against Social Management of Order	4135	6313	13235	24674
危害国防利益案	Offences Against National Defense	4	4	14	46
军人违反职责案	Offences on Dereliction of Duty by Servicemen				
职务犯罪案件小计	Sub-total of Cases Handled Directly by Procuratorate's Offices	8	11	664	756
贪污贿赂案	Offences on Corruption and Bribery	2	3	598	671
渎职侵权案	Offences on Abuse and Dereliction of Duty	6	8	66	85

21-9 人民法院审理一审案件情况

First Trial Cases by Courts

单位：件 (case)

年　份 Year	收　案 Cases Accepted	刑　事 Criminal	民　事 Civil	行　政 Administrative
2005	537098	41768	476405	18925
2006	530542	42175	468457	19910
2007	535832	43501	472368	19963
2008	603565	44935	534050	24580
2009	625334	45711	552631	26992
2010	652618	44885	578371	29362
2011	681311	48777	603837	28697
2012	711631	56597	629299	25735
2013	699878	54966	626509	18403
2014	730167	58763	655196	16208
2015	848676	63910	767974	16792
2016	848117	60802	769902	17413
2017	803382	63629	724970	14783
2018	926131	70425	838135	17571
2019	989818	87276	879704	22838
2020	1064382	64527	973955	25900
2021	1102277	80119	997867	24291
2022	1026908	67984	932527	26397

注：一审案件指人民法院按照诉讼级别管辖按第一审程序审理的案件。

a) First trial cases refer to cases accepted by people's courts according to the first trial proceedings.

21-10 各市测绘持证单位个数和人员情况(2022年)
Basic Statistics on Surveying and Mapping Departments by Region(2022)

地区	Region	持证单位数(个) Departments with Certificate (unit)	#甲级 First-class	乙级 Second-class	测绘专业技术人员(人) Surveying and Mapping Technical Personnel (person)	#高级职称 Senior Title	中级职称 Intermediate Title	测绘服务总值(万元) Output Value (10 000 yuan)
全省总计	**Total**	**1030**	**82**	**948**	**12711**	**1837**	**5117**	**740104**
济南市	Jinan	196	34	162	4085	678	1474	280122
青岛市	Qingdao	149	8	141	1757	370	717	138057
淄博市	Zibo	46	7	39	645	99	242	35662
枣庄市	Zaozhuang	27		27	202	24	76	9277
东营市	Dongying	64	5	59	620	86	267	50624
烟台市	Yantai	83	5	78	1095	153	443	59216
潍坊市	Weifang	81	3	78	722	63	285	23113
济宁市	Jining	53	2	51	543	57	191	16240
泰安市	Tai'an	44	2	42	485	49	229	23048
威海市	Weihai	33	4	29	362	30	177	12544
日照市	Rizhao	34	2	32	263	28	140	12124
临沂市	Linyi	62	4	58	595	69	259	31702
德州市	Dezhou	51	1	50	447	45	199	18714
聊城市	Liaocheng	38	1	37	312	23	181	10071
滨州市	Binzhou	27	2	25	208	29	75	6283
菏泽市	Heze	42	2	40	370	34	162	13305

21-11 残疾人事业基本情况
Basic Statistics on the Work for Persons with Disabilities

项　　目		Item		2022
康复		**Rehabilitation**		
视力残疾人接受基本康复服务	(人)	Basic Vision Rehabilitation Services for Persons with Disabilities	(person)	146869
0-6岁儿童	(人)	0-6 Years old Children	(person)	344
7-17岁儿童	(人)	7-17 Years old Children	(person)	1855
成人	(人)	Adult	(person)	144670
听力残疾人接受基本康复服务	(人)	Basic Rehabilitation Services for Persons with Hearing Disabilities	(person)	188777
0-6岁儿童	(人)	0-6 Years old Children	(person)	2538
7-17岁儿童	(人)	7-17 Years old Children	(person)	6454
成人	(人)	Adult	(person)	179785
肢体残疾人接受基本康复服务	(人)	Basic Rehabilitation Services for Persons with Physically Disabled	(person)	1124786
0-6岁儿童	(人)	0-6 Years old Children	(person)	4826
7-17岁儿童及成人	(人)	7-17 Years old Children and Adult	(person)	1119960
智力残疾人接受基本康复服务	(人)	Basic Rehabilitation Services for People with Mental Retardation	(person)	182161
0-6岁儿童	(人)	0-6 Years old Children	(person)	8365
7-17岁儿童及成人	(人)	7-17Years old Children and Adult	(person)	173796
精神残疾人接受基本康复服务	(人)	Basic Rehabilitation Services for persons with Mental Disabilities	(person)	217371
0-6岁孤独症儿童	(人)	0-6 Years old Autism Children	(person)	7505
7-17岁孤独症儿童	(人)	7-17 Years old Autism Children	(person)	6648
成年精神残疾人	(人)	Adults with Mental Disabilities	(person)	203218
残疾人康复机构	(个)	Rehabilitation of Persons with Disabilities	(unit)	1438
康复机构在岗人员	(万人)	Rehabilitation institutions Employed Personnel	(10 000 persons)	4.4
社区康复协调员	(万人)	Community Rehabilitation Coordinator	(10 000 persons)	4.6
教育		**Education**		
高等院校录取残疾考生	(人)	Admissions for Candidates with Disabilities in Colleges and Universities	(people)	1130
就业		**Employment**		
残疾人就业状况	(万人)	the Employment Situation of Persons with Disabilities	(10 000 persons)	55.9
按比例就业	(万人)	Proportional Employment	(10 000 persons)	7.1
集中就业	(万人)	Focus on Employment	(10 000 persons)	1.6
个体就业	(万人)	individual Employment	(10 000 persons)	3.0
公益性岗位就业	(万人)	Public Welfare Jobs Employment	(10 000 persons)	3.1
辅助性就业	(万人)	Accessible Employment	(10 000 persons)	0.4
农村种养殖	(万人)	Species Breeding in Rural Areas	(10 000 persons)	28.4
灵活就业	(万人)	Flexible Employment	(10 000 persons)	12.1
社会保障		**Social Security**		
残疾居民参加城乡社会养老保险	(万人)	Disabled Residents in Urban and Rural Social Endowment insurance	(10 000 persons)	192.4
托养服务机构	(个)	Fostering Services	(unit)	682
托养残疾人数	(万人)	Farmed Out the Number of Persons with Disabilities	(10 000 persons)	2.3
扶贫		**Poverty Alleviation**		
残疾人就业基地建设		the Disabled Poor Base Construction		
残疾人就业基地	(个)	Bases for Poverty Alleviation of Persons with Disabilities	(unit)	157
安置残疾人就业	(万人)	Disabled Employment	(10 000 persons)	0.5
扶持带动残疾人户数	(万户)	Support-Led Families of Persons with Disabilities	(10 000 households)	0.3
实用技术培训	(万人次)	Practical Techniques Training	(10 000 person-times)	2.0
维权		**Activist**		
处理残疾人来信	(件次)	Letter From Dealing with Persons with Disabilities	(piece-times)	657
接待残疾人来访	(人次)	Receiving Visiting Persons with Disabilities	(person-times)	2065
电话接听和处理残疾人反映问题	(件次)	Handled Phones Reflect the Problems of Persons with Disabilities	(piece-times)	12412

21-12 产品质量监督抽查情况(2022年)
Results of Sampling Check on the Quality of Products (2022)

项　　目	Item	抽查企业 (家) Number of Enterprises Supervised (unit)	抽查产品 (批) Production Supervised (batch-time)	不合格产品 (批) Production Unqualified (batch-time)
合　计	**Total**	**7779**	**13643**	**1119**
食品相关产品	Food related products	858	1354	20
日用消费及纺织品	Consumer Goods and Textiles	1192	2907	356
建筑与装饰装修材料	Building & Decoration Material	1760	2703	151
农业生产资料	Agricultural Means of Production	420	544	32
轻工产品	Light Industry Products	717	1102	85
机械及安防产品	Machinery, Security and Protection Products	1762	2509	148
电子电器	Electronic and Electrical Appliances	642	1284	110
电工及材料	Electrical Engineering and Materials	869	1240	217

21-13 各市质量强省建设情况(2022年)
Statistics on Quality Province by Region (2022)

地区	Region	国内注册商标期末有效量(件) The Volume of Domestically Registered Trademarks in Validity at the End of the Period (case)	马德里国际注册期末有效量(件) The Volume of Trademarks Registered Under the Madrid System in Validity at the End of the Period (case)	地理标志商标期末有效数(件) The Number of Geographical Indications in Validity at the End of the Period (case)	驰名商标期末实有数(件) The Actual Number of Famous Trademarks at the End of the Period (case)	年末累计省长质量奖(个) Shandong provincial governor Quality Award end to This Year (unit)	年末累计地理标志保护产品(个) Products Protected by Geographical Indications end to This Year (unit)
全省总计	**Total**	**2404114**	**9840**	**889**	**805**	**85**	**82**
济南市	Jinan	386000	920	43	78	14	7
青岛市	Qingdao	457675	4958	39	150	11	7
淄博市	Zibo	87135	152	52	68	5	3
枣庄市	Zaozhuang	61363	147	29	13	1	4
东营市	Dongying	37614	1484	47	22	7	1
烟台市	Yantai	144243	288	60	74	7	9
潍坊市	Weifang	195212	290	100	102	8	12
济宁市	Jining	101309	112	138	49	5	9
泰安市	Tai'an	70557	98	57	55		2
威海市	Weihai	70396	164	65	36	8	5
日照市	Rizhao	48021	101	42	7	2	3
临沂市	Linyi	316942	104	39	62	6	2
德州市	Dezhou	77772	145	25	31	1	1
聊城市	Liaocheng	102577	80	53	21	6	6
滨州市	Binzhou	63118	301	40	24	2	3
菏泽市	Heze	107695	496	60	13	2	6

21－14　各市标准化工作情况(2022年)
Statistics on Standardization by Region (2022)

单位：项　　(unit)

地区	Region	制定国际标准数量 Number of Formulation International Standards		主导制定国家标准数量 Number of Leading Formulation National Standards		制修订地方标准数量 Number of Formulation or Revision Local Standards		标准化试点项目数量 Number of Standardization Project			
								国家级 National		省级 Provincial	
		本年度 This Year	累计 Accumul-ative	本年度 This Year	累计 Accumul-ative	本年度 This Year	累计 Accumul-ative	本年度 This Year	累计 Accumul-ative	本年度 This Year	累计 Accumul-ative
全省总计	**Total**	**24**	**276**	**103**	**1476**	**116**	**3296**	**45**	**697**	**102**	**1572**
省　直	Shengzhi	5	23	18	263	87	1909				
济南市	Jinan	9	40	11	294	10	576	14	101	20	233
青岛市	Qingdao	9	157	30	396	4	144	5	77	5	127
淄博市	Zibo	1	27	8	90		45	4	39	5	78
枣庄市	Zaozhuang		1	2	8	3	32		17	5	54
东营市	Dongying		7		36	3	32	4	29	6	58
烟台市	Yantai	2	17	11	103	2	153	1	47	6	101
潍坊市	Weifang	2	14	6	61		90	1	81	6	95
济宁市	Jining			7	45	2	38	2	32	8	97
泰安市	Tai'an	2	3	1	29		102	2	39	5	69
威海市	Weihai	2	11	4	56	1	64	1	41	7	106
日照市	Rizhao		1	1	5		20	3	30	7	92
临沂市	Linyi	1	21	1	26	1	34	4	45	2	106
德州市	Dezhou	1	4		25		12		29	6	81
聊城市	Liaocheng	2	6	3	17		13	1	30	6	71
滨州市	Binzhou		3		17	3	25	3	39	4	105
菏泽市	Heze				5		7		21	4	95

主要统计指标解释

律　师　指依法取得律师执业证书，担任法律顾问，民事(刑事、行政)案件代理人、刑事案件辩护人、办理非诉讼业务，解答法律询问，代写法律事务文书等，为社会提供法律服务的人员。

公　证　指公证处根据当事人申请，依照事实和法律，按照法定程序制作的，具有法律效力的司法证明文书。

公证员　指在公证处工作的人员总称，包括公证处主任、副主任、公证员、公证员助理(助理公证员)和其他从事辅助性工作的人员。

公证员助理　指在公证机构中协助公证员完成公证执业活动中各项辅助性工作的专职人员。

批准逮捕　指人民检察院对公安机关、国家安全机关、监狱管理机关提出逮捕的犯罪嫌疑人进行审查，根据事实，依法做出逮捕决定。该指标主要反映人民检察院对提请逮捕犯罪嫌疑人进行审查后依法做出批准逮捕决定的情况。

决定逮捕　指人民检察院对直接立案侦查的案件，认为需要逮捕犯罪嫌疑人时，依据法律做出的逮捕决定。该指标主要反映人民检察院对直接受理的案件行使决定逮捕权的情况。

提起公诉　指人民检察院对公安机关移送起诉以及自行侦查终结移送起诉的案件，经审查认为犯罪嫌疑人符合法定的起诉条件而代表国家将其提交人民法院审判的一种诉讼活动。

Explanatory Notes on Main Statistical Indicators

Lawyers refer to professionals who have obtained a lawyer's practice certificate in accordance with the law, and act as legal advisers, agents in criminal or civil lawsuits, or defenders in criminal lawsuits, to handle non-litigious legal affairs, to advise on legal inquiries , to draft legal documents, or to provide the public with legal services.

Notarization refers to legally binding judicial notary documents, developed at the request of the interested party based on facts and the law following certain legal proceedings.

Notary Personnel refer to people working for notary offices including: directors, deputy directors, notaries, assistant notaries and other people providing assistance.

Assistant Notary refers to the full-time staff who assist the notary in the notary office to complete different auxiliary tasks of notarization.

Approval for Arrest refers to the decision made by the People's Procuratorates, in accordance with the law and relevant facts and after due investigation, to approve the arrest of the suspect(s) as proposed by the public security departments, state security departments or prisons authority. This indicator reflects approved arrests made by the People's Procuratorates that are proposed by related departments.

Decision on Arrest refers to decision made by the People's Procuratorates, in accordance with laws, to arrest the suspect(s) in the cases that are accepted and to be investigated by the People's Procuratorates. This indicator mainly reflects the decision on execution of the authority of arrests by the People's Procuratorates.

Initiation of Public Prosecution refers to the prosecution submitted to the People's Court for trial on behalf of the country by the People's Procuratorates, based on the fact that the suspect(s) is deemed to meet the legal requirements for prosecution after the People's Procuratorates have conducted investigations on the cases transferred by the public security organs.

第22篇

各县（市、区）主要经济指标

Main Indicators of Counties

（Cities and Districts at County Level）

简 要 说 明

一、本篇资料的主要内容

本篇资料反映了全省各县（市、区）经济社会事业发展基本情况，主要包括土地面积、生产总值、农业、金融、城乡居民收入和教育等方面的内容。

二、本篇资料的来源

本篇资料粮食数据、畜牧业数据和城乡居民人均可支配收入分别由山东调查总队农业调查处、农村调查处、居民收支调查处整理提供，其余资料由省统计局农村处、核算处整理提供。

Brief Introduction

I. Content

Data in this chapter show the development in society and economy of counties or cities on the county level, mainly including area, GDP, agriculture, banking, disposable income of rural and urban households, and education.

II. Source of Data

Grain data,Animal husbandry data and disposable income of rural and urban households in this chapter are provided respectively by the Division of Rural Surveys，the Division of Countryside Surveys and the Division of Residents' Income and Expenditure Surveys of NBS Survey office in Shandong. The rest of data are are provided by the Division of Countryside Statistics and National Accounts of Shandong Provincial Bureau of Statistics.

22-1 各县(市、区)主要经济指标(2022年)
Major Economic Indicators of Counties(Cities and Districts at County Level,2022)

地区	Region	行政区域土地面积(平方公里) Area of Local land (sq.km)	地区生产总值(亿元) Gross Domestic Product (100 million yuan)	年末金融机构各项存款余额(万元) Deposit Balance of Financial Institution at Year-end (10 000 yuan)	住户存款余额(万元) Household Deposits (10 000 yuan)	年末金融机构各项贷款余额(万元) Loan Balance of Financial Institution at Year-end (10 000 yuan)
济南市	**Jinan**					
历下区	Lixia	101	3112.3	73615195		110496151
市中区	Shizhong	281	1275.6	5847		4602
槐荫区	Huaiyin	152	746.8			
天桥区	Tianqiao	259	733.1	12417200		11393330
历城区	Licheng	1301	1920.5			
长清区	Changqing	1209	378.8	5633745	4694900	3437242
章丘区	Zhangqiu	1719	1297.7	11552346	8327658	10276615
济阳区	Jiyang	1099	286.5	5332930	3393580	3835722
莱芜区	Laiwu	1740	1005.3	11984499		9746604
钢城区	Gangcheng	506	356.4	2897782		2564974
平阴县	Pingyin	715	278.8	3425950	2543079	2145967
商河县	Shanghe	1162	231.0	3229154	2552723	2172510
青岛市	**Qingdao**					
市南区	Shinan	32	1496.4			
市北区	Shibei	66	1124.5			
黄岛区	Huangdao	2129	4691.9	33038543	15637502	31261877
崂山区	Laoshan	396	1081.2			
李沧区	Licang	99	612.6			
城阳区	Chengyang	584	1348.3	16477392		15546120
即墨区	Jimo	1921	1513.3	16094434	10202630	14361899
胶州市	Jiaozhou	1324	1541.1	14172000	8548000	13542000
平度市	Pingdu	3176	845.6	11607000	8828000	8008000
莱西市	Laixi	1568	662.4	7760261	5279490	7177669
淄博市	**Zibo**					
淄川区	Zichuan	960	527.5	7864607	6302364	4140540
张店区	Zhangdian	360	1182.3	26370057	15032623	21597729
博山区	Boshan	698	269.9	5091198	4346790	2268962
临淄区	Linzi	664	903.3	10996677	7950956	6203435
周村区	Zhoucun	307	271.3	5021301	4095246	2637558
桓台县	Huantai	509	702.0	6024369	3786198	4825314
高青县	Gaoqing	831	217.4	2682142	2185881	2162764
沂源县	Yiyuan	1636	328.8	4473443	3297256	3330187
枣庄市	**Zaozhuang**					
市中区	Shizhong	374	311.8	6363125	4561258	5014652
薛城区	Xuecheng	507	387.0	6950068	4254009	6612437
峄城区	Yicheng	637	168.1	1747924	1402097	1278727
台儿庄区	Taierzhuang	532	137.8	1573509	1258490	1384106

22-1 续表 1 continued

地 区	Region	行政区域土地面积(平方公里) Area of Local land (sq.km)	地区生产总值(亿元) Gross Domestic Product (100 million yuan)	年末金融机构各项存款余额(万元) Deposit Balance of Financial Institution at Year-end (10 000 yuan)	住户存款余额(万元) Household Deposits (10 000 yuan)	年末金融机构各项贷款余额(万元) Loan Balance of Financial Institution at Year-end (10 000 yuan)
山亭区	Shanting	1019	133.2	1683025	1366447	995845
滕州市	Tengzhou	1495	901.3	10783330	8404798	7847552
东营市	**Dongying**					
东营区	Dongying	1179	1688.0	29863846	15298442	20765375
河口区	Hekou	2270	500.8	5146045	3439245	2966508
垦利区	Kenli	2340	347.6	5170280	3159536	4683620
利津县	Lijin	1301	302.7	3226017	1903461	2414791
广饶县	Guangrao	1167	781.7	10121354	5196568	6401269
烟台市	**Yantai**					
芝罘区	Zhifu	181	1173.3			
福山区	Fushan	937	2610.9	28533019	11084616	20944643
牟平区	Mouping	1515	364.0	6026397	4480286	3112967
莱山区	Laishan	332	544.9	8299224	5184075	5783380
蓬莱区	Penglai	1204	526.9	6675357	5303262	4647061
龙口市	Longkou	941	1382.3	14809857	8593785	10121336
莱阳市	Laiyang	1731	510.0	6880190	5428248	3259134
莱州市	Laizhou	1949	770.7	10797012	9162459	4228634
招远市	Zhaoyuan	1432	843.3	8416765	5708813	4294191
栖霞市	Qixia	1793	291.8	4183196	3680598	1662724
海阳市	Haiyang	1916	497.7	5982265	5033652	3875934
潍坊市	**Weifang**					
潍城区	Weicheng	270	370.8			
寒亭区	Hanting	1301	639.3			
坊子区	Fangzi	896	272.2	4404178	3380161	2933746
奎文区	Kuiwen	193	1075.5			
临朐县	Linqu	1831	409.2	6951285	5479857	5124226
昌乐县	Changle	1101	423.4	5930873	4238306	5160529
青州市	Qingzhou	1561	703.2	11336913	9337531	7734795
诸城市	Zhucheng	2151	805.5	11500770	8412740	9082499
寿光市	Shouguan	1997	1002.1	15787168	10345993	12144570
安丘市	Anqiu	1712	423.6	7383378	5742146	6143153
高密市	Gaomi	1523	646.8	8156923	6527472	7553378
昌邑市	Changyi	1628	554.5	6461619	5343363	4654337
济宁市	**Jining**					
任城区	Rencheng	884	988.2	27149000	15058300	27699600
兖州区	Yanzhou	650	834.0	6373191	4893456	4650275
微山县	Weishan	1738	444.3	3716250	3014936	1906727
鱼台县	Yutai	653	233.2	2631900	2120400	2167300

22-1 续表 2 continued

地 区	Region	行政区域土地面积（平方公里）Area of Local land (sq.km)	地区生产总值（亿元）Gross Domestic Product (100 million yuan)	年末金融机构各项存款余额（万元）Deposit Balance of Financial Institution at Year-end (10 000 yuan)	住户存款余额（万元）Household Deposits (10 000 yuan)	年末金融机构各项贷款余额（万元）Loan Balance of Financial Institution at Year-end (10 000 yuan)
金乡县	Jinxiang	888	259.4	4277088	3505474	2943970
嘉祥县	Jiaxiang	975	352.1	5700610	4869247	3311898
汶上县	Wenshang	889	266.9	4518500	3731100	2690400
泗水县	Sishui	1118	216.1	3159100	2698700	1871600
梁山县	Liangshan	961	286.5	5952490	5208022	2900793
曲阜市	Qufu	815	427.3	5329520	4155413	3264005
邹城市	Zoucheng	1617	1009.1	11887900	6723100	10697100
泰安市	**Tai'an**					
泰山区	Taishan	337	547.9			
岱岳区	Daiyue	1751	641.6			
宁阳县	Ningyang	1124	297.2	4731551	3839890	2948745
东平县	Dongping	1340	254.9	4654287	3982620	2970027
新泰市	Xintai	1934	629.5	10231582	8439735	6255729
肥城市	Feicheng	1278	827.0	9572191	7237105	4841428
威海市	**Weihai**					
环翠区	Huancui	992	1462.0	32220134	17983962	27272673
文登区	Wendeng	1614	593.8	8714336	6687170	6745242
荣成市	Rongcheng	1555	1030.6	12159754	8571926	9104022
乳山市	Rushan	1660	321.8	5769877	4893113	3429553
日照市	**Rizhao**					
东港区	Donggang	1273	1042.8	21772103	10801370	26507100
岚山区	Lanshan	787	590.3	3520901	2788199	2812700
五莲县	Wulian	1497	220.4	4046323	3279177	2401295
莒 县	Juxian	1821	453.2	7865167	6373610	6134469
临沂市	**Linyi**					
兰山区	Lanshan	891	1357.8	33362591	16427500	38475295
罗庄区	Luozhuang	569	548.6	5912000	3647004	6880100
河东区	Hedong	834	690.3	9023600	3466195	8925300
沂南县	Yinan	1719	290.0	6087941	5146723	4097014
郯城县	Tancheng	1195	385.1	4754745	4059844	3466501
沂水县	Yishui	2414	544.2	7651421	6376752	4939347
兰陵县	Lanling	1724	340.0	5849862	4951427	4782167
费 县	Feixian	1660	501.9	5401209	4317500	4353026
平邑县	Pingyi	1823	296.6	5024680	4166649	3539679
莒南县	Junan	1751	367.8	6819619	5377680	4532391
蒙阴县	Mengyin	1602	206.8	3675205	3096584	2352058
临沭县	Linshu	1010	249.5	4408095	3193259	3793608

22-1 续表 3 continued

地 区	Region	行政区域土地面积(平方公里) Area of Local land (sq.km)	地区生产总值(亿元) Gross Domestic Product (100 million yuan)	年末金融机构各项存款余额(万元) Deposit Balance of Financial Institution at Year-end (10 000 yuan)	住户存款余额(万元) Household Deposits (10 000 yuan)	年末金融机构各项贷款余额(万元) Loan Balance of Financial Institution at Year-end (10 000 yuan)
德州市	**Dezhou**					
德城区	Decheng	590	841.6	17242520	10833531	8100537
陵城区	Lingcheng	1161	275.5	3654447	3037093	1776411
宁津县	Ningjin	833	281.7	4307411	3636717	1839830
庆云县	Qingyun	501	190.8	2345667	1717979	1682727
临邑县	Linyi	1016	321.4	4033655	3171771	1900212
齐河县	Qihe	1411	428.2	4681389	3441163	4111413
平原县	Pingyuan	1047	281.2	3546852	3039652	1455249
夏津县	Xiajin	882	234.5	3206831	2696260	1802830
武城县	Wucheng	751	203.6	3265954	2728376	1490177
乐陵市	Laoling	1173	283.2	3849748	3113370	2637285
禹城市	Yucheng	992	291.4	3960735	3034612	3090181
聊城市	**Liaocheng**					
东昌府区	Dongchangfu	1443	903.5	20468813	11976330	15534141
茌平区	Chiping	1003	369.9	6172740	4035849	3482691
阳谷县	Yanggu	1008	330.2	5390877	4387226	3675422
莘 县	Shenxian	1388	274.0	5794380	5113072	2884167
东阿县	Donge	727	177.6	3283365	2620486	1892848
冠 县	Guanxian	1161	262.6	4761242	3817138	2540568
高唐县	Gaotang	947	180.2	3704479	3057384	2018684
临清市	Linqing	951	282.1	5890603	5144011	2797140
滨州市	**Binzhou**					
滨城区	Bincheng	1041	766.6	16815300	7869600	13302300
沾化区	Zhanhua	2218	186.8	2309033	1699870	1747936
惠民县	Huimin	1363	235.1	3580415	2909896	2072014
阳信县	Yangxin	798	272.8	2527332	1944637	2261301
无棣县	Wudi	2094	412.6	3749000	2421900	2817600
博兴县	Boxing	900	456.8	6577649	4295044	4635448
邹平市	Zouping	1250	644.4	8023155	5377929	7918442
菏泽市	**Heze**					
牡丹区	Mudan	1428	1018.0	18906826	11731965	16130480
定陶区	Dingtao	845	271.5	3804708	3301264	2021389
曹 县	Caoxian	1967	546.3	7129775	6201236	3904098
单 县	Shanxian	1647	433.3	6026568	5208437	3567959
成武县	Chengwu	988	197.3	4060843	3627947	1812855
巨野县	Juye	1302	424.8	6734422	5687802	3600972
郓城县	Yuncheng	1633	514.5	8106342	7322605	3590347
鄄城县	Juancheng	1038	293.5	4800884	4316627	2103934
东明县	Dongming	1306	506.0	4561392	3909518	2703330

22-1 续表 4 continued

地　区	Region	粮食面积（公顷）Area of Grain (hectares)	粮食产量（吨）Output of Grain (ton)	油料产量（吨）Output of Oil-bearing Crops (ton)	蔬菜产量（吨）Output of Vegetables (ton)	园林水果产量（吨）Output of Fruits (ton)	肉类总产量（吨）Output of Meat (ton)	奶类产量（吨）Output of Milk (ton)
济南市	**Jinan**							
历下区	Lixia							
市中区	Shizhong	4005	19473	11	4168	3825	2733	
槐荫区	Huaiyin	2153	13557		11439	399	346	
天桥区	Tianqiao	12388	70333	34	11217	8022	5495	499
历城区	Licheng	19768	104762	1104	176336	111161	9777	9058
长清区	Changqing	44307	265077	17906	562076	60132	24360	58565
章丘区	Zhangqiu	107682	632741	5573	1907577	74972	51866	6350
济阳区	Jiyang	101008	625883	1458	1245085	22225	23958	41409
莱芜区	Laiwu	31497	194893	19564	1292961	120470	67316	2487
钢城区	Gangcheng	4325	24614	11034	201550	95639	22034	2357
平阴县	Pingyin	35294	198750	9488	673935	105905	30038	90049
商河县	Shanghe	122138	811797	17	1039776	17155	53268	223489
青岛市	**Qingdao**							
市南区	Shinan							
市北区	Shibei							
黄岛区	Huangdao	48557	258840	86048	567868	104028	78546	615
崂山区	Laoshan			106	9807	6184		
李沧区	Licang							
城阳区	Chengyang	935	5716	138	32312	18251	1568	4174
即墨区	Jimo	78409	442375	34521	680832	34434	83812	55455
胶州市	Jiaozhou	63616	386256	23831	1118284	59930	40976	5033
平度市	Pingdu	202246	1456494	89824	2904633	233975	153498	10870
莱西市	Laixi	87807	563278	77210	1284975	374509	186161	219582
淄博市	**Zibo**							
淄川区	Zichuan	13985	59246	1170	30716	19651	14699	330
张店区	Zhangdian	4175	22775	124	18712	4809	5616	853
博山区	Boshan	5588	23205	862	54472	89426	4139	52
临淄区	Linzi	46526	337092	7	1088209	21183	39081	13269
周村区	Zhoucun	10502	55711	208	26480	7760	9760	1420
桓台县	Huantai	45946	347546		52734	4770	11766	5245
高青县	Gaoqing	81682	577996	152	444450	24397	40970	123292
沂源县	Yiyuan	9360	35941	13401	265063	896894	33119	311
枣庄市	**Zaozhuang**							
市中区	Shizhong	14278	78493	10777	170882	20993	17830	4000
薛城区	Xuecheng	38058	230388	5126	258779	14058	17696	1180
峄城区	Yicheng	51112	291125	10840	657060	61329	29054	3800
台儿庄区	Taierzhuang	49944	295680	994	594618	16339	29665	21578

22-1 续表 5 continued

地 区	Region	粮食面积(公顷) Area of Grain (hectares)	粮食产量(吨) Output of Grain (ton)	油料产量(吨) Output of Oil-bearing Crops (ton)	蔬菜产量(吨) Output of Vegetables (ton)	园林水果产量(吨) Output of Fruits (ton)	肉类总产量(吨) Output of Meat (ton)	奶类产量(吨) Output of Milk (ton)
山亭区	Shanting	24364	141135	21248	225132	126910	24924	1500
滕州市	Tengzhou	106983	802523	27994	3752704	55317	54126	2700
东营市	**Dongying**							
东营区	Dongying	24766	140151	93	91897	10819	22080	7224
河口区	Hekou	24610	118717	113	30732	30291	41103	244485
垦利区	Kenli	56072	312357	162	61089	10432	79271	61339
利津县	Lijin	66782	376423	504	215523	16026	76632	2514
广饶县	Guangrao	82413	507580		408906	6909	68548	132897
烟台市	**Yantai**							
芝罘区	Zhifu	48	277	119	14495	2348	126	253
福山区	Fushan	2358	12895	10797	80667	426633	19981	5411
牟平区	Mouping	19850	109269	35092	153130	760017	150100	18353
莱山区	Laishan	1885	11611	3664	47353	56336	264	103
蓬莱区	Penglai	8911	51335	19732	171264	1588938	64304	7000
龙口市	Longkou	15334	99170	6531	251248	571782	51577	22526
莱阳市	Laiyang	70167	422092	84414	567780	569317	129972	64119
莱州市	Laizhou	83379	534270	40701	408688	329926	119758	15603
招远市	Zhaoyuan	37821	224131	68211	146374	755347	54704	7917
栖霞市	Qixia	13340	79868	49120	180322	2194763	43476	4085
海阳市	Haiyang	50708	302211	82650	494136	464907	92542	6851
潍坊市	**Weifang**							
潍城区	Weicheng	10570	65543		109651	10165	6941	7410
寒亭区	Hanting	44052	277971	628	290390	26077	30102	37831
坊子区	Fangzi	48658	307694	6522	636916	29653	45666	2789
奎文区	Kuiwen	1610	9775	132	508			
临朐县	Linqu	27868	167855	16998	289794	387353	102103	63292
昌乐县	Changle	36281	218421	31965	1402511	84410	90046	22211
青州市	Qingzhou	29419	179558	11	2046809	103112	131803	3217
诸城市	Zhucheng	126503	788327	44405	1079827	74091	221262	3292
寿光市	Shouguan	86617	595906	281	3891800	34844	196114	35957
安丘市	Anqiu	55085	333309	42716	2085757	140381	107281	9078
高密市	Gaomi	133876	882902	11355	793376	43651	151000	15489
昌邑市	Changyi	85590	542183	7828	711116	72866	98477	5036
济宁市	**Jining**							
任城区	Rencheng	64801	460168	153	325505	32101	13707	13199
兖州区	Yanzhou	46406	329716	3032	502302	9561	13399	3028
微山县	Weishan	50415	336082	1012	343234	4382	21581	
鱼台县	Yutai	50175	383563		744785	7853	20535	751

22-1 续表 6 continued

地 区	Region	粮食面积（公顷） Area of Grain (hectares)	粮食产量（吨） Output of Grain (ton)	油料产量（吨） Output of Oil-bearing Crops (ton)	蔬菜产量（吨） Output of Vegetables (ton)	园林水果产量（吨） Output of Fruits (ton)	肉类总产量（吨） Output of Meat (ton)	奶类产量（吨） Output of Milk (ton)
金乡县	Jinxiang	35603	226625	10682	2525687	45588	33271	6851
嘉祥县	Jiaxiang	102821	679235	1917	435653	21665	59735	4617
汶上县	Wenshang	100142	693661	5702	243318	13045	59909	49695
泗水县	Sishui	39282	248298	57378	657604	58303	65510	756
梁山县	Liangshan	97959	620307	5481	856232	51459	84999	90315
曲阜市	Qufu	64201	442484	8768	149215	49596	45509	8566
邹城市	Zoucheng	69469	476812	50221	950551	97588	57359	2126
泰安市	**Tai'an**							
泰山区	Taishan	2115	15385	5	13721	4658	5344	8509
岱岳区	Daiyue	61407	460709	16181	1799230	121762	45852	50012
宁阳县	Ningyang	85497	606414	59751	886312	110061	77250	65753
东平县	Dongping	100212	629652	13825	702352	14963	36435	7908
新泰市	Xintai	52279	382560	88182	1428502	284630	99865	16648
肥城市	Feicheng	71197	492841	6643	1160140	85988	55059	101320
威海市	**Weihai**							
环翠区	Huancui	9775	55294	13561	80831	162283	12569	4089
文登区	Wendeng	39621	234049	63185	276896	330891	74485	7543
荣成市	Rongcheng	37366	219193	44231	228976	257410	26679	22373
乳山市	Rushan	37945	227185	81433	435094	474012	70992	1167
日照市	**Rizhao**							
东港区	Donggang	21199	137746	28713	120581	117854	42745	5890
岚山区	Lanshan	19391	126605	23347	147347	43898	35358	69757
五莲县	Wulian	34846	220342	64612	290469	131189	61832	
莒 县	Juxian	58034	393770	83887	605919	162405	136418	10530
临沂市	**Linyi**							
兰山区	Lanshan	30473	175211	17923	142115	76977	42547	13534
罗庄区	Luozhuang	27643	169593	8357	133520	5516	16759	15570
河东区	Hedong	45931	298218	15745	311761	43359	27616	1005
沂南县	Yinan	58335	355550	78340	1177248	110227	227017	44361
郯城县	Tancheng	94429	721020	11846	668395	24190	61316	1669
沂水县	Yishui	48894	301254	78548	1045220	838282	118417	11432
兰陵县	Lanling	99317	666516	55427	3549807	108070	115923	20327
费 县	Feixian	50060	312833	77264	486657	261649	118689	7964
平邑县	Pingyi	46880	295528	61609	324755	297372	76142	405
莒南县	Junan	73662	441294	102813	333552	84138	183795	4271
蒙阴县	Mengyin	18141	130152	35518	202872	1360141	45464	
临沭县	Linshu	52276	316245	156376	170757	48956	83979	15055

22-1 续表 7 continued

地 区	Region	粮食面积(公顷) Area of Grain (hectares)	粮食产量(吨) Output of Grain (ton)	油料产量(吨) Output of Oil-bearing Crops (ton)	蔬菜产量(吨) Output of Vegetables (ton)	园林水果产量(吨) Output of Fruits (ton)	肉类总产量(吨) Output of Meat (ton)	奶类产量(吨) Output of Milk (ton)
德州市	**Dezhou**							
德城区	Decheng	32987	216737	37	90657	14452	10132	1560
陵城区	Lingcheng	131311	967142	120	602194	10057	79529	23031
宁津县	Ningjin	91454	645430	349	400316	11250	41825	4997
庆云县	Qingyun	42552	279565	34	151225	10411	35090	768
临邑县	Linyi	110341	786270	436	438626	7059	55790	9303
齐河县	Qihe	151410	1124388	1782	1110956	39457	83138	57232
平原县	Pingyuan	115209	842898	627	1298850	23640	102230	11222
夏津县	Xiajin	90525	615581	2526	261683	26314	93367	4695
武城县	Wucheng	88851	645401	3502	282650	13090	19109	5230
乐陵市	Laoling	117757	850800	8	361340	109255	70750	61826
禹城市	Yucheng	96830	708291	2071	1632209	7786	77229	93941
聊城市	**Liaocheng**							
东昌府区	Dongchangfu	110844	807633	2986	1303476	33061	104626	3328
茌平区	Chiping	106216	746842	1376	432225	21311	62907	3496
阳谷县	Yanggu	107685	790615	1994	2045906	44267	169559	12441
莘 县	Shenxian	115264	798333	6815	2845703	46884	136457	2716
东阿县	Donge	70243	494868	796	290632	21875	55314	1518
冠 县	Guanxian	102617	701675	6315	1442282	289046	97255	18986
高唐县	Gaotang	97232	674248	5741	290440	15808	56981	1552
临清市	Linqing	103056	711432	1059	786720	18830	40349	43042
滨州市	**Binzhou**							
滨城区	Bincheng	74251	460424	143	132619	9473	34352	24128
沾化区	Zhanhua	70958	412554	586	37598	331993	74032	5976
惠民县	Huimin	116443	769196	4580	1152164	86677	115750	2700
阳信县	Yangxin	68237	441703		202182	207247	126547	753
无棣县	Wudi	74335	444497	1088	34757	118143	112523	338
博兴县	Boxing	75579	504704	14	168815	4044	34747	363
邹平市	Zouping	109030	719478	250	66831	37639	82114	31281
菏泽市	**Heze**							
牡丹区	Mudan	130581	868034	23672	1212603	91857	82791	10013
定陶区	Dingtao	90533	618423	6916	825665	23015	43860	4657
曹 县	Caoxian	202592	1356648	33068	887360	39501	143767	151540
单 县	Shanxian	137155	911940	43141	1883047	134251	69829	15570
成武县	Chengwu	83767	565338	2518	1284804	25968	46389	1829
巨野县	Juye	102141	673810	9999	1625005	86158	62733	4550
郓城县	Yuncheng	167594	1124759	28470	1361860	51255	111809	8092
鄄城县	Juancheng	123297	821807	34431	378068	47228	78510	4397
东明县	Dongming	151886	1008582	44979	652289	33793	96195	15058

22-1 续表 8 continued

地　区	Region	普通中学专任教师数（人）Full-time Teachers in Secondary Schools (person)	小　学专任教师数（人）Full-time Teachers in Primary Schools (person)	普通中学在校学生数（人）Total Enrollment in Secondary Schools (person)	小　学在校学生数（人）Total Enrollment in Primary Schools (person)	城镇居民人均可支配收入（元）Per Capita Disposable Income of Urban Households (yuan)	农村居民人均可支配收入（元）Per Capita Disposable Income of Rural Households (yuan)
济南市	**Jinan**						
历下区	Lixia	3016	4878	36899	87871	70974	
市中区	Shizhong	3365	4404	40522	73441	69342	
槐荫区	Huaiyin	1954	3155	24434	56113	62472	
天桥区	Tianqiao	2097	3180	25871	50918	60779	22278
历城区	Licheng	6157	6659	71216	108371	57821	26917
长清区	Changqing	2384	2229	25480	32613	48800	23858
章丘区	Zhangqiu	4624	4616	46226	64512	48013	28226
济阳区	Jiyang	2123	2234	32069	39372	39216	22453
莱芜区	Laiwu	4818	3292	55892	56371	43049	22663
钢城区	Gangcheng	1239	1035	12674	15613	50122	24002
平阴县	Pingyin	1740	1468	17523	19545	35918	19957
商河县	Shanghe	2302	2430	32215	39476	34808	19924
青岛市	**Qingdao**						
市南区	Shinan	2169	2359	24603	37585	72023	
市北区	Shibei	3014	3800	34676	67226	66356	
黄岛区	Huangdao	6612	6953	77790	127853	61797	28155
崂山区	Laoshan	1204	2067	10236	28896	70430	31374
李沧区	Licang	1620	2667	20777	48745	66507	
城阳区	Chengyang	3068	4429	45613	84834	67133	29753
即墨区	Jimo	5996	6092	69207	89689	56411	28141
胶州市	Jiaozhou	4169	4617	48870	72083	55036	27868
平度市	Pingdu	5822	4613	57993	69029	53032	26718
莱西市	Laixi	3930	2444	40035	33564	53568	27591
淄博市	**Zibo**						
淄川区	Zichuan	3250	2173	32728	28462	49513	24316
张店区	Zhangdian	5544	4679	71736	78230	54671	28363
博山区	Boshan	2183	1242	19458	15966	47835	22982
临淄区	Linzi	3084	2062	32694	29892	54358	28376
周村区	Zhoucun	1857	1320	18947	18547	47363	23985
桓台县	Huantai	2708	1522	27570	22494	50908	26408
高青县	Gaoqing	1924	1281	19988	13716	40237	20998
沂源县	Yiyuan	2869	2012	26622	24568	48570	23769
枣庄市	**Zaozhuang**						
市中区	Shizhong	3316	3291	47509	59810	40829	21864
薛城区	Xuecheng	4055	2795	47237	56486	37242	20203
峄城区	Yicheng	2034	2380	34144	36888	35509	20796
台儿庄区	Taierzhuang	1830	2039	25300	28610	32723	17933

22−1 续表 9 continued

地 区	Region	普通中学专任教师数(人) Full-time Teachers in Secondary Schools (person)	小 学专任教师数(人) Full-time Teachers in Primary Schools (person)	普通中学在校学生数(人) Total Enrollment in Secondary Schools (person)	小 学在校学生数(人) Total Enrollment in Primary Schools (person)	城镇居民人均可支配收入(元) Per Capita Disposable Income of Urban Households (yuan)	农村居民人均可支配收入(元) Per Capita Disposable Income of Rural Households (yuan)
山亭区	Shanting	1759	2267	22629	30126	27176	17860
滕州市	Tengzhou	7175	8172	96897	139042	43748	22195
东营市	**Dongying**						
东营区	Dongying	5579	4124	66549	66916	59557	27006
河口区	Hekou	1159	906	10043	10990	55737	24626
垦利区	Kenli	1323	892	13380	15213	54586	24694
利津县	Lijin	1717	1019	10774	10204	46226	23300
广饶县	Guangrao	2914	2101	31096	32522	52691	27369
烟台市	**Yantai**						
芝罘区	Zhifu	4148	2868	51495	50506	59333	
福山区	Fushan	3396	3149	36790	55496	57826	30532
牟平区	Mouping	1412	1452	11253	15376	54815	27811
莱山区	Laishan	1097	1255	12147	21755	65037	30347
蓬莱区	Penglai	2140	1414	18728	18032	56806	28927
龙口市	Longkou	2904	1798	31839	32502	59864	29816
莱阳市	Laiyang	3361	1945	32554	29409	43000	22471
莱州市	Laizhou	3494	2236	32532	29809	54466	28275
招远市	Zhaoyuan	2718	1343	22220	20886	56113	28739
栖霞市	Qixia	2312	1352	13570	10869	40160	21392
海阳市	Haiyang	3271	1551	24560	19817	52829	25634
潍坊市	**Weifang**						
潍城区	Weicheng	1713	2592	17685	40202	50905	26870
寒亭区	Hanting	2791	2545	29249	43597	46979	25666
坊子区	Fangzi	2789	2392	31590	34773	46117	25418
奎文区	Kuiwen	1781	4300	19500	73752	54602	
临朐县	Linqu	3598	3572	44262	59086	42545	23577
昌乐县	Changle	3805	2811	42611	39843	44323	24734
青州市	Qingzhou	4222	4156	36902	62528	47681	26025
诸城市	Zhucheng	5330	3994	54307	65510	50082	27529
寿光市	Shouguan	5472	5105	54744	78625	51049	28293
安丘市	Anqiu	4385	3422	48428	51069	42887	24232
高密市	Gaomi	4380	3824	48387	57622	48288	24973
昌邑市	Changyi	2913	2949	25642	31721	44839	25897
济宁市	**Jining**						
任城区	Rencheng	7892	6561	80912	81326	49225	22624
兖州区	Yanzhou	2762	2814	35912	44954	48356	24810
微山县	Weishan	2789	3343	28301	36723	39214	21802
鱼台县	Yutai	1835	1917	23138	30863	37297	21392

22-1 续表 10 continued

地 区	Region	普通中学专任教师数（人）Full-time Teachers in Secondary Schools (person)	小 学专任教师数（人）Full-time Teachers in Primary Schools (person)	普通中学在校学生数（人）Total Enrollment in Secondary Schools (person)	小 学在校学生数（人）Total Enrollment in Primary Schools (person)	城镇居民人均可支配收入（元）Per Capita Disposable Income of Urban Households (yuan)	农村居民人均可支配收入（元）Per Capita Disposable Income of Rural Households (yuan)
金乡县	Jinxiang	3582	3366	44721	49588	39325	23079
嘉祥县	Jiaxiang	4748	4465	70741	71635	37356	21417
汶上县	Wenshang	2997	3607	39855	56037	37623	21499
泗水县	Sishui	2309	2947	32582	41884	31837	17520
梁山县	Liangshan	3603	4359	55406	75694	37016	21075
曲阜市	Qufu	2824	3081	32313	40899	38225	21889
邹城市	Zoucheng	5090	5562	59187	81093	45009	23522
泰安市	**Tai'an**						
泰山区	Taishan	4714	3029	55958	58592	49467	24295
岱岳区	Daiyue	4471	3728	44883	52208	42995	22059
宁阳县	Ningyang	3400	3111	39161	36255	42872	21988
东平县	Dongping	3504	2409	40637	40975	38054	21541
新泰市	Xintai	6453	5520	82505	89361	44703	23039
肥城市	Feicheng	4305	3411	48262	45712	45255	24146
威海市	**Weihai**						
环翠区	Huancui	5120	4453	63316	74685	57815	26242
文登区	Wendeng	2677	1544	23524	20837	52847	28793
荣成市	Rongcheng	2802	1592	28592	27638	54193	29500
乳山市	Rushan	1667	950	14154	11213	47089	22992
日照市	**Rizhao**						
东港区	Donggang	4704	4926	56473	89557	42045	19806
岚山区	Lanshan	1570	1517	14928	21608	41457	21602
五莲县	Wulian	2372	1913	22155	27323	33774	20968
莒 县	Juxian	4127	5022	59942	79447	33874	21097
临沂市	**Linyi**						
兰山区	Lanshan	10932	10566	150519	240972	46544	20109
罗庄区	Luozhuang	4742	5220	69397	90388	46393	19861
河东区	Hedong	4917	5421	64031	94836	46012	20048
沂南县	Yinan	4072	3931	53541	63420	43648	18360
郯城县	Tancheng	4263	4752	61562	82555	44020	18886
沂水县	Yishui	4144	4663	54927	76478	45216	19515
兰陵县	Lanling	6072	5914	101918	107622	40329	19420
费 县	Feixian	3898	4273	53729	75809	45224	18809
平邑县	Pingyi	3310	4292	51130	85393	43731	18721
莒南县	Junan	3657	4236	43844	62756	41048	18134
蒙阴县	Mengyin	2396	2676	28922	42454	42341	17983
临沭县	Linshu	2803	2955	39649	46460	45729	18315

22-1 续表 11 continued

地 区	Region	普通中学专任教师数（人） Full-time Teachers in Secondary Schools (person)	小 学专任教师数（人） Full-time Teachers in Primary Schools (person)	普通中学在校学生数（人） Total Enrollment in Secondary Schools (person)	小 学在校学生数（人） Total Enrollment in Primary Schools (person)	城镇居民人均可支配收入（元） Per Capita Disposable Income of Urban Households (yuan)	农村居民人均可支配收入（元） Per Capita Disposable Income of Rural Households (yuan)
德州市	**Dezhou**						
德城区	Decheng	2829	4323	39172	89081	35207	20854
陵城区	Lingcheng	1854	2590	21835	32007	33275	20257
宁津县	Ningjin	1680	1912	26664	34116	33100	19929
庆云县	Qingyun	2095	2187	26834	36674	32814	19374
临邑县	Linyi	2314	2446	28175	32840	33367	20385
齐河县	Qihe	2748	2659	30254	39574	34245	21594
平原县	Pingyuan	2108	2205	22553	26439	34025	20300
夏津县	Xiajin	2991	1989	31851	35161	32185	19644
武城县	Wucheng	1758	1658	23731	28681	33030	20057
乐陵市	Laoling	3487	2494	35209	46079	33535	20782
禹城市	Yucheng	2283	2241	27265	33950	33734	20813
聊城市	**Liaocheng**						
东昌府区	Dongchangfu	8644	9890	126009	160104	35616	19029
茌平区	Chiping	2422	2588	31769	47111	35122	19064
阳谷县	Yanggu	3630	4030	44963	57459	32145	18542
莘 县	Shenxian	5249	6046	83111	109890	31039	19078
东阿县	Donge	1768	1716	20526	27767	28159	18499
冠 县	Guanxian	4015	4749	59178	78536	33281	18401
高唐县	Gaotang	2298	2592	30692	40863	33436	18793
临清市	Linqing	3433	4225	58693	78798	32968	18544
滨州市	**Binzhou**						
滨城区	Bincheng	3938	4398	43229	70586	44693	23108
沾化区	Zhanhua	1577	1698	13339	20913	42320	22193
惠民县	Huimin	2430	2456	24809	35575	42289	20901
阳信县	Yangxin	2139	2027	24384	32463	41731	20083
无棣县	Wudi	2029	2419	24176	43146	42535	22657
博兴县	Boxing	2254	2049	20497	29294	44166	23015
邹平市	Zouping	3052	3061	36172	51671	43780	25060
菏泽市	**Heze**						
牡丹区	Mudan	8633	9798	144728	211003	36542	18481
定陶区	Dingtao	3168	3276	42168	55989	31180	18232
曹 县	Caoxian	6371	8104	106992	145352	33194	17747
单 县	Shanxian	6032	5606	81301	103352	32048	18007
成武县	Chengwu	3949	3818	55228	56279	31842	18109
巨野县	Juye	5042	5411	81971	104996	34092	18222
郓城县	Yuncheng	6395	6501	86963	108953	33563	18378
鄄城县	Juancheng	3763	4457	56928	78587	30240	17596
东明县	Dongming	4298	4293	62211	76657	32251	17838

附录1

全国各省（区、市）主要经济指标

Main Economic Indicators of the Whole Country by Region

简 要 说 明

一、本篇资料的主要内容

本篇资料反映了全国各省、自治区、直辖市经济社会发展基本情况，主要包括行政区划、人口、国内生产总值及其构成、财政、价格指数、居民生活、农业、工业、投资、建筑业、交通运输、国内贸易、进出口等方面的资料。

二、本篇资料的来源

本篇资料来源于中国统计出版社出版的《中国统计摘要 2023》，由省统计局综合处整理。

Brief Introduction

I. Content

Data in this chapter reflect the basic Socio-economic development of some provinces, mainly including divisions of administrative areas, population, GDP and its components, finance, price indices, livelihood, agriculture, industry, investment, construction industry, communications, domestic trade, exports and imports etc.

II. Source of Data

Data in this chapter come from China Statistics Abstract 2023 published by China Statistics Press and are prepared and compiled by the Division of Comprehensive Statistics of Shandong Provincial Bureau of Statistics.

附录 1-1　各地区行政区划(2022年底)

Divisions of Administrative Areas by Region(Year-end of 2022)

单位：个　　(unit)

省级区划名称	Provinces, Autonomous Regions and Municipalities	地级区划数 Number of Regions at Prefecture Level	#地级市 Cities at Prefecture Level	县级区划数 Number of Regions at County Level	#市辖区 Districts under the Jurisdiction of Cities	#县级市 Cities at County Level	#县 Counties	#自治县 Autonomous Counties
全国总计	**National Total**	**333**	**293**	**2843**	**977**	**394**	**1301**	**117**
北京市	Beijing			16	16			
天津市	Tianjin			16	16			
河北省	Hebei	11	11	167	49	21	91	6
山西省	Shanxi	11	11	117	26	11	80	
内蒙古自治区	Inner Mongolia	12	9	103	23	11	17	
辽宁省	Liaoning	14	14	100	59	16	17	8
吉林省	Jilin	9	8	60	21	20	16	3
黑龙江省	Heilongjiang	13	12	121	54	21	45	1
上海市	Shanghai			16	16			
江苏省	Jiangsu	13	13	95	55	21	19	
浙江省	Zhejiang	11	11	90	37	20	32	1
安徽省	Anhui	16	16	104	45	9	50	
福建省	Fujian	9	9	84	31	11	42	
江西省	Jiangxi	11	11	100	27	12	61	
山东省	**Shandong**	**16**	**16**	**136**	**58**	**26**	**52**	
河南省	Henan	17	17	157	54	21	82	
湖北省	Hubei	13	12	103	39	26	35	2
湖南省	Hunan	14	13	122	36	19	60	7
广东省	Guangdong	21	21	122	65	20	34	3
广西壮族自治区	Guangxi	14	14	111	41	10	48	12
海南省	Hainan	4	4	25	10	5	4	6
重庆市	Chongqing			38	26		8	4
四川省	Sichuan	21	18	183	55	19	105	4
贵州省	Guizhou	9	6	88	16	10	50	11
云南省	Yunnan	16	8	129	17	18	65	29
西藏自治区	Tibet	7	6	74	8		66	
陕西省	Shaanxi	10	10	107	31	7	69	
甘肃省	Gansu	14	12	86	17	5	57	7
青海省	Qinghai	8	2	44	7	5	25	7
宁夏回族自治区	Ningxia	5	5	22	9	2	11	
新疆维吾尔自治区	Xinjiang	14	4	107	13	28	60	6
香港特别行政区	Hong Kong Special Administrative Region							
澳门特别行政区	Macao Special Administrative Region							
台湾省	Taiwan							

注：本表资料由民政部提供。

a)Data in this table are provided by the Ministry of Civil Affairs.

附录 1-1 续表 continued

单位:个 (unit)

省级区划名称	Provinces, Autonomous Regions and Municipalities	乡镇级区划数 Number of Regions at Township Level	#镇 数 Number of Towns	#乡 数 Number of Townships	#民族乡 Minority Autonomous Township	#街 道 办事处 Street Communities
全国总计	**National Total**	**38602**	**21389**	**8227**	**957**	**8984**
北京市	Beijing	343	143	35	5	165
天津市	Tianjin	252	125	3	1	124
河北省	Hebei	2254	1325	618	38	310
山西省	Shanxi	1278	631	430		217
内蒙古自治区	Inner Mongolia	1025	509	270	17	246
辽宁省	Liaoning	1354	640	201	54	513
吉林省	Jilin	961	426	181	28	354
黑龙江省	Heilongjiang	1315	574	334	52	407
上海市	Shanghai	215	106	2		107
江苏省	Jiangsu	1237	701	17	1	519
浙江省	Zhejiang	1364	618	258	14	488
安徽省	Anhui	1522	1011	224	9	287
福建省	Fujian	1108	653	252	19	203
江西省	Jiangxi	1578	832	560	8	186
山东省	**Shandong**	**1825**	**1072**	**57**		**696**
河南省	Henan	2458	1180	586	12	692
湖北省	Hubei	1257	761	161	10	335
湖南省	Hunan	1944	1134	388	83	422
广东省	Guangdong	1612	1112	11	7	489
广西壮族自治区	Guangxi	1253	806	312	59	135
海南省	Hainan	218	175	21		22
重庆市	Chongqing	1031	625	161	14	245
四川省	Sichuan	3101	2016	626	83	459
贵州省	Guizhou	1509	831	314	192	364
云南省	Yunnan	1424	666	537	140	221
西藏自治区	Tibet	699	142	534	9	23
陕西省	Shaanxi	1316	973	17		326
甘肃省	Gansu	1356	892	337	32	127
青海省	Qinghai	404	140	222	28	42
宁夏回族自治区	Ningxia	243	103	90		50
新疆维吾尔自治区	Xinjiang	1146	467	468	42	210
香港特别行政区	Hong Kong Special Administrative Region					
澳门特别行政区	Macao Special AdministrativeRegion					
台湾省	Taiwan					

注：乡镇级总数包含河北省、新疆维吾尔自治区的各一个区公所。

a)Number of regions at townships level include one district office of Hebei and Xinjiang separately.

附录 1-2　地区生产总值、增长速度及构成(2022年)
Gross Domestic Product ,Growth Rate and Composition(2022)

地　区	Region	地区生产总值(亿元) Gross Domestic Product (100 million yuan)	第一产业 Primary Industry	第二产业 Secondary Industry	第三产业 Tertiary Industry	地区生产总值比上年增长(%) Growth Rate (%)	构成 (%) composition 第一产业 Primary Industry	第二产业 Secondary Industry	第三产业 Tertiary Industry
北　京	Beijing	41610.9	111.5	6605.1	34894.3	0.7	0.3	15.9	83.8
天　津	Tianjin	16311.3	273.1	6038.9	9999.3	1.0	1.7	37.0	61.3
河　北	Hebei	42370.4	4410.3	17050.1	20910.0	3.8	10.4	40.2	49.4
山　西	Shanxi	25642.6	1340.4	13840.8	10461.3	4.4	5.2	54.0	40.8
内蒙古	Inner Mongolia	23158.6	2653.7	11241.8	9263.1	4.2	11.5	48.5	40.0
辽　宁	Liaoning	28975.1	2597.6	11755.8	14621.7	2.1	9.0	40.6	50.4
吉　林	Jilin	13070.2	1689.1	4628.3	6752.8	-1.9	12.9	35.4	51.7
黑龙江	Heilongjiang	15901.0	3609.8	4648.9	7642.2	2.7	22.7	29.2	48.1
上　海	Shanghai	44652.8	97.0	11458.4	33097.4	-0.2	0.2	25.7	74.1
江　苏	Jiangsu	122875.6	4959.4	55888.7	62027.5	2.8	4.0	45.5	50.5
浙　江	Zhejiang	77715.4	2324.8	33205.2	42185.4	3.1	3.0	42.7	54.3
安　徽	Anhui	45045.0	3513.7	18588.0	22943.3	3.5	7.8	41.3	50.9
福　建	Fujian	53109.9	3076.2	25078.2	24955.5	4.7	5.8	47.2	47.0
江　西	Jiangxi	32074.7	2451.5	14359.6	15263.7	4.7	7.6	44.8	47.6
山　东	**Shandong**	**87435.1**	**6298.6**	**35014.2**	**46122.3**	**3.9**	**7.2**	**40.0**	**52.8**
河　南	Henan	61345.1	5817.80	25465.0	30062.2	3.1	9.5	41.5	49.0
湖　北	Hubei	53734.9	4986.7	21240.6	27507.6	4.3	9.3	39.5	51.2
湖　南	Hunan	48670.4	4602.7	19182.6	24885.1	4.5	9.5	39.4	51.1
广　东	Guangdong	129118.6	5340.4	52843.5	70934.7	1.9	4.1	40.9	55.0
广　西	Guangxi	26300.9	4269.8	8938.6	13092.5	2.9	16.2	34.0	49.8
海　南	Hainan	6818.2	1417.8	1310.9	4089.5	0.2	20.8	19.2	60.0
重　庆	Chongqing	29129.0	2012.1	11693.9	15423.1	2.6	6.9	40.1	53.0
四　川	Sichuan	56749.8	5964.3	21157.1	29628.4	2.9	10.5	37.3	52.2
贵　州	Guizhou	20164.6	2861.2	7113.0	10190.4	1.2	14.2	35.3	50.5
云　南	Yunnan	28954.2	4012.2	10471.2	14470.8	4.3	13.8	36.2	50.0
西　藏	Tibet	2132.6	180.2	804.7	1147.8	1.1	8.5	37.7	53.8
陕　西	Shaanxi	32772.7	2575.3	15933.1	14264.2	4.3	7.9	48.6	43.5
甘　肃	Gansu	11201.6	1515.3	3945.0	5741.2	4.5	13.5	35.2	51.3
青　海	Qinghai	3610.1	380.2	1585.7	1644.2	2.3	10.5	43.9	45.6
宁　夏	Ningxia	5069.6	407.5	2449.1	2213.0	4.0	8.0	48.3	43.7
新　疆	Xinjiang	17741.3	2509.3	7271.1	7961.0	3.2	14.1	41.0	44.9

注：本表绝对数按当年价格计算，增长速度按不变价格计算。
a)Absolute figure are calculated at current prices,growth rate at constant prices.

附录 1-3 年末常住人口
Basic Statistics on National Population

单位：万人 (10 000 persons)

地区	Region	2013	2014	2015	2016	2017	2018	2019	2020	2021	2022
全国	**Total**	**136726**	**137646**	**138326**	**139232**	**140011**	**140541**	**141008**	**141212**	**141260**	**141175**
北京	Beijing	2125	2171	2188	2195	2194	2192	2190	2189	2189	2184
天津	Tianjin	1410	1429	1439	1443	1410	1383	1385	1387	1373	1363
河北	Hebei	7288	7323	7345	7375	7409	7426	7447	7464	7448	7420
山西	Shanxi	3535	3528	3519	3514	3510	3502	3497	3490	3480	3481
内蒙古	Inner Mongolia	2455	2449	2440	2436	2433	2422	2415	2403	2400	2401
辽宁	Liaoning	4365	4358	4338	4327	4312	4291	4277	4255	4229	4197
吉林	Jilin	2668	2642	2613	2567	2526	2484	2448	2399	2375	2348
黑龙江	Heilongjiang	3666	3608	3529	3463	3399	3327	3255	3171	3125	3099
上海	Shanghai	2448	2467	2458	2467	2466	2475	2481	2488	2489	2475
江苏	Jiangsu	8192	8281	8315	8381	8423	8446	8469	8477	8505	8515
浙江	Zhejiang	5784	5890	5985	6072	6170	6273	6375	6468	6540	6577
安徽	Anhui	5988	5997	6011	6033	6057	6076	6092	6105	6113	6127
福建	Fujian	3885	3945	3984	4016	4065	4104	4137	4161	4187	4188
江西	Jiangxi	4476	4480	4485	4496	4511	4513	4516	4519	4517	4528
山东	**Shandong**	**9746**	**9808**	**9866**	**9973**	**10033**	**10077**	**10106**	**10165**	**10170**	**10163**
河南	Henan	9573	9645	9701	9778	9829	9864	9901	9941	9883	9872
湖北	Hubei	5798	5816	5850	5885	5904	5917	5927	5745	5830	5844
湖南	Hunan	6600	6611	6615	6625	6633	6635	6640	6645	6622	6604
广东	Guangdong	11270	11489	11678	11908	12141	12348	12489	12624	12684	12657
广西	Guangxi	4731	4770	4811	4857	4907	4947	4982	5019	5037	5047
海南	Hainan	920	936	945	957	972	982	995	1012	1020	1027
重庆	Chongqing	3011	3043	3070	3110	3144	3163	3188	3209	3212	3213
四川	Sichuan	8109	8139	8196	8251	8289	8321	8351	8371	8372	8374
贵州	Guizhou	3632	3677	3708	3758	3803	3822	3848	3858	3852	3856
云南	Yunnan	4641	4653	4663	4677	4693	4703	4714	4722	4690	4693
西藏	Tibet	317	325	330	340	349	354	361	366	366	364
陕西	Shaanxi	3804	3827	3846	3874	3904	3931	3944	3955	3954	3956
甘肃	Gansu	2537	2531	2523	2520	2522	2515	2509	2501	2490	2492
青海	Qinghai	571	576	577	582	586	587	590	593	594	595
宁夏	Ningxia	666	678	684	695	705	710	717	721	725	728
新疆	Xinjiang	2285	2325	2385	2428	2480	2520	2559	2590	2589	2587

注：1.本表2011—2019年数据根据第七次全国人口普查数据修订。2.全国数据包括中国人民解放军现役军人数，但不包括香港、澳门特别行政区和台湾地区数据；分省数据中未包括中国人民解放军现役军人数。

a)The data in this table from 2011 to 2019 are revised based on the data of the seventh national census.

b)The military personnel were included in the national total population,but excluded in the regional total population.The national total population excluded the population of Hong Kong,Macao and Taiwan.

附录 1-4　固定资产投资(不含农户)增长速度

Investment in Fixed Assets growth rate

单位:%　　(%)

地　区	Region	2018	2019	2020	2021	2022
全国总计	**Total**	**5.9**	**5.4**	**2.9**	**4.9**	**5.1**
北　京	Beijing	-5.4	-2.5	2.2	4.9	3.6
天　津	Tianjin	-4.9	13.1	3.0	4.8	-9.9
河　北	Hebei	5.7	6.5	3.2	3.0	7.9
山　西	Shanxi	5.7	9.3	10.6	8.7	5.9
内蒙古	Inner Mongolia	-28.3	6.7	-1.5	9.8	17.6
辽　宁	Liaoning	3.9	0.3	2.6	2.6	3.6
吉　林	Jilin	1.4	-16.2	8.3	11.0	-2.4
黑龙江	Heilongjiang	-4.7	6.3	3.6	6.4	0.6
上　海	Shanghai	5.2	5.1	10.3	8.0	-1.0
江　苏	Jiangsu	5.5	5.1	0.3	5.8	3.8
浙　江	Zhejiang	7.2	10.0	5.4	10.8	9.1
安　徽	Anhui	11.8	9.2	5.1	9.4	9.0
福　建	Fujian	11.5	5.9	-0.4	6.0	7.5
江　西	Jiangxi	11.1	9.2	8.2	10.8	8.6
山　东	**Shandong**	**3.8**	**-8.2**	**3.6**	**6.0**	**6.1**
河　南	Henan	8.1	8.0	4.3	4.5	6.7
湖　北	Hubei	10.9	10.7	-18.8	20.4	15.0
湖　南	Hunan	10.0	10.1	7.6	8.0	6.6
广　东	Guangdong	10.7	11.1	7.2	6.3	-2.6
广　西	Guangxi	10.7	9.6	4.2	7.6	0.1
海　南	Hainan	-12.5	-9.2	8.0	10.2	-4.2
重　庆	Chongqing	7.0	5.6	3.9	6.1	0.7
四　川	Sichuan	10.2	8.6	2.8	5.9	6.0
贵　州	Guizhou	15.8	0.9	3.2	-3.1	-5.1
云　南	Yunnan	11.6	8.5	7.7	4.0	7.5
西　藏	Tibet	9.9	-2.2	5.4	-14.2	-18.0
陕　西	Shaanxi	10.4	2.5	4.1	-3.0	8.1
甘　肃	Gansu	-3.9	6.6	7.8	11.1	10.1
青　海	Qinghai	7.3	5.0	-12.2	-2.9	-7.6
宁　夏	Ningxia	-18.2	-10.3	4.0	2.2	10.2
新　疆	Xinjiang	-25.2	2.5	16.2	15.0	7.6

附录 1-5 房地产开发企业（单位）房屋施工、竣工面积和商品房销售面积
Floor Space of Buildings for Real Estate Development

单位:万平方米 (10 000 sq.m)

地区	Region	房屋施工面积 Floor Space of Buildings under Construction		房屋竣工面积 Floor Space of Buildings Completed		商品房销售面积 Floor Space of Buildings Sold	
		2021	2022	2021	2022	2021	2022
全国总计	**Total**	**975387**	**904999**	**101412**	**86222**	**179433**	**135837**
北京	Beijing	14055	13333	1984	1938	1107	1040
天津	Tianjin	12628	11085	1893	1504	1435	974
河北	Hebei	35681	33652	2523	2523	6133	4616
山西	Shanxi	24930	25351	2639	2127	3204	2257
内蒙古	Inner Mongolia	16395	15312	1052	1101	1859	1381
辽宁	Liaoning	25424	22974	2339	1946	3434	2182
吉林	Jilin	13062	11580	845	724	1836	1001
黑龙江	Heilongjiang	10741	9968	968	732	1348	926
上海	Shanghai	16628	16678	2740	1676	1880	1853
江苏	Jiangsu	68480	62512	9141	7892	16552	12115
浙江	Zhejiang	58819	55955	6387	6130	9991	6815
安徽	Anhui	46813	40842	7013	5945	10461	7471
福建	Fujian	34667	31735	4042	4063	6976	6054
江西	Jiangxi	25220	22715	2517	1463	7676	6703
山东	**Shandong**	**82772**	**75799**	**11374**	**6686**	**14273**	**11686**
河南	Henan	62688	57697	6842	6452	13277	11141
湖北	Hubei	37741	34933	3398	3281	7941	6385
湖南	Hunan	42661	38367	4604	3436	9189	6793
广东	Guangdong	94248	88663	8043	8161	14011	10591
广西	Guangxi	34176	32203	2433	2345	6178	4371
海南	Hainan	8939	9057	475	751	889	644
重庆	Chongqing	26893	22699	4196	2796	6198	4439
四川	Sichuan	54249	52211	4379	4072	13693	10340
贵州	Guizhou	28750	26256	916	967	5586	3847
云南	Yunnan	29148	27403	2541	2565	3881	2938
西藏	Tibet	945	698	88	36	141	60
陕西	Shaanxi	29978	28712	1770	1976	4260	3309
甘肃	Gansu	13198	12268	1463	918	2224	1470
青海	Qinghai	3399	3349	160	248	386	204
宁夏	Ningxia	5607	4918	1144	627	1014	716
新疆	Xinjiang	16454	16076	1502	1141	2399	1516

附录 1-6 房地产开发企业(单位)投资和商品房销售额
Investment and Total Sale of Commercial Buildings of Enterprises for Real Estate Development

单位:亿元 (100 million yuan)

地 区	Region	房地产开发投资额 Investment for Real Estate		商品房销售额 Total Sale of Commercial Buildings		#住 宅 Residential	
		2021	2022	2021	2022	2021	2022
全国总计	**Total**	**147602.1**	**132895.4**	**181929.9**	**133307.8**	**162729.9**	**116747.0**
北 京	Beijing	4139.0	4178.5	4486.5	3976.9	4117.2	3545.3
天 津	Tianjin	2770.0	2127.9	2322.8	1516.4	2183.7	1421.6
河 北	Hebei	5023.9	4983.0	5052.9	3702.1	4814.3	3488.8
山 西	Shanxi	1945.2	1764.2	2170.9	1515.0	2030.1	1418.4
内蒙古	Inner Mongolia	1234.1	978.3	1214.8	868.0	1116.4	808.7
辽 宁	Liaoning	2900.7	2362.0	3066.4	1814.7	2849.3	1659.7
吉 林	Jilin	1540.9	1014.8	1291.0	696.3	1179.3	631.0
黑龙江	Heilongjiang	936.0	628.6	858.1	569.4	751.9	506.7
上 海	Shanghai	5035.2	4979.5	6788.7	7467.5	6104.9	6937.8
江 苏	Jiangsu	13477.4	12406.9	21361.3	14811.6	19626.1	13177.0
浙 江	Zhejiang	12389.1	12939.5	19052.2	12660.1	17172.8	11061.4
安 徽	Anhui	7263.2	6811.7	8143.2	5487.9	7514.6	4964.3
福 建	Fujian	6195.6	5515.4	8217.3	6502.4	7082.6	5284.3
江 西	Jiangxi	2528.8	2209.3	5894.1	4905.2	5110.0	4138.6
山 东	**Shandong**	**9819.7**	**9225.9**	**12155.6**	**9807.7**	**11044.1**	**8481.3**
河 南	Henan	7874.3	6793.4	8657.7	6724.8	7892.0	6152.3
湖 北	Hubei	6121.9	6172.0	7250.3	5413.3	6671.9	4821.7
湖 南	Hunan	5427.8	5180.3	6040.5	4312.3	5390.4	3800.1
广 东	Guangdong	17465.8	14963.0	22320.3	15870.5	19457.6	13428.5
广 西	Guangxi	3733.9	2307.4	3672.5	2390.1	3164.4	1908.0
海 南	Hainan	1379.6	1158.4	1559.2	1098.0	1179.6	924.9
重 庆	Chongqing	4355.0	3467.6	5391.3	3101.6	4786.1	2448.8
四 川	Sichuan	7831.9	7500.0	10796.7	8215.9	9061.3	6966.7
贵 州	Guizhou	3383.1	2403.7	3243.9	2193.6	2713.4	1909.0
云 南	Yunnan	4309.9	3152.0	2962.5	1999.4	2524.7	1736.1
西 藏	Tibet	142.0	60.7	121.7	50.7	97.5	43.7
陕 西	Shaanxi	4441.0	4254.8	4146.3	3270.5	3762.1	2958.8
甘 肃	Gansu	1525.9	1481.7	1344.9	835.5	1267.8	780.5
青 海	Qinghai	442.5	296.1	294.4	145.0	258.3	127.7
宁 夏	Ningxia	466.9	419.9	675.1	502.1	584.9	451.0
新 疆	Xinjiang	1501.4	1158.9	1376.9	883.5	1220.3	764.7

附录 1-7　一般公共预算收入
General Public Budget Revenue

单位:亿元　　(100 million yuan)

地　区	Region	2017	2018	2019	2020	2021	2022
地方总计	**Total**	**91469.4**	**97903.4**	**101080.6**	**100143.2**	**111084.2**	**108818.5**
北　京	Beijing	5430.8	5785.9	5817.1	5483.9	5932.3	5714.4
天　津	Tianjin	2310.4	2106.2	2410.4	1923.1	2141.1	1846.6
河　北	Hebei	3233.8	3513.9	3739.0	3826.5	4167.6	4084.0
山　西	Shanxi	1867.0	2292.7	2347.7	2296.6	2834.5	3453.9
内蒙古	Inner Mongolia	1703.2	1857.6	2059.7	2051.2	2349.9	2824.4
辽　宁	Liaoning	2392.8	2616.1	2652.4	2655.8	2765.6	2524.3
吉　林	Jilin	1210.9	1240.9	1116.9	1085.0	1144.0	851.0
黑龙江	Heilongjiang	1243.3	1282.6	1262.8	1152.5	1300.5	1290.6
上　海	Shanghai	6642.3	7108.1	7165.1	7046.3	7771.8	7608.2
江　苏	Jiangsu	8171.5	8630.2	8802.4	9059.0	10015.2	9258.9
浙　江	Zhejiang	5804.4	6598.2	7048.6	7248.2	8262.6	8039.4
安　徽	Anhui	2812.4	3048.7	3182.7	3216.0	3498.2	3589.1
福　建	Fujian	2809.0	3007.4	3052.9	3079.0	3383.4	3339.1
江　西	Jiangxi	2247.1	2373.0	2487.4	2507.5	2812.2	2948.3
山　东	**Shandong**	**6098.6**	**6485.4**	**6526.7**	**6559.9**	**7284.5**	**7104.0**
河　南	Henan	3407.2	3766.0	4041.9	4168.8	4353.9	4261.6
湖　北	Hubei	3248.3	3307.1	3388.6	2511.5	3283.3	3280.7
湖　南	Hunan	2757.8	2860.8	3007.1	3008.7	3250.7	3101.8
广　东	Guangdong	11320.3	12105.3	12654.5	12923.8	14105.0	13279.7
广　西	Guangxi	1615.1	1681.4	1811.9	1716.9	1800.2	1687.7
海　南	Hainan	674.1	752.7	814.1	816.1	921.2	832.4
重　庆	Chongqing	2252.4	2265.5	2134.9	2094.9	2285.5	2103.4
四　川	Sichuan	3578.0	3911.0	4070.8	4260.9	4773.2	4882.2
贵　州	Guizhou	1613.8	1726.9	1767.5	1786.8	1969.4	1886.4
云　南	Yunnan	1886.2	1994.3	2073.6	2116.7	2278.3	1949.3
西　藏	Tibet	185.8	230.4	222.0	221.0	215.6	179.7
陕　西	Shaanxi	2006.7	2243.1	2287.9	2257.3	2775.4	3311.6
甘　肃	Gansu	815.7	871.1	850.5	874.6	1001.9	907.6
青　海	Qinghai	246.2	272.9	282.2	298.0	328.8	329.1
宁　夏	Ningxia	417.6	436.5	423.6	419.4	460.0	460.1
新　疆	Xinjiang	1466.5	1531.4	1577.6	1477.2	1618.6	1889.2

注:1.本表数据为地方财政本级收入。2.由于体制调整，2022年新疆数据包含新疆生产建设兵团。
a)Data in this table are the revenue of local governments.
b)Due to institutional adjustments, the 2022 Xinjiang data includes the data of Xinjiang Production and Construction Corps.

附录 1-8　一般公共预算支出
General Public Budget Expenditure

单位:亿元　　(100 million yuan)

地　区	Region	2017	2018	2019	2020	2021	2022
地方总计	**Total**	**173228.3**	**188196.3**	**203743.2**	**210583.5**	**210623.0**	**225039.3**
北　京	Beijing	6824.5	7471.4	7408.2	7116.2	7205.1	7469.2
天　津	Tianjin	3282.5	3103.2	3555.7	3151.4	3152.5	2740.1
河　北	Hebei	6639.2	7726.2	8309.0	9022.8	8848.2	9336.5
山　西	Shanxi	3756.4	4283.9	4710.8	5110.9	5046.6	5872.7
内蒙古	Inner Mongolia	4529.9	4831.5	5100.9	5270.2	5239.6	5885.1
辽　宁	Liaoning	4879.4	5337.7	5745.1	6014.2	5879.2	6253.0
吉　林	Jilin	3725.7	3789.6	3933.4	4127.2	3696.8	4044.0
黑龙江	Heilongjiang	4641.1	4676.8	5011.6	5449.4	5104.8	5452.0
上　海	Shanghai	7547.6	8351.5	8179.3	8102.1	8430.9	9393.2
江　苏	Jiangsu	10621.0	11657.4	12573.6	13681.6	14585.3	14903.2
浙　江	Zhejiang	7530.3	8629.5	10053.0	10082.0	11014.6	12017.7
安　徽	Anhui	6203.8	6572.1	7392.2	7473.6	7591.1	8378.9
福　建	Fujian	4684.2	4832.7	5077.9	5216.1	5204.7	5702.9
江　西	Jiangxi	5111.5	5667.5	6386.8	6674.1	6778.9	7288.3
山　东	**Shandong**	**9258.4**	**10101.0**	**10739.8**	**11233.5**	**11713.2**	**12131.5**
河　南	Henan	8215.5	9217.7	10163.9	10372.7	9784.3	10644.6
湖　北	Hubei	6801.3	7258.3	7970.2	8442.9	7933.7	8626.0
湖　南	Hunan	6869.4	7479.6	8034.4	8403.1	8325.5	9005.3
广　东	Guangdong	15037.5	15729.3	17297.9	17430.8	18247.0	18509.9
广　西	Guangxi	4908.6	5310.7	5851.0	6179.5	5806.5	5893.9
海　南	Hainan	1444.0	1691.3	1858.6	1972.5	1971.4	2095.5
重　庆	Chongqing	4336.3	4540.9	4847.7	4893.9	4835.1	4892.8
四　川	Sichuan	8694.8	9707.5	10348.2	11198.5	11215.7	11914.7
贵　州	Guizhou	4612.5	5029.7	5948.7	5739.5	5590.0	5849.2
云　南	Yunnan	5713.0	6075.0	6770.1	6974.0	6634.4	6699.7
西　藏	Tibet	1681.9	1970.7	2187.7	2210.9	2027.0	2593.8
陕　西	Shaanxi	4833.2	5302.4	5718.5	5930.3	6069.2	6766.3
甘　肃	Gansu	3304.4	3772.2	3951.6	4163.4	4032.6	4263.5
青　海	Qinghai	1530.4	1647.4	1863.7	1932.8	1854.5	1975.1
宁　夏	Ningxia	1372.8	1419.1	1438.3	1480.4	1427.9	1583.5
新　疆	Xinjiang	4637.2	5012.5	5315.5	5533.2	5376.9	6857.3

注:1.本表数据为地方财政本级收入。2.由于体制调整，2022年新疆数据包含新疆生产建设兵团。
a)Data in this table are the revenue of local governments.
b)Due to institutional adjustments, the 2022 Xinjiang data includes the data of Xinjiang Production and Construction Corps.

附录 1-9 居民消费价格分类指数(2022年)
Consumer Price Indices by Category (2022)

(上年=100) (preceding year=100)

地 区	Region	居民消费价格指数 General Index	食品烟酒 Food, Tobacco, Liquor	衣着 Clothing	居住 Residence	生活用品及服务 Daily Necessities and Services	交通和通信 Transportation and Communication	教育文化和娱乐 Recreation, Education and Culture	医疗保健 Medical Care	其他用品和服务 Other Supplies and Services
全 国	**Total**	**102.0**	**102.4**	**100.5**	**100.7**	**101.2**	**105.2**	**101.8**	**100.6**	**101.6**
北 京	Beijing	101.8	103.1	100.6	100.6	101.6	105.0	100.6	100.7	101.6
天 津	Tianjin	101.9	102.2	101.4	100.3	101.6	105.9	101.8	100.2	100.3
河 北	Hebei	101.8	102.7	99.7	100.7	100.6	104.5	101.4	100.5	101.8
山 西	Shanxi	102.1	103.7	101.6	100.4	100.8	104.6	101.3	100.3	101.4
内蒙古	Inner Mongolia	101.8	102.0	100.3	100.5	101.1	105.8	101.2	100.3	101.8
辽 宁	Liaoning	102.0	102.9	99.2	100.5	100.9	105.9	101.8	100.1	101.8
吉 林	Jilin	102.1	102.5	99.7	101.9	101.4	104.9	101.2	100.7	101.7
黑龙江	Heilongjiang	101.9	102.2	101.0	101.3	100.6	105.5	100.9	100.5	101.3
上 海	Shanghai	102.5	104.5	99.0	101.0	102.0	104.4	103.5	102.1	100.6
江 苏	Jiangsu	102.2	102.6	101.2	100.9	102.0	104.9	101.6	101.9	101.8
浙 江	Zhejiang	102.2	102.6	100.4	100.7	101.8	105.1	103.1	100.3	101.8
安 徽	Anhui	102.0	102.7	101.3	99.8	101.0	105.3	102.8	100.9	102.0
福 建	Fujian	101.9	102.4	100.0	100.9	101.3	104.9	101.4	100.3	101.5
江 西	Jiangxi	102.0	102.2	100.5	100.9	100.8	105.6	102.1	100.2	101.6
山 东	**Shandong**	**101.7**	**102.3**	**100.3**	**100.5**	**101.1**	**104.8**	**100.4**	**100.4**	**101.8**
河 南	Henan	101.5	102.1	100.4	100.1	101.1	104.4	101.3	100.7	101.4
湖 北	Hubei	102.1	102.2	101.0	101.4	101.4	104.7	102.3	100.3	102.4
湖 南	Hunan	101.8	101.4	101.3	100.7	101.2	106.3	100.9	101.0	101.6
广 东	Guangdong	102.2	102.9	100.6	100.6	101.2	105.8	102.2	100.4	101.6
广 西	Guangxi	101.9	101.9	100.7	100.4	100.5	104.5	104.0	100.9	101.0
海 南	Hainan	101.6	102.5	100.0	99.3	100.6	105.0	102.1	100.0	100.5
重 庆	Chongqing	102.1	103.9	100.0	99.9	101.4	105.5	101.6	99.7	100.6
四 川	Sichuan	102.0	101.9	101.4	101.0	101.3	105.4	102.0	100.6	101.7
贵 州	Guizhou	101.6	101.0	100.6	100.5	100.8	105.4	101.5	100.3	101.4
云 南	Yunnan	101.6	101.1	100.4	100.2	100.8	105.4	101.6	100.8	102.2
西 藏	Tibet	101.5	100.8	100.8	100.5	100.5	106.1	100.3	99.9	102.0
陕 西	Shaanxi	102.1	102.6	100.5	101.1	101.0	103.8	103.4	100.8	101.9
甘 肃	Gansu	101.9	102.8	100.4	100.8	100.9	105.0	100.9	100.5	101.2
青 海	Qinghai	102.4	102.8	101.5	101.1	101.2	104.7	103.6	100.4	100.9
宁 夏	Ningxia	102.3	102.2	99.2	100.9	101.4	106.8	101.5	102.3	101.1
新 疆	Xinjiang	101.8	101.4	99.8	101.4	101.0	106.1	100.7	100.0	102.3

附录 1-10 全体居民人均收支情况
Per Capita Income and Expenditure of All Households

单位：元 (yuan)

地 区 Region	人均可支配收入 Per Capita Disposable Income						人均消费支出 Per Capita Consumption Expenditure					
	2017	2018	2019	2020	2021	2022	2017	2018	2019	2020	2021	2022
全国总计 Total	**25974**	**28228**	**30733**	**32189**	**35128**	**36883**	**18322**	**19853**	**21559**	**21210**	**24100**	**24538**
北 京 Beijing	57230	62361	67756	69434	75002	77415	37425	39843	43038	38903	43640	42683
天 津 Tianjin	37022	39506	42404	43854	47449	48976	27841	29903	31854	28461	33188	31324
河 北 Hebei	21484	23446	25665	27136	29383	30867	15437	16722	17987	18037	19954	20890
山 西 Shanxi	20420	21990	23828	25214	27426	29178	13664	14810	15863	15733	17191	17537
内 蒙 古 Inner Mongolia	26212	28376	30555	31497	34108	35921	18946	19665	20743	19795	22658	22298
辽 宁 Liaoning	27835	29701	31820	32738	35112	36089	20463	21398	22203	20672	23831	22604
吉 林 Jilin	21368	22798	24563	25751	27770	27975	15632	17200	18075	17318	19605	17898
黑 龙 江 Heilongjiang	21206	22726	24254	24902	27159	28346	15578	16994	18112	17056	20636	20412
上 海 Shanghai	58988	64183	69442	72232	78027	79610	39792	43351	45605	42536	48879	46045
江 苏 Jiangsu	35024	38096	41400	43390	47498	49862	23469	25007	26697	26225	31451	32848
浙 江 Zhejiang	42046	45840	49899	52397	57541	60302	27079	29471	32026	31295	36668	38971
安 徽 Anhui	21863	23984	26415	28103	30904	32745	15752	17045	19137	18877	21911	22542
福 建 Fujian	30048	32644	35616	37202	40659	43118	21249	22996	25314	25126	28440	30042
江 西 Jiangxi	22031	24080	26262	28017	30610	32419	14459	15792	17651	17955	20290	21708
山 东 Shandong	**26930**	**29205**	**31597**	**32886**	**35705**	**37560**	**17281**	**18780**	**20428**	**20940**	**22821**	**22640**
河 南 Henan	20170	21964	23903	24810	26811	28222	13730	15169	16332	16143	18391	19019
湖 北 Hubei	23757	25815	28319	27881	30829	32914	16938	19538	21567	19246	23846	24828
湖 南 Hunan	23103	25241	27680	29380	31993	34036	17160	18808	20479	20998	22798	24083
广 东 Guangdong	33003	35810	39014	41029	44993	47065	24820	26054	28995	28492	31589	32169
广 西 Guangxi	19905	21485	23328	24562	26727	27981	13424	14935	16418	16357	18088	18343
海 南 Hainan	22553	24579	26679	27904	30457	30957	15403	17528	19555	18972	22242	21500
重 庆 Chongqing	24153	26386	28920	30824	33803	35666	17898	19249	20774	21678	24598	25371
四 川 Sichuan	20580	22461	24703	26522	29080	30679	16180	17664	19338	19783	21518	22302
贵 州 Guizhou	16704	18430	20397	21795	23996	25508	12970	13798	14780	14874	17957	17939
云 南 Yunnan	18348	20084	22082	23295	25666	26937	12658	14250	15780	16792	18851	18951
西 藏 Tibet	15457	17286	19501	21744	24950	26675	10320	11520	13029	13225	15343	15886
陕 西 Shaanxi	20635	22528	24666	26226	28568	30116	14900	16160	17465	17418	19347	19848
甘 肃 Gansu	16011	17488	19139	20335	22066	23273	13120	14624	15879	16175	17456	17489
青 海 Qinghai	19001	20757	22618	24037	25920	27000	15503	16557	17545	18284	19020	17261
宁 夏 Ningxia	20562	22400	24412	25735	27905	29599	15350	16715	18297	17506	20024	19136
新 疆 Xinjiang	19975	21500	23103	23845	26075	27063	15087	16189	17397	16512	18961	17927

附录 1-11 城镇居民人均收支情况
Per Capita Income and Expenditure of Urban Households

单位:元 (yuan)

地区 Region	人均可支配收入 Per Capita Disposable Income						人均消费支出 Per Capita Consumption Expenditure					
	2017	2018	2019	2020	2021	2022	2017	2018	2019	2020	2021	2022
全国总计 Total	**36396**	**39251**	**42359**	**43834**	**47412**	**49283**	**24445**	**26112**	**28063**	**27007**	**30307**	**30391**
北京 Beijing	62406	67990	73849	75602	81518	84023	40346	42926	46358	41726	46776	45617
天津 Tianjin	40278	42976	46119	47659	51486	53003	30284	32655	34811	30895	36067	33824
河北 Hebei	30548	32977	35738	37286	39791	41278	20600	22127	23483	23167	24192	25071
山西 Shanxi	29132	31035	33262	34793	37433	39532	18404	19790	21159	20332	21966	21923
内蒙古 Inner Mongolia	35670	38305	40782	41353	44377	46295	23638	24437	25383	23888	27194	26667
辽宁 Liaoning	34993	37342	39777	40376	43051	44003	25379	26448	27355	24849	28438	26652
吉林 Jilin	28319	30172	32299	33396	35646	35471	20051	22394	23394	21623	24421	21835
黑龙江 Heilongjiang	27446	29191	30945	31115	33646	35042	19270	21035	22165	20397	24422	24011
上海 Shanghai	62596	68034	73615	76437	82429	84034	42304	46015	48272	44839	51295	48111
江苏 Jiangsu	43622	47200	51056	53102	57744	60178	27726	29462	31329	30882	36558	37796
浙江 Zhejiang	51261	55574	60182	62699	68487	71268	31924	34598	37508	36197	42194	44511
安徽 Anhui	31640	34393	37540	39442	43009	45133	20740	21523	23782	22683	26495	26832
福建 Fujian	39001	42121	45620	47160	51141	53817	25980	28145	30946	30487	33942	35692
江西 Jiangxi	31198	33819	36546	38556	41684	43697	19244	20760	22714	22134	24587	25976
山东 Shandong	**36789**	**39549**	**42329**	**43726**	**47066**	**49050**	**23072**	**24798**	**26731**	**27291**	**29314**	**28555**
河南 Henan	29558	31874	34201	34750	37095	38484	19422	20989	21972	20645	23178	23539
湖北 Hubei	31889	34455	37601	36706	40278	42626	21276	23996	26422	22885	28506	29121
湖南 Hunan	33948	36698	39842	41698	44866	47301	23163	25064	26924	26796	28294	29580
广东 Guangdong	40975	44341	48118	50257	54854	56905	30198	30924	34424	33511	36621	36936
广西 Guangxi	30502	32436	34745	35859	38530	39703	18349	20159	21591	20907	22555	22438
海南 Hainan	30817	33349	36017	37097	40213	40118	20372	22971	25317	23560	27565	26418
重庆 Chongqing	32193	34889	37939	40006	43503	45509	22759	24154	25785	26464	29850	30574
四川 Sichuan	30727	33216	36154	38253	41444	43233	21991	23484	25367	25133	26971	27637
贵州 Guizhou	29080	31592	34404	36096	39211	41086	20348	20788	21402	20587	25333	24230
云南 Yunnan	30996	33488	36238	37500	40905	42168	19560	21626	23455	24569	27441	26240
西藏 Tibet	30671	33797	37410	41156	46503	48753	21088	23029	25637	24927	28159	28265
陕西 Shaanxi	30810	33319	36098	37868	40713	42431	20388	21966	23514	22866	24784	24766
甘肃 Gansu	27763	29957	32323	33822	36187	37572	20659	22606	24454	24615	25757	25207
青海 Qinghai	29169	31515	33830	35506	37745	38736	21473	22998	23799	24315	24513	21700
宁夏 Ningxia	29472	31895	34328	35720	38291	40194	20219	21977	24161	22379	25386	24213
新疆 Xinjiang	30775	32764	34664	34838	37642	38410	22797	24191	25594	22952	25724	24142

附录 1-12　农村居民人均收支情况

Per Capita Income and Expenditure of Rural Households

单位：元　　(yuan)

地　区　Region	人均可支配收入 Per Capita Disposable Income						人均消费支出 Per Capita Consumption Expenditure					
	2017	2018	2019	2020	2021	2022	2017	2018	2019	2020	2021	2022
全国总计 Total	**13432**	**14617**	**16021**	**17131**	**18931**	**20133**	**10955**	**12124**	**13328**	**13713**	**15916**	**16632**
北　京 Beijing	24240	26490	28928	30126	33303	34754	18810	20195	21881	20913	23574	23745
天　津 Tianjin	21754	23065	24804	25691	27955	29018	16386	16863	17843	16844	19286	18934
河　北 Hebei	12881	14031	15373	16467	18179	19364	10536	11383	12372	12644	15391	16271
山　西 Shanxi	10788	11750	12902	13878	15308	16323	8424	9172	9728	10290	11410	12091
内蒙古 Inner Mongolia	12584	13803	15283	16567	18337	19641	12184	12661	13816	13594	15691	15444
辽　宁 Liaoning	13747	14656	16108	17450	19217	19908	10787	11455	12030	12311	14606	14326
吉　林 Jilin	12950	13748	14936	16067	17642	18134	10279	10826	11457	11864	13411	12729
黑龙江 Heilongjiang	12665	13804	14982	16168	17889	18577	10524	11417	12495	12360	15225	15162
上　海 Shanghai	27825	30375	33195	34911	38521	39729	18090	19965	22449	22095	27205	27430
江　苏 Jiangsu	19158	20845	22675	24198	26791	28486	15612	16567	17716	17022	21130	22597
浙　江 Zhejiang	24956	27302	29876	31930	35247	37565	18093	19707	21352	21555	25415	27483
安　徽 Anhui	12758	13996	15416	16620	18372	19575	11106	12748	14546	15024	17163	17980
福　建 Fujian	16335	17821	19568	20880	23229	24987	14003	14943	16281	16339	19290	20467
江　西 Jiangxi	13242	14460	15796	16981	18684	19936	9870	10885	12497	13579	15663	16984
山　东 Shandong	**15118**	**16297**	**17775**	**18753**	**20794**	**22110**	**10342**	**11270**	**12309**	**12660**	**14299**	**14687**
河　南 Henan	12719	13831	15164	16108	17533	18697	9212	10392	11546	12201	14073	14824
湖　北 Hubei	13812	14978	16391	16306	18259	19709	11633	13946	15328	14472	17647	18991
湖　南 Hunan	12936	14093	15395	16585	18295	19546	11534	12721	13969	14974	16951	18078
广　东 Guangdong	15780	17168	18818	20143	22306	23598	13200	15411	16949	17132	20012	20800
广　西 Guangxi	11325	12435	13676	14815	16363	17433	9437	10617	12045	12431	14165	14658
海　南 Hainan	12902	13989	15113	16279	18076	19117	9599	10956	12418	13169	15487	15145
重　庆 Chongqing	12638	13781	15133	16361	18100	19313	10936	11977	13112	14140	16096	16727
四　川 Sichuan	12227	13331	14670	15929	17575	18672	11397	12723	14056	14953	16444	17199
贵　州 Guizhou	8869	9716	10756	11642	12856	13707	8299	9170	10222	10818	12557	13172
云　南 Yunnan	9862	10768	11902	12842	14197	15147	8027	9123	10260	11069	12386	13309
西　藏 Tibet	10330	11450	12951	14598	16932	18209	6691	7452	8418	8917	10577	11139
陕　西 Shaanxi	10265	11213	12326	13316	14745	15704	9306	10071	10935	11376	13158	14094
甘　肃 Gansu	8076	8804	9629	10344	11433	12165	8030	9065	9694	9923	11206	11494
青　海 Qinghai	9462	10393	11499	12342	13604	14456	9903	10352	11343	12134	13300	12516
宁　夏 Ningxia	10738	11708	12858	13889	15337	16430	9982	10790	11465	11724	13536	12825
新　疆 Xinjiang	11045	11975	13122	14056	15575	16550	8713	9421	10318	10778	12821	12169

附录 1-13 农林牧渔业总产值及增长速度(2022年)
Gross Output Value and Growth Rate of Farming,Forestry, Animal Husbandry and Fishery(2022)

地 区	Region	农林牧渔业总产值(亿元) Gross Output Value (100 million yuan)	#农 业 Farming	#林 业 Forestry	#牧 业 Animal Husbandry	#渔 业 Fishery	农林牧渔业总产值比上年增长(%) Growth Rate (%)
全国总计	**Total**	**156065.9**	**84438.6**	**6820.8**	**40652.4**	**15468.0**	**4.4**
北 京	Beijing	268.2	129.8	86.5	42.3	3.9	-2.0
天 津	Tianjin	521.4	276.8	8.9	147.2	70.5	2.9
河 北	Hebei	7667.4	4035.7	266.6	2391.7	342.3	4.6
山 西	Shanxi	2211.6	1288.4	174.5	615.8	9.1	5.0
内蒙古	Inner Mongolia	4316.8	2208.5	107.5	1876.3	31.3	4.9
辽 宁	Liaoning	5180.0	2258.3	161.7	1694.6	881.3	3.2
吉 林	Jilin	3217.9	1512.7	69.5	1482.6	61.6	4.1
黑龙江	Heilongjiang	6718.2	4320.5	212.3	1842.8	147.9	2.5
上 海	Shanghai	273.5	149.3	8.3	46.4	51.2	-1.1
江 苏	Jiangsu	8733.8	4685.7	185.6	1294.2	1856.9	3.9
浙 江	Zhejiang	3752.3	1769.8	183.0	405.7	1261.2	3.4
安 徽	Anhui	6278.0	2937.0	473.3	1812.5	660.3	4.5
福 建	Fujian	5502.6	2065.7	429.9	1066.3	1740.7	3.9
江 西	Jiangxi	4223.8	1916.7	416.9	1094.4	553.2	4.3
山 东	**Shandong**	**12130.7**	**6206.5**	**227.3**	**3003.5**	**1729.7**	**4.8**
河 南	Henan	10952.2	6948.3	149.5	2832.3	147.4	5.1
湖 北	Hubei	8939.3	4193.1	311.2	2128.2	1584.3	4.4
湖 南	Hunan	8160.1	3973.2	477.4	2466.9	617.8	3.8
广 东	Guangdong	8892.3	4308.2	549.2	1680.2	1898.2	4.8
广 西	Guangxi	6938.5	3977.7	548.5	1509.5	575.8	5.0
海 南	Hainan	2272.0	1236.8	118.7	340.5	466.6	3.5
重 庆	Chongqing	3068.4	1881.8	176.4	800.9	137.0	4.5
四 川	Sichuan	9859.8	5528.8	438.2	3281.7	343.1	4.5
贵 州	Guizhou	4908.7	3313.7	340.0	941.4	79.6	4.2
云 南	Yunnan	6635.8	3629.9	492.2	2192.3	119.9	5.5
西 藏	Tibet	278.6	121.0	7.0	143.4	0.2	4.8
陕 西	Shaanxi	4601.9	3310.4	86.1	925.4	36.2	4.6
甘 肃	Gansu	2680.7	1806.4	36.4	662.2	1.7	5.9
青 海	Qinghai	566.2	238.3	13.1	302.3	4.3	4.6
宁 夏	Ningxia	845.9	455.6	11.5	323.5	22.8	4.9
新 疆	Xinjiang	5469.0	3754.0	53.5	1305.3	32.1	5.8

注：本表绝对数按当年价格计算，增长速度按可比价格计算。
a)Absolute figures in this table are calculated at current prices while growth rate at constant prices.

附录 1-14　主要农产品产量(2022年)

Output of Major Agriculture Products(2022)

单位：万吨　　(10 000 tons)

地　区　Region	粮　食 Grain	油　料 Oil Crops	棉　花 Cotton	蔬　菜 Vegetables	水　果 Fruits	肉　类 Meat	#猪　肉 Pork	#牛　肉 Beef	#羊　肉 Mutton	奶　类 Milk
全国总计　Total	**68652.8**	**3654.2**	**598.0**	**79997.2**	**31296.2**	**9328.4**	**5541.4**	**718.3**	**524.5**	**4026.5**
北　京　Beijing	45.4	0.9		198.9	38.3	4.3	2.8	0.4	0.2	26.2
天　津　Tianjin	256.2	0.4	0.3	256.4	57.8	29.5	16.7	2.9	1.0	51.1
河　北　Hebei	3865.1	115.4	13.9	5406.8	1533.9	478.8	273.4	58.1	36.9	549.3
山　西　Shanxi	1464.3	15.0		1010.3	1002.8	143.2	92.4	9.1	11.2	143.1
内蒙古　Inner Mongolia	3900.6	170.0		1012.9	175.5	284.1	73.7	71.9	110.2	740.8
辽　宁　Liaoning	2484.5	113.4		2055.4	879.7	446.2	242.6	32.3	6.7	135.1
吉　林　Jilin	4080.8	81.6		514.8	166.0	291.0	150.1	44.3	8.3	29.4
黑龙江　Heilongjiang	7763.1	14.3		759.8	189.4	312.5	191.8	52.7	15.2	501.9
上　海　Shanghai	95.6	0.3		259.6	31.9	9.5	8.3		0.2	30.2
江　苏　Jiangsu	3769.1	96.3	0.6	5974.7	1002.1	318.1	179.4	2.9	7.2	68.8
浙　江　Zhejiang	621.0	33.0	0.5	1976.7	704.5	108.5	71.4	1.5	2.4	19.7
安　徽　Anhui	4100.1	173.4	2.6	2537.7	798.3	475.3	248.3	11.7	22.5	50.7
福　建　Fujian	508.7	23.6		1752.9	864.9	296.3	128.1	2.7	2.3	22.1
江　西　Jiangxi	2151.9	137.5	2.2	1786.9	749.4	359.9	249.9	17.1	3.1	7.9
山　东　Shandong	**5543.8**	**274.0**	**14.5**	**9045.8**	**3095.5**	**844.5**	**368.4**	**60.4**	**33.7**	**304.5**
河　南　Henan	6789.4	684.0	1.4	7845.3	2542.0	660.0	434.9	36.7	29.0	217.8
湖　北　Hubei	2741.1	374.2	10.3	4407.9	1143.2	441.2	331.7	16.3	10.5	9.2
湖　南　Hunan	3018.0	277.0	8.2	4356.7	1208.2	580.9	457.9	21.6	18.2	7.2
广　东　Guangdong	1291.5	117.4		3999.1	2028.4	481.0	279.8	4.5	2.0	19.9
广　西　Guangxi	1393.1	76.5	0.1	4236.5	3402.5	454.9	262.7	14.9	4.3	13.1
海　南　Hainan	146.6	7.5		605.4	563.6	69.2	33.9	2.0	1.1	0.3
重　庆　Chongqing	1072.8	70.8		2272.4	593.3	205.3	150.0	8.0	6.9	3.2
四　川　Sichuan	3510.5	433.8		5198.7	1380.5	685.7	478.0	38.6	27.4	70.8
贵　州　Guizhou	1114.6	105.6		3355.7	698.9	241.0	178.8	22.8	4.7	3.7
云　南　Yunnan	1958.0	63.5		2857.9	1289.1	521.6	393.2	43.6	21.7	70.2
西　藏　Tibet	107.3	4.7		81.6	3.1	28.6	1.8	21.4	5.1	57.8
陕　西　Shaanxi	1297.9	56.3		2082.2	2240.8	132.1	101.6	8.9	10.2	170.5
甘　肃　Gansu	1265.0	61.3	4.0	1736.6	965.5	142.6	67.9	27.2	36.5	92.7
青　海　Qinghai	107.3	30.9		151.8	2.8	41.0	6.3	21.9	12.4	35.3
宁　夏　Ningxia	375.8	4.5		527.9	271.7	36.8	9.0	12.5	12.5	342.5
新　疆　Xinjiang	1813.5	37.2	539.4	1731.9	1672.6	204.7	57.0	49.4	60.7	231.5

附录 1-15 主要工业产品产量(2022年)

Output of Major Industrial Products(2022)

地区	Region	原油(万吨) Crude Petroleum Oil (10 000 tons)	发电量(亿千瓦时) Electricity (100 million kW·h)	生铁(万吨) Pig Iron (10 000 tons)	粗钢(万吨) Crude Steel (10 000 tons)	钢材(万吨) Steel (10 000 tons)	水泥(万吨) Cement (10 000 tons)
全国总计	**Total**	**20472.2**	**88487.1**	**86382.8**	**101795.9**	**134033.5**	**212951.3**
北京	Beijing		467.1			184.3	203.4
天津	Tianjin	3575.3	764.9	1772.8	1738.3	5543.7	529.5
河北	Hebei	547.1	3792.9	19840.2	21194.5	32169.2	10033.9
山西	Shanxi		4298.8	5833.5	6423.2	6354.6	4844.6
内蒙古	Inner Mongolia	46.3	6619.2	2188.8	2956.5	3041.9	3597.0
辽宁	Liaoning	984.1	2256.8	7101.4	7451.6	7727.5	3910.9
吉林	Jilin	425.6	1056.9	1307.8	1357.0	1532.0	1731.4
黑龙江	Heilongjiang	2971.0	1217.6	877.1	960.5	999.7	1881.1
上海	Shanghai	53.6	955.0	1390.0	1500.8	1920.9	369.6
江苏	Jiangsu	152.9	6077.3	9637.9	11905.0	14882.2	14235.7
浙江	Zhejiang		4349.9	802.6	1378.1	2934.8	12953.7
安徽	Anhui		3298.8	2956.5	3709.2	3963.0	14218.7
福建	Fujian		3088.8	1382.5	3197.3	3505.5	9692.9
江西	Jiangxi		1725.0	2384.7	2689.9	3457.0	8997.2
山东	**Shandong**	**2200.3**	**6203.6**	**7371.3**	**7600.3**	**10529.1**	**13522.5**
河南	Henan	236.2	3429.8	2743.0	3187.2	4158.0	11488.4
湖北	Hubei	53.7	3108.7	2832.3	3655.5	3911.1	11056.2
湖南	Hunan		1768.1	2179.6	2612.7	3038.3	9998.4
广东	Guangdong	1884.6	6365.7	2420.9	3571.8	5627.4	15226.4
广西	Guangxi	65.8	2115.9	3013.3	3793.2	4995.6	10426.5
海南	Hainan	56.0	405.7				1626.4
重庆	Chongqing		997.8	723.0	975.1	1690.6	5321.1
四川	Sichuan	11.9	4846.2	2036.4	2787.3	3583.0	13070.1
贵州	Guizhou		2299.0	380.6	461.9	607.3	6428.1
云南	Yunnan		4016.6	1583.3	2247.7	2550.7	9693.7
西藏	Tibet		128.2				792.7
陕西	Shaanxi	2536.6	2852.1	1188.3	1475.9	2010.5	6529.8
甘肃	Gansu	1092.2	1954.1	810.7	1084.9	1091.6	4047.8
青海	Qinghai	235.0	998.1	99.4	121.3	120.6	978.5
宁夏	Ningxia	130.7	2235.1	497.7	596.2	578.5	1667.5
新疆	Xinjiang	3213.3	4793.4	1027.1	1162.8	1324.7	3877.5

附录 1-15 续表 continued

地区	Region	布（亿米） Cloth (100 million m)	家用电冰箱（万台） Home Refrigerators (10 000 units)	农用化肥（万吨） Chemical Fertilizes (10 000 tons)	汽车（万辆） Motor Vehicles (10 000 sets)	程控交换机（万线） Program Controlled Switchboards (10 000 lines)	移动通信手持机（万台） Mobile Communication Handsets (10 000 units)	微型计算机设备（万台） Microcomputer Equipments (10 000 units)
全国总计	**Total**	**467.5**	**8664.4**	**5573.3**	**2718.0**	**883.8**	**156080.0**	**43418.2**
北京	Beijing				87.1		9429.5	858.6
天津	Tianjin	0.2		47.8	60.3		2.1	0.1
河北	Hebei	9.6		193.4	90.6	1.4		
山西	Shanxi	0.1		364.9	16.5		2741.7	3.6
内蒙古	Inner Mongolia			400.9	5.4			
辽宁	Liaoning	0.7	158.2	31.0	76.6		19.4	49.4
吉林	Jilin	0.3		22.8	215.6			
黑龙江	Heilongjiang			80.5	8.3			
上海	Shanghai	0.6		1.0	302.5		3204.0	2760.7
江苏	Jiangsu	73.5	1215.5	161.8	94.4		5455.4	3330.5
浙江	Zhejiang	123.6	454.5	32.1	124.9	50.6	2616.4	129.6
安徽	Anhui	5.6	2633.5	230.3	174.7		92.3	2950.2
福建	Fujian	74.0		48.2	33.9		3168.8	1185.3
江西	Jiangxi	7.6	70.8	111.7	41.4		9341.9	4946.6
山东	**Shandong**	**45.4**	**832.1**	**430.3**	**101.9**	**0.5**	**454.1**	**0.7**
河南	Henan	16.9	173.9	396.4	55.3	1.6	15622.6	97.2
湖北	Hubei	53.2	518.5	591.4	189.6		6250.8	1336.2
湖南	Hunan	0.9		82.1	26.3		4846.1	208.2
广东	Guangdong	21.2	1773.3	6.4	415.4	829.7	62690.0	6948.8
广西	Guangxi	0.9	416.8	43.8	177.0		2644.6	179.7
海南	Hainan			63.7	2.2			
重庆	Chongqing	3.0	134.4	166.2	203.8		7448.5	8631.9
四川	Sichuan	12.2	115.2	381.8	72.5		12631.0	9221.2
贵州	Guizhou	0.5	156.6	247.5	4.6		1313.5	0.1
云南	Yunnan			245.1	2.2		2907.4	571.0
西藏	Tibet							
陕西	Shaanxi	7.9	11.0	158.2	133.8		3113.9	8.4
甘肃	Gansu			23.7				
青海	Qinghai			555.4				
宁夏	Ningxia	0.5		71.7				
新疆	Xinjiang	9.1		383.6	1.4		85.8	

附录 1-16 规模以上工业主要经济指标(2022年)
Main Indicators on Economic Efficiency of Industrial Enterprises above Designated Size(2022)

单位:亿元 (100 million yuan)

地区	Region	资产总计 Total Assets	流动资产合计 Current Assets	负债合计 Total Liabilities	营业收入 Business Revenue	营业成本 Business Cost	利润总额 Total Profits
全国总计	**Total**	**1561196.7**	**807645.9**	**882994.2**	**1379098.4**	**1168426.4**	**84038.5**
北 京	Beijing	64237.4	25976.0	28002.6	26794.4	22310.9	1980.9
天 津	Tianjin	24752.1	12496.8	13203.4	23537.1	20080.7	1523.3
河 北	Hebei	60192.4	29651.1	37425.4	52403.7	47132.4	1261.2
山 西	Shanxi	59676.4	29172.5	41330.5	37961.2	30397.5	3633.4
内蒙古	Inner Mongolia	42114.4	16234.4	23294.1	28158.2	21559.7	4060.0
辽 宁	Liaoning	43477.2	22045.3	26643.7	35854.2	30763.4	1540.9
吉 林	Jilin	19382.1	8927.6	10681.0	13835.9	11471.1	917.3
黑龙江	Heilongjiang	19181.9	9348.3	11628.6	12418.8	10128.6	604.0
上 海	Shanghai	54298.1	32037.7	26243.8	45264.8	37510.5	2793.6
江 苏	Jiangsu	169623.2	103067.9	92356.0	161506.0	138124.9	9061.9
浙 江	Zhejiang	125075.7	71129.2	70201.8	107956.6	92107.8	5863.6
安 徽	Anhui	55493.6	29189.3	30951.0	49051.1	42521.9	2449.7
福 建	Fujian	51807.6	27558.4	27705.8	70367.5	61346.1	4071.3
江 西	Jiangxi	33934.0	17938.7	18730.5	48295.5	41848.4	3456.1
山 东	**Shandong**	**119195.8**	**64412.3**	**73376.8**	**108019.9**	**94572.5**	**4473.2**
河 南	Henan	57668.8	28120.5	32846.4	60206.8	53255.8	2534.0
湖 北	Hubei	51829.6	24927.9	27685.2	53789.9	45878.5	3139.6
湖 南	Hunan	36454.6	17348.3	18720.7	47644.8	39668.6	2310.1
广 东	Guangdong	193540.2	115668.2	111493.0	179878.2	151220.7	9460.9
广 西	Guangxi	25919.1	12770.9	16692.7	23234.8	20861.2	702.3
海 南	Hainan	4528.5	1741.8	2729.9	2944.3	2399.3	135.2
重 庆	Chongqing	26911.8	14260.5	15012.2	28211.4	24190.3	1683.8
四 川	Sichuan	64081.6	29354.8	35542.1	54932.4	45044.9	4836.3
贵 州	Guizhou	18897.7	8211.2	11593.6	10255.5	7785.7	1284.9
云 南	Yunnan	26815.1	10528.9	15057.2	19682.8	15967.8	1330.5
西 藏	Tibet	2297.6	455.8	1182.7	498.5	360.8	61.5
陕 西	Shaanxi	44192.6	20477.7	23804.2	35208.7	27051.0	4570.3
甘 肃	Gansu	14787.9	5648.6	8588.8	10960.4	9337.8	594.6
青 海	Qinghai	7439.7	2886.5	4988.0	4544.0	3421.6	828.9
宁 夏	Ningxia	13152.9	4778.1	8527.6	8107.3	6902.0	412.7
新 疆	Xinjiang	30237.0	11281.0	16754.8	17573.8	13204.0	2462.3

注：本表为快报数据。
a)Data in this table are preliminary data.

附录 1-17　建筑业总产值和房屋建筑面积
Output Value of Construction and Floor Space of Buildings

地　区	Region	总产值(亿元) Total Output Value (100 million yuan)		施工面积(万平方米) Floor Space of Buildings Under Construction (10 000 sq.m)		竣工面积(万平方米) Floor Space of Buildings Completed (10 000 sq.m)	
		2021	2022	2021	2022	2021	2022
全国总计	**Total**	**293079.3**	**311979.8**	**1575495.3**	**1564518.2**	**408257.1**	**405477.2**
北　京	Beijing	13987.7	13866.1	91154.8	89888.3	13254.5	13815.4
天　津	Tianjin	4653.0	4751.3	18022.6	18808.4	2189.8	2722.0
河　北	Hebei	6484.6	6951.3	35548.9	35918.4	8212.2	7099.0
山　西	Shanxi	5677.7	6145.5	23316.4	22648.1	5048.0	5634.9
内蒙古	Inner Mongolia	1279.4	1332.8	7497.5	7045.5	1320.7	1096.3
辽　宁	Liaoning	4044.9	3936.9	18129.7	13329.4	3459.0	3633.2
吉　林	Jilin	2246.3	2100.7	8737.4	7047.1	3006.1	1882.6
黑龙江	Heilongjiang	1328.5	1414.5	3753.5	3868.0	786.8	1056.8
上　海	Shanghai	9236.4	9273.9	54802.9	58203.1	9232.4	8757.5
江　苏	Jiangsu	38244.5	40660.0	273463.3	275135.4	74993.3	76318.6
浙　江	Zhejiang	23011.0	23861.1	181956.4	171655.1	43302.4	44915.4
安　徽	Anhui	10584.0	11702.6	53887.4	49670.7	14006.5	14856.9
福　建	Fujian	15810.4	17129.5	87172.3	87432.9	19182.5	20254.6
江　西	Jiangxi	9762.9	10694.8	35525.6	37048.4	14475.2	14682.6
山　东	**Shandong**	**16412.0**	**17559.6**	**95011.9**	**98827.9**	**24018.2**	**22917.7**
河　南	Henan	14192.0	15086.9	67394.3	66509.3	18988.6	18282.6
湖　北	Hubei	19031.5	21155.0	94015.9	91309.9	33112.6	33261.2
湖　南	Hunan	13280.1	14481.0	76367.9	76159.7	24029.1	23988.5
广　东	Guangdong	21345.6	22956.5	105978.4	107366.0	24525.6	24929.5
广　西	Guangxi	6699.6	7275.8	29484.2	27539.2	8596.7	8561.0
海　南	Hainan	447.1	467.2	1700.3	1861.8	475.8	449.5
重　庆	Chongqing	9943.0	10369.4	37895.2	36185.8	14162.0	12601.6
四　川	Sichuan	17351.2	18675.2	72351.8	77718.4	23250.8	22398.7
贵　州	Guizhou	4578.0	4820.2	17892.1	16415.1	4035.6	3375.3
云　南	Yunnan	7336.6	8168.6	18747.2	17690.2	6648.6	5973.1
西　藏	Tibet	270.7	203.8	425.5	262.6	196.4	117.5
陕　西	Shaanxi	9176.4	10067.9	36561.9	40252.7	7164.9	6825.8
甘　肃	Gansu	2270.3	2477.7	12419.0	12228.8	2341.4	2030.5
青　海	Qinghai	587.3	566.5	935.5	971.5	277.1	174.8
宁　夏	Ningxia	681.5	725.8	1989.7	1802.3	839.9	559.3
新　疆	Xinjiang	3124.8	3101.5	13355.6	13718.3	3124.5	2304.9

附录 1-18 建筑业主要效益指标(2022年)
Main Economic Indicators on Construction Enterprises(2022)

地区	Region	企业个数(个) Number of Enterprises (unit)	从事建筑业活动的从业人员平均人数(万人) Average Number of Employed Persons (10 000 persons)	按建筑业总产值计算的劳动生产率(元/人) Labor Productivity in Terms of Total Output Value (yuan/person)	人均竣工产值(元/人) Per Capita Output Value of Buildings Completed (yuan/person)	人均施工面积(平方米/人) Per Capita Floor Space of Buildings Under Construction (sq.m/person)	人均竣工面积(平方米/人) Per Capita Floor Space of Buildings Completed (sq.m/person)
全国总计	**Total**	**143621**	**6321.4**	**493526**	**215874**	**247.5**	**64.1**
北京	Beijing	2597	219.7	631270	314630	409.2	62.9
天津	Tianjin	2547	81.5	582963	197636	230.8	33.4
河北	Hebei	3579	112.1	619862	238647	320.3	63.3
山西	Shanxi	3689	130.2	472018	140314	174.0	43.3
内蒙古	Inner Mongolia	1040	24.1	552567	175957	292.1	45.5
辽宁	Liaoning	5772	66.7	590400	212499	199.9	54.5
吉林	Jilin	2936	37.3	562465	239285	188.7	50.4
黑龙江	Heilongjiang	2279	37.1	381489	137354	104.3	28.5
上海	Shanghai	2351	128.0	724666	341669	454.8	68.4
江苏	Jiangsu	13040	1045.1	389048	256179	263.3	73.0
浙江	Zhejiang	9950	556.3	428948	234271	308.6	80.7
安徽	Anhui	8362	230.7	507177	189005	215.3	64.4
福建	Fujian	8699	511.6	334833	132861	170.9	39.6
江西	Jiangxi	5782	199.8	535204	221164	185.4	73.5
山东	**Shandong**	**10643**	**309.3**	**567710**	**230913**	**319.5**	**74.1**
河南	Henan	9333	313.1	481896	183523	212.4	58.4
湖北	Hubei	5927	264.7	799201	311546	345.0	125.7
湖南	Hunan	3950	299.0	484348	225571	254.7	80.2
广东	Guangdong	9257	397.6	577358	182528	270.0	62.7
广西	Guangxi	2749	127.7	569610	258331	215.6	67.0
海南	Hainan	325	8.9	524564	230337	209.0	50.5
重庆	Chongqing	3762	232.7	445629	194958	155.5	54.2
四川	Sichuan	8757	420.0	444666	188147	185.1	53.3
贵州	Guizhou	2170	88.9	541974	128845	184.6	38.0
云南	Yunnan	4254	168.1	486080	152781	105.3	35.5
西藏	Tibet	410	4.2	484898	173105	62.5	28.0
陕西	Shaanxi	3987	168.6	597007	182568	238.7	40.5
甘肃	Gansu	2466	51.4	482127	163712	238.0	39.5
青海	Qinghai	417	8.5	665033	240570	114.0	20.5
宁夏	Ningxia	730	16.3	445502	187748	110.6	34.3
新疆	Xinjiang	1861	62.2	498730	183626	220.6	37.1

附录 1-19 客运量和旅客周转量(2022年)
Passenger Traffic and Passenger-Kilometers(2022)

地区	Region	客运量(万人) Passenger Traffic (10 000 persons)	#铁路 Railways	#公路 Highways	#水运 Waterways	旅客周转量(亿人公里) Passenger Kilometers (100 million passenger km)	#铁路 Railways	#公路 Highways	#水运 Waterways
全国总计	**Total**	**558738**	**167296**	**354643**	**11627**	**12921.4**	**6577.5**	**2407.5**	**22.6**
北京	Beijing	25055	3950	21105		88.6	43.6	45.0	
天津	Tianjin	8295	1311	6959	25	97.5	57.9	39.5	
河北	Hebei	8410	4114	4296		382.2	345.4	36.8	
山西	Shanxi	6274	3716	2476	81	119.1	96.6	22.5	
内蒙古	Inner Mongolia	3557	1712	1844		89.0	68.5	20.4	
辽宁	Liaoning	17579	4184	13151	244	269.1	201.1	66.3	1.7
吉林	Jilin	7417	2052	5318	47	122.5	81.5	41.0	
黑龙江	Heilongjiang	9203	3070	6016	118	126.3	91.7	34.4	0.1
上海	Shanghai	7397	4313	2865	220	76.1	42.2	33.5	0.4
江苏	Jiangsu	47077	12842	32652	1582	620.7	416.7	203.5	0.6
浙江	Zhejiang	32659	12360	17938	2360	490.7	348.0	139.2	3.5
安徽	Anhui	14672	7301	7284	87	483.6	407.8	75.6	0.1
福建	Fujian	16567	6378	9651	538	260.4	191.7	68.1	0.5
江西	Jiangxi	16217	6386	9734	97	455.6	394.2	61.3	0.1
山东	**Shandong**	**17536**	**8471**	**8247**	**818**	**415.3**	**313.8**	**98.3**	**3.2**
河南	Henan	26828	7512	19189	127	639.5	470.3	169.1	0.2
湖北	Hubei	26050	8433	17412	205	474.7	377.6	96.2	0.8
湖南	Hunan	38244	9779	27641	823	687.1	538.7	146.6	1.8
广东	Guangdong	42329	17714	23730	884	723.0	526.8	193.8	2.3
广西	Guangxi	20654	5974	14479	201	377.8	245.2	131.8	0.8
海南	Hainan	6688	1840	3447	1400	60.0	28.8	28.2	3.0
重庆	Chongqing	19634	4824	14432	378	206.6	127.4	77.9	1.3
四川	Sichuan	40221	9679	29816	726	392.6	223.1	168.6	0.9
贵州	Guizhou	20323	4580	15537	205	319.9	207.2	112.2	0.4
云南	Yunnan	16698	4724	11690	284	247.5	143.7	103.3	0.5
西藏	Tibet	630	240	390		21.7	11.6	10.1	
陕西	Shaanxi	13372	4825	8496	50	278.8	216.0	62.7	0.1
甘肃	Gansu	8013	2444	5544	26	208.9	176.7	32.2	
青海	Qinghai	1118	366	721	31	43.3	33.1	10.2	
宁夏	Ningxia	2701	434	2195	71	36.5	17.5	19.0	
新疆	Xinjiang	12149	1766	10384		193.1	133.1	60.0	
不分地区	Not Classified by Region	25171				3913.8			

注：不分地区合计为民航完成数。
a)The total passenger traffic not classified by region refers to that completed by civil aviation.

附录 1-20　货运量和货物周转量(2022年)
Freight Traffic and Freight Ton-kilometers(2022)

地　区	Region	货运量(万吨) Total (10 000 tons)	#铁　路 Railways	#公　路 Highways	#水　运 Waterways	货　物 周转量 (亿吨公里) Total (100 million ton-km)	#铁　路 Railways	#公　路 Highways	#水　运 Waterways
全国总计	**Total**	**5152571**	**498424**	**3711928**	**855352**	**231782.7**	**35945.7**	**68958.0**	**121003.1**
北　京	Beijing	18918	368	18549		1017.1	791.6	225.4	
天　津	Tianjin	52898	11754	30382	10761	2665.8	574.3	604.9	1486.6
河　北	Hebei	232136	30212	196727	5197	14234.2	5506.0	7890.3	837.9
山　西	Shanxi	211540	104514	107024	1	6473.0	3308.7	3164.3	
内蒙古	Inner Mongolia	211615	84906	126709		5220.7	3079.7	2141.0	
辽　宁	Liaoning	166281	22394	139403	4484	4611.2	1304.5	2777.5	529.1
吉　林	Jilin	46467	5654	40813		1873.5	596.9	1276.7	
黑龙江	Heilongjiang	52119	12955	38616	547	1851.6	969.3	846.1	36.2
上　海	Shanghai	141059	512	44846	95701	32369.7	20.7	844.4	31504.6
江　苏	Jiangsu	279143	10010	159936	109197	11829.3	382.0	3207.6	8239.7
浙　江	Zhejiang	321583	5453	205935	110195	13544.9	286.6	2650.4	10607.9
安　徽	Anhui	394061	7912	245982	140167	11281.8	849.0	3696.0	6736.8
福　建	Fujian	169091	4816	106939	57336	11340.3	206.4	1260.6	9873.3
江　西	Jiangxi	196926	5200	178366	13360	5119.8	619.1	4086.4	414.2
山　东	**Shandong**	**334165**	**36174**	**276906**	**21085**	**14273.5**	**1896.7**	**7912.6**	**4464.2**
河　南	Henan	259983	12156	230055	17772	11751.2	2748.0	7716.2	1286.9
湖　北	Hubei	209475	6279	144979	58217	7544.2	1224.1	2058.8	4261.3
湖　南	Hunan	213251	4827	186123	22301	2931.6	1015.6	1465.0	450.9
广　东	Guangdong	351809	11707	242474	97628	28078.1	362.7	2710.3	25005.0
广　西	Guangxi	213331	9805	163219	40307	5173.0	741.4	1885.6	2545.9
海　南	Hainan	30007	911	6844	22252	9963.7	13.0	39.5	9911.2
重　庆	Chongqing	135491	1899	111915	21678	3880.2	303.7	1063.3	2513.2
四　川	Sichuan	186423	8045	172329	6049	3202.0	1068.5	1858.0	275.6
贵　州	Guizhou	94999	6672	87870	456	1417.3	680.2	722.9	14.2
云　南	Yunnan	145857	6009	139217	630	1999.7	528.0	1463.4	8.4
西　藏	Tibet	4024	91	3934		130.5	27.7	102.8	
陕　西	Shaanxi	164723	43505	121188	30	4368.9	2497.9	1871.0	
甘　肃	Gansu	72945	8861	64084		3680.5	1990.2	1690.3	
青　海	Qinghai	18467	3594	14874		702.6	527.4	175.3	
宁　夏	Ningxia	48623	10160	38463		873.8	276.0	597.8	
新　疆	Xinjiang	88293	21068	67225		2503.2	1549.6	953.6	
不分地区	Not Classified by Region	86868				5875.8			

注：1.不分地区合计中包括管道、民航等完成数。货运量和货物周转量的全国总计，等于分省数与不分地区中民航、管道运输数据之和。
a)The data not classified by region refers to pipelines, civil aviation ,etc.Ltd.The total freight traffic and freight ton-kilometers of China refers to the sum of the data classified by region and the data completed by civil aviation and pipelines.

附录 1-21 社会消费品零售总额
Total Retail Sale of Consumer Goods

单位:亿元 (100 million yuan)

地区	Region	2021		2022	
		社会消费品零售总额 Total Retail Sales of Consumer Goods	增长 (%) Growth Rate (%)	社会消费品零售总额 Total Retail Sales of Consumer Goods	增长 (%) Growth Rate (%)
全 国	**National Total**	**440823.2**	**12.5**	**439732.5**	**-0.2**
北 京	Beijing	14867.7	8.4	13794.2	-7.2
天 津	Tianjin	3769.8	5.2	3572.0	-5.2
河 北	Hebei	13509.9	6.3	13720.1	1.6
山 西	Shanxi	7747.3	14.8	7562.7	-2.4
内蒙古	Inner Mongolia	5060.3	6.3	4971.4	-1.8
辽 宁	Liaoning	9783.9	9.2	9526.2	-2.6
吉 林	Jilin	4216.6	10.3	3807.7	-9.7
黑龙江	Heilongjiang	5542.9	8.8	5210.0	-6.0
上 海	Shanghai	18079.3	13.5	16442.1	-9.1
江 苏	Jiangsu	42702.6	15.1	42752.1	0.1
浙 江	Zhejiang	29210.5	9.7	30467.2	4.3
安 徽	Anhui	21471.2	17.1	21518.4	0.2
福 建	Fujian	20373.1	9.4	21050.1	3.3
江 西	Jiangxi	12206.7	17.7	12853.5	5.3
山 东	**Shandong**	**33714.5**	**15.3**	**33236.2**	**-1.4**
河 南	Henan	24381.7	8.3	24407.4	0.1
湖 北	Hubei	21561.4	19.9	22164.8	2.8
湖 南	Hunan	18596.9	14.4	19050.7	2.4
广 东	Guangdong	44187.7	9.9	44882.9	1.6
广 西	Guangxi	8538.5	9.0	8539.1	持平
海 南	Hainan	2497.6	26.5	2268.4	-9.2
重 庆	Chongqing	13967.7	18.5	13926.1	-0.3
四 川	Sichuan	24133.2	15.9	24104.6	-0.1
贵 州	Guizhou	8904.3	13.7	8507.1	-4.5
云 南	Yunnan	10731.8	9.6	10838.8	1.0
西 藏	Tibet	810.3	8.7	726.5	-10.3
陕 西	Shaanxi	10250.5	6.7	10401.6	1.5
甘 肃	Gansu	4037.1	11.1	3922.2	-2.8
青 海	Qinghai	947.8	8.0	842.1	-11.2
宁 夏	Ningxia	1335.1	2.6	1338.4	0.2
新 疆	Xinjiang	3584.6	17.0	3240.5	-9.6

附录 1–22 货物进出口总额(按收发货人所在地分)
Total Volume of Imports and Exports (by Location of Importers/Exporters)

单位:亿美元 (100 million USD)

地 区	Region	2017	2018	2019	2020年	2021年	2022年
全国总计	**Total**	**41071.6**	**46224.2**	**45778.9**	**46559.1**	**60501.7**	**63096.0**
北 京	Beijing	3240.2	4124.9	4164.6	3364.8	4709.9	5465.0
天 津	Tianjin	1129.2	1225.6	1066.5	1063.2	1325.7	1267.6
河 北	Hebei	498.6	539.0	580.4	644.7	838.5	843.2
山 西	Shanxi	171.9	207.6	209.8	218.4	345.3	277.3
内蒙古	Inner Mongolia	138.7	156.9	159.4	152.2	191.4	227.7
辽 宁	Liaoning	996.0	1146.0	1053.2	948.3	1194.6	1187.5
吉 林	Jilin	185.4	206.8	189.0	185.3	232.6	233.8
黑龙江	Heilongjiang	189.5	264.4	271.1	222.3	308.5	396.9
上 海	Shanghai	4762.0	5156.8	4939.1	5038.3	6285.2	6272.4
江 苏	Jiangsu	5907.8	6639.1	6295.2	6428.3	8064.7	8177.5
浙 江	Zhejiang	3779.1	4323.6	4472.2	4885.4	6409.3	7034.4
安 徽	Anhui	540.2	628.4	687.3	787.0	1070.0	1131.3
福 建	Fujian	1710.2	1874.1	1931.1	2035.8	2852.5	2975.0
江 西	Jiangxi	443.4	481.9	508.9	580.3	770.2	1006.7
山 东	**Shandong**	**2645.5**	**2924.0**	**2970.0**	**3202.1**	**4538.7**	**4994.3**
河 南	Henan	776.3	828.1	825.0	972.7	1270.1	1279.0
湖 北	Hubei	463.4	527.8	571.6	622.5	830.8	927.3
湖 南	Hunan	360.3	464.7	628.5	706.8	924.0	1054.3
广 东	Guangdong	10066.8	10844.6	10366.3	10240.2	12795.7	12470.4
广 西	Guangxi	578.8	623.0	682.2	704.1	917.2	980.5
海 南	Hainan	103.7	127.3	131.5	135.9	227.5	300.9
重 庆	Chongqing	666.0	790.2	839.5	941.8	1238.2	1228.3
四 川	Sichuan	681.1	899.2	984.0	1169.0	1474.3	1511.7
贵 州	Guizhou	81.6	76.0	65.7	79.1	101.3	119.1
云 南	Yunnan	234.5	298.6	336.9	391.3	486.8	500.4
西 藏	Tibet	8.6	7.2	7.0	3.1	6.2	6.9
陕 西	Shaanxi	402.0	533.0	510.3	546.0	735.6	726.4
甘 肃	Gansu	48.3	60.1	55.2	55.3	76.1	88.3
青 海	Qinghai	6.6	7.3	5.4	3.3	4.9	6.5
宁 夏	Ningxia	50.4	37.8	34.9	17.8	33.2	38.6
新 疆	Xinjiang	205.7	200.0	237.1	213.7	243.0	366.8

附录 1-23 货物进出口总额(按境内目的地、货源地分)
Total Volume of Imports and Exports (by Destination and Origin of Goods in China)

单位:亿美元 (100 million USD)

地 区	Region	2017	2018	2019	2020年	2021年	2022年
全国总计	**Total**	**41071.6**	**46224.2**	**45778.9**	**46559.1**	**60501.7**	**63096.0**
北 京	Beijing	1216.2	1274.2	1122.8	1150.1	1575.9	1452.7
天 津	Tianjin	1216.9	1417.4	1363.7	1257.7	1594.8	1659.6
河 北	Hebei	815.4	874.7	947.3	1000.8	1366.3	1417.0
山 西	Shanxi	207.9	246.5	228.6	219.9	366.0	320.7
内蒙古	Inner Mongolia	158.9	198.3	201.2	205.8	287.5	329.1
辽 宁	Liaoning	1125.3	1340.8	1338.4	1182.6	1520.4	1579.0
吉 林	Jilin	197.9	215.4	192.4	195.9	243.9	230.7
黑龙江	Heilongjiang	167.1	237.4	248.8	205.3	287.6	346.2
上 海	Shanghai	4473.5	4858.6	4737.0	4787.8	6045.2	6013.1
江 苏	Jiangsu	6364.9	7171.3	6785.3	6843.7	8661.1	8913.5
浙 江	Zhejiang	3839.7	4414.5	4517.1	4650.4	6185.6	6835.9
安 徽	Anhui	509.9	594.0	637.8	752.2	1028.9	1144.9
福 建	Fujian	1530.8	1728.3	1747.7	1721.0	2472.5	2666.1
江 西	Jiangxi	369.2	411.7	443.5	509.3	678.1	956.4
山 东	**Shandong**	**3162.9**	**3641.1**	**3587.6**	**3534.7**	**5323.1**	**5975.5**
河 南	Henan	813.7	874.9	880.0	1044.6	1363.8	1410.7
湖 北	Hubei	462.0	513.0	537.7	616.5	794.6	930.6
湖 南	Hunan	300.1	354.6	421.0	478.6	568.5	696.4
广 东	Guangdong	11136.6	12112.5	11842.7	12062.1	14748.6	14280.0
广 西	Guangxi	526.0	607.3	653.3	667.0	1000.7	1073.6
海 南	Hainan	136.5	180.9	171.7	165.8	200.9	275.5
重 庆	Chongqing	565.7	681.9	755.6	839.8	1090.7	1057.3
四 川	Sichuan	666.2	932.3	1044.0	1173.1	1421.1	1544.8
贵 州	Guizhou	81.2	83.6	69.3	74.8	102.1	111.0
云 南	Yunnan	213.9	271.8	334.4	343.6	412.4	517.7
西 藏	Tibet	6.1	6.4	6.2	2.8	6.3	3.6
陕 西	Shaanxi	405.6	522.5	490.7	513.0	681.0	655.7
甘 肃	Gansu	50.0	64.9	53.8	57.0	76.8	98.1
青 海	Qinghai	4.5	5.8	4.9	3.1	4.0	7.0
宁 夏	Ningxia	43.3	40.5	41.9	29.3	46.7	64.4
新 疆	Xinjiang	303.9	347.0	372.8	270.7	346.5	529.0

附录 1-24 货物进出口总额(2022年)
Total Volume of Imports and Exports (2022)

单位:亿美元 (100 million USD)

地 区	Region	按收发货人所在地分 by Location of Importers/Exporters		按境内目的地、货源地分 by Destination and Origin of Goods	
		出口额 Exports	进口额 Imports	出口额 Exports	进口额 Imports
全国总计	**Total**	**35936.0**	**27160.0**	**35936.0**	**27160.0**
北 京	Beijing	881.7	4583.3	340.8	1111.9
天 津	Tianjin	571.8	695.7	569.5	1090.1
河 北	Hebei	510.5	332.6	745.4	671.6
山 西	Shanxi	181.8	95.5	237.2	83.5
内蒙古	Inner Mongolia	94.3	133.4	120.7	208.4
辽 宁	Liaoning	538.2	649.4	646.1	932.9
吉 林	Jilin	75.2	158.6	79.8	150.9
黑龙江	Heilongjiang	81.3	315.6	82.8	263.5
上 海	Shanghai	2563.7	3708.7	2070.0	3943.2
江 苏	Jiangsu	5225.9	2951.6	5437.2	3476.3
浙 江	Zhejiang	5158.0	1876.5	4980.7	1855.3
安 徽	Anhui	714.2	417.1	780.1	364.8
福 建	Fujian	1820.4	1154.6	1736.2	929.9
江 西	Jiangxi	763.8	242.9	704.0	252.4
山 东	**Shandong**	**3047.7**	**1946.6**	**3270.2**	**2705.3**
河 南	Henan	787.6	491.4	901.7	509.1
湖 北	Hubei	632.2	295.1	597.1	333.5
湖 南	Hunan	769.9	284.4	525.7	170.7
广 东	Guangdong	7999.6	4470.8	8886.4	5393.6
广 西	Guangxi	546.8	433.7	404.1	669.5
海 南	Hainan	107.4	193.4	84.9	190.6
重 庆	Chongqing	790.9	437.4	704.3	353.0
四 川	Sichuan	931.5	580.2	895.8	649.0
贵 州	Guizhou	77.8	41.2	75.9	35.1
云 南	Yunnan	241.4	259.0	254.0	263.7
西 藏	Tibet	6.5	0.4	3.4	0.2
陕 西	Shaanxi	452.2	274.2	425.5	230.3
甘 肃	Gansu	19.1	69.2	28.5	69.6
青 海	Qinghai	4.0	2.5	6.2	0.7
宁 夏	Ningxia	29.6	9.0	51.8	12.6
新 疆	Xinjiang	311.1	55.7	290.1	238.9

附录 1-25　外商投资企业进出口总额
Volume of Import and Export of Foreign-funded Enterprises

单位:万美元　　(10 000 USD)

地　区	Region	2021 进出口总额 Total	2021 出口额 Exports	2021 进口额 Imports	2022 进出口总额 Total	2022 出口额 Exports	2022 进口额 Imports
全国总计	**Total**	**217165345**	**115297908**	**101867437**	**207636776**	**112333022**	**95303754**
北　京	Beijing	10429183	3463653	6965530	9066599	2507669	6558929
天　津	Tianjin	6669858	2722053	3947805	5949755	2476448	3473308
河　北	Hebei	1281131	742419	538711	1282081	813599	468482
山　西	Shanxi	1643489	1292816	350673	1257472	1204401	53071
内蒙古	Inner Mongolia	128286	63322	64963	170375	98892	71483
辽　宁	Liaoning	4525494	2045778	2479716	4373879	1971175	2402703
吉　林	Jilin	1090879	137583	953296	932886	160558	772329
黑龙江	Heilongjiang	175244	70761	104483	154039	74576	79463
上　海	Shanghai	38752139	14105413	24646726	38301644	14046814	24254830
江　苏	Jiangsu	42395220	24149017	18246203	41136784	24087865	17048918
浙　江	Zhejiang	10247404	6308205	3939199	10081089	6337846	3743243
安　徽	Anhui	2724049	1566514	1157535	2746851	1583848	1163003
福　建	Fujian	6991097	4206724	2784373	6571488	4109327	2462160
江　西	Jiangxi	1764230	994251	769979	2083530	1222873	860656
山　东	**Shandong**	**9092029**	**5828263**	**3263766**	**8951401**	**5872362**	**3079038**
河　南	Henan	5877999	4500740	1377259	5591975	4089338	1502637
湖　北	Hubei	1546194	804725	741469	1551143	878818	672325
湖　南	Hunan	823912	459211	364701	700580	474465	226115
广　东	Guangdong	48890765	29187473	19703292	45567127	27565873	18001254
广　西	Guangxi	1594842	755354	839488	1704981	880764	824217
海　南	Hainan	504628	264645	239983	864978	533910	331068
重　庆	Chongqing	9431771	5152021	4279750	5758840	3841931	1916909
四　川	Sichuan	5921455	4102573	1818882	8636039	4910960	3725079
贵　州	Guizhou	52482	31508	20974	48718	30482	18236
云　南	Yunnan	62449	36603	25846	87855	55819	32036
西　藏	Tibet	670	42	628	108		108
陕　西	Shaanxi	4474591	2269207	2205384	3985065	2460462	1524603
甘　肃	Gansu	9109	1973	7136	6074	2156	3918
青　海	Qinghai	525	525		1382	1261	121
宁　夏	Ningxia	52994	30073	22921	50580	35367	15213
新　疆	Xinjiang	11229	4461	6768	21460	3162	18298

附录 2

国际统计资料

International Statistical Data

简 要 说 明

一、本篇资料的主要内容

本篇资料反映了近年来世界主要国家经济社会事业发展基本情况，主要包括人口、土地面积、国内生产总值及其增长、农业、工业、国际贸易、直接投资、国际旅游、国际储备、外债、医疗卫生、互联网用户等方面的内容。

二、本篇资料的来源

本篇资料来源于中国统计出版社出版的《国际统计年鉴 2022》，由省统计局综合处整理。

Brief Introduction

I. Content

Data in this chapter show the social and economic indicators of other countries, mainly including population, territory, GDP, agriculture, industry, international trade, direct investment, international tourism, international reserve, international debts, public health, internet users, indicators on development of population and culture, and TOP500 of international companies, etc.

II. Source of Data

Data in this chapter come from International Statistical Yearbook 2022 published by China Statistics Press and are prepared and compiled by the Division of Comprehensive Statistics of Shandong Provincial Bureau of Statistics.

附录 2-1 中国主要指标居世界的位次
Ranking of China in the World in Terms of Main Indicators

资料来源：联合国贸发会议数据库、世界贸易组织数据库、世界银行WDI数据库、国际货币基金组织数据库。
Source: UNCTAD Database;WTO Database;World Bank WDI Database;IMF Database.

指　标	Indicator	1978	1980	1990	2000	2010	2020	2021
国土面积	Surface Area	4	4	4	4	4	4	4
人　口	Population	1	1	1	1	1	1	1
国内生产总值	GDP	11	12	11	6	2	2	2
人均国民总收入①	GNI per capita ①	175(188)	177(188)	178(200)	141(207)	120(215)	67(191)	68(195)
货物进出口贸易总额	Foreign Trade Total	29	26	16	8	2	1	1
出口额	Exports	31	30	15	7	1	1	1
进口额	Imports	29	22	18	8	2	2	2
外商直接投资	Foreign Direct Investment Inflows	128	55	12	8	2	2	2
对外直接投资	Foreign Direct Investment Outflows	45	63	22	33	5	2	4
外汇储备	Foreign Exchange Reserves	38	36	10	2	1	1	1

注：①括号中所列为参加排序的国家和地区数。
Note:①The number in the parentheses indicates the number of countries or territories the order based on.

附录 2-2 中国主要指标占世界的比重
Major Indicators as Percentage of the World for China

资料来源：联合国贸发会议数据库、世界贸易组织数据库、世界银行WDI数据库、国际货币基金组织数据库、联合国FAO数据库。
Source: UNCTAD Database,WTO Database,World Bank WDI Database,IMF Database,FAO Database.
单位：%　　(%)

指　标	Indicator	1978	1980	1990	2000	2010	2020	2021
国土面积	Surface Area	7.1	7.1	7.1	7.1	7.1	7.1	7.1
人　口	Population, Total	22.3	22.1	21.5	20.7	19.3	18.2	18.0
国内生产总值	GDP	1.7	1.7	1.6	3.6	9.1	17.3	18.5
货物进出口贸易总额	Foreign Trade Total	0.8	0.9	1.6	3.6	9.7	13.1	13.5
出口额	Exports	0.8	0.9	1.8	3.9	10.3	14.7	15.1
进口额	Imports	0.8	1.0	1.5	3.4	9.0	11.6	11.9
外商直接投资	Foreign Direct Investment Inflows		0.1	1.7	3.0	8.2	15.5	11.4
对外直接投资	Foreign Direct Investment Outflows			0.3	0.1	4.9	19.7	8.5
外汇储备	Foreign Exchange Reserves	0.5	0.6	3.3	8.5	30.7	25.3	25.2
稻谷产量	Rice Production	35.5	35.3	36.5	31.4	28.2	27.5	27.0
小麦产量	Wheat Production	12.1	12.5	16.6	17.0	18.0	17.7	17.8
玉米产量	Maize Production	14.2	15.8	20.0	17.9	20.8	22.4	22.5
大豆产量	Soybeans Production	10.0	9.8	10.1	9.6	5.7	5.5	4.4

附录 2-3 中国农业主要产品产量居世界的位次
Ranking of China in the World in Terms of Major Agricultural Products

资料来源：联合国FAO数据库。
Source: FAO Database.

项 目	Item	1978	1980	1990	2000	2010	2020	2021
谷物	Cereals	2	1	1	1	1	1	1
肉类①	Meat,Total①	3	3	2	1	1	1	1
籽棉	Seed Cotton	2	2	1	1	1	1	1
大豆	Soybeans	3	3	3	4	4	4	4
花生	Groundnuts,with Shell	2	2	2	1	1	1	1
油菜籽	Rapeseed	2	2	1	1	1	2	1
甘蔗	Sugar Cane	10	10	4	3	3	3	3
茶叶	Tea	2	2	2	2	1	1	1
水果	Fruit	6	8	1	1	1	1	1

注：①1990年以前为猪、牛、羊肉产量的位次。
Note: ①Data refer to pork,beef and mutton prior to 1990.

附录 2-4 中国工业主要产品产量居世界位次
Ranking of China in the World in Terms of Major Industrial Products

资料来源：联合国统计月报数据库、联合国FAO数据库。
Source: UN Monthly Bulletin of Statistics Database,FAO Database.

项 目	Item	1978	1980	1990	2000	2010	2020	2021
粗 钢	Crude Steel	5	5	4	1	1	1	1
煤	Coal	3	3	1	1	1	1	1
原 油	Crude Petroleum	8	6	5	5	4	6	5
发电量	Electricity	7	6	3	2	2	1	1
水 泥	Cement	4	4	1	1	1	1	1
化 肥	Fertilizer	3	3	3	1	1	1	1

附录 2-5 国土面积与人口密度
Country Area and Population Density

资料来源：世界银行WDI数据库。
Source: World Bank WDI Database.
单位：万平方公里 (10 000 sq.km)

国家或地区	Country or Area	国土面积（万平方公里）Surface Area(10 000 sq.km)	人口密度（人/平方公里）Population Density(persons/sq.km)		
		2020	2010	2019	2020
世　界	**World**	**13467.1**	**53.3**	**59.1**	**59.7**
中　国	China	960.0	141.9	149.4	149.7
中国香港	Hong Kong SAR, China	0.1	6689.7	7150.4	7124.8
中国澳门	Macao SAR, China		18121.7	19466.4	19736.8
孟加拉国	Bangladesh	14.8	1133.7	1252.6	1265.2
文　莱	Brunei Darussalam	0.6	73.7	82.2	83.0
柬埔寨	Cambodia	18.1	81.1	93.4	94.7
印　度	India	298.0	415.1	459.6	464.1
印度尼西亚	Indonesia	191.7	128.8	144.1	145.7
伊　朗	Iran	174.5	45.3	51.1	51.8
以色列	Israel	2.2	352.3	418.4	425.8
日　本	Japan	37.8	351.4	347.4	346.4
哈萨克斯坦	Kazakhstan	272.5	6.0	6.9	6.9
韩　国	Korea, Rep.	10.0	509.8	530.4	531.1
老　挝	Lao PDR	23.7	27.1	31.1	31.5
马来西亚	Malaysia	33.0	85.9	97.2	98.5
蒙　古	Mongolia	156.4	1.7	2.1	2.1
缅　甸	Myanmar	67.7	77.5	82.8	83.4
巴基斯坦	Pakistan	79.6	232.8	280.9	286.5
菲律宾	Philippines	30.0	315.1	362.6	367.5
新加坡	Singapore	0.1	7231.8	7965.9	7919.0
斯里兰卡	Sri Lanka	6.6	323.1	352.4	354.3
泰　国	Thailand	51.3	131.5	136.3	136.6
越　南	Viet Nam	33.1	280.8	307.8	310.6
埃　及	Egypt	100.1	83.1	100.8	102.8
尼日利亚	Nigeria	92.4	174.0	220.7	226.3
南　非	South Africa	121.9	42.2	48.3	48.9
加拿大	Canada	988.0	3.8	4.2	4.2
墨西哥	Mexico	196.4	58.7	65.6	66.3
美　国	United States	983.2	33.8	35.9	36.2
阿根廷	Argentina	278.0	14.9	16.4	16.6
巴　西	Brazil	851.6	23.4	25.3	25.4
委内瑞拉	Venezuela	91.2	32.2	32.3	32.2
捷　克	Czech Rep.	7.9	135.6	138.2	138.6
法　国	France	54.9	118.8	122.8	123.1
德　国	Germany	35.8	234.6	237.8	238.0
意大利	Italy	30.2	200.5	202.0	201.0
荷　兰	Netherlands	4.2	492.6	515.1	518.0
波　兰	Poland	31.3	124.2	124.0	123.8
俄罗斯	Russia	1709.8	8.7	8.8	8.8
西班牙	Spain	50.6	93.2	94.4	94.8
土耳其	Turkey	78.5	94.0	108.4	109.6
乌克兰	Ukraine	60.4	79.2	76.6	76.2
英　国	United Kingdom	24.4	259.4	276.3	277.3
澳大利亚	Australia	774.1	2.9	3.3	3.3
新西兰	New Zealand	26.8	16.5	18.9	19.3

附录 2-6 国内生产总值(现价美元)
GDP(current US$)

资料来源：世界银行WDI数据库。
Source: World Bank WDI Database.
单位：亿美元 (100 million USD)

国家或地区	Country or Area	2000	2005	2010	2015	2020	2021
世　界	**World**	**338309**	**477797**	**665961**	**751793**	**849068**	**961001**
高收入国家	**High Income**	**277544**	**378255**	**457522**	**482584**	**536998**	**594454**
中等收入国家	**Middle Income**	**57670**	**94951**	**198509**	**261888**	**304338**	**357859**
中等偏下收入国家	**Lower Middle Income**	**15203**	**25644**	**52469**	**65260**	**75855**	**86833**
中等偏上收入国家	**Upper Middle Income**	**42466**	**69306**	**146040**	**196628**	**228483**	**271043**
中低收入国家	**Low and Middle Income**	**59535**	**98026**	**204496**	**266613**	**309139**	**363159**
东亚和太平洋	**East Asia and Pacific**	**17347**	**31069**	**78894**	**133276**	**174838**	**207466**
欧洲和中亚	**Europe and Central Asia**	**6629**	**15896**	**29531**	**29214**	**29807**	**34992**
拉丁美洲和加勒比	**Latin America and Caribbean**	**19685**	**24323**	**45132**	**45990**	**39979**	**46071**
中东和北非国家	**Middle East and North Africa**	**5320**	**8020**	**15801**	**14310**	**12638**	**14559**
南　亚	**South Asia**	**6304**	**10506**	**20608**	**26994**	**34825**	**40878**
撒哈拉以南非洲	**Sub-Saharan Africa**	**4225**	**8204**	**14508**	**16836**	**17049**	**19166**
低收入国家	**Low Income**	**1914**	**3159**	**6132**	**4750**	**4810**	**5263**
最不发达地区	**Least Developed Countries**	**2174**	**3531**	**6861**	**9497**	**11620**	**12729**
重债穷国	**Heavily Indebted Poor Countries**	**1764**	**2769**	**5202**	**6935**	**8033**	**8945**
中　国	China	12113	22860	60872	110616	146877	177341
中国香港	Hong Kong SAR, China	1717	1816	2286	3094	3449	3681
中国澳门	Macao SAR, China	68	122	282	450	256	299
阿富汗	Afghanistan		62	159	191	201	
阿尔巴尼亚	Albania	35	81	119	114	151	183
阿尔及利亚	Algeria	548	1032	1612	1660	1450	1680
安道尔	Andorra	14	32	34	28	29	33
安哥拉	Angola	91	370	817	872	536	725
安提瓜和巴布达	Antigua and Barbuda	8	10	11	13	14	15
阿根廷	Argentina	2842	1987	4236	5947	3896	4915
亚美尼亚	Armenia	19	49	93	106	126	139
阿鲁巴岛	Aruba	19	24	25	30	25	
澳大利亚	Australia	4156	6951	11476	13505	13278	15427
奥地利	Austria	1973	3161	3923	3820	4333	4771
阿塞拜疆	Azerbaijan	53	132	529	531	427	546
巴哈马	Bahamas	81	98	101	119	97	112
巴　林	Bahrain	91	160	257	311	347	389
孟加拉国	Bangladesh	534	694	1153	1951	3739	4163
巴巴多斯	Barbados	31	38	45	47	47	49
白俄罗斯	Belarus	127	302	572	565	615	682
比利时	Belgium	2368	3857	4814	4623	5217	5999
伯利兹	Belize	8	11	14	17	16	18
贝　宁	Benin	35	66	95	114	157	178
百慕大	Bermuda	35	49	66	67	69	71
不　丹	Bhutan	4	8	15	20	23	
玻利维亚	Bolivia	84	95	196	330	366	404
波　黑	Bosnia and Herzegovinian	56	112	172	162	200	226
博茨瓦纳	Botswana	58	99	128	136	149	176
巴　西	Brazil	6554	8916	22088	18022	14486	16090
文　莱	Brunei Darussalam	60	95	137	129	120	140
保加利亚	Bulgaria	132	299	507	508	699	803
布基纳法索	Burkina Faso	30	61	101	118	179	197
布隆迪	Burundi	9	11	20	31	28	29
柬埔寨	Cambodia	37	63	112	180	259	270
喀麦隆	Cameroon	106	195	275	322	408	452
加拿大	Canada	7448	11731	16173	15565	16454	19908
佛得角	Cape Verde	5	10	17	16	17	19

附录 2-6 续表 1 continued

单位：亿美元 (100 million USD)

国家或地区	Country or Area	2000	2005	2010	2015	2020	2021
中　　非	Central African Rep.	9	13	21	17	23	25
乍　　得	Chad	14	66	107	110	107	118
海峡群岛	Channel Islands	64	88				
智　　利	Chile	782	1223	2171	2425	2527	3171
哥伦比亚	Colombia	999	1456	2866	2935	2703	3143
科 摩 罗	Comoros	4	7	9	10	12	13
刚果(金)	Congo, Dem. Rep.	191	120	216	379	487	540
刚果(布)	Congo, Rep.	32	67	131	119	105	125
哥斯达黎加	Costa Rica	150	200	377	564	622	643
科特迪瓦	Cote D'Ivoire	166	240	349	458	613	698
克罗地亚	Croatia	218	458	604	502	572	678
古　　巴	Cuba	306	426	596	871	1074	
塞浦路斯	Cyprus	100	184	257	198	247	277
捷　　克	Czech Rep.	618	1371	2091	1880	2453	2823
丹　　麦	Denmark	1642	2645	3220	3027	3561	3971
吉 布 提	Djibouti	6	7	11	24	32	34
多米尼克	Dominica	3	4	5	5	5	5
多米尼加	Dominican Rep.	243	358	539	712	788	942
厄瓜多尔	Ecuador	183	415	696	993	993	1062
埃　　及	Egypt	998	896	2190	3294	3653	4041
萨尔瓦多	El Salvador	118	147	184	234	246	287
赤道几内亚	Equatorial Guinea	10	82	163	132	101	123
厄立特里亚	Eritrea	7	11	16			
爱沙尼亚	Estonia	57	141	195	229	307	363
埃塞俄比亚	Ethiopia	82	124	299	646	1077	1113
法罗群岛	Faeroe Islands	11	18	23	26	32	
斐　　济	Fiji	17	30	31	47	46	46
芬　　兰	Finland	1260	2049	2494	2345	2718	2992
法　　国	France	13656	21969	26452	24392	26303	29375
法属波立尼西亚	French Polynesia	35			53	57	
加　　蓬	Gabon	51	96	144	144	153	183
冈 比 亚	Gambia	8	10	15	14	18	21
格鲁吉亚	Georgia	31	64	122	150	158	187
德　　国	Germany	19480	28469	33997	33576	38464	42231
加　　纳	Ghana	50	107	322	494	700	776
希　　腊	Greece	1305	2479	2971	1957	1888	2162
格 陵 兰	Greenland	11	18	25	25	31	
关　　岛	Guam		42	49	58	58	
危地马拉	Guatemala	193	268	407	622	776	860
几 内 亚	Guinea	30	29	69	88	142	159
几内亚比绍	Guinea-Bissau	4	6	8	10	14	16
圭 亚 那	Guyana	7	8	34	43	55	74
海　　地	Haiti	68	72	119	148	145	209
洪都拉斯	Honduras	72	98	158	210	238	285
匈 牙 利	Hungary	472	1132	1322	1252	1567	1823
冰　　岛	Iceland	90	169	138	175	217	255
印　　度	India	4684	8204	16756	21036	26677	31734
印度尼西亚	Indonesia	1650	2859	7551	8609	10587	11861
伊　　朗	Iran	1096	2265	4868	4082	2315	
伊 拉 克	Iraq	484	500	1385	1668	1844	2079
爱 尔 兰	Ireland	1002	2119	2219	2916	4259	4986
马 恩 岛	Isle of Man	16	30	59	71		
以 色 列	Israel	1325	1427	2347	3001	4071	4816
意 大 利	Italy	11467	18582	21361	18366	18926	20999
牙 买 加	Jamaica	90	112	132	142	138	136

附录 2-6 续表 2 continued

单位：亿美元 (100 million USD)

国家或地区	Country or Area	2000	2005	2010	2015	2020	2021
日 本	Japan	49684	48315	57591	44449	50401	49374
约 旦	Jordan	85	126	271	386	437	452
哈萨克斯坦	Kazakhstan	183	571	1480	1844	1711	1908
肯 尼 亚	Kenya	127	187	454	701	1007	1103
基里巴斯	Kiribati	1	1	2	2	2	
韩 国	Korea, Rep.	5762	9349	11441	14658	16379	17985
科 威 特	Kuwait	377	808	1154	1146	1060	
吉尔吉斯斯坦	Kyrgyzstan	14	25	48	67	78	85
老 挝	Lao PDR	17	27	71	144	190	188
拉脱维亚	Latvia	80	170	240	273	336	389
黎 巴 嫩	Lebanon	173	215	384	499	259	181
莱 索 托	Lesotho	9	17	22	24	23	25
利比里亚	Liberia	9	9	20	32	30	35
利 比 亚	Libya	383	473	754	487	523	419
列支敦士登	Liechtenstein	25	37	51	63		
立 陶 宛	Lithuania	115	261	371	414	565	655
卢 森 堡	Luxemburg	212	377	562	601	734	867
马达加斯加	Madagascar	46	59	100	113	132	146
马 拉 维	Malawi	17	37	70	64	122	126
马来西亚	Malaysia	938	1435	2550	3014	3370	3727
马尔代夫	Maldives	6	12	26	41	37	49
马 里	Mali	30	62	107	131	175	191
马 耳 他	Malta	41	64	90	111	149	172
马绍尔群岛	Marshall Islands	1	1	2	2	2	2
毛里塔尼亚	Mauritania	18	29	56	62	79	82
毛里求斯	Mauritius	47	65	100	117	109	112
墨 西 哥	Mexico	7079	8775	10578	11719	10871	12930
密克罗尼西亚	Micronesia, Fed.	2	3	3	3	4	4
摩尔多瓦	Moldova	13	30	70	77	119	137
摩 纳 哥	Monaco	26	42	54	63	68	
蒙 古	Mongolia	11	25	72	116	133	151
黑 山	Montenegro	10	23	41	41	48	58
摩 洛 哥	Morocco	389	623	932	1012	1147	1327
莫桑比克	Mozambique	57	85	111	160	140	161
缅 甸	Myanmar	68	106	378	630	789	651
纳米比亚	Namibia	39	72	114	113	106	122
瑙 鲁	Nauru				1	1	1
尼 泊 尔	Nepal	55	81	160	244	334	363
荷 兰	Netherlands	4175	6853	8474	7656	9139	10180
新喀里多尼亚	New Caledonia	34	62	94	87	94	
新 西 兰	New Zealand	526	1147	1465	1781	2117	2500
尼加拉瓜	Nicaragua	51	63	88	128	126	140
尼 日 尔	Niger	22	44	79	97	137	150
尼日利亚	Nigeria	694	1761	3615	4868	4323	4408
北马其顿	North Macedonia	38	63	94	101	121	139
挪 威	Norway	1712	3089	4288	3858	3622	4824
阿 曼	Oman	195	311	650	787	740	859
巴基斯坦	Pakistan	820	1201	1772	2706	3003	3463
帕 劳	Palau	1	2	2	3	3	
巴 拿 马	Panama	123	164	294	541	540	636
巴布亚新几内亚	Papua New Guinea	35	49	143	217	247	266
巴 拉 圭	Paraguay	89	107	271	362	354	390
秘 鲁	Peru	517	761	1475	1898	2017	2232
菲 律 宾	Philippines	837	1074	2084	3064	3618	3941
波 兰	Poland	1722	3061	4798	4778	5966	6740

附录 2-6 续表 3 continued

单位：亿美元 (100 million USD)

国家或地区	Country or Area	2000	2005	2010	2015	2020	2021
葡 萄 牙	Portugal	1186	1973	2381	1994	2285	2499
波多黎各	Puerto Rico	617	839	984	1034	1031	
卡 塔 尔	Qatar	178	445	1251	1617	1444	1796
罗马尼亚	Romania	373	985	1663	1777	2495	2841
俄 罗 斯	Russia	2597	7640	15249	13635	14883	17758
卢 旺 达	Rwanda	21	29	61	85	102	111
圣基茨和尼维斯	Saint Kitts and Nevis	4	5	8	10	10	10
圣卢西亚	Saint Lucia	9	11	15	18	16	18
圣文森特和格林纳丁斯	Saint Vincent and the Grenadines	4	6	7	8	9	9
萨 摩 亚	Samoa	3	5	7	8	8	8
圣马力诺	San Marino	10	18	19	14	15	
圣多美和普林西比	Sao Tome and Principe	1	1	2	3	5	5
沙特阿拉伯	Saudi Arabia	1895	3285	5282	6543	7034	8335
塞内加尔	Senegal	60	110	161	178	245	276
塞尔维亚	Serbia	69	277	418	397	533	631
塞 舌 尔	Seychelles	6	9	10	14	12	13
塞拉利昂	Sierra Leone	6	17	26	42	41	42
新 加 坡	Singapore	961	1278	2398	3080	3453	3970
斯洛伐克	Slovakia	292	628	908	886	1052	1149
斯洛文尼亚	Slovenia	203	362	482	431	536	615
所罗门群岛	Solomon Islands	4	5	8	13	15	16
南 非	South Africa	1518	2889	4174	3467	3354	4199
西 班 牙	Spain	5984	11537	14221	11956	12815	14253
斯里兰卡	Sri Lanka	163	244	567	806	810	845
苏 丹	Sudan	123	352	742	850	270	343
苏 里 南	Suriname	9	18	44	51	29	29
斯威士兰	Swaziland	17	32	44	40		
瑞 典	Sweden	2628	3922	4958	5051	5415	6274
瑞 士	Switzerland	2798	4205	6034	7021	7522	8129
叙 利 亚	Syrian Arab Republic	806	1342	2525	176		
塔吉克斯坦	Tajikistan	9	23	56	83	81	87
坦桑尼亚	Tanzania	134	184	320	474	624	678
泰 国	Thailand	1264	1893	3411	4013	4997	5060
东 帝 汶	Timor-Leste	4	5	9	16	19	20
多 哥	Togo	15	23	34	42	76	84
汤 加	Tonga	2	3	4	4	5	
特立尼达和多巴哥	Trinidad And Tobago	82	160	222	252	214	214
突 尼 斯	Tunisia	215	323	462	458	425	468
土 耳 其	Turkey	2743	5063	7770	8643	7200	8153
土库曼斯坦	Turkmenistan	29	81	226	358		
图 瓦 卢	Tuvalu	…	…	…	…	1	1
乌 干 达	Uganda	62	92	267	324	376	404
乌 克 兰	Ukraine	324	892	1412	910	1566	2001
阿 联 酋	United Arab Emirates	1043	1806	2898	3581	3589	
英 国	United Kingdom	16621	25448	24911	29566	27569	31869
美 国	United States	102509	130392	150490	182060	208937	229961
乌 拉 圭	Uruguay	228	174	403	533	536	593
乌兹别克斯坦	Uzbekistan	138	143	498	862	599	692
瓦努阿图	Vanuatu	3	4	7	7	9	10
委内瑞拉	Venezuela	1171	1455	3932			
越 南	Viet Nam	312	576	1472	2393	3432	3626
约旦河西岸和加沙	West Bank and Gaza	43	51	97	140	155	180
也 门	Yemen	97	167	309	424	188	211
赞 比 亚	Zambia	36	83	203	213	181	212
津巴布韦	Zimbabwe	67	58	120	200	181	262

附录 2-7 人均国内生产总值（现价美元）
GDP per Capita（current US$）

资料来源：世界银行WDI数据库。
Source: World Bank WDI Database.
单位：美元 (USD)

国家或地区	Country or Area	2000	2005	2010	2015	2020	2021
世　界	**World**	**5533**	**7337**	**9621**	**10232**	**10936**	**12263**
高收入国家	**High Income**	**25225**	**33296**	**38837**	**39847**	**43282**	**47887**
中等收入国家	**Middle Income**	**1256**	**1941**	**3826**	**4756**	**5237**	**6102**
中等偏下收入国家	**Lower Middle Income**	**624**	**967**	**1828**	**2109**	**2286**	**2582**
中等偏上收入国家	**Upper Middle Income**	**1971**	**3096**	**6300**	**8150**	**9166**	**10836**
中低收入国家	**Low and Middle Income**	**1193**	**1833**	**3578**	**4366**	**4760**	**5530**
东亚和太平洋	**East Asia and Pacific**	**955**	**1639**	**4013**	**6511**	**8270**	**9776**
欧洲和中亚	**Europe and Central Asia**	**1796**	**4289**	**7816**	**7486**	**7435**	**8708**
拉丁美洲和加勒比	**Latin America and Caribbean**	**4199**	**4856**	**8499**	**8203**	**6766**	**7727**
中东和北非国家	**Middle East and North Africa**	**1905**	**2632**	**4748**	**3932**	**3190**	**3612**
南　亚	**South Asia**	**453**	**692**	**1258**	**1543**	**1875**	**2177**
撒哈拉以南非洲	**Sub-Saharan Africa**	**635**	**1081**	**1670**	**1691**	**1501**	**1644**
低收入国家	**Low Income**	**481**	**689**	**1163**	**792**	**704**	**750**
最不发达地区	**Least Developed Countries**	**331**	**475**	**820**	**1009**	**1099**	**1177**
重债穷国	**Heavily Indebted Poor Countries**	**374**	**509**	**833**	**966**	**975**	**1058**
中　国	China	959	1753	4550	8016	10409	12556
中国香港	Hong Kong SAR, China	25757	26650	32550	42432	46101	49661
中国澳门	Macao SAR, China	15836	25183	52473	74819	39403	45422
阿富汗	Afghanistan		242	543	556	517	
阿尔巴尼亚	Albania	1127	2674	4094	3953	5332	6494
阿尔及利亚	Algeria	1765	3113	4481	4178	3307	3765
安道尔	Andorra	21854	40064	40850	35771	37417	43048
安哥拉	Angola	557	1902	3498	3128	1631	2138
安提瓜和巴布达	Antigua and Barbuda	10872	12558	13049	14285	13993	14901
阿根廷	Argentina	7708	5110	10386	13789	8586	10729
亚美尼亚	Armenia	623	1644	3218	3607	4266	4670
澳大利亚	Australia	21698	34081	52088	56707	51680	59934
奥地利	Austria	24626	38417	46904	44196	48589	53268
阿塞拜疆	Azerbaijan	655	1578	5844	5500	4230	5384
巴　林	Bahrain	13636	17959	20722	22634	20407	22232
孟加拉国	Bangladesh	418	499	781	1248	2270	2503
巴巴多斯	Barbados	11268	13823	16056	16559	16319	17034
白俄罗斯	Belarus	1276	3126	6034	5967	6555	7304
比利时	Belgium	23099	36810	44185	41008	45189	51768
伯利兹	Belize	3364	3916	4304	4805	3988	4420
贝　宁	Benin	513	823	1037	1077	1291	1428
百慕大	Bermuda	56284	75882	101875	102006	107706	110869
不　丹	Bhutan	718	1228	2258	2753	3001	
玻利维亚	Bolivia	998	1034	1955	3036	3138	3415
波　黑	Bosnia and Herzegovinian	1484	2981	4636	4730	6082	6916
博茨瓦纳	Botswana	3522	5513	6435	6403	6349	7348
巴　西	Brazil	3750	4790	11286	8814	6815	7519
文　莱	Brunei Darussalam	18013	26105	35271	31164	27443	31723
保加利亚	Bulgaria	1621	3900	6853	7075	10079	11635
布基纳法索	Burkina Faso	256	458	648	653	858	918
布隆迪	Burundi	136	152	234	306	234	237
柬埔寨	Cambodia	301	474	786	1163	1548	1591
喀麦隆	Cameroon	681	1100	1352	1383	1537	1662
加拿大	Canada	24271	36383	47562	43596	43258	52051
佛得角	Cape Verde	1259	2099	3378	3043	3064	3446
中　非	Central African Rep.	252	331	488	377	482	511
乍　得	Chad	166	659	893	776	652	696
海峡群岛	Channel Islands	43381	58199				
智　利	Chile	5100	7558	12724	13495	13221	16503

附录 2-7 续表 1 continued

单位：美元 (USD)

国家或地区	Country or Area	2000	2005	2010	2015	2020	2021
哥伦比亚	Colombia	2520	3414	6337	6176	5312	6131
科摩罗	Comoros	647	1069	1316	1243	1407	1495
刚果(金)	Congo, Dem. Rep.	405	218	334	497	544	584
刚果(布)	Congo, Rep.	1032	1836	3077	2449	1900	2214
哥斯达黎加	Costa Rica	3789	4676	8227	11643	12202	12509
科特迪瓦	Cote D'Ivoire	1007	1310	1701	1973	2326	2579
克罗地亚	Croatia	4888	10622	14068	11933	14132	17399
古巴	Cuba	2747	3787	5306	7694	9478	
塞浦路斯	Cyprus	14388	24959	31024	23408	27682	30798
捷克	Czech Rep.	6029	13431	19960	17830	22934	26379
丹麦	Denmark	30744	48800	58041	53255	61063	67803
吉布提	Djibouti	768	905	1343	2653	3220	3364
多米尼克	Dominica	4788	5161	6967	7597	7004	7560
多米尼加	Dominican Rep.	2869	3933	5555	6922	7268	8604
厄瓜多尔	Ecuador	1445	3002	4634	6124	5628	5935
埃及	Egypt	1450	1186	2646	3563	3569	3876
萨尔瓦多	El Salvador	2002	2429	2983	3706	3799	4409
赤道几内亚	Equatorial Guinea	1726	10963	17289	11283	7198	8462
厄立特里亚	Eritrea	308	389	501			
爱沙尼亚	Estonia	4071	10413	14663	17402	23054	27281
埃塞俄比亚	Ethiopia	124	162	342	641	936	944
斐济	Fiji	2069	3628	3653	5391	5103	5086
芬兰	Finland	24346	39055	46505	42802	49161	53983
法国	France	22420	34773	40678	36653	39037	43519
法属波立尼西亚	French Polynesia	14351			19500	20183	
加蓬	Gabon	4136	6891	8849	7385	6882	8017
冈比亚	Gambia	594	666	861	661	757	836
格鲁吉亚	Georgia	750	1643	3233	4014	4256	5042
德国	Germany	23695	34520	41572	41103	46253	50802
加纳	Ghana	258	493	1299	1774	2254	2445
希腊	Greece	12073	22560	26717	18084	17647	20277
格陵兰	Greenland	19004	32490	43988	44536	54570	
格林纳达	Grenada	5057	6646	7258	9097	9273	9929
危地马拉	Guatemala	1664	2069	2853	3995	4603	5026
几内亚	Guinea	363	322	672	769	1079	1174
几内亚比绍	Guinea-Bissau	309	436	558	603	728	813
圭亚那	Guyana	954	1106	4581	5577	6956	9375
海地	Haiti	805	781	1192	1387	1272	1815
洪都拉斯	Honduras	1093	1308	1904	2302	2406	2831
匈牙利	Hungary	4624	11226	13223	12721	16076	18773
冰岛	Iceland	32096	56795	43237	52952	59264	68384
印度	India	443	715	1358	1606	1933	2277
印度尼西亚	Indonesia	780	1263	3122	3332	3871	4292
伊朗	Iran	1670	3246	6600	5201	2757	
伊拉克	Iraq	2058	1856	4657	4688	4584	5048
爱尔兰	Ireland	26335	50933	48655	62012	85423	99152
马恩岛	Isle of Man	20323	37767	69767	85127		
以色列	Israel	21061	20585	30780	35808	44178	51430
意大利	Italy	20138	32055	36036	30242	31835	35551
牙买加	Jamaica	3392	4104	4704	4908	4665	4587
日本	Japan	39169	37813	44968	34961	39918	39285
约旦	Jordan	1652	2183	3737	4164	4283	4406
哈萨克斯坦	Kazakhstan	1229	3771	9070	10511	9122	10041
肯尼亚	Kenya	397	512	1080	1465	1872	2007
基里巴斯	Kiribati	797	1215	1509	1535	1515	
韩国	Korea, Rep.	12257	19403	23087	28732	31598	34758
科威特	Kuwait	18440	35591	38577	29870	24812	

附录 2-7 续表 2 continued

单位：美元 (USD)

国家或地区	Country or Area	2000	2005	2010	2015	2020	2021
吉尔吉斯斯坦	Kyrgyzstan	280	477	880	1121	1183	1276
老　挝	Lao PDR	325	476	1141	2140	2609	2551
拉脱维亚	Latvia	3362	7595	11421	13786	17704	20642
黎巴嫩	Lebanon	4492	4575	7762	7643	3802	2670
莱索托	Lesotho	436	843	1120	1146	1051	1166
利比里亚	Liberia	307	295	513	722	601	673
利比亚	Libya	7143	8163	12163	7590	7614	6018
列支敦士登	Liechtenstein	74854	105399	141193	167313		
立陶宛	Lithuania	3293	7855	11988	14264	20232	23433
卢森堡	Luxemburg	48660	80988	110886	105462	116356	135683
马达加斯加	Madagascar	294	320	472	467	478	515
马拉维	Malawi	156	290	479	381	636	643
马来西亚	Malaysia	4044	5587	9041	9955	10412	11371
马尔代夫	Maldives	2235	3640	7077	9033	6924	8995
马　里	Mali	271	489	710	751	862	918
马耳他	Malta	10432	15888	21799	24922	28946	33257
马绍尔群岛	Marshall Islands	2273	2471	2846	3200	4130	4171
毛里塔尼亚	Mauritania	677	971	1611	1524	1702	1723
毛里求斯	Mauritius	3929	5283	8000	9260	8633	8812
墨西哥	Mexico	7158	8278	9271	9617	8432	9926
密克罗尼西亚	Micronesia, Fed.	2172	2358	2885	2907	3543	3477
摩尔多瓦	Moldova	441	1035	2438	2732	4526	5315
摩纳哥	Monaco	82365	124197	150738	165990	173688	
蒙　古	Mongolia	474	999	2643	3875	4061	4535
黑　山	Montenegro	1627	3675	6688	6517	7695	9367
摩洛哥	Morocco	1335	2018	2840	2875	3059	3497
莫桑比克	Mozambique	319	417	472	590	449	500
缅　甸	Myanmar	147	216	747	1197	1451	1187
纳米比亚	Namibia	2186	3740	5395	4897	4157	4729
尼泊尔	Nepal	229	316	592	902	1147	1223
荷　兰	Netherlands	26214	41995	51000	45193	52396	58061
新喀里多尼亚	New Caledonia	16039	26862	37495	32520	34695	
新西兰	New Zealand	13641	27751	33677	38631	41597	48802
尼加拉瓜	Nicaragua	1008	1162	1504	2050	1900	2091
尼日尔	Niger	198	322	477	484	568	595
尼日利亚	Nigeria	568	1268	2280	2687	2097	2085
北马其顿	North Macedonia	1862	3073	4578	4862	5846	6721
挪　威	Norway	38131	66810	87694	74356	67330	89203
阿　曼	Oman	8601	12377	21369	18445	14485	16439
巴基斯坦	Pakistan	576	749	987	1357	1360	1538
帕　劳	Palau	7658	9627	10357	15876	14244	
巴拿马	Panama	4060	4917	8082	13630	12510	14516
巴布亚新几内亚	Papua New Guinea	602	749	1949	2679	2757	2916
巴拉圭	Paraguay	1664	1844	4342	5414	4968	5400
秘　鲁	Peru	1956	2729	5082	6229	6117	6692
菲律宾	Philippines	1073	1244	2217	3001	3301	3549
波　兰	Poland	4501	8022	12613	12578	15742	17841
葡萄牙	Portugal	11526	18780	22521	19250	22195	24262
波多黎各	Puerto Rico	16192	21959	26436	29763	31430	
卡塔尔	Qatar	29976	51456	67403	63039	50124	61276
罗马尼亚	Romania	1660	4618	8214	8969	12957	14862
俄罗斯	Russia	1772	5323	10675	9313	10162	12173
卢旺达	Rwanda	261	332	610	751	786	834
圣基茨和尼维斯	Saint Kitts and Nevis	9566	11679	15889	18717	18441	18230
圣卢西亚	Saint Lucia	5950	6949	8540	10094	8805	9571
圣文森特和格林纳丁斯	Saint Vincent and the Grenadines	3970	5339	6655	7207	7861	7997
萨摩亚	Samoa	1484	2653	3566	4074	4068	3939

附录 2-7　续表 3　continued

单位：美元　(USD)

国家或地区	Country or Area	2000	2005	2010	2015	2020	2021
圣马力诺	San Marino	36604	60901	60255	42663	45516	
圣多美和普林西比	Sao Tome and Principe	550	867	1090	1585	2158	2449
沙特阿拉伯	Saudi Arabia	9171	13791	19263	20628	20204	23586
塞内加尔	Senegal	614	993	1272	1219	1463	1606
塞尔维亚	Serbia	915	3720	5735	5589	7731	9215
塞舌尔	Seychelles	7579	11093	10805	15158	12194	13307
塞拉利昂	Sierra Leone	139	292	402	588	509	516
新加坡	Singapore	23852	29961	47237	55647	60729	72794
斯洛伐克	Slovakia	5427	11690	16842	16342	19267	21088
斯洛文尼亚	Slovenia	10201	18099	23532	20890	25490	29201
所罗门群岛	Solomon Islands	1017	1015	1604	2167	2251	2337
南非	South Africa	3375	6033	8149	6260	5656	6994
西班牙	Spain	14750	26429	30532	25742	27056	30116
斯里兰卡	Sri Lanka	870	1249	2800	3844	3694	3815
苏丹	Sudan	366	914	1683	2185	615	764
苏里南	Suriname	2012	3591	8256	9168	4917	4836
斯威士兰	Swaziland	1637	2874	3690	3048		
瑞典	Sweden	29625	43437	52869	51545	52300	60239
瑞士	Switzerland	38952	56547	77117	84776	87100	93457
叙利亚	Syrian Arab Republic	4911	7309	11821	979		
塔吉克斯坦	Tajikistan	138	341	750	978	853	897
坦桑尼亚	Tanzania	411	493	743	948	1076	1136
泰国	Thailand	2008	2894	5076	5840	7159	7233
巴哈马	The Bahamas	27098	30279	28444	31699	24665	28239
东帝汶	Timor-Leste	415	465	806	1333	1443	1458
多哥	Togo	303	407	534	571	915	992
汤加	Tonga	2091	2594	3528	4336	4625	
特立尼达和多巴哥	Trinidad And Tobago	6435	12327	16683	18384	15286	15243
突尼斯	Tunisia	2212	3193	4345	4095	3597	3924
土耳其	Turkey	4337	7456	10743	11006	8536	9587
土库曼斯坦	Turkmenistan	643	1704	4439	6433		
图瓦卢	Tuvalu	1605	2292	3051	3317	4669	5291
乌干达	Uganda	262	334	823	847	822	858
乌克兰	Ukraine	658	1894	3078	2125	3752	4836
阿联酋	United Arab Emirates	33291	39365	33893	38663	36285	
英国	United Kingdom	28223	42132	39689	45405	41098	47334
美国	United States	36330	44123	48651	56763	63028	69288
乌拉圭	Uruguay	6875	5227	11992	15614	15419	17021
乌兹别克斯坦	Uzbekistan	558	547	1742	2754	1750	1983
瓦努阿图	Vanuatu	1471	1887	2839	2696	2920	3127
委内瑞拉	Venezuela	4842	5505	13825			
越南	Viet Nam	390	687	1673	2582	3526	3694
约旦河西岸和加沙	West Bank and Gaza	1476	1544	2557	3272	3234	3664
也门	Yemen	554	833	1335	1602	632	691
赞比亚	Zambia	346	703	1489	1338	985	1121
津巴布韦	Zimbabwe	563	477	948	1445	1215	1737

附录 2-8 三次产业对国内生产总值的贡献率
Share of the Contributions of the Three Strata of Industry to the Increase of GDP

资料来源：世界银行WDI数据库。
Source: World Bank WDI Database.
单位：% (%)

国家或地区	Country or Area	第一产业 Primary Industry		第二产业 Secondary Industry		第三产业 Tertiary Industry	
		2000	2021	2000	2021	2000	2021
中　国	China	5.4	6.5	41.5	40.0	53.1	53.5
孟加拉国	Bangladesh	25.4	6.2	22.2	47.5	52.4	46.3
文　莱	Brunei Darussalam	1.8	-12.9	77.2	176.7	21.0	-63.8
柬埔寨	Cambodia	12.9	11.1	51.9	133.8	35.2	-44.9
印　度	India	-0.1	7.5	41.8	36.3	58.3	56.2
印度尼西亚	Indonesia	6.8	7.8	56.2	41.5	36.9	50.7
伊　朗	Iran	6.1	16.8①	67.8	86.3①	26.2	-3.1①
以色列	Israel	1.2	3.5①	29.5	12.4①	69.3	84.1①
日　本	Japan	4.5	1.2①	28.7	28.2①	66.9	70.6①
哈萨克斯坦	Kazakhstan	-3.1	-3.2	54.0	45.2	49.1	58.0
马来西亚	Malaysia	7.6	-0.4	60.0	67.5	32.4	32.9
蒙　古	Mongolia		-743.3		-727.5		1570.8
巴基斯坦	Pakistan	45.7	14.7	5.7	27.0	48.6	58.2
菲律宾	Philippines	11.6	-0.5	48.0	43.9	40.4	56.6
斯里兰卡	Sri Lanka	3.1	4.5	35.4	42.4	61.5	53.1
越　南	Viet Nam	18.2	14.2①	48.9	51.3①	32.9	34.5①
埃　及	Egypt	-66.0	21.5	-345.3	-19.9	511.3	98.4
尼日利亚	Nigeria	11.1	13.7	58.7	-2.3	30.1	88.6
南　非	South Africa	2.8	5.4	31.4	30.2	65.8	64.5
加拿大	Canada	0.8	-3.6	34.9	26.9	64.3	76.7
墨西哥	Mexico	0.6	2.3	32.4	39.9	67.0	57.8
美　国	United States	3.7	-1571.3①	26.6	-777.6①	69.7	2448.8①
阿根廷	Argentina	20.7	0.2	119.9	38.9	-40.7	60.9
巴　西	Brazil	3.0	-0.3	28.5	21.8	68.5	78.5
委内瑞拉	Venezuela						
捷　克	Czech Rep.	2.1	2.3	36.5	40.7	61.3	57.1
法　国	France	-0.5	-0.1	30.5	23.5	69.9	76.6
德　国	Germany	-1.1	-0.4	40.9	33.4	60.2	67.0
意大利	Italy	-0.3	-0.3	20.5	49.3	79.8	51.0
荷　兰	Netherlands	0.5	0.2	19.5	21.2	80.0	78.6
波　兰	Poland	-0.1	0.7	-8.1	67.5	108.2	31.8
俄罗斯	Russia	7.5	-1.2	47.6	34.9	44.9	66.4
西班牙	Spain	4.7	-2.5	29.8	13.1	65.5	89.4
土耳其	Turkey	10.6	-1.4	28.4	32.9	61.0	68.6
乌克兰	Ukraine	18.1	42.6	56.2	14.4	25.6	43.1
英　国	United Kingdom	1.6	0.3	12.3	18.9	86.1	80.8
新西兰	New Zealand	6.9	-13.6①	8.6	45.3①	84.5	68.2①

注：①2020年数据。
Note:①Data refer to 2020.

附录 2-9 资本形成总额、消费支出及净出口对国内生产总值增长的贡献率

Share of the Contributions of Gross Capital Formation,Final Consumption Expenditure and External Balance on Goods and Services to the Increase of GDP

资料来源：世界银行数据库。
Source: World Bank Database.
单位：%　　(%)

国家或地区	Country or Area	资本形成总额 Gross Capital Formation		消费支出 Final Consumption Expenditure		净出口 External Balance on Goods and Services	
		2000	2021	2000	2021	2000	2021
中　国	China	21.1		76.5		2.4	
中国香港	Hong Kong SAR, China		4.5①		98.6①		-3.1①
中国澳门	Macao SAR, China	-314.7	-1.9	-118.1	17.3	532.8	84.6
文　莱	Brunei Darussalam	-117.0	49.1	-0.2	-24.9	217.2	75.8
印度尼西亚	Indonesia		35.2		38.6		26.2
伊　朗	Iran	16.0	84.0②	81.1	28.7②	2.9	-12.7②
以色列	Israel		30.2		82.9		-13.1
日　本	Japan		28.3①		52.6①		19.1①
哈萨克斯坦	Kazakhstan	42.6		43.6		13.8	
韩　国	Korea, Rep.		10.8		64.1		25.1
马来西亚	Malaysia	61.2	48.5	46.5	63.6	-7.7	-12.1
缅　甸	Myanmar		24.5		79.3		-3.8
新加坡	Singapore	65.2	-37.8③	78.7	107.4③	-43.9	30.3③
斯里兰卡	Sri Lanka						
泰　国	Thailand	58.5	-33.9③	144.6	86.7③	-103.1	47.2③
尼日利亚	Nigeria	50.5	47.7①	19.2	-60.9①	30.2	113.2①
南　非	South Africa	10.5	21.3	66.4	76.0	23.1	2.6
加拿大	Canada	32.0		53.6		14.4	
墨西哥	Mexico		40.4		104.3		-44.7
巴　西	Brazil	43.1	59.4	52.6	52.9	4.3	-12.2
委内瑞拉	Venezuela	49.8		84.1		-33.9	
捷　克	Czech Rep.	77.3	169.8	18.6	97.0	4.1	-166.9
法　国	France	47.1		59.0		-6.1	
德　国	Germany	28.1	45.3	44.3	27.5	27.6	27.1
意大利	Italy	31.3	50.8	60.8	48.8	7.9	0.4
荷　兰	Netherlands	7.9	8.4	62.9	56.6	29.2	35.0
波　兰	Poland		74.5		65.0		-39.5
俄罗斯	Russia	78.7	45.3	28.6	117.4	-7.3	-62.7
西班牙	Spain		27.3		64.4		8.3
乌克兰	Ukraine	51.1		25.1		23.8	
英　国	United Kingdom	9.0	23.9	88.2	96.4	2.8	-20.3
澳大利亚	Australia	26.9	81.3	67.7	110.3	5.4	-91.7
新西兰	New Zealand	-11.9		47.5		64.4	

注：①2020年数据。②2017年数据。③2019年数据。
Note:①Data refer to 2020.②Data refer to 2017.③Data refer to 2019.

附录 2-10 年中人口
Mid-year Population

资料来源：世界银行WDI数据库。
Source: World Bank WDI Database.

国家或地区	Country or Area	年中人口（万人） Mid-year Population (10 000 persons)				增长率(%) Growth Rate(%)
		2000	2005	2010	2021	2021
世　界	**World**	**611432.4**	**651172.5**	**692185.5**	**783663.1**	**0.9**
高收入国家	**High Income**	**110027.4**	**113605.3**	**117806.6**	**124137.4**	**0.1**
中等收入国家	**Middle Income**	**459235.4**	**489068.8**	**518795.9**	**586462.5**	**0.9**
中低收入国家	**Low and Middle Income**	**498985.8**	**534923.9**	**571534.9**	**656655.2**	**1.1**
低收入国家	**Low Income**	**39750.4**	**45855.1**	**52738.9**	**70192.7**	**2.7**
中　国	China	126264.5	130372.0	133770.5	141236.0	0.1
中国香港	Hong Kong SAR, China	666.5	681.3	702.4	741.3	-0.9
中国澳门	Macao SAR, China	42.8	48.3	53.8	65.8	1.4
阿富汗	Afghanistan	2078.0	2565.4	2918.6	3983.5	2.3
阿尔巴尼亚	Albania	308.9	301.1	291.3	281.2	-0.9
阿尔及利亚	Algeria	3104.2	3315.0	3597.7	4461.7	1.7
美属萨摩亚	American Samoa	5.8	6.0	5.6	5.5	-0.2
安道尔	Andorra	6.5	7.9	8.4	7.7	0.1
安哥拉	Angola	1639.5	1943.4	2335.6	3393.4	3.2
安提瓜和巴布达	Antigua and Barbuda	7.6	8.1	8.8	9.9	0.8
阿根廷	Argentina	3687.1	3889.3	4078.8	4580.9	0.9
亚美尼亚	Armenia	307.0	298.1	287.7	296.8	0.2
阿鲁巴岛	Aruba	9.1	10.0	10.2	10.7	0.4
澳大利亚	Australia	1915.3	2039.5	2203.2	2573.9	0.2
奥地利	Austria	801.2	822.8	836.3	895.6	0.4
阿塞拜疆	Azerbaijan	804.9	839.2	905.4	1014.5	0.5
巴哈马	Bahamas	29.8	32.5	35.5	39.7	0.9
巴　林	Bahrain	66.5	88.9	124.1	174.8	2.7
孟加拉国	Bangladesh	12765.8	13903.6	14757.5	16630.3	1.0
巴巴多斯	Barbados	27.2	27.6	28.2	28.8	0.1
白俄罗斯	Belarus	998.0	966.4	948.4	934.0	-0.4
比利时	Belgium	1025.1	1047.9	1089.6	1158.8	0.4
伯利兹	Belize	24.7	28.4	32.2	40.5	1.8
贝　宁	Benin	686.6	798.2	919.9	1245.1	2.7
百慕大	Bermuda	6.2	6.4	6.5	6.4	
不　丹	Bhutan	59.1	64.9	68.6	78.0	1.1
玻利维亚	Bolivia	841.8	923.2	1004.9	1183.3	1.4
波　黑	Bosnia and Herzegovinian	375.1	376.5	370.5	326.3	-0.5
博茨瓦纳	Botswana	164.3	179.9	198.7	239.7	1.9
巴　西	Brazil	17479.0	18612.7	19571.4	21399.3	0.7
文　莱	Brunei Darussalam	33.3	36.5	38.9	44.2	0.9
保加利亚	Bulgaria	817.0	765.9	739.6	689.9	-0.5
布基纳法索	Burkina Faso	1160.8	1342.2	1560.5	2149.7	2.8
布隆迪	Burundi	637.9	736.5	867.6	1225.5	3.0
柬埔寨	Cambodia	1215.5	1327.3	1431.2	1694.6	1.4
喀麦隆	Cameroon	1551.4	1773.3	2034.1	2722.4	2.5
加拿大	Canada	3068.6	3224.4	3400.5	3824.6	0.5
佛得角	Cape Verde	42.8	46.3	49.3	56.2	1.1
开曼群岛	Cayman Islands	4.2	4.9	5.7	6.6	1.2
中　非	Central African Rep.	364.0	403.8	438.7	492.0	1.9
乍　得	Chad	835.6	1009.7	1195.2	1691.5	2.9
海峡群岛	Channel Islands	14.8	15.2	16.0	17.5	0.8
智　利	Chile	1534.2	1618.3	1706.3	1921.2	0.5
哥伦比亚	Colombia	3963.0	4264.8	4522.3	5126.6	0.8
科摩罗	Comoros	54.2	61.2	69.0	88.8	2.1
刚果(金)	Congo, Dem. Rep.	4710.6	5478.6	6456.4	9237.8	3.1
刚果(布)	Congo, Rep.	312.7	362.3	427.4	565.7	2.5
哥斯达黎加	Costa Rica	396.2	428.6	457.7	513.9	0.9
科特迪瓦	Cote D'Ivoire	1645.5	1835.5	2053.3	2705.4	2.5

附录 2-10 续表 1 continued

国家或地区	Country or Area	年中人口（万人） Mid-year Population (10 000 persons)				增长率(%) Growth Rate(%)
		2000	2005	2010	2021	2021
克罗地亚	Croatia	446.8	431.0	429.5	389.9	-3.7
古　巴	Cuba	1112.6	1126.2	1122.6	1131.7	-0.1
塞浦路斯	Cyprus	94.3	102.8	111.3	121.6	0.7
捷　克	Czech Rep.	1025.5	1021.1	1047.4	1070.3	0.1
丹　麦	Denmark	534.0	541.9	554.8	585.7	0.4
吉布提	Djibouti	71.8	78.3	84.0	100.2	1.4
多米尼克	Dominica	7.0	7.1	7.1	7.2	0.3
多米尼加	Dominican Rep.	847.1	909.7	969.5	1095.4	1.0
厄瓜多尔	Ecuador	1268.1	1382.6	1501.1	1788.8	1.4
埃　及	Egypt	6883.2	7552.4	8276.1	10425.8	1.9
萨尔瓦多	El Salvador	588.8	605.2	618.4	651.9	0.5
赤道几内亚	Equatorial Guinea	60.6	75.0	94.4	145.0	3.3
厄立特里亚	Eritrea	229.2	282.7	317.0		
爱沙尼亚	Estonia	139.7	135.5	133.1	132.9	
埃塞俄比亚	Ethiopia	6622.5	7634.6	8764.0	11787.6	2.5
法罗群岛	Faeroe Islands	4.7	4.8	4.8	4.9	0.4
斐　济	Fiji	81.1	82.2	86.0	90.3	0.7
芬　兰	Finland	517.6	524.6	536.3	554.2	0.2
法　国	France	6091.3	6317.9	6502.8	6749.9	0.2
法属波立尼西亚	French Polynesia	24.1	25.9	26.6	28.3	0.6
加　蓬	Gabon	122.8	139.1	162.4	227.9	2.4
冈比亚	Gambia	131.8	154.4	179.3	248.7	2.9
格鲁吉亚	Georgia	407.7	390.2	378.7	370.9	-0.4
德　国	Germany	8221.2	8246.9	8177.7	8312.9	
加　纳	Ghana	1927.9	2181.5	2478.0	3173.2	2.1
直布罗陀	Gibraltar	3.1	3.3	3.4	3.4	
希　腊	Greece	1080.6	1098.7	1112.1	1066.5	-0.3
格陵兰	Greenland	5.6	5.7	5.7	5.7	0.5
格林纳达	Grenada	10.3	10.5	10.6	11.3	0.4
关　岛	Guam	15.5	15.8	15.9	17.0	0.8
危地马拉	Guatemala	1159.0	1294.8	1426.0	1711.0	1.5
几内亚	Guinea	824.1	911.0	1019.2	1349.7	2.7
几内亚比绍	Guinea-Bissau	120.1	134.5	152.3	201.5	2.4
圭亚那	Guyana	74.7	74.6	74.9	79.0	0.5
海　地	Haiti	846.4	919.5	994.9	1154.2	1.2
洪都拉斯	Honduras	657.5	745.9	831.7	1006.3	1.6
匈牙利	Hungary	1021.1	1008.7	1000.0	971.0	-0.4
冰　岛	Iceland	28.1	29.7	31.8	37.2	1.6
印　度	India	105657.6	114761.0	123428.1	139340.9	1.0
印度尼西亚	Indonesia	21151.4	22628.9	24183.4	27636.2	1.0
伊　朗	Iran	6562.3	6976.2	7376.3	8502.9	1.2
伊拉克	Iraq	2349.8	2692.2	2974.2	4117.9	2.4
爱尔兰	Ireland	380.5	416.0	456.0	502.8	0.9
马恩岛	Isle of Man	7.7	8.0	8.5	8.5	0.4
以色列	Israel	628.9	693.0	762.4	936.4	1.6
意大利	Italy	5694.2	5796.9	5927.7	5906.6	-0.6
牙买加	Jamaica	265.5	274.0	281.0	297.3	0.4
日　本	Japan	12684.3	12777.3	12807.0	12568.2	-0.5
约　旦	Jordan	512.2	576.6	726.2	1026.9	0.6
哈萨克斯坦	Kazakhstan	1488.4	1514.7	1632.2	1900.3	1.3
肯尼亚	Kenya	3196.5	3662.5	4203.1	5498.6	2.2
基里巴斯	Kiribati	8.4	9.2	10.3	12.1	1.6
朝　鲜	Korea, Dem.	2292.9	2390.4	2454.9		
韩　国	Korea, Rep.	4700.8	4818.5	4955.4	5174.5	-0.2
科威特	Kuwait	204.5	227.0	299.2	432.9	1.3

附录 2–10 续表 2 continued

国家或地区	Country or Area	年中人口（万人） Mid-year Population (10 000 persons)				增长率(%) Growth Rate(%)
		2000	2005	2010	2021	2021
吉尔吉斯斯坦	Kyrgyzstan	489.8	516.3	544.8	669.4	1.7
老挝	Lao PDR	532.4	575.2	624.9	737.9	1.4
拉脱维亚	Latvia	236.8	223.9	209.8	188.3	-0.9
黎巴嫩	Lebanon	384.3	469.9	495.3	676.9	-0.8
莱索托	Lesotho	203.3	199.6	199.6	215.9	0.8
利比里亚	Liberia	284.8	321.8	389.1	518.0	2.4
利比亚	Libya	535.8	579.9	619.8	695.9	1.3
列支敦士登	Liechtenstein	3.3	3.5	3.6	3.8	0.3
立陶宛	Lithuania	350.0	332.3	309.7	279.5	…
卢森堡	Luxemburg	43.6	46.5	50.7	63.9	1.4
马达加斯加	Madagascar	1576.7	1833.7	2115.2	2842.7	2.6
马拉维	Malawi	1114.9	1262.6	1454.0	1964.8	2.7
马来西亚	Malaysia	2319.4	2569.1	2820.8	3277.6	1.3
马尔代夫	Maldives	27.9	32.0	36.6	54.4	0.6
马里	Mali	1094.6	1277.6	1504.9	2085.6	2.9
马耳他	Malta	39.0	40.4	41.5	51.7	0.3
马绍尔群岛	Marshall Islands	5.1	5.5	5.6	6.0	0.7
毛里塔尼亚	Mauritania	263.0	302.4	349.4	477.5	2.7
毛里求斯	Mauritius	118.7	122.8	125.0	126.6	554.0
马约特岛	Mayotte	14.9	17.5	20.4		
墨西哥	Mexico	9890.0	10600.5	11409.3	13026.2	1.0
密克罗尼西亚	Micronesia, Fed.	10.7	10.6	10.3	11.6	1.1
摩尔多瓦	Moldova	292.4	288.8	286.1	257.4	-1.8
摩纳哥	Monaco	3.2	3.4	3.6	4.0	0.7
蒙古	Mongolia	239.7	252.6	272.0	332.9	1.5
黑山	Montenegro	60.5	61.4	61.9	62.0	-0.2
摩洛哥	Morocco	2879.4	3045.6	3234.3	3734.5	1.2
莫桑比克	Mozambique	1771.2	2049.4	2353.2	3216.3	2.9
缅甸	Myanmar	4672.0	4895.0	5060.1	5480.6	0.7
纳米比亚	Namibia	179.5	193.8	211.9	258.7	1.8
尼泊尔	Nepal	2394.1	2574.5	2701.3	2967.5	1.8
荷兰	Netherlands	1592.6	1632.0	1661.5	1753.3	0.5
荷属安的列斯	Netherlands Antilles	18.1	18.6			
新喀里多尼亚	New Caledonia	21.3	23.2	25.0	27.3	0.2
新西兰	New Zealand	385.8	413.4	435.1	512.3	0.6
尼加拉瓜	Nicaragua	506.9	543.9	582.4	670.2	1.2
尼日尔	Niger	1133.2	1362.4	1646.4	2513.1	3.7
尼日利亚	Nigeria	12228.4	13886.5	15850.3	21140.1	2.5
马其顿	North Macedonia	202.6	203.7	205.5	206.5	-0.4
北马里亚纳群岛	Northern Mariana Islands	5.7	5.7	5.4	5.8	0.6
挪威	Norway	449.1	462.3	488.9	540.8	0.5
阿曼	Oman	226.8	251.1	304.1	522.3	2.3
巴基斯坦	Pakistan	14234.4	16030.4	17942.5	22520.0	1.9
帕劳	Palau	1.9	2.0	1.8	1.8	0.5
巴拿马	Panama	303.0	333.0	364.3	438.2	1.5
巴布亚新几内亚	Papua New Guinea	584.8	649.5	731.1	911.9	1.9
巴拉圭	Paraguay	532.3	582.4	624.8	722.0	1.2
秘鲁	Peru	2646.0	2786.6	2902.8	3335.9	1.2
菲律宾	Philippines	7799.2	8632.6	9396.7	11104.7	1.3
波兰	Poland	3825.9	3816.5	3804.3	3778.1	-0.3
葡萄牙	Portugal	1029.0	1050.3	1057.3	1029.9	
波多黎各	Puerto Rico	381.1	382.1	372.2	326.4	-0.5
卡塔尔	Qatar	59.2	86.5	185.6	293.1	1.7

附录 2-10 续表 3 continued

国家或地区	Country or Area	年中人口（万人）Mid-year Population (10 000 persons)				增长率(%) Growth Rate(%)
		2000	2005	2010	2021	2021
罗马尼亚	Romania	2244.3	2132.0	2024.7	1911.5	-0.7
俄 罗 斯	Russia	14659.7	14351.9	14284.9	14344.6	-0.4
卢 旺 达	Rwanda	793.4	884.0	1003.9	1327.7	2.5
圣基茨和尼维斯	Saint Kitts and Nevis	4.4	4.7	4.9	5.4	0.7
圣卢西亚	Saint Lucia	15.7	16.3	17.4	18.4	0.4
圣文森特和格林纳丁斯	Saint Vincent and the Grenadines	10.8	10.9	10.8	11.1	0.3
萨 摩 亚	Samoa	17.4	18.0	18.6	20.0	0.9
圣马力诺	San Marino	2.7	2.9	3.1	3.4	0.2
圣多美和普林西比	Sao Tome and Principe	14.2	15.7	18.0	22.3	1.9
沙特阿拉伯	Saudi Arabia	2066.4	2381.6	2742.1	3534.1	1.5
塞内加尔	Senegal	979.8	1109.0	1267.8	1719.6	2.7
塞尔维亚	Serbia	751.6	744.1	729.1	684.4	-0.8
塞 舌 尔	Seychelles	8.1	8.3	9.0	9.9	0.7
塞拉利昂	Sierra Leone	458.5	564.6	641.6	814.1	2.0
新 加 坡	Singapore	402.8	426.6	507.7	545.4	-4.2
斯洛伐克	Slovakia	538.9	537.3	539.1	544.7	-0.2
斯洛文尼亚	Slovenia	198.9	200.0	204.9	210.7	0.2
所罗门群岛	Solomon Islands	41.3	47.0	52.8	70.4	2.5
索 马 里	Somalia	887.2	1044.7	1204.4	1636.0	2.9
南　　非	South Africa	4496.8	4788.1	5121.7	6004.2	1.2
西 班 牙	Spain	4056.8	4365.3	4657.7	4732.7	-0.1
斯里兰卡	Sri Lanka	1877.8	1954.5	2026.2	2215.6	1.1
苏　　丹	Sudan	2727.5	3095.0	3454.5	4490.9	2.4
苏 里 南	Suriname	47.1	49.9	52.9	59.2	0.9
斯威士兰	Swaziland	106.1	110.6	120.3		
瑞　　典	Sweden	887.2	903.0	937.8	1041.6	0.6
瑞　　士	Switzerland	718.4	743.7	782.5	869.8	0.7
叙 利 亚	Syrian Arab Republic	1641.1	1836.1	2136.3	1827.6	4.3
塔吉克斯坦	Tajikistan	621.6	678.9	752.7	975.0	2.2
坦桑尼亚	Tanzania	3349.9	3845.0	4434.7	6149.8	2.9
泰　　国	Thailand	6295.3	6541.6	6719.5	6995.1	0.2
东 帝 汶	Timor-Leste	88.4	99.5	109.4	134.4	1.9
多　　哥	Togo	492.4	561.2	642.2	847.8	2.4
汤　　加	Tonga	9.8	10.1	10.4	10.7	1.0
特立尼达和多巴哥	Trinidad And Tobago	126.7	129.6	132.8	140.3	0.3
突 尼 斯	Tunisia	970.8	1010.7	1063.5	1193.6	1.0
土 耳 其	Turkey	6324.0	6790.3	7232.7	8504.3	0.8
土库曼斯坦	Turkmenistan	451.6	475.5	508.7	611.8	1.4
特克斯和凯科斯群岛	Turks and Caicos Islands	2.0	2.8	3.3	3.9	1.3
图 瓦 卢	Tuvalu	0.9	1.0	1.1	1.2	1.1
乌 干 达	Uganda	2365.0	2768.5	3242.8	4712.4	3.0
乌 克 兰	Ukraine	4917.7	4710.5	4587.1	4381.5	-0.7
阿 联 酋	United Arab Emirates	313.4	458.8	855.0	999.1	1.0
英　　国	United Kingdom	5889.3	6040.1	6276.6	6732.7	0.4
美　　国	United States	28216.2	29551.7	30932.7	33189.4	0.1
美属维尔京群岛	Virgin Islands(US)	10.9	10.8	10.8	10.6	-0.4
乌 拉 圭	Uruguay	332.0	332.2	335.9	348.5	0.3
乌兹别克斯坦	Uzbekistan	2465.0	2616.7	2856.2	3491.5	2.0
瓦努阿图	Vanuatu	18.5	20.9	23.6	31.4	2.4
委内瑞拉	Venezuela	2419.2	2643.2	2844	2870.5	0.9
越　　南	Viet Nam	7991	8383.3	8796.8	9816.9	0.8
约旦河西岸和加沙	West Bank and Gaza	292.2	332	378.6	492.3	2.5
也　　门	Yemen	1740.9	2010.7	2315.5	3049.1	2.2
赞 比 亚	Zambia	1041.6	1185.6	1360.6	1892.1	2.9
津巴布韦	Zimbabwe	1188.1	1207.7	1269.8	1509.2	1.5

附录 2-11 万美元国内生产总值能耗(2017年不变价,PPP)
Energy Use per Ten Thousand USD of GDP (Constant 2017 PPP)

资料来源：世界银行WDI数据库。
Source:World Bank WDI Database.
单位：吨标准油/万美元 (ton of oil equivalent per 10 000 USD)

国家或地区	Country or Area	2000	2005	2010	2013	2014	2015
世　界	**World**	**1.43**	**1.38**	**1.31**	**1.24**	**1.21**	
高收入国家	**High Income**	**1.28**	**1.19**	**1.12**	**1.04**	**1.02**	**0.98**
中等收入国家	**Middle Income**	**1.70**	**1.64**	**1.52**	**1.43**	**1.39**	
中　国	China	2.60	2.61	2.20	1.99	1.88	
中国香港	Hong Kong SAR, China	0.56	0.42	0.38	0.35	0.35	
孟加拉国	Bangladesh	0.74	0.72	0.72	0.66	0.65	
文　莱	Brunei Darussalam	1.04	0.87	1.23	1.13	1.35	
柬埔寨	Cambodia	1.89	1.22	1.36	1.24	1.24	
印　度	India	1.62	1.39	1.33	1.26	1.24	
印度尼西亚	Indonesia	1.29	1.19	1.06	0.91	0.90	
伊　朗	Iran	1.86	2.06	2.01	2.29	2.35	
以色列	Israel	0.97	0.89	0.90	0.79	0.74	0.74
日　本	Japan	1.12	1.06	1.02	0.90	0.87	0.85
哈萨克斯坦	Kazakhstan	2.33	2.03	2.04	2.02	1.82	
韩　国	Korea, Rep.	1.74	1.52	1.47	1.41	1.39	1.39
马来西亚	Malaysia	1.32	1.41	1.27	1.30	1.26	
蒙　古	Mongolia	2.21	2.02	1.94	1.76	1.67	
缅　甸	Myanmar	2.90	1.83	1.00	0.96	1.03	
巴基斯坦	Pakistan	1.39	1.29	1.21	1.14	1.10	
菲律宾	Philippines	1.15	0.89	0.73	0.68	0.68	
新加坡	Singapore	0.83	0.75	0.64	0.57	0.58	
斯里兰卡	Sri Lanka	0.75	0.66	0.53	0.44	0.45	
泰　国	Thailand	1.17	1.23	1.22	1.26	1.24	
越　南	Viet Nam	1.22	1.25	1.32	1.14		
埃　及	Egypt	0.76	0.97	0.85	0.82	0.80	
尼日利亚	Nigeria	2.36	1.90	1.53	1.46	1.38	
南　非	South Africa	2.20	2.14	2.03	1.85	1.92	
加拿大	Canada	2.22	2.00	1.74	1.66	1.66	1.61
墨西哥	Mexico	0.85	0.95	0.86	0.87	0.83	0.80
美　国	United States	1.61	1.44	1.32	1.23	1.22	1.16
阿根廷	Argentina	0.90	0.89	0.82	0.81	0.86	
巴　西	Brazil	0.92	0.92	0.91	0.92	0.95	
捷　克	Czech Rep.	1.60	1.45	1.27	1.19	1.14	1.07
法　国	France	1.04	1.03	0.95	0.90	0.85	0.85
德　国	Germany	0.95	0.93	0.85	0.79	0.74	0.75
意大利	Italy	0.70	0.73	0.69	0.64	0.61	0.62
荷　兰	Netherlands	1.00	1.01	0.97	0.89	0.83	0.80
波　兰	Poland	1.43	1.27	1.10	1.00	0.93	0.90
俄罗斯	Russia	2.90	2.27	2.01	1.93	1.87	
西班牙	Spain	0.86	0.86	0.73	0.71	0.69	0.69
土耳其	Turkey	0.78	0.68	0.74	0.64	0.63	0.64
乌克兰	Ukraine	3.63	2.68	2.36	1.96	1.98	
英　国	United Kingdom	0.97	0.86	0.77	0.69	0.63	0.61
澳大利亚	Australia	1.48	1.32	1.29	1.17	1.13	1.15
新西兰	New Zealand	1.35	1.10	1.12	1.10	1.13	1.08

附录 2-12 广义货币占国内生产总值比重
Broad Money(% of GDP)

资料来源：世界银行WDI数据库。
Source: World Bank WDI Database.
单位：%

(%)

国家或地区	Country or Area	2000	2005	2010	2015	2018	2019	2020
中　国	**China**	**135.6**	**151.1**	**176.1**	**202.1**	**195.0**	**197.9**	**211.9**
中国香港	Hong Kong SAR, China	224.4	257.7	315.3	365.6	386.1	403.3	454.7
中国澳门	Macao SAR, China	156.2	139.3	107.6	131.5	146.0	154.3	340.4
孟加拉国	Bangladesh	30.6	47.4	58.8	64.5	54.8	54.9	57.8
文　莱	Brunei Darussalam	85.7	57.8	67.3	80.8	81.6	84.7	93.6
柬埔寨	Cambodia	13.0	19.3	41.6	72.4	100.7	107.7	129.0
印　度	India	54.7	65.6	77.7	78.0	74.1	77.1	87.9
印度尼西亚	Indonesia	53.9	43.4	36.0	39.5	38.8	38.8	44.7
伊　朗	Iran	37.2	41.5	54.1	76.8			
以色列	Israel	79.1	94.6	73.2	82.9	83.8	85.0	104.8
日　本	Japan	229.1	195.1	215.3	233.4	248.3	252.5	281.3
哈萨克斯坦	Kazakhstan	15.3	27.2	38.9	41.9	33.7	30.7	35.3
韩　国	Korea, Rep.	63.4	106.7	125.6	135.6	142.3	151.4	164.9
老　挝	Lao PDR	16.5	19.1	36.2				
马来西亚	Malaysia	122.7	125.0	129.7	132.8	125.1	122.9	137.5
蒙　古	Mongolia	21.1	37.5	48.0	43.9	59.8	55.1	65.4
缅　甸	Myanmar	33.9	24.8	25.5	48.9	59.0	60.0	66.2
巴基斯坦	Pakistan	34.8	45.5	52.5	53.3	51.2	51.2	54.5
菲律宾	Philippines	55.9	52.1	58.8	70.9	74.5	76.6	90.5
新加坡	Singapore	103.2	103.3	123.3	122.9	118.5	123.5	150.3
斯里兰卡	Sri Lanka	38.4	41.7	31.6	49.7	56.9	59.5	
泰　国	Thailand	111.2	104.1	109.0	127.7	122.8	123.4	
越　南	Viet Nam	44.6	71.0	90.5	111.2	125.0	129.2	140.6
埃　及	Egypt	76.7	97.1	80.8	78.0	81.8	77.2	84.0
尼日利亚	Nigeria	14.7	11.3	21.4	22.4	25.4	23.9	25.2
南　非	South Africa	47.4	59.8	68.2	67.3	66.3	67.1	74.1
加拿大	Canada	71.1	148.6					
墨西哥	Mexico	22.4	26.6	30.6	36.4	37.5	37.8	44.7
美　国	United States	68.5	72.5	84.9	89.0	89.3	93.0	110.6
阿根廷	Argentina	31.9	28.7	25.3	27.6			
巴　西	Brazil	46.5	60.1	74.2	88.1	93.7	96.1	111.2
委内瑞拉	Venezuela	19.8	23.7	32.2				
捷　克	Czech Rep.	60.6	55.2	69.1	77.7	83.1	82.5	92.1
法　国	France	101.0	76.1	89.9				
德　国	Germany	169.6	73.8	84.0				
意大利	Italy	81.6	64.6	84.2				
荷　兰	Netherlands	138.2	100.6	108.4				
波　兰	Poland	40.4	43.1	54.6	64.2	68.0	68.4	78.0
俄罗斯	Russia	21.5	33.4	51.4	61.8	59.1	58.9	70.1
西班牙	Spain	97.8	94.0	107.2				
土耳其	Turkey	33.5	38.7	52.9	52.4	53.2	58.9	67.5
乌克兰	Ukraine	18.0	42.4	53.4	50.0	35.9	36.2	43.8
英　国	United Kingdom	94.1	116.1	163.1	133.8	147.7	140.4	163.4
澳大利亚	Australia	67.6	78.3	100.5	113.3	113.9	123.0	137.5
新西兰	New Zealand	78.9	78.7	92.7	99.2	101.7	100.7	112.0

附录 2-13　生产者价格指数
Producer Price Indices

资料来源：联合国统计月报数据库。
Source: UN Monthly Bulletin of Statistics Database.

2010年=100　　(2010=100)

国家或地区	Country or Area	2010	2015	2017	2018	2019	2020	2021
中国香港	**Hong Kong SAR, China**							
按供给组成分	by Components of Supply							
工业产品	Industrial Products	100.0	100.4	105.6	107.7	108.7	111.3	112.6
孟加拉国	**Bangladesh**							
按生产阶段分	by Stage of Processing							
中间产品	Intermediate Products	218.3①				201.7⑨	201.2⑨	222.8⑨
按最终用途分	by End-Use							
消费品	Consumers' Goods	296.8①				226.6⑨	230.3⑨	233.8⑨
投资用品	Capital Goods	280.8①				272.3⑨	286.6⑨	286.7⑨
印　度②	**India②**							
按供给组成分	by Components of Supply							
国内供应	Domestic Supply		110.8	114.1	119.0	121.2	121.8	134.8
农业产品	Agricultural Products		130.1	142.7	142.3	152.9	160.3	163.8
工业产品	Industrial Products		110.6	112.9	117.2	118.1	119.6	131.7
按生产阶段分	by Stage of Processing							
原材料	Raw Materials		120.8	130.2	133.0	141.2	144.5	155.1
印度尼西亚	**Indonesia**							
按供给组成分	by Components of Supply							
农业产品	Agricultural Products	100.0	129.8	136.4	140.7	143.2	146.6	
工业产品	Industrial Products	100.0	134.6	141.1	144.8	147.5	149.6	
伊　朗	**Iran**							
按供给组成分	by Components of Supply							
国内生产	Domestic Production	63.9③	90.8⑧	100.0⑧	110.0⑧			
农业产品	Agricultural Products	75.9③	92.4⑧	100.0⑧	111.0⑧			
工业产品	Industrial Products	53.1③	96.9⑧	100.0⑧	110.7⑧			
以色列	**Israel**							
按供给组成分	by Components of Supply							
工业产品	Industrial Products	100.0	104.8	102.5	105.9	104.7	99.5	
日　本	**Japan**							
按供给组成分	by Components of Supply							
国内供应④	Domestic Supply④	97.4	100.0	97.2	100.9	99.4	95.2	103.6
国内生产	Domestic Production	100.2④	100.0	98.7④	101⑩	101.2⑩	100.0	104.5⑩
农业产品	Agricultural Products	93.4④	100.0	107.6④	101.8⑩	101⑩	100.0	100.1⑩
工业产品	Industrial Products	99.1④	100.0	98.9④	100.7⑩	100.8⑩	100.0	104.7⑩
进口产品	Import Products	88.1④	100.0	92.7④	117.8⑩	111.5⑩	100.0	121.5⑩
按生产阶段分	by Stage of Processing							
原材料④	Raw Materials④	97.2	100.0	95.9	109.5	103.8	86.4	118.9
中间产品④	Intermediate Products④	96.3	100.0	97.4	101.6	100.6	97.1	105.3
按最终用途分	by End-Use							
消费品④	Consumers' Goods④	98.7	100.0	97.0	97.3	95.8	93.7	96.2
投资用品④	Capital Goods④	99.5	100.0	98.0	97.9	97.5	96.9	98.3
韩　国④	**Korea, Rep.④**							
按供给组成分	by Components of Supply							
国内供应	Domestic Supply		100.0	101.4	104.5	104.7	102.3	111.1
国内生产	Domestic Production	101.8	100.0	101.1	103.3	102.5	100.8	110.2
农业产品	Agricultural Products	95.3	100.0	112.6	116.7	114.0	124.9	135.1
工业产品	Industrial Products	104.0	100.0	101.1	103.3	102.3	99.6	110.0
按生产阶段分	by Stage of Processing							
原材料	Raw Materials	126.4	100.0	104.0	119.4	118.8	99.3	130.5
中间产品	Intermediate Products	105.9	100.0	100.9	103.6	103.5	101.5	111.1
按最终用途分	by End-Use							
消费品	Consumers' Goods	98.0	100.0	100.1	100.3	100.5	99.7	102.9
投资用品	Capital Goods	100.2	100.0	100.4	100.2	102.6	103.8	104.6

附录 2-13 续表 1 continued

2010年=100 (2010=100)

国家或地区	Country or Area	2010	2015	2017	2018	2019	2020	2021
马来西亚	**Malaysia**							
按供给组成分	by Components of Supply							
国内供应	Domestic Supply	100.0	104.0					
国内生产	Domestic Production	100.0	102.2	108.0	106.7	105.2	102.4	112.1
进口产品	Import Products	100.0	107.7					
巴基斯坦	**Pakistan**							
按供给组成分	by Components of Supply							
国内供应	Domestic Supply	100.0	140.1	147.4	159.6		143.8⑪	169.7⑪
农业产品	Agricultural Products	100.0	138.6	156.6	165.8		144.5⑪	171.0⑪
菲律宾	**Philippines**							
按供给组成分	by Components of Supply							
国内供应	Domestic Supply	100.0	107.0⑥	110.1⑥	112.2⑥	114.0⑥	116.8⑥	120.3⑥
工业产品	Industrial Products	100.0	85.8					
新加坡	**Singapore**							
按供给组成分	by Components of Supply							
国内供应	Domestic Supply	100.0	86.8	86.4	92.0	89.0	81.3	93.6
国内生产	Domestic Production	100.0	89.9	88.2	92.1	89.0	82.9	90.8
进口产品	Import Products	100.0	86.2	86.4	90.7	89.7	83.4	93.1
泰国	**Thailand**							
按供给组成分	by Components of Supply							
国内供应	Domestic Supply	100.0	100.0④	99.5④	100.0④	99.3④	97.7④	102.3④
按生产阶段分	by Stage of Processing							
原材料	Raw Materials	100.0	97.5	95.9	97.9	98.4	96.6	102.7
按最终用途分	by End-Use							
消费品	Consumers' Goods	100.0	109.5	106.2	105.1	109.3	110.7	111.1
投资用品	Capital Goods	100.0	101.1	99.6	97.8	95.6	93.6	93.0
埃及	**Egypt**							
按供给组成分	by Components of Supply							
国内生产	Domestic Production	156.1⑤	207.6⑤			203.8⑫		
农业产品	Agricultural Products	202.1⑤	299.5⑤			171.7⑫		
按生产阶段分	by Stage of Processing							
原材料	Raw Materials	152.4⑤	180.4⑤			158.3⑫		
中间产品	Intermediate Products	129.7⑤	161.5⑤			250.9⑫		
按最终用途分	by End-Use							
消费品	Consumers' Goods	110.2⑤	124.7⑤			183.0⑫		
投资用品	Capital Goods	140.6⑤	171.9⑤			231.5⑫		
南非⑥	**South Africa⑥**							
按供给组成分	by Components of Supply							
农业产品	Agricultural Products		113.1	132.2	134.0	131.6	137.8	150.6
工业产品	Industrial Products		118.0	132.5	139.7	146.2	149.9	160.4
按生产阶段分	by Stage of Processing							
中间产品	Intermediate Products		117.6	130.6	135.2	138.7	142.1	165.2
加拿大	**Canada**							
按供给组成分	by Components of Supply							
农业产品	Agricultural Products	100.0	130.2	125.9	124.3	125.5	128.0	154.5
工业产品	Industrial Products	100.0	110.3	96.4⑬	100.2⑬	100.0⑬	99.6⑬	113.5⑬
按生产阶段分	by Stage of Processing							
原材料	Raw Materials	100.0	94.2	94.9⑬	103.6⑬	101.0⑬	92.8⑬	122.7⑬

附录 2-13 续表 2 continued

2010年=100 (2010=100)

国家或地区	Country or Area	2010	2015	2017	2018	2019	2020	2021
墨 西 哥	**Mexico**							
按供给组成分	by Components of Supply							
国内供应	Domestic Supply	100.0	119.2	136.2	144.6	149.8	155.2	168.7
国内生产	Domestic Production	100.0	117.9	133.2	140.5	144.8	150.7	159.5
农业产品	Agricultural Products	100.0	119.6	140.3	144.7	147.4	154.3	169.8
工业产品	Industrial Products	100.0	118.6	136.6	143.3	148.1	157.1	163.6
进口产品	Import Products	100.0	105.3	106.8	110.6	110.8	109.9	122.2
按生产阶段分	by Stage of Processing							
中间产品	Intermediate Products	100.0	118.1	135.1	144.1	147.2	150.7	163.0
按最终用途分	by End-Use							
消费品	Consumers' Goods	100.0	120.2	135.4	142.2			
投资用品	Capital Goods	100.0	118.0	137.4	148.0	152.7	157.7	173.7
美 国	**United States**							
按供给组成分	by Components of Supply							
国内生产	Domestic Production	100.0	103.1	104.8	109.4	108.2	105.3	123.1
农业产品	Agricultural Products	100.0	114.8	107.0	106.6	107.0	104.6	131.2
工业产品	Industrial Products	100.0	101.0	103.5	108.9	107.3	103.7	122.2
按生产阶段分	by Stage of Processing							
原材料	Raw Materials	100.0	89.1	89.8	94.3	87.6	79.0	114.2
中间产品	Intermediate Products	100.0	102.6	104.0	109.5	108.0	105.0	125.4
按最终用途分	by End-Use							
消费品	Consumers' Goods	100.0	108.1	110.6	114.7	115.0	112.4	124.7
投资用品	Capital Goods	100.0	107.1	108.6	110.4	112.8	114.0	118.3
阿 根 廷	**Argentina**							
按供给组成分	by Components of Supply							
国内供应	Domestic Supply	100.0						
国内生产	Domestic Production	100.0						
农业产品	Agricultural Products	100.0						
工业产品	Industrial Products	100.0						
进口产品	Import Products	100.0						
白俄罗斯	**Belarus**							
按供给组成分	by Components of Supply							
农业产品	Agricultural Products	100.0						841.0
工业产品	Industrial Products	100.0	444.4	546.7	584.2	626.8	655.7	736.0
按生产阶段分	by Stage of Processing							
中间产品	Intermediate Products	100.0	478.1	593.2	639.1	689.3	732.4	846.1
按最终用途分	by End-Use							
消费品	Consumers' Goods	100.0	399.5	474.2	498.9	515.8	532.8	565.8
投资用品	Capital Goods	100.0	420.6	532.5	565.6	583.6	614.3	692.8
捷 克	**Czech Rep.**							
按供给组成分	by Components of Supply							
农业产品	Agricultural Products	100.0	118.9	122.0	100.8④	106.5④	103.0④	110.7④
工业产品	Industrial Products	100.0	104.4	102.8	104.9	107.7	107.8	115.5
进口产品	Import Products	100.0	108.3	105.0	104.2	104.5	103.4	109.7
按生产阶段分	by Stage of Processing							
中间产品	Intermediate Products	100.0	106.8	106.3	108.7	109.6	107.9	122.3
按最终用途分	by End-Use							
消费品	Consumers' Goods	100.0	108.3	109.2	109.1	112.7	115.2	116.2
投资用品	Capital Goods	100.0	103.7	102.5	102.4	104.1	106.8	108.7
法 国	**France**							
按供给组成分	by Components of Supply							
国内供应	Domestic Supply	100.0	102.1	101.8	104.6	104.8	101.6	112.4
农业产品	Agricultural Products	100.0	113.3	117.7	120.2	122.4	123.1	134.2
工业产品	Industrial Products	100.0	104.8	104.8	107.6	108.1	105.7	115.5
进口产品	Import Products	100.0	98.4	97.6	100.3	100.1	96.1	107.7
按生产阶段分	by Stage of Processing							
原材料	Raw Materials	100.0	98.6	96.6	108.8	107.7	91.0	127.0
中间产品	Intermediate Products	100.0	101.1	101.5	103.8	103.9	101.1	112.2
按最终用途分	by End-Use							
消费品	Consumers' Goods	100.0	105.5	105.5	105.1	105.5	106.1	108.4
投资用品	Capital Goods	100.0	101.4	101.2	101.7	102.7	103.7	106.0

附录 2-13　续表 3　continued

2010年=100　(2010=100)

国家或地区	Country or Area	2010	2015	2017	2018	2019	2020	2021
德　国	**Germany**							
按供给组成分	by Components of Supply							
农业产品	Agricultural Products	100.0	105.3	114.3	114.7	117.4	113.7	123.6
工业产品	Industrial Products	100.0	103.9	105.0	107.8	108.9	107.9	119.2
进口产品	Import Products	100.0	100.7	101.2		101.8④		110.0④
按生产阶段分	by Stage of Processing							
中间产品	Intermediate Products	100.0	102.1	104.6	107.4	107.1	105.5	118.7
按最终用途分	by End-Use							
消费品	Consumers' Goods	100.0	108.1	112.1	112.8	114.7	116.1	117.6
投资用品	Capital Goods	100.0	104.1	105.9	107.3	108.9	110.0	112.2
意 大 利	**Italy**							
按供给组成分	by Components of Supply							
工业产品	Industrial Products	100.0	102.6	102.9	107.0	107.0	102.4	115.6
按生产阶段分	by Stage of Processing							
中间产品	Intermediate Products	100.0	103.8	105.5	107.6	107.5	106.8	117.2
按最终用途分	by End-Use							
消费品	Consumers' Goods	100.0	107.1	108.2	108.9	109.6	110.2	112.9
投资用品	Capital Goods	100.0	104.0	105.3	105.9	107.3	107.7	110.7
荷　兰	**Netherlands**							
按供给组成分	by Components of Supply							
工业产品	Industrial Products	100.0	100.9	102.7	105.9	107.7	104.8	122.0
按生产阶段分	by Stage of Processing							
中间产品	Intermediate Products	100.0	103.5	106.4	110.0	110.0	105.8	123.6
按最终用途分	by End-Use							
消费品	Consumers' Goods	100.0	109.1	113.6	113.7	116.9	120.2	128.8
投资用品	Capital Goods	100.0	105.2	108.0	109.3	116.5	118.6	123.6
波　兰	**Poland**							
按供给组成分	by Components of Supply							
工业产品	Industrial Products	100.0	106.1	111.1	114.2	115.5	114.9	126.2
按生产阶段分	by Stage of Processing							
原材料	Raw Materials	100.0	106.4	111.6	112.1④	116.7④	111.6④	130.1④
中间产品	Intermediate Products	100.0	108.6	113.3	117.5	118.6	117.2	132.1
按最终用途分	by End-Use							
消费品	Consumers' Goods	100.0	106.5	111.8	112.5	114.4	116.8	121.6
投资用品	Capital Goods	100.0	101.0	105.9	105.0	104.3	104.9	109.1
俄 罗 斯	**Russia**							
按供给组成分	by Components of Supply							
农业产品	Agricultural Products	100.0	148.5	150.3	148.2	160.2	161.3	191.2
工业产品	Industrial Products	100.0	153.8	172.7	193.7	197.6	190.2	236.7

附录 2-13 续表 4 continued

2010年=100 (2010=100)

国家或地区	Country or Area	2010	2015	2017	2018	2019	2020	2021
西 班 牙	**Spain**							
按供给组成分	by Components of Supply							
工业产品	Industrial Products	100.0	107.9	109.1	112.3	111.8	107.0	125.6
按生产阶段分	by Stage of Processing							
中间产品	Intermediate Products	100.0	105.8	107.8	110.6	110.3	108.3	122.7
按最终用途分	by End-Use							
消费品	Consumers' Goods	100.0	108.2	110.5	110.3	110.5	111.7	115.5
投资用品	Capital Goods	100.0	102.5	104.0	104.8	105.9	106.9	109.0
土 耳 其	**Turkey**							
按供给组成分	by Components of Supply							
农业产品	Agricultural Products	100.0	100.0④	115.5④	128.9④	158.2④	181.7④	224.8④
工业产品	Industrial Products	100.0	142.9	172.7	219.3	257.8	289.2	416.0
乌 克 兰⑦	**Ukraine⑦**							
按供给组成分	by Components of Supply							
农业产品	Agricultural Products		234.6		327.2	310.6	343.4	475.9
工业产品	Industrial Products		196.4	299.7	352.4	367.0	360.1	507.1
英 国	**United Kingdom**							
按供给组成分	by Components of Supply							
农业产品	Agricultural Products	100.0	104.1	116.6④	119.8④	117.0④	120.1④	129.6④
工业产品	Industrial Products	100.0	106.6	104.1④	107.7④	109.2④	108.2④	113.7④
进口产品	Import Products	100.0	98.6	112.1④	114.5④	116.1④	114.7④	119.2④
按生产阶段分	by Stage of Processing							
原材料	Raw Materials	100.0	95.7	108.6④	113.7④	114.6④	112.4④	123.4④
中间产品	Intermediate Products	100.0	106.3	103.6④	108.2④	110.4④	110.5④	119.3④
按最终用途分	by End-Use							
消费品	Consumers' Goods	100.0	108.8	102.6④	104.2④	105.1④	106.0④	108.3④
投资用品	Capital Goods	100.0	108.7	106.1④	107.8④	110.1④	111.3④	112.5④
澳大利亚	**Australia**							
按供给组成分	by Components of Supply							
国内供应	Domestic Supply	100.0	109.2	111.8	113.9	115.9	116.1	118.6
国内生产	Domestic Production	100.0	109.3	112.6	114.5			
农业产品	Agricultural Products	100.0	127.1	133.3	134.9	144.4	155.3	165.4
工业产品	Industrial Products	100.0	107.4	110.2	116.0	119.9	121.1	128.0
进口产品	Import Products	100.0	110.5	108.5	111.3			
按生产阶段分	by Stage of Processing							
原材料	Raw Materials	100.0	110.6	113.8	118.8			
中间产品	Intermediate Products	100.0	110.7	114.2	118.9			
按最终用途分	by End-Use							
消费品	Consumers' Goods	100.0	110.9	113.9	115.7			
投资用品	Capital Goods	100.0	109.2	111.1	114.0			
新 西 兰	**New Zealand**							
按供给组成分	by Components of Supply							
农业产品	Agricultural Products	100.0	99.2	121.5	126.9	132.0	130.7	145.7
工业产品	Industrial Products	100.0	103.1	108.8	113.6	115.4	114.3	119.8
按生产阶段分	by Stage of Processing							
中间产品	Intermediate Products	100.0	105.1	110.4	114.3	117.6	117.5	124.3

注：①以1988年7月1日至1989年6月30日为基期。②以2011—2012年为基期。③以2011财政年度(2011年3月21日—2012年3月20日)为基期。④以2015年为基期。⑤以2004年7月1日至2005年6月30日为基期。⑥以2012年为基期。⑦以2005年为基期。⑧以2016财政年度(2016年3月21日—2017年3月20日)为基期。⑨以2005年7月1日至2006年6月30日为基期。⑩以2020年为基期。⑪以2009年为基期。⑫以2016年1月为基期。⑬以2020年1月为基期。

Note: ①The base year is from 1 July 1988 to 30 June 1989.②The base year is 2011-2012.③The base year is fiscal year 2011(from 21 March 2011 to 20 March 2012).④The base year is 2015.⑤The base year is from 1 July 2004 to 30 June 2005.⑥The base year is 2012. ⑦The base year is 2005.⑧The base year is fiscal year 2016(from 21 March 2016 to 20 March 2017). ⑨The base year is from 1 June 2005 to 30 July 2006. ⑩The base year is 2020.⑪The base year is 2009.⑫The base year is January 2016.⑬The base year is January 2020.

附录 2-14 居民消费价格指数
Consumer Price Index

资料来源：世界银行WDI数据库。
Source: World Bank WDI Database.
2010年=100 (2010=100)

国家和地区	Country or Area	2015	2016	2017	2018	2019	2020	2021
中　　国	China	114.9	117.2	119.1	121.6	125.1	128.1	129.4
中国香港	Hong Kong SAR, China	123.0	125.9	127.8	130.9	134.6	135.0	137.1
中国澳门	Macao SAR, China	131.3	134.4	136.1	140.2	144.0	145.2	
孟加拉国	Bangladesh	144.6	152.5	161.2	170.2	179.7	189.9	200.4
文　　莱	Brunei Darussalam	99.9	99.7	98.4	99.4	99.0	100.9	102.7
柬 埔 寨	Cambodia	117.5	121.0	124.6	127.6	130.1	133.9	137.9
印　　度	India	146.8	154.1	159.2	165.5	171.6	183.0	192.4
印度尼西亚	Indonesia	132.3	137.0	142.2	146.7	151.2	154.1	156.5
伊　　朗	Iran	288.0	308.8	333.7	393.8	550.9	719.5	
以 色 列	Israel	106.7	106.1	106.4	107.3	108.2	107.5	109.1
日　　本	Japan	103.6	103.5	104.0	105.0	105.5	105.5	105.2
哈萨克斯坦	Kazakhstan	137.3	157.3	169.0	179.1	188.5	201.2	
韩　　国	Korea, Rep.	109.8	110.9	113.1	114.7	115.2	115.8	118.7
老　　挝	Lao PDR	125.8	127.8	128.9	131.5	135.9	142.8	148.2
马来西亚	Malaysia	112.8	115.1	119.6	120.7	121.5	120.1	123.1
蒙　　古	Mongolia	162.5	163.7	170.8	182.4	195.8	203.0	217.4
缅　　甸	Myanmar	129.3	138.3	144.6	154.5	168.2		
巴基斯坦	Pakistan	145.3	150.8	156.9	164.9	182.3	200.1	219.1
菲 律 宾	Philippines	115.4	116.9	120.2	126.6	129.6	132.7	137.9
新 加 坡	Singapore	113.2	112.6	113.3	113.8	114.4	114.2	116.8
斯里兰卡	Sri Lanka	131.4	136.6	147.1	150.2	155.5	165.1	176.7
泰　　国	Thailand	110.3	110.6	111.3	112.5	113.3	112.3	113.7
越　　南	Viet Nam	144.6	148.4	153.6	159.1	163.5	168.8	171.9
埃　　及	Egypt	156.8	178.4	231.1	264.4	288.6	303.1	319.9
尼日利亚	Nigeria	158.9	183.9	214.2	240.1	267.5	302.9	354.3
南　　非	South Africa	130.3	138.9	146.0	152.6	158.9	164.0	171.6
加 拿 大	Canada	108.7	110.2	112.0	114.5	116.8	117.6	121.6
墨 西 哥	Mexico	119.4	122.8	130.2	136.6	141.5	146.4	154.7
美　　国	United States	108.7	110.1	112.4	115.2	117.2	118.7	124.3
巴　　西	Brazil	138.4	150.5	155.7	161.4	167.4	172.8	187.1
委内瑞拉	Venezuela	772.0	2740.3					
捷　　克	Czech Rep.	107.5	108.2	110.9	113.3	116.5	120.2	124.8
法　　国	France	105.6	105.8	106.9	108.8	110.0	110.6	112.4
德　　国	Germany	107.2	107.7	109.4	111.2	112.9	113.4	117.0
意 大 利	Italy	107.5	107.4	108.7	110.0	110.6	110.5	112.5
荷　　兰	Netherlands	109.2	109.5	111.0	112.9	115.9	117.4	120.5
波　　兰	Poland	108.1	107.4	109.6	111.6	114.1	118.0	123.9
俄 罗 斯	Russia	151.5	162.2	168.2	173.0	180.8	186.9	199.4
西 班 牙	Spain	106.5	106.3	108.4	110.2	111.0	110.6	114.0
土 耳 其	Turkey	146.1	157.4	175.0	203.5	234.4	263.2	314.8
乌 克 兰	Ukraine	180.5	205.6	235.3	261.1	281.7	289.4	
英　　国	United Kingdom	111.0	112.1	114.9	117.6	119.6	120.8	123.8
澳大利亚	Australia	112.0	113.5	115.7	117.9	119.8	120.8	124.3
新 西 兰	New Zealand	107.9	108.6	110.7	112.4	114.2	116.2	120.8

附录 2-15 主要农产品产量
Production of Major Farm Crops

资料来源：联合国FAO数据库。
Source:FAO Database.
单位：万吨 (10 000 tons)

国家或地区	Country or Area	谷物 Cereals,Total 2010	2021	国家或地区	Country or Area	稻谷 Rice,Paddy 2010	2021
世 界	**World**	**246148.1**	**307064.5**	**世 界**	**World**	**69447.2**	**78729.4**
中 国	China	49634.3	63206.7	中 国	China	19576.1	21284.3
美 国	United States	40112.6	45262.8	印 度	India	14396.3	19542.5
印 度	India	26783.8	35634.5	孟加拉国	Bangladesh	5006.1	5694.5
俄 罗 斯	Russia	5961.9	11757.4	印度尼西亚	Indonesia	5928.3	5441.5
巴 西	Brazil	7516.0	11222.0	越 南	Viet Nam	4000.6	4385.3
阿 根 廷	Argentina	3976.9	8769.2	泰 国	Thailand	3570.3	3358.2
乌 克 兰	Ukraine	3868.6	8533.9	缅 甸	Myanmar	3206.5	2491.0
印度尼西亚	Indonesia	7761.1	7442.5	菲 律 宾	Philippines	1577.2	1996.0
法 国	France	6583.9	6688.1	巴基斯坦	Pakistan	723.5	1398.4
孟加拉国	Bangladesh	5186.3	6215.6	巴 西	Brazil	1123.6	1166.1
巴基斯坦	Pakistan	3481.1	5241.5	柬 埔 寨	Cambodia	824.5	1141.0
澳大利亚	Australia	3346.5	5107.8	日 本	Japan	1069.2	1052.5
越 南	Viet Nam	4461.4	4830.1	美 国	United States	1102.7	870.0
加 拿 大	Canada	4612.2	4673.9	尼日利亚	Nigeria	447.3	834.2
德 国	Germany	4403.9	4235.9	尼 泊 尔	Nepal	402.4	562.2
泰 国	Thailand	4093.4	3938.3	韩 国	Korea	581.1	521.1
墨 西 哥	Mexico	3492.5	3658.2	斯里兰卡	Sri Lanka	430.1	515.0
波 兰	Poland	2722.8	3399.6	埃 及	Egypt	433.0	484.1
土 耳 其	Turkey	3276.5	3186.4	马达加斯加	Madagascar	473.8	439.1
埃塞俄比亚	Ethiopia	1838.0	3010.9	老 挝	Lao PDR	307.1	387.0
尼日利亚	Nigeria	2465.0	2991.1	秘 鲁	Peru	283.1	347.4
菲律宾	Philippines	2214.9	2826.1	哥伦比亚	Colombia	198.8	332.7
缅 甸	Myanmar	3404.3	2781.3	坦桑尼亚	Tanzania	265.0	268.8
罗马尼亚	Romania	1671.3	2779.1	几 内 亚	Guinea	161.4	247.5
西 班 牙	Spain	1988.0	2551.1	马 里	Mali	129.6	242.0
英 国	United Kingdom	2094.6	2236.9	马来西亚	Malaysia	246.5	241.8
埃 及	Egypt	1946.5	2230.1	塞拉利昂	Sierra Leone	102.7	197.9
南 非	South Africa	1470.1	1976.5	朝 鲜	Korea,Dem.	242.6	185.5
意 大 利	Italy	1850.3	1656.8	科特迪瓦	Côte d'Ivoire	120.6	165.9
哈萨克斯坦	Kazakhstan	1211.6	1656.7	伊 朗	Iran	249.0	159.5
伊 朗	Iran	1959.7	1483.6	刚果(金)	Congo, Dem. Rep.	75.5	158.1
匈 牙 利	Hungary	1226.9	1398.1	中国台湾	Taiwan,China	145.1	156.1
柬 埔 寨	Cambodia	901.9	1233.0	厄瓜多尔	Ecuador	170.6	150.4
日 本	Japan	1145.5	1189.9	意 大 利	Italy	151.6	145.9
保加利亚	Bulgaria	713.6	1163.9	阿 根 廷	Argentina	124.3	145.3
坦桑尼亚	Tanzania	864.3	1131.9	塞内加尔	Senegal	60.4	138.2
尼 泊 尔	Nepal	777.1	1111.9	乌 拉 圭	Uruguay	114.9	130.9
摩 洛 哥	Morocco	783.4	1044.8	加 纳	Ghana	49.2	123.1
塞尔维亚	Serbia	929.5	1026.1	巴 拉 圭	Paraguay	31.5	118.1
马 里	Mali	533.9	881.9	俄 罗 斯	Russian	106.1	107.6
丹 麦	Denmark	886.3	864.0	多米尼加	Dominican Rep.	85.0	100.6
捷 克	Czech Rep.	688.2	822.7	土 耳 其	Turkey	86.0	100.0
白俄罗斯	Belarus	674.2	759.6	委内瑞拉	Venezuela	90.0	78.8
乌兹别克斯坦	Uzbekistan	747.4	719.6	西 班 牙	Spain	92.8	61.7
巴 拉 圭	Paraguay	497.6	630.4	圭 亚 那	Guyana	55.6	55.9
苏 丹	Sudan	356.2	567.8	玻利维亚	Bolivia	44.2	55.0
斯里兰卡	Sri Lanka	447.0	562.3	贝 宁	Benin	12.5	52.0
秘 鲁	Peru	486.8	561.6	哈萨克斯坦	Kazakhstan	37.3	50.4
韩 国	Korea	602.1	543.2	尼加拉瓜	Nicaragua	45.4	49.2
立 陶 宛	Lithuania	279.7	534.1	阿 富 汗	Afghanistan	67.2	45.9

附录 2-15 续表 1 continued

单位：万吨 (10 000 tons)

国家或地区	Country or Area	小麦 Wheat 2010	小麦 Wheat 2021
世　界	**World**	**64080.3**	**77087.7**
中　国	China	11518.1	13694.6
印　度	India	8080.4	10959.0
俄罗斯	Russia	4150.8	7605.7
美　国	United States	6006.2	4479.0
法　国	France	3820.7	3655.9
乌克兰	Ukraine	1685.1	3218.3
澳大利亚	Australia	2183.4	3192.3
巴基斯坦	Pakistan	2331.1	2746.4
加拿大	Canada	2330.0	2229.6
德　国	Germany	2378.3	2145.9
土耳其	Turkey	1967.4	1765.0
阿根廷	Argentina	901.6	1764.4
英　国	United Kingdom	1487.8	1398.8
波　兰	Poland	940.8	1189.4
哈萨克斯坦	Kazakhstan	963.8	1181.4
罗马尼亚	Romania	581.2	1043.4
伊　朗	Iran	1214.3	1009.4
埃　及	Egypt	717.7	900.0
西班牙	Spain	594.1	856.5
巴　西	Brazil	617.1	787.5
摩洛哥	Morocco	487.6	754.4
保加利亚	Bulgaria	409.5	734.3
意大利	Italy	685.0	729.5
乌兹别克斯坦	Uzbekistan	674.5	598.5
匈牙利	Hungary	374.5	529.0
埃塞俄比亚	Ethiopia	285.6	521.4
捷　克	Czech Rep.	416.2	496.1
立陶宛	Lithuania	171.0	424.9
伊拉克	Iraq	274.9	423.4
丹　麦	Denmark	506.0	404.7
阿富汗	Afghanistan	453.2	390.0
塞尔维亚	Serbia	163.0	344.2
墨西哥	Mexico	367.7	328.4
瑞　典	Sweden	214.3	302.8
白俄罗斯	Belarus	173.9	244.1
拉脱维亚	Latvia	98.9	240.8
南　非	South Africa	143.0	225.7
阿尔及利亚	Algeria	260.5	216.8
尼泊尔	Nepal	155.7	212.7
斯洛伐克	Slovakia	118.5	200.2
叙利亚	Syrian Arab Republic	308.3	195.2
阿塞拜疆	Azerbaijan	127.2	183.7
比利时	Belgium	185.0	162.9
摩尔多瓦	Moldova	74.4	156.5
奥地利	Austria	151.8	154.8
土库曼斯坦	Turkmenistan	147.7	136.7
智　利	Chile	152.4	135.4
突尼斯	Tunisia	82.2	119.3
日　本	Japan	57.1	109.7
孟加拉国	Bangladesh	90.1	108.5

国家或地区	Country or Area	玉米 Maize 2010	玉米 Maize 2021
世　界	**World**	**85275.8**	**121023.5**
美　国	United States	31561.8	38394.3
中　国	China	17742.5	27255.2
巴　西	Brazil	5536.4	8846.2
阿根廷	Argentina	2266.3	6052.6
乌克兰	Ukraine	1195.3	4211.0
印　度	India	2172.6	3165.0
墨西哥	Mexico	2330.2	2750.3
印度尼西亚	Indonesia	1832.8	2001.0
南　非	South Africa	1281.5	1687.1
法　国	France	1397.5	1535.8
俄罗斯	Russia	308.4	1524.0
罗马尼亚	Romania	904.2	1482.1
加拿大	Canada	1204.3	1398.4
尼日利亚	Nigeria	767.7	1274.5
埃塞俄比亚	Ethiopia	548.1	1072.2
巴基斯坦	Pakistan	370.7	1063.5
菲律宾	Philippines	637.7	830.0
埃　及	Egypt	704.1	750.0
波　兰	Poland	199.4	732.2
坦桑尼亚	Tanzania	473.3	703.9
土耳其	Turkey	431.0	675.0
匈牙利	Hungary	698.5	642.5
意大利	Italy	849.6	608.0
塞尔维亚	Serbia	720.7	602.7
泰　国	Thailand	486.1	530.0
西班牙	Spain	332.5	459.8
马拉维	Malawi	341.9	458.1
德　国	Germany	421.2	446.2
越　南	Viet Nam	460.7	444.6
孟加拉国	Bangladesh	88.7	411.6
巴拉圭	Paraguay	310.9	408.8
赞比亚	Zambia	279.5	362.0
马　里	Mali	135.6	360.3
加　纳	Ghana	187.2	350.0
保加利亚	Bulgaria	204.7	342.7
肯尼亚	Kenya	346.5	330.3
尼泊尔	Nepal	185.5	299.8
安哥拉	Angola	107.3	297.0
乌干达	Uganda	237.4	280.0
摩尔多瓦	Moldova	142.0	279.3
奥地利	Austria	195.6	243.5
朝　鲜	Korea, Dem.	168.3	230.0
缅　甸	Myanmar	135.4	230.0
刚果(金)	Congo, Dem. Rep.	178.2	224.3
克罗地亚	Croatia	206.8	224.2
喀麦隆	Cameroon	167.0	210.0
莫桑比克	Mozambique	209.0	210.0
危地马拉	Guatemala	163.8	196.0
布基纳法索	Burkina Faso	113.3	191.3
厄瓜多尔	Ecuador	98.4	169.9

附录 2-15 续表 2 continued

单位：万吨 (10 000 tons)

国家或地区	Country or Area	大豆 Soybeans	
		2010	2021
世 界	**World**	**26508.8**	**37169.4**
巴 西	Brazil	6875.6	13493.5
美 国	United States	9066.3	12070.7
阿根廷	Argentina	5267.5	4621.8
中 国	China	1508.3	1640.0
印 度	India	1273.6	1261.0
巴拉圭	Paraguay	746.0	1053.7
加拿大	Canada	444.5	627.2
俄罗斯	Russia	122.2	476.0
乌克兰	Ukraine	168.0	349.3
玻利维亚	Bolivia	169.3	331.8
南 非	South Africa	56.6	189.7
乌拉圭	Uruguay	179.3	170.7
尼日利亚	Nigeria	36.5	98.0
意大利	Italy	55.3	92.3
塞尔维亚	Serbia	54.1	54.0
法 国	France	14.0	43.9
赞比亚	Zambia	11.2	41.1
罗马尼亚	Romania	15.0	36.8
印度尼西亚	Indonesia	90.7	34.8
贝 宁	Benin	6.3	29.1
墨西哥	Mexico	16.8	28.8
日 本	Japan	22.3	24.7
朝 鲜	Korea, Dem.	35.0	23.8
哈萨克斯坦	Kazakhstan	11.4	23.8
奥地利	Austria	9.5	23.8
克罗地亚	Croatia	15.4	22.8
马拉维	Malawi	7.3	22.0
伊 朗	Iran	15.7	20.0
加 纳	Ghana	14.6	19.0
柬埔寨	Cambodia	15.7	18.4
土耳其	Turkey	8.7	18.2
斯洛伐克	Slovakia	2.4	16.5
匈牙利	Hungary	8.5	15.7
埃塞俄比亚	Ethiopia	1.6	15.6
缅 甸	Myanmar	25.5	13.0
哥伦比亚	Colombia	5.4	12.2
莫桑比克	Mozambique		11.5
韩 国	Korea, Rep.	10.5	11.1
德 国	Germany	0.2	10.7
乌干达	Uganda	2.7	10.6
孟加拉国	Bangladesh	7.0	9.1
越 南	Viet Nam	29.9	5.9
布基纳法索	Burkina Faso	2.2	5.5
津巴布韦	Zimbabwe	5.7	5.4
捷 克	Czech Rep.	1.6	5.1
摩尔多瓦	Moldova	11.1	5.1
泰 国	Thailand	15.9	4.4
埃 及	Egypt	4.3	4.2
危地马拉	Guatemala	4.4	4.2
澳大利亚	Australia	6.0	4.0

国家或地区	Country or Area	根茎类作物 Roots and Tubers, Total	
		2010	2021
世 界	**World**	**74629.4**	**87600.6**
中 国	China	14836.0	14880.2
尼日利亚	Nigeria	8731.2	12178.5
印 度	India	4573.2	6229.2
刚果(金)	Congo, Dem. Rep.	3256.8	4744.5
加 纳	Ghana	2094.0	3224.1
泰 国	Thailand	2245.7	3061.8
巴 西	Brazil	2925.7	2302.9
乌克兰	Ukraine	1870.5	2135.6
印度尼西亚	Indonesia	2739.5	2114.0
美 国	United States	1943.3	1989.2
俄罗斯	Russia	2114.1	1829.6
科特迪瓦	Cote D'Ivoire	784.1	1500.6
马拉维	Malawi	767.5	1486.6
坦桑尼亚	Tanzania	845.6	1220.5
安哥拉	Angola	1568.7	1214.0
越 南	Viet Nam	1026.7	1212.1
德 国	Germany	1014.3	1131.2
孟加拉国	Bangladesh	823.7	1016.7
法 国	France	666.1	898.7
喀麦隆	Cameroon	629.5	823.5
柬埔寨	Cambodia	436.1	780.4
埃 及	Egypt	413.8	754.9
秘 鲁	Peru	560.2	752.4
贝 宁	Benin	614.8	747.8
波 兰	Poland	844.8	708.1
老 挝	Lao PDR	132.8	691.8
荷 兰	Netherlands	684.4	667.6
莫桑比克	Mozambique	676.1	641.2
加拿大	Canada	544.1	637.2
巴基斯坦	Pakistan	361.3	610.4
英 国	United Kingdom	605.6	530.7
土耳其	Turkey	454.9	510.0
埃塞俄比亚	Ethiopia	236.1	499.7
白俄罗斯	Belarus	783.1	480.8
阿尔及利亚	Algeria	330.0	436.1
乌干达	Uganda	517.1	419.4
哥伦比亚	Colombia	439.8	413.4
赞比亚	Zambia	142.8	407.6
马达加斯加	Madagascar	438.8	406.9
哈萨克斯坦	Kazakhstan	255.5	403.2
几内亚	Guinea	148.5	387.9
比利时	Belgium	345.6	387.1
卢旺达	Rwanda	381.3	385.2
布隆迪	Burundi	166.3	370.9
肯尼亚	Kenya	389.7	362.3
尼泊尔	Nepal	267.5	349.0
巴拉圭	Paraguay	266.8	344.0
菲律宾	Philippines	291.6	334.0
塞拉利昂	Sierra Leone	345.9	331.5
乌兹别克斯坦	Uzbekistan	169.5	328.6

附录 2-15 续表 3 continued

单位：万吨 (10 000 tons)

国家或地区	Country or Area	花生 Groundnuts,with Shell 2010	2021	国家或地区	Country or Area	油菜籽 Rapeseed 2010	2021
世　界	**World**	**4354.9**	**5392.7**	**世　界**	**World**	**5986.1**	**7133.3**
中　国	China	1564.4	1830.8	中　国	China	1308.2	1471.4
印　度	India	826.5	1024.4	加拿大	Canada	1278.9	1375.7
尼日利亚	Nigeria	379.9	460.8	印　度	India	660.8	1021.0
美　国	United States	188.6	289.8	澳大利亚	Australia	190.7	475.6
苏　丹	Sudan	76.3	235.5	德　国	Germany	569.8	350.5
塞内加尔	Senegal	128.7	167.8	法　国	France	481.5	330.7
缅　甸	Myanmar	137.0	160.1	波　兰	Poland	222.9	305.1
阿根廷	Argentina	61.1	126.7	乌克兰	Ukraine	147.0	293.9
几内亚	Guinea	33.2	90.7	俄罗斯	Russia	67.0	279.4
乍　得	Chad	110.3	79.8	罗马尼亚	Romania	94.3	137.5
巴　西	Brazil	26.1	79.4	美　国	United States	111.2	124.4
印度尼西亚	Indonesia	136.7	75.9	捷　克	Czech Rep.	104.2	102.5
坦桑尼亚	Tanzania	46.5	71.0	英　国	United Kingdom	223.0	98.1
尼日尔	Niger	40.6	51.9	立陶宛	Lithuania	41.7	90.9
喀麦隆	Cameroon	53.6	50.0	匈牙利	Hungary	53.1	73.4
刚果(金)	Congo, Dem. Rep.	38.8	47.6	白俄罗斯	Belarus	37.5	71.5
越　南	Viet Nam	48.7	43.0	丹　麦	Denmark	58.0	65.1
加　纳	Ghana	53.1	35.4	拉脱维亚	Latvia	22.6	42.8
马拉维	Malawi	29.7	35.0	斯洛伐克	Slovakia	32.2	42.5
马　里	Mali	31.4	34.5	孟加拉国	Bangladesh	22.2	39.7
布基纳法索	Burkina Faso	34.0	26.4	保加利亚	Bulgaria	54.5	37.6
土耳其	Turkey	9.7	23.4	瑞　典	Sweden	27.6	34.4
安哥拉	Angola	11.5	22.2	巴基斯坦	Pakistan	16.2	34.3
科特迪瓦	Cote D'Ivoire	9.0	21.0	西班牙	Spain	3.6	23.9
埃塞俄比亚	Ethiopia	7.2	20.8	爱沙尼亚	Estonia	13.1	21.6
尼加拉瓜	Nicaragua	18.0	20.4	伊　朗	Iran	14.6	21.5
乌干达	Uganda	27.6	19.4	南　非	South Africa	3.7	19.7
贝　宁	Benin	15.4	17.8	乌拉圭	Uruguay	0.9	18.3
赞比亚	Zambia	16.4	17.5	哈萨克斯坦	Kazakhstan	10.9	14.6
中　非	Central African Rep.	14.0	15.0	智　利	Chile	4.4	14.1
巴基斯坦	Pakistan	6.8	14.5	土耳其	Turkey	10.6	14.0
莫桑比克	Mozambique	15.8	13.0	摩尔多瓦	Moldova	4.5	9.2
塞拉利昂	Sierra Leone	8.1	12.2	奥地利	Austria	17.1	8.7
几内亚比绍	Guinea-Bissau	3.6	12.1	瑞　士	Switzerland	6.8	7.7
埃　及	Egypt	20.3	10.4	塞尔维亚	Serbia	2.4	7.3
墨西哥	Mexico	8.1	10.3	克罗地亚	Croatia	3.3	7.3
津巴布韦	Zimbabwe	13.7	8.8	蒙　古	Mongolia	1.1	6.4
孟加拉国	Bangladesh	5.3	6.7	巴拉圭	Paraguay	10.2	6.1
南　非	South Africa	8.8	6.4	巴　西	Brazil	7.0	5.6
马达加斯加	Madagascar	3.0	6.3	意大利	Italy	5.0	5.5
老　挝	Lao PDR	5.1	5.0	爱尔兰	Ireland	2.8	5.1
中国台湾	Taiwan, China	6.5	5.0	芬　兰	Finland	17.9	4.1
多　哥	Togo	4.6	4.4	比利时	Belgium	4.6	2.8
加　蓬	Gabon	2.0	3.8	埃塞俄比亚	Ethiopia	1.9	2.5
斯里兰卡	Sri Lanka	1.4	3.7	阿尔及利亚	Algeria	2.5	2.3
摩洛哥	Morocco	5.0	3.7	阿根廷	Argentina	1.7	1.8
叙利亚	Syrian Arab Republic	1.3	3.6	希　腊	Greece	2.5	1.0
冈比亚	Gambia	13.8	3.5	挪　威	Norway	1.0	0.8
乌兹别克斯坦	Uzbekistan	0.8	3.2	斯洛文尼亚	Slovenia	1.6	0.7
菲律宾	Philippines	3.0	3.1	卢森堡	Luxembourg	1.6	0.4

附录 2-15 续表 4 continued

单位：万吨 (10 000 tons)

国家或地区	Country or Area	芝麻 Sesame Seed 2010	芝麻 Sesame Seed 2021	国家或地区	Country or Area	籽棉 Seed Cotton 2010	籽棉 Seed Cotton 2021
世　界	**World**	**432.3**	**635.4**	**世　界**	**World**	**6917.9**	**7373.6**
苏　丹	Sudan	24.8	111.9	中　国	China	1791.0	1736.6
印　度	India	89.3	81.7	印　度	India	1776.0	1720.4
坦桑尼亚	Tanzania	14.4	70.0	美　国	United States	947.4	1124.7
缅　甸	Myanmar	78.7	64.2	巴　西	Brazil	295.0	571.2
中　国	China	58.7	45.5	巴基斯坦	Pakistan	561.4	409.6
尼日利亚	Nigeria	14.9	44.0	乌兹别克斯坦	Uzbekistan	344.3	337.3
布基纳法索	Burkina Faso	9.1	27.0	土耳其	Turkey	215.0	225.0
乍　得	Chad	12.6	19.7	澳大利亚	Australia	93.9	122.9
埃塞俄比亚	Ethiopia	32.8	19.0	土库曼斯坦	Turkmenistan	128.6	109.6
乌干达	Uganda	11.9	14.6	阿根廷	Argentina	75.4	104.0
巴基斯坦	Pakistan	3.1	12.8	墨西哥	Mexico	44.0	81.3
莫桑比克	Mozambique	6.3	12.5	贝　宁	Benin	13.7	76.6
尼日尔	Niger	8.6	8.5	布基纳法索	Burkina Faso	53.0	75.5
喀麦隆	Cameroon	1.3	7.0	马　里	Mali	24.4	73.1
巴　西	Brazil	0.5	6.2	塔吉克斯坦	Tajikistan	31.1	53.1
墨西哥	Mexico	3.7	5.3	科特迪瓦	Cote D'Ivoire	17.5	49.0
中　非	Central African Rep.	2.9	4.6	喀麦隆	Cameroon	19.0	39.9
马　里	Mali	1.3	4.3	苏　丹	Sudan	4.6	35.2
阿富汗	Afghanistan	3.2	4.0	哈萨克斯坦	Kazakhstan	24.0	29.0
塞内加尔	Senegal	0.5	3.8	阿塞拜疆	Azerbaijan	3.8	28.7
埃　及	Egypt	4.6	3.7	尼日利亚	Nigeria	60.2	27.4
巴拉圭	Paraguay	4.0	3.6	缅　甸	Myanmar	50.5	24.1
索马里	Somalia	2.6	3.4	津巴布韦	Zimbabwe	21.4	19.2
孟加拉国	Bangladesh	3.2	3.2	埃　及	Egypt	37.8	19.0
泰　国	Thailand	4.8	3.1	乍　得	Chad	6.4	17.4
柬埔寨	Cambodia	3.0	3.0	埃塞俄比亚	Ethiopia	5.8	17.0
危地马拉	Guatemala	5.0	3.0	乌干达	Uganda	8.4	14.1
伊　朗	Iran	4.5	2.9	坦桑尼亚	Tanzania	26.7	12.3
越　南	Viet Nam	1.7	2.9	伊　朗	Iran	16.7	12.0
委内瑞拉	Venezuela	1.5	2.3	多　哥	Togo	4.3	10.8
也　门	Yemen	2.5	2.1	莫桑比克	Mozambique	6.2	7.8
土耳其	Turkey	2.3	1.8	阿富汗	Afghanistan	3.3	7.3
乌兹别克斯坦	Uzbekistan	0.4	1.6	孟加拉国	Bangladesh	4.3	6.7
老　挝	Lao PDR	1.0	1.5	吉尔吉斯斯坦	Kyrgyzstan	7.4	6.7
玻利维亚	Bolivia	1.0	1.4	南　非	South Africa	2.1	6.7
斯里兰卡	Sri Lanka	1.7	1.2	马拉维	Malawi	2.9	6.7
叙利亚	Syrian Arab Republic	0.5	1.2	叙利亚	Syrian Arab Republic	47.2	6.6
肯尼亚	Kenya	1.1	1.2	几内亚	Guinea	3.7	4.4
韩　国	Korea, Rep.	1.3	1.0	朝　鲜	Korea, Dem.	3.5	4.0
贝　宁	Benin	1.0	1.0	赞比亚	Zambia	10.7	3.2
厄立特里亚	Eritrea	0.4	0.5	巴拉圭	Paraguay	1.5	3.0
刚果(金)	Congo, Dem. Rep.	0.5	0.5	刚果(金)	Congo, Dem. Rep.	2.6	2.9
尼加拉瓜	Nicaragua	0.4	0.5	哥伦比亚	Colombia	8.9	2.9
海　地	Haiti	0.4	0.4	加　纳	Ghana	0.6	2.8
沙特阿拉伯	Saudi Arabia	0.5	0.4	中　非	Central African Rep.	1.0	2.4
塞拉利昂	Sierra Leone	0.3	0.3	塞内加尔	Senegal	2.6	2.2
哥伦比亚	Colombia	0.2	0.3	秘　鲁	Peru	6.4	1.7
几内亚	Guinea	0.2	0.3	马达加斯加	Madagascar	1.4	1.4
安哥拉	Angola	0.3	0.3	也　门	Yemen	2.5	1.1
马拉维	Malawi		0.3	以色列	Israel	1.8	1.0

附录 2-15 续表 5 continued

单位：万吨 (10 000 tons)

国家或地区	Country or Area	甘蔗 Sugar Cane 2010	甘蔗 Sugar Cane 2021
世　界	**World**	**167619.9**	**185939.0**
巴　西	Brazil	71746.4	71565.9
印　度	India	29230.2	40539.9
中　国	China	11078.9	10666.4
巴基斯坦	Pakistan	4937.3	8865.1
泰　国	Thailand	6880.8	6627.9
墨西哥	Mexico	5042.2	5548.5
印度尼西亚	Indonesia	2660.0	3220.0
澳大利亚	Australia	3123.5	3113.3
美　国	United States	2482.1	2996.4
危地马拉	Guatemala	2231.4	2775.5
菲律宾	Philippines	1792.9	2627.7
哥伦比亚	Colombia	3253.9	2403.2
阿根廷	Argentina	1889.0	1862.7
南　非	South Africa	1601.6	1799.1
埃　及	Egypt	1570.9	1236.1
缅　甸	Myanmar	925.0	1164.9
厄瓜多尔	Ecuador	834.7	1137.3
古　巴	Cuba	1160.0	1120.5
越　南	Viet Nam	1616.2	1074.1
玻利维亚	Bolivia	640.3	1009.0
秘　鲁	Peru	985.5	982.8
伊　朗	Iran	564.8	825.8
肯尼亚	Kenya	571.0	778.3
萨尔瓦多	El Salvador	512.7	750.8
巴拉圭	Paraguay	513.1	722.1
尼加拉瓜	Nicaragua	489.4	710.6
斯威士兰	Eswatini	511.0	571.5
多米尼加	Dominican Rep.	457.7	550.6
乌干达	Uganda	332.0	536.9
苏　丹	Sudan	672.8	533.1
赞比亚	Zambia	370.0	510.2
洪都拉斯	Honduras	444.4	476.2
哥斯达黎加	Costa Rica	373.5	429.7
坦桑尼亚	Tanzania	280.1	351.5
津巴布韦	Zimbabwe	269.2	345.0
孟加拉国	Bangladesh	449.1	333.3
委内瑞拉	Venezuela	684.2	321.5
尼泊尔	Nepal	259.3	318.4
马拉维	Malawi	270.0	315.7
马达加斯加	Madagascar	290.6	312.3
柬埔寨	Cambodia	36.6	299.5
莫桑比克	Mozambique	272.0	298.7
毛里求斯	Mauritius	436.6	267.0
巴拿马	Panama	222.9	241.5
刚果(金)	Congo, Dem. Rep.	207.9	218.0
科特迪瓦	Cote D'Ivoire	180.0	210.2
伯利兹	Belize	112.3	189.4
老　挝	Lao PDR	81.9	188.5
尼日利亚	Nigeria	100.9	149.8
海　地	Haiti	122.0	146.5

国家或地区	Country or Area	甜菜 Sugar Beets 2010	甜菜 Sugar Beets 2021
世　界	**World**	**22836.7**	**27015.6**
俄罗斯	Russia	2225.6	4120.2
法　国	France	3187.5	3436.5
美　国	United States	2906.1	3334.0
德　国	Germany	2343.2	3194.5
土耳其	Turkey	1794.2	1825.0
波　兰	Poland	997.3	1527.4
埃　及	Egypt	784.0	1482.7
乌克兰	Ukraine	1374.9	1085.4
中　国	China	929.6	785.1
英　国	United Kingdom	652.7	742.0
荷　兰	Netherlands	528.0	655.6
伊　朗	Iran	386.6	514.7
比利时	Belgium	446.5	455.0
捷　克	Czech Rep.	306.5	414.5
日　本	Japan	309.0	406.1
白俄罗斯	Belarus	377.3	387.1
奥地利	Austria	313.2	301.7
摩洛哥	Morocco	243.6	257.4
丹　麦	Denmark	240.9	257.3
西班牙	Spain	353.5	250.6
塞尔维亚	Serbia	332.5	204.8
瑞　典	Sweden	197.4	204.7
意大利	Italy	355.0	151.1
加拿大	Canada	50.8	140.2
斯洛伐克	Slovakia	97.8	136.4
瑞　士	Switzerland	130.2	108.4
立陶宛	Lithuania	70.7	85.6
罗马尼亚	Romania	83.8	78.4
摩尔多瓦	Moldova	83.8	75.8
智　利	Chile	142.0	74.6
克罗地亚	Croatia	124.9	70.7
匈牙利	Hungary	81.9	67.8
芬　兰	Finland	54.2	40.3
吉尔吉斯斯坦	Kyrgyzstan	13.9	36.6
哈萨克斯坦	Kazakhstan	15.2	33.2
土库曼斯坦	Turkmenistan	18.0	21.9
阿塞拜疆	Azerbaijan	25.2	17.7
突尼斯	Tunisia		8.6
亚美尼亚	Armenia	2.6	5.5
伊拉克	Iraq	2.0	3.2
哥伦比亚	Colombia	1.5	3.0
希　腊	Greece	88.9	2.9
委内瑞拉	Venezuela	2.0	2.4
阿尔巴尼亚	Albania	4.0	2.4
巴基斯坦	Pakistan		2.4
马　里	Mali	0.4	1.0
斯洛文尼亚	Slovenia		0.8
黎巴嫩	Lebanon	0.2	0.5
厄瓜多尔	Ecuador	0.4	0.5
北马其顿	North Macedonia	0.9	0.4

附录 2–15 续表 6 continued

单位：万吨 (10 000 tons)

国家或地区	Country or Area	茶叶 Tea 2010	茶叶 Tea 2021
世　界	**World**	**1857.8**	**2819.2**
中　国	China	630.4	1375.7
印　度	India	430.9	548.2
肯尼亚	Kenya	173.5	233.8
土耳其	Turkey	130.6	145.0
斯里兰卡	Sri Lanka	144.1	130.2
越　南	Viet Nam	83.5	107.3
印度尼西亚	Indonesia	65.4	56.3
孟加拉国	Bangladesh	26.1	39.3
阿根廷	Argentina	40.2	33.9
乌干达	Uganda	21.4	32.1
马拉维	Malawi	22.4	20.5
卢旺达	Rwanda	9.7	15.0
坦桑尼亚	Tanzania	14.4	12.0
缅　甸	Myanmar	9.5	11.6
尼泊尔	Nepal	7.2	10.3
泰　国	Thailand	6.7	9.9
伊　朗	Iran	12.1	8.3
日　本	Japan	8.5	7.8
津巴布韦	Zimbabwe	6.1	6.5
布隆迪	Burundi	3.8	5.0
莫桑比克	Mozambique	2.9	3.1
中国台湾	Taiwan, China	1.7	1.2
老　挝	Lao PDR	0.3	1.1
埃塞俄比亚	Ethiopia	0.8	1.0
马来西亚	Malaysia	2.0	0.7
喀麦隆	Cameroon	0.6	0.6
巴布亚新几内亚	Papua New Guinea	0.6	0.6
刚果(金)	Congo, Dem. Rep.	0.2	0.4
格鲁吉亚	Georgia	0.4	0.3
韩　国	Korea, Rep.	0.2	0.2
南　非	South Africa	0.2	0.2
秘　鲁	Peru	0.3	0.2
厄瓜多尔	Ecuador	0.2	0.2
玻利维亚	Bolivia	0.1	0.1
阿塞拜疆	Azerbaijan	0.1	0.1
毛里求斯	Mauritius	0.1	0.1
赞比亚	Zambia	0.1	0.1
萨尔瓦多	El Salvador		0.1
危地马拉	Guatemala	0.1	0.1
巴　西	Brazil	0.4	
马达加斯加	Madagascar		
俄罗斯	Russia		
哥伦比亚	Colombia		
黑　山	Montenegro		
马　里	Mali		
塞舌尔	Seychelles		

国家或地区	Country or Area	水果 Fruit Primary 2010	水果 Fruit Primary 2021
世　界	**World**	**73637.0**	**90964.4**
中　国	China	19522.4	25388.6
印　度	India	7640.9	10785.3
巴　西	Brazil	4155.7	3981.9
土耳其	Turkey	1922.9	2504.3
墨西哥	Mexico	1705.9	2365.8
印度尼西亚	Indonesia	1563.5	2360.8
美　国	United States	2915.7	2286.6
西班牙	Spain	1791.5	1903.1
意大利	Italy	1861.3	1719.4
菲律宾	Philippines	1618.9	1666.5
伊　朗	Iran	1782.9	1664.9
埃　及	Egypt	1231.3	1412.7
越　南	Viet Nam	736.5	1194.1
尼日利亚	Nigeria	1076.3	1185.5
哥伦比亚	Colombia	856.5	1114.7
巴基斯坦	Pakistan	966.9	1112.5
泰　国	Thailand	1039.5	1055.4
乌干达	Uganda	474.9	926.8
厄瓜多尔	Ecuador	936.5	849.1
南　非	South Africa	613.0	796.8
法　国	France	904.4	795.2
秘　鲁	Peru	494.1	779.3
阿根廷	Argentina	748.2	704.2
阿尔及利亚	Algeria	444.8	683.8
喀麦隆	Cameroon	495.1	678.6
刚果(金)	Congo, Dem. Rep.	406.9	672.6
智　利	Chile	615.4	660.6
俄罗斯	Russia	361.5	660.3
危地马拉	Guatemala	432.9	659.5
摩洛哥	Morocco	429.8	650.3
哥斯达黎加	Costa Rica	530.4	648.9
加　纳	Ghana	488.7	642.7
乌兹别克斯坦	Uzbekistan	388.0	592.3
坦桑尼亚	Tanzania	497.3	587.5
安哥拉	Angola	264.1	549.4
多米尼加	Dominican Rep.	257.0	543.3
孟加拉国	Bangladesh	391.8	536.0
波　兰	Poland	278.9	505.4
肯尼亚	Kenya	320.9	435.9
澳大利亚	Australia	360.4	409.6
希　腊	Greece	404.3	399.3
阿富汗	Afghanistan	136.0	364.5
马拉维	Malawi	113.0	352.5
苏　丹	Sudan	320.1	344.0
哈萨克斯坦	Kazakhstan	135.3	321.8
卢旺达	Rwanda	217.0	319.7
科特迪瓦	Côte d'Ivoire	217.1	318.1
委内瑞拉	Venezuela	283.3	307.3
沙特阿拉伯	Saudi Arabia	215.5	300.8
罗马尼亚	Romania	280.0	300.4

附录 2-16　互联网网民占总人口比重
Individuals Using the Internet（% of population）

资料来源：世界银行WDI数据库。
Source: World Bank WDI Database.

单位：%　　(%)

国家或地区	Country or Area	2010	2015	2017	2018	2019	2020	2021
世　界	**World**	**28.8**	**40.3**	**45.8**	**49.2**	**53.6**	**59.6**	
高收入国家	**High Income**	**71.5**	**79.4**	**85.3**	**86.9**	**88.3**	**89.4**	
中等收入国家	**Middle Income**	**21.4**	**34.7**	**40.6**	**44.4**	**49.5**	**57.0**	
低收入国家	**Low Income**	**3.4**	**9.2**	**13.8**	**16.3**	**17.9**	**19.5**	
中　国	China	34.3	50.3	54.3	59.2	64.1	70.1	73.1
中国香港	Hong Kong SAR, China	72.0	84.9	89.4	90.5	91.7	92.4	93.1
中国澳门	Macao SAR, China	55.2	77.6	83.2	83.8	86.5	88.1	
孟加拉国	Bangladesh	3.7	12.9	19.8	21.8	23.8	24.8	
文　莱	Brunei Darussalam	53.0	71.2	94.9	95.0	95.0	95.0	
柬埔寨	Cambodia	1.3	18.0	32.9				
印　度	India	7.5	14.9	18.2	20.1	29.4	43.0	
印度尼西亚	Indonesia	10.9	22.1	32.3	39.9	47.7	53.7	62.1
伊　朗	Iran	15.9	45.3	64.0	70.2	72.5	75.6	78.6
以色列	Israel	67.5	77.4	81.6	83.7	86.8	90.1	
日　本	Japan	78.2	91.1	91.7	88.7	92.7	90.2	
哈萨克斯坦	Kazakhstan	31.6	70.8	76.4	78.9	81.9	85.9	90.9
韩　国	Korea, Rep.	83.7	89.9	95.1	96.0	96.2	96.5	97.6
老　挝	Lao PDR	7.0	18.2	25.5	29.1	30.8	54.0	62.0
马来西亚	Malaysia	56.3	71.1	80.1	81.2	84.2	89.6	96.8
蒙　古	Mongolia	10.2	22.5	23.7	47.1	51.1	62.5	84.3
缅　甸	Myanmar	0.3	10.9	23.6	28.7	34.9	35.1	
巴基斯坦	Pakistan	8.0	11.0	13.8	15.3	17.1	25.0	
菲律宾	Philippines	25.0	36.9	41.6	44.1	43.0	49.8	
新加坡	Singapore	71.0	83.2	84.5	88.2	88.9	92.0	
斯里兰卡	Sri Lanka	..	12.1	21.3	26.0	29.0	35.0	
泰　国	Thailand	22.4	39.3	52.9	56.8	66.7	77.8	85.3
越　南	Viet Nam	30.7	45.0	58.1	69.8	68.7	70.3	74.2
埃　及	Egypt	21.6	37.8	45.0	46.9	57.3	71.9	
尼日利亚	Nigeria	11.5	24.5	28.0	31.9	33.6	35.5	
南　非	South Africa	24.0	51.9	56.2	62.4	68.2	70.0	
加拿大	Canada	80.3	90.0	92.7	94.6	96.5	92.3	
墨西哥	Mexico	31.1	57.4	63.9	65.8	70.1	72.0	72.0
美　国	United States	71.7	74.6	87.3	88.5	89.4	90.9	
阿根廷	Argentina	45.0	68.0	74.3	77.7	79.9	85.5	87.1
巴　西	Brazil	40.7	58.3	67.5	70.4	73.9	81.3	
委内瑞拉	Venezuela	37.4	58.0	61.6				
捷　克	Czech Rep.	68.8	75.7	78.7	80.7	80.9	81.3	82.7
法　国	France	77.3	78.0	80.5	82.0	83.3	84.8	86.1
德　国	Germany	82.0	87.6	84.4	87.0	88.1	89.8	91.4
意大利	Italy	53.7	58.1	63.1	74.4	67.9	70.5	74.9
荷　兰	Netherlands	90.7	91.7	93.2	91.9	93.3	91.3	92.1
波　兰	Poland	62.3	68.0	76.0	77.5	80.4	83.2	85.4
俄罗斯	Russia	49.0	70.1	76.0	80.9	82.6	85.0	88.2
西班牙	Spain	65.8	78.7	84.6	86.1	90.7	93.2	93.9
土耳其	Turkey	39.8	53.7	64.7	71.0	74.0	77.7	81.4
乌克兰	Ukraine	23.3	48.9	58.9	62.6	70.1	75.0	
英　国	United Kingdom	85.0	92.0	90.4	90.7	92.5	94.8	
澳大利亚	Australia	76.0	84.6	86.5	87.6	88.6	89.6	
新西兰	New Zealand	80.5	85.2	87.7	89.0	90.2	91.5	

附录 2-17 世界主要国家或地区货物进出口总额
Merchandise Imports and Exports by Country or Area

资料来源：世界贸易组织数据库。
Source: WTO Database.
单位：亿美元 (100 million USD)

国家或地区	Country or Area	2000	2005	2010	2015	2020	2021
世　界	**World**	**131015**	**212956**	**307408**	**332913**	**355270**	**449147**
中　国	China	4743	14219	29740	39530	46559	60525
中国香港	Hong Kong SAR, China	4167	5923	8421	10693	11185	13823
中国澳门	Macao SAR, China	52	70	65	119	129	208
孟加拉国	Bangladesh	153	232	470	744	864	1247
文　莱	Brunei Darussalam	50	77	114	96	120	196
柬埔寨	Cambodia	33	70	119	218	368	457
印　度	India	939	2425	5766	6621	6496	9683
印度尼西亚	Indonesia	1090	1627	2934	2931	3049	4259
伊　朗	Iran	426	963	1667	1152	857	1206
以色列	Israel	691	877	1171	1261	1194	1523
日　本	Japan	8588	11108	14638	12730	12768	15250
哈萨克斯坦	Kazakhstan	139	452	911	765	837	1018
韩　国	Korea, Rep.	3327	5457	8916	9633	9801	12595
老　挝	Lao PDR	9	14	38	93	115	140
马来西亚	Malaysia	1802	2560	3632	3759	4240	5370
蒙　古	Mongolia	12	22	62	85	129	161
缅　甸	Myanmar	40	57	134	283	346	295
巴基斯坦	Pakistan	199	414	592	663	678	1008
菲律宾	Philippines	751	907	1100	1336	1546	1990
新加坡	Singapore	2723	4297	6627	6487	6924	8636
斯里兰卡	Sri Lanka	117	152	221	295	261	331
泰　国	Thailand	1309	2291	3762	4170	4378	5389
越　南	Viet Nam	301	692	1571	3277	5453	6675
埃　及	Egypt	199	354	794	849	865	1271
尼日利亚	Nigeria	297	712	1282	949	714	989
南　非	South Africa	597	1139	1882	1857	1699	2376
加拿大	Canada	5214	6829	7902	8402	8107	10116
墨西哥	Mexico	3458	4424	6085	7858	8104	10172
美　国	United States	20412	26338	32477	38179	38319	46896
阿根廷	Argentina	515	690	1250	1170	972	1411
巴　西	Brazil	1138	1962	3936	3672	3755	5155
委内瑞拉	Venezuela	497	797	1047	706	116	113
捷　克	Czech Rep.	611	1546	2596	2992	3630	4379
法　国	France	6666	9676	11348	10770	10699	12989
德　国	Germany	10490	17480	23137	23773	25543	30521
意大利	Italy	4793	7579	9344	8679	9267	11678
荷　兰	Netherlands	4514	7702	10907	10825	12697	15945
波　兰	Poland	808	1911	3378	3956	5355	6762
俄罗斯	Russia	1499	3692	6493	5344	5730	7978
西班牙	Spain	2714	4814	5814	5941	6345	8012
土耳其	Turkey	823	1903	2994	3646	3892	4966
乌克兰	Ukraine	285	704	1124	756	1035	1406
英　国	United Kingdom	6228	9154	10125	10959	10378	11620
澳大利亚	Australia	1354	2314	4143	3962	4626	6060
新西兰	New Zealand	272	479	620	709	761	946

附录 2-18 货物出口总额
Merchandise Export

资料来源：世界贸易组织数据库。
Source: WTO Database.
单位：亿美元 (100 million USD)

国家或地区	Country or Area	2000	2005	2010	2015	2020	2021
世　　界	**World**	**64540**	**105103**	**153010**	**165542**	**176484**	**223281**
中　　国	China	2492	7620	15778	22735	25900	33638
中国香港	Hong Kong SAR, China	2027	2921	4007	5105	5488	6699
中国澳门	Macao SAR, China	25	25	9	13	14	16
孟加拉国	Bangladesh	64	93	192	324	336	442
文　　莱	Brunei Darussalam	39	62	89	64	66	110
柬 埔 寨	Cambodia	14	31	51	85	177	174
印　　度	India	424	996	2264	2680	2764	3954
印度尼西亚	Indonesia	654	870	1578	1504	1633	2299
伊　　朗	Iran	287	563	1013	703	469	716
以 色 列	Israel	314	428	584	641	502	602
日　　本	Japan	4792	5949	7698	6249	6413	7560
哈萨克斯坦	Kazakhstan	88	278	600	460	464	606
韩　　国	Korea, Rep.	1723	2844	4664	5268	5125	6444
老　　挝	Lao PDR	3	6	17	37	61	77
马来西亚	Malaysia	982	1416	1986	2000	2341	2990
蒙　　古	Mongolia	5	11	29	47	76	92
缅　　甸	Myanmar	16	38	87	114	167	151
巴基斯坦	Pakistan	90	161	214	221	220	283
菲 律 宾	Philippines	381	413	515	588	639	746
新 加 坡	Singapore	1378	2296	3519	3516	3625	4574
斯里兰卡	Sri Lanka	54	63	86	105	100	125
泰　　国	Thailand	690	1109	1933	2143	2316	2720
越　　南	Viet Nam	145	324	722	1621	2826	3359
埃　　及	Egypt	53	129	264	213	266	436
尼日利亚	Nigeria	210	505	840	502	356	469
南　　非	South Africa	300	516	913	810	858	1236
加 拿 大	Canada	2766	3605	3875	4101	3906	5076
墨 西 哥	Mexico	1664	2142	2983	3806	4172	4948
美　　国	United States	7819	9011	12785	15026	14249	17543
阿 根 廷	Argentina	263	404	682	568	549	779
巴　　西	Brazil	551	1185	2004	1868	2092	2808
委内瑞拉	Venezuela	335	557	657	373	50	36
捷　　克	Czech Rep.	291	781	1330	1579	1919	2264
法　　国	France	3276	4634	5238	5063	4886	5848
德　　国	Germany	5518	9709	12589	13262	13825	16319
意 大 利	Italy	2405	3731	4473	4570	4998	6103
荷　　兰	Netherlands	2331	4064	5743	5704	6746	8365
波　　兰	Poland	317	894	1597	1991	2738	3379
俄 罗 斯	Russia	1050	2438	4006	3414	3334	4938
西 班 牙	Spain	1153	1926	2544	2823	3083	3830
土 耳 其	Turkey	278	735	1139	1510	1696	2252
乌 克 兰	Ukraine	146	342	515	381	492	681
英　　国	United Kingdom	2832	3935	4202	4659	3995	4682
澳大利亚	Australia	639	1061	2126	1877	2508	3448
新 西 兰	New Zealand	133	217	314	344	389	448

附录 2-19 官方汇率(年平均价)
Official Exchange Rate (Period Average)

资料来源：世界银行WDI数据库。
Source: World Bank WDI Database.
单位：1美元合本币数 (local currency unit per US dollar)

国家或地区	Country or Area	2000	2005	2010	2015	2020	2021
中 国	**China**	**8.28**	**8.19**	**6.77**	**6.23**	**6.90**	**6.45**
中国香港	Hong Kong SAR, China	7.79	7.78	7.77	7.75	7.76	7.77
中国澳门	Macao SAR, China	8.03	8.01	8.00	7.98	7.99	8.01
孟加拉国	Bangladesh	52.14	64.33	69.65	77.95	84.87	85.08
文 莱	Brunei Darussalam	1.72	1.66	1.36	1.37	1.38	1.34
柬 埔 寨	Cambodia	3840.75	4092.50	4184.92	4067.75	4092.78	4098.72
印 度	India	44.94	44.10	45.73	64.15	74.10	73.92
印度尼西亚	Indonesia	8421.78	9704.74	9090.43	13389.41	14582.20	14308.14
伊 朗	Iran	1764.86	8963.96	10254.18	29011.49	42000.00	42000.00
以 色 列	Israel	4.08	4.49	3.74	3.89	3.44	3.23
日 本	Japan	107.77	110.22	87.78	121.04	106.77	109.75
哈萨克斯坦	Kazakhstan	142.13	132.88	147.36	221.73	412.95	425.91
韩 国	Korea, Rep.	1130.36	1024.33	1156.46	1130.95	1180.27	1143.95
老 挝	Lao PDR	7887.64	10655.17	8254.16	8127.61	9045.79	9697.92
马来西亚	Malaysia	3.80	3.79	3.22	3.91	4.20	4.14
蒙 古	Mongolia	1076.67	1205.25	1357.06	1970.31	2813.29	2849.29
缅 甸	Myanmar	6.52	5.82	5.63	1162.62	1381.62	
巴基斯坦	Pakistan	53.65	59.51	85.19	102.77	161.84	162.91
菲 律 宾	Philippines	44.19	55.09	45.11	45.50	49.62	49.25
新 加 坡	Singapore	1.72	1.66	1.36	1.37	1.38	1.34
斯里兰卡	Sri Lanka	77.01	100.50	113.06	135.86	185.59	
泰 国	Thailand	40.11	40.22	31.69	34.25	31.29	31.98
越 南	Viet Nam	14167.75	15858.92	18612.92	21697.57	23208.37	23159.78
埃 及	Egypt	3.47	5.78	5.62	7.69	15.76	15.64
尼日利亚	Nigeria	101.70	131.27	150.30	192.44	358.81	
南 非	South Africa	6.94	6.36	7.32	12.76	16.46	14.78
加 拿 大	Canada	1.49	1.21	1.03	1.28	1.34	1.25
墨 西 哥	Mexico	9.46	10.90	12.64	15.85	21.49	20.27
美 国	United States	1.00	1.00	1.00	1.00	1.00	1.00
阿 根 廷	Argentina	1.00	2.90	3.90	9.23	70.54	94.99
巴 西	Brazil	1.83	2.43	1.76	3.33	5.16	5.39
委内瑞拉	Venezuela	0.68	2.09	2.58	6.28		
捷 克	Czech Rep.	38.60	23.96	19.10	24.60	23.21	21.68
法 国	France	1.09	0.80	0.75	0.90	0.88	0.85
德 国	Germany	1.09	0.80	0.75	0.90	0.88	0.85
意 大 利	Italy	1.09	0.80	0.75	0.90	0.88	0.85
荷 兰	Netherlands	1.09	0.80	0.75	0.90	0.88	0.85
波 兰	Poland	4.35	3.24	3.02	3.77	3.90	3.86
俄 罗 斯	Russia	28.13	28.28	30.37	60.94	72.10	73.65
西 班 牙	Spain	1.09	0.80	0.75	0.90	0.88	0.85
土 耳 其	Turkey	0.63	1.34	1.50	2.72	7.01	8.85
乌 克 兰	Ukraine	5.44	5.12	7.94	21.84	26.96	27.29
英 国	United Kingdom	0.66	0.55	0.65	0.65	0.78	0.73
澳大利亚	Australia	1.72	1.31	1.09	1.33	1.45	1.33
新 西 兰	New Zealand	2.20	1.42	1.39	1.43	1.54	1.41

附录 2-20　外商直接投资
Foreign Direct Investment

资料来源：联合国贸发会议FDI数据库。
Source: UNCTAD FDI Database .
单位：亿美元　　(100 million USD)

国家或地区	Country or Area	外商直接投资 FDI Inflows			对外直接投资 FDI Outflows		
		2000	2010	2021	2000	2010	2021
世　界	**World**	**13566.9**	**13909.4**	**15823.1**	**11624.9**	**13920.6**	**17075.9**
中　国	China	407.1	1147.3	1809.6	9.2	688.1	1451.9
中国香港	Hong Kong SAR, China	545.8	705.4	1407.0	540.8	862.5	874.5
中国澳门	Macao SAR, China	0.0	28.3	-3.0		-4.4	15.3
孟加拉国	Bangladesh	5.8	9.1	29.0		0.2	0.9
文　莱	Brunei Darussalam	5.5	4.8	2.0			
柬埔寨	Cambodia	1.5	14.0	34.8	0.1	0.2	0.9
印　度	India	35.9	274.2	447.4	5.1	159.5	155.2
印度尼西亚	Indonesia		137.7	200.8		26.6	36.0
伊　朗	Iran	1.9	36.5	14.3	0.1	2.4	0.8
以色列	Israel	69.6	69.8	296.2	33.4	80.0	97.1
日　本	Japan	83.2	-12.5	246.5	315.6	562.6	1467.8
哈萨克斯坦	Kazakhstan	12.8	115.5	31.7		78.9	14.7
韩　国	Korea, Rep.	115.1	95.0	168.2	48.4	282.2	608.2
老　挝	Lao PDR	0.3	2.8	10.7	0.1	0.3	
马来西亚	Malaysia	37.9	90.6	116.2	20.3	134.0	47.5
蒙　古	Mongolia	0.5	16.9	21.4		0.6	1.1
缅　甸	Myanmar	0.9	66.7	20.7			
巴基斯坦	Pakistan	3.1	20.2	21.0	0.1	0.5	2.4
菲律宾	Philippines	22.4	10.7	105.2	1.3	27.1	24.0
新加坡	Singapore	147.5	574.6	991.0	68.5	354.1	474.0
斯里兰卡	Sri Lanka	1.8	4.8	6.0	0.0	0.4	0.2
泰　国	Thailand	34.1	146.6	114.2	-0.2	80.4	173.0
越　南	Viet Nam	12.9	80.0	156.6		9.0	3.0
埃　及	Egypt	12.4	63.9	51.2	0.5	11.8	3.7
尼日利亚	Nigeria	13.1	61.0	48.4	1.7	9.2	12.4
南　非	South Africa	8.9	36.4	408.9	2.7	-0.8	0.2
加拿大	Canada	668.0	284.0	596.8	446.8	347.2	898.7
墨西哥	Mexico	182.5	271.9	316.2		145.6	-7.2
美　国	United States	3140.1	1980.5	3673.8	1426.3	2777.8	4031.0
阿根廷	Argentina	104.2	113.3	65.3	9.0	9.6	13.6
巴　西	Brazil	327.8	776.9	503.7	22.8	220.6	230.8
委内瑞拉	Venezuela	47.0	15.7	-7.6	5.2	24.9	7.8
捷　克	Czech Rep.	49.9	61.4	58.1	0.4	11.7	55.8
法　国	France	275.0	138.9	141.9	1619.5	481.5	-28.4
德　国	Germany	1982.8	656.4	312.7	570.9	1254.5	1516.9
意大利	Italy	133.7	91.8	84.9	66.9	326.9	117.6
荷　兰	Netherlands	638.5	-71.8	-810.6	756.3	683.6	288.6
波　兰	Poland	94.5	128.0	248.2	0.2	61.5	1.8
俄罗斯	Russia	26.5	316.7	382.4	31.5	411.2	636.0
西班牙	Spain	395.8	398.7	97.8	582.1	378.4	-16.3
土耳其	Turkey	9.8	90.9	125.3	8.7	14.7	49.8
乌克兰	Ukraine	6.0	65.0	65.5		7.4	-2.0
英　国	United Kingdom	1153.0	582.0	275.6	2327.4	480.9	1077.4
澳大利亚	Australia	141.9	368.0	250.9	28.6	198.0	92.2
新西兰	New Zealand	13.5	-0.6	34.8	6.1	7.2	-18.8

附录 2-21　外汇储备与黄金储备
International Reserves on Foreign Exchange and Gold

资料来源：国际货币基金组织IFS数据库。
Source: IMF IFS Database.

国家或地区	Country or Area	外汇储备（亿美元） Foreign Exchange (100 million USD)			黄金储备（万盎司） Gold Reserves(10000 fine troy ounces)		
		2000	2010	2021	2000	2010	2021
中国	**China**	**1655.7**	**28473.4**	**32501.7**	**1270.0**	**3389.0**	**6264.0**
中国香港	Hong Kong SAR, China	1075.4	2686.5	4967.3	6.7	6.7	6.7
中国澳门	Macao SAR, China	33.2	237.3	266.6			
孟加拉国	Bangladesh	14.9	99.0	428.5	10.9	43.4	44.9
文莱	Brunei Darussalam	3.6	12.1				
柬埔寨	Cambodia	5.0	31.5	169.3	40.0	40.0	162.2
印度	India	372.6	2678.1	5698.9	1150.2	1793.2	2424.5
印度尼西亚	Indonesia	282.8	899.7	1314.1	310.1	235.0	252.6
以色列	Israel	231.6	692.7	2083.2			
日本	Japan	3472.1	10362.6	12832.7	2454.7	2460.2	2719.9
哈萨克斯坦	Kazakhstan	15.9	246.9	85.1	184.0	216.4	1293.7
韩国	Korea, Rep.	958.6	2869.3	4383.2	43.9	46.4	335.8
老挝	Lao PDR	1.4	7.3	12.6	1.7	28.5	
马来西亚	Malaysia	274.3	1023.2	1071.8	117.0	117.0	125.0
蒙古	Mongolia	1.8	21.2	36.7	8.5	6.5	31.1
缅甸	Myanmar	2.2	57.1		23.1	23.4	
巴基斯坦	Pakistan	15.0	131.2	160.0	209.1	207.0	207.9
菲律宾	Philippines	129.7	539.9	947.2	722.8	495.4	510.6
新加坡	Singapore	795.1	2236.8	4082.7	409.6	409.6	494.3
斯里兰卡	Sri Lanka	9.8	66.3	27.7	33.6	34.6	9.6
泰国	Thailand	319.3	1656.6	2248.0	236.7	320.0	785.0
越南	Viet Nam	34.2	120.5	1074.4			
埃及	Egypt	129.1	323.5	320.5	243.2	243.1	260.1
尼日利亚	Nigeria	99.1	297.6		68.7		
南非	South Africa	57.9	354.2	431.5	590.0	401.6	403.0
加拿大	Canada	290.2	448.9	781.5	118.4	10.9	
墨西哥	Mexico	351.4	1148.8	1807.7	24.9	22.7	385.9
美国	United States	312.4	520.8	407.4	26161.1	26149.9	26149.9
阿根廷	Argentina	244.1	466.2	354.0	1.9	176.0	176.1
巴西	Brazil	324.3	2805.7	3308.7	211.8	108.0	416.8
委内瑞拉	Venezuela	126.3	91.9		1024.0	1176.0	
捷克	Czech Rep.	130.2	403.4	1686.7	44.6	40.8	34.0
法国	France	321.1	362.1	536.3	9724.5	7830.1	7833.5
德国	Germany	496.7	373.6	369.8	11151.9	10934.4	10799.8
意大利	Italy	224.2	356.8	486.0	7882.9	7882.9	7882.9
荷兰	Netherlands	70.0	89.0	52.9	2931.5	1969.1	1969.1
波兰	Poland	263.2	863.2	1451.5	330.6	330.9	742.2
俄罗斯	Russia	242.6	4329.5	4680.7	1235.9	2535.5	7400.0
西班牙	Spain	295.2	133.1	548.6	1682.9	905.4	905.3
土耳其	Turkey	223.1	790.5	631.8	373.9	373.3	2114.6
乌克兰	Ukraine	11.0	333.2	293.6	45.4	88.5	87.0
英国	United Kingdom	341.6	493.3	1278.0	1567.3	997.5	997.6
澳大利亚	Australia	167.8	327.9	374.3	256.3	256.7	224.6
新西兰	New Zealand	36.2	151.3	126.7			

附录 2-22 研究与开发经费支出和公共教育经费支出占国内生产总值比重
Research and Development Expenditure and Public Spending on Education(% of GDP)

资料来源：世界银行WDI数据库。
Source: World Bank WDI Database.
单位：% (%)

国家或地区	Country or Area	研究与开发经费支出占国内生产总值比重 Research and Development Expenditure(% of GDP)			公共教育经费支出占国内生产总值比重 Public Spending on Education, Total(% of GDP)		
		2000	2010	2019	2000	2010	2020
世　界	**World**	**2.1**	**2.0**	**2.3**	**3.9**	**4.3**	**3.7⑦**
高收入国家	**High Income**	**2.3**	**2.4**	**2.7**	**4.6**	**5.1**	**4.8⑥**
中等收入国家	**Middle Income**	**0.6**	**1.1**	**1.6**	**3.5**	**4.0**	**3.8⑦**
中　国	China	0.9	1.7	2.2		3.8	3.6
中国香港	Hong Kong SAR, China	0.5	0.7	0.9		3.5	4.4
中国澳门	Macao SAR, China		0.1	0.2	3.3	2.6	6.3
孟加拉国	Bangladesh				2.1	1.9①	1.3⑦
文　莱	Brunei Darussalam			0.3⑥	3.7	2.0	4.4④
柬埔寨	Cambodia			0.1③	1.7	1.5	2.2⑥
印　度	India	0.8	0.8	0.7⑥	4.3	3.4	4.5
印度尼西亚	Indonesia	0.1	0.1①	0.3		2.8	2.8⑦
伊　朗	Iran		0.3	0.9	4.0	3.7	3.6
以色列	Israel	3.9	3.9	5.1	6.1	5.5	6.1⑥
日　本	Japan	2.9	3.1	3.2	3.5	3.6	3.1⑥
哈萨克斯坦	Kazakhstan	0.2	0.2	0.1	3.3	3.5	2.9⑦
韩　国	Korea, Rep.	2.1	3.3	4.6		2.8	4.5⑥
老　挝	Lao PDR				1.5	1.7	2.2
马来西亚	Malaysia	0.5	1.0	1.0⑥	6.0	5.0	3.9
蒙　古	Mongolia	0.2	0.2	0.1	5.6	4.6	4.9⑦
缅　甸	Myanmar	0.1		0.1		0.9	2.1⑦
巴基斯坦	Pakistan	0.1	0.4①	0.2	1.8	2.3	2.5⑦
菲律宾	Philippines		0.1①	0.3⑥	3.2	2.3	3.9
新加坡	Singapore	1.8	1.9	1.9	3.3	3.1	2.5
斯里兰卡	Sri Lanka	0.1	0.1	0.1⑥		1.7	1.9⑦
泰　国	Thailand	0.2	0.2①	1.1	5.3	3.5	3.0⑦
越　南	Viet Nam			0.5		5.1	4.1⑦
埃　及	Egypt	0.2	0.4	0.8		3.5	2.5
尼日利亚	Nigeria						
南　非	South Africa		0.7	0.6	4.9	5.1	6.2
加拿大	Canada	1.9	1.8	1.6	5.4	5.4	
墨西哥	Mexico	0.3	0.5	0.3	4.0	5.2	4.3⑥
美　国	United States	2.6	2.7	3.2		5.4①	4.9⑥
阿根廷	Argentina	0.4	0.6	0.5	4.6	5.0	4.7⑦
巴　西	Brazil	1.0	1.2	1.2	3.9	5.6	6.1⑥
委内瑞拉	Venezuela		0.2			6.9①	1.3②
捷　克	Czech Rep.	1.1	1.3	1.9	3.6	4.0	4.3⑥
法　国	France	2.1	2.2	2.2			5.4⑥
德　国	Germany	2.4	2.7	3.2		4.9	5.0⑥
意大利	Italy	1.0	1.2	1.5	4.3	4.3	4.3⑥
荷　兰	Netherlands	1.8	1.7	2.2	4.6	5.5	5.4⑥
波　兰	Poland	0.6	0.7	1.3	5.0	5.1	4.6⑥
俄罗斯	Russia	1.0	1.1	1.0	2.9	4.1⑤	4.7⑥
西班牙	Spain	0.9	1.4	1.3	4.2	4.9	4.2⑥
土耳其	Turkey	0.5	0.8	1.1	2.5		4.3⑥
乌克兰	Ukraine	0.9	0.8	0.4	4.0	7.4	5.4⑦
英　国	United Kingdom	1.6	1.6	1.7	4.0	5.7	5.2⑥
澳大利亚	Australia	1.6	2.4	1.8	4.9	5.5	5.1⑥
新西兰	New Zealand		1.3①	1.4		7.0	6.0⑥

注：①2009年数据。②2017年数据。③2015年数据。④2016年数据。⑤2008年数据。⑥2018年数据。⑦2019年数据。
Note:①Data refer to 2009.②Data refer to 2017.③Data refer to 2015.④Data refer to 2016.⑤Data refer to 2008.⑥Data refer to 2018.
⑦Data refer to 2019.

附录 2-23 医疗支出占国内生产总值比重及人均医疗支出
Current Health Expenditure as Percentage of GDP and per Capita Health Expenditure

资料来源：世界银行WDI数据库。
Source: World Bank WDI Database.

国家或地区	Country or Area	医疗支出占国内生产总值的比重(%) Current Health Expenditure(% of GDP)			人均医疗支出(美元) Current Health Expenditure per Capita (current US$)		
		2000	2010	2019	2000	2010	2019
世　界	**World**	**8.6**	**9.5**	**9.8**	**478.8**	**911.9**	**1122.0**
高收入国家	**High Income**	**9.4**	**11.6**	**12.5**	**2400.0**	**4547.3**	**5638.7**
中等收入国家	**Middle Income**	**5.1**	**5.0**	**5.3**	**64.1**	**191.8**	**292.5**
低收入国家	**Low Income**	**4.1**	**4.5**	**4.9**	**15.5**	**37.8**	**34.9**
中　国	China	4.5	4.2	5.4	42.1	186.5	535.1
孟加拉国	Bangladesh	2.1	2.7	2.5	8.6	20.8	45.9
文　莱	Brunei Darussalam	2.6	2.3	2.2	508.5	803.5	671.6
柬 埔 寨	Cambodia	6.5	6.9	7.0	19.7	54.3	113.3
印　度	India	4.0	3.3	3.0	18.5	45.1	63.7
印度尼西亚	Indonesia	1.9	2.8	2.9	15.7	87.1	120.1
伊　朗	Iran	4.8	6.7	6.7	80.9	445.7	470.4
以 色 列	Israel	6.8	7.0	7.5	1513.9	2234.9	3456.4
日　本	Japan	7.0	9.1	10.7	2740.7	4060.5	4360.5
哈萨克斯坦	Kazakhstan	4.2	2.7	2.8	51.0	249.3	273.0
韩　国	Korea, Rep.	3.9	5.9	8.2	474.2	1365.9	2624.5
老　挝	Lao PDR	4.3	2.9	2.6	14.4	35.0	68.2
马来西亚	Malaysia	2.5	3.2	3.8	110.7	290.2	436.6
蒙　古	Mongolia	4.9	3.7	3.8	27.0	98.8	163.4
缅　甸	Myanmar	2.0	2.0	4.7	4.3	19.6	60.0
巴基斯坦	Pakistan	2.9	2.6	3.4	15.6	25.3	39.5
菲 律 宾	Philippines	3.1	4.1	4.1	32.8	91.6	142.1
新 加 坡	Singapore	3.3	3.2	4.1	797.3	1496.8	2632.7
斯里兰卡	Sri Lanka	4.2	3.9	4.1	43.7	108.3	160.7
泰　国	Thailand	3.1	3.4	3.8	62.3	172.1	296.2
越　南	Viet Nam	3.8	4.7	5.2	18.9	78.6	180.7
埃　及	Egypt	4.9	4.2	4.7	73.7	113.2	149.8
尼日利亚	Nigeria	3.2	3.3	3.0	17.7	76.8	71.5
南　非	South Africa	8.2	8.7	9.1	247.6	635.1	546.7
加 拿 大	Canada	8.2	10.7	10.8	2007.9	5065.9	5048.4
墨 西 哥	Mexico	4.4	5.7	5.4	318.5	531.9	540.4
美　国	United States	12.5	16.3	16.8	4543.4	7888.4	10921.0
阿 根 廷	Argentina	8.2	9.4	9.5	708.8	985.0	946.0
巴　西	Brazil	8.3	7.9	9.6	312.5	896.7	853.4
委内瑞拉	Venezuela	7.3	6.8	5.4	355.1	945.9	338.8
捷　克	Czech Rep.	5.7	6.9	7.8	342.9	1373.9	1844.2
法　国	France	9.6	11.2	11.1	2161.9	4592.4	4491.7
德　国	Germany	9.9	11.1	11.7	2344.4	4611.3	5440.3
意 大 利	Italy	7.6	8.9	8.7	1524.2	3217.7	2905.5
荷　兰	Netherlands	7.7	10.2	10.1	2028.2	5191.7	5335.3
波　兰	Poland	5.3	6.4	6.4	238.0	809.2	1014.0
俄 罗 斯	Russia	5.0	5.0	5.6	95.4	566.1	653.4
西 班 牙	Spain	6.8	9.1	9.1	1005.3	2789.5	2711.2
土 耳 其	Turkey	4.6	5.0	4.3	199.5	539.3	396.5
乌 克 兰	Ukraine	5.3	6.8	7.1	35.1	202.3	248.1
英　国	United Kingdom	7.2	9.8	10.2	2029.5	3904.5	4312.9
澳大利亚	Australia	7.6	8.4	9.9	1638.8	4945.0	5427.5
新 西 兰	New Zealand	7.5	9.6	9.7	1053.9	3216.2	4211.0

附录3

统计公报和统计工作

Shandong Statistics Communique and Shandong Statistics Undertaking

简 要 说 明

一、本篇资料的主要内容

本篇主要包括统计公报、统计工作综述和山东省统计局工作大事记。统计公报和统计工作综述综合反映全省经济社会发展概况和山东省统计工作情况；山东省统计局工作大事记按时间顺序记载了2022年山东省统计局发生的大事要事，包括局领导重要活动、方法制度改革、统计法制建设、统计基层基础建设、统计信息化建设、统计干部队伍建设等方面的内容。

二、本篇资料的来源

本篇资料由省统计局办公室和综合处整理提供。

Brief Introduction

I. Content

This chapter contains Bureau of Statistics Shandong Statistics Communique, Summary of Shandong Statistical Undertaking and Events of Shandong Provincial. Bureau of Statistics Shandong Statistics Communique and Summary of Shandong Statistical Undertaking comprehensively reflect the development of society and economy and show the achievements in statistics of Shandong Province. Events happened in 2022 of Shandong Statistical Bureau are recorded in time order, mainly including important activities of leaders, reform of statistical laws, development of primary-level statistical work, construction of information system, and training of statistics professionals, etc.

II. Source of Data

Data and files are provided by the Administrative Office and the Division of Comprehensive Statistics of Shandong Provincial Bureau of statistics.

2022 年山东省
国民经济和社会发展统计公报

山　东　省　统　计　局

国家统计局山东调查总队

2023 年 3 月 2 日

2022 年，是党的二十大胜利召开之年，是“十四五”规划实施的关键之年，也是山东省新旧动能转换“五年取得突破”的决战之年。全省上下坚持以习近平新时代中国特色社会主义思想为指导，认真贯彻落实习近平总书记对山东工作重要指示要求和党中央决策部署，深刻领悟“两个确立”的决定性意义，增强“四个意识”、坚定“四个自信”、做到“两个维护”，坚持稳中求进工作总基调，完整准确全面贯彻新发展理念，主动服务和融入新发展格局，锚定“走在前、开新局”，坚定不移落实省委“六个一”发展思路、“六个更加注重”策略方法、“十二个着力”重点任务，高效统筹疫情防控和经济社会发展，扎实推进“三个十大”2022 年行动计划，全省经济总体呈现承压而上、稳中向好、进中提质的良好发展态势。

一、综　合

经济运行稳中有进。初步核算，全省实现地区生产总值 87435.1 亿元，按不变价格计算，比上年增长 3.9%。分产业看，第一产业增加值 6298.6 亿元，增长 4.3%；第二产业增加值 35014.2 亿元，增长 4.2%；第三产业增加值 46122.3 亿元，增长 3.6%。三次产业结构为 7.2∶40.0∶52.8。

就业形势保持稳定。城镇新增就业 120.2 万人，完成全年目标的 109.3%。失业人员实现再就业 53.9 万人，就业困难人员实现就业 10.3 万人，分别完成全年目标的 161.0%、158.7%。

物价水平温和上涨。居民消费价格比上年上涨 1.7%。其中，消费品价格上涨 2.5%，服务项目价格上涨 0.2%；食品价格上涨 2.8%，非食品价格上涨 1.4%。农产品生产者价格上涨 0.6%。工业生产者出厂价格上涨 5.1%。工业生产者购进价格上涨 5.8%。

表 1　2022 年居民消费价格指数（以上年为 100）

指　标	全省	城市	农村
居民消费价格指数	101.7	101.5	102.1
食品烟酒	102.3	102.1	102.6
粮食	105.5	104.9	106.8
鲜菜	100.7	100.9	99.8
猪肉	92.8	92.4	93.9
鸡蛋	107.9	107.6	108.5
鲜果	112.8	112.1	115.5
衣着	100.3	100.2	100.8
居住	100.5	100.2	101.9
生活用品及服务	101.1	101.1	101.0
交通通信	104.8	104.9	104.4
教育文化娱乐	100.4	100.4	100.6
健身活动	100.7	100.8	98.5
旅游	100.1	99.8	102.2
医疗保健	100.4	100.5	100.0
其他用品及服务	101.8	101.6	102.5
养老服务	101.2	101.3	101.0

人口总量稳中略降。年末常住人口 10162.79 万人。其中，0–14 岁人口占总人口的 17.86%，15–64 岁人口占 65.42%,65 岁及以上人口占 16.72%。常住人口城镇化率为 64.54%，比上年末提高 0.60 个百分点。全年出生人口 68.22 万人，出生率 6.71‰;死亡人口 77.67 万人，死亡率 7.64‰；人口自然增长率 –0.93‰。

稳经济大盘有力有效。创新落实国家稳经济一揽子政策及接续政策，动态推出四批政策清单、284 项措施，最大限度减少疫情对经济社会发展的影响，确保经济运行在合理区间。落实组合式税费支持政策，新增增值税留抵退税 1722 亿元。能源电力保供有力，原煤产量 8753.1 万吨，供应天然气 215.0 亿立方米，净接纳省外电量 1318.2 亿千瓦时。基层运转保障有力，落实财政直达资金 2366 亿元，支持实施 3 万个惠企利民项目，惠及 5.3 万家企业和 1.2 亿人次。

二、重点战略

黄河国家战略加快落实。出台支持沿黄 25 县（市、区）推动黄河流域生态保护和高质量发展、黄河滩区居民迁建后续帮扶等若干政策措施，350 个重点项目完成年度投资 1765 亿元。编制沿黄生态廊道建设规划，累计修复沿黄湿地 12.4 万亩，黄河口国家公园、黄河国家文化公园加快建设。南四湖湖东滞洪区、小清河防洪综合治理工程基本完成，新增、恢复、改善灌溉面积 157.5 万亩。组建黄河流域自贸试验区联盟，跨省区 44 项重大活动、60 项合作事项取得重要进展。黄河流域、南四湖流域优良水体比例首次达到 100%。

新旧动能转换强力突破。传统产业持续优化，推动实施投资 500 万元以上工业技改项目 1.3 万个。加速技改提级绿色增效，培育国家级绿色工厂 223 家，居全国第 2 位。新兴动能增势强劲，“四新”经济增加值占比为32.9%，比上年提高1.2个百分点。“四新”经济投资占比超过一半，为 54.4%。高技术制造业增加值比上年增长 14.4%，高于规模以上工业增加值增速 9.3 个百分点。其中，锂离子电池制造、集成电路制造、电子专用材料制造等新能源新材料相关行业增加值分别增长 86.9%、38.6%和 60.7%。软件业务收入 10657.6 亿元，增长 19.2%。

乡村振兴战略扎实推进。脱贫攻坚成果持续巩固拓展，累计 5.7 万人纳入防返贫动态监测，全部落实针对性帮扶措施。建成首批乡村振兴齐鲁样板省级示范区 37 个，衔接乡村振兴集中推进区 36 个。农业经营主体不断壮大，累计培育家庭农场 11.6 万家，农民专业合作社 24.3 万户，农业产业化省级以上重点龙头企业 1128 家。休闲农业稳步发展，累计创建中国美丽休闲乡村 73 个，全国休闲农业重点县 4 个。农村人居环境持续优化，排查自建房 4046.6 万栋，完成危房改造 9910 户，新增清洁取暖 153.7 万户，完成改厕 7.1 万户。

海洋强省建设成效显著。海洋经济稳步迈向深蓝，建成海水淡化工程 44 个，日产能 60.3 万吨；新增国家级海洋牧场示范区 8 处，累计 67 处，占全国的 39.6%。沿海港口货物吞吐量 18.9 亿吨，集装箱吞吐量 3757 万标准箱，比上年分别增长 6.1%和 9.0%；集装箱航线 327 条，其中外贸航线 233 条，航线数量和密度均居我国北方港口首位。海洋科技创新加力推进，累计建成全省海洋工程技术协同创新中心 122 家，现代海洋产业技术创新中心 9 家。海洋生态环境加力改善，积极处置各类生态自然灾害，浒苔最大覆盖面积比上年减少 92.2%，治理互花米草面积 8000 余公顷。

绿色发展积极推进。可再生能源发电装机容量 7210.9 万千瓦，占电力装机容量的 38.0%，比上年提高 4.3 个百分点；光伏、生物质发电装机容量分别居全国首位和第 2 位。谋划实施能源转型发展“九大工程”，加快推进清洁能源“五大基地”建设，海阳核电二期工程开工，渤中 A 海上风电、沂蒙抽水蓄能电站建成投运。细颗粒物（$PM_{2.5}$）平均浓度 36 微克/立方米，比上年改善 7.7%；环境空气质量综合指数平均为 4.17，比上年改善 4.8%；优良天数比例平均为 73.2%，比上年改善 2.1 个百分点。国控地表水考核断面优良水体比例为 83.0%，比上年改善 5.2 个百分点；V 类及以下水体连续两年保持清零。

高水平对外开放提档升级。自贸试验区建设取得阶段性成效，累计形成 304 项制度创新成果，40 项具有全国首创性，144 项在全省复制推广。青岛•上合之珠国际博览中心启动运营，上合示范区多式联运中心开行中欧班列比上年增长 24.8%。开展开发区“一号产业”培育行动，培育建设 30 个特色园区。综合保税区进出口实现新突破，13 家综合保税区进出口总值 5936.9 亿元，增长 22.0%。新培育认定 3 家省级境外经贸合作区，累计达到 16 家。

区域经济协调发展。省会、胶东、鲁南三大经济圈实现地区生产总值分别为32637.0亿元、37458.0 亿元和 17339.8 亿元，按不变价格计算，比上年分别增长 3.8%、3.9%和 4.3%，对全省经济增长的贡献率分别为 36.6%、42.0%和 21.4%。济南、青岛合计实现地区生产总值 26948.2 亿元，增长 3.5%,占全省生产总值的比重为 30.8%，对全省经济增长的贡献率为 27.3%。

三、改革发展

重点领域改革步伐加快。国企改革三年行动圆满收官，省级层面106项改革任务、16市涉及的1062项改革任务全部完成。省属企业全面推行经理层成员任期制和契约化管理，员工市场化公开招聘率和全员绩效考核覆盖率均达100%。新增4家上市公司，省属控股上市公司49家。国有资本布局结构优化，完成省环保集团、省体育集团、省电子口岸公司等一批特色优势企业组建，全面完成398户省属企业非主业资产清理整合。农村集体产权制度改革成果巩固提升，建立农村集体经济组织8.9万家，集体经济组织总收入367.4亿元。医药卫生体制改革力度加大，对协议期内的275种国家医保谈判药品建立定点医疗机构和零售药店“双通道”管理机制。开展首次中成药专项集中带量采购，67个药品平均降价44.3%。建成基层医保服务站点2.9万家，实现乡镇（街道）全覆盖。全面建成全省统一的医保信息平台，38项医保服务事项实现“网上办”“掌上办”。

营商环境持续优化。全面实施市场准入负面清单，深入推进公平准入和公平竞争，营商环境整体水平位列全国第一方阵。全领域推进“无证明之省”建设，50类高频电子证照在500个常用政务服务事项中全面应用，“免证办”“减证办”“一码办”成为常态。市场主体稳步增长，新登记市场主体220.9万户，年末实有各类市场主体1404.5万户，比上年末增长5.8%，其中实有民营经济市场主体增长5.8%。

质量强省建设全面加强。年末有效注册商标240.4万件，比上年末增长16.9%。其中，驰名商标805件，地理标志商标877件。马德里国际注册商标9840件，比上年末增长2.4%。地理标志保护产品82个，中欧地理标志协定互认清单产品17个。累计批准创建山东省优质产品基地150个。46个品牌入围2022年“中国500最具价值品牌”榜单。评选首批“好品山东”品牌223个、制造业高端品牌培育企业350家、服务业高端品牌培育企业130家。开展重点领域标准建设，累计发布现行有效地方标准3316项，建设和开展国家级、省级标准化试点示范项目664个和1580个。

四、重点工作

“十强产业”集聚提升。加快推动新兴产业扩容倍增、传统产业蝶变升级，“十强产业”高端化、集群化发展态势凸显。实施先进制造业强省行动计划，建设国家先进制造业集群3个；实施标志性产业链突破工程，高标准打造11条标志性产业链；累计培育省级以上战略性新兴产业集群32个。实施“雁阵形”集群和领军企业提升行动，143个“雁阵形”产业集群总规模7.3万亿元，217家领军企业总规模2.7万亿元。

“十大扩需求”稳步推进。全面启动基础设施“七网”建设，1056个“七网”年度计划实施项目完成投资5849.9亿元。综合立体交通网持续完善，高速铁路、高速公路通车里程分别达到2446公里和8048公里；现代化机场群建设提速，济宁机场迁建基本完成，济南机场二期改扩建、枣庄机场等项目开工建设。新改建农村公路超过1万公里。累计开通5G基站16.2万个，枣庄、济宁、威海等12个城市入选国家“千兆城市”。出台落实“传统消费升级行动”“新兴消费扩容行动”系列措施，发放消费券拉动汽车、家电消费438.0亿元、38.9亿元。落实《外贸固稳提质2022年行动计划》，“鲁贸贷”放款49.4亿元，增长296.0%；“齐鲁进口贷”放款9.6亿元。实施“跨境电商跃升计划”，国家跨境电商综试区实现16市全覆盖。

“十大创新”蹄疾步稳。知识产权创造能力稳步提升，发明专利授权量48696件，比上年增长34.0%；PCT国际专利申请量3380件。年末有效发明专利拥有量18.9万件，比上年末增长25.6%，每万人口有效发明专利量18.65件，比上年末增加3.80件。关键核心技术攻关能力增强，组织实施重大科技创新工程项目121项，实施“氢进万家”“北斗星动能”2个国家级重大科技示范工程，启动“合成生物”“核动未来”等省级科技示范工程。创新平台建设加速推进，首批11家全国重点实验室成功获批，高速列车、燃料电池、盐碱地综合利用3个领域类国家技术创新中心获批建设，总量居全国第2位。新建3家省实验室、22家省重点实验室、31家省技术创新中心，省级创新创业共同体发展到36家，备案省级新型研发机构419家。企业创新主体地位提升，国家级孵化载体348家，居全国第3位。入库科技型中小企业3.5万家，居全国第4位。培育科技领军企业200家、科技小巨人企业600家，科创板上市企业21家。创新人才高地加快隆起，享受国务院政府特殊津贴专家3510人、齐鲁首席技师1952人、高技能人才371.9万人、“山东惠才卡”持卡人8353人。

表 2　2022 年主要人才培养平台数量

指　标	数量（个）
博士后科研工作站	393
博士后创新实践基地	452
国家级高技能人才培训基地	43
国家技能大师工作室	49
省级人力资源服务产业园	24
齐鲁技能大师特色工作站	140

五、农业

农业生产稳步提升。农林牧渔业产值 12130.7 亿元，按可比价格计算，比上年增长 4.8%。粮食再获丰收，粮食总产量 1108.8 亿斤，比上年增加 8.6 亿斤，连续 9 年过千亿斤。

表 3　2022 年农林牧渔业产值及增长速度

指　标	产值（亿元）	比上年增长（%）
农林牧渔业	12130.7	4.8
农业	6206.5	4.7
林业	227.3	8.5
牧业	3003.5	3.5
渔业	1729.7	4.4
农林牧渔专业及辅助性活动	963.7	9.1

表 4　2022 年主要农产品产量及增长速度

指　标	产量（万吨）	比上年增长（%）
粮食	5543.8	0.8
夏粮	2641.6	0.2
秋粮	2902.2	1.3
棉花	14.5	3.3
油料	274.0	–4.2
蔬菜及食用菌	9045.8	2.8
水果	3095.6	2.1
园林水果	1966.1	2.7

林牧渔业总体平稳。森林面积 3357.2 万亩，森林覆盖率 14.2%。猪牛羊禽肉产量 838.4 万吨，比上年增长 2.9%；禽蛋产量（不含小品种）438.1 万吨，下降 3.8%；牛奶产量 304.4 万吨，增长 5.6%。水产品总产量（不含远洋渔业产量）843.9 万吨，增长 2.8%。其中，海水产品产量 724.9 万吨，增长 2.6%；淡水产品产量 119.0 万吨，增长 4.3%。年末专业远洋渔船 553 艘。

现代农业加快发展。大中型灌区续建配套与现代化改造稳步推进，实施 16 处灌区建设项目，累计完成投资 11.4 亿元，衬砌改造渠道 525 公里，配套渠系建筑物 680 座，恢复改善灌溉面积 184 万亩，新增节水能力 3295 万立方米。累计建成高标准农田 7456.7 万亩，发展高效节水灌溉 5060.6 万亩。高标准创建国家级水产健康养殖和生态养殖示范区 12 个。实施水产绿色健康养殖“五大行动”，重点培树 80 个骨干基地。主要农作物良种覆盖率达到 98%以上，粮食作物良种基本实现全覆盖，畜禽粪污综合利用率稳定在 90%以上。

六、工业和建筑业

工业经济运行平稳。全部工业增加值 28739.0 亿元，比上年增长 4.4%。规模以上工业增加值增长 5.1%。分门类看，规模以上采矿业增加值增长 27.3%，制造业增加值增长 2.9%，电力、热力、燃气及水生产和供应业增加值增长 11.5%。规模以上工业企业营业收入增长 4.2%，利润总额下降 12.6%。

建筑业稳步拓展。建筑业总产值 17559.6 亿元，比上年增长 7.0%。具有总承包或专业承包资质的有工作量建筑业企业 10643 家，比上年增加 1346 家；签订建筑合同额 38281.0 亿元，比上年增长 10.9%。

七、服务业

服务业支撑有力。服务业实现增加值 46122.3 亿元，按不变价格计算，比上年增长 3.6%；占生产总值的比重为 52.8%，对经济增长的贡献率为 50.6%。规模以上服务业企业营业收入比上年增长 6.6%。重点行业支撑作用明显，信息传输软件和信息技术服务业、租赁和商务服务业、科学研究和技术服务业企业营业收入分别增长 12.5%、12.1%和 9.2%。

旅游业承压前行。接待国内游客 5.9 亿人次，国内旅游收入 6026.3 亿元，分别比上年下降 19.5%和 27.2%。国家 A 级旅游景区 1205 家，其中 5A 级景区 14 家。国家级旅游度假区 6 家。培育、创建绿色旅游饭店 332 家。确定首批文旅康养强县 10 个。成功举办山东省旅游发展大会，中国非物质文化遗产博览会、文化和旅游惠民消费季等活动。发放使用文化和旅游惠民消费券 1.1 亿元。打造全国乡村旅游重点镇3个、重点村7个，省级乡村旅游重点村56个、景区化村庄291个。在全国首创开展民宿集聚区创建，公布第一批16个省级旅游民宿集聚区。

邮政电信稳步向好。电信业务总量1104.4亿元，比上年增长29.6%；邮政业务总量669.3亿元，增长4.1%；快递业务量57.7亿件，增长3.1%。电话用户总数12834.6万户，其中移动电话用户11700.4万户。（固定）互联网宽带接入用户4264.7万户，增长10.4%，其中100M以上高速率固定宽带接入用户占97.3%。移动互联网用户9770.6万户。固定宽带家庭普及率106部/百户。

交通运输平稳运行。铁路、公路、水路共完成客运量1.6亿人次，货运量32.3亿吨。铁路、公路、水路共完成旅客周转量414.8亿人公里；货物周转量14208.3亿吨公里，比上年增长18.4%。

表5　2022年客货运输量及增长速度

指标	旅客				货物			
	运输量(亿人次)	比上年增长(%)	周转量(亿人公里)	比上年增长(%)	运输量(亿吨)	比上年增长(%)	周转量(亿吨公里)	比上年增长(%)
合计	1.6	-42.2	414.8	-41.2	32.3	-3.2	14208.3	18.4
铁路	0.7	-39.8	313.3	-40.2	2.5	8.0	1831.5	8.9
公路	0.8	-45.5	98.3	-44.7	27.7	-4.9	7912.6	5.3
水路	0.1	-21.9	3.2	-17.2	2.1	9.1	4464.2	59.3

八、固定资产投资

有效投资持续扩大。固定资产投资（不含农户）比上年增长6.1%，其中制造业投资增长11.2%。三次产业投资构成为1.7∶34.4∶63.9。重点投资领域中，基础设施投资增长11.7%，占固定资产投资的比重为20.2%，比上年提高1.0个百分点；高新技术产业投资增长19.2%，高于工业投资增速6.4个百分点。

房地产市场低位运行。房地产开发投资9225.9亿元，比上年下降6.0%。其中住宅投资7211.6亿元，下降6.3%。商品房施工面积75798.6万平方米，下降8.4%。其中住宅施工面积55318.8万平方米，下降8.9%。商品房销售面积11685.6万平方米，下降18.1%。其中住宅销售面积9821.7万平方米，下降22.2%。商品房销售额9807.7亿元，下降19.3%。其中住宅销售额8481.3亿元，下降23.2%。

九、消费市场

消费市场有所放缓。社会消费品零售总额33236.2亿元，比上年下降1.4%。其中，餐饮收入额3627.7亿元，下降5.2%；商品零售额29608.5亿元，下降0.9%。城镇消费品零售额27957.5亿元，下降1.5%；乡村消费品零售额5278.7亿元，下降1.0%。

消费升级趋势明显。品质类消费保持良好增长势头，限额以上单位书报杂志类、化妆品类和金银珠宝类零售额分别比上年增长4.1%、19.4%和4.1%。绿色升级类消费需求持续释放，限额以上新能源汽车、能效等级为1级和2级的家电类商品零售额分别增长125.3%和24.8%。

线上消费增势良好。实现网上零售额6698.7亿元，比上年增长7.5%。其中，实物商品网上零售额5957.1亿元，增长9.6%；占社会消费品零售总额的比重为17.9%，比上年提高3.8个百分点。

十、对外经济

对外贸易固稳提质。货物进出口总值33324.9亿元，比上年增长13.8%。其中，出口20355.8亿元，增长16.2%；进口12969.1亿元，增长10.3%。出口商品中，机电产品出口8840.3亿元，增长17.0%，占出口总值的比重为43.4%。民营企业进出口24555.2亿元，增长17.7%，占进出口总值的比重为73.7%。

表6　2022年对主要国家和地区货物进出口总值及增长速度

国家和地区	进出口		出口		进口	
	总值(亿元)	比上年增长(%)	总值(亿元)	比上年增长(%)	总值(亿元)	比上年增长(%)
合　计	33324.9	13.8	20355.8	16.2	12969.1	10.3
东　盟	6590.6	53.1	3450.3	43.8	3140.3	64.9
美　国	3640.6	9.4	2954.3	9.0	686.3	11.3
欧　盟	2953.3	2.5	2403.3	8.8	550.0	-18.4
韩　国	2783.3	3.6	1856.1	6.6	927.2	-2.0
俄罗斯	2046.8	59.2	587.1	23.4	1459.7	80.3

利用外资量质齐升。新设立外商投资企业2329

家。实际使用外资228.7亿美元，比上年增长6.3%。制造业实际使用外资97.7亿美元，增长49.2%。实际使用日韩资40.4亿美元，增长122.1%。

对外投资保持稳定。实际对外投资81.2亿美元，比上年增长16.2%。对外承包工程完成营业额90.0亿美元，下降3.3%。

“一带一路”融合并进。对“一带一路”沿线国家和地区进出口总值12941.9亿元，比上年增长38.0%。其中，出口6945.0亿元，增长28.9%；进口5997.0亿元，增长50.4%。实际对外投资20.9亿美元，增长16.4%。对外承包工程完成营业额58.8亿美元。

十一、财政金融

财政运行保障有力。一般公共预算收入7104.0亿元，按照财政部统一确定的测算口径，还原增值税留抵退税因素后，同口径比上年增长5.3%（自然口径下降2.5%）。其中，税收收入4795.5亿元，同口径下降1.7%（自然口径下降12.4%），占一般公共预算收入同口径的比重为71.0%。一般公共预算支出12131.5亿元，比上年增长3.6%。其中，民生支出占一般公共预算支出的比重为79.1%，卫生健康、住房保障、教育、农林水、就业社保等支出增长较快。

金融市场运行稳健。社会融资规模增量21240.6亿元。年末金融机构本外币存款余额146076.0亿元，比上年增长12.0%，比年初增加15593.9亿元。年末金融机构本外币贷款余额123994.8亿元，增长11.7%，增加12959.4亿元。涉农贷款余额36618.3亿元，增长13.2%，增加4473.8亿元。小微企业贷款余额23403.3亿元，增长18.5%，增加3620.8亿元，其中普惠小微贷款余额13986.9亿元，增长26.4%，增加2919.8亿元。绿色贷款余额11697.9亿元，增长46.6%，增加3613.2亿元。

资本市场更趋活跃。年末上市公司399家，其中新增30家。齐鲁股权交易中心、青岛蓝海股权交易中心挂牌企业分别为5904家和2133家。私募基金管理机构826家，管理基金规模3521.0亿元，比上年增加265.3亿元。

保险业保持健康发展。保险公司原保险保费收入（不含正在风险处置机构）2907.8亿元，比上年增长3.2%。其中，财产险公司原保险保费收入861.2亿元，增长9.5%；人身险公司原保险保费收入2046.6亿元，增长0.8%。承担各类风险责任金额349.9万亿元，增长19.3%。赔付支出988.8亿元。农业保险保费收入64.8亿元，增长23.0%，为1608.1万户（次）农户提供1633.0亿元风险保障。

十二、民生保障

居民生活水平稳步提高。居民人均可支配收入37560元，比上年增长5.2%。其中，城镇居民人均可支配收入49050元，增长4.2%；农村居民人均可支配收入22110元，增长6.3%。居民人均消费支出22640元，下降0.8%。其中，城镇居民人均消费支出28555元，下降2.6%；农村居民人均消费支出14687元，增长2.7%。居民人均住房建筑面积41.7平方米。

表7 2022年全省居民人均收入、消费支出情况

指　标	绝对量（元）	比上年增长(%)
可支配收入	37560	5.2
工资性收入	21422	4.9
经营净收入	7985	5.2
财产净收入	2561	4.9
转移净收入	5591	6.3
消费支出	22640	–0.8
食品烟酒	6267	1.2
衣着	1486	–2.9
居住	4812	2.8
生活用品及服务	1668	–2.8
交通通信	3356	–4.0
教育文化娱乐	2566	–6.0
医疗保健	2015	0.0
其他用品和服务	470	3.2

表8 2022年末每百户居民家庭主要耐用消费品拥有量

指　标	单位	数量
家用汽车	辆	54.2
摩托车	辆	20.8
洗衣机	台	100.2
电冰箱（柜）	台	104.1
彩色电视机	台	105.0
空调	台	140.1
热水器	台	92.6
洗碗机	台	2.2

指　标	单位	数量
固定电话	线	5.1
移动电话	部	240.7
计算机	台	50.8
照相机	台	9.1
健身器材	台	4.5
空气净化器（含新风系统）	台	6.4

城市更新全面提速。城市建设（不含轨道交通）完成投资1410.3亿元。开展2个国家级、14个省级城市更新试点，建设29个城市品质提升试点片区。新改建城市道路1370公里，新增综合管廊78.7公里、海绵城市205.6平方公里、公共停车位3.5万个。改造雨污合流管网2022公里，36个县（市、区）实现清零；新建改造雨水管网1289公里，城市建成区黑臭水体动态清零，污水处理厂提标改造率34.4%。设区市城区居民小区生活垃圾分类投放设施覆盖率93.0%。更新改造燃气老化管道814公里。新增城市绿道680公里、口袋公园602个，公布绿色社区1592个。

社会保障体系更加健全。年末职工基本养老、基本医疗、失业、工伤、生育保险参保人数分别为3333.6万人、2498.3万人、1593.5万人、2020.9万人和1646.9万人。居民基本养老保险和医疗保险参保人数分别为4636.2万人和7134.8万人。居民基本养老保险基础养老金最低标准提高到每人每月160元，居民医保人均财政补助标准和个人缴费最低标准分别提高到610元、350元。医保电子凭证激活人数8777.6万人。1至4级工伤职工伤残津贴平均增长4.7%。城市最低生活保障人数9.3万人，月人均保障标准提高至899元；农村最低生活保障人数128.9万人，月人均保障标准提高至721元。养老机构2503处，养老机构床位43.1万张，护理型床位28.9万张。建有社区老年人日间照料中心7151处、农村幸福院12631处。

住房保障体系加快完善。开工改造老旧小区3892个、68.0万户，开工棚户区改造7.8万套，基本建成26.2万套。开工保障性租赁住房8.9万套（间）、公租房1005套，发放租赁补贴6.1万户。缴存住房公积金1824.5亿元，发放个人贷款726.1亿元，牵头建成9个省会城市住房公积金“数字黄河链”。出台全国首个老旧小区物业服务规范地方标准，全省专业化物业服务覆盖率达到90%。

安全底线不断筑牢。各类生产安全事故起数和死亡人数比上年分别下降28.9%和26.8%。亿元GDP生产安全事故死亡率0.0095，十万人工矿商贸企业就业人员生产安全事故死亡率0.59，道路交通万车死亡率0.94，煤矿百万吨死亡率0.068。

十三、社会事业

教育事业稳定发展。全面启动乡村教育振兴先行区建设，完成城镇居住区配套幼儿园治理“回头看”2081所，新建改扩建幼儿园402所、普通中小学295所，分别新增学位9.1万个和25.7万个，普通中小学56人及以上大班额保持动态清零。新建乡村教师周转宿舍3833套，圆满完成3年3万套建设任务，农村教师工作生活条件持续改善。新补充普通中小学教师3.5万人，其中公办幼儿园教师1.1万人。学前教育、小学教育、初中教育、普通高中教育专任教师分别为28.1万人、46.8万人、31.7万人和16.2万人。中等职业学校专任教师5.6万人，普通高等学校专任教师13.6万人。获得全国职业院校技能大赛奖牌238枚、金牌75枚，奖牌数和金牌数分别居全国第1位、第2位。积极深化教育国际交流合作，设立海外职业技术学院15所，新增中外合作办学机构和项目21个，教育国际影响力持续提升。

表9　2022年各类学校基本情况

指　标	数量（个）	招生数（万人）	在校生数（万人）
研究生教育	35	5.7	16.5
普通高等教育（普通本专科）	153	85.3	252.7
中等职业学校（不含技工学校）	414	30.0	88.1
技工院校	207	17.2	45.5
普通高中	753	67.4	190.3
普通初中	3302	124.9	397.3
普通小学	9063	130.6	760.6
特殊教育学校	157	0.9	5.4
幼儿园	24886	106.1	388.7

文化事业产业持续繁荣。民族歌剧《沂蒙山》荣获“文华大奖”，成为山东历史上首部获得国家级奖项大满贯剧目。京剧《燕翼堂》荣获“五个一工程”奖，杂技节目《弈》获中国杂技“金菊奖”，杂技剧《铁道英雄》入选朝鲜第32届“四月之春”友谊艺术节并获多项金奖。菏泽两夹弦小戏《公鸡过寿》等3部群众文艺作品荣获第十九届“群星奖”。年末广播人口、电视人口综合覆盖率分别为99.66%和99.71%。城市、县城和乡镇影院705家，票房16.8亿元。公有制艺术表演团体101个，艺术表演场馆77个，博物馆

665个，公共图书馆153个，群众艺术馆和文化馆158个，美术馆57个，文化站1823个。出版各类图书15591种，报纸80种，期刊267种。国家级、省级文化产业示范园区（基地）分别为16个和171个。国家级非遗代表性项目186项，省级非遗代表性项目1073项。国家重点文物保护单位226处，省级重点文物保护单位1968处。

医疗卫生服务水平有效提升。年末医疗卫生机构8.6万所。其中，医院2669所，比上年末增加9所；基层医疗卫生机构8.3万所，增加0.1万所。人均基本公共卫生服务经费补助标准提高至84元。78家县医院已全部达到国家推荐标准（三级医院水平），乡镇卫生院（社区卫生服务中心）达到国家优质服务基本标准、推荐标准、省提升标准、完成老年友善环境整治占比分别达到92.5%、25.2%、77.6%、93.0%，社区医院建设实现县（市、区）全覆盖。在全国率先创建医养结合示范省，两证齐全的医养结合机构增加到882家。

体育事业蓬勃发展。在北京冬奥会上获1枚银牌和两个第5名，实现首次参赛、首夺奖牌的历史性突破。在年度世界大赛上获得9个冠军。县乡全民健身工程建设覆盖率均提升至90%以上。举办第十二届全民健身运动会、第五届冬季全民健身运动会以及3000余场社区运动会。推动成立省体育产业集团，建成省体育产业服务大厅。新增2个国家体育产业示范基地、25个省级体育产业基地和13个省级体育服务综合体。

防灾减灾能力增强。启动重大气象灾害应急响应1056次，人工影响天气作业增加降水约4.7亿立方米，减少雹灾造成的经济损失4.2亿元。妥善应对M2.3级以上地震29次。

注：

1. 本公报中数据均为初步统计数，部分数据因四舍五入的原因，存在总计与分项合计不等的情况。

2. 地区生产总值、三次产业及相关行业增加值按现价计算，增长速度按不变价格计算。

3. 规模以上工业统计范围：年主营业务收入2000万元及以上的工业企业。

4. 规模以上服务业统计范围包括：年营业收入2000万元及以上的交通运输、仓储和邮政业，信息传输、软件和信息技术服务业，水利、环境和公共设施管理业，卫生行业法人单位；年营业收入1000万元及以上的房地产业（不含房地产开发经营），租赁和商务服务业，科学研究和技术服务业，教育行业法人单位；以及年营业收入500万元及以上的居民服务、修理和其他服务业，文化、体育和娱乐业，社会工作行业法人单位。

5. 电信业务总量按上年价格计算，邮政业务总量按2020年价格计算。

6. 固定资产投资统计范围包括：辖区内计划总投资500万元及以上建设项目投资，全部房地产开发经营业法人单位开发项目投资，不包括农户投资。

7. 社会消费品零售总额统计范围包括：从事商品零售活动或提供餐饮服务的法人企业、产业活动单位和个体户。其中，限额以上单位是指年主营业务收入2000万元及以上的批发业企业（单位）、500万元及以上的零售业企业（单位）、200万元及以上的住宿和餐饮业企业（单位）。

8. 森林面积、森林覆盖率为2021年数据。2021年，森林覆盖率数据核算政策调整，园地中水果类经济林、林地中部分灌木林不再计入森林面积。

2022年山东统计工作综述

2022年是党的二十大胜利召开之年，也是山东各级奋进新征程、建功新时代的一年。一年来，全省统计系统紧紧围绕迎接党的二十大，学习宣传贯彻党的二十大精神主线，深入贯彻习近平总书记关于统计工作重要讲话指示批示精神，认真落实省委省政府和国家统计局工作部署，扎实提升统计数据质量，加快统计改革创新，充分发挥统计职能作用，精准服务经济社会发展，统计工作取得积极成效。省委、省政府对统计工作给予充分肯定。省委书记林武指出，2022年全省统计系统围绕中心、服务大局，努力提高数据质量，着力优化统计服务，为山东经济社会高质量发展提供了有力支撑。省委副书记、省长周乃翔指出，全省统计系统有效发挥统计监督作用，创新开展统计监测，推动统计现代化改革，各项工作取得显著成效。

（一）全面从严治党走深走实。全省统计部门牢固树立政治机关意识，坚决做到对党忠诚、为党负责，机关党建质量和水平持续提升。**一是深入学习宣传党的二十大精神。**局党组第一时间组织集体学习，党组理论学习中心组开展3次集体研讨。制定学习宣传贯彻实施方案，举办宣讲报告会，在局内网建立学习专栏，组织各支部深入研讨，找准统计工作切入点，迅速兴起学习宣传贯彻党的二十大精神热潮。**二是持续加强思想理论武装。**认真落实“第一议题”制度，举办17期党组理论中心组集体学习，学深悟透习近平新时代中国特色社会主义思想。印发《关于落实党史学习教育常态化长效化的实施方案》。开展“读书学习月”“理论阅读月”活动，深入实施青年理论提升工程，全面提升干部理论素养和实践能力。**三是不断压实管党治党主体责任。**建立对标对表“政治台账”，细化抓基层党建工作清单，打造“五位一体”党建责任体系。建立舆情监测和舆论引导工作队伍，坚决维护意识形态领域安全。建立数据安全责任制，扎紧织密安全保密防线。**四是全面深化党风廉政建设。**制定全面从严治党责任清单和党风廉政建设工作要点，印发《加强廉洁文化建设的实施意见》，发放《党员干部廉洁自律提示卡》，夯实“不敢腐、不能腐、不想腐”思想道德基础。印发《关于运用监督执纪“第一种形态”工作实施办法（试行）》，确保监督执纪全覆盖、无漏洞。研究制定贯彻执行中央八项规定精神的若干措施，驰而不息纠治“四风”。

（二）统计数据质量有效提升。坚持把提高数据质量作为首要任务，压紧压实各级统计机构数据管理责任。**一是强化数据质量管控。**构建完善“全流程+多层次”数据质量管控体系，健全各专业数据质量审核方案，数据管理责任进一步压实。强化主要经济指标审核评估和关联分析，积极开展省级查询，数据协调性、匹配性不断提高。**二是深入开展数据核查。**先后开展钢铁焦化、重点行业投资、劳动工资和研发创新等专项核查，有力夯实数据基础。联合省“四进”工作专班，对省市县三级重点投资项目进行专项核查。组成10个核查组，对全省“两高”企业进行全面核查，联合省发改委等4部门开展大气污染传输通道城市钢铁产能转移退出情况督导检查，防范和纠治数据质量风险。**三是抓紧抓实入库纳统。**建立完善分类培育和高质量纳统机制，明确各级政府和部门纳统职责。推广青岛商业综合体、亿元市场、加油站等重点商贸领域纳统经验，破解商贸流通企业纳统堵点。与民政、编办、市场监管、税务等部门建立稳定的部门资料共享渠道，及时组织达标单位申报纳统。今年以来新纳统一套表单位10538家，客观准确反映了经济发展成果。

（三）五经普筹备扎实推进。坚持谋划从早、推动从紧、落实从严，全面推进筹备各项工作。**一是组织保障坚强有力。**强化普查政府行为，在全国率先以省政府办公厅名义印发通知，明确各级各部门主体责任。全省16市、136个县（市、区）全部组建筹备机构，形成全省一盘棋、上下一条心、步调一致向前推进的组织体系。科学制定工作方案，提出10个方面重点任务，保障工作顺利开展。**二是突出重点精准发力。**高效开展试点工作，圆满完成3项国家级试点任务，得到国家统计局通报表扬；结合实际自主开展19个省级试点、20余个市级试点，为正式普查积累经验；探索制作统计模板190个，基本覆盖普查重点难点问题；组织开展59个方向的单位清查，为正式普查奠定基础。**三是强化协调凝聚合力。**与税务、市场监管等部门建立工作协调和资料交换机制。遴选各市和行业协会60余人组建五经普专家组，为五经普提供经验指导和智力支撑。积极与财政部门沟通对接，落实普查筹备经费，为五经普提供有力保障。联合省广播电视台制作公益宣传片，在全社会营造良好普查氛围。周乃翔省长专门作出批示，对五经普工作给予肯定。

（四）专项纠治工作取得实效。坚决贯彻落实习近平总书记重要批示精神，全力遏制统计造假不收手不收敛问题。**一是强化工作部署。**推动省委常委会、省政府常务会专题学习研究，周乃翔省长专门作出批示要求，省纪委夏红民书记主持召开专题会议研究部署。联合省纪委监委、国家统计局山东调查总队召开动员部署会议，先后召开3次推进会，推动工作有序开展。**二是创新工作举措。**坚持把专项纠治与统计督察深度融合一体推进。把“四个必查”“三个一批”作为省级统计督察重点内容，被督察市1600余家企业全部由省统计局直查；对未列入督察的市，采取异地交叉方式进行，有效解决本级本地执法“宽松软”问题。首次与国家统计局山东调查总队联合执法、联合督察，结合统计督察开展统计造假屡禁难绝问题专题调研，有效提升了统计执法权威性和监督效能。创新做法得到国家统计局高度肯定。**三是高质高效落实。**与省纪委监委建立联合调度机制，及时开展现场督导。对照国家统计局抽查反馈意见，制定措施抓好整改。专项纠治期间，共发现违反统计法律法规的文件和做法11件，存在执法不严、处罚偏轻等问题的执法案卷59件，入退库问题667个，对78家违法企业行政处罚，对14名责任人员问责追责，专项纠治取得明显成效。

（五）统计改革创新蹄疾步稳。全面落实省委省政府和国家统计局部署要求，推动统计重点领域改革提质增效。**一是深化与国家统计局战略合作。**扎实推动省政府与国家统计局《深化统计改革支持山东新旧动能转换统计监测战略合作框架协议》落实，创新驱动发展战略、“四新”促“四化”、转变统计生产方式等8项战略合作项目取得丰硕成果。**二是扎实推动统计制度方法改革。**按照国家统计局改革部署安排，圆满完成“四下”单位抽样、名录库动态维护、服务消费、电解铝碳排放、互联网经济等国家试点任务，积极开展法产并重改革、企业电子统计台账建设，创新开展炼化行业原料用能统计研究。创立“千家企业综合运营指数”，建立企业集团统计监测制度，推进“双控”“双碳”绿色发展统计改革，健全完善“十四五”妇女儿童统计监测指标体系。**三是加快实施“互联网+统计”。**持续推进企业财务报表自动转换项目，全省95%以上联网直报企业实现财务报表自动转换为统计报表。建成省级人口地理信息系统、山东统计信息综合服务平台，助推“数字政府”建设。开发统计调查项目查重平台，破解调查指标重复难题。实施农村统计上平台工程，统计信息化水平有力提升。

（六）统计基层基础更加稳固。完善协调推进机制，加强工作统筹，不断夯实统计基层基础。**一是压实压紧基层统计领导责任。**紧盯“关键少数”，拧紧数据质量责任链条。举办市、县政府分管领导统计培训班，邀请国家统计局领导授课，推动习近平总书记关于统计工作的重要指示批示精神向基层传导落实，推动基层依法统计、依法治统理念进一步入心入脑，推动山东统计调查生态进一步优化。**二是创新基层统计管理新模式。**以二维码矩阵试点推进县乡两级“一站一码”建设，推动基层统计规范化、标准化。通过统计网格化、服务外包等模式试点增强基层统计力量，探索稳定基层统计队伍有效路径。优化完善基层工作联系点制度，省统计局班子成员及处室分别联系2个县、乡统计机构，构建高效顺畅的上下沟通渠道。**三是深化统计专业人才培养。**开展第三届基层统计人才培育工程选拔，169人通过统计系列高级职称评审。联合团省委、省总工会、省人力资源社会保障厅在全系统开展首届职业技能竞赛，全省6000余人参加学习培训和岗位练兵，通过136场县级初赛，16场市级复赛，省电视台现场直播省级决赛，有效提升了统计人员能力素质。

（七）统计监督工作深入推进。按照“一体两翼三保障四协同”总体工作思路，着力发挥统计监督作用。**一是常规统计调查扎实开展。**做实做准20多项常规统计报表，顺利开展1%人口抽样、城市基本情况等统计调查，及时汇总“四新”经济、“十强”产业、战略性新兴产业等相关数据。探索推进数据深加工，预警预判经济运行中不稳定不确定因素，为稳住经济大盘和宏观决策制定提供坚实统计支撑。**二是统计监测效能持续强化。**围绕中央重大发展战略和省委、省政府决策部署，建立高质量发展季度监测机制，研究构建黄河流域生态保护和高质量发展统计监测体系，统筹开展高质量发展、新旧动能转换、乡村振兴齐鲁样板等10余项重点监测项目，科学评价重大战略实施情况。充分发挥社情民意调查轻骑兵作用，聚焦人民群众反映的突出问题先后开展了 34 项调查，推动社会民生事业健康发展。**三是督察执法数据核查一体推进。**联合国家统计局山东调查总队对滨州、日照开展第二批次省级统计督察。全省对 7534 家企业开展执法检查，严肃处理违法企业，严格追究相关责任人员责任，有力震慑了统计违法行为。灵活采用现场和线上方式开展数据核查，各专业共核查企业近 3 万家，有效发挥统计监督作用。**四是部门协作联动有力有效。**加强与纪检监察部门、省委巡视办协作，联合驻局纪检监察组开展执法，初步形成了统计监督与其他监督贯通协同的工作机制。

（八）统计服务能力持续增强。始终把服务作为统计工作主旋律，以高质量统计产品服务高质量发展。**一是服务发展成果丰硕。**强化服务稳经济大盘任务目标，逐市研究分析经济运行情况，在省政府 6 轮视频连线 16 市中，“一对一”“面对面”逐市研判形势，“一市一策”提出针对性建议，形成 80 多篇 50 万字的分析成果，提出的意见建议被各市采纳，成为推进经济发展的具体措施。**二是支撑决策精准有力。**强化数据服务，通过“山东一网统揽平台”，及时为省领导和部门负责同志提供“一屏观全省，一网管全省”数据服务。紧贴决策需求,站位发展全局开展分析研究，全年撰写统计分析报告 140 余篇，省领导批示 160 余篇次。向省“两办”报送经济信息 1000 余篇，18 篇获国务院领导批示，64 篇获省领导批示，信息采用得分在省“两办”分居第 3 位，第 2 位。**三是宣传解读亮点纷呈。**全面推进统计法进党校，省统计局领导班子成员到省委党校、有关地市专题宣讲 10 余次。参加 4 场省政府新闻发布会，发布各类解读文章 90 余篇次，20 人次接受各类媒体专访，全方位宣传山东、解读山东。中国信息报采编稿件 120 余篇，居各省首位。编印《山东十年奋进铸辉煌》《非凡十年·山东绘就民生新画卷》，全方位展示山东发展历程和辉煌成就。在微信公众号推出《“走在前”的山东精气神》《中国这十年，看山东答卷》等系列报道，充分反映山东发展新气象。

这些成绩的取得，是省委省政府和国家统计局坚强领导的结果，是各级各部门通力协作、大力支持的结果，是社会各界和统计调查对象充分理解、积极配合的结果，更是全省统计系统广大干部职工勠力同心、奋力拼搏的结果。2023 年，全省统计系统将始终坚持以习近平新时代中国特色社会主义思想为指导，深入学习贯彻党的二十大精神，全面贯彻习近平总书记关于统计工作重要讲话指示批示精神，认真落实省委经济工作会议和全国统计工作会议精神，以党的政治建设为统领，以提高统计数据质量为中心，深入推进依法统计依法治统，加快推动统计现代化改革，有效发挥统计监督职能作用，更好服务经济社会高质量发展，为推动新时代社会主义现代化强省建设提供坚强统计保障。

2022年山东省统计局大事记

1月4日，省委书记李干杰对全省统计工作作出批示。

1月12日，省统计局印发《关于2021年度全省优秀统计分析评比结果的通报》(鲁统办字〔2022〕1号)，共评选出优秀统计分析50篇。

1月14日，省委常委、常务副省长王书坚对省统计局报送的《关于国家统计局有关发挥统计监督职能作用文件精神的汇报》作出批示。

1月19日，省委书记李干杰，省委常委、常务副省长王书坚对省发展改革委、省统计局联合报送的《关于全省“两高”行业排查摸底工作情况的汇报》作出批示。

1月19日，省政府召开新闻发布会，通报2021年全省经济运行情况。省政府副秘书长、新闻发言人崔建海介绍全年主要数据指标情况，省统计局副局长、新闻发言人陆万明出席发布会并回答记者提问。

1月19日，经省政府同意，省统计局印发《山东省统计局关于建立分类培育高质量纳统工作机制的通知》(鲁统字〔2022〕7号)，支持企业成长壮大并及时入库纳统，稳固经济增长内生动力，全面准确反映全省高质量发展成效。

1月19日，省统计局召开新任职干部集体谈话会议。局党组书记、局长辛树人出席会议并讲话，局党组成员、驻局纪检监察组组长李永进作廉政谈话。

1月20日，全省统计工作会议在济南召开。会议以习近平新时代中国特色社会主义思想为指导，深入学习贯彻党的十九大和十九届历次全会精神，深入贯彻习近平总书记关于统计工作重要讲话指示批示精神，传达学习国务院领导同志关于统计工作重要批示精神，传达省领导同志对全省统计工作的批示要求，认真落实全国统计工作会议部署，全面总结2021年全省统计工作，研究部署2022年重点任务。省统计局党组书记、局长辛树人代表局党组作了题为《凝聚思想共识 激发奋进力量 全面开创全省统计现代化改革新局面》工作报告。

1月20日，2021年年度市级生产总值统一核算工作视频会议在济南召开。

1月20日，省统计局党组召开党史学习教育专题民主生活会。局党组书记、局长辛树人主持会议，局党组成员出席会议，省委党史学习教育第十四巡回指导组副组长孙剑到会指导。

1月25日，省统计局召开党史学习教育总结会议，全面回顾党史学习教育开展情况，总结取得的主要工作成效，并对下一步巩固拓展党史学习教育成果进行安排部署。局党组书记、局长辛树人出席会议并讲话，省委党史学习教育第十四巡回指导组组长刘鲁生到会指导。

1月27日，省统计局召开2021年度总结表彰会议。会议通过视频资料片的形式对2021年的工作进行了总结，表彰了2021年度全局优秀集体、优秀个人，2021年度先进党支部、优秀党务工作者、优秀共产党员，2021年度工会工作优秀个人。局党组书记、局长辛树人主持会议并讲话。

2月10日，省统计局“山东统计大讲堂”举办第二期业务轮讲专题讲座，统计设计管理处处长刘东华以《关于统计设计管理工作的认识和体会》为题进行授课。

2月14日，国家统计局党组成员、副局长李晓超一行4人，赴潍坊调研乡村振兴和现代农业发展情况。省委常委、常务副省长，省政协副主席王书坚会见李晓超一行。省统计局党组书记、局长辛树人，国家统计局山东调查总队党组书记、总队长雷小武等陪同调研。

2月17日，省委书记李干杰对省统计局报送的《关于我省1月份重点行业经济运行情况的报告》作出批示。

2月23日，省统计局印发《关于学习贯彻<关于更加有效发挥统计监督职能作用的意见>的通知》(鲁统字〔2022〕14号)。

2月23日至25日，省统计局党组书记、局长辛树人带队赴济南市、淄博市调研当前经济运行情况。

2月24日，全省县域统计培训视频会议在济南召开。

2月24日，省委常委、常务副省长、省政协副主席王书坚对省统计局报送的《2021年全省国有经济统计监测分析报告》《2022年1月份全省主要经济指标数据情况》分别作出批示。

3月2日，国家统计局党组成员、副局长盛来运到山东调研经济形势，在济南主持召开经济形势座谈会。副省长曾赞荣会见盛来运一行。省统计局党组书记、局长辛树人，国家统计局山东调查总队党组书记、总队长卢山参加座谈。

3月2日，省委书记李干杰对省统计局报送的《关于2021年全省地区生产总值情况的报告》作出批示。

3月8日，省统计局召开2022年度全面从严治党暨党风廉政建设工作会议，局党组书记、局长辛树人作题为《凝心聚力 担当作为 推动全面从严治党向纵深发展》工作报告，局党组成员、省纪委监委驻省统计局纪检监察组组长李永进就抓好2022年党风廉政建设工作提出要求。

3月9日，省统计局举办2022年第二期“山东统计大讲堂”，邀请国家统计局国民经济核算司司长赵同录以《地区生产总值统一核算改革》为题进行授课。

3月9日，省委常委、常务副省长、省政协副主席王书坚对省统计局报送的《康义同志对山东统计工作提出要求》《盛来运同志在经济形势座谈会上的讲话要点》作出批示。

3月9日，省委书记李干杰，省委常委、常务副省长、省政协副主席王书坚对省统计局报送的《我省婚姻状况分析》作出批示。

3月15日，省统计局印发《山东省统计局2022年工作要点》（鲁统办字〔2022〕8号），安排部署2022年重点统计工作任务。

3月22日，省统计局印发《关于做好2022年统计法治宣传教育工作的通知》（鲁统办字〔2022〕10号）。

3月24日，省统计局举办第五次全国经济普查第一次业务培训，省统计局核算处一级调研员刘爱芝讲解培训经济普查有关业务知识。

3月29日，省委书记李干杰，省委常委、常务副省长、省政协副主席王书坚对省统计局报送的《关于山东小微企业贷款情况的汇报》作出批示。

3月31日，省统计局印发《山东省统计局第五次全国经济普查筹备工作实施方案》（鲁统办字〔2022〕12号），安排部署全省第五次全国经济普查筹备工作。

4月3日，省委书记李干杰，省委副书记，省人大常委会副主任、党组书记杨东奇对省统计局报送的《关于监测我省在推动黄河流域生态保护和高质量发展上走在前有关情况的报告》作出批示。

4月6日，省委副书记、省长周乃翔主持召开省政府常务会议，学习中办、国办《关于更加有效发挥统计监督职能作用的意见》，对全省贯彻落实提出要求。省统计局党组书记、局长辛树人汇报有关工作情况。

4月14日，省统计局举办第五次全国经济普查第三次业务培训会议，局党组书记、局长辛树人主持会议并讲话，二级巡视员张德平作专题授课。

4月15日，省委书记李干杰主持召开省委常委会议，学习中办、国办《关于更加有效发挥统计监督职能作用的意见》，研究发挥统计监督职能作用。

4月19日，省政府新闻办召开发布会，介绍一季度全省经济社会发展情况。省政府副秘书长、新闻发言人崔建海介绍有关情况，省统计局副局长、新闻发言人陆万明出席发布会并回答记者提问。

4月21日，省委书记李干杰、副省长凌文分别对省统计局报送的《3月全省重点企业综合运营指数监测分析报告》作出批示。

4月21日至22日，省统计局召开2022年一季度市级生产总值统一核算工作视频会议。省统计局党组书记、局长辛树人出席会议并讲话。

4月26日，省统计局印发《山东省统计局新冠肺炎疫情防控应急处置预案》（鲁统办字〔2022〕19号），科学精准做好常态化疫情防控和应急处置，统筹推进疫情防控和统计调查工作。

4月27日，省统计局召开专题会议，对做好疫情防控期间统计业务保障工作进行安排部署，确保疫情突发情况下工作不乱、数据不断、质量不降。

4月，省统计局党组印发《2022年机关党的工作要点》《2022年机关纪检工作要点》《2022年精神文明建设工作要点》《2022年度山东省统计局党组、党组书记、班子成员履行全面从严治党责任清单》《关于运用监督执纪“第一种形态”工作实施办法（试行）》《党内关怀帮扶实施办法（试行）》《党组理论学习中心组2022年度理论学习安排》等文件，安排部署机关党建工作。

5月6日，省委书记李干杰对省统计局报送的《关于我省经济发展“七大高成长领域”初步分析》作出批示。

5月10日，省委书记李干杰对省统计局报送的《关于监测我省高质量发展综合绩效有关情况的报告》《关于一季度全省生产总值（GDP）情况的报告》作出批示。

5月11日，省统计局召开全省乡镇、村社会经济统计数据联审视频会议，采取省、市、县、乡四级同步方式进行数据联审。

5月12日，省统计局举办第五次全国经济普查第4次业务培训会议，局党组成员、副局长陈汉臻主持会议并讲话，二级总监王志珍作专题授课。

5月12日，省统计局印发《山东省统计局政务信息统计分析评价办法》(鲁统办字〔2022〕22号)。

5月13日，省统计局召开统计督察意见反馈视频会议，向济宁、威海、德州、菏泽4个首轮省级统计督察地区反馈督察意见。

5月13日，省统计局党组成员、副局长李涛到省民政厅调研对接第五次全国经济普查筹备工作，就相关资料提供、工作配合及发挥行业协会作用等深入交流探讨。

5月19日，省统计局召开全省第五次全国经济普查筹备工作研讨视频会议，听取各地筹备工作进展情况汇报，梳理存在的问题，明确下步工作思路和措施。省统计局党组书记、局长辛树人主持会议并讲话。

5月22日至23日，省统计局党组书记、局长辛树人带队到青岛调研经济形势及统计工作情况。省委常委、青岛市委书记陆治原，青岛市委副书记、市长赵豪志分别会见调研组并座谈交流经济形势。

5月23日，省统计局办公室印发《关于做好2022年度统计执法检查工作的通知》(鲁统办字〔2022〕25号)，对做好2022年度统计执法检查工作进行安排部署。

5月26日，省委书记李干杰对省统计局报送的《我省产业能耗水平进一步降低 绿色低碳产业体系加速构建》作出批示。

5月30日至6月1日，省统计局党组成员、副局长陈汉臻带队到临沂市调研经济运行和企业电子统计台账试点工作情况。

6月2日，省政协副主席王书坚对省统计局报送的《17.3%的调查企业接到“长三角”转移订单 订单层级和规模带动效能有待进一步提升》作出批示。

6月4日，省委书记李干杰，省委副书记、省长周乃翔，省委副书记陆治原，省委常委、省纪委书记、省监察委员会主任夏红民，省政协副主席王书坚分别对省统计局、国家统计局山东调查总队联合报送的《关于国家统计局统计造假不收手不收敛问题专项纠治工作动员部署视频会议精神及我省贯彻打算的报告》作出批示。

6月7日，省委书记李干杰对省统计局报送的《企业运营企稳回升态势初显 综合运营指数仍未恢复至3月水平》作出批示。

6月8日，省统计局党组书记、局长辛树人，党组成员、副局长周尊考到省纪委监委对接汇报工作，省委常委、省纪委书记、省监察委员会主任夏红民听取了关于统计造假不收手不收敛问题专项纠治工作有关情况汇报。

6月9日，省统计局印发《山东省统计局关于认真学习贯彻国家统计局统计造假不收手不收敛问题专项纠治工作动员部署视频会议精神的通知》(鲁统字〔2022〕67号)。

6月9日，省统计局印发《关于开展“‘走在前列 全面开创’‘三个走在前’‘我在行动’”主题活动推进模范机关建设工作方案》(鲁统字〔2022〕69号)，在全省统计系统开展“‘走在前列全面开创’‘三个走在前’‘我在行动’”主题活动。

6月13日，省政府召开常务会议，学习国家统计局统计造假不收手不收敛问题专项纠治工作动员部署视频会议精神，并提出贯彻落实要求。省统计局党组书记、局长辛树人汇报有关工作情况。

6月15日，省委副书记、省长周乃翔，省委常委、副省长曾赞荣对省统计局报送的《关于我省用电量情况的汇报》作出批示。

6月13日至16日，省统计局、省发展改革委、省工业和信息化厅组成联合调研组，分赴济南、淄博、济宁、泰安、德州、滨州等地，对2020年以来已完工的省级重点项目投产、法人纳统及实际效益等方面开展专题调研。

6月17日，省委常委会召开会议，专题学习国家统计局统计造假不收手不收敛问题专项纠治工作动员部署视频会议精神，并提出贯彻落实要求。

6月20日，省统计局党组书记、局长辛树人以《践行总体国家安全观 做好新时代统计保密工作》为题为全体党员干部作专题党课。

6月20日，省统计局印发《山东省统计局2022年政务公开工作要点》(鲁统办字〔2022〕28号)，明确政务公开重点工作任务。

6月22日，山东省第五次全国经济普查筹备阶段清查摸底专项试点启动仪式在济宁市汶上县举行。省统计局党组成员、副局长李涛出席仪式并讲话，济宁市委常委、汶上县委书记高永干致辞，济宁市副市长宫晓芳主持启动仪式。

6月23日，省统计局召开全省统计造假不收手不收敛问题专项纠治工作动员部署视频会议。省统计局党组书记、局长辛树人作动员部署，省纪委常委、省监委委员徐玉出席会议并讲话，省纪委监委派驻省统计局纪检监察组组长李永进、国家统计局山东调查总队党组纪检组组长张丽芹出席会议。

6月24日，省委常委、副省长曾赞荣对省统计局、省交通运输厅联合报送的《关于交通投资数据有关情况的报告》作出批示。

6月25日，省委书记李干杰对省统计局报送的《关于1-5月我省投资情报的汇报》作出批示。

6月28日至29日，省统计局召开全省人口社科统计工作会议，传达全国人口就业统计工作视频会议精神，研究部署下一阶段重点工作任务。省统计局党组成员、副局长李涛出席会议并讲话。

6月29日，省统计局印发《山东省统计造假不收手不收敛问题专项纠治实施方案》(鲁统字〔2022〕86号)，扎实开展统计造假不收手不收敛专项纠治工作。

7月1日，省统计局召开党组（扩大）会议，专题研究第五次全国经济普查筹备工作。省统计局二级巡视员、二级总监、总师和各处室主要负责同志，部分承担试点任务的市、县统计局负责同志列席会议。

7月1日，省统计局印发《干部教育培训三年行动计划》(鲁统办字〔2022〕30号)，推进新时代干部教育培训工作科学化、制度化、规范化。

7月1日，省统计局印发《第五次全国经济普查国家级专项试点实施方案》(鲁统字〔2022〕90号)。

7月1日，省委书记李干杰，省委常委、组织部部长王宇燕分别对省统计局报送的《关于监测我省一季度高质量发展有关情况的报告》作出批示。

7月5日，省统计局党组书记、局长辛树人到济南市天桥区商贸市场调研当前经济运行情况。济南市统计局党组书记、局长程伟，天桥区委常委、副区长周红文陪同调研。

7月5日，省统计局举办省第十二次党代会精神专题宣讲报告会，省委宣讲团成员，省统计局党组成员、副局长陆万明为全体干部职工作宣讲辅导。

7月5日，省委书记李干杰对省统计局报送的《上半年企业综合运营指数为48.7% 仍未恢复至一季度水平》作出批示。

7月14日至15日，省统计局在济南召开2022年上半年市级生产总值统一核算工作会议，传达学习国家统计局上半年地区生产总值统一核算视频培训班精神，安排部署市级统一核算工作。

7月15日，省统计局举办“喜迎党的二十大，争做统计先锋模范”主题青年论坛，推进青年干部学习交流，进一步提高青年干部理论素养。

7月19日，省政府新闻办召开发布会，介绍上半年全省经济社会发展情况。省统计局副局长、新闻发言人陆万明出席发布会并答记者问。

7月20至21日，省统计局党组书记、局长辛树人到东营市调研经济运行和统计工作情况。东营市委书记杨国强，市委副书记、市长陈必昌，副市长梁润生，市统计局局长宋保辉陪同有关调研活动。

7月21日，省委书记李干杰对省统计局报送的《三季度工业经济发展仍面临三方面问题》作出批示。

7月21日至22日，省统计局党组成员、副局长李涛到潍坊市调研第五次全国经济普查筹备工作及数据质量情况。潍坊市发展改革委主任、统计局局长王万信陪同调研。

7月25日，省委副书记、省长周乃翔带队到国家统计局会商工作，国家统计局党组书记、局长康义主持会商会议并讲话。国家统计局办公室主任雷小武、统计设计管理司司长徐荣华、国民经济综合统计司司长付凌辉，山东省政府秘书长宋军继、省统计局局长辛树人、国家统计局山东调查总队总队长卢山参加会商会议。

7月27日，省统计局举办第五次全国经济普查投入产出国家级专项试点视频培训会议。

7月29日，省统计局在济南召开全省重点企业集团统计工作会议，安排部署全省重点企业集团摸底及相关工作。局党组成员、副局长陈汉臻出席会议并讲话。

8月1日，省统计局党组与省纪委监委驻省统计局纪检监察组召开党风廉政建设专题联席会议。局党组书记、局长辛树人主持会议，党组成员、驻局纪检监察组组长李永进出席会议并讲话。

8月2日至3日，省统计局在济南召开全省统计工作研讨会议，总结上半年统计工作情况，分析当前面临的困难问题和风险挑战，安排部署下半年重点工作任务。局党组书记、局长辛树人主持会议并讲话。

8月2日至4日，省统计局联合国家统计局山东调查总队，在山东省委党校（山东行政学院）举办全省统计工作专题研讨培训班，对各市、县（市、区）政府分管统计工作负责同志，各市统计局、调查队主要负责同志进行专题培训。副省长凌文出席开班式并讲话。国家统计局副局长盛来运、核算司司长赵同录、工业司副司长（主持工作）江源、执法监督局副局长周博为培训班授课。

8月3日，省委常委、常务副省长曾赞荣对省统计局报送的《2022年1-7月全省第一批数据情况》作出批示。

8月3日，省统计局召开全省网站信息工作视频会议，传达学习国家统计局有关要求，通报上半年网站信息采用情况，培训信息撰写技巧及报送规范。

8月8日，省委书记李干杰对省统计局报送的《关于上半年全省生产总值（GDP）情况的报告》作出批示。

8月8日至10日，国家统计局服务业司新型经济处处长高雅洁一行3人到山东调研平台经济发展情况。

8月8日至13日，省统计局党组成员、副局长陈汉臻、李涛带队到青岛、东营、烟台调研五经普国家级专项试点和数据质量情况。

8月9日至10日，省统计局在济南举办全省统计系统网络安全和信息化培训班。总结上半年统计网络安全和信息化工作，安排部署下半年重点工作任务，并开展网络安全技术培训。

8月10日至12日，国家统计局五经普筹备办房波处长一行4人，到青岛、烟台调研五经普国家级专项试点工作情况。

8月11日，省委书记李干杰对省统计局报送的《企业运营指数提升至50.2%扩张区间恢复速度较6月份明显放缓》作出批示。

8月16日至26日，国家统计局、商务部到山东调查外资统计工作情况。国家统计局执法监督局二级巡视员庞晓林、商务部外资司副司长王亚任组长，检查组先后到青岛、潍坊、烟台、济宁、威海、日照、临沂、德州、济南9市实地核查。

8月16日至26日，国家统计局到山东检查能源统计工作情况。国家统计局执法监督局副局长李洋任组长，检查组先后赴东营、菏泽、临沂3市实地核查。

8月22日，省委书记李干杰对省统计局报送的《全省7月份经济运行情况简要分析》作出批示。

8月23日，省委书记李干杰对省统计局报送的《上半年新旧动能转换监测报告》《关于2021年度生态环境质量满意度调查结果的报告》作出批示。

8月24日，省委书记李干杰对省统计局报送的《上半年国有经济监测报告》作出批示。

8月24日，省统计局联合济南市统计局、章丘区统计局，开展青年干部“学习‘三涧溪’精神，坚守统计初心使命”主题“三级联学”活动。

8月29日，省统计局印发《山东省统计局防范和惩治统计造假弄虚作假约谈办法》（鲁统办字〔2022〕38号）。

8月30日至9月1日，国家统计局核算司司长赵同录一行5人到山东调研五经普专项试点工作情况。省委副书记、青岛市委书记陆治原，省委常委、烟台市委书记傅明先，青岛市副市长常红军，烟台市副市长韩耀东会见调研组一行。

9月1日，省统计局召开全省统计法治工作会议暨统计造假不收手不收敛问题专项纠治工作推进会议。

9月2日，省统计局召开第9次五经普筹备工作会议。省统计局党组成员、副局长、五经普筹备办主任李涛主持会议并讲话。

9月6日，省委书记李干杰对省统计局报送的《农村人居环境提升明显 整治成果获得村民认可》作出批示。

9月8日，省统计局荣获2022年“泰山杯”山东省网络安全大赛“团体优胜奖”。

9月9日，省统计局印发《各专业业务工作评价实施办法》（鲁统办字〔2022〕40号）。

9月10日，省委书记李干杰对省统计局报送的《关于上半年全省高质量发展监测情况的报告》《运营指数连续两月处于50%以上扩张区间经济承压运行态势有所显现》作出批示。

9月13日，省委书记李干杰对省统计局报送的《2021年我省研发经费快速增长》作出批示。

9月15日，省统计局举办“道德讲堂”活动，围绕“诚信”主题开展“经典诵读”，扎实推进机关精神文明建设。

9月18日至25日，国家统计局财务司司长刘恒率抽查组到山东检查统计造假不收手不收敛问题专项纠治工作。抽查组先后到省统计局和枣庄、滨州2市4县实地检查。副省长孙继业在济南会见抽查组一行。

9月19日至20日，省统计局召开2022年全省

1%人口抽样调查暨七人普地理信息系统视频培训会议。

9 月 21 日，省委书记李干杰，省委常委、常务副省长曾赞荣分别对省统计局报送的《关于 7、8 月份我省消费市场复苏态势相对弱于全国的分析报告》作出批示。

9 月 23 日，省统计局策划编辑的迎接党的二十大主题书籍《山东十年奋进铸辉煌·献给党的二十大》正式刊印完成，并在山东省第十三届“中国统计开放日”活动现场发布。

9 月 26 日，山东省第十三届“中国统计开放日”系列活动在泰安市举办。局党组书记、局长辛树人，国家统计局山东调查总队党组书记、总队长卢山，泰安市委书记、市人大常委会主任杨洪涛出席现场活动并致辞。

9 月 26 日，省统计局、国家统计局山东调查总队、山东省统计学会在泰安举办“统计事业与高质量发展”泰山讲坛，国家统计局科研所所长闾海琪以《强化责任担当更加有效发挥统计监测作用》为题作辅导报告。

9 月 27 日至 28 日，省统计局在德州举办部门统计培训班。省统计局党组成员、副局长陈汉臻出席开班仪式并讲话，德州市副市长牟春雁致辞。

9 月 30 日，省统计局党组印发《关于加强新时代廉洁文化建设的实施意见》（鲁统党字〔2022〕49 号）

10 月 4 日，省委副书记、省长周乃翔对省统计局报送的《关于 2021 年我省社会评价结果的报告》作出批示。

10 月 5 日，省委书记李干杰，省委副书记、省长周乃翔，省委常委、常务副省长曾赞荣分别对省统计局报送的《国家统计局对我省统计造假不收手不收敛问题专项纠治工作抽查情况的汇报》作出批示。

10 月 8 日，省委书记李干杰对省统计局报送的《前三季度企业综合运营指数回升至 49.1%全面恢复向好态势更加巩固》作出批示。

10 月 10 日，省统计局与省交通运输厅、人民银行济南分行等六部门召开全省资产负债表编制工作座谈会，安排部署相关工作。

10 月 11 日，省统计局以“携手做慈善，传播真善美”为主题开展“慈心一日捐”活动，共募集善款 9 万余元，全部汇缴山东省慈善总会，统筹用于扶贫济困，救助困难群体。

10 月 14 日，省统计局召开全省城乡划分培训视频会议。省统计局党组成员、副局长陈汉臻出席会议。

10 月 16 日，省统计局组织全体党员干部收听收看中国共产党第二十次全国代表大会开幕盛况。

10 月 17 日，省统计局党组理论学习中心组开展 2022 年第 12 次集体学习，专题学习研讨习近平总书记代表十九届中央委员会在党的第二十次全国代表大会上所作的工作报告，并就学习宣传贯彻好报告精神作出部署安排。省统计局党组书记、局长辛树人主持学习并讲话。

10 月 18 日至 19 日，省统计局党组书记、局长辛树人，到临沂市调研经济运行和基层统计工作情况。

10 月 20 日，省统计局召开 1-3 季度市级生产总值统一核算工作视频电话会议。

10 月 25 日，省统计局召开全省基本单位年定报布置总结视频会议。

10 月 26 日，省统计局举办全局政务信息专题培训班，邀请省委办公厅信息调研室同志就政务信息撰写进行专题培训。党组成员、副局长陆万明主持培训并讲话。

10 月 27 日，省委书记李干杰对省统计局报送的《关于全省乡村振兴齐鲁样板监测情况的汇报》作出批示。

10 月 27 日，省统计局举办全省统计部门网络安全视频培训班。

10 月 28 日，省统计局党组理论学习中心组开展 2022 年第 13 次集体学习，深入学习党的二十大精神和习近平总书记关于坚持自我革命、全面从严治党的重要论述。省统计局党组书记、局长辛树人主持学习并讲话。

11 月 1 日，在 2022 年度 1%人口抽样调查入户登记首日，省统计局党组书记、局长辛树人到济南市市中区魏家庄街道开展现场入户登记工作。

11 月 3 日，省统计局举办“山东统计大讲堂”，投资处主要负责同志以“投资领域统计漫谈”为题授课。

11 月 7 日，省统计局举办“喜庆二十大 建功新时代”主题趣味运动会。

11 月 9 日，省委书记李干杰，省委副书记、省长周乃翔，省委常委、组织部部长王宇燕，省委常委、常务副省长曾赞荣，副省长凌文、范波分别对省统计局等 4 部门联合报送的《关于大气污染传输通道城市钢铁产能转移退出有关情况的报告》作出批示。

11 月 9 日，省统计局党组书记、局长辛树人赴济南海关开展专题调研，座谈交流当前山东外贸形势，济南海关党委书记、关长赵儒霞参加座谈。

11 月 10 日，省统计局召开农村统计制度布置工作视频会议。

11 月 11 日，省委书记李干杰对省统计局报送的《10 月份企业运营指数回落 0.2 个百分点 长期向好发展基础仍较为坚实》作出批示。

11 月 11 日，省委副书记、省长周乃翔，省委常委、常务副省长曾赞荣分别对省统计局报送的《国家统计局 山东省人民政府深化统计改革支持山东新旧动能转换统计监测战略合作框架协议结项报告》作出批示。

11 月 12 日，省委书记李干杰，省委常委、常务副省长曾赞荣分别对省统计局报送的《关于当前外贸波动情况的简要分析》作出批示。

11 月 12 日，省委书记李干杰对省统计局报送的《关于前三季度全省消费市场有关情况的汇报》作出批示。

11 月 16 日，省统计局党组印发《关于深入学习宣传贯彻党的二十大精神实施方案》（鲁统党字〔2022〕50 号）。

11 月 16 日至 18 日，省统计局举办党务干部培训班，各党支部（总支）书记、副书记和委员，青年理论学习小组组长近 70 人参加培训。

11 月 17 日，省统计局举办党的二十大精神宣讲报告会，邀请省委党的二十大精神宣讲团成员，省社科院党委书记、院长袁红英作宣讲报告。

11 月 23 日至 30 日，省统计局 2022 年第 1 督察组进驻滨州市开展统计督察。

11 月 23 日，由省统计局、省人力资源社会保障厅、省总工会、团省委联合举办的首届山东省统计系统职业技能竞赛决赛在济南圆满落幕。本次竞赛是山东省黄河流域生态保护和高质量发展创新创优劳动竞赛项目，是山东省“技能兴鲁”职业技能大赛重要赛事。

11 月 24 日至 12 月 1 日，省统计局 2022 年第 2 督察组进驻日照市开展统计督察。

11 月 25 日，省委书记李干杰对省统计局报送的《关于落实国家统计局开展统计造假屡禁难绝问题专题调研工作通知有关情况的汇报》和《技改投资成效显著 存在问题不容忽视》作出批示。

11 月 26 日，省委书记李干杰对省统计局报送的《分化趋势下山东房地产市场走势的研判分析》作出批示。

11 月 27 日，省委书记李干杰对省统计局报送的《关于我省能源活动碳排放情况的分析报告》作出批示。

11 月 28 日至 29 日，省统计局召开全省综合统计视频培训会议。

11 月 29 日，省委副书记、省长周乃翔对省统计局报送的《关于五经普工作的汇报》作出批示。

11 月 30 日，省委书记李干杰，省委常委、常务副省长曾赞荣分别对省统计局报送的《当前超七成煤电企业经营困难 企业反映四方面诉求》作出批示。

12 月 2 日，省统计局与省科技厅联合印发《山东省统计局山东省科学技术厅关于进一步规范企业研发工作的通知》（鲁统字〔2022〕134 号）。

12 月 6 日，省统计局认真组织全局党员、干部、群众收听收看江泽民同志追悼大会。

12 月 7 日，省委书记李干杰对省统计局报送的《企业综合运营指数回落至 47.0% 经济回暖复苏步伐有所趋缓》作出批示。

12 月 8 日，省委书记李干杰、副省长范波分别对省统计局报送的《前三季度新旧动能转换监测报告》作出批示。

12 月 13 日，省统计局、德州市人民政府在德州市联合举行山东省“统计法治宣传月”启动仪式。省统计局党组书记、局长辛树人，德州市委副书记、市长朱开国出席启动仪式并致辞。

12 月 14 日，省政协副主席刘均刚对省统计局报送的《关于督导服务过程中有关建议和项目推动情况的汇报》作出批示。

12 月 16 日，省统计局举办党组理论学习中心组第 17 次集体学习，深入学习党的二十大精神和习近平总书记关于“三农”工作、乡村振兴、共同富裕等方面重要论述。